廖平全集

4

主編　舒大剛　楊世文

尚書類

書經大統凡例
尚書今文新義
書尚書弘道編
書中候弘道編
書經周禮皇帝疆域圖表
經傳九州通解

尚書類

尚書類目録

書經大統凡例……五
尚書今文新義……四一
書尚書弘道編……五三
書中候弘道編……一七五
書經周禮皇帝疆域圖表……三〇三
經傳九州通解……五七五

書經大統凡例

廖平 撰

楊世文 校點

校點説明

廖平曾於甲午年（一八九四）撰成《今文尚書要義凡例》，刊入《群經凡例》；光緒丙午（一九〇六），在青神縣漢陽壩講學，分劃天人兩派，乃專以《周禮》説《尚書》，爲六合以内人學之大成，即《詩》、《易》天學之初步，故於舊《凡例》之外編輯《大統新義凡例》，與《周禮》並行。民國四年乙卯（一九一五），門人黄鎔輯《皇帝疆域圖表》以次告成，於是推原師説，加之補葺，共成六十八條。篇中所論皇帝疆域、王伯典制及周室建都之稱謂，又分論《尚書》各篇，反映廖平小大天人之學説。民國四年（一九一五）《國學薈編》第六、十、十一期連載，民國七年（一九一八）四川存古書局刊入《六譯館叢書》，民國十二年（一九二三）重印。今據《六譯館叢書》整理。

目録

書經大統凡例……………………………………………………………………一一

書經大統凡例

前清甲午年，已編《今文尚書要義凡例》，刊入《群經凡例》。近因分劃天人兩派，乃專以《周禮》説《尚書》，爲六合以内人學之大成，即《詩》、《易》天學之初步，故於舊《凡例》之外編輯《大統新義凡例》，與《周禮》并行。

一、《書經》舊有四本，皆亡，惟存東晉僞本，其次序皆倣《書序》。清閻氏《古文疏證》攻之，敗衂立見，惟《書序》憑藉《史記》負嵎自固。考《史記》本紀、世家，凡引《書序》篇名者類於上下文義不相聯屬，真贋之迹判若涇渭。今審書之篇次，當據《大傳》七觀爲主，庶有合於經恉。

一、《書緯·璇璣鈐》曰：「書者，如也。上天垂文，象布節度，書如天行也。」孔聖作《書》，上法天道，以二十八篇取象列宿經天。顧伏生書二十九篇，説見《史儒林傳》。班志亦云經二十九卷，大小夏侯《章句》及《解故》皆各二十九卷。蓋《帝典》中寓有《皇篇》，「乃命羲和」五節。象天之北斗居中。説見《論衡·正説篇》西漢以後，乃以晚出傳説之《泰誓》當之，則誤也。

一、《書》有今文、古文二派。舊以今文爲伏生授受本，以古文爲壁中科斗書。按《史·儒林·伏生傳》云：「孔氏有古文，安國以今文讀之。」蓋孔經初成，本用古文，孔前乃字母。即六書字體。古文簡單，後漸孳增煩複，爲大篆，李斯省改，作小篆，漢時沿變作隸，所謂今文也。漢以後人心慕古，乃以古文託之倉頡，大篆託之史籀，又以孔氏古文爲科斗。《史記》所稱孔氏古文、《弟子傳》。《詩》《書》古文、《封禪書》。《春秋》古文、《吴世家》。不離乎古文、《五帝贊》。古文咸不同，《三代世表》。及《年表》、《敘傳》皆謂六經爲古文，煌煌聖謨，文明絶世，不意古文家之謠諑依傍之以欺世也。

一、《書》繼《春秋》而作。《春秋》九州方三千里，爲一王書，乃弼成五服，至于五千里舉零讀之則爲十五服，萬五千里。爲一州，萬五千里爲九州，爲一帝，以三萬里四帝均分，由小推大，以俟後聖。故《書》終《甫刑》五篇，爲周公、成、康以後之書。經據哀而作。下接春秋時代，上親夏商，絀堯舜爲二帝，尚推神農爲九皇。即《典》之《皇篇》。《董子·改制篇》言之詳矣。《孟子》由舜歷數至周公，兼三王，施四事，及天人禪繼等説，《大戴》宰我問黄帝，孔子曰：「禹、湯、文、武、成王、周公，不勝觀。」又歷舉二高、堯、舜，皆師説炳著，發明《尚書》皇帝王伯之宗旨者也。

一、《尚書》爲人學之大成，又爲《詩》、《易》天學之基礎。人學之大九州見《淮南·地形訓》。充滿地球，上應天之九野。緯説《文耀鉤》。《禹貢》導山，屬北斗七星，朱子以導山分配列宿。《河圖》以導山，上爲天星。《廣博物志》引。故《尚書》爲上翻天神、下翻地祇之定本，如《書》之稷、契爲人名，《詩》之稷、契爲天神。《詩》、《易》、《楚辭》、《山經》所有地名，由此翻譯，以推及六合以外。《周禮》爲《書》傳，有掌夢之官，《詩》託夢境，《莊》、《列》乃言神遊，靈魂往來，鳶魚升降，譬喻玄微，皆由人學爲階梯者也。

一、六經作於孔子，皆有素皇《莊子》：在下爲元聖、素王。王通皇。法商之義。故孔子者，六經之主人；六經者，孔子之家產。觀於《春秋》之孛東方、西狩獲麟，《詩》之素衣，《商頌》以鳥名官，《易》之素履，均以庶人素統爲主。故《楚詞》言西皇，《列子》引孔子論西方聖人，《尚書》屢言庶。前三代各見一誓，而殷則三公二伯，較夏周爲備。《金縢》以下託之周公，《論語》：夢見周公。又言鳳凰來儀、鳴鳥不聞。《論語》：鳳鳥不至、鳳兮、德衰。名雖爲周，實爲素統之西周，故屢以西土爲皇畿。開闢全球，下俟百世，素皇立法，所以遠賢堯舜也。

一、《書經》就事實言，則古之皇帝王伯各爲一統；就經制言，則《書》之皇帝王伯同時並立。《董子・改制篇》謂同時稱帝者五，稱王者三，王當作皇。是也。蓋大統之制，一皇統四帝，見二帝，堯、舜。隱二帝。高陽、高辛。一帝統八王，《謨》曰「共爲帝臣」。見三王，夏、商、周。隱二十九王。一王三公，見三公，《彤日》司徒、《西伯》司馬、《微子》司空。隱九十三公。其下卿大夫、士多所未備。且八伯只見四岳，而卒正連帥未詳。九服止見侯、甸、男、衛，而蠻、夷、鎮、藩蓋闕。《列子・楊朱篇》謂三王之事或隱或顯，億不識一，故讀書如觀宮室圖畫，見其門户，牆高數仞，若不推想内容之全體，是猶伏傳所謂見其表未見其裏也。

一、《書》之大綱與《大學》宗旨相同。《大學》全書歸本好惡，好惡即《書》之天命、天討。其「天下」章五引《書》，取義五方、五帝，與《顧命》五篇分屬東、西、南、北、中者全同；三引《詩》，爲三皇例。《大學》皇帝學，《中庸》爲皇學，故《中庸》專引《詩》而不及《書》。是爲皇帝人天小大之分，《尚書》之所以異於《詩》、《易》，得此而益彰也。

一、世界進化、退化，有始終二局，每局以皇帝王伯爲標目。前十一篇爲一局，皇一，帝二，帝後二。王三，中興三公，二伯，西伯、微子。總十一篇。後之十八篇，則《召誥》七篇爲周公書，《洛誥》六篇爲成王書，《顧命》五篇爲周書。其中多見新舊繼續，後王、嗣王、孺子、沖人、嗣天子、王、文子、文孫等詞，全爲俟後而作。《書緯》以十八篇爲《中候》，是也。按：候與俟同義，中者，取法於《射經》，立正鵠以待後王之射也。

一、《尚書》草創皇帝與帝臣之王伯典制，就俟後言，則爲《中候》，知來。與《公羊傳》同。所云非樂道堯舜之道，爲後來堯舜之知。君子以好古言，則爲《尚書》。法古。皇降帝，帝降王，王降伯，世運遞降，後不如前。就衰世立説，所謂數往。前十一篇有世代名號，後則多屬託詞，似乎前實後虛，惟後詳言繼嗣孺幼，反爲先進之俟後，前之名號，反爲後進之述古。或順往，或逆來，在人之自得之也。

一、書者，如也；詩者，志也。一如人事，故爲記載，一爲天學，故如辭賦。今據書爲人學，集《春秋》之大成，六合以内，統於《尚書》。《春秋》以《王制》爲傳，《尚書》以《周禮》爲傳。《周禮》有三皇五帝明文，經本爲皇帝，與《春秋》王伯大小不同，故所有禮制詳於《周禮》。羲和即六官，四表即土圭三萬里，覲四岳即十二載巡守殷國，五服五千里乃大統一州之疆域。除撰圖表與《周禮》合行外，所有立解亦如《春秋》之於《王制》，璧合珠連，統括人學之典制。

一、《書》有《尚書》、《中候》之名，今分爲兩局，由《典》、《謨》至《牧誓》爲古之皇、《典》「乃命羲和」五節。帝、《典》、《謨》、《貢》、《範》本唐、虞、夏、商之書，今尚推四代，爲高陽、高辛、堯、舜，爲四帝、四鄰。王、三《誓》。伯，西伯《戡黎》、東伯《微子》。託於孔子以前之皇、帝、王、伯，由大而小，所謂《尚書》。尚者，上也。從《金縢》至末爲俟後之皇、周公七篇、成王六篇。帝、《顧命》五篇。王、《文侯》、《吕刑》二王曰。伯，《費誓》、《秦誓》二公曰。爲孔子以後之皇、帝、王、伯，亦由大而小，合《顧命》四岳五篇，中央四方。一王之制，又爲五帝驗推之例。

一、《帝典》以帝名篇，從《大學》所引四表上下六合也。「命羲和」五節爲皇統，以《月令》爲之傳。皇統一歲，即王省爲歲，法太乙，堯舜爲二帝，法陰陽。以皇配天，爲天二帝，即法陰陽之二伯。父母爲天子，禹、契、稷爲三王之祖，王爲帝臣，寓共爲帝臣之義。其中益、稷佐禹爲司空之卿，則又爲卿佐公。禹有天下，爲王之佐，即伯。故一篇之中，四統共貫。

一、《帝謨》稱帝者，揚子雲云：「帝得之而爲謨。」《大傳》引《帝誥》，即其舊名。堯舜託於二帝，《典》主堯，《謨》主舜，《謨》則皋陶與禹言於舜前，夔曰當作夔日，非夔參語。爲帝之二伯。《大戴》「左禹右皋，不下席而天下治」是也。大綱既舉，治定功成，作樂頌德，簫韶觀止，故《論語》謂之「樂則韶舞」。

一、《禹貢》禹爲大禹，與《春秋》三千里之禹不同。《詩》、《易》則謂之神禹。其制九州之貢，亦謂之《九共》。禹貢爲高陽九州，八愷居之。《莊子》：《天下篇》。「禹湮洪水，決江河，而通四夷九州，操槀耜而九雜天下之川。」又《大戴》：《五帝德》。「禹據《謨》作「距」。四海，平九州，戴九天。」可見禹爲皇司空，主治天下之水。《楚詞·天問》：「伯禹繼業，此爲神禹。而厥謀不同。」是《禹貢》乃禹治全球之水也。如冀州無疆域，與《淮南》大九州名同，岐、衡二至雜見他州水地，騶衍神州内有九州是也。其八十一州，即《周禮》九州之外爲蕃國，乃《禹貢》師説之明文。故地域山水雖與儒者同名，本有驗小推大之意。緯説九州山水，上應天星，以天包地，故四海會同，即今地球之洋海。經義宏闊，甚未可以蛙見説之也。

一、《洪範》九疇，疇與州，古字同。五曰皇極，乃皇統大九州之制。十有三祀，即貢之十有三載。乃同會同，必以寅年，天下岳牧皆至。箕子爲其子，《詩》曰：「其子七兮。」《易》曰：「其子和之。」如堯九男，《孟子》、《淮南》、《説苑》同。舜十子，《吕覽·孟春紀》。高陽、高辛八才子，《典》之羲和四子，皆指四岳八伯而言。五行即五方、五帝、五事，爲天下一人例，五紀以歲月日星統御六合，爲《公羊》大一統之所本。疇之九州，高辛八元分治，此篇《五帝德》之高辛法商而王，實用其制。猥以爲武訪箕陳，其與《洪範》命名之義，豈有合哉！

一、《謨》曰「欽四鄰」，舊解囫圇，無關要義。今番爲四帝均分天下之制。蓋五服五千里，從舉零之例，爲十五服，萬五千里。《謨》、《貢》皆有明文，不過以此爲帝之一州，帝九州則方萬五千里，合四帝則方三萬里，爲全球四方四極之帝。《典》曰四表，《洛誥》曰四輔，帝制之宏周偏宇内。四帝法四時，如羲和、仲、叔，分司四仲。即《月令》青赤白黑四帝。《墨子》謂堯北教八狄，舜南教七戎。故葬於南。《大戴》於堯、舜前加以高陽、高辛，均有四至之疆域。《董子·四法篇》、《周禮》春官宗伯、夏官司馬、秋官司寇、冬官司徒皆爲四鄰之傳説。《論語》「德不孤，必有鄰」，《易》曰「東鄰」、「西鄰」、「富以其鄰」，此七難以此四篇連文之義也。

一、三《誓》託於三王。夏尚忠，比《魯頌》，爲黑統；殷尚質，比《商頌》，爲白統；周尚文，比《周頌》，爲赤統。三統循環，補救時弊，窮則反本，以見經義變通之妙。《繁露》謂王者三而復，四鄰爲四而復。緯書謂正朔三而改，皆所以通三統也，顧黑、白、赤爲小三統，爲三王。大三統則爲素、青、黄，爲三皇。由小推大，服色雖異，而規模則相似也。

一、三公之制，見於《王制》。天子三公，以三輔一。緯説三公在天爲三能。即三台。《穀梁》「智者慮，仁者守，勇者行」，《論語》「不惑」、「不憂」、「不懼」，「足食」、「足兵」、「民信」，皆三公之説也。《書》則殷之三公，《肜日》爲司徒，主祭；《戡黎》爲司馬，征伐；《微子》爲司空，智慮。此王之三公也。契爲司徒，禹爲司空，治水土。皋陶爲司馬，治蠻夷寇賊。○舜爲司馬，皋陶爲士。舜即位，則皋陶爲司馬。此帝之三公也。《洪範》三德：正直，司空。剛克，司馬。柔克，司徒。此大小統三公之德也。《牧誓》、《梓材》、《立政》有三公全文，《酒誥》謂之圻父、農父、宏父。三公之中寓有二伯。西伯既見明文，微子必爲東伯，一異姓，爲伯舅，一同姓，爲伯父。《典》之羲和，皇帝所共。《吕刑》爲重黎。《謨》有皋、禹，股肱稱良。《金縢》穆卜於二公，《顧命》分朝於左右。稱伯相。《文侯》乃錫命爲伯之文，稱父羲和。《費誓》則伯討誓師稱公曰。之語。舊説五伯兼三代。

此義在《春秋》爲桓、文，在《詩經》爲周、召，在大《易》如乾、坤。至若天子出征，一公居守，則二公從行。故《甘誓》召六卿，一公三卿，故六卿。《顧命》稱六師。

一、以上十一篇爲《尚書》，義取法古，寄託古之帝王，以爲世則。《論語》謂之往者、老者、告往、既往，蓋莫爲之前，雖美不彰。孔經信好竊比，援古立標，託始堯舜，董子乃尚推神農。尚者，上也。《史記》尚字數見，由此起義。緯説孔子删《書》，以一百篇爲《尚書》。當爲十一篇，後因張霸百兩篇、百篇書序出，後人乃改爲一百篇。

一、《典》、《謨》、《禹貢》，政治最爲文明，疆域最爲廣遠。據《孟子》謂堯舜之時洪水氾濫，禽獸逼人，安有四岳十二牧、内九州外十二州？蓋經義史事，文野迥殊，史公《五帝本紀贊》謂「百家言黄帝，文不雅馴」者，爲真史事，「擇其言尤雅者作爲《本紀》」，則爲經中之聖制。《論語》、《詩》、《書》、《易》①、《禮》皆雅言是也。讀書不先明經史之分，則以史目經，是由南轅而北轍也。

一、《金縢》以下爲俟後之書。書緯以十八篇爲《中候》，是也。候義同俟。《中庸》所謂「百世俟聖」、「待人後行」。中者，以射立義。孟子「大成」、「聖智」。百步命射，經立正鵠，以俟後王之射中，故曰《中候》。此十八篇中多見俟後之辭。如孺子、沖人、嗣王、後王、後嗣王、商後王、孺子王、嗣天子王、繼自今嗣王、繼自今文子、文孫、自時厥後立王，皆非君臣相對之

① 易：原作「藝」，據文意改。

稱謂，即新邑、《康誥》。新邑洛、《多士》。新造邦、《君奭》。内服外服、《酒誥》。建侯樹屏、《顧命》。侯甸男邦采衛、《康誥》。無疆大歷服，《大誥》。更非姬周所有之版圖。設此鴻謨，將以下俟。今雖地球三萬里之説大明，而列强紛争，方如戰國時代，必至泰皇建極，六宗會合，七政宏敷，乃爲孔經人學充滿分量之日。

一、周公七篇，《召誥》居中，建都於西。如今西半球。故《君奭》曰「申勸」，《多士》曰「遷西」，又曰「時命有申」，《酒誥》曰「我西土」。蓋成王居洛，東方在寅，周公先營東洛，讓之成王，乃闢西洛。《多方》曰「弗永寅」，謂周公不久居東洛也。七篇象七政。孟子謂周公思兼三王《伏傳》説以天地人。以施四事。《伏傳》説以春夏秋冬。四三爲七，即六情加欲，六宗加中央，六相統以一皇，七篇取義如此。七年即七篇。年與言，古字通用。《金縢》、《君奭》、《無逸》、《立政》爲四輔，《多士》四國爲下方辛壬癸甲，《多方》四國爲上方乙丙丁庚。七篇皆以周公爲主。《詩》曰：「周雖舊邦，其命維新。」《書》曰：「予小子新命于三王。」蓋舊周爲王，新周則爲皇。小周《大誥》：「興我小邦周。」爲姬周，大周《召誥》、《多士》作大邑，孟子謂之大邑周。爲皇統之國號。尼山美玉，待時而沽，若拘拘於鎬、洛之實地情形，則未免坐井而觀耳。

一、《洛誥》有曰：「惟周公誕保文武受命惟七年。」年與言音近相通，七言即七篇。七篇之旨，分四方上中下，《孟子》、《伏傳》謂周公兼三王、施四事，即七政也。《周禮·大宗伯》春朝，夏宗，秋覲，冬遇，此四方四朝，即《典》之四巡。時見曰會，殷見曰同，即《典》之群后四朝。

謂四方内外岳牧皆朝。共計七會同。大行人有一歲、三歲、五歲、七歲、九歲、十一歲、十二歲之説，伏氏亦有一年救亂、二年克殷、三年踐奄、四年建侯衛、五年營成周、六年制禮作樂、七年致政之傳，皆歷數七次之朝會，共爲七年，實以二十五年而周，說詳《疆域圖表·七政會同圖》。非果僅有七年也。此義不明，則煌煌大典，縮小如編年紀事之史，真所謂「章句小儒，破碎大道」者也。

一、成王六篇，《洛誥》居中爲都，《大誥》、春朝。《康誥》、夏宗。《酒誥》、秋覲。《梓材》冬遇。爲四方四誥。《左傳》稱盤庚之誥，《史記》言武、周用盤庚法以教殷民。《周禮》：會同曰誥。凡誥，皆會諸侯之命辭。《盤庚》誥於時會，「殷同」用之《左傳》。金木水火土穀六沴，於五行加王極，成王六篇，《洛誥》王極，《盤庚》土居於中央，如轂輻轉運。

一、《盤庚》舊列於《商書》，《殷本紀》以爲百姓思盤庚，作《盤庚》三篇者，蓋《書序》之説，沿《太誓》、《太甲》、《説命》等篇之例而誤者也。按《本紀》，武王封武庚，令修行盤庚之政。《呂覽》：《慎大篇》。周公進殷遺民，問衆所悦，對曰：「欲復盤庚之政。」武王於是復盤庚之政。是《般庚》之書，武、周用之。《左傳》引《般庚》稱誥，當與五誥同一類。韓文稱「周誥殷盤」，劈分二代。唐宋謬解，不足爲據。今審《般庚》經文有今古、新舊、後先等字，及幼孫、沖人，又四言新邑，較之法古之書辭意不同，故五方、五遷取法五行、五運，以五分方分篇，遷移干支，殷先王皆以干命名。調燮陰陽，實爲此篇之作用，故併入成王六篇中。

一、成王六篇，多見「封」字，舊以康叔名封當之。一人乃占書三篇，全書無此體例。考

《周禮》封人，凡封國，設其社稷之壝，封其四疆。是「封」乃「命封人」之省文。《伏傳》：王曰封，惟曰若圭璧。圭璧，即五等諸侯瑞玉，封建用之。故《康誥》、《酒誥》、《梓材》皆朝會諸侯、賞功進爵之書，與《大誥》東征、《洛誥》建都同例。

一、《顧命》五篇爲周書，託爲成王以後之書。經據衰而作，舊説文侯乃東遷之初之晉侯，是爲春秋以前之書。孔子麟經絶筆，上推前代曆數，由伯而王，由王而帝、而皇，故此五篇之中，《費誓》、《秦誓》二「公曰」如東西二伯，二伯稱公。《吕刑》、《文侯命》二「王曰」寓由伯進王之意，《顧命》居中，統御四岳，共計五篇，爲五帝之起例。覆按其文，有曰「皇天皇法天。用訓厥道，付畀四方」，即東費、西秦、南吕、北文侯。「乃命建侯樹屏，在我後之人」，明明謂後世一皇首出，統括四荒，即《吕刑》「屬于五極，咸中有慶」之義也。況「乃命重黎」見有皇帝明文，實爲此五篇之廣義。《論語》志道、據德、依仁之等級所由分也。

一、《書》二十九篇，既分已往、未來之皇帝王伯制度，而所以推行此制度，則必視疆域之大小以爲準。《春秋》以《王制》爲傳，明言九州方三千里一州方千里。爲一王之國，《書》則以五千里爲一州，九州則必方萬五千里，爲一帝，四帝則方三萬里。古説四表，即《周禮》土圭測日法，皆以方三萬里爲解。而《書緯·考靈曜》言之尤詳。三萬里爲全球版土，皇出而統一之，以帝爲二伯四岳，以王爲卒正，伯爲連帥，四等區分，小大一貫，總在世界之廣狹何如耳。

一、《貢》之五服明言甸、侯、綏、要、荒，五百里一服，共方五千里。乃《康誥》、《酒誥》、《召誥》、《顧命》又有侯、甸、男、采、衛之文。《周禮》雖以五百里計，而九服、九畿又有蠻、夷、鎮、藩之説，《大行人》則六服七千里。經中巨難，莫甚於此。今審《貢》五服乃大王内外州之全制，侯、甸、男、采、衛乃九服之起點，《大行人》六服乃六千里一州之界限，九服爲帝制，爲九千里之九州，九畿爲皇制，以方千里爲一畿，《大司徒》：制其畿方千里而封樹之。皇統九州，方萬八千里，六千里一州。加《板》詩六畿藩、垣、屏、翰、寧、城。六千里以爲外州，合計方三萬里。若九服加藩，又爲萬里一州立法。帝《典》、《洛誥》謂之萬邦。《易》曰：「先王以建萬國，親諸侯。」爲古文家萬里、萬國之所託始。

一、《尚書》爲經，《周禮》爲傳。所有典制，詳略互文。九服加《板》詩六服爲十五服，共計萬五千里，爲一帝。九畿加六畿兩面合計三萬里三十畿，《老子》「三十輻共一轂」，輻與服通。《考工》、《賈子》「三十輻以象月」是也。經義以輪輻取象地球圓轉運行，譬喻恰當。《大誥》謂之丕圍，王害不違，讀作王轄丕圍。《康誥》謂之大明服，《周禮》謂之廣輪，《大司徒》。《易·大壯》曰大輿之輹，通服。《説卦》曰坤爲大輿，《詩》則《王風》、《小雅》曰大車，《易》亦曰大車以載，積中不敗。《鄭風》曰大路，《禮》：「大路，殷輅也。」《論語》：「乘殷之輅。」皆從輪輻取義。即小觀大，證明地球之形，是爲中國地圓地動之古説。

一、《大司馬》九畿加藩、垣、屏、翰、寧、城，固縱横三萬里矣。但九畿以王、侯、甸爲京畿，而《莽傳》曾經實行之制，則以城、寧爲京畿，二義枘鑿，兩雄並棲，最難解決。今審此爲兩京通畿例，與《詩》之鎬洛同義。《春秋》之東京、西京爲小統，《書》兩京爲大統。東京爲東洛，用《板》詩六畿，以城、寧爲心，如《易・坤卦・用六》，爲成王《洛誥》。西京爲西洛，用《周禮》九畿，以侯、甸爲心，如《易・乾卦・用九》，爲周公《召誥》。武王初讓天下，周公居東爲新邑洛，非小周之洛都。治定功成，讓於成王，遷居西方。《多士》「今朕作大邑于兹洛」此爲西洛。其曰「周公初于新邑洛」，則指東洛。是也。兩都、兩洛《靈樞》《九宮八風篇》。乾巽二方稱新洛、陰洛，《莊子》云上皇九洛。《洛誥》：「我乃卜澗水東、瀍水西，澗、瀍指東、西洋海。惟洛食。我又卜瀍水東、澗水西，三字舊脱，今補。亦惟洛食。」西洛？是爲兩京之確證。

一、舊説中國四代九州有沿革，以爲舜改堯九州爲十二州，禹省併爲九州。《周禮》周之九州無徐梁，加幽并。《爾雅》殷之九州無青梁，加幽營。州域更變，以史説經，最爲大謬。按《典》曰「覲四岳群牧」，又曰「詢于四岳」、「咨十有二牧」。四岳乃内州方伯，群牧乃外州之長。内九、外十二，故《貢》曰「九州」，《典》曰「肇十二州」也。堯舜禹揖讓相承，並無沿革。《周禮》爲《書》傳，内州舉七，外州舉二。《爾雅》義例同出一轍，奚有殷、周之别？實則唐虞夏疆域最小，周較《禹貢》，不過雍、豫、冀、兖、青五州之地，而荆楚南蠻，勾吴文身，久之始能進化。《尚書》九州借儒説爲始基，推廣爲八十一州。據鄒子之説，是州制但有小大之分，並無革更之異。必明此義，乃可説經。

一、經義皇統建都，必求地中。《召誥》「王來紹上帝，地九州，天九野。自服十五畿服。于土中」

是也。《周禮》土圭測日，日至之景尺有五寸，謂之地中，乃建皇國。此法當合全球測之以土圭，尺五寸立表，測景千里，而差一寸，四方皆萬五千里，以求適中之地，則天地合，四時交，風雨會，陰陽和。《召誥》曰：「其自時中乂。」古五字，乂象氣交。○《素問》：「氣交之中，人之居也。」《禹貢》以昆侖音同混沌。當之。《莊子》：「中央之帝曰混沌。」《河圖》：昆侖山應于天，最居中。當在今地球赤道之中。舊於潁川陽城立八尺之表以求之，無怪其不合也。

一、《尚書》疆域既闊，控馭甚難，將欲省方訓俗，必舉巡狩之典。顧《尚書》五載一巡，《周禮》十二歲王巡守，二説不同。又二月東巡，五月南巡，八月西巡，十一月北巡，竟似一年四巡，疑不能明也。按皇州分内外，每州六千里。所謂十二歲者，法歲星之周天。内之巡用寅午戌，爲五載一巡。《大宰》「大朝覲會同」，《大宗伯》「時會」、「殷同」。外四巡用子午卯酉年月，爲四方四巡。《大宗伯》：春朝，夏宗，秋覲，冬遇。四巡十二年至十三年，寅年寅月會朝於地中京師，即《貢》之「十有三載乃同」，《康誥》之「三月大和會」，緯以夏正爲十三月。《典》曰「群后四朝」是也。《白虎通》：方伯之巡以歲，二伯之巡以三年，王之巡以五年。由此推之，皇帝之巡當兼用王伯之制，以十二年一周，内三外四，二十四年而徧。《左傳》所謂「待我二十五年不來」者，即引用此典也。

一、孔聖作經，時值春秋，借用列國諸侯以立二伯方伯之制。《尚書》推廣大統，世界未通，内外岳牧難以立名，不得已，乃用十干辨正方位。《謨》曰辛壬癸甲，以爲北方四州之符記，南四州可以例推。《大誥》曰十夫十人，即《論語》亂臣十人，唐五際，五剛日。虞五際，五柔日，爲五臣。亦爲十人。《左傳》「天有十日，人有十等」。十干分二伯、八伯。孟子謂堯九男，二女爲外十二州，舉零數。《呂覽》謂堯十子，舜九子，皆據十干之分合言之。合戊己爲九。《典》「咨二十二人」，《多士》「有幹十干。有年」，十二月即十二支、十二外州。即干支岳牧之統稱。此孔經寄託大統之義，即《周禮》之十日、十二辰，《内經》説之以五運、《洪範》曰五行。六氣、《禹貢》曰六府。九宫、八風、八極、八正，皆所以證明此義者也。

一、《禮運》有曰：「惟聖人能以天下爲一家，中國爲一人。」舊解以爲胞與之量，一視同仁，不知即《尚書》之經例也。《呂刑》曰伯父、指二伯。《禮記》：天子稱同姓。伯兄、仲叔、季弟、喻方伯。幼子、喻卒正。童孫，喻連帥。蓋以職官等級比於家人之尊卑。故羲和、仲叔，父子分司，唐虞之世，二帝五臣同祖，《康誥》「孟侯朕其弟小子」，即伯父、仲叔、季弟、幼子、童孫之變文。《書》以此義隱寓大統規模。皇爲祖，《詩》：先祖是皇。周公皇祖。帝爲父母，《範》曰：「天子作民父母。」王爲子，《範》：訪于其子。伯爲孫。《立政》：繼自今文子文孫。天下一皇，四帝，見二、隱二。三十二王，九十六公。舉此示例，餘可隅反。此例推之《詩經》，尤爲曲合。

一、中國一人之例，蓋小言之也，若大言之，則爲天下一人。此例在《洪範》五事。按班《志》，宫、商、角、徵、羽五音，《月令》分配四時、五方。協之五行，《範》之五行配五極。則角爲木，五常爲仁，五事爲貌；商爲金，五常爲義，五事爲言；徵爲火，五常爲禮，五事爲視；羽爲水，五常爲智，五事爲聽； 宫爲土，五常爲信，五事爲思。緯説亦同。以五事配五音、五行，實五方、五土、五極之地。《内經》寄託醫學，就人身五藏推及五運、五氣者，爲《書》旨五事之詳解，第分配之處互有參差。今審肝竅於目司視，配木，主東方； 心竅於舌主言，配火，主南方； 肺主聲，聲入耳，司聽，配金，主西方； 腎作强之官，主動脈，爲貌，配水，主北方； 思從囟從心，《説文》説之以腦，居尊位，君象也，配土，居中宫。貌、言、視、聽爲四岳，《論語》顔子視、聽、言、動，天下歸仁，子張聞見言行，禄讀作轂輻之轂。在其中，《大學》修身爲本，收效於國家天下，《孟子》其身正，而天下歸之，皆此義之師説也。《尚書》推廣此例，《典》曰「明四目，達四聰」，《家語》謂之四岳。《謨》曰「臣作朕股肱比二伯。耳目比東西二牧」。又曰「元首即腦，即思。明哉，股肱良哉，《左傳》周公太公，股肱周室。元首叢脞哉，股肱惰哉」，《盤庚》曰「予其敷心腹腎腸」，皆就人身立義，以喻天下，豈特《謨》、《貢》五服、《周禮》六服九服要服之有取於人身衣服乎！

一、地球三萬里，如此廣大，曆數不可拘於常法。《典》曰「曆象日月星辰，敬授人時」，又曰「三百六旬有六日，以閏月定四時成歲」。《範》曰五紀，皆統舉全球言之。舊法：有皇帝①、顓頊、夏、殷、周、魯六曆，又有蓋天、宣夜、渾天三家，互有爭執。按《周禮》言正歲，謂全球大地各有其正方之歲。馮相氏掌十當作廿。有二歲，《素問》五運六氣，共有二十二歲，以二

① 皇帝：疑當作「黄帝」。下文亦作「黄帝」。

十二人之例推之，外十二州每州三十度，當一月，一年十二月而周。全球氣候，每州有一月之差度，則節序有異。東用魯曆，南用夏曆，西用殷曆，北用顓頊曆。内八州八千四十五日一移宫，當四立二至二分之節氣，亦以次差度。北半球用黄帝曆，南半球用周曆，中央戊己當地中，無冬無夏，用渾天曆，共用七曆，審方正位。蓋天、宣夜即晝夜。法，爲七曆所包。全球須此十二朔令，以成欽若之典，所謂協時月正此正字爲斗柄所建之寅，有八正、十二正之説，非虚字。日也。自古義乖違，後人皆欲於中國一隅施用七曆，彼此長短，聚訟不休，不知爲大統曆法，無怪其難徵實用耳。

一、《尚書》俟後之大統略如前説。或疑舊證絶少，貽譏肊撰。不知《尚書》傳説，自《周禮》而外，如《禮》《月令》、《明堂位》，《大戴》《帝德》、《繫姓》、《盛德》等篇，《管子》《幼官》、《四時》、《五行》、《封禪》等篇，《靈樞》《九宫八風》，《素問》《八正神明》及八《大論》，《繁露》五行、陰陽諸説，《逸周書》《時訓》、《月令》、《明堂》、《王會》、《職方》，《淮南》《天文》、《地形》、《時則》、《本經》等訓，《老子》、《莊子》、《列子》，道家陰陽五行家説，凡言天地四方規模廣遠之義者，莫非皇帝師説也。古證繁多，姑舉大概。

一、經義俟後之旨，有可徵諸實驗者。如秦置郡縣，即《王制》一州之制；秦稱始皇，古史無稱皇者。即《尚書》大統之號。長城乃《春秋》夷夏之防，博士乃五經推行之漸。夏時舉行於太初，城寧建設於新莽。大九州之説，如今地球之廣始足容之。土圭一尺五寸之法，鄭注於兩冰洋立表，萬五千里至地中。今冰洋尚待開通，則孔經爲百世俟後之作，洵不誣也。

一、書中帝王年號，如傀儡登場，不過裝飾儀表，借以立名。《韓非·顯學篇》言：「孔指子思。墨俱道堯舜，而取舍不同，皆自謂真堯舜。堯舜不復生，誰定儒、墨之是非？」由儒墨儒家之堯舜美備，墨家之堯舜質野。推之諸子，道家之堯舜天神，農家之堯舜並耕，兵家之堯舜戰争，法家之堯舜明察，各執一偏，言人人殊，皆非真堯舜也。善夫！曾文正之言曰：「漢高祖不知有是人否？」兹爲增一轉語曰：「《書》中堯、舜、禹、湯文、武、周公、成、康，不知有是人否？」故學説中之皇帝王伯，皆如六書叚借之例，不宜以迹象拘之也。

一、舊治三傳，以《王制》與《春秋》同爲圖表，先師舊解，多據中國一隅立説，以二帝三代皆在中國，不免蹈削足適屨之弊。欲定《書經》爲全球制法，俟聖專書，則疆域、封建尤當詳備。今故仿《春秋圖表》之例，與《周禮》合爲圖表。現《皇帝疆域圖表》已出版。《周禮》既爲《書經》而作，以傳證經，相得益彰。故凡大統制度異於小康者，皆詳爲疏證，務使顯豁詳明，庶足以俟聖而不惑。鄭君誤以《周禮》爲姬周之書，故土圭三萬里，當時疆域狹小，不敢堅持其説，以致疵病百出。《伏傳》以下亦同此病。

一、《周禮》爲《書》傳，詳三皇五帝之政典，本非姬周之書。自鄭君誤解，遂爲學術之大害。班《志》：《尚書》讀近爾雅，通古今語，而可知「爾雅」爲翻譯之名。故《春秋》可以正名不苟，若《易》與《詩》、《書》，專爲質諸鬼神，《易大傳》所以有「不爲典要」之明説。考舊説，六經名號原不一定拘泥，如平王、莊公、成王、甯王之類，皆不敢定指其名。惜未能推廣其義。今據周爲新周，乃皇之大號，則所稱王公名號皆爲託古翻譯，非舊史，乃新經，不可仍以《春秋》正名之法讀之。

一、經有記傳如《典》「歲二月東巡守」一節，全同《王制》。注識，如「日嚴祗敬」、「誥告」、「百年耄」之類。亦如《水經》經、注混淆，所以難讀。今審定傳記則低一格，注識則正行小書，其文義重複、無所分別者，則以前說爲經，後條爲傳記。至於傳與經不相附麗者，則附注於下，不敢移易次序，惟於經下注明傳記之文。又經文最難句讀，今取本經各篇互證，以求明確，再用《易》、《詩》比附分析之。其有疑不能明，則姑從舊讀闕疑。

一、董子說法古而王有不易、地、人、名、制度。再易、文質、東西。三易、三皇、三正。四而易、四鄰、四時。五而易、五帝、五方。九而易，九皇。六等之差不同，蓋全爲《尚書》、《詩》說。聖人垂經立法，以定一尊，而一代興亡不能不改，以答天意而變民智，故設爲各等制度，周而復始，循環無端。此三統之舊說也。惟上下數千萬年，世局不同，非三統一法所能該備，故有六等分別之詳說。今於《尚書》一定之中存其不易之法，而又於各篇之以二、三、四、五、九見例者，則取後來師說詳注於下。除董子以外，兼采别說，務求詳明。

一、《洪範》三德，《帝謨》、《立政》言九德，量能授官，爲皇帝致治之大綱。三德爲總科，一德之中分三子目，以三統九，所謂三公九卿。如《春秋》三科九旨、《内經》三部九候。三德以剛柔正直立綱，析分九目。凡一德爲士，三德爲大夫，六德爲卿，出封爲諸侯。九德膺九錫爲三公，天子俊德，臨御于上。有一藝者無不容，擅片長者無不録。人無倖進，官各効能。此經中治安之策也。

一、《吕刑》謂顓頊絶地天通，此本經專爲人學、不與上下往來之證也。蓋天學明鬼神爲賓客，人學格鬼神於祭享。自法古言之，則初爲天學，後爲人學，故有顓頊德不及遠之説。自俟後言之，則由人學以企天學。鬼神一門，乃爲天學之基礎。《楚語》所言，專爲《書經》師説。皇帝之世，精爽不貳，宗祝得人，祭祀則能受福。此等程度，固非今日所能行，與草昧神權又屬天懸地隔。或乃疑經詳祭祀爲注重神權，失之遠也。

一、舊説六經制度皆爲中國而作，繩規叠矩，不免跨牀架屋之嫌。此義自西漢博士專言小統，史公博集群書，舉大小、天人各學説，合併一治，撰成《史記》，序傳謂「協厥六經異傳」是也。如《書》之契、稷司空、司徒，人也，《詩》之契、稷無父天生，神也。以及文、武、周公，皆有中外人天之别，糅雜講經，最爲大害。今爲之剖分涇渭，人學則《春秋》爲小、《書經》爲大；天學則《詩經》爲小、《易經》爲大。聖作既判等級，解義不可混同，經界攸分，然後施行無阻。

一、世界進化之初，文教發端不過一二千里，秦博士説古之皇帝地方不過千里。由小推大，由王伯而進皇帝。《書》所謂四海、四表，海表、海隅，其地多在海外，雖今日中國尚不能及，不能不以爲俟後。所謂六合同風之大一統，必遠在數千年之後。經以《春秋》、《尚書》分人學大小二派,《詩》、《易》當亦如此。此天人各以小大分經,可由人以推之於天者也。

一、《論語》志道、據德、依仁、游藝,當作義。即道失後德、德失後仁、仁失後義、義失後禮,皇、帝、王、伯舊説也。自顓頊以來,德不及遠,隔絶天地。蓋道屬天道,惟皇之至誠神化,乃能參贊。若人學之帝,則所不能知、不能行。《書》説斷自唐虞,不比《春秋》之主仁義。至於天學之道,則固人學所望塵不及。故《尚書》專以德爲主,《典》曰俊德,《謨》、《立政》曰九德,《範》曰三德,《康誥》曰明德。惟《洪範》「遵王之道」、「王道蕩蕩」、「王道平平」、「王道正直」,四言王道,當爲皇。又《顧命》曰「皇天用訓厥道」,乃由帝德推及皇道,蓋以帝僅能法天,而不能如皇之配天也。

一、兩漢經師以今古分門户,所據典制,今學主《王制》,古學主《周禮》。雖《大傳》與博士皆有皇帝大同之説,惟當時《周禮》未出,海禁未開,經師蔽於聞見,封建疆域,皆據《王制》立説。後儒因古文師説多出於僞撰,遂尊今而抑古,不知據《王制》説《春秋》,固爲博士之專長,推之於《書》,則大小懸絶。《周禮》疆域典章曲折與《書》相合,亦如《王制》之於《春秋》,此爲古學專長,不得因惡劉歆,遂遷怒於《周禮》; 使《尚書》果同《王制》,既有《春秋》,《書》雖不作可也。經、傳離之兩傷,今故繼絶鉤沈,合之以成兩美,亦如《王制》之於《春秋》,以復人學大小終始之舊。

一、九流出於六藝,祖述經傳,尤儒家所特長。惟孟荀專言王學,以仁義標宗旨,據以説

《春秋》，固爲吻合，若《書》，則典禮宗旨，動形齟齬。本經由王伯以進於皇帝，沾沾以仁義説之，過矣。惟道家與陰陽五行家乃專爲本經，先師所謂陰陽五行全由三皇五帝起例。今故於《周禮》、《大戴》、《管子》以外，兼采諸家大同典禮，惟求與經義相合，不敢拘舊日門户之見。

一、《詩》、《易》辭意隱微，不如人學之明切；《春秋》義例森嚴，一字不苟；《尚書》已頗近於文辭，不復史筆之精嚴。蓋行遠自邇，升高自卑，欲言天者必先人，欲求大者必先小，故治經以《春秋》爲始基，先就三千里内鈎心鬭角，以磨勵其精神，鈞陶其知識，王伯規模，淪肌洽髓。《春秋》未通，萬不可以治《書》。鄒子曰「驗小推大」，此治《書》必先由《春秋》始之説也。

一、《周禮》官府、邦國、都鄙，地分三段，即《典》、《貢》内八州、外十二州也。《帝典》命官，内九人，三公六卿，如《王制》百里之國九，外服四岳、十二牧，内外諸侯之制詳矣。《中候》以下，《召誥》、《洛誥》、《顧命》爲官府，《金縢》、《無逸》、《君奭》、《立政》爲四輔。經所謂内服二，多爲八伯。《甫刑》四篇爲四岳，爲八州之五運，十干爲邦國。《大誥》、《康誥》、《酒誥》、《梓材》爲巡守殷國之六氣，十二支爲都鄙。經所謂外服，合爲《典》之二十二人。詳此綱領，《周禮》三治之義明，而前後二十九篇得所統宗矣。

一、經傳各有體裁。凡出自一人之言者，則專以其人之言名書，如《易・繫》多「子曰」、《孟子》皆「孟子曰」是也。若彙記聖賢之言，則標題其人，如《論語》之「子曰」、「有子曰」、「曾子曰」、「子張」、「子夏」、「子游曰」是也。《尚書》創立治法，有帝王周公之名號，則出言如絲，直以「曰」繫之可也。乃有「王若曰」者，有「周公若曰」者，有「周公曰」、「王若曰」者，有「今王惟曰」者，有「王曰」、「又曰」者。經中多存替代之詞，所言不在事實之例。班《律曆志》謂孔子陳後王之法，故假託前代之口辭，以立新經之制度。寓言寓意，深具苦衷，稽古研經之彥，不可不洞悉此恉也。

一、緯説先魯，《魯頌》。後殷，《商頌》。新周，《周頌》。故宋，《邶風》。乃《詩》説也，後儒以之説《春秋》，殊多枘鑿之處。但此大綱於《書》恉亦有契合者。如《大誥》所稱「小邦周」者，乃舊周也。《康誥》「作新大邑于東國洛，四方民大和會」，即《孟子》「惟臣附于大邑周」也。《多士》「周公初于新邑洛」，皆所謂新周也。《金縢》以周公代武，爲《魯詩》登頌之所本。《召誥》稱「大國殷」、「大邦殷」，《顧命》亦曰「大邦殷」。《多士》曰「天邑商」，則素皇素統，《商頌》殿末之義。大例所關，在《詩》猶爲空言，在《書》將見行事，是以人學終於《書》，天學始於《詩》云爾。

一、《書》載虞夏商周書四代典制，更歷千數百年，其於帝王授受、政治敷施，年月大半闕如。蓋經存禮制，不同史記事實。典覲岳牧，既月乃日，留此空白，待人而行。善夫，《史記·三代世表序》曰：「五帝依據《五帝德》。三代之記尚矣，尚者，上也。此《尚書》所由名。自殷以前，距孔子千年以上。諸侯不可得而譜，春秋諸侯乃有年表。周以來乃頗可著。近代較詳。孔子因史文字母書。次《春秋》，用古文。紀五紀。元年，皇。正時帝。月王。日，伯。蓋其詳哉！大一統。至於序《尚書》序與制作，文異義同。則略無年月，不如《春秋》編年。或頗有，如《金縢》、《洛誥》。然多闕，不可録。如《世表》。故疑則傳疑。《春秋》爲信，《尚書》爲疑，以遠近分。余讀牒記，百家言不雅馴者。黄帝以來《莊子》所謂世傳之史。皆有年數，已往史事字母書本，詳如後世《世紀》、《經世》諸書。稽其曆譜牒，如《帝繫姓》、《世本》。終始五德之運，如鄒衍所傳。古文咸不同，孔經與古史字母書不同。乖異。次序方位皆不合。夫子之弗論次其年月，以制作歸之孔子。豈虛哉！」《五帝本紀·贊》。其所表見皆不虛，謂在後世。據此可見，經以舉典，史以記事，文野迥殊，不可涇渭不分也。

一、書中亦有用年月者。如《範》曰「十有三祀」，即《貢》之「十有三載乃同」，《典》之四方四巡，十二年既周，至十三年乃寅年，大會同之時，所謂同寅也。故《金縢》「克商二年」、「居東二年」，皆當作十二年。内三巡十二年，外四巡十二年。至二十五年，周公乃讓位成王。《康誥》、《多士》之三月，皆十三月之寅月。緯以十三月爲寅正，孔經用夏時，舉零數言三月也。由是《召誥》二月，乃卯年卯月由東遷西。《多方》五月，乃午年午月南巡用誥。《洛誥》之十有二月，必在十三月。七年之説，已詳於前。書中年月，無非典禮所關。以外闕略尚多，故《牧誓》甲子爲何時，《顧命》四月爲何年，皆所不計也。

一、經中舉零之例，不但二年爲十二年，三月爲十三月也。如五服爲十五服，《貢》五服各有二小名，即包舉十五服。五千里當爲萬五千里，三年陟帝位當爲十三年。寅年大會之年。省文舉零，與經中舉成數者爲比例。故二女當作十二女，指外州十二牧而言。《吕覽》堯有十子，《説苑》

堯爲君九子，爲臣十子。九子爲九州之長，說詳《皇帝疆域二十二人圖》。二女則爲十二州牧，乃大統干支分州之符記，可由辛壬癸甲推及之。《詩·斯干》以男子、女子分内外州。《史·律書》以干支爲十母十二子，非堯實有九男二女也。觀於《論衡》、《正説篇》曰：「『我其試哉』，我其用之爲天子也。又曰試之於職。『女于時，女讀作汝，時指四時十二月，每方巡三州。觀厥刑于二女』，『觀者，觀試虞舜于天下，使舜出巡外州。不謂堯自觀之也。非使二女觀于内。又曰觀試其才也。以天子之事試其才。說家以爲譬喻爲干支之譬喻。增飾使事。」增飾其說者，以爲使九男二女事舜，如孟子諸家。然則「釐降嬀汭」者，飭下十二女于外州之地，「嬪讀作賓。于虞」，即「賓于四門」之賓，如《國語》之「賓服」。十二州分四方而來賓。經舉零數，故《周禮·職方》外州舉幽、并，《爾雅》外州舉幽、營，與此二女經傳相合。諸家所謂娥皇、女英者，皆曲說也。

一、《尚書》託始堯舜，《大戴》兼舉二高與禹，共爲五帝。其首舉黃帝爲天帝，如《月令》五帝舉中以包四方，即爲五人帝之起例。是天有五宫，因有五天帝；地有五方，亦有五人帝。《史記》騶子論終始五德之運，謂五德轉移，治各有宜。如北半球水德，南半球火德，東半球木德，西半球金德，地中土德，各以其服色、儀節正位於其方。而五行又有遞生遞王之次序，《五帝德》謂某爲某之子孫者，即取此義也。秦漢不知爲大統分方之符記，誤以爲水德、土德、火德，奚怪漢師附會五行，墮落災異哉！顧五帝法五宫，而四帝則法四時，分王四方，《帝謨》謂之四鄰，《大戴》於二高、堯、舜各有四至之版宇，不以爲同在一隅之地，皆經義推廣大統之制也。

一、《金縢》一篇，辭意糅雜，最難通解。如「穆卜」何取，「代某」爲誰，「元孫」何人，「流言」增注，「居東」爲辟患，弗辟之辟，當解作君。反風而起禾，皆波雲詭譎，不可以常解解之者。更有古文家羼入之文，如公乃爲詩以詒王，名之曰《鴟鴞》，爲《詩序》之所倚託，與以《書序》羼入《本紀》、《世家》同一作僞欺人之故智。使不滌除蕪穢，則良田就荒，不可耕也。

一、經中異文，有關夫大義者，如己、予、惟小子，《大誥》二見，己、汝、惟小子，《康誥》二見，《洛誥》一見，舊皆讀作己，不知即大統地中東西兩京之代詞也。《月令》中央土，其日戊己。一日分晝夜，戊己分陰陽。周公成王分建兩京，故經以己爲東京，戊爲西京。《洛誥》：王曰：成王。「公定，周公西京已定。予往己。」成王乃往居東京。己，心。此如寧王、成王之舉二畿，《召誥》之稱二國，二京之國畿。《君奭》之稱二人，二人指戊己，統舉之爲二十二人。不可讀作「已」，亦不可以施身自謂解之者也。況《論語》虞舜恭己無爲而治，顏淵克己天下歸仁。凡夫「己立」、「己達」、「修己以敬」，皆以「己」宅中馭外。《易》曰：「己日乃孚。」其他經傳足以發明此義者，恐尚多耳。

一、經義本詳大統，從前地球未出，解從狹義。至於字誤相沿，急宜更正者，如《大誥》「王害不違」當作「王轄丕圍」，謂皇之轂轄居中，大圍在外，即輪輻也。《謨》曰「一日二日萬幾」，當讀作「萬畿」，謂土圭法一日千里爲一畿，說見《周禮·大司徒》。十日十畿，爲萬里，即皇統三萬里之一州也。《康誥》：「要囚，當作要圍。服五服六服。念讀作「驗小推大」之「驗」。五六日，五日五千里爲五服，六日六千里爲六服，即《大行人》要服。至于旬十日爲萬里。時，四時四方，每方三外州，每州六千里。丕蔽要圍。」蔽即月食。地之大圍，以十五畿爲要，法月之三五而盈。凡此者，皆於大統最爲詳明；自字體譌舛，別解增滋，生訓望文，大義沈晦，略舉數條。他若方鳩爲尸鳩、嬪虞爲賓虞、夔曰爲夔日、啟呱呱爲記識、昆侖爲混沌、中乂爲氣交、妹邦爲末土、寧幹爲翰服、有幹爲有干、即八干。父義和爲羲和，皆當作改錯專書，以昭斯誼。

一、六經之中，惟《書》字誤最多。推原其故，始由今古文之爭執，繼由壁書科斗之乖異，終由安國隸古定之糅合，枚僞本之羼增，加以後世解家縮小範圍，改經就己，翻刻流變，亥豕巳三，譌謬繁夥。如《公羊》文十二年。引《秦誓》數語，與今經文字跡懸殊。《漢志》云：「劉向以中古文校歐陽、大小夏侯三家經文，文字異者七百有餘，脱字數十。」據此以推，可見古本沿誤，至今換面改觀，不仍舊貫。今將恢復孔義，發明大統，多所改易，恐不免於按劍。然理求其安，若必以經下同於史，則馬、班皆聖人，可代尼山之俎豆矣。

一、井田之制，孟子謂「夏后氏五十而貢」，今《夏書》首《禹貢》，田賦九等，似井田由之創始，故殷助周徹，皆沿之以爲增益。不知井九百畝，中爲公田，八家皆私百畝，同養公田，京師爲公。《詩》「夙夜在公」、「自公召之」是也。八州爲私，《詩》「薄污我私」、「駿發爾私」是也。即《王制》九州一王統八百之起點。《春秋》九州洛居中，《禹貢》九州豫無夷。以九開方，面積方三千里，爲王九州；如此者九，方九千里，爲帝九州；如此者九，方二萬七千里，爲皇九州。騶子謂之九九八十一，皆由方里而井積累算之，故大小皆井字，爲經中一貫之理。《洪範》九疇即九州，有取於田疇犁畝疇，古從𠃬，通州。之義者，此也。《易》曰：「改邑不改井。」謂如三代都邑有遷移，而九州之制無沿革，故曰「往來井井」。《管子·幼官篇》「青后之井」、「赤后之井」、「白后之井」、「黑后之井」，四帝四井，各得萬五千里之九州。井田之法，三代無此畝制，列國無所留遺。孟子策滕，始試行之，故諸書言井田者皆經制。九州之通義，即如今地球，某州若干方里之計算。儒者信經疑史，直謂古有井田，商鞅廢之。於是班書《食貨志》言鞅改帝王之制，除井田，《莽傳》亦云秦滅廬井而置阡陌，西漢以後之語增，《史記·商君傳》無此說也。另有詳說，在《知聖篇》下。

一、經中天下一人之義，既在於《洪範》五事，又有從衣服立義者。《易·繫》「黃帝、堯、舜垂衣服而天下治」是也。《謨》、《貢》五服五千里，舉零例，爲十五服則萬五千里。《康誥》五服，侯、甸、男、采、衛。《周禮·大行人》六服七千里，《職方》九服九千里，加藩服爲萬里，加《板》詩六服爲萬五千里。《禹》以三千里外爲要服，所以起六千里皇一州之制。《大行人》以六千里外爲要服，所以起萬五千里帝九州之制。凡在帡幪之内，均沐衣被之恩。《典》曰「蠻夷率服」，《大誥》曰「大曆服」，《康誥》曰「大明服」，《酒誥》曰「内服」、「外服」，《立政》曰「至于海表，罔有不服」，皆取臣民服從之義，亦以見皇帝統治之宏。《周禮》推廣此意，乃以吉服五爲東方五服，《論語》謂之緇衣。凶服五爲西方五服，《論語》謂之素衣。齊服五爲中央五服，《論語》謂之黄衣。此東西中三統之服也。《詩》謂之五紽、五緎、五總。推之五方，則《月令》有青、赤、黄、白、黑五帝之衣。又地球五道，分冠、衣、帶、裳、履，則帶當赤道；分南北兩半球配之，則兩帶當兩黄道。《詩》中此義尤詳，皆孔經之有取於服者也。另有詳説，在《知聖篇》下。

一、《秦誓》舊以爲秦穆公書，其説作俑於《書序》，謂秦穆敗崤還歸，作《秦誓》也。《左傳》穆公迎師而哭，不言作《誓》。按《書》有五誓：三王之誓，王者征伐，《費誓》亦周公東征之誓，周公代武爲天子也。《穀梁》：「誥誓不及二帝。」可知王乃作誓，穆公諸侯也，采其誓文列於《書》末，《書序》謬説乃如是。無乃不類。考《藝文志》云：「書之所起遠矣！自孔子纂焉，上斷於堯，下訖於秦。」不言穆公也。《孔氏傳序》：「先君孔子討論墳典，斷自唐虞，下訖於周。」周不僅爲姬周國號，當指周公。不言秦穆公也。然則《秦誓》者，乃周公教士之書耳。《禮記》：「曲藝皆誓之。」見《文王世子》。故教士之書得稱誓。周公采邑在豳，與秦近，即今秦州。爲雍州京畿之轄地，培植本基，以學校育才、養老乞言爲要政，興教建謀，關係甚鉅，故周公誓之。諸侯何敢誓。況秦在西爲兑卦，凡古書所引《兑命》，小統稱《秦誓》，大統稱《兑命》。皆爲此篇師説。枚本竊取其義，作《説命》。

一、《論衡·東漢之初王充著。謝短篇》：問《尚書》家曰：「今旦夕所授二十九篇，奇此東漢時孔經無闕之證。有百二篇，此一説。又有百篇。此又一説，即《書序》。二十九篇何所起？答：起於孔門傳之，歐陽、大小夏侯及於伏生。百二篇何所造？答：造自西漢成帝時，説見本書。又《班志》、《儒林傳》：世所稱百兩篇者，出東萊張霸，分析合二十九篇以爲數十，又采《左氏傳》、《書序》爲作首尾，凡百二篇，篇或數簡，文意淺陋。秦焚諸書之時，《尚書》諸篇皆何在？答：焚諸書即百家語，不焚孔經。《尚書》爲博士所職，皆在學宮。漢興，始録《尚書》有何帝？答：《史·儒林傳》：伏生故秦博士，文帝時，欲求能治《尚書》者，聞伏生能治，欲召之。初受學者何人？」答：是時伏生年九十餘，老不能行，乃詔太常使掌故朝錯往受之。據此可見，東漢之初，《書經》真本完全如故也，雖有百篇序之説而無經，故百兩篇不得售其詐，學者勿疑二十九篇爲灰燼之餘也。

此《書經大統凡例》，前清光緒丙午，四益先生講學於青神漢陽之國粹精舍，時已勘明《書》指，證合《周禮》，胸有成竹，口授鄭君習五，彙編條説，草創規模。洎今十年，鄭君游學京師，銓選赴鄂，兵燹之餘，此稿無恙，幸也。民國乙卯，鎔輯《皇帝疆域圖表》以次告成，因再推原師説，加之補葺。昔漆雕習書，使仕未信，蓋彼一時，此一時也。賢者樂此，其諸可以不惑乎！黃鎔謹識。

尚書今文新義

廖平 撰
楊世文 校點

校點説明

此書實爲《尚書今文新義》之《皇篇》。廖平認爲，孔子删經，以十一篇爲《尚書》，十八篇爲《中候》。「尚」者，上也，上論帝王，有法古之義。「候」通「侯」，「中侯」意即「中鵠」。經立正鵠，以待後聖射中，有俟後之義。於《尚書》十一篇，以《皇道》、《帝典》、《帝謨》、《禹貢》、《洪範》五篇爲一皇四帝；《甘誓》、《湯誓》、《牧誓》爲三王；《高宗肜日》、《西伯勘黎》、《微子》爲殷三公二伯。於《中候》十八篇，以《顧命》、《甫刑》、《文侯之命》、《鮮誓》、《秦誓》爲周五篇；以《雒誥》、《盤庚》、《大誥》、《康誥》、《酒誥》、《梓材》皆「王曰」，爲一類，爲成王六篇；以《金縢》、《君奭》、《多士》、《多方》、《召誥》、《立政》、《毋佚》七篇皆「周公曰」，爲周公七篇。所謂《皇篇》者，分《帝典》「迺命羲和」五節爲之，以當二十九篇之數，不取晚出《泰誓》之説。每篇又分序、經、傳、記、説，分寫之。後來廖平門人黄鎔推本師説，成《尚書宏道篇》、《中候宏道篇》二書，合《書經大統凡例》統名《今文新義》，各書又獨立成書。民國三年（一九一四）《國學薈編》第三、五期連載，民國十年（一九二一）四川存古書局刊入《六譯館叢書》，今據此本整理。

目録

尚書今文新義……四七
皇篇……四七

尚書今文新義①

皇篇

《周禮》：外史「掌三皇五帝之書」。《論語》：「志於道，據於德，依於仁，游於藝。」《老子》：「道失而後德。」《管子》以道、德分屬皇、帝。按：道者，九道也。《書緯》：「月有九道。」又云：「萬古不失九道。」《論語》：「夫子之言性與天道。」專以道屬天。翼奉說：「臣聞之於師曰：天地設位，懸日月，布星辰，分陰陽，定四時，列五行，以視聖人，名之曰道。聖人見道，然後知王治之象。故畫州土，建君臣，立律曆，陳成敗，以視賢者，名之曰經。賢者②見經，然後知人道之務，則《詩》、《書》、《易》、《春秋》、《禮》、《樂》是也。《易》有陰陽，《詩》有五際。應劭曰：君臣、父子、兄弟、夫婦、朋友也。孟康曰：《詩内傳》曰：五際，卯、酉、午、戌、亥也。陰陽終始際會之歲，於此則有變改之政也。《春秋》有災異，皆列終始，推得失，考

---

① 尚書今文新義：後原有「第一」二字，因僅成此一篇，故删去。

② 者：原脱，據《漢書·睦兩夏侯京翼李傳》補。

天心，以言道之安危。至秦乃不説，傷之以法，師古曰：説音悦，言不悦詩書，而以文法傷文學之人也。是以大道不通，至於滅亡。」按孔經，人學始《春秋》而盛於《書》。皇法配天，故以五紀爲例。《公羊》以年時月日爲大一統。蓋王伯春秋之學，地僅一隅，風俗政令不能大反，故可折定一尊，至於全球，言語、嗜好、飲食、衣服、器械，各有土俗所宜，每成反比例，不能用劃一之法。故《論語》曰：「無可，無不可。」又曰：「鄙夫問於我，空空如也，我叩其兩端而竭焉。」故用三天六曆，專法昊天，一朔全頒十二月之令，此中央之帝曰混沌之師法也。又漢師以廿八篇比於列宿，別有斗建爲之主宰，所以有廿九篇。以《皇篇》法斗建，爲列宿之主故也。今別出《皇道》爲一篇，傳記至多，不可縷載，今取其最切合者十篇附目，以取隅反之義。皇配天無爲，經止於此，至於餘篇多屬帝德，分篇所在，王伯詳焉。又皇爲天，爲上帝，經中凡稱天、皇、上帝者，統屬此篇焉。

乃命皇所命。不言皇，本天不言之義。羲和，皇命之羲和即堯舜。帝篇爲帝命，二伯、文侯之命爲王命。二伯、皇上下三才學，故《戴記》有天官地官爲六相，至於帝則止五官。欽若昊天，皇配天，故經言皇天。凡曆數皆天道。曆象《素問》以地理配天氣之法。日月星辰，天道以五紀爲例。《公羊》元年春王正月，大一統也。以皇爲歲，帝爲時，王爲月，伯爲日。敬授民《周禮》萬民即萬邦。時。四時，五帝學。中庸時措之宜，孔子時中之聖。分命中分天下，又爲四鄰，四分法。《穀梁傳》：人之於天，以道受命。羲仲，《周禮·春官》。東方用魯曆，内二日甲乙，寅卯辰三月。宅測景之法。宅即測量。嵎夷，《禹貢》四隩即宅。所謂光被四表，東表萬五千里。曰暘谷。《月令》：東方青陽。視朔之廟名，在東門外八里。寅賓凡斗柄所指之十二次同爲寅，即同爲正月。《素問》：移光定位。觀其正月而可知，即十二月旋相爲本之説。經二寅與二申對文，凡斗建所指八節十二宮，皆爲寅正，故内八干爲八正，外十二州爲十二月，旋相爲本。出日，《月令》天子迎春東郊。平秩東作。《月令》春三月，命令。《穀梁》：人之於人，以言受命，皇以天道轉命於人。日中，地與日平。《周禮》：春秋致月。星鳥，《月令》分言，此統舉七宿以示例。《天文訓》有詳説。以殷《周禮》十二年巡狩殷國，以法歲星。通以外十二州爲殷，一州三十度，於天文占一次，於地爲直徑六千里。故每方月法三分者爲六合，十二州、十二支言之。仲春。東方青帝。厥民《周官》五民，川澤之民。析，三月政令。鳥獸《月令》七十二候。孶尾。《月令》春三月，日甲乙，月寅卯辰。〇《大傳》：東方之極，自碣石東至日出榑木之野，帝太皞（四宮爲帝），神句芒（五緯歲星爲神）司之。《淮南・時則訓》此下四方皆有「方萬二千里」句。自冬日至數四十六日，迎春於東堂，距邦八里，堂高八尺，堂階八等，青稅八乘，旂旐尚青，田車載矛，號曰助天生。倡之以角，舞之以羽，此迎春之樂也。孟春之月，御青陽左个，禱用牡，索祀於艮隅，皃必恭，厥休時雨。朔令曰：「挺群禁，開閉闔，通穹窒，達障塞，待優游。其禁：毋伐林木。」仲春之月，御青陽正室，牲先脾。設主於户，索祀於震正。朔①令曰：「棄怒惡，解役罪，免憂患，休罰刑，閉關梁。其禁：田獵不宿，飲食不享，出入不節，奪民農時，及有姦謀。」季春之月，御青陽右个，薦用鮪，索祀於巽隅。朔令曰：「宣庫財，和外怨，撫四方，行柔惠，止剛強。九門磔禳，出疫於郊，以禳春氣。」〇《淮南》：「東方之極方萬二千里。」《逸禮》、《皇覽》同。《大傳》此篇如《月令》摘本令，故定《月令》爲《皇篇》之傳。凡古文書所傳四時五行説，同爲此篇師説。

中命經以二申二寅爲四方起例。凡《月令》斗建昏建爲寅對沖，與旦建皆爲申。八宮十二次皆同。故春秋言二分二

① 朔：原作「索」，據《五禮通考》卷二百改。

寅，夏冬言二申二正，互文見義，皆以明一時之中，十二時皆備，一朔之中，十二朔皆全也。羲叔，《周禮》夏官。宅南郊，赤道相交爲赫，南表萬五千里。《逸禮》、《皇覽》同。曰明都。《月令》曰明堂，在南門外七里。平秩南訛，内二外三，爲南方五部。南方用夏曆，内二日丙丁二州，外三月巳午未三州。敬致。日永，《周禮》大司徒測景。鄭君四游説夏日永多暑。星火，心大火，東方七宿之中。以正《靈樞·九宫八風》：以八千配八宫，稱爲八正。廿四節氣，以四時立名者八。以八節爲八正，每宫占四十五六日。内八宫，每州占四十五六度。經春秋致月，以十二州言。夏冬致日，則以八正言。故二言殷，二言正。仲夏。夏正爲仲夏氣炎帝。厥民南方之民丘陵。因，鳥獸希革。《月令》夏三月物候。

○《大傳》：南方之極，自北户南至炎風之野，帝炎帝，神祝融司之。自春分數四十六日迎夏於南堂，距邦七里，堂階七等，赤税七乘，旂旐尚赤，田車載弓，號曰助天養。倡之以徵，舞之以鼓鞉。此迎夏之樂也。孟夏之月，御明堂左个，嘗麥用彘，索祀於巽隅，視必明，厥休時燠。朔令曰：「爵有德，賞有功，專賢良，舉力農。其禁：毋陰隄防。」仲夏之月，御明堂正室，牲先肺，設主於竈，索祀於離正。朔令曰：「振貧窮，惠孤寡，慮囚疾，出大禄，行大賞。其禁：棄法律、逐功臣、殺太子、以妾爲妻。乃令民雩。」季夏之月，御明堂右个，牲先心，設主於中霤，索祀於坤隅。思必睿，厥休時風。朔令曰：「起毁宗，立無後，封廢國，立賢輔，卹喪疾。」○《淮南》：南方之極方萬二千里。

分命和仲，秋官。宅西表萬五千里。西，西方之極。西方用殷曆，内庚辛立秋秋分二宫，外申酉戌三州，每州各用一正。曰昧谷，《月令》之總章，在西門外九里。寅西方以七月申爲寅，每州三十度，寅申對衝即爲一合。餞納日，《月令》天子迎秋。平秩西成。農命令。宵中，星虚，以殷仲秋。白帝素衣。厥民西方五民。《周禮》西方之民，五土之山林。夷，鳥獸毛毨。《月令》秋三月十八候。○《大傳》：西方之極，自流沙西至三危之野，帝少皞，神蓐收司之。自夏日數四十六日迎秋於西堂，距邦九里。堂階九等，白税九乘，旂旐尚白，田車載兵，號曰助天收。倡之以商，舞之以干戚。此迎秋之樂也。孟秋之月，御總章左个，嘗穀，殺犬，索祀於坤隅，言必從。厥休時暢。朔令曰：「審用法，備盜賊，禁姦宄，飾群牧，謹貯聚，其禁：毋弛戎備。」仲秋之月，御總章正室，牲先肝，設主於門，索祀於兑正。朔令曰：「謹功築，遏溝瀆，修囷倉，決刑獄，趣收斂。其禁：好攻戰，輕百牲，飾城郭，侵邊竟。乃令民畋釀，庶氓畢入於室，曰時殺將至，毋罷其萏。」季秋之月，御總章右个，薦用田禽，索祀於乾隅。朔令曰：「除道路，守門閭，陳兵甲，戒百官，誅不法，除道成梁以利農。」〇《淮南》西方之極方萬二千里。

申命四命，即光被四表。和叔，冬官北方，用顓頊曆。内壬癸二宫主立冬、冬至，外亥子丑三州，各方六千里，占天文三十度强，十二月旋相爲本，各有一正月。宅北表萬五千里。朔方，北方之帝。曰幽都。《月令》幽堂、幽明二字本由赤道、黑道取，二帝中分，各爲五際。北統五剛日，南統五柔日，衣裳顛倒，則如三爻，以二、五爲中，三、四爲邊部。平在朔易，以上爲七月四之日。日短，就黄道言，則有長短之分，地中則無冬無夏，無長短。星昴，舉中一宿以示例。以正仲冬。《月令》冬三月，冬至爲仲冬氣。厥民《周禮》：北方之民墳衍。《靈樞》北方五民。隩，鳥獸氄毛。十八候。〇《大傳》云：北方之極，自丁令北至積雪之野，帝顓頊，神玄冥司之。自秋分數四十六日，迎冬於北堂，距邦六里，堂高六尺，堂階六等，黑税六乘，旍旄尚黑，田車載甲鐵，號曰助天誅。倡之以羽，舞之以干戈，此迎冬之樂也。孟冬之月，御玄堂左个，祈年用牲，索祀於乾隅，聽必聰。厥休時寒。朔令曰：「申群禁，修障塞，畢積聚，繫牛馬，收澤賦。其禁：毋作淫巧。」仲冬之月，御玄堂正室，牲先腎。設主於井，索祀於坎正。朔令曰：「搜外徒，止夜禁，誅詐僞，省醖釀，謹閉關。其禁：簡宗廟，不禱祠，廢祭祀，逆天時。乃令民罷上功。」季冬之月，御玄堂右个，薦用魚，索祀於艮隅。朔令曰：「省牲牷，修農器，收秸薪，築囹圄，謹蓋藏。乃大儺以禳疾。命國爲酒，以合三族，君子説，小人樂。」〇《淮南》：北方之極萬二千里。

羲和八伯合十日圖

《大傳》四岳，每岳貢兩伯之樂，故四岳爲八伯，合羲和爲十日也。

書尚書弘道編

廖平 撰 黄鎔 筆述
楊世文 宋桂梅 校點

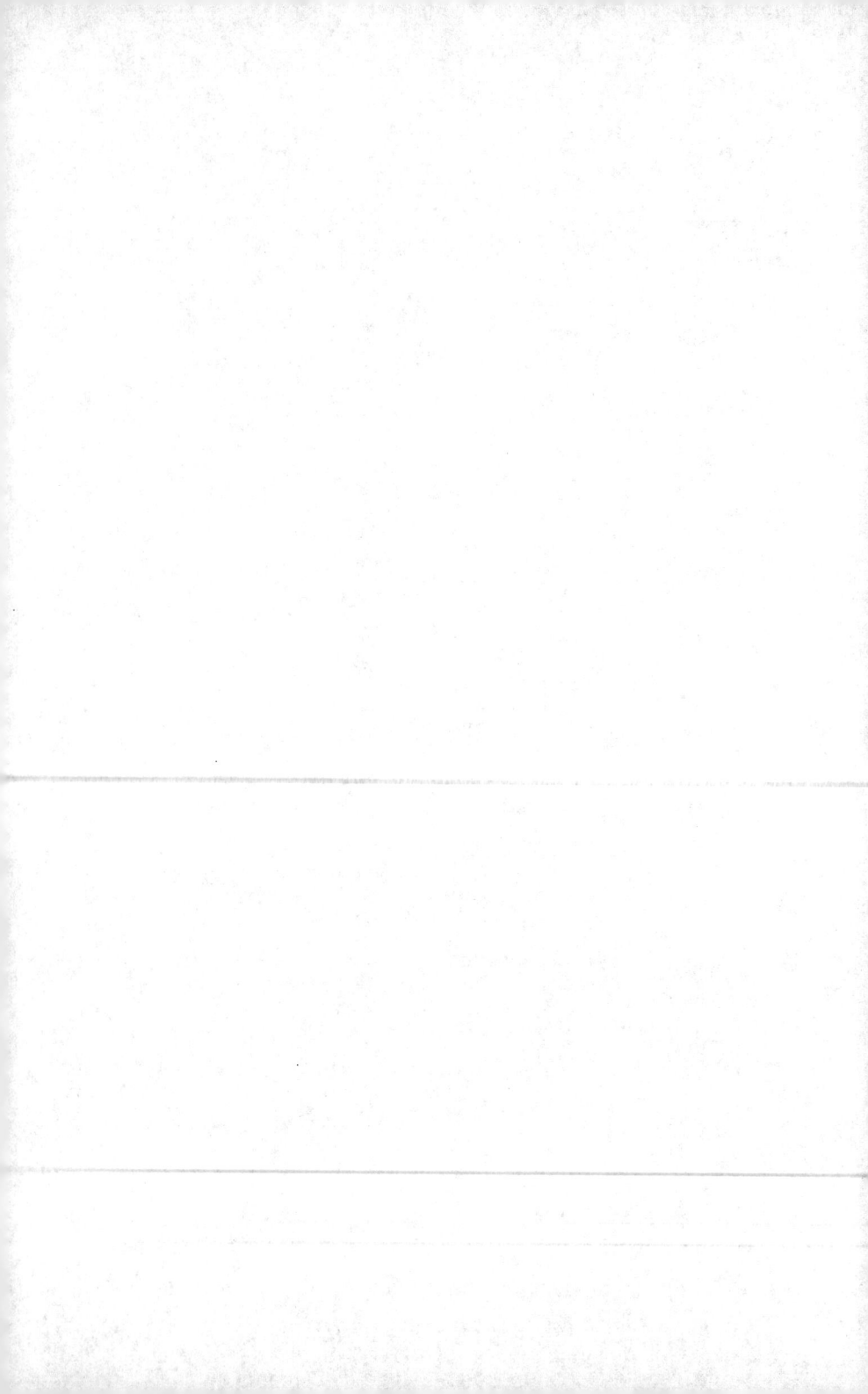

校點説明

《書尚書弘道編》不分卷，實爲廖平門人黄鎔筆述。謂尚者上也，上託帝王，因加「尚」以尊之。故前十一篇法古爲《尚書》，後十八篇俟後爲《中候》，不得概以《尚書》目之。今統加以大名曰《書》，故名《書尚書弘道編》，分《尚書》與《中候》兩部。其《尚書》十一篇：首一皇四帝，爲《皇道》、《帝典》、《帝謨》、《禹貢》、《洪範》；次三王，爲《甘誓》、《湯誓》、《大誓》；次殷三公二伯，爲《高宗肜日》、《西伯戡黎》、《微子》。次即所謂《中候》十八篇：首周公篇七，爲《金縢》、《君奭》、《多方》、《多士》、《召誥》、《立政》、《毋佚》；次成王篇六，爲《雒誥》、《般庚之誥》、《大誥》、《康誥》、《酒誥》、《梓材》；次周篇五，爲《顧命》、《甫刑》、《文侯之命》、《鮮誓》、《秦誓》。全書仍録《尚書》本文，而以新説注疏於下。其説新穎，如注《禹貢》，謂《洪範》九疇，即《禹貢》九州，因疇、州古通；又謂禹湮洪水，不過治黄河之水耳，長江自古無水患，《貢》以九州導水，概爲禹功，託禹以爲天下後世法，此經所以異於史也。是書曾連載於《國學薈編》一九一六年第四期，一九一七年第一、五、六、七期。民國七年（一九一八）四川存古書局刊入《六譯館叢書》，今據此本整理。

目録

書尚書弘道編……五九
皇道篇第一……五九
〔附〕皇道篇舊傳……六五
尚書……六六
帝典第二……六七
帝謨第三……九一
禹貢第四……一一〇
〔附〕禹貢舊傳……一三三
鴻範第五……一三四
〔附〕鴻範舊傳……一五三
甘誓第六……一五四
湯誓第七……一五五
大誓第八……一五七

高宗肜日第九……一六八
西伯戡黎第十……一七〇
微子第十一……一七二

書尚書弘道編

舊名《尚書緯説》。尚者，上也。上託帝王，因加「尚」以尊之。故前十一篇法古，爲《尚書》，後十八篇俟後，爲《中候》，不得概以《尚書》目之。今統加以大名曰《書》。

井研廖氏學
樂山受業黄鎔筆述

皇道《洪範》皇極居中，皇道蕩、平、正直。《顧命》：「皇天用訓厥道，付畀四方。」天不變，道亦不變。緯説皇道、帝德，萬世不失。九道謀皇配天，以道爲主。《論語》「志道」，即孔聖之「止鵠」。「天下無道」，則《書》之大同隱；「天下有道」，則《書》之大同見。**篇第一**漢師以《書》二十八篇象列宿。《史·儒林傳》曰伏生書二十九篇。《班志》云經二十九卷，大小夏侯《章句》及《解故》皆各二十九卷。《論衡》謂天之北斗，是古本二十九篇，法斗以爲列宿之綱，《皇道篇》是也，不宜以晚出《泰誓》之傳説當之。

迺命主命爲誰？《吕刑》「乃命重黎」、「乃命三后」，《顧命》「乃命建侯」，上有皇帝、皇天明文，故此「迺命」爲皇命也。經不言皇，皇法天，本天不言之義。**羲和**，帝咨羲和爲帝命，此爲皇命羲和。乃皇之二伯，如顓頊之重黎，《周禮》之天官、地官。○《管子·五行篇》：「黄帝得六相而天下治，神明至。風后明乎天道，使爲當時；大常察乎地利，使爲廩者。」**欽若**

司馬釋「欽若」爲「敬順」。**昊天**，《書緯》説元氣廣大則稱昊天。○皇配天，故經言皇天。○《新語》：「於是後聖乃定五經，明六藝，承天統地。」**曆**《史・曆書》：「王者易姓受命，必慎厥初，改正朔，推本天元。」太史公曰：「神農以前尚矣，黄帝考定星曆，建立五行，起消息，正閏餘」云云。班《律曆志》推衍其詳，而表不易讀。《四益館叢書》中有《三統曆表》，足備查核。**象**皇統全球，當用七曆。中央渾天曆，上方黄帝曆，下方周曆，正東魯曆，正南夏曆，正西殷曆，正北顓頊曆。蓋天、宣夜二法普通采用。説詳《皇帝疆域・七憲圖》。**日**陽曆歲，日系説。**月**陰曆月。**星**月球諸天。**辰**，太空無星聚會之地。○《洪範》五紀，以皇爲歲，帝爲時，王爲月，伯爲日，庶民爲星。故《公羊》謂「元年春王正月」大一統，是爲經制託天之古證。蓋至聖垂經，不能如佛道二家之直言，又不能不立法俟後，因於五紀以政學人事託之天道。《董子・官制象天篇》四時、四選，是其傳説。○《漢・李尋傳》：「《書》曰曆象日月星辰，此言仰視天文、俯察地理、觀日月消息、候星辰行伍、揆山川變動、參人民繇俗以制法度者。」**敬授**《伏傳》：中央之極自昆侖中至大室之野，帝黄帝，神后土司之。**民**《周禮》「萬民」即萬邦。**時**。皇統四帝分占四時，爲四鄰。《書》止堯、舜二帝，《大戴・五帝德》二高在堯舜前，各有四至之文，始足四帝之數。《左傳》高陽八愷、高辛八元，《呂覽》堯十子、舜九子，八伯無闕。《伏傳》七觀，首舉《典》、《貢》、《謨》、《範》四篇，即四方四帝，分司四時。説詳《皇帝疆域・四鄰圖》。○《伏傳》：「天子南面而視四星之中，知民之緩急，故曰敬授民時。」《李尋傳》：「《書》曰敬授民時，故古之王者尊天地，重陰陽，敬四時，嚴月令。順之以善政，則和氣可立致，猶桴鼓之相應也。」

分以春、秋二分起中分天下之例。**命羲仲**，《周禮・春官》。○經二叔、二仲皆從羲和生義，乃二伯分左右之制，與八伯、八才子同爲天下一家例。○黄帝六相，奢龍辨乎東方，使爲土師。**度**度爲測量。《周禮》土圭測日，即《召誥》、《洛誥》之相宅。**禺銕**，東表萬五千里。○《伏傳》：「東方之極，自碣石東至日出榑木之野，帝太皞司之。」**曰**《爾雅》：曰，于也。**暘谷**，此頒朔明堂之名。《月令》：「春，天子居青陽。立春之日，天了親帥三公、九卿、諸侯、大夫以迎春於東郊，還反。」

《伏傳》：「迎春於東堂，距邦八里，堂高八尺。春三月御青陽三室。」與《月令》同。明堂分建於四郊，皆各三室。**寅**寅爲東方三外州之一，夏正建寅，以爲歲首。**賓**帝《典》「賓于四門」，即《國語》「賓服」，舉東方以示例。**出日**，《周禮·大司徒》：「日東則景夕多風。」匠人以景爲規，識日出之景與日入之景。**辯**馮相氏「辯其敘事」，鄭注：「謂若仲春辯秩東作，仲夏辯秩南譌，仲秋辯秩西成，仲冬辯在朔易。」**秩**土圭測日，必有秩序。《康誥》謂之有倫。**東作**，《月令》：「王命布農事，命田舍東郊，皆修封疆，審端徑術。善相丘陵、阪險、原隰、土地所宜，五穀所殖，以教道民，必躬親之。田事既飭，先定準直，農乃不惑。」○《伏傳》：「東方者，動方也，物之動也。何以謂之春？春，出也，物之出也。」鄭曰：「作，生也。」《淮南·天文訓》：「是故天不發其陰，則萬物不生；地不發其陽，則萬物不成。」**日**《月令》：「孟春日在營室，仲春日在奎，季春日在胃。」**中**《考工記》：「匠人晝參諸日中之景。」**星**「夜考之極星。」**鳥**，朱鳥，鶉火，南方七宿之中。○《月令》：「孟春昏參中，旦尾中。仲春昏弧中，旦建星中。季春昏七星中，旦牽牛中。」與此星鳥詳略互文。○星象在天，歲差漸移，久而必變。經傳或據正方，或言傳變，非《書》與《月令》有數千年之差別。經傳互文見義，同出一時。**以殷**《周禮》十二歲巡守殷國，通以外十二州爲殷。此於春秋言殷，舉東西以包南北。**中春**。春分東方之正，青帝司之，內于甲乙，外支寅卯辰。每州六千里，應天三十度。**厥民**《周禮》：「二曰川澤，其民黑而津。」**析**，《靈樞·二十五人篇》：「木形之人，比於上角，似於蒼帝。」**鳥獸字微**。《月令》：孟春「命祀山林川澤，犧牲毋用牝。毋①覆巢，毋殺孩蟲、胎、夭、飛鳥，毋麛，毋②卵」，季春「田獵罝罘羅網畢翳餧獸之藥，毋出九門」，「命野虞毋伐桑柘，鳴鳩拂其羽，戴勝降于桑」，「乃合累牛騰馬，遊牝于牧，犧牲駒犢，舉書其數」。

---

① 毋：原作「母」，據《禮記·月令》改。

② 毋：原作「母」，據《禮記·月令》改。

中經以二申與二寅對文。全球凡斗杓所建十二宫皆爲寅正，其對爲申。《素問》：「移光定位，觀其方月而可知。」故内八干爲八正，外十二州即十二月，旋相爲本。命羲叔，《周禮·夏官》。○東南統於左伯，故以羲爲符記。《伏傳》一岳貢兩伯之樂，經但舉正岳，故羲仲即兼羲伯，羲叔即兼羲季。○黄帝六相，祝融辯乎南方，使爲司徒。度南交，南表萬五千里。《詩·十月之交》、《素問·氣交篇》皆在南，亦爲中。○《伏傳》：「南方之極，自北户南至炎風之野，帝炎帝司之。」曰明都，《月令》：「夏，天子居明堂。立夏之日，天子親帥三公、九卿、大夫以迎夏於南郊，還反。」《伏傳》：「迎夏於南堂，距邦七里，堂高七尺。」夏三月御明堂三室，與《月令》同，非十二室皆在南郊也。辯秩南譌，譌一作「爲」。《月令》：「命野虞出行田原，爲天子勞農，勸民毋或失時。命司徒循行縣鄙，命農勉作，毋休于都。」○一説譌，交錯也。《董子·陰陽出入上下篇》：「大夏之月，相遇南方，合而爲一，謂之曰至。别而相去，陽適右，陰適左。適右由下，適左由上，上暑而下寒，以此見天之夏右陽而左陰也。」敬致，《馮相氏》：「冬夏致日，春秋致月，以辯四時之敘。」經但於夏言致，爲舉隅例。日永《大司徒》：「日北則景長，多寒。」《月令》：孟夏日在畢，仲夏日在東井，日長至，季夏日在柳。星火，心，大火，東方七宿之中。○《月令》：孟夏昏翼中，旦婺女中。仲夏昏亢中，旦危中。季夏昏火中，旦奎中。與此星火略詳互文。以正經於夏冬言正，舉南北以包東西，又爲八正、十二正之起例。八正通於《易》八卦、《管子·幼官》四方八圖、《靈樞·八正神明》、《九宫八風》二篇。十二正即《月令》十二律，《管子》之十二卯酉。中夏，夏至南方之正，赤帝司之，内干丙丁，外支巳午未。每州六千里，應天三十度。厥民《周禮》三曰丘陵，其民專而長。因，《靈樞》：火形之人，比於上徵，似於赤帝。鳥獸希革。《月令》：「鵙始鳴，反舌無聲」，「游牝别群，則縶騰駒，班馬政」，「鹿角解，鷹乃學習。」

分經以東西分伯，象春秋之書①夜均分。命羲仲②，《周禮·秋官》。○黄帝六相，大封辨乎西方，使爲司馬。度《王制》：司空執度，度地居民。西西表萬五千里。○《伏傳》：「西方之極，自流沙西至三危之野，帝少皞司之。」曰柳穀③，《月令》：「天子秋居總章，立秋之日，天子親帥三公、九卿、諸侯、大夫以迎秋於西郊，還反。」《伏傳》：「迎秋於西堂，距邦九里，堂高九尺。」秋三月御總章三室，與《月令》同。寅西方以七月申爲寅正。○寅申相對，故《淮南》謂孟春與孟秋合。餞《伏傳》作踐。入日，《大司徒》：「日西則景朝多陰。」《月令》：孟秋日在翼，仲秋日在角，季秋日在房。辯秩西成，《月令》：「是月也，農乃登穀，天子嘗新，先薦寢廟，修囷倉。乃命有司趨民收斂，務畜菜，多積聚。」○《文子·上仁篇》：「天地之氣，莫大於和。和者，陰陽調，日夜分。故萬物春分而生，秋分而成。分與成，必得和之精。」夜中《馮相氏》：春秋致月。星虛，玄枵虛星，北方七宿之中。○《月令》：孟秋「昏建星中，旦畢中」，仲秋「昏牽牛中，旦觜觽中」，季秋「昏虛中，旦柳中」，與此夜中星虛詳略互文。以殷中秋。秋分西方之正，白帝司之。内干庚辛，外支申酉戌。每州六千里，應天三十度。厥民《周禮》：一曰山林，其民毛而方。夷，《靈樞》：金形之人，比於上商，似於白帝。鳥獸毛毨。《月令》：孟秋鷹乃祭鳥，仲秋群鳥養羞，季秋鴻雁來賓，豺乃祭獸戮禽。

申命和叔，《周禮·冬官》。○西北統於右伯，故以和爲幟記。《伏傳》稱一岳兩伯，故和仲即兼和伯、和叔即兼和

---

① 書：原作「畫」，據文意改。

② 羲仲：《書·堯典》作「和仲」。

③ 柳穀：《書·堯典》作「柳谷」。案，廖氏引書時加改動，不盡合原文原意，茲不一一出校。

季。○黄帝六相，后土辯乎北方，使爲李。**度北方**，北表萬五千里。○《伏傳》：北方之極，自丁令北至積雪之野，帝顓頊司之。**曰幽都**，《月令》：「冬，天子居玄堂。立冬之日，天子親帥三公、九卿、大夫以迎冬於北郊，還反。」《伏傳》：「迎冬於北堂，距邦六里，堂高六尺。冬三月御玄堂三室。」與《月令》同。○「幽」、「明」二字，本由赤道、黑道取義。二帝中分，各爲五際，北統五剛日，南統五柔日，衣裳顛倒①，則如三爻以二五爲中，三四爲邊鄙。**辯在**在，察也。在璿璣玉衡。**伏物**，《月令》：孟冬「命有司曰：天氣上騰，地氣下降，天地不通，閉塞而成冬。命百官謹蓋藏。命司徒循行積聚，無有不斂。壞城郭，戒門閭，修鍵閉，慎管籥，固封疆，備邊竟，完要塞，謹關梁，塞蹊徑。」仲冬「命有司曰：土事毋作，慎毋發蓋，毋發室屋，及起大衆，以固而閉。地氣阻泄，是謂發天地之房，諸蟄皆死，民必疾疫，又隨以喪，命之曰暢月」。「命②奄尹，申宫令，審門閭，謹房屋，必重閉。省婦事，毋得淫。雖有貴戚近習，毋有不禁」。○《伏傳》：「北方者，伏方也，萬物之方，伏物之方也。伏則何以謂之冬？冬者中也。中也者，萬物方藏於中也，故曰北方冬也。陽盛則吁荼萬物而養之外也，陰盛則呼吸萬物而藏之内也。故曰吁吸也者，陰陽之交接，萬物之終始。」《伏傳》又作朔易。易，交易也。《董子・陰陽出入上下篇》：「中冬之月，相遇北方，合而爲一，謂之曰至。別而相去，陰適右，陽適左。適左者其道順，適右者其道逆。逆氣左上，順氣右下，故下煖而上寒。此以見天之冬右陰而左陽也。」**日短**《大司徒》：「日南則景短，多暑。」《月令》：孟冬日在尾，仲冬日在斗，日短，至季冬日在婺女。○就黄道言，則有長短冬夏之分。地中則無冬無夏，無晝夜長短。**星昴**，昴星，西方七宿之中。○《月令》：孟冬「昏危中，旦七星中」，仲冬「昏東壁中，旦軫中」，季冬「昏婁中，旦氐中」，與此星昴詳略互文。**以正**合之中夏爲

---

① 倒：原作「例」，據文意改。
② 命：原作「令」，據《禮記・月令》改。

二正。經以堯舜南北分治天下，故《楚辭》有堯北舜南之賦。堯居守，司北半球四國，爲堯五際；舜施行，司南半球四國，爲舜五際。《中候》以《多士》、《多方》當之，爲《周禮》時會殷同之地。《楚語》謂之南正重司天、火正黎司地；《莊子》謂之南海之帝、北海之帝；翼奉謂之上方、下方；《内經》謂之南政、北政。中冬。冬至北方之正，黑帝司之，内干壬癸，外支亥子丑。每州六千里，應天三十度。厥民《周禮》：四曰墳衍，其民晳而瘠。燠，《靈樞》：水形之人，比於上羽，似於黑帝。鳥獸氄毛。《月令》：雉入大水爲蜃，鶡旦不鳴，虎始交，麋解角，雁北鄉，鵲始巢，雉雊，雞乳，征鳥厲疾。

〔附〕皇道篇舊傳

以下諸書皆爲天道，發明大統之義，略舉其要，可以類推。

《戴記·月令》

《大戴·夏小正》

《逸禮》五極、五官、五土、五民、五動植等説

《逸周書·周月》、《時訓》、《月令》等篇

《墨子·尚同》、《兼愛》、《天志》等篇

《吕覽》十二月紀

《莊子·天地》、《天道》、《天運》、《天下》等篇

《管子·幼官》、《四時》、《五行》等篇

《董子·官制象天》、陰陽五行相生相勝等篇，《改制篇》四法説

《淮南子·時則訓》、《地形訓》

《素問·運氣》七篇

《靈樞·陰陽》、《四時》、《五色》、《五味》、《五音》、《九宫八風》等篇

尚書

舊題此爲《虞書》，或據《孟子》「堯老舜攝」，以爲録於虞史。夫孔①經非史也。傳稱《虞書》者，《左氏》最著，實因數舜功而稱「虞」，猶②經稱「有鰥曰虞舜」，非孔本舊名《虞書》也。按《伏傳》猶曰「唐傳」、「虞傳」、「虞夏傳」，不名「虞書傳」。至歐陽本乃合稱《虞夏書》。馬、鄭、王、肅、《别録》仍之。《班志》：「《書》之所起遠矣，自孔子篹焉，上斷於堯。」是以堯統舜也，不可以虞冠堯。《説文·禾部》引《唐書》、《心部》引「五品不悉」，亦稱《唐書》，此以堯統舜之證，故可稱《唐書堯典》，若《虞書堯典》，則不辭。究之分代繫事，史筆有然，經則宏規鉅制，迥殊於史，絶不以唐虞夏商周之世代名書也，故正名曰《尚書》。

---

① 孔：原作「扎」，據文意改。

② 猶：原作「酒」，據文意改。

帝典第二

舊名《堯典》，致僞序別造《舜典》篇名，枚氏遂分典爲二篇。今從《大學》稱《帝典》。《孔叢子·論書》引「子曰：吾於《帝典》見堯舜之聖焉」，故《帝典》可以觀美。按：《帝典》通篇帝字皆堯，故專屬堯帝。《謨》乃專屬舜。

序《書》自有《序》，不必更加「序」。《史記》：「孔子序《尚書》。」《班志》：「孔子籑書凡百篇，而爲之序，言其作意。」百篇僞説不足辨，可知書舊有序，黠者乃竊其似以售欺，今特表著之，庶僞序無塗附之隙。**曰若**虛擬之辭。**稽古**，《論衡》：「《尚書》者，以爲古帝王之書，故皆託古。」即《董子·改制篇》所謂法古。○孔氏古文謂經爲古。古從十從口，口象天，十象地。經義範圍天地，故范升説稽古承天，鄭君曰稽古同天，古爲經之代辭。經託古，皆文明典制，真古史事則多蠻野。古又爲告本字，後增作鵠。口象候形①，十象矢形，古爲正鵠，故《孟子》云聖道猶射。**帝堯**《史·本紀》：「學者多稱五帝，尚矣。然《尚書》獨載堯以來。」《白虎通》：「德合天地者稱帝。謂之堯者何？堯猶嶤嶤也，至高之貌，清妙高遠，優游博衍，衆聖之主，百王之長也。」言帝堯以包帝舜，故二帝同名《帝典》。亦如《詩》之左右采流，言睢鳩以包鳲鳩；左右陟降，言文王以包武王。故此篇可以使稱《堯典》，不可有《舜典》之名。○《大戴·五帝德》：黄帝、帝顓頊、帝嚳、帝堯、帝舜、帝禹共六名，數踰乎五。董子以先謚者尚推爲皇，後謚者下移爲帝。鄭君以大五帝爲星辰。今用《左》、《國》説，人帝以顓頊爲斷，五帝東高陽，西高辛，北堯，南舜，夏禹居中。《書》始於堯，以二高爲二帝後，尊賢不過二代也。《墨子》説堯北教乎八狄，舜南教乎七戎，故堯爲北海之帝，舜爲南海之帝，禹則爲中央之帝，如《莊子》所謂倏忽混沌。**曰放勳**，放，大也。《祭義》有「推

① 候：原作「侯」，據文意改。

而放諸東海而準」及南、西、北海之説。堯爲北帝，可以其功勳推放於餘方，故曰放勳。欽明文思《論衡》：「欽明文思以下誰所言也？曰：篇家也。篇家誰也？孔子也。孔子鴻筆之人也。」晏晏，晏訓安。既安北，又能安南，故曰晏晏。允恭克讓，《説苑》：「昔堯履天子之位，猶允恭以持之，虚静以待之。」○鄭曰：「不懈於位曰共，推賢尚善曰讓。」光《素問》移光定位。被四表，《周禮》：測日土圭尺五寸，度地萬五千里爲一表，冬夏致日，春秋致月，爲四表。則地方三萬里，堯爲北帝，止用一表。言四表者，舉全數也。○《書緯》：日照四極九光，東曰日中，南曰日永，西曰宵中，北曰日短，光照四十萬六千里。地與星辰升降於三萬里之中，春則星辰西游，夏則北游，秋則東游，冬則南游。冬至地上北而西三萬里，夏至地下南而東三萬里，春秋二分其中矣。鄭注：「天旁行四表之中，冬南，夏北，春西，秋東，皆薄四表而止。」假于上下。《洛誥》：「惟公德明光于上下，勤施于四方。」○以皇學言，玄通上下，與天地合德。上征下浮，如《離騷》神游也。○《書緯》：日道出于列宿之外萬有餘里，正月假上八萬里，假下十萬四千里。鄭注：「夏日道上與四表平，下去東井十二度，爲三萬里也。」克明峻德，《大學》説皆自明也。○帝以德爲主，故《大學》首言「明明德」，《範》則三德立綱，《謨》與《立政》詳言九德，其目則三公九德，九卿六德，大夫三德，帝以峻德，在九德上。以親九族。《白虎通》：「族者，湊也，聚也，謂恩愛相流湊也。《書》曰『以親九族』，族所以九何？九之爲言究也，親疏恩愛究竟也。」然則九族爲九州，《周禮》謂之邦國，爲鎮以内八州之地，加王畿爲九。合九州爲一家，即《梓材》所謂大家，經故以「親」言之。九族既睦，睦之言和，即《周禮·大宰》所謂「以和邦國」。便章百姓。百姓，即《周禮·大宰》之百官。百官乃官府之變文，爲侯甸以内三千里之地。百姓昭明，《大宰》於官府百官以治教統正刑，任之六典，說明之義。**協和萬國**①。萬國即太宰所謂萬民，爲蕃國以外都鄙外州之地。《洪範》謂之庶民，《無逸》亦稱庶民。**黎民**《國語》：「南正重司天以屬神，火正黎司地以屬民。」神在上，民在下，故謂民爲黎民。以《詩》、《易》言，下民與上帝對文，皆在六合以外。如帝學則在天地之間，六合之內。**于蕃**韋昭說：蕃，多也。**時雍**。應劭說：雍，和也。○民之蕃多，如《周禮》五土、五民，《淮南》三十六民，《内經》二十五民。其態不同，若以時分之，則如《皇道篇》春民析、夏民因、秋民夷、冬民燠，各適其性情風土之所宜。《王制》所謂五方之民也，皆統歸於地中雍和之地，故《康誥》言四方民大和會，《洛誥》曰和恒四方民，即衆民時雍之證也。

[經]**帝曰**：皇法天不言。《論語》「天何言哉？四時行，百物生」是也。《穀梁》：「人之於天也，以道受命；於人也，以言受命。」皇合天道，不言而信。凡經所言天命，即皇命。《白虎通》：帝稱天子。爲人學，不可無言，故標題「帝曰」，帝以堯始，故《論語》有「堯曰」章。**「咨！**經言「咨」者十數見。咨，憂歎之辭也。○《列子·仲尼篇》：「吾脩《詩》、《書》，正《禮》、《樂》，將以治天下，遺來世，非但脩一身、治魯國而已。而魯之君臣日失其序，仁義益衰，情性益薄，此道不行一國與當年，其如天下與來世矣？」此樂天知命之所憂。**女羲暨和**，皇命之羲和爲二帝，帝命之羲和爲二王，王命之羲和爲二公。故舊說羲氏、和氏世掌天地之官。**朞**朞，即歲也。五紀，一曰歲。**三百有六旬有六日**，緯說周天三百六十五度四分度之一，經舉全數，爲三百六十六日。按《周禮》土圭測景，千里一寸。《考工記》一轂三十輻以象月，故天之一日爲地千里。大九州方二萬七千里，爲方千里者七百二十九，以東西均分，各得三百六十五日，而少一日，即《詩》所謂「維日不足」，是爲再朞之數。然全球以晝夜爲一日，則一日有兩日在內，經舉天度以包地，而地則陰陽適均，必以耦計，故班《律曆志》曰天數一、

① 國：《尚書·堯典》作「邦」。

地數二也。以閏月春秋以前曆法用日不用月。孔子行夏時，乃用月象置閏，以合天，《左傳》「歸餘於終」是也。故月食必在望，日食必在朔。春秋有食晦、食二日者，傳託於日官失之，乃孔經之審曆也。凡六書文字言閏月者，皆緣經說，出於孔後。正四時正從《史記》謂四方、四正。《謨》曰「惟帝時舉」是也。○《皇道篇》冬夏言正，舉冬夏以包春秋。成歲。《洪範》「皇省惟歲」，合四時以成歲，即合四帝以爲皇。《詩》「如三歲兮」，即三皇也。允釐百工，《考工》即考官，非工匠。庶緯說孔子德在庶，故素王仍庶人也。《書》中多見「素」字，如庶事、庶士、庶民、庶邦、庶土、庶殷、殷庶、庶言、庶獄、庶慎之類。績咸熙。」司馬說衆功皆興。

帝曰：「疇咨若時四時有代謝，成功者退。登庸？」庸，命，巽位。○舜生三十，徵庸三十。放齊此節言四凶，放齊恐即三苗。曰：「嗣子朱丹朱不肖，謂不似堯，極盛難繼也。○小康之世，父子傳世。啟明。」帝曰：「吁！嚚《左傳》說，口不道忠信之言爲嚚。庸①可乎！」司馬說頑凶不用，○帝世官天下也。○丹朱不必如此，《書》託古立法，疑後世傳子有如此者。

帝曰：「咨，疇咨上「咨」爲發語辭，此「咨」爲問辭。若予采？」《周禮》九畿，王、侯、甸、男、采五畿當爲萬里，即經之萬國，古文家因有萬里萬國之說。○凡《詩》與《書》，采皆爲地理定名，《伏傳》所謂采地。驩兜《左傳》：「帝鴻氏有不才子，掩義隱賊，好行凶德，醜類惡物，頑嚚不友，是與比周。天下之民，謂之渾敦。」杜謂驩兜。曰：「都！《爾雅》：都，於也。共工大五帝，共工居北伯而不王。方「尸」之誤。鳩方鳩，即鳲鳩，司空氏。僝功。」尸鳩布功，掌司空事。

---

① 庸：《尚書·堯典》作「訟」。

帝曰：「吁！靖言庸違，象恭滔天。」《左傳》：「少皞氏有不才子，毀信廢忠，崇飾惡言，靖譖庸回，服讒蒐慝，以誣盛德。天下之民謂之窮奇。」杜謂共工。

帝曰：「咨！共工不可用，故再咨。四嶽！四正嶽也，分言之爲八伯，合稱爲二十二人。湯湯洪水謂大海也。○東北川澤，墳衍已治，而大海阻隔之西南未通，如春秋先北後南。方割，《爾雅》：「割，裂也。」分裂兩半球，以水爲界，鄒子所謂裨海環之，人民禽獸莫能相通者。蕩蕩懷山襄陵，西山林，南丘陵，爲《周禮》五土之二，洪水蕩蕩阻絶之。浩浩滔天。海濱廣斥，彌望皆水。下民全球大勢，東北高而多山，西南下而多水，故西南爲下方，其民爲下民。其咨，堯主東北之地已治，而西南未治，民用怨咨。有能俾乂？」欲得能者使治之，三公首重司空，食在兵教之先。僉曰：「於，鯀哉！」舉鯀以治西南。帝曰：「吁，咈哉！許慎説：「咈，違也。」放命圮族，《左傳》：「顓頊氏有不才子，不可教訓，不知話言，告之則頑，舍之則嚚，傲很明德，以亂天常。天下之民謂之檮杌。」杜謂鯀。嶽曰：「異哉！司馬説鯀爲異等之才，許慎説異，舉也。試可乃已。」帝曰：「往，往，西南也。命鯀治西南，故曰往，不在堯之境内。欽哉！」九載三載考績，三考九載。績用弗成。先儒概以狹義説經，下儕《尚書》於古史，不知經爲後世天下立法，全球之廣，皆至聖哲想所周至。《論語》堯能則天，舜以五臣治天下，孔子託堯舜以開化全球，故宰我以爲遠賢。堯舜若但以中國水患説之，則孔經止可以治中國，何以百世俟聖哉？

帝曰：帝將遜位，乃二十五年寅年寅月大會同之事。「咨！四嶽，嶽本山名，《禹貢》恒、岱、衡、華是也。天子四方巡守，諸侯朝於方嶽之下，故舉四嶽爲偏至之辭。舊以爲官名，爲一人者，誤矣。朕在位七十載，《三代世表》年歲不可考，言七十者正孟子所謂堯老也。汝能庸命，巽朕位？」《史記》：堯讓天下於許由。許由四嶽之首，故《左氏》謂許太嶽之亂。嶽曰：「鄙德忝帝位。」《史記》：「許由不受，恥之，逃隱。」乃儒者語增之説。曰：帝言。「明明《大學》「在明明德」。○上明字與揚字對，下明字指北半球已治之地。揚側後漢劉毅上書曰：「顯揚仄陋。」○《詩》「輾轉反側」。謂地球四游輾東轉北，反西側南。側、仄同義，正指南方而言。陋。」《春秋》小統九州，青、兖、冀、雍爲北，梁、荆、徐、揚爲南，三傳同以爲夷狄。推之大統亦然。《論語》：「子欲居九夷，或曰陋，子曰：『君子居之，何陋之有？』」北方已開化，故曰明。南方草昧蠻野依然，故曰側陋。側陋即下文之下。人才不拘地而生，北方無人，則南服亦可。師錫帝錫命以帝位。曰：四嶽進言。「有矜矜通鰥，無婦之稱，喻其聖德無與匹偶。在下，二帝分治南北，堯在北爲上，舜在南爲下，下即側陋。○地球員形，由赤道中分，人在北半球者天在上，頭亦在上，《大戴》所謂天生上首，《周禮》謂之天産。人在南半球者天在下，頭亦在下，《大戴》所謂地生下首，《周禮》謂之地産。《易》曰「上下無常」，《詩》曰「戾天」、「于淵」，專指六合以外之上天下地。《書》爲皇學，就大地分上下。《典》曰「假于上下」是也。曰虞舜。」虞，國名，《國語》：「幕，能帥顓頊者也，有虞氏報焉。」是幕乃顓頊之後，封國於虞。《左傳》：「自幕至於瞽瞍無違命，舜重之以明德，寘德於遂，遂世守之。」是瞍乃諸侯，舜爲世子，非匹夫也。嶽曰：《論衡》：「堯老求禪，四嶽舉舜。」「瞽子，父頑，母嚚，象傲，以舜爲聖人，其父母、兄弟、妻子皆與之不相稱，故有頑、嚚、傲、不肖等辭，正《孟子》所謂「盛德之士，君不得而臣，父不得而子」。鰥，則妻不得而夫也。克諧以孝，《中庸》「舜其大」孝章即此意。烝烝乂，父母兄弟各修其身。○《孟子》引《書》曰：「祇載見瞽叟，夔夔齋栗，瞽瞍亦允若。」不假姦。」能齊其家。○司馬説治不至姦。帝曰：「我其試哉！即納于大麓。○《論衡》：「試用，我其用之爲天子也。」女讀作「汝」。于時，于，往也。四時即四方。命舜代巡往四方。○《論衡》：「試之於職，觀試其才也。」觀厥型于二女。」《孟子》：「堯使其子九男二女，百官、牛羊，以事舜①於畎畝之中。」按九男即羲和八伯，爲十干；二女即十二女，爲十二外州牧，即十二支。《史·律書》十干爲十母，十二支爲十二子。此以十干合數戊己爲九男，十二支爲十二女，干陽支陰也。言二女爲舉零例，如弼成五服爲十五服，至於五千爲萬五千里，《康誥》三月爲寅正十三月之類。説詳《皇帝疆域·二十二人圖》。○《論衡》：「觀試虞舜于天下，不謂堯自觀之也。」其引此語駁之，必先師古説如此也。

[傳]以下二句爲傳，爲儒增亦可。釐降司馬以爲飭下。二女二女爲外十二州之二，與《周禮·職方》舉幽并《爾雅》舉幽營相合。經傳同例，最爲鐵證。孟子以爲堯使其子九男事之，二女女焉，正《論衡》所謂增飾使事也。于嬀汭，嬀汭外州水地名，謂飭下十二女于外州之地爲牧也。外州舉十二女，則内州九男皆在，又爲天下一家例。嬪于虞。嬪讀作賓，即「賓于四門」之「賓」。如《國語》之賓服，謂十二州牧四方來賓也。

帝曰：「欽哉！」慎徽和也。五典，司徒。○鄭曰：「五典，五教也。」五典克從。《左傳》：舜舉八元，使布五教於四方：「父義、母慈、兄友、弟共、子孝」。故《虞書》數舜之功曰「慎徽五典，五典克從」，無違教也。納于百揆，司空。○司馬説徧入百官，此如《周禮》冢宰掌邦治之職，即以司空攝之。百揆時序。《周禮》冢宰統四方，如四時。○《左傳》：「舜舉八愷，使主后土，以揆百事，莫不時序。」故《虞書》數舜之功曰「納于百揆，百揆時序」，無廢事也。賓于四門，司馬。○詢于四嶽，闢四門。○四凶、四罪一段文在此。四門穆穆。《左傳》：「舜臣堯，賓于四門，流四凶族渾敦、窮奇、

---

① 舜：原作「堯」，據《孟子·萬章上》改。

檮杌、饕餮，投諸四裔，以禦魑魅。是以堯崩而天下如一，同心戴舜，以爲天子，以其舉十六相，去四凶也。」故《虞書》數舜之功，曰「賓于四門，四門穆穆」，無凶人也。○按：高辛八元治西，高陽八愷治東，去四凶，化四裔。《大戴》、《史記》皆歸之堯，則北方已治矣。惟南方未治，大麓乃專治南，説詳《皇帝疆域·四鄰表》。納于大麓，大麓即南極之地。《孟子》曰貳室、曰南河之南、曰畎畝之中、曰深山之中，皆謂南極初開之地。堯居北，舜居南，非與堯同居一地，同治一方也。○《伏傳》云：「堯南撫交阯。」蓋使舜闢南方也。交阯即大麓。○月正元日命官一段文在此。烈風雷雨《伏傳》：「維十有四祀，鍾石、笙管變聲，樂未罷，疾風發屋，天大雷雨。帝乃抗首而笑曰：明哉！非一人之天下也。」《路史》：「十四祀，笙管變，天大雷雨疾風。」爲遜禹之事也。是《尚書》堯舜禪讓有風雷，《中候》武周禪讓亦有風雷，共當有四風雷，經前後各一見。不迷。《莊子》七聖皆述，即七政也。舉賢，去四凶，命官得人，不迷惑。○《孔叢子·論書》：「孔子曰：堯既得舜，歷試諸難，已而納於尊顯之官，使大録萬機之政，是故陰陽清和，五星不悖，烈風雨各以其應，不有迷錯愆伏，明舜之行合於天也。」此望文生訓也。

帝曰：「假汝舜！謂假于上下，舜功也。詢事事，舉十六相、去四凶也。司馬以爲謀事。乃言，枚本「乃」言上有「考言」。底可績。司馬曰「而言可績」，無「考言」之説。蓋「考言」爲「乃言」異文。三載，天下嶽牧以十三年寅年大會同，二十五年而再見。舜相堯二十八載，除去二十五年，以三年見。○以三載考績論，舜相堯二十八載，則九考矣。汝陟帝位。」堯舜惟分治在位，則爲一匡天下，四鄰皆得治之。舜讓于德，不怡①。

正月寅年寅月。○凡四嶽、十二牧，非大會同不能徧至，故舜、禹授受，皆在二十五年，所謂十有三載乃同。上日，

---

① 不怡：《尚書·舜典》作「弗嗣」。

《伏傳》上日，元日。○元日，如《春秋》踰年改元。○緯説：若稽古重華，欽翼皇象，建寅授正改朔。**受終**《書緯》：「舜受終，鳳皇來儀。」**于文祖。**《洪範》：「天子作民父母。」則皇爲祖。《詩》「先祖是皇」、「獻之皇祖」是也。舜受皇命，亦如伯受王命，此爲天下一家例。舜受命于皇，故《孔叢子·論書》以爲舜禹授命於人，《大戴》謂帝舜「承受大命，依於倪皇」，二説相同。《洛誥》周公讓成王，亦云「乃單文祖德」。**在旋機玉衡，**《伏傳》：「旋機者何也？《傳》曰：旋者，還也；機者，幾也，微也。其變幾微，而所動者大，謂之旋機。是故旋機謂之北極。」《春秋緯》：「斗者天之喉舌，玉衡屬杓，魁爲旋機。」又：「斗，第一天樞，第二旋，第三璣，第四權，第五衡，第六開陽，第七瑤光，合而爲斗。」《孝經緯》：「玉衡，北斗柄也。」**以齊七政。**《史·律書》：「在旋機玉衡，以齊七政，即天地二十八宿，十母，十二子。鍾律調自上古，建律運曆，造日度，可據而度也。」《伏傳》：鄭注七政，謂春、夏、秋、冬、天文、地理、人道，所以爲政也。按：皇居中，統四方上下爲七，法天之北斗，運於中央，臨制四鄉。故《皇道篇》即法北斗，周公七篇即法七政也。

肆類祭名。**于上帝，**大宗伯掌祀昊天上帝。禮：祭上帝于圜丘。○《召誥》：「皇天上帝。」又曰：「王采①紹上帝，自服宇土中。」《詩》：「皇矣上帝」、「上帝是皇」，皆以皇配上帝。帝受命于皇，故舜受禪，祀上帝。《召誥》：「用牲于郊。」周公受武禪，亦郊天，祀上帝。**禋**《洛誥》以秬鬯二卣曰明禋，則禋于文王、武王，此周公禪讓成王告廟之禋也。**于六宗，**《伏傳》：「萬物非天不生，非地不載，非春不動，非夏不長，非秋不收，非冬不藏。故《書》曰禋于六宗，此之謂也。」○《素問》：「天以六節。」凡言六者，皆以上下四旁爲起例。人學五方加以上下爲七，不數中爲六。**望秩于山川，**每州各有名山大川以爲望，如春秋三望。○《王制》：天子祭天下名山大川，五嶽視三公，四瀆視諸侯。**徧于群神。**鄭曰：「徧以尊

① 采：《尚書·召誥》作「來」。

卑之次秩祭之。」群神，若丘陵、墳衍之屬。

揖五瑞。此寅年大會同于京師之事。《金縢》之「植璧秉圭」亦同指諸侯。○馬曰：「揖，斂也。」《周禮》典瑞掌五等圭璧。**既月**歲星見于東方之月。**乃日，**日則卜之，必用《月令》日辰。○《三代世表》：「孔子序《尚書》，則畧無年月，或頗有，然多闕，不可録，故疑則傳疑，蓋其慎也。」是孔子作《書》以俟後，不能預定其月日，故曰「既月乃日」，留此空白，以待後世施行。**覲四嶽、**四正方嶽，分之則爲八伯，內九州三巡，十二年，法天之三垣。以八伯言，則一岳貢兩伯之樂。以四海言，則一貢得三牧，在內則合爲二，分上下，則一會四國也。**群牧，**外州十二牧，四巡十二年，法天之四宮，合爲二十四年。凡諸侯再相見，則在二十五年。《左傳》「待我二十五年」，即用此師説義。詳下傳。**班瑞于群后。**群后，內外嶽牧之統稱。《康誥》、《洛誥》謂之四方民，猶《春秋》三傳、《周禮》之稱諸侯。○《伏傳》：「瑞也者，屬也。無過行者，得復其圭，以歸其國。有過行者，留其圭，能正行者復之。三年圭不復，少黜以爵；六年圭不復，少黜以地；九年圭不復，而地畢削。此謂諸侯之朝于天子也，義則見屬，不義則不見屬。」

【傳】《王制》爲《春秋》傳，文與此同，故知此節亦爲傳。但《王制》簡，畧言四巡，此節備言七巡者，大小統之殊也。**歲**星也。《周禮》，十二歲巡守殷國，以法歲星。**二月，**卯年卯月。○《天官書》：單閼歲，歲陰在卯，星居子。以二月與婺女、虛、危晨出東方，曰降入，大有光。**東巡狩，**法天之歲在卯，而東巡，觀東方嶽牧。**至于岱宗，**《伏傳》：「元祀代泰山，貢兩伯之樂焉。陽伯之樂舞株離，其歌聲比余謡，名曰晳陽；儀伯之樂舞鼚哉，其歌聲比大謡，名曰南陽。」**柴。望秩于山川，**《周禮》職方氏九州之山鎮川浸。**肆覲東后。**東方甲乙寅卯辰，伯牧來朝。○《大宗伯》：春見曰朝。《大行人》：春朝諸侯，而圖天下之事。**協時**四時。**月**十二月。**正**《周禮》正歲正月。○內八州八正，故《史・律書》、《素問・神明篇》陰陽類論皆言八正，外十二州十二正，故《管子》言十二卯酉，十二清明白露。説詳《皇帝疆域・辨方正位圖》、《五運六氣圖》、《十二月還相爲本圖》。日，一晝一夜爲一日。同律《月令》十二律，説詳《史・律書》、班《律曆志》。度《班志》：度者，分寸尺丈引也，所以度長短也。本起黄鍾之長。以子穀秬黍中者，一黍之廣，度之九十分，黄鍾之長。一爲一分，十分爲寸，十寸爲尺，十尺爲丈，十丈爲引，而五度審矣。量量者，龠、合、升、斗、斛也，所以量多少也。本起于黄鍾之龠，用度數審其容，以子穀秬黍中者千有二百實其龠，以井水準其概，合龠爲合，十合爲升，十升爲斗，十斗爲斛，而五量審矣。衡。衡權者，衡平也。權，重也。衡，所以任權而均物，平輕重也。其道如底，以見準之正，繩之直。權者，銖、兩、斤、鈞、石也，所以稱物平施，知輕重也。本起于黄鍾之重。一龠容千二百黍，重十二銖，兩之爲兩，二十四銖爲兩，十六兩爲斤，三十斤爲鈞，四鈞爲石。又云：《虞書》曰「乃同律度量衡」，所以齊遠近，立民信也。

脩五禮、大宗伯所掌吉、凶、賓、軍、嘉之五禮。五玉、以玉作六瑞，以等邦國。王執鎮圭，公執桓圭，侯執信圭，伯執躬圭，子執穀璧，男執蒲璧。三帛、以禽作六摯，以等諸侯，孤執皮帛。○按：孤有三等。《典命》稱諸侯之適子。以皮帛繼子男，則舉方伯以示例。如《春秋》鄭世子公之孤，四命以皮帛，眂小國之君，則大國之孤，如《春秋》齊世子光。若爲小國之孤，則《春秋》曹世子射姑是也。孤有三等，故經言三帛。僞《周禮》以少師、少傅、少保爲三孤，則非也。二生、卿執羔。大夫執雁。一死士執雉。贄①。如五器，典命掌諸侯之五儀，司儀掌五等器儀。卒乃復。鄭曰：巡守禮畢，乃復歸矣。○《王制》但巡四嶽，不及外州者，互文見義，可以由小推大。

五月午年午月。○《天官書》：「敦牂歲，歲陰在午，星居酉，以五月與胃、昴、畢晨出東方，曰開陽，炎炎有光。」

① 贄：原作「摯」，據《尚書・舜典》改。

南巡守，法天之歲在午，而南巡，覲南方嶽牧。○《大宗伯》：「夏見曰宗。」《大行人》：「夏覲以陳天下之謨。」至于南嶽，《伏傳》：「中祀大交霍山，貢兩伯之樂焉。夏伯之樂舞謾彧，其歌聲比中謡，名曰初慮。羲伯之樂舞將陽，其歌聲比大謡，名曰朱于。」如岱禮。南方丙丁巳午未，牧伯來朝。

八月酉年酉月。○《天官書》：「作鄂歲，歲陰在酉，星居午，以八月與柳、七星、張晨出東方，曰爲長王，作作有芒。」西巡守，法天之歲在酉，而西巡，覲西方嶽牧。○《大宗伯》：「秋見曰覲。」《大行人》：「秋覲，以比邦國之功。」至于西嶽。《伏傳》：「秋祀柳穀華山，貢兩伯之樂焉。秋伯之樂舞蔡俶，其歌聲比小謡，名曰苓落。和伯之樂舞玄和，其歌聲比中謡，名曰歸來。」如初。西方庚辛申酉戌，伯牧來朝。

十有一月子年子月。○《天官書》：「困敦歲，歲陰在子，星居卯。以十一月與氐房、心晨出東方，曰天泉，元色甚明。」朔巡狩，法天之歲在子，而北巡，覲北方嶽牧。○《大宗伯》：「冬見曰遇。」《大行人》：「冬遇以協諸侯之慮。」至于北嶽，《伏傳》：「幽都宏山祀，貢兩伯之樂焉。冬伯之樂舞齊落，歌曰縵縵。」鄭曰：「和伯樂闕。」按：和伯見于秋，八伯當補春伯，而陽伯移于北。如初禮。北方壬癸亥子丑，伯牧來朝。

歸，每巡一嶽則歸，非一年偏巡四嶽始歸也。假于禰祖，《伏傳》：「古者巡守，以遷廟之主行，出以幣帛、皮圭告于祖，遂奉以載于齊車。每舍奠焉，然後就舍。反必告，奠卒斂幣玉，藏之兩階之間。蓋貴命也。」用特。鄭曰：「每歸用特者，明祭一嶽即歸也。」

經 五載《内經》：寅午戌歲氣會同。一巡守，三合之年舉行巡守大典，寅年大會同于京師。午年巡下方乙丙丁庚四州，如《多方》，爲時見，曰會；戌年巡辛壬癸甲四州，如《多士》，爲殷見，曰同。○《白虎通》：「所以不歲巡守何？爲太煩也。過五年爲太疏也。因天道時有所生，歲有所成。三歲一閏，天道小備，五歲再閏，天道大備，故五歲一巡守。」群后四朝。四朝即《周禮》朝、覲、宗、遇，分四方四時而朝，曰四朝。

經 敷奏以言，《謨》曰「賦内以言」。○《伏傳》：「古者諸侯之于天子也，三年一貢士，天子命與諸侯輔助爲政，所以通賢共治，示不獨專，重民之至。大國舉三人，次國舉二人，小國舉一人。一適謂之攸好德，再適謂之賢賢，三適謂之有功。有功者，天子一賜以車服。」明試以功，《帝謨》文同。○《伏傳》：「見諸侯問百年，太師陳詩，以觀民風俗。命市納賈，以觀民好惡。山川神祇，有不舉者爲不敬，不敬者削以地。宗廟有不順者爲不孝，不孝者黜以爵。變禮易樂者爲不從，不從者君流。改制度衣服者爲畔，畔者君討。有功者賞之。」《書》曰：『明試以功，車服以庸。』車服以庸。《帝謨》文同。○《周禮・大宗伯》：「以九命之儀正邦國之位：壹命受職，再命受服，三命受位，四命受器，五命受則，六命受官，七命受國，八命作牧，九命作伯。」《韓詩外傳》：「一錫車馬，二錫衣服，三錫虎賁，四錫樂器，五錫納陛，六錫朱户，七錫弓矢，八錫斧鉞，九錫秬鬯。」

經 封十有二山，外十二州山鎮，見崇山、三危、羽山。《周禮》則幽州醫無閭，并州恒山，舉其二。兆域也。十有二州。《伏傳》：「維元祀巡狩四嶽八伯，壇四奥，沈四海，封十有二山，兆十有二州。」○《春秋内事》：「天有十二分次，日月之所躔也。地有十二分，王侯之所居也。」故地之十二州，應天之十二次，即周禮十二辰。濬川十二州則有十二川。《周禮》：幽州其川河、泲，并州其川虖池、嘔夷。舉二外州之山川，如經稱二女之例。○一州一山一川，與九山九川同。九州以九起例，十二州則以十二起數。

象以典刑，《伏傳》：「唐虞之象刑，上刑赭衣不純，中刑雜屨，下刑墨幪，以居州里，而民恥之。」又，「犯墨者蒙皁布，犯劓者赭其衣，犯臏者以墨幪臏處而畫之，犯大辟者布衣無領。」流如流共工之流。宥《周禮》司刺三宥：一宥曰不識，再宥曰過失，三宥曰遺忘。五刑，司刑掌五刑之灋，墨罪五百，劓罪五百，宫罪五百，刖罪五百，殺罪五百。鞭作官刑，《大司寇》：「四曰官刑，上能糾職。」○《三國志》魏明帝詔曰：「鞭作官刑，所以糾慢怠也。」扑作教刑，《禮記・學記》：「夏楚二物，收其威也。」金作贖刑。《吕刑》：「墨辟疑赦，其罰百鍰。劓辟疑赦，其罰惟倍。剕辟疑赦，其罰倍差。宫辟疑赦，其罰六百鍰。大辟疑赦，其罰千鍰。」○合象、流、鞭、扑、金爲五刑，不用肉刑。凡言肉刑，皆爲傳文，舉以爲戒。眚裁肆赦，春秋肆大眚。怙終賊刑。《左傳》：「長惡不悛，從自及也。」欽哉欽哉！惟刑之謐哉！謐，《史記》作「静」，班《刑志》作「卹」。

傳　此段乃「四門穆穆」之傳。流共工于幽州，《大戴》云以變北狄。放驩兜于崇山，以變南蠻。竄三苗于三危，以變西戎。殛鯀于羽山，以變東夷。四辠而天下咸服。舜舉十六族以治東西兩極。至于四凶，《大戴》專以説堯，《左傳》以爲舜功，經亦以爲舜攝之事。蓋堯治北極，舜治南極，而兼治東西。經以四罪爲全球外州牧，貶放朝貴，以化四裔，故有天下之目。天下者，普天之下，統全地球言之也。

二十有八載，《孟子》舜相堯二十有八載，其初試事三年乃代攝，二十五年再大會而受禪。放勳乃殂落。《墨子》謂堯葬蛩山之陰。《吕氏春秋》曰：「堯葬穀林。」劉向曰：「堯葬濟西丘壟山。」《括地志》：「堯林在濮州雷澤縣西。」王充以爲堯葬冀州。《通典》：「曹州界有堯塚。」諸説各異，皆《論衡》所謂語增。按《墨子》謂「堯北教乎八狄，道死」，亦與堯老舜攝事不相符。須知孔經託古俟後，則不必徵求葬處也。百姓如喪考妣，《論語》「有三年之愛于其父母乎」，即解此經文。按：君民情勢隔絶，草昧世界，皆有土芥寇讐之觀念，《孟子》所謂民貴君輕，此乃戰國以下資格。至于二伯，財知愛民，民懷其德，及于國人。至于三王，則手足腹心。至于二帝，則視民如子，民亦愛之如父母。此等程度，尚在數千年以後，君之資格已超越無數等級，民之程度固已非今日所能。三載，考《檀弓》三代葬禮棺制，虞瓦棺，夏堲周，殷棺椁，周牆翣，此先野後文進化之説也。周繼三代之後，別加文縟而不棄舊法，以殷棺椁葬長殤，夏聖周葬中下殤，虞瓦棺葬無服之殤。以此推之，如服制四等，三月、五月、九月、期，當亦爲四代：虞三月、夏五月、殷九月、周期年。周以期服至親，而以次推及于疏遠，此推行之序也。《墨子》短喪，用夏禮。儒家三年，用經制。《墨子》主漸進，儒家主定禮。審時據理，各執一端。蓋禮制初行，必從免與三月起，不能遽責以三年，亦如滿州穿孝百日之意。禮由人情而生，隨時立法，非可一定。○按：考妣三載，乃孔經文明之禮制，《儀禮·喪服》是也。《無逸》「高宗亮陰，三年不言」，《論語》「何必高宗，古之人皆然」，竟似唐虞夏商皆已行此服制。《孟子》「滕之父兄百官曰：魯先君莫之行，吾先君亦莫之行」，則周先王亦莫之行也。周以前樸陋更甚，堯時禽獸逼人，何以文化遽增美備？必明此義，然後經制、史事文野各別，不至混淆涇渭耳。**四海**堯北，舜南，高陽東，高辛西，皆已開化，乃自四海。**遏密八音。**《論語》宰我短喪，即據此經而言。意以國卹三年，不能實行，請改爲期，以從周制。其謂「君子三年不爲禮，禮必壞，三年不爲樂，樂必崩」，惟國卹之久，乃有此患。君子謂帝王，如堯舜，非宰我一人居喪，遂有此疑也。

傳 以下皆「納于大麓」之傳。**月正**月之上無年，經以俟後，不能預定其年，但取月正，則以寅月爲準。按：全球曆憲内有八正，外有十二正。《素問》觀其方月而可知，總以其方之正，順天而求月正；故《周禮》辨方正位，又曰正歲正月，即以待後世全球之審用，故不言某歲某月也。**元日，**如《春秋》之元年。所謂朔日，亦不能如《春秋》之書日。○《書緯·中候》建寅授正朔，改。**舜**《史記集解》皇甫謐曰：「舜所都或言蒲坂，或言平陽，或言潘。」潘，今上谷也，可見舜都無定處，經但稱大麓，指南極言。古中國亦無堯舜其人。《公羊》云後之堯舜，即説《尚書》之堯舜乃俟聖不惑之堯舜也。**假**上言終，謂堯殂落，舜即真。此言假，則堯老舜攝也。假在後，終在前，文有倒置。**于文祖。**文祖與《中候》「文子文孫」相印證。《公羊》「世子繼文之體」，《説苑》「繼體守文之君」，其始封爲高祖，即文祖。其一世繼體之君爲文子，再世守文之君爲文孫，即對文祖而言，世世遞推，經例如此，故武王、周公禪讓如堯舜，《洛誥》亦云「乃單文祖德」。○授受，《顧命》爲專篇。

詢于四嶽四正方嶽。十二年四巡，按四時而往，故四詢，即經所謂于時。闢四門，賓于四門。○子午卯酉年巡狩四方，卯年二月出東門，午年五月出南門，酉年八月出西門，子年十一月出北門。明四目，午年巡南方，南離爲目，四目喻南方。乙丙丁庚四伯，如《多方》四國。達四聰，戊年巡北方，北坎爲耳，四聰喻北方。辛壬癸甲四伯，如《多士》四國。咨十有二牧，兆十二州，建立十二牧，即《謨》之十二師。每方三牧，巡狩則分咨之。寅年大會同，則統咨之。○「歲二月東巡狩，至濬川」一段爲此五句之專事。曰：「食哉《周禮》諸公之地方五百里，其食者半。諸侯方四百里，其食者參之一。諸伯方三百里，其食者參之一。諸子方二百里，其食者四之一。諸男方百里，其食者四之一。謂内外嶽牧封采之食地各有等級。惟時，四時統四方内州，則每方二伯，外州則每方三牧。柔遠即《周禮》都鄙，在藩以外。○《周禮》有大小行人掌客、掌訝、掌交等職，以懷柔之。能邇，邇即《周禮》官府，在甸以内。○《周禮》：小宰以官府之六屬舉邦治，以官府之六職辨邦治。○《説苑·君道篇》：天子「布德施惠，遠而愈明。十二牧，方三人」，故牧者所以辟四門，明四目，達四聰也。是以近者親之，遠者安之。」引《詩》曰「柔遠能邇，以定我王」爲證，以爲周公踐位之事。可見《書》之堯、舜、周公前後治法相同，並無沿革之殊，以出于孔聖一人之制作也。惇同敦。德《史記》以爲厚德，舜爲惇德，猶堯峻德，僞古文安得羼稱玄德。允元，元，始也，大也，體之長也，即《謨》之「元首」。○董子：「君人者，國之元。」而難任《伏傳》：「南方者，任方也。」人，《周禮》大司馬「施貢分職，以任邦國」，冢宰「以九職任萬民」，又「事典以任百官」。舜以司馬攝政，爲冢宰，治南極，獨爲其難。蠻夷率服。」《周禮》蠻第七服，夷第八服，加鎮爲九，合《康誥》五服爲全制。經如神龍，鱗爪東西，《周禮》乃備舉九服，《大行人》又以要包蠻、夷、鎮三服。此當合經傳全局讀之，乃得其通。

舜曰：舜爲司馬，舉賢而堯命之，故再見「舜曰」。○《説苑》：「舜爲司徒，契爲司馬，禹爲司空，后稷爲田疇，夔爲樂正，倕爲工師，伯夷爲秩宗，皋陶爲大理，益掌敺禽。堯使九子各受其事，以成九功。」即此經師説。故此段爲堯命九官，舜則推薦之耳。然舜司徒，契司馬，雖與《淮南·齊俗訓》同，而其職當互易，方與經合。「咨，四嶽！即薦舜之四嶽。有能奮《邶詩·柏舟》：「不能奮飛。」孟子説孔子也素王，有德無位，不能奮張其治，乃作《書》託古帝舜，開化全球，因以能奮爲辭。庸功也。熙熙，廣也。《左傳》：「廣哉，熙熙乎！」帝指堯。之載，《易》「大車以載」，即坤爲大輿，指地球言。熙載，即《周禮·大司徒》所謂地域廣輪。使度司空執度，度地居民。百揆，《詩》「揆之以日」，《周禮》土圭致日景。封國則以土地全球三萬里爲方三千里者百，立百州，故百揆以建百國。四帝均分，故得二十五州。亮讀作量。《周禮》量人掌建國之法。采《周禮》采在第五，畿以千里計，爲皇州方萬里。服以五百里計，爲帝州方五千里。《謨》曰「亮采有邦」，《王制》「千里之外曰采」，故采爲皇、帝、王分州之界。惠惠從叀。李陽冰謂象梓人墨斗，即量人之繩尺，司空之度。疇？」疇，古作𠷎通作州。《洪範》九疇即九州。僉曰：「伯禹禹以司空，公爲伯。作司空。」《大戴》六轡六曰司空，即《周禮》小宰。冬官居北方，乃玄枵虚星分野，故名司空。堯時禹爲司空，北方已治，故四嶽謂禹方作司空，欲再薦之治南方。○按：《監鐵論·論鄒篇》、《書緯·刑德放》、《潛夫論》皆謂禹作堯司空。帝曰：《典》之帝皆爲堯，舊以爲舜者誤。「俞，咨！禹，汝平水土，謂已治北方之水土。○《周禮·地官》諸掌由此經分職。○《伏傳》：「溝瀆壅遏，水爲民害，則責之司空。」惟時四方四時。懋哉！」懋，勉也。王道自北而南，謂當順時序以治四方。《潛夫論》：「禹爲司空，主平水土，命山川，畫九州，制九貢。功成，錫玄圭，以告勳于天。」按：天不言，四時行，故舜咨禹曰「時懋」禹乃徧治全球之水。説詳《皇帝疆域》導山導水二圖。禹拜稽首，此定君臣之禮。讓于稷、禹薦稷，欲以主東極。《董子・五行相生篇》：「東方者木，司農尚仁。」契薦契，欲以主南極。《董子》：「南方者火。本朝司馬尚智。」與《周禮・夏官》合，故《説苑》有「契爲司馬」之説。暨《史記》作「與」。皋陶。薦皋陶，欲以主西極。《董子》：「西方者金，大理司徒也。」當作司寇，與《周禮・秋官》合。○按：禹讓此三人，欲以分治東南西三方而，己仍居北。《淮南・天文訓》：「五官：東方爲田，南方爲司馬，西方爲理，北方爲司空。」即據此經之稷、契、皋陶、禹而言。帝曰：「俞，往哉！」由北至南，故言往，以其遠矣，不但在中國。○禹治水事，《禹貢》爲專篇。

帝曰：「棄！帝因禹薦稷，命之爲司空佐。黎民黎通黧，色黑。黎民，南方之民，黑色。祖飢，祖，始也。未開化之地，民不火食。漸而游牧，民食牲畜。文明國乃重農食。堯之北極已治，故曰「黎民于蕃」；南極未闢，故曰「黎民祖飢」。《謨》亦曰奏庶艱食、鮮食。汝后稷，官名，爲司空卿。播時四時即四方，與上時懋相應。堯命禹先治水，然后稷可播穀。專治南方，即可兼治東西，故舜居南河之南，舉元愷，而東西亦治。百穀。」經傳言五穀爲五方例，九穀爲九州例。全球之大方三千里者百，故稱「百穀」，與上「百揆」相符。《洪範》有此句專説，《無逸》爲專篇。○《周禮・地官》農事諸掌，由此經分職。

帝曰：「契！禹欲使契爲司馬，治南，舜爲司徒，佐堯居中央，創建皇統。故《淮南・天文訓》曰中央爲都。堯以南極煩劇，故以舜爲司馬，契爲司徒，合力治南。百姓即《周禮》百官，即官府，在甸以内，教化自近始。不親，堯治北極，百姓昭明，南極未闢，故云百姓不親。五品品古通民，五品即《周禮・大司徒》五民。不訓。《史記》作馴。○五方之民文化未開，不免頑梗。汝作司徒，《伏傳》：「百姓不親，五品不訓，則責之司徒。」○《周禮》司徒主教諸掌，由此經分職。敬敷五教，《孟子》：「契爲司徒，教以人倫，父子有親，君臣有義，夫婦有别，長幼有序，朋友有信。」《樂緯・稽耀嘉》：「君臣之義生于金，父子之仁生于木，兄弟之序生于火，夫婦之別生于水，朋友之信生于土。」五教按五方爲五土例，《周禮》推廣爲十二教，以配十二土壤，爲外十二州。五教在寬。」柔德主教。○慎徽五典。《謨》曰五典、五惇。○學校，《秦誓》爲專篇。

帝曰：「皋陶！因禹薦而命之。蠻夷《周禮》蠻、夷二畿服。猾夏，《周禮》九夏分九州，蠻夷在邊，外有鎮服。經以夏爲赤道熱帶之地，爲地中京師，以蠻夷爲極邊，蓋據通畿立論。十五畿從蠻夷分界，內有六畿，外有七畿，而王畿、城畿正當兩夏。蠻夷適在邊鄙牙圍之外，故《大行人》稱三服爲要。説詳《皇帝疆域》第三十二圖。寇賊在外。○天討有罪，《大誥》、《甘誓》、《費誓》爲專篇。姦軌。在內。○《周禮・大司馬》征伐，地官司門、司關、司稽諸掌由此經分職。汝作士，舜爲司馬，故經不見司馬。皋陶作士，如《周禮》司寇，爲司馬卿。五刑有服，《周禮》：大司寇「以五刑糾萬民，一曰野刑，上功糾力；二曰車刑，上命糾守；三曰鄉刑，上德糾孝；四曰官刑，上能糾職；五曰國刑，上願糾暴。」五服三就；《伏傳》説五服，墨幪、皂纓、艾畢、揃屨、赭衣。三就，上中下三等就成之。上刑易三，中刑易二，下刑易一。○一説三五十五服，一帝疆域萬五千里，皆以成就之刑律頒布之，如今法制之成文法。五流有度，王之流三十里，見《王制》。大王之流五千里，見《禹貢》。由此推之，五帝之流萬二千里，四帝之流萬五千里，皇之流三萬里，故曰五流。五度度者，揆度地勢以定流之遠近。流有五，故度亦五。三居。皇一統之世，以方六千里爲一州，皇居中。流罪以輕重分遠近，則有三等之居，如《周禮》官府、邦國、都鄙。惟明克允。」明其罪，使之信服。○《呂刑》爲專篇，《周禮・秋官》諸掌由此經分職。

帝曰：「疇若予工？」《曲禮》：天子之六工：土工、金工、石工、木工、獸工、草工。典制六材在五官六府之後，經命共工亦在富教兵刑之後。《考工》即六工之傳，故稱記，皆爲共工所統，隸于天子，如後世工部諸職，不屬于司空，亦不分隸于五官，故帝曰「予工」也。僉曰：「垂哉！」《顧命》「垂之竹矢」。帝曰：「俞！咨垂，汝共工。」《漢書·百官公卿表》敘垂作共工，利器用。○《曲禮》天子六太，太士即太工誤文，即此經之共工。垂拜稽首，讓于殳斨以器爲名，如《考工》之函氏、矢人、弓人。暨伯與。與讀作輿，爲《考工記》輿人。○此三人未命，省文也。帝曰：「俞，往哉！内官不言往，畿外諸州乃言往。内官言往，自京師出任之辭。堯言往者，自北之南。汝諧。」《梓材》爲專篇。

帝曰：「疇若予上下謂上方、下方。言上下，則有四方統六宗而言。草木鳥獸？」《周禮》五土之植物、動物，《詩》、《易》皆託之皇帝，則四者皆得所，是謂聖人之量物吾同與。○地官以土宜之灋辨十有二土之名物，以蕃鳥獸，以毓草木。僉曰：「益哉！」《漢書·百官公卿表》敘森作朕虞，育草木鳥獸。帝曰：「俞！咨益，汝作朕虞。」官名。○《周禮》：虞分山林川澤，用五土例。凡草木鳥獸之官，爲虞所統者，皆由此經分職。益虞官多矣，益爲之長，或以《山海經》爲益所作，以所言山川動植皆虞職。拜稽首，讓于朱、虎、熊、羆。《左傳》：高辛八元：伯虎、仲熊、叔豹、季貍。貍音近羆，羆即貍也。上節殳斨，《人表》作朱斨，朱有殳音，當是八愷之蒼舒也。帝曰：「俞！往哉！往南爲虞官。汝諧。」四人未命，或待舜使之爲嶽牧歟？《左傳》云十六族，堯不能舉舜臣。堯舉八愷，使主后土；舉八元，使布五教，即據此經而言。

帝曰：「咨！四嶽，舜咨四嶽爲帝堯求賢僅一見，帝咨四嶽屢矣，故《典》之帝皆堯。有能典朕三禮？」大宗伯掌建邦之天神、人鬼、地示之禮。○凡以三起例者同此。僉曰：「伯夷。」《大戴·四代篇》：「子曰：伯夷建國建政，脩國脩政。」帝曰：「俞！咨伯，帝命伯夷，稱伯而不名，與垂、益諸臣不同例。經以伯爲二伯、方伯之稱，故伯父、伯舅、伯兄皆稱伯，夷蓋初爲方伯，故帝稱曰「伯」。《吕刑》「伯夷降典，折民惟刑」，權位在禹、稷之上，則伯夷爲伯也。○《潛夫論・志姓氏篇》：「炎帝苗裔，四嶽伯夷，爲堯典禮，折民惟刑，以封申吕。」**汝作秩宗，**《周禮・大宗伯》。**夙夜**東西晝夜分陰陽，南北晝夜分長短。經言夙夜，包舉四方。**惟**四維。**寅，**八正十二月，凡斗杓所指爲寅正。**直哉**中央繩直，貫合天地。○《皇道篇》、《顧命》及末四篇爲專篇。○《淮南・天文訓》①：「中央土也，其帝黄帝，其佐后土，持繩而制四方。」○《周禮》：大宗伯「以玉作六器，以禮天地四方。以蒼璧禮天，以黄琮禮地，以青圭禮東方，以赤璋禮南方，以玄璜禮北方，皆有牲幣，各放其器之色。」**惟清。」**《詩・周頌》「維清緝熙」，指清廟而言。《伏傳》：古者帝王升歌清廟之樂。清廟升歌者，歌先王之功烈德澤也，故欲其清也，其歌呼之也，曰「於穆清廟」，於者歎之也，穆者敬之也，清者欲其在位者徧聞之也。○《周禮》宗伯所統供祭、樂官諸掌，由此經分職。**伯**經于伯夷稱伯，爲秩宗，故《周禮》有大小宗伯之傳。○《大戴》：「夫規矩、準繩、鈞衡，此昔者先王之所以爲天下也。小以及大，近以知遠，今日行之，可以知古，可以察今，其此耶！水、火、金、木、土、轂②，此謂六府，廢一不可，進一不可，民並用之。今日行之，可以知古，可以察今，其此耶！昔夏商之未興也，伯夷謂此二帝之眇。」眇，小也，即所謂小以及大。是伯夷初爲四嶽，歷仕唐虞，功封申吕。《史・陳杞世家》云：「伯夷之後，至周武王復封于齊，曰太公望。」《齊世家》亦云：「太公先祖嘗爲四嶽。」孟子誤以伯夷、太公爲文王時二老，《史記》乃爲《伯夷列傳》，同一沿誤。**拜稽首，讓于夔龍。**《孔叢子》：「孔子曰：昔重黎舉夔而進，又欲求人而佐焉。」説與《吕氏春秋》同。經則伯夷薦

① 天文訓：原作「文天訓」，據《淮南子》篇名改。
② 《尚書・大禹謨》以「水、火、金、木、土、穀」為六府，廖平以為「穀」當作「轂」。

夔龍，傳說比之重黎，是伯夷在虞夏爲二伯也。故孟子以爲天下之大老，即《王制》天子之老，然非周文、武時人也。帝曰：「俞！往，《易》「日月往來」，指大地之東南；「寒暑往來」，指大地之南北。同在一地，不得言往。欽哉！」

帝曰：「夔！因伯夷薦而命之。命汝典樂，《周禮》大司樂統于宗伯。教胄子。大司樂掌成均之灋，以治建國之學政，而合國之子弟焉。凡有道者、有德者使教焉，死則以爲樂祖，祭于瞽宗。以樂德教國子，中、和、祗、庸、孝、友。以德語教國子，興、道、諷、誦、言、語。以樂舞教國子，舞雲門大卷、大咸、大磬、大夏、大濩、大武。直《洪範》三德，一曰正直，爲司空之德。而温，文同《帝謨》。寬而栗，《謨》文同。下云「柔而立」，即《洪範》柔克，爲司徒之德。剛而無虐，《洪範》剛克，爲司馬之德。《謨》曰「剛而塞」，文小異。○《洪範》三德，與此三句相合，爲三科。《謨》由三化九，爲九旨。○用人，《立政》爲專篇。簡而無傲。此句記文。○按：正直剛柔之美質，所謂才也，加以學問，乃成爲德。《論語》知、廉、勇、藝，文之以禮樂，可爲成人。蓋必有美才，然後以樂化其偏，而德以成，則有德無才之說，不足訓也。詩《周禮》：太師教六詩，曰風、曰賦、曰比、曰興、曰雅、曰頌。《王制》：「樂正崇四術，立四教：春秋教以《禮》、《樂》，冬夏教以《詩》、《書》。王太子、王子、群后之太子、卿大夫元士之適子、國之俊選皆造焉。」《帝典》舉《詩》、《樂》以包《書》、《禮》，非于四術有偏也。○命夔而言及詩，樂之音節附詩歌而存。《論語》反魯正樂，雅頌得所，《左傳》季札觀樂，歌偏全詩，皆《詩》兼《樂》經之證。後儒謂《樂經》亡佚者，大誤。言志，書，如也，爲人事。詩者，志也，爲天道。天道遠，人道邇。《春秋》爲人學之始，故深切著明；《詩》爲天學，故託空言。○《詩》爲新經，乃俟後之說，據經而言，故如此。歌工歌。永言，如《周禮》歌大呂之類。聲五聲。依永，如《周禮》奏黃鍾之類。奏用樂器，則有聲，與歌相依。律六律。和聲。如《周禮》舞雲門之類。舞合律度，與樂奏之聲相和。○大司樂乃分樂而序之，以祭、以享、以祀。乃奏黃鍾，歌大吕，舞雲門，以祀天神。乃奏大族，歌應鍾，舞咸池，以祭地示。乃奏姑洗，歌南吕，舞大磬，以祀四望。乃奏蕤賓，歌函鍾，舞大夏，以祭山川。乃奏夷則，歌小吕，舞大濩，以享先妣。乃奏無射，歌夾鍾，舞大武，以享先祖。八音《白虎通》以八音配八卦，爲全球八州之符記。克諧，無相奪倫，《大司樂》：「凡六樂者，文之以五聲，播之以八音。」神人以和。」《大司樂》：「以六律、六同、五聲、八音、六舞大合樂，以致鬼神示，以和邦國，以諧萬民，以安賓客，以説遠人，以作動物。」○《周禮·大司樂》以下諸掌，由此經分職。

[記]夔曰：命八官皆無後言，不應夔獨有説，此當爲記。「於！予擊石拊石，百獸如百穀之印合百州。率舞。」即《周禮》「以作動物」。○《伏傳》：「蕤賓聲狗吠彘鳴，及倮介之蟲，皆莫不延頸以聽蕤賓。」此言至樂相和，物動相生，同聲相應之義也。○《孔叢子》：魯哀公問：「《書》稱夔曰：『於！予擊石拊石，百獸率舞，庶尹永諧。』何謂也」？孔子對曰：「此言善政之化乎物也。古之帝王，功成作樂，其功善者其樂和，樂和則天地猶且應之，況百獸乎？夔爲帝舜樂正，實能以樂盡治理之情。」

帝曰：「龍！因伯夷薦而命之。朕堲許慎：堲，古文墍，疾惡也。讒説殄行，振驚朕師。《史記》説「朕忌讒説殄僞，振驚朕衆」。○《周禮》：「禁暴氏掌禁庶民之撟①誣犯禁者，作言語而不信者，以告而誅之。」命汝作納言，《後漢·李固傳》：固言：「陛下之有尚書，猶天之有北斗也。斗爲天喉舌，尚書亦爲陛下喉舌。斗斟酌元氣，尚書出納王命。」○四誥爲專篇。夙夜東西南北晝夜相反，言夙夜，則四方具也。出入朕命，《詩》：「出納王命，王之喉舌，賦政于外，四方爰發。」《史·本紀》：龍主賓客，遠人至。惟允。」《周禮》大小行人、象胥諸掌由此經

① 撟：原作「橋」，據《周禮·秋官司寇》改。

分職。

帝曰：「咨！汝二十有二人，舊説二十二人，畸零增減，破碎不安，不知乃十干、十二支。經以作大統，内外州之符記者也。《謨》之辛壬癸甲，即其起例。《大誥》稱之爲十夫，《多士》統稱爲有幹有年，《易》之先後庚甲，《詩》之《斯干》，《豳詩》之《七月》，《春秋》之「春王正月」，《公羊》説以大一統是也。經創此義，傳記從而發揮。《周禮》正歲、正月、十日、十二月，合于《月令》，《史記》謂之十母、十二子。《天官書》與《淮南·天文訓》同以干支分配中外山川國地。《素問·本病論》曰天地二甲子，十干、十二支，上下經緯天地。諸説繁夥，略舉大概典則。以此二十二人合戊己居中，象二伯，八干爲八伯，十二支爲外十二牧，以配皇帝之二十一州。説詳《疆域圖表》中《五運六氣圖》、《辨方正位圖》、《四鄰各萬五千里圖》，可覆按也。欽哉！惟時一時三月，四時八正十二月。亮同量。○測量用推步法。天工。《謨》曰：「天工人其代之」。蓋天有八風、十二月，人有八伯、十二牧，天有雌雄二神，人有戊己二伯，與之相應。《論語》「唯天爲大，唯堯則之」是也。

三載考績，《周禮》大宰「三歲則大計群吏之治而誅賞之」。三考，《伏傳》：「三歲而小考者，正歲而行事也。九歲而大考者，黜無職而賞有功也。」黜《大學》新民。又民之所惡惡之。陟《大學》明德，又民之所好好之。幽北方幽都，堯所治。明，南方明都，舜所治①。○治南北，而兼治東西。庶績咸熙。此句與帝咨羲和節同文。前句虚擬，此句徵實。堯之篇多而廣，故《論語》贊其「蕩蕩乎民無能名」。○《大戴·少閒篇》：「昔虞以天德嗣堯，布功散德，制禮朔方，幽都來服。南撫交趾，出入日月，莫不率俾。」此説自北及南，而東西日

---

① 正文「明」字原作「帝」，據《書·堯典》改。小注原作「並明都所治」，據上文例改。

月之方亦治。分北三苗。四凶獨言三苗，蓋苗竄于西，族衆難化。《謨》曰「苗頑」，《吕刑》曰「鰥寡有辭于苗」。惟分別治之，如皋陶之方施象刑是也。厥後《貢》曰「三苗不敘」，則苗皆被化焉。

舜生三十，徵庸三十，在位堯禪位在二十五年，大會同之時岳牧群后皆至，方行禪讓典禮。言三十者，舉全數也。五十載，兩二十五年，舜又讓禹，始終皆大會同之年。陟方乃死。《墨子》：「舜西教乎七戎，道死，葬南巳之市。」《尸子》：「舜葬南巴之中。」《吕氏春秋》「舜葬紀市」，不詳其處。《孟子》：「舜卒于鳴條」，《括地志》：「安邑有鳴條陌，不聞有舜陵。」後世《平陽府志》乃云安邑縣西鳴條岡舜陵高三丈，蓋傅會也。《禮記》：「舜葬蒼梧之野，三妃未從。」《史記》：「舜南巡，崩于蒼梧，葬于江南九疑，是爲零陵。」《皇覽》曰：「舜冢在零陵營浦縣，其山九谿相似，故曰九疑。」《淮南》、《白虎通》、劉向、應劭皆主蒼梧。然有疑舜老禪禹，豈復南巡？仍當主鳴條爲實者。又有謂鳴條有蒼梧山，地在海州者。衆疑百出，莫衷一是。當知經義之舜乃後世標本，即徵庸、在位、陟方之年，皆所以起經制，而非編年之史也。則古無帝舜其人，安得實有其陵寢哉？

帝謨第三

舊稱《皋陶謨》，致廦增《大禹謨》，分出《益稷》。按《伏傳》，帝告即帝謨之譌文。揚子《法言》「帝得之而爲謨」，即此篇舊説。

【序】序文總舉通篇之大綱。曰若稽古《典》之稽古爲同天。或説皋陶雖聖，不可以同天目之。按《董子·官制象天》、緯説三公在天爲三能，則皋陶同天可也。經義託古，《典》詳君道，《謨》詳臣道，皆藉古爲《尚書》起例。古又《爾雅》訓詁之詁。《藝文志》：「書者，古之號令。古文讀應爾雅，故解古今語而可知。」是孔子得古書，翻爲古文。古即爾雅，《論語》謂之雅言，《莊子》謂之譒。由稽而翻譯之，然後經皆古文，《史記》謂之孔氏古文、《詩》《書》古文是也。皋陶《白虎通·聖人篇》：「何以言皋陶聖人也？」以自篇『曰若稽古皋陶』，聖人而能爲舜陳道。」○按：《帝謨》爲舜專篇，稽古下當稱帝舜。《書緯・中候》「若稽古帝舜曰重華，欽翼皇象」，即此經師説。經不稱帝舜而稱皋陶者，皋陶爲舜陳道。《大戴》：「舜左禹右，皋不下席，而天下治。」通篇禹、皋陳謨，爲舜二伯，故《論語》謂舜無爲而治，恭己正南面。曰：「允迪厥德，迪讀作軸，即地域廣輪之中心，《詩緯》所謂地軸，謂舜以惇德宅中而治也。謨明弼諧。」《史記》説以謀明輔和。明，南方明都。舜治南極，與禹、皋共謀之，而舉用八元、八愷，以兼治東極、西極，故曰輔和。和指東西，説見《繁露》。《書》之《帝典》北方先治，堯乃使舜治南，主南北以治東西。故《謨》曰「謀明輔和」。《中候》周公、成王《洛誥》。《洛誥》東西通畿，主東西以治南北，故曰「和恒四方民」。《書經》前後異局，俱以兩京控御全球，此孔經哲想之所周至，以下俟百世者也。○《繁露》：「天有兩和，以成二中。歲立其中，用之無窮。是北方之中用合陰而物始動于下，南方之中用合陽而養始美于上。動于下者不得東方之和不能生，中春是也。其養于上者不得西方之和不能成，中秋是也。然則天地之美惡在兩和之處，二中之所來歸，而遂其爲也。」又曰：「成于和，生必和也；始于中，止必中也。中者天地之所終也，而和者天地之所生成也。夫德莫大于和，而道莫止于中。」禹曰：皋爲司馬，禹爲司空，爲舜二伯，言于帝前。「俞！如何？」《論衡・問孔篇》：「皋陶陳道帝舜之前，淺略未極，禹問難之，淺言復深，畧指復分。」皋陶曰：「都①！慎慎，讀作「鎮」。《周禮》九服九畿止于鎮，《内經》謂之九鍼，即九州之邊際。厥身，《靈樞・經水篇》以身配地，爲天下一人説。《禮運》「中國一人」，則小言之也。修《大學》修身爲家、國、天下之本。思思從囟從心，即腦，爲本篇之元首。《洪範》五事爲思。《素問》：「心者，君主之宫。」即喻地中京師，爲大下一人之大例。説詳《皇帝疆域・五事圖》。永。惇惇，讀作「鶉」，即鶉火。《皇道篇》中夏日永星火，謂舜所治在地中皇國之南。敍九族，九族即九州，即《周禮》邦國。堯北

---

① 都：原作「於」，據《尚書・皋陶謨》改。

方九州已治，故曰親睦。舜南方九州方闢，故曰敘。庶明緯説孔子德在庶，南半球明都乃孔聖託舜以開闢，故曰庶明。勵①翼，翼爲左右，指東方西方，即八元八愷所治。邇可遠，由邇及遠，由小推大。在兹。」二玄相並爲兹，喻南北兩黑道，堯舜之所分治。禹拜昌言，《孟子》：「禹聞善言則拜。」曰：「俞！」

經 以下爲經，發明序意。皋陶曰：「都！在知人，《大學》「在明明德」，司空封建事。○《論語》：樊遲問知，子曰：「知人。」又曰：「舉直錯諸枉，能使枉者直。」在安民。」《大學》「在新民」，司馬兵刑事。禹曰：「吁！咸若時，《周禮》「辨方正位」。按：合四時。○若時者，順時也。《史記・自序》：「夫春生夏長，秋收冬藏，此天道之大經也。弗順則無以爲天下綱紀，故曰四時之大順，不可失也。」經以四時統括全球，如《禮記・月令》十干十二月分方，統于五帝，則天下岳牧皆在是。故曰：孔子，聖之時。惟帝帝，謂舜。《謨》之帝全爲舜。其難之。《鹽鐵論》：「皋陶對舜在知人，惟帝其難之。」《論語》「修己以安百姓」、「博施濟衆」，皆謂堯舜猶病。知人則哲，土圭杙柯。能官人。《周禮》設官分職。○説詳《逸周書・官人》、《大戴・文王官人》。安民析薪用斧。則惠，辟以止辟，明刑所以弼教。○《周禮》：大宰「教典以安邦國」，大司徒「以本俗六安萬民」，大司馬「均守平則以安邦國」。黎民懷之。謂南極黑道之民。能哲用有德。而惠，討有罪。何憂乎驩兜！《典》：放驩兜于崇山，以變南蠻。何遷乎有苗！竄三苗于三危，以變西戎。何畏乎巧言令色《典》謂共工靖言庸違，象恭滔天，《左傳》説以崇飾惡言，靖譖庸回，即巧言令色也。孔壬！」壬，《説文》位北方，《月令》冬三月其日壬癸，《典》流共工于幽州，以變北狄，即壬方也。舉壬以爲甲丙庚之起例，乃經中舉隅例。○

---

① 勵：原作「亮」，據《尚書・皋陶謨》改。

禹不言東方鯀，子爲父隱也。

皋陶曰：此節言知人、官人。「於，亦行有九德，《立政》九德之行，由《洪範》三德化爲九德，如《春秋》三科九旨，《王制》三公九卿，《内經》三部九候。亦言其人有德，設官分職，必由德選。乃言曰，載地輿幅員，同以車比地。采采。」《周禮》九畿，采在第五。「采采」者，一爲東西，丨爲南北，合爲萬里，以爲皇九州之中州，故重言之。《詩》之「采采卷耳」、「采采芣苢」，皆從此起例。禹曰：「如何？」皋陶曰：「寬而九「而」字補偏救敝，德協于中。栗，與《典》文同。柔而立，愿而恭，柔克，司徒之三德。○鄭本「愿而共」在「擾而毅」下。亂而敬，擾而毅，直而温，此句與《典》文同。○正直，司空之三德。○鄭本以「擾而毅、愿而共、亂而敬、直而温」爲次。簡而廉，剛而塞，《典》曰剛而無虐。彊而義。剛克，司馬之三德。○《逸周書》：「常訓九德：忠、信、敬、剛、柔、和、固、貞、順。」貞當作直。又：「寶典九德：一孝、二悌、三慈惠、四忠恕、五中正、六恭順、七寬弘、八温直、九兼武。」多與此同。章厥有常，吉哉！《立政》：「其惟吉士，用勱相我國家。」○《公羊補證疏》：《洪範》言三德，《帝謨》言九德，鄭君以三爲九，如醫家三部九候，博士説九錫、九命，合爲九，分爲十八。經制命官，因德錫命。《穀梁》言三公，有知、仁、勇之目，《論語》亦以知、仁、勇爲三公，即剛、柔、正直之所出。一德之中，分三子目：天子爲峻德，臣工以三德分：仁司徒，知司空，勇司馬。一分爲三，凡一德爲士，三德爲大夫，各因其德以命官，所謂「日宣三德，翊明有家」者。大夫三命，一命一德也。大夫以下爲專長，不擅異能，即爲一德，所謂「日嚴六德，亮采有邦」。卿六命，則必兼他長，如剛三德、柔三德必兼正直，乃成六德，然後六錫爲卿。至三公則必九德皆備，仁至義盡，無不兼包，九德已全，乃命九錫，所謂「九德咸事」者，爲三公也。蓋德者顛倒反覆，各就本性，補敝救偏。三德爲自修之本，而官人選舉，尤治法之樞要也。

「日宣三德，寬、柔、愿三德屬柔，亂、擾、直三德屬正直，簡、剛、彊三德屬剛。夙夜言晝夜括四方。翊①明翊即「翌」，通「翼」。「翊明」即「庶明亮翼」之省文。有家，三德爲大夫。○大夫之職，在王朝佐九卿，在侯國佐伯牧。中央四方皆設此職，故曰夙夜。舜方治南，以兼東西，故曰翼明。○大夫有家，諸侯有國，皇有天下。《大學》等級，即由此經生義。日嚴祗敬「嚴祗敬」三字同義。先師以祗訓嚴，後師以敬解祗，訓詁誤入正文，書中多有此例，所以聱牙難讀。今分別記識之。六德，如剛柔三德兼正直三德。亮采有邦。《典》曰「高采惠疇」，「亮」讀「量」，量人掌建國營國，采爲大小九州畫界之處。六德爲卿，卿在畿内，疆域止于采；卿出封爲諸侯，則在采之外。翕受兼備剛、柔、直之三才。敷施，泛應曲當。九德九德爲三公。咸事，《立政》三事即三公。○《禮緯》：「禮有九錫，進退有節，行步有度，賜以車馬，以代其步。其言成文章，行成法則，賜以衣服，以表有德。其長于教誨，内懷至仁，賜以樂則，以化其民。其居處修理，房内不泄，賜以朱户，以明其別。其動作有禮，賜以納陛，以安其體。其猛勇勁疾，執義堅彊，賜以虎賁，以備非常。其内懷至仁，執義不傾，賜以弓矢，使得專征。其亢陽威武，志在宿衛，賜以斧鉞，使得專殺。其孝慈父母，賜以秬鬯，使之祭祀。」按：九德九命，爲公爲伯；六德六命，爲卿爲侯伯；三德三命，爲大夫；一德一命，爲士。經傳錫、命錯見，尊者用錫，卑者用命。《周禮·大宗伯》九儀之命，下四等言受，受即命也；上四等言賜，賜即錫也。兼舉則錫、命一也，孤文則錫大命小。俊乂在官，《孟子》「尊賢使能，俊傑在位」，《董子》：「有大功德者受大爵士，功德小者受小爵士，大材者執大官位，小材者受小官位，如其能，宣治之至也。故萬人者曰英，千人者曰俊，百人者曰傑，十人者曰豪。豪、傑、俊、英不相凌，故治天下如視諸掌上。」百僚師師，《酒誥》：「越在内服，百僚庶尹。」○《明堂位》：有虞氏官五十。以事實論，安有百僚？百工《考工記》以工爲

① 翊：《尚書·皋陶謨》作「浚」。

官，百工即百官。惟時，《酒誥》：「越在外服，侯、甸、男、衛①、邦伯。」○四嶽、八伯、十二牧、七十二侯皆統于四時。○《禮含文嘉》：「九賜者，乃四方所共見，公、侯、伯、子、男所希望。」撫于五辰，《範》五紀，歲、時、日、月、星也。庶績其凝。○《典》曰「庶績咸熙」。

「毋教逸欲有邦，《孟子》：「天子適諸侯曰巡狩，諸侯朝于天子曰述職。」「入其疆，土地荒蕪，遺老失賢，掊客在位，則有讓。一不朝，則貶其爵；再不朝，則削其地。」兢兢業業，《爾雅》：「兢兢，戒也。業業，危也。」一日二日《詩》一之日、二之日、三之日、四之日爲五運法，即甲乙八千也。此舉一二以包三四，互文也。萬幾。讀作畿。○《周禮》土圭法，一日千里。《大司徒》：每畿千里，由一日二日至于五日五畿，兩面合計，爲萬里，即萬畿，即《典》之萬國，爲方三萬里之一州。《詩》所謂「五日爲期」是也。然一日、二日乃數之始，萬乃數之盈。全球以五帝均分，各萬二千里；四帝均分，則各萬五千里。言萬畿者，舉成數也。○一説一日即騶衍大九州八十一分之一，二即《月令》七十二候②，爲邊鄙。無曠庶官，《周禮》設官分職，《書》主素統，緯説孔子在庶，故曰庶官。○《立政》爲專篇。天工人其代之。《範》五紀例，皇爲歲，帝法四時，卿法月，師尹法日，庶民法星。經義天人合一，故董子有「官制象天」之説。○緯説三公在天爲三能，九卿爲北斗。又天子法斗，諸侯應宿；諸侯上象四七，三公寅亮參兩。

「天天有五天、九天之説。五天配五帝，九天配九州、九野。別有一上天，以爲各天之主宰。皇配天，帝爲天之子。天統全球，經例舉天以包地，以爲大統之範圍，一切典制莫不取法于天，故孔子曰「知我其天」。敘有典，敕我以人合天，我

① 衛：原脱，據《尚書・酒誥》補。

② 候：原作「侯」，據《禮記・月令》改。

即皇也。**五典**五典即五常，分五方。《素問》：「天地之間，六合之内，不離乎五。」按：五常，仁、義、禮、智、信。班《律曆志》以配五行、五事。**五惇哉！**《周禮》五地、五民、五動植，即由此經生義。**天秩有禮，**禮者，天地之序也。**自我**皇。**五禮**五方不同，以五别之。○三禮天、地、人爲竪説，五方、五禮爲横説。**五庸哉！**《周禮》司徒以五禮防萬民之僞，而教之中。○以上司徒之職司。**同寅**《禹貢》十有三載乃同，《周禮》大會同，俱在寅年寅月，故曰「同寅」。○一説六氣、十二支各三十度，以斗杓所指爲寅，爲正月。《記》謂十二月還相爲本，亦爲同寅。《内經》移光定位，每宮三十度，觀其方月而可知。**協共**共通貢，即《禹貢》九州之貢。**和衷**衷與沖同。**哉！**地中交會和合，變六沖爲六合。沖人、沖子皆指兩端邊鄙。

「**天**即皇。**命有德，**《文侯之命》爲專篇。**五服**《周禮》吉服五，凶服五，齊服五，共十五服。本篇「邸成五服」，即《康誥》侯、甸、男、采、衛之起文。推之十五服，皆所以封建嶽牧。**五章**《伏傳》：天子衣服，其文華蟲作會，宗彝、璪、火、山、龍。諸侯作會，宗彝、璪、火、山、龍。子男宗彝、璪、火、山、龍。大夫璪、火、山、龍。士山、龍。**哉！**典命掌五等、五儀，司服亦分五等。○此司空封建事。**天討有罪，**《費誓》、《吕刑》爲專篇。**五刑**班《刑法志》：「《書》云『天討有罪』，故聖人因天討而作五刑：大刑用甲兵，其次用斧鉞，中刑用刀鋸，其次用鑽鑿，薄刑用鞭扑。」**五用哉！**《周禮》司馬公，司寇卿所掌事。**政事茂哉！茂哉！**《漢書》董仲舒策曰：「茂哉茂哉，勉彊之謂也。」

「**天上聰明**《漢書·李尋傳》：「《書》云『天聰明』，蓋言紫宮極樞，通位帝紀，太微四門，廣開大道，五經①六緯，尊術顯士，翼張舒布，燭照四海。」**自我**中央皇。**民**下。**聰明，**《典》之四目，四聰分南北，《範》五事，東視西聽爲天下一人之

---

① 五經：原作「六經」，據《漢書·眭兩夏侯京翼李傳》改。

例。此當主四天説。天上明威明，南方明都。威從戌從女，《説文》：「威，姑也。」在地爲戌，爲北方，在天爲須女之宿。自我皇。民下。明威。《左·成十三年傳》：「民受天地之中以生，所謂命也。」《中庸》：「天命之謂性①」，「道不可須臾離」。天有四宫、四帝，地有四方、四帝。《論語》：「天不言，四時行。」聖人順天出治，所謂中天下而立，定四海之民也。達于上下，天地。○上下四旁爲六宗。「光被四表，格于上下」，與此相印證。敬哉有土！」《易·繫》：「在天成象，在地成形。」故《淮南》説天有九野，分九天。《地形訓》「九州分九土」，即《周禮》馮相氏、保章氏之所掌。○《河圖括地象》：「天有五行，地有五岳；天有八氣，地有八風；天有九道，地有九州；天有四維，地有四瀆；天有九部八紀，地有九州八柱。」

皋陶曰：繼上文而緟言之。此經皆託古爲言者。「朕言惠，安民則惠之惠可底行。」《穀梁》：「勇者行。」皋陶爲司馬，故主行。○《白虎通》：「皋陶爲舜陳道：『朕言惠，可底行。』」禹曰：「俞！乃言底可績。」《禹貢》「覃懷底績」、「和夷底績」、「原隰底績」。又「東原底平」、「震澤底定」、「三邦底貢」，即從此文生義。故《貢》之九州，《大戴》以爲戴九天。又曰明耳目治天下，即承上「天聰明」而言。

皋陶曰：「予未《易》未濟、既濟，《詩》未見、既見，未爲俟後，既爲法古，凡《論語》之未，皆謂未來。一説未讀作寐。有知未來前知。思，思與詩通，託之哲想以言志。日②日以東西分晝夜。贊贊襄哉！」此句與下「思日孳孳」對文。○贊，佐也。皋陶以全球之廣，欲與禹東西分治。禹贊于東，皋陶贊于西，如《詩》之周、召分陝，《召誥》、《洛誥》之東西二洛通畿，亦《大戴》所謂舜左禹而右皋陶也。

---

① 性：原作「道」，據《禮記·中庸》改。

② 日：《尚書·皋陶謨》作「曰」。

帝曰：「來，禹！舜未立，爲司馬，皋陶爲士，舜爲帝，則皋陶爲司馬，如漢之大將軍輔政，故先皋陶而後禹。汝亦昌言。」欲聞禹之嘉謨。禹拜曰：「都①！予何言？爲政不在多言。予思日日以南北分寒暑。按：日，古文作⊖，象地球形。《書緯》言地動，《大戴》曾子言地圓，是孔門早有地球之説。無以象之，以⊖象之，故地有四遊，與日相應。孶孶。」此句與上「思日」、「贊贊」對文。○「孶」按《謨》序「在兹」而言。兩「孶」指南北兩黑道，嚴寒之地，皆爲子方，即《易》所謂坎坎。地中赤道，爲二南，即《易》所謂重離。禹謂東西分治，則地之南極、北極何時開闢。

皋陶曰：「吁！如何？」質問開闢南北極之治法。禹曰：以下司空事。「鴻水此追敘地質學説。地由海初成陸地，水土之事責在司空，故由鴻水説起，即海水中浮出陸地。滔天，《史記》騶子附傳：「天下八十一州，乃有大瀛海環其外。」浩浩褱山襄陵，《周禮》五土，西山林，南丘陵。此舉西南，偏重南極。不言北、東者，天地之化，自北而東，長養于南，收功于西也。○下民南半球爲下方，故民爲下民。○《吴越春秋》：「禹曰：吾爲帝，統治水土，調民安居，使得其所。」按：禹云統治水土，是統治全球之水也。昏墊。《河圖挺佐輔》文曰：「百世之後，地高天下，山陵消去，不風不雨，不寒不暑，民復其土，皆知其母，不知其父。如此千載之後，天可倚杵，洶洶隆隆，曾莫知其始終。」此開通南半球之預言，故云百世後地高天下，山陵消去，即褱襄之説。不風不雨，至不知父，即昏墊未開化也。餘則地球毀滅之説。予乘四載，四鄰地輿也。○《吴越春秋》：「禹于是周行寓②内，東造絶域，西延積石，南踰赤岸，北過寒谷。徊崑崙，察六扈，脈地理，名金石。寫流沙于西南，決弱水于北漠。青泉赤淵，分入洞穴。通江東流，至于碣石。疏九河于潛淵，開五水于東北。鑿龍山，

① 都：原作「於」，據《尚書·皋陶謨》改。
② 寓：原作「寓」，據《吴越春秋·越王無餘外傳第六》改。

闢伊闕。平易水土，觀地分州。殊方各進，有所納貢。民去崎嶇，歸于中國。」**隨山**《伏傳》：禹奠南方霍山。○《周禮·職方》言九山。**栞木**，此句起《禹貢》序。《禹貢》爲此經專篇。○《山海經》：「禹曰天下名山，經五千三①百七十山，六萬四千五十六里，居地也。」「天地之東西二萬八千里，南北二萬六千里，出水之山八千里，受水者八千里，出銅之山四百六十七，出鐵之山三千六百九十。」按《山經》十三篇皆首南方，舊以爲禹治水所記，即《典》、《謨》開闢南極之師説也。其中名山異木，不勝縷述。又《吕氏春秋·慎行論·求人篇》言禹四至之地及山與木亦備。**暨益**知人。○孟子云：「益掌火。」《大戴》：「禹舉益以贊其身。」○《吴越春秋》：「禹齋三日，庚子，登宛委山，發金簡之書。案金簡玉字，得通水之理。復返歸嶽②，乘四載以行川。始于霍山，徘徊五嶽。《詩》云：『信彼南山，惟禹甸之。』遂巡行四瀆，與益、夔共謀。行到名山大澤③，召其神而問之，山川脈理、金玉所有，鳥獸昆蟲之類，及八方之民俗，殊國異域，土地里④數，使益疏而記之。故名曰《山海經》。」乃《詩》之益，與此不同。**奏庶鮮食**。鮮，鄭作鱻。未開化之地，民皆茹毛飲血。《王制》：「南方曰蠻，雕題交趾，有不火食者矣。」**予決九川**，《莊子》：「禹之湮洪水，決江河，而通四夷、九州也。名山三百，支山三千，小者無數。禹親自操橐耜，而九雜天下之川。」按：天下之九川，即全球大九州之川。如《周禮·職方氏》每州之川浸，即《典》所謂濬川，《貢》所謂九川滌原，匪但在中國。**距**導江歸海。**四海**，四方，四海，如今南北冰洋、大平洋、大西洋是也。若中國，安有四海？○《吕氏

① 三：原作「二」，據《山海經·中山經》改。
② 復返歸嶽：原脱，據《吴越春秋·越王無餘外傳第六》補。
③ 澤：原作「川」，據《吴越春秋·越王無餘外傳第六》改。
④ 里：原作「異」，據《吴越春秋·越王無餘外傳第六》改。

春秋》：「凡四海之内，東西二萬八千里，南北二萬六千里，水道八千里，受水者亦八千里，通谷六，名川六百，陸注三千里，小水萬數。」説同《淮南·地形訓》。○《禹貢》爲專篇。浚甽澮，比小九州，三千里。距導甽澮歸川。川。九千里。○《考工記》：「匠人爲溝洫，耜廣五寸，二耜爲耦，一耦之伐，廣尺深尺，謂之甽，廣二尋，深二仞，謂之澮。專達于川，各載其名。凡天下之地埶，兩山之間必有川焉，大川之上必有涂焉。」《地官·遂人》亦有此説。此經制井田之所託始。暨稷播，水土既闢，稷始教稼。○《呂刑》：「稷降播種，農殖嘉穀。」又《呂氏春秋·任地篇》記后稷播種之説甚詳。奏庶艱食艱，馬本作根，云根生之食，謂百穀。鮮食，貿遷《史記》：食少，調有餘，補不足，徙居衆民。有無《易》：「日中爲市，交易而退，各得其所。」○《周禮》司市、質人諸掌，由此分職。化居，化，當作「貨」。《貨殖傳》。烝民安民。乃立，《詩》：「思文后稷，克配彼天，立我烝民，莫匪爾極。」謂立極也。《洪範》五皇極，中央立極，又謂之庶民極。○《周禮》言以爲民極，乃立某官者五。萬邦作乂。」萬邦即萬里、萬國。《典》曰「協和萬國」，此云「萬邦作乂」，皆指中央方萬里，乃大九州之一，爲地中和合之地。○乂，古五字。《洪範》五爲皇極，居中，統御八方。乂象氣交。《周禮》：「土圭測日，以求地中，陰陽之所和，四時之所交，乃建皇國。」《素問·六微旨》：「上下之位，氣交之中，人之居也。」謂皇居地中京師，四方民大和會。《洛誥》「其自時中乂，萬邦咸休」是也。

皋陶曰：「俞！師汝昌言。」

禹曰：「都！帝，慎讀作「鎮」。《周禮》畿服止于鎮。乃在位。」《周禮》：「惟皇建國，辨方正位。」帝曰：「俞！」禹曰：「安汝止，惟幾讀作「畿」。《易》「月幾望」，謂三十輻以象月，即《禮記》月以爲量，望三五而盈。○《大學》引《詩》曰：「邦畿千里，惟民所止。」惟康，《洪範》五福康寧，五皇極，亦曰「而康」。其弼中爲直綫，二弓孤綫也。○天道猶張弓，《易》「先張之孤，後説之弧」。直，直者爲繩，地球經線皆直。弼之言輔，緯線括弧爲弼。惟動地動。○緯説地常動不止，譬如人在舟中，舟行而人不覺。丕應。《史記》「天下大應」。○緯説地有四遊，升降與四方、四時、日光、星辰相應。傒志思想所及，所以俟後，如《詩》之言志。以昭受上帝，《召誥》：「王采①紹上帝，自服宇②土中。」旦曰：『其作大邑，其自時配皇天。』按：天之九野，鈞天在中央；地之九州，京師在地中。上承天極，故《詩》曰「上帝是皇」。天皇配天。其申命《皇道篇》申命二叔主南北，即堯舜二帝上下分治。用休。」鄭説休謂符瑞。

帝曰：「吁，臣哉！南北爲臣。○騷賦以堯主北舜主南，爲堯之臣。○《詩·陳風》在南，《唐風》在北。一云無冬無夏，一云冬之夜，夏之日。鄰哉！東西二帝爲鄰。○《易》曰：「富以其鄰」，「東鄰殺牛，不如西鄰之禴祭」。鄰哉！四帝爲四鄰，每帝萬五千里。下文「欽四鄰」。説詳《疆域圖表·四鄰圖》。臣哉！」《左傳》説舜舉八愷，爲高陽之臣，主東。舉八元，爲高辛之臣，主西。《伏傳》一嶽兩伯爲堯之臣，主北。《吕覽》舜有九子，即十干合戊己。《論語》舜臣五人，舉其半也，主南。○此《周禮》春、夏、秋、地官所由設官分職。禹曰：「俞！」帝曰：「臣接上「臣哉」而言。作朕股肱股肱比二伯。本篇「股肱良哉」以輔元首。耳目。四目四聰比八伯。○此《禮運》「天下一人」例所由起。説詳《疆域圖表·五事圖》。予欲左右有民，左右比二伯。《大戴》舜左禹右皋，即《帝謨》師説。《大誓》左黄鉞、右白旄，《顧命》左太保、右畢公，皆二伯也。女翼。兩肱如翼，比于鳥之羽翅。予欲欲居六情之中爲七。《論語》「七十從心所欲」。宣力四方，四方，四嶽，推行政治，即《論語》所謂行。○《詩》：「膂力方剛，經營四方。」女爲。兩股行四方，比于獸之指

---

① 采：《尚書·召誥》作「來」。

② 宇：《尚書·召誥》作「于」。

爪。

「予欲觀目治，爲光學。古人之象，古，即「稽古」之「古」，經制託之古。日、月、《詩》日升月恒，象東西兩京、二伯。日居月諸，以十干主九州，爲居守伯，爲日居。以十二支主外州，爲諸侯，爲月諸。《洪範》「卿士惟①月，師尹惟日，庶民惟星」，皆經中官制象天之義。星、辰、中國星象命名取義，皆出于緯書。孔作六經，以天包地。經中典制，取法天文。《史·天官書》以天星分五宮，中宮天極，太乙之居，《尚書》皇統六合象之。四方四宮，即《月令》之四時，《尚書》四帝四鄰象之。經制法天，範圍百世，故聖欲無言。西學星象，則立説破碎，無所取裁。山、龍、華蟲，作繪；《考工記》畫繢之事。宗彝、藻、火、《伏傳》：「山龍，青也；華蟲，黄也；作會，黑也；宗彝，白也；璪火，赤也。天子服五，諸侯服四，次國服三，大夫服二，士服一。」粉、米、黼、黻、絺②繡，《周禮》縫人「掌王宮之縫線之事，以役女御，以縫王及后之衣服」。以五采五方例。章施于五色，《考工記》：「畫繢之事，雜五色。青與赤謂之文，赤與白謂之章，白與黑謂之黼，黑與青謂之黻，五采備謂之繡。土以黄，其象方，天時變，火以圜，山以章，水以龍，鳥獸蛇。雜四時五色之位以章之，謂之巧。」作服，服與輻、福通。女明。四目多見。

「予欲聞耳治爲聲學。六律、《伏傳》：「六律者何？黄鐘、蕤賓、無射、太蔟、夷則、姑洗是也。故天子左五鐘，右五鐘。天子將出，則撞黄鐘，右五鐘皆應。入，則撞蕤賓，左五鐘皆應。舉陽律以包陰吕，如職方六裔。五聲、五方例。

---

① 惟：原作「為」，據《尚書·洪範》改。

② 絺：原作「希」，據《尚書·益稷》改。

八音，《周禮》：太師「掌六律、六同，以合陰陽之聲。陽聲黃鐘、太蔟、姑洗、蕤賓、夷則、無射，陰聲大吕、應鍾、南吕、函鍾、小吕、夾鍾，皆文之以五聲，宫、商、角、徵、羽，皆播之以八音，金、石、土、革、絲、木、匏、竹。」大司樂亦職掌之。○《白虎通》：「八音者，何謂也？《樂記》曰：『土曰塤，竹曰管，皮曰鼓，匏曰笙，絲曰絃，石曰磬，金曰鐘，木曰柷敔。』此謂八音，法《易》八卦也，萬物之數也。八音，萬物之聲也。」又《樂記》曰：「壎，坎音也；管，艮音也；鼓，震音也；絃，離音也；鐘，兑音也；柷敔，乾音也。」下當補「笙，巽音也；磬，坤音也」，皆以統括全球，爲八方、八州之符記。《左傳》「舞所以節八音而行八風」，則又以人合天也。七始、枚本作「在治」。○按：《伏傳》：「五聲，天音也；八音，天化也；七始，天統也。」此八伯之事，分定于五，此五嶽之事也。蔟以爲八。詠，枚本作「忽」，《本紀》作「來始滑」，《集解》説「滑」作「忽」，鄭君解作「笏」，《索隱》「來始」，謂今文作「采政」，義殊曲。○《漢・律曆志》：「《書》云：『予欲聞六律、五聲、八音、七始詠，以出内五言，女聽。』『予』者，帝舜也。言以六律合五聲，施之①八音，合之成樂。七者，天地四時，人之始也。順以歌詠五常之言，聽之則順乎天地，序乎四時，應人倫，本陰陽，原情性，風之以德，感之以樂，莫不同乎一。惟聖人爲能同天下之意，故帝舜欲聞之也。」以出納五言，四方、中央五方之言，即《王制》譯語。女聽。四聽多聞。○《墨子・尚同中》：「夫唯能使人之耳目助己視聽，使人之吻助己言談，使人之心助己思慮，使人之股肱助己動作。助之視聽者衆，則其所聞見者遠矣。助之言談者衆，則其德音之撫循者博矣。助之思慮者衆，則其談謀度速得矣。助之動作者衆，即舉其事速成矣。故古者聖人之所以濟事成功，垂名于後世者，無他故異物焉，曰唯能以尚同爲政者也。」

「予違，女弼，二公夾輔，比于二弓。女無面從，《孟子》：「與讒諂面諛之人居國欲治，可得乎？」退《詩》：「退

① 施之：原脱，據《漢書・律曆志》補。

食自公。」有後言。《史記》說「退而謗予」。欽四鄰！《書》以堯、舜、高陽、高辛四帝分治天下，爲四鄰。如《月令》四時《論語》「德不孤，必有鄰」，即解此四鄰。說詳《皇帝疆域》第十及四十一圖。

「庶頑讒說，《論語》「遠佞人」，《中庸》「去讒」。○以下言知人、官人與學教國子之事。若不在時，《周禮》大胥：「春入學，舍菜，合舞，秋頒學，合聲。」《王制》：「樂正崇四術，立四教。春秋教以禮樂，冬夏教以詩書。」依時立教，不在時，所謂不帥教者也。侯以明之，保氏教國子以六藝，三曰五射。撻以記之，《典》「扑作教刑」，《小胥》「巡舞列而撻其怠慢者」。書用識哉，大胥掌學士之版。欲竝生哉！《王制》：「屏之遠方，示弗故生也。」工以内言，《大司樂》「以樂語教國子：興、道、諷、誦、言、語」。時而颺之，《王制》：「命鄉論秀士，升之司徒，曰選士。司徒論選士之秀者，而升之學，曰俊士。升于學者不征于司徒，曰造士。大樂正論造士之秀者，以告于王，而升諸司馬，曰進士。」假枚本作格，謂始不帥教，繼而能變者。則承之庸之，司馬辨論官材，論進士之賢者，以告于王，而定其論。論定然後官之，任官然後爵之。否則威之。」移郊、移遂，屏之遠方，終身不齒。

禹曰：「俞哉！帝承上四鄰統論四帝。光《素問》移光定位。天天統全球。之下，光被四帝，一帝一表，均分天下。至四至。于海隅四海四帝，各占一隅。《周禮》土圭測景，南北致日，東西致月，由地中推至極邊。蒼生，許慎書：「蒼，艸色。」「生，艸木生出土也。」萬邦萬國方萬里，乃一帝之内九州。黎獻，《大誥》「民獻有十夫」，即十干分配内九州。共統内外州言之。爲帝臣，以支干代内外嶽牧，同爲一帝之臣。惟帝時舉。」四帝分占四時，舉用嶽牧，如舜舉高陽八愷、高辛八元。說詳《皇帝疆域・第四十一圖》。

傳「賦納以言，《典》作敷奏以言。明試以功，車服以庸，三句與《典》同文。誰敢不讓，誰敢不敬應！《潛夫論・考績篇》：「夫聖人爲天口，賢人爲聖譯，是故聖人之言，天之心也；賢者之所說，聖人之意也。群僚師尹，咸有典司，各居其職，以責其效。百郡千縣，各因其前，以謀其後，辭言應對，各緣其文，以覈其實，則奉職不懈，而陳言者不得誣矣！《書》曰『賦内以言，明試以功，車服以庸，誰能不讓，誰能不敬應』，此堯舜所以養黎民而致時雍矣。」帝謂舜。不讀作「丕」。時敷，同舜之治功自北而南，兼治東西，能敷布其四時大同之治。日奏，罔罔，古「網」字。〇《盤庚》：「若網在綱，有條而不紊。」功。」土圭一日千里，以地球三萬里開方，繪形如網。

帝曰：《史・夏本紀》引此經文，有「帝曰」二字。劉向上疏，以爲帝舜戒伯禹。《論衡・問孔》、《譴告》篇俱同此義。「毋若丹朱當爲驩兜，音之誤。說詳俞氏燮。敖，許慎引「敖」作「奡」。惟慢遊是好，敖虐是作；《尚書釋文》：「傲」字又作「奡」，與《說文》合。罔晝夜頟頟，罔水行舟，《論語》「奡盪舟」，孔安國注以爲陸地行舟。朋淫于家，用殄厥世。《論語》「不得其死」。予創若時。」

禹曰：《論衡・問孔》「禹曰」在「予創若時」之上。「予《史・夏本紀》引此經文有「禹曰予」三字。娶塗山，娶，一作「取」，通作「聚」，合也。《左・哀七年》：「禹合諸侯于塗山，執玉帛者萬國。」按舜使禹闢南服，《貢》之荆、揚二州土曰塗泥，故山曰塗山，不在中國境内。辛壬癸甲，《書》以干支二十二爲内外嶽牧符記，言辛壬癸甲，爲北四州，以起乙丙丁庚之南四州。此經義寄託大統之隱見例。說詳《皇帝疆域・辨方正位》及《五運六氣圖》。啟啟，開也，謂初開闢之土，非禹子名。呱呱而泣，水土初平之地，人民嗷嗷待哺。予弗子。子，《列子》作「字」。〇《孟子》：「禹思天下有溺者，由己溺之也，是以如是其急也。」惟荒度土功。《列子・楊朱篇》此句無「度」字，「土」即古「度」字，「土功」即周禮土圭測日。

𠨘①《説文・卩部》：「𠨘，輔信也。」段注言：「輔信者，以其字從卩。卩，瑞信也，從比則有輔義。」成五服，《周禮・司服》：「吉服五，凶服五，齊服五。東方緇衣羔裘，爲吉服；西方素衣麑裘，爲凶服；中央黄衣狐裘，爲齊服。」分之爲五服，合之三五十五。一轂三十輻，以象月三五而盈，三五而闕。《羔羊》五紽、五緎、五總，《小星》「三五在東」。𠨘今作弼，左右夾輔爲弼，合中爲三。弼成五服，所謂三五十五也。至于五千。《王制》三服三千里，此五服五千里，如《禹貢》。〇按：《貢》之五服，每服包有二小名，三五爲十五服。《周禮》九服，合《板》詩六服，亦爲十五服。經言五服五千里，以帝統論，當爲十五服，萬五千里，乃舉零例。州以五千里爲帝一州，則萬五千里爲帝九州。十有二師，《典》曰「兆十有二州」，外州也。此十有二師，外州牧也。俗本《伏傳》所引乃别義，後人誤以説此文。〇三萬里爲皇制，九州、十二州，以方六千里爲一州，四鄰之制，則以方三千里爲一州，一帝萬五千里，爲二十五州。外薄四海，薄讀作「溥」。《詩》「溥天之下」。《吕刑》「四海之内方二萬七千里」。按：六合以内爲四海，《書》言「外薄四海」，至海而止。《詩》言六合以外，乃云海外有截。《山海經・海外四經》、《大荒四經》皆不在本世界。〇《伏傳》：「夏成五服，外薄四海。東海魚須、魚目，南海魚革、珠璣、大貝，西海魚骨、魚幹、魚脅，北海魚劍、魚石，出瑱擊閭，咸會于中國。」咸統内外州及四方、四帝而言。建五長，《王制》二伯、方伯、卒正、連帥、屬長爲五長。各《王制》九州千七百七十三國，此加二十四倍，其數照推。迪《史記》作「道」。有功。《周禮》大府、内府掌受九功之貨賄。九功即冢宰任萬民之九職，僞《書序》乃有「九共」之説。苗六經以素統爲主，詳于西方，故單舉苗。頑弗即工，其有不歸職貢者，則如中國之苗頑。帝其念哉！」念，讀作「驗」，謂帝當驗小推大，以治三苗之法治之。

① 𠨘：《尚書・益稷》作「弼」。

帝曰：「迪迪，讀作「軸」，轂中心爲軸，喻地中京師。朕德，《説苑・君道篇》：「當舜之時，有苗氏不服，禹欲伐之，舜不許，曰諭教猶未竭也，究諭教焉，而有苗氏請服。天下聞之，皆非禹之義，而歸舜之德。」時乃功《月令》政令授時。維敘。以全球論，每朔須全頒二十曆憲，依斗杓所指，以爲敘説。詳《皇帝疆域》第三十圖。皋陶旁四旁。祇厥讀作「槩」，即槩柯。緒，《周禮》：「冬夏致日，春秋致月，以辨四時之敘。」《皇道篇》曰「敬致」。方施《洛誥》：「明光于上下，勤施于四方。」象刑，維明。」《伏傳》：「唐虞象刑而民不犯，苗民用刑而民興胥漸。」象刑説詳《帝典》。

夔曰日，校本作曰。本篇惟禹、皋陳謨，夔安得參語？○按：下云群后，與《典》之「既月乃日，班瑞群后」合。《封禪書》：「擇吉月日見四岳、諸牧。」此段用樂于廟，群后助祭，乃在會朝之後，亦不能預定何日，故但言日。戛擊鳴球，玉磬。搏拊琴瑟《明堂位》：「搏拊玉磬，揩擊大琴、大瑟、中瑟、小瑟，四代之樂也。」以詠，祖考《周禮・大司樂》：「大合樂，以享先妣先祖。」又：「凡樂，黄鐘爲宫，大吕爲角，大蔟爲徵，應鐘爲羽，路鼓、路鼗，陰竹之管，龍門之琴瑟，九德之歌，九磬之舞，于宗廟之中奏之，若樂九成，則人鬼可得而禮矣。」來假。《伏傳》：「古者帝王升歌清廟之樂，大琴練弦達越。大瑟達越，以韋爲鼓，謂之搏拊，何以也？君子大人，聲不以鐘鼓竽瑟之聲亂人聲。清廟升歌者，歌先人之功烈德澤也。故周公升歌文王之功烈德澤。苟在廟中嘗見文王者，愀然如復見文王。故《書》曰『搏拊琴瑟，以詠祖考來格』，此之謂也。」按：《伏傳》引文王以證《謨》之祖考，可見《書經》前後一轍，舜與周公聖德相同。虞賓五帝分司五極，一代興王，四時代謝如客。如《王會篇》唐公、虞公、夏公、殷公。在位，《伏傳》：「舜爲賓客，禹爲主人，樂正進，贊曰：『尚考大室之義。唐爲虞賓，至今衎于四海，成禹之變，垂于萬世之後。』」是此節乃帝舜大會諸侯、禪讓夏禹之事，當以高陽、高辛、唐虞爲賓，故曰「衍于四海」。群后八伯、十二牧。○《孝經》：「天子之孝，四海之内，各以其職來助祭。」德讓。群后德帝舜之禪讓，此必在二十五年大會同之時，天下岳牧乃能畢至。**下管鞀鼓**，堂下樂作。**合止柷敔**，《周禮》大合樂。**笙庸**古文「鏞」。**以閒**，《白虎通》以八音配八卦，爲全球八州之符記。今按：鳴球，石音，坤也；琴瑟，絲音，離也；管簫，竹音，艮也；鞀鼓，革音，震也；柷敔，木音，乾也；笙，匏音，巽也；庸，金音，兑也。獨闕土音。舜闕南離，其衝北坎。《靈樞經》曰：「風從虚來。」聖人謹候虚風而避之，故《周禮》缺冬官以垂戒。**鳥獸蹌蹌**，《周禮》凡樂一變而致羽物，四變而致毛物，舉毛羽以括《周禮》五動物。**簫韶九成**，《大司樂》：樂九變，舞九磬。○《白虎通·禮樂篇》：「舜舞簫韶，舜能繼堯之道也。」《左傳》季札觀樂，見舞《韶箾》者，曰：「德至矣哉！大矣！如天之無不幬也，如地之無不載也。雖甚盛德，其蔑以加于此矣，觀止矣！」**鳳皇來儀**。吴才老以爲簫管之和聲。○孔子素統，以少昊爲主而鳳不至，故《君奭》曰「鳴鳥不聞」，《論語》云「鳳鳥不至」、「鳳兮德衰」。《詩》之黄鳥即鳳皇，喻皇以鳥紀官，即素統西皇，故《楚辭》主西皇，《列子》「西方聖人」，皆此義。

記 **夔曰：「於！予擊石拊石，百獸率舞**，此節文同《帝典》，《孔叢子》説引見前。**庶尹允諧。」**

《伏傳》：「于時卿雲聚，俊乂集，百工相和而歌《卿雲》。帝乃倡之曰：『卿雲爛兮①，禮縵縵兮②，日月光華，旦復旦兮③！』八伯咸進，稽首而和曰：『明明上天，爛然星陳。日月光華，宏予一人！』帝乃載歌曰：『日月有常，星辰有行。四時從經，萬姓允誠。于予論樂，配天之靈。還予賢聖，莫不咸聽。鼚乎鼓之，軒乎儛之。菁華已竭，褰裳去之。』于時

---

① 兮：原作「分」，據孫之騄輯本《尚書大傳》卷一改。
② 禮縵縵兮：孫之騄輯本《尚書大傳》卷一注：「禮，一作糺，一作糾，李善引《大傳》作體。縵縵一作漫漫。」
③ 兮：原作「分」，據孫之騄輯本《尚書大傳》卷一改。

乃八風修通，卿雲蘖蘖，蟠龍賁信于其藏，蛟魚踴躍于其淵，龜鼈咸出于其穴，遷虞而事夏也。」

帝庸帝禹登庸。作歌曰：「陟天之命，陟帝位而膺天命。維時四維，四時。維幾。」讀作「幾」。○大司馬九畿。乃歌曰：「股肱喜哉！《伏傳》：「股肱，臣也。」按股肱比左右二伯，《左傳》：「昔周公、太公股肱周室。」元首起哉！《伏傳》：「元首，君也。」按元首指腦。《素問》：「心者，君主之官。」《靈樞》：「心者，五藏六府之大主也。」此爲天下一人之大例，説詳《皇帝疆域·五事圖》。百工熙哉！」《周禮》謂之百官。皋陶皋陶仍臣于禹。拜手稽首，經立君臣之禮。揚言曰：「念哉！以一人之身，驗推于天下。率作興事，帝率群臣以任事，如元首統百體以作事。愼乃憲，憲，法也。如《周禮》六典、八灋、八則之類。欽哉！屢省乃成，《周禮》：小宰以官府之八成經邦治。《王制》：三公以百官之成質于天子。欽哉！」乃賡續也。載歌曰：「元首明哉！《内經》多藉醫以喻治法。股肱良哉！人身奇經八脈以應八州伯，十二經以應十二牧。元首在上，居尊位以統之。庶事素王立法，故經多庶字。康哉！」《靈蘭秘典》：「主明則下安，以此養生則壽，没世不殆。」又歌曰：「元首叢脞哉！鄭曰：「叢聚小小之事，以亂大政。」股肱惰哉！萬事墮哉！」《秘典》：「主不明則十二官危，使道閉塞而不通，形乃大傷。以此養生則殆，以爲天下者其宗大危，戒之戒之！」帝拜曰：「俞！往二伯出巡，故言往。欽哉！」

禹貢四鄰例。《堯典》主北，《舜謨》主南，《禹貢》配高陽，八愷主東，《鴻範》配高辛，八元主西。《五帝德》由高陽至禹爲五。《貢》、《範》皆詳禹事，禹以司空佐堯舜治南北，兼統東西，而居地中。如《月令》黄帝，《大戴》禹履四時、據四海是也。**第四**《大傳》七觀在第一。《禹貢》一名《九共》，即《周禮》所謂九貢，《大傳》九共即九貢也。《貢》九州即《範》九疇，疇、州古通。《鴻範》爲大範，故《貢》州由小推大，《頌》詩云小共、大共是也。《莊子》「禹湮洪水，而通四夷、九州」，又曰「九雜天下之川」；《大戴》「禹平九州，戴九天」；《淮南》「天有九野，地有九州；天統地，地承天」，兩相印合，是禹治中國之水，《尚書》驗推之，以治全球之水。就事實論，禹不過治黄河之水耳，長江自古無水患。《貢》以九州導水概爲禹功，託禹以爲天下後世法，此經所以異于史也。舊解囿于中國，削足適屨，與經不符。

序 禹爲治之道，先重生養，由司空平水土始。故六經言治，必首司空。○禹在春秋爲王伯。九州方三千里，在《尚書》爲帝司空，同皋陶爲伯。九州方萬五千里，推之皇世，爲皇司空，則爲大禹九州，方三萬里。《詩經》以禹爲天神，爲神禹，當分別審量説之，不可淆混。敷土，《頌》詩「禹敷下土方，外大國是疆，幅隕既長」，《中庸》「上律天時，下襲水土」，以土與天相承襲。天大，地亦大，匪但中國水土而已。○《周禮》地官及夏官量人、職方、土方、懷方、合方、訓方、形方，《考工》匠人諸職，皆敷土之官。隨山栞木，木當作水。奠高山道山。大川。道水。○《職方氏》：九州各有山鎮，各有川浸。司徒五土，以山林川澤分東西，山師、川師、山虞、林衡、川衡、澤虞諸職由此分司。○《山海經》：「禹曰：天下名山，經五千三百七十山，六萬①四千五十六里，居地也。言其五臧，蓋其餘小者甚衆，不足記云。天地之東西二萬八千里，南北二萬六千里，出水之山八千里，受水者八千里，出銅之山四百六十七，出鐵之山三千六百九十。」

經 冀州：始北方冀，終西北雍。如曆法，冬至順行，起于黄鍾坎宫，一周至乾止，《洪範》則用生成數，坎一、離二、震三、兑四、中五。九五福，兼六極爲十。五、十同居中。○《貢》于每州皆舉山水以定疆域。冀州上不以恒嶽及水名爲疆

① 六萬：原脱，據《山海經・中山經》補。

界，且互見他州山水，是以九州爲一州也。騶衍謂禹序九州，爲中國神州，神州內自有九州，即謂冀州一州方三千里也。又由禹州推及九九八十一州，即大九州，二萬七千里。此《禹貢》先師舊説。《淮南・地形訓》：「正中冀州曰中土，當配九野之中央鈞天」，皆推闡《禹貢》及于全球。此中又分天人言，實地爲世界，以星立民，爲《詩》、《易》天學。○正北方，《易》爲坎卦，干壬癸，支子。《春秋文耀鉤》以冀州屬北斗樞星。《五行大義》以斗第九星應坎宮對冀州。按：坎宮當配《淮南》正北濟州，在天爲玄天，《靈樞》爲叶蟄之宮，主冬至，當今露西。既從《易》既濟、未濟起例，未爲未來，爲俟後，既爲既往，爲法古，皆預擬之詞也。下同。載壺口，山名，詳道山。○海外山水，用翻譯例。《公羊》地從中國，名從主人，即翻譯例。《禹貢》山水多寄託，不能實指爲中國某地。後人揣測傅會，以名其地，或一名而有數地，解家誤據，皆失本旨。治梁梁，西方州。《爾雅・釋天》：「大梁，昴也，爲西方西宮宿。」○西方。及岐。西北。○岐山在雍州境內。既修太原，中央。○太之言大，與小相對。原《周禮》五土，中爲原隰。《穀梁》舉翻譯例，謂中國曰太原，夷狄曰大鹵，是大原不在晉國境內，皆大統師説也。惟《左傳》據小統，謂臺駘處大原，而晉取滅之，故秦始乃置太原郡。後人沿之，以爲山西太原。《禹貢》地名如此沿誤者甚多，經義晦盲久矣！至四方，四至。《左傳》管仲召陵所言之四至，爲一王之土宇。《王制》每至千里，六至三千里，是爲最小之制。《貢》州惟冀雍首尾言至。一州之中，又以九分，所謂八十一。于嶽陽。東西○言嶽，即統四嶽。華陽、衡陽舉西南二嶽，則東北二嶽從同，即包九州在內。若單言冀州，則嶽在正中，不得言至于。○以上于王九州方三千里內，即寓大統之意。覃《詩》「葛之覃兮」、「覃及鬼方」。懷《周禮》：懷方氏掌來遠方之民，當在藩以外。厎績，「厎績」二字見《帝謨》，謂帝功已成。至于由藩以推帝之四至，方萬五千里，較王之四至爲廣。《大戴・五帝德》各有四至，異地而帝。衡南。○《詩・陳風・衡門》、《文耀鉤》衡山屬北斗衡星，與中國衡山小大迴殊。漳。北。○《職方》：冀州其川漳。○上四至舉東西，此四至舉南北。○此二句言帝制之九州。厥土《淮南》九土，正北濟州曰成土。惟白《管子・地員》：九州之土，群土之長，是惟五粟。五粟之物，或赤，或青，或白，或黑，或黃，五粟五章。**壤**，州方千里，以至三五六九千里，舉一白以示例，所以互省。**厥賦**《周禮》：九賦，大宰、小宰、大府、内府、司會掌之。**惟上上**每州九等，此第一等。田賦九等，即三壤也。由三化九，如三德爲九德，土地肥瘠，各有等差，九九共有八十一等。**錯**，每州互有交錯，如土五色，田九等，每州皆全，以錯見爲例。**厥田**《小司徒》：「乃經土地，而井牧其田野，遂人以土地之圖經。」田野即井田之制也。《貢》之九州，皆言田，似井田已徧各州。乃今中國土地不皆有田，可知井田方里，乃經制九州之起點也。説詳《皇帝疆域》三十四圖。**惟中中**。第五等，舉以示例。○《遂人》：上地夫一廛，田百畮，萊五十畮。中地萊百畮，下地萊三百畮。此舉一州之三壤，每壤分三等，則九等，九州則八十一等。**恒**、北嶽恒山，小統，在冀。《職方氏》：「正北曰并州，其山鎮曰恒山。」則恒在外州，即由小推大①之意。○《元命苞》：「昴畢間爲天街，散爲冀州，立爲常山。」**衛**《康誥》、《酒誥》、《顧命》皆稱侯、甸、男、衛，爲《周禮》九畿、九服之六。六服六千里，爲皇州之一。六畿萬二千里，爲五帝五分之一，由漸推廣。○以下爲皇之一州。**既**凡言既，皆由未濟以推既濟之辭。**從**，太平乃爲既。《詩》：「原隰既平，泉流既清。」**大陸**大地以水陸分，水中可居曰陸。大陸，大九州也，與島夷對文。島爲外州，大陸爲内九州。**既作**，作謂耕作。**島**海外零星散島。皇帝敷化，以爲外州。中國冀州不瀕海，無島。**夷**揚州有島夷，爲揚之外州牧。冀包揚州外牧，爲五服，五千里一州。**皮服**，以衣服喻幅員。皮服即藩服，在外州，如藩籬。**夾**言夾，則冀居中，兩旁夾之。《詩》：「夾其皇澗。」**右**言右以起左，尚有前後。**碣石**，《淮南·時則訓》：「中央之極，自崑崙東絶兩恒山，日月之所道，江漢之所出，衆民之所野，五穀之所宜。龍門河濟相

① 大：原作「穴」，形近而訛，據文意改。

貫，以息壤堙洪水之州，東至于碣石，黄帝后土之所司者，萬二千里。」此言五帝之一，言東以起西，尚有南北。黄帝即統四帝爲皇極。入于河。河爲地中赤道，如天漢。○《河圖括地象》曰：「河精爲天漢也。」

泲河以中國二水爲界，大九州自邇行遠，由中國以驗推。○《史・天官書》：「北斗七星，夜半建者衡。衡殷中州，河濟之間。」惟兖州。東北隅，《易》爲艮卦，支屬丑寅。《淮南・地形訓》作薄州，在天爲變天。《靈樞》爲天留之宫，主立春。緯以配北斗機星。《五行大義》以屬斗第二璇星，當今坎拿大。九河《爾雅》：「河出崑崙虚，千里一曲一直。」九河九曲，即九州，方三千里者九也。所舉九河之名不過一曲一名耳。以江河爲州代名，九河，九江河。江各九，即二大州，非河有九道。○玉函山房引《河圖絳象》：河導崑崙山，名地首，上爲權勢星，此一曲也。東流千里至規，其山名地契，上爲距樓星，二曲也。邠南千里，至精石山名地肩，上爲别符星，三曲也。邠南千里入隴首山閒，抵龍門首，名地根，上爲營室星，四曲也。龍門上爲王良星，爲天橋，神馬出河，躍南流千里，抵龍首，至卷重山，名地咽，上爲卷舌星，五曲也。東流貫砥柱，觸閼流山，名地喉，上爲樞星以運七政，六曲也。西距卷重山千里，東至雒會，名地神，上爲紀星，七曲也。東流至大伾山，名地肱，上爲輔星，八曲也。東流過絳水千里，至大陸，名地腹，上爲虚星，九曲也。既道，九江、九山、九川、九澤，以九爲州總例。九河則以河爲九州。雷《易》震爲雷。震，東方也。夏《月令》：夏爲南方。《周禮》九夏爲九州。既澤，五土，東方川澤。《地形訓》：「九州之外，乃有八殥。東北方曰大澤、曰無通。」○此句言外州。雍「雍」形近「雎」，當作「鳲」，隸變而誤。沮古作「且」，今作雎。《左傳》鳲鳩司空、雎鳩司馬爲二伯。《詩》作「漆沮會同」，漆即尸音之轉。會同。《鴻範》詳會同。《周禮・大宗伯》：「時見曰會，殷見曰同。」○朝覲典禮，二伯率上方下方諸侯。桑土《詩》「徹彼桑土」，下言「綢繆牖户」，則桑土在中牖，如四岳。故《詩》以桑爲帝，《京易》謂之包桑。既蠶，《周禮》：后帥外内命婦始蠶，以爲祭服。是降丘《周禮》五土，南爲丘陵。南半球在下，故曰降丘。度土。《玉人》：土圭尺有五寸，以致日土地。鄭説土圭三萬里。厥土《地形訓》：東北薄州曰隱土。黑以黑爲五色起例。墳，五土，北方墳衍。厥草植物。惟繇，《說文》引作「蘨」。厥木五土墳衍，其植物宜莢物。惟條。皇帝大同，草木鳥獸皆得其所，故言及之。厥田惟中下，第七等，每州九等皆全，兹以七等示例。厥賦貞，作貞，正也，即成賦不變易，以此起九州定賦之常例。作即《皇篇》東作，謂民樂耕作。十有三載寅年。○此篇與《洪範》相對。《範》言十有三祀，與此同。乃同。《鴻範》「惟十有三祀，王訪于其子」，乃京師大同之典禮。《逸周書·大匡》亦言「惟十有三祀」。厥貢《周禮》九貢，大宰、小宰、大府、内府、司會掌之。漆《載師》：漆林之征，二十而五。絲，典絲掌絲入而辨其物，掌其藏與其出。厥篚内州八男所貢爲貢，外州十二女所上爲篚。○冀州不言貢篚，以冀居中統八州。織文。女工所成。浮于泲、漯①，通于河②。二句爲界說。○《職方氏》：兖州其川河泲。○以上二州，驗小推大，皆寓有皇、帝、王三等州制在内。騶子之説，實由本經推而得之。

海東海。岱泰山東嶽。○《天官書》：北斗七星，平旦建者魁。魁自海岱以東北，則推及東極萬二千里。惟青州。正東方。《易》爲震卦，干甲乙，支卯。《地形訓》作陽州，在天爲蒼天。《靈樞》爲蒼門之宫，主春分。緯以配北斗機星。《五行大義》以屬斗第七星瑶光，當今北美。○青，東方色。《詩》作清，亦作菁。王一州方千里，皇一州九千里，餘八州從同。嵎夷《皇道篇》羲仲所度，《考靈耀》作禺銕。既略，《左傳》：天子經略諸侯，正封正東方伯，當正位東嶽，故首言之，與島

---

① 漯：原作「濕」，形近而訛，據《尚書·禹貢》改。

② 通于河：《尚書·禹貢》作「達于河」。

夷、萊夷不同。四正皆有此例。**惟甾**①從《地理志》。**其道。**甾當作𤰝，加艸作菑。《爾雅》：「田一歲曰菑。」注：「初耕地反草爲菑。」《考工・匠人》：「由耜耦以漸及溝澮。」《遂人》：「夫間有遂，遂上有徑；十夫有溝，溝上有畛；百夫有洫，洫上有涂；千夫有澮，澮上有道。」即此句經文之訓解，言井田之制已偏行矣。**厥土**《地形訓》：「正東陽州曰申土。」按：申爲西方之支，正東言申，即地球運轉東西無定之意。**白**小州千里，土可一色；大州萬里，土色不能一致。舉白示例，餘色不言，互文可知。**墳，**五土，四曰墳衍，爲北方。**海瀕廣潟**②。《淮南》：「闔四海之内，東西二萬八千里，南北二萬六千里。」《山海》、《管子》、《吕覽》、《尸子》説同。**厥田惟上下，**以第三等起例。**厥賦中上。**以第四等起例。**厥貢**内州所貢。**鹽**天官鹽人所掌。**絺，**地官掌葛，掌以時徵絺綌之材于山農。**海物惟錯。**海物甚雜，不舉專名，以錯示例。○天官𩺰人、鼈人所掌。**岱畎**泰山下田也。**絲枲，**天官典絲、典枲所掌。**鉛松怪石。**地官丱人掌金玉錫石之地。**萊**《元命苞》：「虚危之精流爲青州，立爲萊山。」**夷**東方外州，如《大行人》要服所包蠻、夷、鎮。**作牧，**以夷爲牧，故職方夷蠻閩貉戎狄六裔爲六牧，如六合。**厥篚**篚爲外州十二女所貢，下同。**檿絲。**食檿桑之蠶絲，可以弦琴瑟。○《地形訓》：八紘，東方曰棘林，曰桑野。**浮于汶，**《易傳》：汶水九折，上爲列星。**達于泲。**上言浮泲通河，此言浮汶達泲，可知河大于泲，泲大于汶。

海岱此與青州同爲岱嶽，青爲正嶽，徐爲隅嶽。《伏傳》「岱，泰山，貢兩伯之樂」是也。以起四隅附嶽之例。**及淮**淮

---

① 惟甾：《尚書・禹貢》作「濰淄」。

② 海瀕廣潟：《尚書・禹貢》作「海濱廣斥」。

北。惟徐《元命苞》：「天弓星主司弓弩，流爲徐州。」州。《春秋》州舉徐，《論語》「太師摯適齊」爲青，「少師陽入海」爲徐，即二州共一嶽也。徐地當東南，爲正東附嶽，與揚同置，故擊磬襄與少師同入海。西南不置州，不能匀排方位，小統不免參迮，大統自可整齊。如《地形訓》九州是也。按之實地，仍難畫一，即小觀大，是貴潤澤。〇東南方，《易》爲巽卦，支屬辰巳；《地形訓》作神州，在天爲陽天；《靈樞》爲陰洛之宫，主立夏，緯以配北斗權星；《五行大義》以屬斗第六開陽星，當今南美州。淮、沂中國二水。其乂，乂，治也。〇此句王統之徐。蒙蒙見西方梁州，因地員，以起東西互易之例。羽《帝典》：「殛鯀羽山。」《大戴》云：「以變東夷。」是羽山在外州，爲外十二山之一。其蓺，《大司徒》：「辨十有二壤之物，以教稼穡。」〇此句帝統之徐。大大爲大九州。《地形訓》：「八紘，東南方曰大窮，曰衆女。」野舊以爲山陽鉅野澤。按：山陽在北兗州，不在徐州。既都①，都，即周禮都鄙。此句皇統之徐。東原五土，中央原土。言東原，則中國四方爲五土之中。厎平。上平曰原。厥土《地形訓》：「東南神州曰農土。」赤埴以赤爲五色起例。埴，此埴字爲記識字。〇五土，北方墳衍。《貢》于兗、青、徐皆言墳，以在北半球也。草木漸包。《大司徒》：「辨十有二土之名物，以毓草木。」厥田惟上中，以第二等起例。厥賦中中。以第五等起例。厥貢惟土五色，此句總例。凡舉一色，爲小統大，則五色皆備。〇《逸周書·作雒》：「以五色土封諸侯。」《白虎通》引《春秋傳》同。羽畎羽山下田也。〇《月令》南方其蟲羽。夏南。狄，《周禮》夏采、染人，秋染夏。狄一作翟，《爾雅》：「鸐，山雉。」嶧陽《地形訓》：八極，東南方曰波母之山，曰陽門。

---

① 都：《尚書·禹貢》作「豬」。

孤桐，《詩》「梧桐生矣，于彼朝陽」。《風俗通義》：「梧桐出嶧陽山，采以爲琴，聲甚清雅。」泗瀕①浮磬，《周禮》：「瞽矇鼓琴瑟，磬師掌磬。」《考工》：「磬氏爲磬。」《白虎通》：「琴在南方，磬在北方。」淮夷《春秋》淮夷爲小統，《魯頌》「大東海邦，淮夷來同」爲大統。《費誓》淮夷、徐戎，可大可小，此淮夷驗小推大。蠙珠暨魚。五土動物，東方外牧所貢。厥篚篚在淮夷下。玄纖縞。大宰九貢，九曰服貢。浮于淮、本州界水。泗，通于河。淮、泗不通河，《説文》改作菏，可知《貢》之山水不拘拘于中國。

淮淮南。海南海。惟揚州。貢以徐、揚同在東南，以東南膏腴，西南磽瘠，故通融爲之。然以揚爲正南，則仍方位整齊也。○正南方，《易》爲離卦，干丙丁，支午。《地形訓》作次州，在天爲炎天。《靈樞》爲上天之宫，主夏至。緯以配北斗權星。《五行大義》以屬斗第一樞星，當今澳洲。彭蠡既都，此句中國小統之揚。陽《董子》：「陽至南而燒熱。」《地形訓》八極，南方曰南極之山，曰暑門。鳥讀作島，在南海中。攸居。《詩・邶風》曰居。三江《職方》：揚州其川三江。既入，三江大名，細分爲九，則九千里。○此二句大統之揚。震澤底定。《地形訓》：南方曰大夢，曰浩澤。篠簜《史記》「竹箭既布」。既敷，《禮器》以竹箭有筠，爲天下之大端，蓋竹筠喻《周禮》蕃國。厥草維夭，厥木《元命苞》：「牽牛流爲揚州。」一曰揚州之地多赤楊。維喬。《大宰》：「以九職任萬民，二曰園圃，毓草木。」厥土《地形訓》：「正南次州曰沃土。」維涂泥，沃有肥澤之義，與涂泥合，在五色外。厥田維下下。以等九等起例。厥賦下上以第七等起例。上錯，錯見例不止一等。厥貢維金三品，五金各有三品，則十五品。以三統九，則二十七品，八十一種，下同。瑤琨

① 瀕：《尚書・禹貢》作「濱」。

玉石類。〇卝人掌金玉錫石。**篠簜**，《地形訓》：「東南之美，有會稽之竹箭焉。」**齒革羽毛**。內府掌九貢，凡四方之幣獻、之金玉、齒革、兵器，凡良貨賄入焉。〇枚本「羽毛」下有「惟木」，此從《史記》，《漢志》無。**島夷**外州南方之民。**卉服**。絺葛之屬，南方所宜。**厥篚**外州之貢在島夷下。**織貝**，與織文同。《詩》「成是貝錦」。**厥包橘柚**，五土，南方丘陵，其植物宜覈物。**錫貢**。《職方氏》：「揚州其利金錫竹箭。」**均江海通于淮泗**①。徐由淮泗通河，揚由江海通淮泗，此中外之分。

荆山名。〇《河圖》：荆山爲地雌，上爲軒轅星。**及衡**南嶽。**陽維荆**《春秋》州舉荆。**州**。西南方，《易》爲坤卦，支屬未申。《地形訓》作戎州，在天爲朱天。《靈樞》爲玄委之宮，主立秋。緯以配北斗衡星。《五行大義》以屬斗第八星，即《天官書》第六星旁之輔星，當今非洲東。**江漢**二水比二侯。《伏傳》說四瀆視諸侯。**朝宗**《大宗伯》：春見曰朝，夏見曰宗。**于海**，中國荆州距海遠，惟當今非洲，乃以海爲界。**九江**如九河。九千里一州。九河在東北兖州，九江在西南荆州，相對成文，又爲二州水名之起例。**孔殷**，《周禮》：「巡守殷國，在邊鄙藩服外。」又：「殷見曰同。」則合下方四州共朝于午年。**池涔**「池涔」從馬本《史記》。鄭、枚本作「沱潛」。**既道**，《周禮》：千夫有澮，澮上有道，萬夫有川，川上有路。**雲土**《地形訓》：西南戎州曰滔土。**夢作乂**。《詩經》多託夢境。莊子夢爲魚鳥，即其師說。此「夢」字爲《詩》起例。「夢作乂」者，想像之境也。後人誤以爲楚之雲夢澤。〇《周禮》占夢由此分職。**厥土**九土。〇荆雲土，兖桑土，爲實名。**惟涂泥**，不以色名，由五色細分爲二十五。**厥田惟下中**，以第八等起例。**厥賦上下**。以第三等起例。**厥貢**內州貢。

---

① 均江海通于淮泗：《尚書·禹貢》作「沿于江海，達于淮泗」。

羽，鳥。毛，獸。齒，象。革，犀。○《爾雅》五方之美，《地形訓》九方之利。惟金礦學金類。三品，說詳揚州。杶、幹、《考工記》荊之幹。栝、柏，五土植物。厲、《史記》作礪。砥、砮、丹，礦學石類，《周禮》卝人所掌。○《地形訓》：「西南方之美，有華山之金石焉。」維箘簵竹類，如揚州篠簜。楛。木名，可爲矢。○《史記》：「肅慎氏貢楛矢，石砮長尺有咫。」三邦南方三暑爲三州，外十二州，每方三。厎貢外牧貢于方嶽，以達天子，故亦稱貢。○《元命苞》：「軫星散爲荊州。荊之爲言强也，言南蠻數爲寇盜，其人有道後服，無道先强。」厥名。正名百物。包匭菁茅，《左傳》：荊貢包茅，王祭以之縮酒。厥篚在三邦下。玄纁璣組，《典絲》：「凡祭祀共黼畫組就之物，凡飾邦器者受文織絲組焉。」九江入賜從《史記》之文。大龜。九江一州九千里，入朝而天子賜之，以爲國之守龜。《周禮》大卜、卜人掌之。每州皆有守龜，舉荊州以爲例。浮于江、沱、涔、漢，四水如四嶽，正方主嶽，隅方主水，每一大州大率如此。踰于雒，《莊子》九洛，乃九州之都，居中。至于南河。雍州言西河，此言南河，尚有東河、北河，以爲四方八州之界。四河之内，則爲皇京，故下州但言河。

荊河由荊州南河入于地中，四方皆河。惟豫州。中州，《易》爲太極，干戊己。《地形訓》作正中冀州，在天爲鈞天。《楚辭·九歌》爲東皇太一。《靈樞》爲中央招搖，主四時。《元命苞》：「鉤鈐星別爲豫州。」《文耀鉤》以配北斗瑤光，《五行大義》以屬斗第五衡星，當今全球之地中。伊、雒、《莊子》上皇之中洛。瀍、澗，《洛誥》「乃卜澗水東、瀍水西，惟洛食」，此東洛也。「又卜瀍水東、澗水西，惟洛食」，乃西洛也。瀍澗如今東西洋海。既入于河，四水分入四方之河。○《地形訓》：「河水出昆侖東北陬，貫勃海。（此東海也。）赤水出其東南陬，西南注南海。弱水出自窮石，至于合黎，餘波入于流沙，南至南海，（當作西海。）洋水出其西北陬，入于南海。（當作北海。）凡四水者，帝之神泉，以和百藥，以潤萬物。」說同《山海經》，見下文。滎波既都①，《職方氏》：「河南曰豫州，其川滎雒，其浸波溠。」道荷澤②，其澤藪曰圃田。被明都③。《皇道篇》南郊明堂之名。言明都爲舉隅例。厥土《地形訓》：「正中冀州曰中土。」惟壤，不言土色，各色皆備。下土《詩》：「禹敷下土」、「下土是冒」，言下土，尚有上土，即下方爲《多方》四國，上方爲《多士》四國，以中土統之。墳盧④。盧，黑色，從馬，本五土北方墳衍。盧亦北方，黑色。《齊詩》説以上方爲南，下方爲北。厥田《載師》：以宅田、士田、賈田任近郊之地，以官田、牛田、賞田、牧田任遠郊之地，以公邑之田任甸地，以家邑之田任稍地，以小都之田任縣地，以大都之田任畺地。惟中上，以第四等起例。厥賦《大宰》：「以九賦斂財賄，一曰邦中之賦，二曰四郊之賦，三曰邦甸之賦，四曰家削之賦，五曰邦縣之賦，六曰邦都之賦，七曰關市之賦，八曰山澤之賦，九曰幣餘之賦。」錯上中。先言錯，後以第二等起例。厥貢《大宰》：「九貢，一曰祀貢，二曰嬪貢，三曰器貢，四曰幣貢，五曰材貢，六曰貨貢，七曰服貢，八曰斿貢，九曰物貢。」漆、絲⑤、解詳兖州。絺、葛類。紵，麻類。○《職方氏》：「其利林漆絲枲。」○略舉四者，皆九貢之所包。厥篚外州篚。纖、纊，典絲掌絲入，喪紀共其絲纊組文之物。錫貢天子有九錫，諸侯有職貢，與揚州不同。磬錯。貢之名内外錯見。浮于雒，九洛，中京。達于段玉裁云，唐石經無「達于」二字。河。《離騷》「上征下浮」。浮者爲天，下者爲

① 都：《尚書・禹貢》作「豬」。
② 荷澤：《尚書・禹貢》作「菏澤」。
③ 明都：《尚書・禹貢》作「孟豬」。
④ 盧：《尚書・禹貢》作「壚」。
⑤ 絲：《尚書・禹貢》作「枲」。

地。張衡曰：「地之精氣上發于天，衆星被耀，因水轉光。」故雒爲皇都，應天紫微垣，河爲天漢，下爲地中京師，日中爲市。

華《天官書》：「北斗七星用昏建者杓。」杓自華山以西南，則推及西極萬二千里。陽、四正州皆以嶽爲界，名恒衛、海岱、衡陽、華陽是也。黑水水以色稱，今全球著名者惟黑海。惟梁《春秋》州舉梁。州。正西方，《易》爲兑卦，干庚辛，支西。《地形訓》作弇州，在天爲成天。《靈樞》爲倉果之宫，主秋分。緯以配北斗開陽。《五行大義》以屬斗第三璣星，當今非州西。〇《周禮》無徐、梁，加幽、并。《爾雅》無青、梁，加幽、營。蓋内州舉七緯，所謂七星主九州，故州有合併也。外州舉二，即《帝典》二女，舉零例，非州制有沿革也。説詳《皇帝疆域》第十三圖。汶、從《史記》。嶓既蓺，汶水在青州，起地球東西互易之例。沱、涔《漢志》作灊。既道，《考工·匠人》：「凡天下之地埶，兩山之間必有川焉，大川之上必有涂焉。」蔡、要服外二百里蔡。蒙蒙見徐州。地員運轉，東可爲西，西可爲東。旅平，九山刊旅。和《董子》：「東西爲和。」夷外服。厎績。要服外三百里夷。厥土《地形訓》：「正西弇州曰并土。」青黎，黎通黧，色黑。舉東北之色以概其餘。厥田惟下上，以第七等起例。厥賦下中，以第八等起例。三錯。以上、中、下三等名目交錯爲九等，他州亦然。厥貢内貢。璆、鐵、銀、鏤、砮、磬，金石之類，掌于卝人。熊、羆、狐、貍《帝典》朱虎、熊羆爲人名，即《左傳》高辛八元伯虎、仲熊、叔豹、季貍，皆以獸取名，爲一類，爲北方四州之符記。亦如《漢》之辛壬癸甲也。梁州四獸皆備，四鄰四帝，高辛主西，爲舉隅例。《周禮》五土，西方山林，動物宜毛物。《月令》：秋三月，其蟲毛。以毛記方，故于梁州發例，以起四方四靈之義。織皮。外篚。西傾山名。因桓是來，《春秋·桓六年》「寔來」，《公羊》曰：「是人來也。」《穀梁》曰：「是來也，以其畫我也。諸侯不以過相朝也。」浮于灊，水小如伯。踰于沔，水稍大如王。入于渭，水更大如帝。亂于河。四方四河，皇極居中。

黑水、與梁同以黑水分界。西河雍西河，荆南河，占二隅方。兖九河，爲北河；徐通于河，爲東河。四隅四河。

惟雍州。西北方，《易》爲乾卦，支屬戌亥。《地形訓》作台州，在天爲幽天。《靈樞》爲新洛之宫，主立冬。《元命苞》：「東井星散爲雍州。」《文耀鉤》以配北斗魁星。《五行大義》以屬斗第六權星，當今歐洲。弱水《地形訓》：「弱水在崑崙西。」既西，中國無西流水，言西爲舉隅例，尚有東、南、北三水，故雍爲皇一統，包天下九州。涇屬渭内，内，從馬本。○涇小渭大，涇屬于渭，小統于大，以寓由小推大之義。漆、沮喻二公，如鳲雎。既從，天子出，二公從，從公于狩。酆水《易·豐卦》宜日中，宜照天下也。攸同。十三載乃同。○《詩》：「豐水東注，維禹之績。四方攸同，皇王維辟。」荆、岐《甄曜度》：「荆山爲地雌，上爲軒轅星。岐山在崑崙東南，爲地乳，上爲天糜星。」既旅，岐在崑崙東南，荆必在西北。終南、南極冰洋。惇物，南方星躔鶉火，五土丘陵，宜羽物。○由地及天。至于四至。鳥南方鶉鳥。鼠。北方玄枵，子鼠。由南及北，兼包東西。○《詩》：「雀角鼠牙」、「鳥鼠攸去」，即《皇道篇》星鳥、星虚。原北半球中黄道。隰南半球中黄道。底績，舉中央之土以包五土。至于凡言「至于」，皆四至，如《山海經》、《五帝德》。都野①。《淮南》：「七舍，冬至德居室，刑在野。」經義自北而南，開化南服。徐州大野既都，《周禮》都鄙、經野，皆在蕃國外。三危外州。○《典》：「竄三苗于三危，以變西戎。」既度②，司空度地用土圭。三苗西三西分三苗。丕敘。四門、四凶，言西以起三方。○《淮南》：「西方之極，自崑崙絶流沙，沈羽西，至三危之國，少皞蓐收之所司者，萬二千里。」厥土《地形訓》：「西北台州曰肥土。」惟黄

---

① 都野：《尚書·禹貢》作「豬野」。

② 度：《尚書·禹貢》作「宅」。

壤，言中以統四方。厥田惟上上，以第一等起例。厥賦中下①。厥貢內州貢。惟球、琳、琅、玕。《地形訓》：「西北之美，有崑崙之球琳琅玕焉。」浮于積石，《吴越春秋》：「禹周行寓②內，東造絶域，西延積石，南踰赤岸，北過寒谷，四方皆備。」經但言西之積石，以舉隅。至于龍門、西河，四方四至，此但言西河，尚有東、南、北三河。會于時見曰會。渭汭。時會下方乙丙丁庚四州，即《多方》四國，尚有殷同之四國。説詳《皇帝疆域·七政會同圖》。織皮外州篚。昆侖、《山海·西山經》：「昆侖之丘，是實惟帝之下都，河水出焉，而南流，東注于無達。赤水出焉，而東南流，注于氾天之水。洋水出焉，而西南流，注于醜塗之水。黑水出焉，而西流于大杅。」案：昆侖即混沌。《莊子》：「中央之帝曰混沌。」即《周禮》交會和合之地中，無冬夏寒暑，曆用渾天。《河圖括地象》：「地中央曰昆侖，其東南萬五千里曰神州，合四隅共三萬里。」析支、渠叟，西戎三名爲三外州。荆之三邦統舉之，雍之三邦析舉之。即序。班書《敘傳》：「西戎即序，夏后是表。」表，外也，以爲外國。

舊説《禹貢》州地囿于中國，謹守彈丸之區域，欲使《貢》之高山大水胥入範圍，或隸變以合之，或轉音以通之，或改經以就之，鹿馬傅會，久假不歸。秦漢而還，儒家一孔之見，由來漸矣，不知堯舜時代下巢上窟，禹雖治水，不過北五州之水，安得九州之田賦與貢篚哉？殷之世，太王避狄而去邠，周之先，泰伯入吴而斷髮，孟子薄楚，鳴鴂南蠻，呂相絶秦，同州白狄。《始皇本紀》曰：「昔者五帝地方千里。」可知其褊小已甚矣。孔經開創州制，始由麟經，用夏變夷，化成九州，上考不謬，後儒遂目中國爲禹舊疆。顧《公羊》大統示例待推，騶子神州根原此序。由王進帝，由帝進皇，小中寓

① 厥賦中下：原脱，據《尚書·禹貢》補。
② 寓：原作「寓」，據《吴越春秋·越王無餘外傳第六》改。

大。《禹貢》先師之説，詎勝枚舉乎？夫天錫九疇，天即包乎全地。有虞氏以玉衡齊七政，保章氏以星土辨九州。天有列宿，地有州域。聖人仰觀俯察，法象惟章，以芥子起須彌世界，寄託司空之禹，以覘變化之猶龍。一物一太極，物物一太極，天地一太極。卷之在一隅，放之彌六合。至誠前知，累世莫殫，孔子所以美大聖神也。非然者，《貢》服五千里，漢代已英華發洩，孔經典制，器小易盈，更無溢量之思想，則苗實秋登，成功者退。儻有哲學高遠者，必起而代之也。班書《五行志》曰：「天生孔子，非爲定、哀。」《列子·仲尼篇》曰：「吾脩《詩》、《書》，將治天下。」故《書》之疆域以小數起中數，以中數起大數，蕉心層疊，自近及遠，新經新義，待價而沽，猥以馬、班《河渠》、《地志》目之，舛矣！今考《貢》之九州，始冀終雍。冀以大原、大陸總括寰區，雍以原隰、昆侖居中布化，皇大一統，證往古以俟來今，立標倒影，前後唐虞。餘七州配斗七星。《爾雅·釋地》、《周禮·職方》，厥義相符。冀、雍二州，如斗魁杓，畫分兩京，用建昏旦。瀍澗洛食，竊取于兹。況其隆規鉅製，包孕宏深，崇效卑法，道無近功。斯文天未喪，説經者奈何小之哉？

道汧及岐，冀州治梁及岐。○《經義考》引李淳風《乙巳占》述《洛書·甄曜度》，以《禹貢》山川分配二十八宿，岍爲角，岐爲亢。至于四至多嶽名。荆嶽。山。雍州「荆岐既旅」。○荆山爲氐。踰于河，文同雍州。壺口、冀州「既載壺口」。○壺口爲房。雷首，雷首爲心。至于大嶽。嶽冀「至于嶽陽」。○大嶽爲尾。○道山自雍、冀始，故《貢》以雍、冀爲皇州。厎柱、道河東至厎柱。○厎柱爲箕。○以上七山爲東方之宿。析城，析城爲斗。至于四至即四州界。王屋。王屋爲牛。太行、太行爲須女。恒山，嶽冀「恒衛既從」。○恒山爲虛。至于碣石，入于海①。冀「夾右碣石」。《淮南》：「東方之極，自碣石山過朝鮮，貫大人之國，東至日出之次萬二千里。」經但言碣石以起之。○碣石爲危。

---

① 入于海：原脱，據《尚書·禹貢》補。

西傾、梁州「西傾因桓是來」。○西傾爲室。朱圉、朱圉爲壁。○以上七山爲北方之宿。鳥鼠，雍州「至于鳥鼠」。○鳥鼠爲奎。○小言之，鳥鼠爲一山；大言之，鳥鼠爲南鶉火，北玄虛。至于太華。嶽梁州華陽。○太華爲婁。熊耳、道洛自熊耳。○熊耳爲胃。外方、道水作會伊。○外方爲昴。桐柏，道淮自桐柏。○桐柏爲畢。至于倍尾①。道水作會泗沂。○陪尾爲觜。道嶓冢，山水同有。○嶓冢爲參。○以上七山爲西方之宿。至于荆山；南嶽。○荆山爲東井。內方，內方爲鬼。至于大別。道漾之山，入江之。○大別爲柳。崏從《班志》、《史記》作汶。山江水所出。之陽，岷山爲星。至于衡嶽。山，衡山爲張。過九江，道水文同。○九江爲翼。至于敷淺原。道水作東陵。○敷淺原爲軫。○以上七山爲南方之宿。

按：《春秋緯・文耀鉤》：「斗者，天之喉舌。玉衡屬杓，魁爲璇璣，布度定紀，分州繫象。華、岐以北，龍門、積石，至三危之野，雍州，屬魁星。太行以東至碣石、王屋、砥柱，冀州，屬樞星。三河、雷澤，東至海岱以北，兗州、青州，屬機星。荆山西南至岷山，北距鳥鼠，梁州，屬開陽。外方、熊耳以東至泗水、陪尾，豫州，屬瑤光。大別以東雲夢、九江、衡山，荆州，屬衡星。蒙山以東至羽山，南至江、會稽、震澤，徐揚之州，屬權星。此九州屬北斗。星有七，州有九，但兗、青、徐、揚，并屬二州，故七星主九州也。」《感精符》曰：「地爲山川。山川之精，上爲星辰，各應其州域分野。」天星照耀，普徧全球。全球之廣，名山大川與天相應。緯以《禹貢》山川州名分配北斗。《天官書》曰：「斗爲帝車，運于中央，臨制四鄉。」故七星分主州地，而山水應列宿，《洛書・甄耀度》所舉是也。《大戴・五帝德》：「禹度九山，據四海，平九州，戴九天。」經義本以《禹貢》推及全球，《周禮》保章氏星上分星，皆以天包地之師説。後儒解分野者全以一

① 倍尾：《尚書・禹貢》作「陪尾」。

天星象收萃于中國國地，坐井而觀，以思自同，其于經義不過窺豹一斑耳。

道道山爲天九野，道水爲地九淵。說詳《皇帝疆域圖》第十一、表第十二。九天、九泉上下相應，其中細節不無參迕，分疏如下。弱水，雍州「弱水既西」，乃昆侖以西之水。昆侖爲地中，全球山水由之分派。九州惟雍州極大，雍爲皇州，《貢》以之終，所以集其成。道水以之始，所以張其統。至于合黎，如五服侯綏。餘波如要荒。入于流沙。西被于流沙，爲極西之地。○先言西極，名孔子爲素統西皇也。

道黑水，雍、梁皆以黑水爲界。至于三危，雍州「三危既度」。《甄曜度》：「三危山在鳥鼠之西南，上爲大苑星。」○《楚詞天問》：「黑水玄趾，三危安在？」言不在中國也。入于南海。即今印度洋。

道河末二句爲昆侖極北之水。積石，《山海經》：「積石之山下有石門，河水冒以西流。是山也，萬物莫不有焉。」至于三千里。龍門，雍州「浮于積石，至于龍門」。南丙丁。至于六千里。華陰，華陽爲梁，華陰爲雍。東甲乙。至于九千里。厎柱，道山厎柱爲箕。又東寅卯。至于萬二千里。盟津，《爾雅》：「析木謂之津。」箕斗之間，漢津也。東辰。過洛汭，《帝典》嬀汭乃外州水名。至于萬五千里。大伾，北壬癸。過降水，至于萬八千里。大陸，冀州「大陸既作」。○按：六至萬八千里爲皇內九州，故冀州爲皇州。○以上爲一段。又別爲一河。北亥子。○北極露西。播爲九河，郭茂倩《樂府詩集》引《河圖》文曰：「黃河出昆侖山，北流千里，折西而行，至于蒲山，南流千里，至于華山之陰，東流千里，至于桓雍，北流千里，至于下津。河水九曲，長九千里，入于渤海。」當作北海。舊說九河爲中國黃河下流，以《爾雅》九河九名牽合之。考其實際，漢得其三，唐得其六，宋以爲淪没于海，又有謂齊桓公塞之者，皆肊說也。同爲逆河，中國河流橫而不逆，惟外蒙流入北冰洋之河乃爲逆河。入于海。北海，今北冰海。

嶓冢昆侖山脈之東支。○《甄曜度》：「嶓冢山上爲狼星，又爲參星。」道瀁，發源之始名。東流爲漢，小東二千里。又東爲滄浪之水。中東六千里。過三澨，至于此爲東至，尚有南、西、北至。大別，《甄曜度》：大別爲地理，天以合地以通。南東南。入于江。東滙澤爲彭蠡，大東九千里爲一州。東遠東荒服外州。爲北讀爲背。江，此水在東，與西方弱水相背。入于海。東海，今大東洋。

岷山昆侖山脈之中支。○《括地象》：「岷山之地，上爲東井絡，帝以會昌，神以建福，上爲天井。」《甄曜度》：「岷山爲星。」道江，江水發源。東別爲沱，左東一水。又東至于醴。右東一水。○二東如二南分周、召，沱、醴如王畿二伯。過九江，西南荆州九千里。至于東陵，南方丘陵。○《地形訓》：「江水右還東流，至于東極。」東迆北會于滙，《地形訓》：「左還北流，至于開母之北。」東爲中江，此爲東半球地中之水，故言東中。入于海。《地形訓》：「江出岷山東流，絶漢入海。」○以上五水分五方，爲五帝、五極。

道沇水，此昆侖東北隅之水。東流爲泲，入于河，泲河惟兖州。○《元命苞》：「五星流爲兖州。」蓋取沇水以名焉。泆爲滎。豫州「滎波既都」。東甲。出于陶丘北，又東卯。至于荷，道荷澤。又東北寅丑。○《淮南》：「東北爲報德之維。」會于汶，《詩・齊風》：「汶水湯湯。」又北東丑寅。○《易》爲艮隅。入于海。言東北以起西南。○四方四海，此起四隅皆海。

道淮此昆侖東南之水。自桐柏，《甄曜度》：「桐柏山爲地穴，又爲畢星。」東會于泗、沂，徐州「泗瀕浮磬淮沂①。」其又徐在東南，故淮爲東南之正流。**東**省文，不言南，以岱嶽統之。**入于海。**《淮南》：「東南爲常羊之維。」《易》爲巽隅，言東南以起西北。○以上四維之二。

道渭雍州「渭内」。○雍爲皇州，規模較大。**自鳥**《皇道篇》「星鳥」即南方鶉火朱雀。**鼠**《皇道篇》星虚即北方玄枵子鼠。**同穴，**地中，大會同之京師。**東會于酆，**雍「酆水攸同」，《雅》詩「豐水東注」，《詩緯》「水東注無底之谷」。《列子》：「勃海之東不知幾億萬里，有大壑焉，實維無底之谷，名曰歸墟，八紘九野之水，天漢之流莫不注之，而無增減焉。」○酆即大海，言東會，以起四海會同之例。**又東會于涇，**雍州「涇屬渭内」。○涇水小，如王之小統三千里。**又東過漆、沮，**二水音通鳲雎，爲二伯，如帝命羲和。○此二句言東以爲南西北之起例。**入于河。**河爲天漢，當赤道長緯度，應地中，喻帝王皆歸于皇。○此再發明雍爲大統之例，但言東，爲東半球全局之水。

道雒此豫州之雒爲東雒，尚有西雒，見于《召誥》、《雒誥》，爲兩京。**自熊耳，**《甄曜度》：「熊耳山，地門也，精上爲畢附耳星，又爲胃星。」**東北會于澗瀍，**東北爲澗，則西南爲瀍，文有參互，故《雒浩》以瀍澗分東西兩京。**又東會于伊，**伊水必自西而東者。**又東北，入于河。**豫州伊、雒、瀍、澗四水皆入河。○此東半球地中京畿之水爲東雒，以起西半球之西雒。

道水當合全球而言。今全球統計二十餘水，《貢》止有九，明當舉其最大者，如《周禮·職方》每州之川浸是也。大者爲經，小者爲緯，以大統小，會歸洋海。首舉五方大水，合于今之五大洲。次舉東北、東南，以起四維，爲八州八伯之例。雍爲大統，道渭以鳥鼠爲星土之綱，而各州之分星可以匀配。雒爲東京，如今東亞，待美建西京，即《帝謨》所謂

① 泗瀕浮磬淮沂：《尚書·禹貢》「瀕」原作「濱」，「沂」原作「夷」，「淮夷」二字屬下讀。

「亮翼」,《大誥》所謂「并吉」,《董子》所謂兩和。聖制哲想,範圍天地,百世莫違。故道水之文,其名稱與中國同者,爲翻譯例;中國不能實指其地者,爲預言例;其借中國以立法者,爲舉隅例;其實地在中國者,爲驗推例。經義宏廓,舊解拘泥,管窺蠡測,竟似孔經止言中國流域,不知有全球世界,是僅可爲中國之聖,不可爲全球之聖也。今抉發大凡,與九州道山相印合,恐古説之足證此誼者,必遺漏尚多矣。

九州九州由小而大,王九州最小,帝九州爲中等,皇九州最大。設此等級,以俟世界之開通。**攸同**,同者,如也。以《禹貢》九州起例,凡全球九州之制皆如此。○《史記》:騶子謂禹序九州,不得爲州數。中國外如神州者九,乃謂九州,于是有裨海環之,如一區中者乃謂一州,如此者九,乃有大瀛海環其外。**四奥既度**,羲和四子四度,司空執度度地居民,《周禮》土圭法,一表萬五千里,四表三萬里。**九山**道山。○《職方氏》:九州皆有山鎮。**栞旅**,九州之山皆已栞木通道而旅祭。○雍州「荆岐既旅」。**九川**道水。○《職方氏》:九州皆有川浸。**滌原**①,如道水發源之説。**九澤**《職方氏》:九州皆有澤藪。**既陂**,《爾雅》言十藪,除燕之昭、余、祈爲外州澤藪,其數仍九。《淮南·地形訓》亦言九藪,又舉八澤,再加中州澤藪,仍爲九澤。**四海**《爾雅》九夷、八狄、七戎、六蠻謂之四海。《淮南》:「闔四海之内,東西二萬八千里,南北二萬六千里,水道八千里,通谷其名川六百。」○中國僅有東海,經言四海,下俟至今,始見大東洋、大西洋、太平洋、北冰洋,四海之説以明。**會同**,《周禮》:「時見曰會,在下方;殷見曰同,在上方;大朝覲會同,在地中京師。」○《伏傳》:「夏成五服,外薄四海,咸會于中國。」所舉四海及川澤之貢甚詳。**六府孔修**,《曲禮》:「天子之六府司土、司木、司水、司草、司器、司貨,典司六職。」《周禮》大府、玉府、内府、外府、泉府、天府亦爲六府。○《淮南·天文訓》以子午、丑未、寅申、卯酉、辰戌、巳亥爲

① 原:《尚書·禹貢》作「源」,此爲廖平改字。

六府，即《時則訓》所謂六合，《周禮・職方》謂之六裔，《内經》謂之六氣。蓋在天爲十二辰，在地爲十二支、十二牧，舉半遺半，以六爲節。《大戴・四代篇》又以水、火、木、金、土、轂①爲六府，則四方上下通于典之六宗。二説外内互舉，合之兩美。**庶土**《書》主素王、素統，緯説孔子德在庶，故多見庶字。**交正**，《貢》州九言厥土，又究桑土，荆雲土，豫下土。《周禮》地官五土、十有二土，《淮南》九土。**底慎財賦**，《貢》州九言厥賦，《周禮》九賦、九式。**咸則三壤**，《貢》以上、中、下三等土壤爲主。○《管子・地員》上中下十八等。**成賦**《貢》之賦每州九等，九州之賦八十一等。**中國**。大司馬九畿，國畿居中。**錫土姓**，《左傳・隱八年》：「天子建德，因生以賜姓，胙之土而命之氏。」《易是類謀》：「聖人吹律別姓。」《論衡》：「孔子推律，自知殷之苗裔。」氏族學自孔經始，諸家皆緣經立説。**祗台德**台，予也。《論語》「天生德于予」。**先**，先行其言。**不距朕行**。後之皇、帝、王依此空言，見之行事，不能變更，《論語》所謂「而後從之」，子貢所謂「百王莫違」。

五百里《謨》曰：「邶②成五服，至于五千州。」五服以五百里起數，《周禮》六服、九服皆由此而推。五千里爲一大王，帝以之爲一州。《王制》：「王一州方千里，公封方百里。」《周禮》：「諸公封方五百里。」必有方五千里一州者，乃能封方五百里之公也。故《貢》之五服爲一州，九州當方萬五千里。**甸**甸以内爲京畿，九服九畿同。王以方千里爲甸，帝以三千里爲甸，故九服稱王、侯、甸。皇以六千里爲甸，故王、侯、甸三畿合爲六千里。**服**，《國語》：「甸服日祭，侯服月祀，賓服時享，要服歲貢，荒服終王。」按：千里爲一日，「天有十日」，「一日不見」。九日爲方三千里，爲帝之甸服，十日少一日。二十七日爲一月，五五二十五，五服應一月。九服，九九八十一，爲三月，爲一時。「一日不見，如三秋兮」，二十七日，三九服爲一歲，九

---

① 轂：《大戴禮記・四代篇》作「穀」，此爲廖平改字。

② 邶：《尚書・益稷》作「弼」。

九服二萬七千里爲三歲，即終王。終王即《周禮》世一見，是《周語》五服用五紀例。包世界而言，爲三萬里也。百里賦，《周禮》九賦由此起。納總，天官有職内之職。二百里納銍，三百里納秸《周禮》九服比侯服五百里。服，多一服字，爲記識字，與下同以三百里爲一小界。四百里粟，五百里米。九服比甸五百里。○以王畿五百里分五等賦納，《周禮》九服九貢遠近不同，與此同例。

五百里侯《詩》甸内爲公，甸外爲侯。服，輻、福同。○九服比男五百里。百百上脱「三」字，當補。里采，九服比采五百里。二百里男九服比衛五百里。邦，邦乃記識字，謂九服以男至鎮爲邦國。三百里諸侯。此解上侯服句，爲衍文。

五百里綏服，《國語》以爲賓服，《詩》之賓指此服。○九服比蠻五百里。三百里揆文教，内文外武，開化次第。○九服比夷五百里。二百里奮武衛。九服比鎮五百里。

五百里五百里爲大名，三百里、二百里爲小界，以下在九州外。《禹貢》冀外八州，各州皆有要、荒二服民物。專言九州，不及要荒者大誤。要服，要如要帶。全球五服，上爲冠衣，下爲裳履，要適居中。《周禮·大行人》蠻、夷、鎮三服，以要服包之，此當爲七千里之要，上有甸、侯、綏三服一千五百里，下必有三服千五百里，乃爲要服。○比十五服之藩五百里。三百里夷，九服亦有夷。《貢》之和夷、島夷、萊夷指此而言。○比十五服之垣五百里。二百里蔡。梁州蔡蒙與和夷比連，即指此服。○比十五服之屏五百里。

五百里荒服，《詩》「遂荒大東」，謂海外大荒。《國語》「戎狄荒服」，即東南西北四荒之意。○比十五服之翰五百里。三百里蠻，比十五服之寧五百里。以全球兩京論，十五服蠻夷居中，適當極邊之地。二百里流。比十五服之城五百里。此城在極邊。《莽傳》城在京畿，與王畿爲東西兩京，則夷服在邊際爲四夷。○《王制》方二千里曰流，《禹貢》方五千里曰流。《帝典》「流共工以變北狄」，則流在萬五千里外。《詩》「左右流之」，則皇之流在三萬里外；「七月流火」，則流在天上，爲天學。孔經天人一貫之理，于此足見一斑矣。

東漸于海，由漸而推中國之東爲渤海，其外尚有大東洋。西被于流沙，《王制》「西不盡流沙」，說者以今玉門關外沙漠當之。推之大統，弱水西入流沙，當在今歐洲，故《王制》以不盡言之。朔南暨南北冰洋不易開通，故不言疆界。冰洋爲暨，《易·既濟》從之。聲教訖于《中庸》：「聲名洋溢，施及蠻貊。」凡有血氣，莫不尊親。四海。上言東海，舉隅以爲南、西朔之比例，即由中國推及全球之意。必如今大地球，始有四海。舊以瀚海、青海、星宿海當之，未免井觀也。禹帝皇皆以禹爲司空。錫玄圭，九錫圭瓚，夏尚黑，故用玄圭。告厥成功。《潛夫論·五德志》：「禹爲堯司空，主平水土，命山川，畫九州，制九貢，功成賜玄圭，以告勳于天。舜乃禪位，命如堯詔，禹乃即位，作樂大夏，世號夏后。」

〔附〕禹貢舊傳

《大戴·五帝德》：黄帝爲天帝，如《月令》高陽、高辛、堯、舜爲四方四帝，禹居中以統之。孔子曰：「顓頊，黄帝之孫，昌意之子也。帝後之說。曰高陽。四鄰例。高陽主地法夏，而王治東方。洪淵以有謀，《穀梁》：「智者慮爲司空。」《禹貢》乃司空專事。疏通《禮記》：「疏通知遠，《書》教也。」而知事，《伏傳》：「《禹貢》可以觀事。」《大戴》：「司空司冬，以制度制地事。」《周禮·小宰》：「六曰冬官，其屬六十，掌邦事。」養材以任地，古文家有任土作貢之說。履時以象天，禹履四時，戴九天。依鬼神《括地象》：「地中央曰昆侖，其東南萬五千里曰神州。」以制義，神州在東，鬼方在西，即陰陽晝夜之代詞。高陽所居，即神州。治氣以教民，《內經》因多運氣與民病之説。絜誠以祭祀。「禹錫玄圭，告厥成功」，告勳于天也。乘龍而至四海，《禹貢》「聲教訖于四海」，高陽則但治東海。北至于幽陵，南至于交趾，此與《皇篇》幽都、南交相類。高陽帝于一隅，則爲幽陵、交趾；一統，則爲幽都、南交。此以文字起驗推之例。西濟濟，《貢》作「被」。于流沙，《王制》：「流沙在三千里外。」即《貢》五服五千里要荒之流服，以五千里爲一州，則九州萬五千里，即《大戴》高陽一帝之疆域。大九州雍州弱水西入流沙，當今歐洲。大、小統皆以流沙起驗推之例。東至于蟠木。《貢》東漸于海。○四至萬五千里。動静之物，草木鳥獸。大小之神，大而皇，其神爲昊天上帝；小而帝，其神主一隅。日月所照，《中庸》説同。莫不祇勵。」祇勵，《史記》作砥屬，當作祇屬。神當祇敬，物與地當言屬。

鴻範《鴻範》者，大法也。《董子》四法：主天法商，主地法夏，主天法質，主地法文。四法如四時，即四帝、四鄰之師説。《伏傳》首列《典》、《謨》、《貢》、《範》四篇，今審《典》爲堯法文，《謨》爲舜法商，《貢》爲高陽法夏，《範》爲高辛法質，故《鴻範》舊以爲《商書》，《左傳》許慎所引是也。四鄰劃界，一帝萬五千里。經中九疇九區，與《禹貢》同爲帝九州。由帝進皇，以漸驗推説，詳《皇帝疆域・四鄰》等圖。第五《伏傳》七觀，《範》在第四。《範》與《貢》同以九爲例。《貢》言高陽八愷，《範》言高辛八元。《貢》、《範》皆託之禹。然四鄰例中無禹，詳禹爲司空，以起十六相。

序 惟十有三祀，《禹貢》作十有三載，緯以夏正寅月爲十三月，則十三載當爲寅年。《周禮》「十二年巡守殷國」，以法歲星，以卯、午、酉、子年分巡四方，十二年而畢。歲星一周而徧，至後十二年之寅年大會同于京師，《貢》所謂「十有三載乃同」，《謨》所謂「同寅」是也。《逸周書・大匡》、《文政》亦言十有三祀，皆大會同之年。《史記》：「孔子序《尚書》，略無年月。」其所有者，大抵典禮之年也。舊以屬之文武，皆無實徵。枚本《泰誓》亦剽用此十三年，爲《牧誓》傳説。王讀作皇。○王、皇古通。《書》爲後世立法，不專屬之周王。訪《大行人》：「春朝諸侯而圖天下之事，秋覲以比邦國之功，夏宗以陳天下之謨，冬遇以協諸侯之慮，時會以發四方之禁，殷同以施天下之政。」于箕子。古箕、其字通。《易》「箕子」，趙作「荄滋」，實即「其子」，與王母對稱。此「其子」即對下「天子作民父母」言。經起天下一家之例，以皇爲祖，以帝爲父母，以王爲子，以伯爲孫。《吕刑》伯父伯兄、仲叔季弟、幼子童孫，加皇祖以統之，「其子」即指伯仲叔季四岳八伯而言。《皇道篇》羲和四子爲四嶽，《伏傳》一嶽兩伯爲八伯，《左傳》高陽八愷、高辛八元，《論語》周有八士，對二伯言，皆爲八子。《典》之「咨四嶽」與《範》之「訪其子」同爲大會同之典禮，非僅咨訪于一人也，後人乃誤爲《論語》「殷有三仁」之箕子。

[經]王皇。迺言曰：大哉王言。「於乎，箕子！必十三年諸侯乃大會，四岳、八伯、十二牧乃得全至京師，如《典》所言。○凡經傳言「父母」，則多言「其子」。「其」字指父母。《易》「鳴鶴在陰，其子和之」，《詩》「鳲鳩在桑，其子七兮」，《其》字繫于父母。如《春秋》晉侯殺其世子申生，《書》説九男、十二女，皆其子，即《典》之二十二人，爲四嶽、十二牧者。《鴻範》九疇即九州，外十二州附焉。惟天天統全球，皇則配天。陰言陰以起陽。騭騭通陟，訓升。有升必有降。○地球東西晝夜分陰陽，南北寒暑分升降。下民，《周禮》五土、五民徧于全球，皆在天之下，天包全地也。《詩》「普天之下，莫非皇①土，率土之濱，莫非皇臣」。相《召誥》、《洛誥》相宅。協協，和也。《大司徒》：「地中陰陽之所和。」厥居，《史記》作「相和其居」，是《範》乃咨詢嶽牧，求地中也。《詩》「邦畿千里，惟民所止」，《康誥》「四方民大和會」，《洛誥》「和恒四方民」，本

---

① 皇：《詩經・小雅・北山》作「王」。下「皇臣」亦作「王臣」。

篇而康、而邑，《康誥》「用康乂民」，皆求地中以建都。**我**我即皇。孔子制法，爲素皇。**不知其**讀作「朞」。○《典》：咨羲和，「以朞定四時成歲」，《範》「訪其子」亦同朞。下文五紀即專解此句。**彝倫**歲、時、月日，大小相維，以九宫爲疇，斗建次第即彝倫也。**逌敘。**」大統宏廓，必有次序。《範》九疇略舉綱目，《周禮》辨方正位，體國經野，皆言次序。《論語》足食足兵，歸重民信。

箕子迺言曰：如《帝典》四嶽對堯、舜之辭，所謂八伯賡歌，合辭同對，非一人之言也。**我聞在昔，**「昔」與「夕」同。《詩》「自古在昔」，古爲已往，昔爲未來。言古事而加以昔名者，如《孝經》「昔者周公」，皆指未來。**鯀**鯀初治水，爲司空，如《謨》之禹。**陻**塞也。**鴻水，**《典》、《謨》皆注重鴻水，謂大海也。司空度地居民，封建伯牧，皆在治水之後。**汩**亂也。《説文》：「汩，治水也。」**陳其五行，**《逸周書・武順》：「地有五行，不通曰惡。」五行即《周禮》五土、五方。《董子》有《治水五行篇》、《治亂五行》。**帝**即堯。**迺震怒，弗畀**《多士》：「惟帝不畀。」○《帝典》：「鯀治水九載，績用弗成。」**鴻範**即鴻鈞，爲天道，司馬天公所職。**九疇，**即九州，司空地公所職。**彝倫**司徒人公所職。○三事鼎列，分三公。**逌斁，**《説文》：「斁，敗也。」**鯀則殛死。**《典》：「殛鯀于羽山。」**禹**《典》：「禹作司空」，《禹貢》爲專篇。○《楚辭・天問》：「伯禹腹鯀，夫何以變化？」此天學之禹，與本經異。**迺嗣興，**嗣興，如《中候》之嗣王、嗣天子，《論語》所謂「如有王者」，不謂古之禹。**天**天統全球，言天則與上震怒之帝有大小之别。**迺錫禹**禹受天命，統治全球之水，故《大戴》謂禹平九州，戴九天。**鴻範**司馬所司。○《典》：「賓于四門，四門穆穆。」**九疇，**司空所司。○《典》：「納于百揆，百揆時敘。」○疇、州同音。古以𠷎爲疆界字，則疇、州古通。《詩》「天子萬壽」，義亦同。秦博士説古之帝者地不過千里，自明以後中外漸通。近百年内地輿之學大顯，據騶子驗推之説推之，恰與今之全球相符。説詳《禹貢》與《疆域圖表》。《貢》九州下俟至今，其驗不爽。

《範》九疇言理，上天下地，皆在所包。故《鴻範》非《周書》，亦非《商書》，乃後世大統典制之書也。彝倫司徒所司。○《典》：「慎徽五典，五典克從。」迪敘。禹當堯之時，爲司空治水土，舜爲司馬，契爲司徒，三公備具，治化由北而南，兼闢東西，以化全球，而九疇之世局以成。

初一《伏傳》：「天一生水。」在北，十干屬癸，高辛八元爲叔豹。○《禹貢》九州目次用九宮順行法，首坎終乾。《鴻範》九疇用生成數，名爲九而實十。曰五行，《董子·五行相生篇》：「天地之氣，合而爲一，分爲陰陽，判爲四時，列爲五行。行者，行也，其行不同，故謂五行。」班《藝文志》：「五行者，其法亦起五德終始，推其極則無所不至，而小數家因以爲吉凶，而行于世，寖以相亂。」○陰陽五行乃皇帝學師説，以之爲五方、五帝、五德、五運之符記。《周禮》五官，即詳此義。《王制》略焉，非有五種形質之物也。六經爲俟後而作，當時師法流傳，本詳大義，故先秦、西漢博士諸子皆能言陰陽五行之學，後儒不知本源，乃詆爲虚誕。次二《伏傳》：「地二生火。」在南，十干屬丁，高辛八元爲叔獻。曰羞用五事，六合之内，以五爲歸，事行一也。五行屬天，五事屬人，故加「羞用」。以下皆言用。○經傳天下一家、中國一人爲大例。以身喻天下，所謂四目、四聰。股肱、耳目、腹心、喉舌皆此例也。《素問》就一身立十二官，故經所言心仁多指京師，心思爲君主之官，貌、言、視、聽如《論語》四勿，即四方、四嶽、四表、四帝。説詳《皇帝疆域》第三十一圖。次三《伏傳》：「天三生木。」在東，十干屬乙，高辛八元爲仲堪。此從《皇篇》羲仲之例，與《疆域·四鄰圖》小異。曰農農通「穠」，濃厚也。用八政，《周禮》八數多從八方取義。此八政以三公主之，天子三公總司庶政。次四《伏傳》：「地四生金。」在西，高辛八元爲仲熊，如《皇篇》和仲。曰叶用五紀，紀即《詩》「之綱之紀」。《淮南·地形訓》：「地①形之所載，六合之間，四極之内②，昭之以日月，經之以星辰，紀之以四時，要之以太歲。」皆借天文以定地理。次五《伏傳》：「天五生土。」中央，十干屬戊己，高辛八元之二伯，當爲重黎。重、黎乃顓頊高陽之二伯也。《鬻子》：「帝嚳學顓頊之道而行之。」是高辛二伯仍爲重、黎也。《楚語》「重黎世敘天地而别其分主」是也。曰建斗建。用皇極，《詩》「商邑翼翼，四方之極」。《吕刑》屬于五極，《周禮》五言民極，天官冢宰爲中央之極。在天爲紫宫，乃天皇大帝太乙之居；在地爲皇居，即《周禮》交會和合之地中，《大戴》明堂之中五。次六《伏傳》：「地六成水。」在西北，十干屬壬，高辛八元爲季貍。○生數居内，成數居外，宋人以爲河圖。曰乂用三德，三德爲三公。《典》之九德爲三德之目。皇居中以三公統治天下，下而小統皆然，故經傳屢言三公。次七《伏傳》：「天七成火。」在東南，十干屬丙。高辛八元爲季仲。曰明用稽疑，《易》曰：「人謀鬼謀。」大同法天，故大事必卜之。今尚專恃人謀，不假卜筮。次八《伏傳》：「地八成木。」在東北，十干屬甲，高辛八元爲伯奮。曰念通作驗。用庶徵，徵有休咎之分，説詳《鴻範五行傳》。次九《伏傳》：「天九成金。」在西南，十干屬庚，高辛八元爲伯虎。曰嚮向離而治。用五福，五福即五服，《貢》之甸、侯、綏、要、荒爲小統之五福，《康誥》侯、甸、男、采、衛爲大統之五福。嚮在前有五福，爲舉隅例，則左右與後皆有五福。《周禮》由五服推至九服，加《板》詩六服，爲十五福，合計爲三十輻。《考工》輪輻三十以象月，《老子》「三十輻共一轂」是也。畏亦作威。用六極。《爾雅》四極本謂諸天，經師習聞其語，故有八極、六極之説。○按：九疇雖名爲九，合六極句爲十，如十人之有婦人，九州之有十干，九男之有十子，九流之實爲十家。蓋陰陽同行，一六共宗，二七同道，

① 地：原作「内」，據《淮南子·地形訓》改。
② 内：原作「地」，據《淮南子·地形訓》改。

三八爲朋，四九爲友，五十同途，有五則有十。《伏傳》不言地十成土，《易·繫》則言地十，《太玄》則二五相守，舉生數爲五，舉成數爲十。《範》加六極于第九疇，正寓十數于九之中也。

傳 五行：經傳五行之説，本爲全球五方之符記，與東西南北中、春夏秋冬季同爲記識之作用，非謂有形之質，亦非以此五者盡括天下之物産。後儒以之推運氣，談生尅，久而忘本，無所附麗，墮落災異，非經傳之咎也。○《易》六爻分爲兩卦，如地之南北兩半球各有一五方、五帝，合則爲大五行、大五帝。故《易》卦分則二五爲中，合則三四爲中。一班《律曆志》：「天以一生水。」曰水，《月令》：冬三月盛德在水，帝顓頊，神玄冥。《周禮》冬地官司徒，即《皇道篇》之和、仲。二班志地以二生火。曰火，《月令》：「夏三月盛德在火，帝炎帝，神祝融。」《周禮》夏官司馬，即《皇道篇》之羲叔。三天以三生木。曰木，《月令》：春三月盛德在木，帝太皞，神勾芒。《周禮》春官宗伯，即《皇道篇》之羲仲。四地以四生金。曰金，《月令》秋三月盛德在金，帝少皞，神蓐收。《周禮》秋官司寇，即《皇道篇》之和仲。五天以五生土。曰土。《月令》季夏之月，中央土，帝黄帝，神后土。舉夏季以起春、秋、冬三季。黄帝即《書·皇道篇》居中統四方，如《周禮》天官冢宰。○《範》于五行全舉生數，《月令》全舉成數，一生一成，經傳相得。舉正方爲五，加四隅爲九，四嶽、八伯可分可合。《月令》中央數五，天五地五，二五合十，則成數即爲十也。故宋人《河圖》以五十居中。

記 水曰潤《易》曰：「水流溼。」下，水位北爲上方，言下以起《易》卦水火既濟，又喻地球兩黑道，爲《詩》「坎坎」。○《伏傳》：「簡宗廟不禱祠，廢祭祀逆天時，則水不潤下。」火曰炎《易》曰：「火就燥。」上，火位南爲下方，言上以起《易》卦火水《未濟》，又喻地球兩赤道，爲《詩》「離離」。○《伏傳》：「棄法律，逐功臣，殺太子，以妾爲妻，則火不炎上。」木曰曲直，《易》曰：「雲從龍。」木位東方，東宮蒼龍。《月令》春其蟲鱗，地之東西兩半球有蒼龍，爲《詩》「青青」。○《伏傳》：「飲食不享，出入不節，奪民農時，及有姦謀，則木不曲直。」金曰從革，一作從衡。○《易》曰：「風從虎。」金位西方，西宮白虎。《月令》秋其蟲毛。地之東西兩半球有兩白虎，爲《詩》「皓皓」。○《伏傳》：「好攻戰，輕百姓，飾城郭，侵邊竟，則金不從革。」土曰曰，從《史記》。稼穡。讀作家牆。家即天下一家，牆如王畿、城畿。○《易》曰：「聖人作而萬物覩。」土位中央，即地球之地中。《月令》季夏其蟲倮。《大戴》：「倮蟲三百六十，聖人爲之長。」地之南北兩半球有兩黄道，爲《詩》「狐裘黄黄」。○此段與《詩》、《易》相通。《書》爲人學，由人企天。○《伏傳》：「治宮室，飾臺榭，内淫亂，犯親戚，侮父兄，則稼穡不成。」

説 潤下作鹹，《月令》冬其味鹹。《周禮》：瘍醫以鹹養脈。炎上作苦，《月令》夏其味苦。《周禮》以苦養氣。曲直作酸，《月令》春其味酸。《周禮》以酸養骨。從革作辛，《月令》秋其味辛，《周禮》以辛養筋。稼穡作甘。《月令》季夏其味甘。《周禮》以甘養肉。○此由五行推及五味。凡傳説中五音、五聲、五色、五臭、五官、五藏，以五立説者，皆由此義推之。董子《繁露》、《内經》、《靈》、《素》所由闡發詳明矣。

傳 五事：五事以五起例，亦如五行分五方，爲全球大統之符記。五行通五星，以地合天，以天包地。五事就人一身而言，由小推大。《禮運》「中國一人」，大之即天下一人。《大戴》「高辛修身而天下服」是也。班書《五行志》于此義言之甚詳。《内經·靈》、《素》多以人身五藏，配合大地，皆五事之師説也。一曰貌，北後。○《論語》：「非禮勿動。」動則有貌可觀。子張干禄，慎言慎行，行亦貌也。《素問》以腎配北方。《周禮》五官爲地官。説詳《皇帝疆域》三十一圖，下同。二曰言，南前。○《論語》「非禮勿言」。《素問》：「膻中者，臣使之官。」配火，主南方。《周禮》五官爲夏官。三曰視，東左。○《謨》「汝明」。《論語》「非禮勿視」。視思明，《靈樞》：「肝生于左，配木，主東方。」

《周禮》五官爲春官。四曰聽，西右。○《謨》「汝聽」。《論語》「非禮勿聽」。《靈樞》「肺藏于右」。配金，主西方。《周禮》五官爲秋官。○貌、言、視、聽分四方，爲《書》四嶽。故《韓詩外傳》、《説苑·君道篇》皆以耳目比嶽牧。五曰思。中央京師。○思從囟從心，即腦也。《内經》謂之髓海。《素問》：「心者君主之官。」即《帝謨》之「元首」，于《周禮》爲王畿。《論語》「天下歸仁」，仁喻京師。孔經大統難于起例，因以天下一人驗小推大，包舉全球。

記 貌曰恭，《伏傳》：「孟春之月御青陽左个，禱用牲，索祀于艮隅。皃必恭，厥休時雨。」○按：《伏傳》于方位有移易，然五方之大例則同也。言曰從，「孟秋之月御總章左个，嘗穀，用犬，索祀于坤隅。言必從，厥休時暘」。視曰明，「孟夏之月御明堂左个，嘗麥，用彘，索祀于巽隅。視必明，厥休時燠」。聽曰聰，「孟冬之月御玄堂左个，祈年用牲，索祀于乾隅。聽必聰，厥休時寒」。思曰睿。「季夏之月御明堂右个，牲先心，設主于中霤，索祀于坤隅，思必睿，厥休時風」。

説 恭作肅，從作艾，明作哲，聰作謀，《大戴》：「高辛聽以知遠，明以察微。」睿作聖。《詩·小旻》：「或聖或否，或哲或謀，或肅或艾。」○由五事推及休徵，詩則兼説咎徵，互文見義。凡傳記以五立義，其演説名詞，積累甚多者，皆由此起例，如班書《五行志》，其顯著者矣。

傳 八政：《王制》司徒齊八政：飲食、衣服、事爲、異別、度、量、數、制，與《範》之八政有大小之別。○經傳言八者，多不可九，少不可七。兹以五官及三事言之，亦如《周禮》六教、五刑，非其本義。一曰食，三公之《微子篇》。食爲民天，掌于司空。《論語》子貢爲政，足食爲先。素王陳法，民食首重。《尚書》堯先治北，鑿飲耕食，康衢聞歌，故食始于北方，如《周禮》地官之代冬官。○《周禮》膳夫、庖人諸職，地官農官諸職由此分司。二曰貨，三公之《西伯》

篇。貨當爲伐字之誤。史以食貨立志，富養皆屬司空事。首二門當屬三公。司馬主九伐，形近誤衍貝耳。○《周禮》大司馬用兵諸職，由此分司。三曰祀，三公之《肜日》篇。《王制》司徒修六禮，四曰祭。○《周禮》宗伯代司徒，宗伯以下典祀諸職，由此分司。四曰司空，《典》堯命禹作司空，主水土《禹貢》爲專篇。○《周禮》不見司空，蓋以司空攝天官。五曰司徒，《論語》教在富之後，故司徒繼司空。○《周禮》司徒攝地官①。六曰司寇，司寇主刑，爲司馬卿。此傳不見司馬，伐即司馬也。大刑用甲兵，中刑用鑽鑿。○秋官大小司寇掌刑諸職，由此分司。七曰賓，《周禮·司士》：「凡會同，作士從，賓客亦如之。」是司士選迎賓客之儐介，故《曲禮》五官，以司士、司寇同爲司馬卿。八曰師。師爲軍旅之總稱。軍將皆命卿，統于司馬。傳于司馬三卿皆備，而無司馬明文，此《論語》去兵之義，亦《董子》任德不任刑之說也。○《夏官》軍旅諸職，由此分司。

[傳]五紀：五行、五事分布五方，五紀則由中及外，若綱之舉綱張目，又爲一例。《周書·小開武》推廣爲九紀。一　一者數之始，居中，如《易》之太極。曰歲，歲統全球，如泰皇一統。○歲下當有二曰時。四方四時，爲四帝，即《謨》所謂「惟帝時舉」也。《禮運》：「夫禮必本于太一，分而爲天地，轉而爲陰陽，變而爲四時。」《山海經》：「地之所載，六合之間，四海之内，昭之以日月，經之以星辰，紀之以四時，要之以太歲。」二　一太極生兩儀，二者一陰一陽也。皇制之二伯，象之四帝之中，若以南北爲二伯，則如顓頊之重、黎；若以東西爲二伯，則如《皇道篇》之羲、和。曰月，二當是三。月如王，一時統三月，一帝統三王，如三《誓》。三　三《老子》：「一生二，二生三，三生萬物。」由少生多，至三而

① 官：原作「宮」，據《周禮·地官司徒》改。

略備。故《書》之官制，大、小統皆以三輔一。曰日，三當是四。日如伯，一月三十日，故一王有三公，如殷《肜日》、《西伯》、《微子》。四兩儀生四象，即四正方，在天爲四時，在地爲四極。曰星辰，四當是五。星爲二十八宿，辰爲十二辰，周繞天球，外州牧象之。○以上《周禮》馮相氏、保章氏掌之。○按：歲統時、月、日、星，如皇統帝、王、伯、牧。《公羊》以「元年春王正月」爲大一統。《禮運》：「故聖人作則，必以天地爲本，以陰陽爲端，以四時爲柄，以日星爲紀，月以爲量。」皆五紀師説也。另有圖，在《皇帝疆域》第二十八。五五當作六，爲皇制本傳。五紀不應言六，婿帝時而言五，而五進六，由帝進皇，故《皇篇》寓于《帝典》，歲皇包舉時帝，詳略互文。曰曆數。曆數統上五者而言。《皇道篇》「欽若」三句，《帝典》「朞三百有六旬有六日，以閏月正四時成歲」，又「協時月正日」，皆以起大統之曆，《大誥》所謂「無疆大曆服」是也。説詳《皇帝疆域·全球曆憲圖》。

記 此簡錯在「庶徵」下，今移于此。曰：王王、皇古通。眚從《史記》，與省通。維歲，歲統全球，即《史記·天官書》之歲星。○《董子》：「天有兩和，以成二中，歲立其中，用之無窮。」卿士維月，帝之卿士爲三王，如一時三月，故《春秋》三月有王。師尹維日。《詩》「赫赫師尹」，《春秋》「尹子爲王卿」。一月三十日，三上卿與二十七大夫象之。○《左傳》晉伯瑕説六物，歲、時、日、月、星、辰，與此經合。

説 歲、月、日，自上而下，自尊及卑。時此「時」字補五紀之闕。時在歲、月、日後者，待時也。無易，曆憲審定，天度無差，頒布全球。百穀方三萬里爲方三千里者百，各有其土所宜之穀，故稱百穀。用成，東作西成乂用明，乂指地中京師。《洛誥》：「明光于上下。」畯民用章，《詩》：「田畯至喜。」家天下一家。用辯康。司空辯康正直，職掌生養。日、月、歲，自下而上，由外而中。時既易，曆法有所差易。百穀用不成，三農失時。又用昏不明，中央推步，時令不明。畯民用微，民失其養。家用不寧。

記 庶民維星。《大戴》：「東民曰夷，南民曰蠻，西民曰戎，北民曰狄。」《明堂位》：「九夷、八蠻、六戎、五狄。」九、八、六、五相加，恰符列宿之數。

說 星有好風，東方箕星主風。星有好雨。西方畢星主雨。○《王制》：「中國、戎夷五方之民皆有性也，不可推移。」日月之行，《大戴》：「高辛曆日月而送迎之。」《典瑞》：「土圭以致四時、日月。」則有冬有夏。《馮相氏》：「冬夏致日，春秋致月，以辨四時之序。」○舉冬夏以包春秋，此義《周髀》及《書緯》言之甚詳。另有圖在《皇帝疆域》第九。月之從星，《考工·匠人》：「書參諸日中之景，夜考之極星，以正朝夕。」後世天文、星象諸書從此出。則以風雨。「月離于箕，風揚沙；月離于畢，俾滂沱」以東西二星起例，其餘諸星以次推求。後世占驗諸書從此出。○《大戴》：高辛「日月所照，風雨所至，莫不從順」。

傳 皇極：《伏傳》：「建用王極。」王、皇古通。《詩》「王于出征，以佐天子」。爲佐帝，乃小統之王。「普天之下，莫非王土」，爲大統之皇。當審量說之。○《運斗樞》：「皇者天，道德玄泊，有似皇天，故曰皇。皇者，中也，含和履中，上合皇極。」皇建其有極，極如輪軸，居中不動，地中王畿，泰皇居之。斂時收斂四方四時，歸于中央，如月令之黄帝。五福，福通服、輻。《老子》「三十輻共一轂」，《禹貢》五服各包二小名，爲十五服。《職方》九服加《板》詩六服爲十五服，兩面合計爲三十輻。十五福舉零數爲五福。四方皆建設五福，拱衛中央。用敷由近及遠。錫錫命。厥庶民。「庶民維星」爲外州牧，即《周禮》都鄙，由内服官府、邦國及于外服，皆皇所錫命。惟時四方。厥庶民于女十二女。極，開化蠻夷閩貉戎狄至于極邊，以爲十二州牧之地。《職方》謂之六裔。錫女保極。錫命十二女爲外牧，以保衛中央皇極。○《典》二女即十二女，後儒以爲二嫂爲堯之二女，皆由誤讀此篇女字爲汝也。皇有明文，位至尊，經不稱汝以輕賤之。

記 凡厥庶民，無有淫朋。《左傳》：「四門穆穆，無凶人。」人無有比 私黨比附。德，此句解説上句，爲訓詁。惟皇作極。中央之極。○《詩》云：「邦畿千里，惟民所止。」即《周禮》王畿、國畿。《莊子》「中央之帝曰混沌」是也。

凡厥庶民，有猷、有爲、《詩》「大猷是經」、「遠猷辰告」、「爲猷丕遠」，《中庸》「猶以爲遠」，謂用土圭測日以求地中。有守，慎守封疆。女庶民二十八種、十二女，爲外牧以統之。○女讀作汝，亦可。則念之。念，讀作「驗」，考驗其測景之當否。不讀作丕。協于極，大合于中極，即大司徒之地中。不離麗也，去聲。于咎，所測之景無差忒。皇中央稱皇，外州稱女。天下一家，包十男在內。則受之。四表所測之景，由十二州陳于皇。而康《周禮》「百物阜安」。而色，讀作「邑」。○乃建皇國焉。○據《康誥》「用康乂民」、「用康」即「而康」，「乂民」指地中京邑，即「而邑」。曰予攸好德。此句起下五福之名辭，提綱于此。解見下。女十二女。則錫之福。十二州測遠有功，錫命爲牧，使備藩服。時人四方四時之遠人。斯其維皇之極。天下一心傾向中央。

説 毋侮鰥寡而畏高明。《康誥》：「不敢侮鰥寡，庸庸，祗祗，威威，顯民。」人之有能有爲，舉用賢能。使羞其行，使有司進薦賢良，此孔經開選舉。而國其昌。國乃盛昌。

記 凡厥正人，四正之帝，八正之方伯，十二正之外州牧。既富方穀，讀作「轂」。○《易》「富以其鄰」，富家大吉，同田爲富。四帝、四鄰統歸于皇，如輪輻之有轂。女十二女。不①能使有好于而家，外州邊鄙不安。時人斯其辜。四方皆受其害。○《典》：「蠻夷猾夏。」于其毋好，去聲。校本作「好德」。○謂當用兵討之，勿姑息而愛之。女十二女。雖錫之福，如仍以爵賞羈縻之。其作女爲外州牧。用咎。乃爲咎惡于國家。

説　毋偏北極北，壬水一，《周禮》五土墳。毋頗，南極南，癸水六，《周禮》五土衍。遵王之義。王讀作皇，下同。毋有作好，北黄道，戊土五，《周禮》五土原。○《翼奉傳》：「北方之情好也。」遵王皇。之道。《顧命》：「皇天用訓厥道。」毋有作惡，南黄道，己土五，《周禮》五土隰。○《翼奉傳》：「南方之情惡也。」遵王之路。《中庸》：「今天下車同軌。」四方輻湊。毋偏上東，甲木三，《周禮》五土川。毋黨，下東，乙木八，《周禮》五土澤。王道蕩蕩。《論語》：「君子坦蕩蕩。」毋黨上西，庚金九，《周禮》五土山。毋偏，下西，辛金四，《周禮》五土林。王道便便。皇道便秩便在，四方四便，此舉二西以反三隅。毋反赤道北，丙火七，《周禮》五土丘。毋側，赤道南，丁火二，《周禮》五土陵。王道正直。《帝謨》：「夙夜維寅，直哉！」、「其弼直惟動。」《詩》：「周道如砥，其直如矢。」《淮南》：「中央黄帝，執繩而制四方。」又曰：「繩居中央，爲四時根。」又曰：「冬至則斗北中繩，日夏至則斗南中繩。」皆以正直爲中。會《周禮》：「地中風雨之所會也。」其有極，北半球之中極。歸天下所歸往。○《詩》：「會且歸矣。」其有極。南半球之地中。○以上一段另有圖説，在《皇帝疆域》第十四。○按：正直爲全球之中，會極、歸極爲南北之中。《帝謨》「在茲」、「思日孳孳」，《董子》「北方之中用合陰，南方之中用合陽」是也。然亦可爲東西兩京

① 不：《尚書・洪範》作「弗」。

之中。《帝謨》「亮翼」，「思曰贊贊」；《大誥》「予翼」；《周禮》「王畿」、「城畿」；《董子》「東方之和中春，西方之和中秋」是也，**曰**：此處無人建言。「曰」古疑作⊖，象地球圓形，即此段之圖，横爲赤道，皇乃建極于中。此經中圖畫記識字。王極本如上文作「皇極」，《史・宋世家》作「王極」，可爲「王」、「皇」古通之確證。**之敷言**，《禮記》：「王言如絲，其出如綸。王言如綸，其出如綍。」**是夷**東九夷，舉一反三，爲四夷。**是訓**，言遠以該近。**于帝其訓**。訓，《史記》作「順」。○皇命先及于帝，如「迺命羲和」。

[記] **凡厥庶民，極之敷言**，大哉皇言。**是訓**《史》作順。**是行**，承皇命以施行。**以近天子之光**。《白虎通》：「帝稱天子。」曰「曰」古亦疑作⊖，乃六書圖畫字，象二帝南北分治。《莊子》「南海之帝曰倏，北海之帝曰忽」是也。**天子**皇配天，二帝爲天子。**作民**九男十二女。**父母**，皇爲祖，二帝即羲和爲父母，八伯爲子，十二牧爲孫。此《禮運》「天下一家」之例。**以爲天下王**。《伏傳》以教養解父母，與《表記》以尊親解君子二字略同。

[傳] **三德**：三者天、地、人之道也。《伏傳》以司馬爲天公，司空爲地公，司徒爲人公。《莽傳》以日公司天，月公司地，斗公司人。故三公即三才、三光，又即三王、三正。小統爲黑、白、赤之三代，大之爲東青、西素、中黄之三帝，遞嬗爲天、地、人三皇。德爲帝，本《月令》五帝五德。三公稱三德者，上推爲皇帝，下分爲卿大夫，九德見于《帝謨》、《立政》。**一曰正直**，司空執度度地，德以正直爲準。**二曰剛克**，司馬掌兵刑，德以剛爲主。**三曰柔克**。司徒掌教化，德以柔爲主。

記 辯①康正直，《周禮・地官》：「辨其山林、川澤、丘陵、墳衍、原隰之名物，而辨其邦國都鄙之數，以佐皇安擾邦國。」彊不友剛克，《大司馬》：「暴内陵外，則壇之，犯令陵政則杜之。」内友内古通入。柔克，《春官》：「大胥掌學士之版，以待致諸子。春，入學」，「大司樂掌成均之灋，以治建國之學政，而合國之子弟焉。」沈漸《易》：「臣弑君，子弑父，其所由來者漸矣。」剛克，《大司馬》：「賊殺其親則正之，放弑其君則殘之。」高明柔克。《王制》：「鄉論秀士，升之司徒，曰選士。司徒論選士之秀者，升之學，曰俊士。」「樂正崇四術，立四教，國之俊選皆造焉。」《周禮・大司樂》：「凡有道者、有德者使教焉。」○一説《中庸》「高明配天」、《周禮》「大合樂以致鬼神示」，若樂六成，則天神皆降，可得而禮。高明謂天神，而地示、人鬼可例推矣。

記 惟辟作福，爵賞。○人材出于學校，《王制》辨論官材，論定然後官之，任官然後爵之，位定然後禄之。惟辟作威，刑威。○《大司馬》「以九伐之灋正邦國」。惟辟玉食。玉乃典瑞所掌，玉府所職，玉人所制，五等圭璧，封建用之。食出司空，膳夫掌之，以供皇之食飲膳羞。食用六穀，膳用六牲，飲用六清，羞用百有二十品，珍用八物，醬用百有二十罋。皇日一舉，鼎十有二物，皆有俎，以樂侑食。臣毋有作福、作威、玉食。《左傳》：「惟名與器，不可假人。」

説 臣之有作福、作威、玉食，其害于而家，而從漢石經。凶于而國。王伯位卑國小，不可僭用皇帝禮制。人用側頗辟，傾仄不正。民用僭忒。經中大統典禮，如封禪、明堂、十二冕旒、十二章服之類，中

① 辯：《尚書・洪範》作「平」。

國古之君主有用之者。若泰皇首出，考禮制度，詳定品級，則等威既辨，自不容再有踰越。

傳 稽疑：知來，卜筮爲《易》學。○《周禮·大卜》：凡國大貞，立君、大封、大祭祀、大遷、大師則必卜之。

擇建考擇然後用之。立 詁建字。卜筮人，《周禮》因設大卜、卜師、龜人、菙氏、占人、簭人諸職。乃命卜筮。凡國之大事，先筮而後卜。曰雨、《龜人》：「天龜曰靈屬，地龜曰繹屬。」《爾雅》：「俯者靈，仰者謝。」俯、仰二字當互易，繹、謝古通。曰濟①、《龜人》：「東龜曰果屬。」《爾雅》：「左倪不類。」曰涕②、《龜人》：「西龜曰靁屬。」《爾雅》：「右倪不若。」曰霧③、《龜人》：「南龜曰獵屬。」《爾雅》：「後弇諸獵。」曰克、《龜人》：「北龜曰若屬。」《爾雅》：「前仰諸果。」○按：五名本分五方，然中兼天上、地下，五即兼六，猶六官止五官也。卜師職云：「凡卜，辨龜之上下、左右、陰陽以授命龜者而詔相之。」《史·龜策》褚先生補傳言龜筮法甚詳。曰貞、《易經》内卦曰貞。曰悔，外卦曰悔。凡七。名目有七。卜五，上五名屬龜卜。占之用二，下二名屬筮。衍貣。貣亦作忒，變也。謂内外貞悔，推衍其爻，變《周禮》三易之法。《周易》爲一爻變，如《左傳》占陳完，遇觀之否。《連山》爲三爻變，如《周語》晉成公占反國，得乾之否。《歸藏》爲二爻四爻變，如《左》、《國》艮之八、泰之八，貞屯悔豫皆八。同一《易》本，占法有三，非夏、殷、周三代異名也。

---

① 濟：《尚書·洪範》作「霽」。

② 涕：《尚書·洪範》作「蒙」。

③ 霧：《尚書·洪範》作「驛」。

記 立時人作卜筮，《周禮》大卜掌三兆、三易、三夢之灋，卜師掌開龜之四兆，龜人掌六龜之屬，各以其方之色與其體辨之。華氏掌共燋契以待卜事，占人掌占龜，簭人掌三易，以辨九簭之名。三人占，凡卜筮皆精通鬼神之情狀者定制三人。則從二人之言。于盡善之中又以多爲貴，非不拘臧否，但取雷同。○《白虎通》：「天子占卜九人。」九亦三也。《金縢》：「乃卜三龜，從其多者爲吉。」《左傳》欒武子曰：「善鈞從衆。」《商書》曰：「三人占，從二人。」衆故也。

說 女汝指後王，下同。則有大疑，經制：議院在學校，養老、乞言，八十有事，詢于其家。《秦誓》與《詩·小旻》皆詳此制。謀及乃心，獨斷。謀及卿士，君子耆老，如上議院。謀及庶人，庶人耆老，如下議院。○凡稽疑在學，孤子學，耆老謀，壯者行，故《秦誓》不重勇夫，專重黃髮。謀及卜筮。《禮記》：「大事卜，小事筮」，《史·龜策傳》所謂五謀。○上三句爲人謀，末三句爲鬼謀。

女則從，主見。龜從，筮從，天合。卿士從，庶民從，人合。是之謂大同。《禮運》以大道之行，天下爲公爲大同。而讀作爾，下同。身天下一人。其康彊，而子孫《呂刑》：「幼子童孫。」其逢吉。天下一家。

女則從，龜從，筮從，契合鬼神。卿士逆，庶民逆，吉。不以人違天。

卿士從，龜從，筮從，女則逆，庶民逆，吉以天爲主。

庶民從，龜從，筮從，女則逆，卿士逆，吉。五謀相衡，皆從多數爲吉。

女則從，龜從，筮逆，筮短龜長。卿士逆，庶民逆，五謀得二逆之者多，舉一可以反三。作內吉，作外凶。天人互異，内事雖吉，外事則凶。

龜、筮共違于人，以天爲重。用静吉，用作凶。人謀雖同，不合天意，守常則吉，動作則凶。

傳 庶徵：《中庸》：「無徵不信。」又曰：「建諸天地不悖，質諸鬼神無疑。」即此節庶徵之説。曰雨，東木，甲乙。曰暘，西金，庚辛。曰奥①，南火，丙丁。曰寒，北水，壬癸。曰風。中央土，戊己。○《左傳》：「節八音，行八風。」《靈樞》：「八風聚于中宫。」曰時。上五者法五行、五方。時，如《月令》之春、夏、秋、冬季，皆得其時之所宜。五者者，《史記》作是。來備，各以其敘，如《月令》運行之次敘。庶草蕃無②。草易生之物，舉草以包萬物。一極備，凶；一極亡，凶。天時貴得，其和不可有偏。五者之中，一極備而太過，一極無而不及，皆足以成凶災。○説詳班《五行志》。後世諸史《災祥志》從此出。

記 曰休徵：休咎，即《易》之吉凶。《易緯》：「將盛則託吉，將衰則託凶。」吉凶乃符記之名辭，聖經非迷信禍福也。曰肅，五事恭作肅。時雨若；甲。曰艾③，從作艾。時暘若；庚。曰悊，明作悊。時奥若；丙。曰謀，聰作謀。時寒若；壬。曰聖，睿作聖。時風若。戊。曰咎徵：休咎由五事以推廣，如東西兩半球，建兩京，分二帝，以剛日、柔日劃别陰陽、晝夜，所以統括全球。《典》曰「亮巽」，《大誥》曰「予巽以于」，《洛

① 奥：《尚書·洪範》作「燠」。
② 無：《尚書·洪範》作「廡」。
③ 艾：《尚書·洪範》作「乂」。

誥》之二「洛食」是也。曰狂，狂與肅對。恒恒即一極備凶，下同。雨若；乙。○兩半球晝夜分兩日：東爲甲日，西爲乙日，五日而周。班《書》「天數一，地數二」，《素問》「地以五制，五周而環會」是也。曰僭，僭與艾對。恒暘若。辛。若，順也。休咎皆言若，謂順天而行，非違天而得咎也。曰舒，舒與悊對。恒奧若。丁。曰急，急與謀對。恒寒若。癸。曰霿，霿與聖對。恒風若。己。○按：此由天下一人五事例剖分爲二，如《易》太極生兩儀，兩儀各有四象。蓋合言五事爲一統，分言五事爲兩京。以兩京爲一居一行，仍然大一統也。孔聖哲想，預知地球之大，不可執一以相繩，故從心運矩，如神龍不測，俾後人因時制宜，以治天下。此《鴻範》所以爲大範也。漢世海外未通，于經中大統規模無所歸屬，乃以五事庶徵傅會災異，如伏氏、班氏《五行志》所記，世界阻隔。天地狹隘，奚怪其然哉！

【傳】五福：五福于傳爲九福，本作服，轉爲輻、幅，原以冠、衣、帶、裳、履爲正解，《詩》、《易》每作福，傳乃就休徵解之，非其本義。一曰壽，《貢》甸，《周禮》王、侯、甸。二曰富，《貢》侯，《周禮》男、采、衛。三曰康寧，《貢》綏，《周禮》蠻、夷、鎮。四曰攸好德，《貢》要，《板》詩藩、垣、屏。五曰考終命。《貢》荒，《板》詩翰、寧、城。

六極：六極，《爾雅》作四極，秦碑作八極。道家所謂無極無盡。《鴻範》用生成，共爲十，五爲皇極，十爲六極，五、十同途，共在中宮，傳以咎徵立說，非本義。一曰凶、短、折，六北。二曰疾，七南。三曰憂，八東。四曰貧，九西。五曰惡，十中。六曰弱。四極按四方成數對待，合生數居中爲十，不宜有六，用六則以地五方兼天爲六。

〔附〕鴻範舊傳

《大戴》：孔子曰：「帝嚳，玄囂之孫，蟜極之子也，帝後之説。曰高辛。四鄰例。高辛主天，法質而王。生而神靈，聰明天亶。自言其名。民無能名。普施利物，《論語》：「博施濟衆，堯舜猶病。」加高陽、高辛共爲四鄰，而天下治，則不病也。不于其身。于其子孫，即《書》説爲唐虞之帝後。聰以知遠，地方萬五千里。明以察微。《洪範》：「視曰明，聽曰聰，明作哲，聰作謀。」順天之義，天錫九疇，五行、五紀、庶徵皆順天而行。知民之急。五紀敬授民時，以知民之緩急，急則不賦籍，不舉力役。仁而威，仁柔德，司徒；威剛德，司馬。惠而信，司空執度，量采惠疇。修身而天下服。五事爲天下一人例。取地之財而節用之，司空專職，如《範》之禹。撫教萬民而利誨之，司徒專職。〇人之有能有爲，使羞其行，而邦其昌。曆日月而迎送之，日月之行，有冬有夏，此言迎送，則以東西朝夕補足《鴻範》之義。明明用稽疑。鬼神而敬事之。八政，三曰祀，稽疑乃命卜筮，參用鬼謀。其色郁郁，《論語》「郁郁乎文哉」，周監二代，爲王後，此高陽、高辛二代爲帝後。其德嶷嶷，《論語》堯巍巍乎則天，舜巍巍乎有天下而不與，高陽、高辛爲帝後。嶷嶷，猶巍巍也。其動也時，《董子》：四帝法四時，高辛西帝，爲秋時。《鴻範》休徵、咎徵皆言時。其服也士。《伏傳》：「士服璪火，赤色。」高辛之服，五色未備。春夏乘龍，秋冬乘馬，《範》爲高辛法質，而王于全球，主西秋，並及三時者，每方四時皆備也。黄黼黻衣，黄當作素，爲西方色。執中《鴻範》皇極居中。而獲天下。天子作民父母，以爲天下王。日月所照，五紀：「卿士惟月，師尹惟日。」風雨所至，月之從星，則以風雨。莫不從順。」順，《史記》作服。〇日之升降，分南北寒暑；箕風畢雨，分東西。《詩》云：「自西自東，自南自北，無思不服。」

甘誓《穀梁》：「誓誥不及二帝。」帝官天下，主揖讓，其書稱《典》、《謨》；王家天下，主征戰，其書稱誓。孔子據征戰時代，以揖讓爲進化標本，故典、謨詳而三誓略。皇帝爲《尚書》宗旨，由王而帝、而皇，專以俟後。故《甘誓》，《墨子》稱《禹誓》，與下《湯誓》對文。《莊子》、《説苑》以爲禹征有扈，《吕覽·召類篇》同，惟《先己篇》以爲夏后相。按《吕刑》，禹爲三后之一。《孟子》「禹相舜，歷年多」，是后相仍爲禹也。古文《書序》以爲啓作《甘誓》，誤。**第六**《伏傳》：「六誓可以觀義。」按《甘誓》、《湯誓》、《大誓》爲三王之誓，《費誓》、《秦誓》爲二伯之誓，共止五誓，傳稱六者，《泰誓》後得，因加改之也。三王三誓始禹，由禹尚推爲帝，故禹爲王，又稱帝禹。《大戴》：「禹履四時，戴九天。」則由禹尚推爲皇，以一禹起驗推之例。實則中國之禹尚不足王之疆域，經託之爲王耳。

【序】大戰于甘，以地爲名，如《牧誓》。乃召六卿。此篇詳天子征伐之制。天子出，一公居守，二公從行，二公故有六卿。又二公出，二卿守，四卿從。天子六軍，《周禮》説軍將皆命卿。《左傳》：周公將左軍，虢公將右軍，皆王卿士。二公將二軍，四卿將四軍，故六卿六軍。《莊子》、《列子》、《董子》皆云天子九軍，三分之，以一居守，故六軍出征。

【經】王禹受舜禪稱帝。《夏本紀》諸王皆稱帝是也。秦博士説，古之帝王地方不過千里，經制乃以方三千里爲王、方五千里爲大王、方萬五千里爲帝以區別之，三王如舜之三牧。王伯爲《春秋》宗旨。曰：嗟！六事之人，三公三事，六卿六事。予誓告女：王降于帝，故《帝典》、《帝謨》後爲王之誓。有扈氏《左傳》九扈以色分方，即九州之牧。威侮五行，《易緯》：「太乙下行九宮，合于五行。」即月九道。《漢志》五行家爲政治學。怠棄三正，三正爲三皇、三統。數扈之罪，以爲違逆天道。○《周禮》：「外史掌三皇五帝之書。」緯書、《大傳》皆有三五之說。五行配五帝，如《典》、《貢》、《謨》、《範》、《顧命》五篇。三正爲三王，如三《誓》。大之爲三皇，皇統帝，帝臣王，王臣伯。《謨》曰「共爲帝臣」是也。扈氏爲王之伯牧，侮棄三五，經數其罪而討之，所以爲後世世界統一、大小相維之定制也。天用勦絶其命，天命即皇命。天、地、人三皇頒行其子、丑、寅之正朔，王奉承之，而扈氏不從，罪當勦絶。今來今。予後王自稱。惟共行天之罰。《謨》曰「天討有罪」，《誓》之「王奉行天討」，故《春秋》稱天王。凡經傳稱天討、天罰、天命，皆大一統之義。左不攻于左，軍制分左右軍，二中、二上、二下，如晉六卿。女不共命；《墨子・明鬼》、《史記・夏本紀》無此句。右不攻于右，凡兩軍對敵，左右相反。我軍之左，當彼之右；我軍之右，當彼之左。此左右字不變，則攻當爲工，謂軍營法制。女不共命；不共軍命，即不稱職。御《周禮》戎僕掌馭戎車，掌王倅車之政。非其馬之政，政，從《史記》。○校人掌王馬之政，辨六馬之屬，凡軍事物馬而頒之。《左傳》：「古者大事，必乘其產，生其水土而知其人心，安其教訓而服習其道，唯所納之，無不如志。」晉惠公乘鄭馬，所以致敗。女不共命。御違馬政。用命由天命變爲人言。賞于祖，不用命，違人即違天。戮于社。《御覽》三百六引：「古者帝王出征伐，以齊車載遷廟之主及社主以行。」故《甘誓》曰：「用命賞于祖，不用命戮于社。」予則奴奴隸賤役。戮女。此句訓解戮于社。

湯誓《白虎通・謚篇》以湯爲死後之謚。又《謚法》：「除虐去殘曰湯。」《書》不稱「商誓」而稱「湯誓」者，此與《堯典》、《高宗肜日》皆從謚引烈行之例。《士冠禮》曰：「死而謚。」今也《謚法》始于孔經，故唐虞之堯、舜，商之湯，周之文、武，皆孔經之謚號。由後世作經，加之美稱，《春秋演孔圖》所謂新經。**第七**舊以《湯誓》爲《商書》第一篇，斷代繫事，以史説經，大乖孔義。

經　王曰：三誓爲三代，故同稱王。一帝之下見三王，如《春秋》三月有王。格《史記》説格爲來。爾衆庶，庶爲素統之號。悉聽朕言：誓告皆爲人言，以明天道。非台殷書四見「台」字，由《禹貢》一見爲起例。考《淮南·地形訓》：「西北爲台州。」經中奄、台皆與大九州之名同。小子，《論語》：「予小子履。」《禮記》：「天子未除喪，曰予小子。」《金縢》、《顧命》皆稱「予小子」。敢行稱亂！《史記》説稱爲舉。有夏「有」讀作「又」。夏乃地中赤道。《董子》四法：「主地法夏而王。」非古之真夏，故曰有夏。多罪，如《甘誓》之「威侮」、「怠棄」。天命天統全球，皇則配天。湯之伐夏，歸之天命，以爲奉皇天后帝之命也。《論語》：「予小子履，敢用玄牡，敢昭告于皇皇后帝。」《詩》：「王于出征，以佐天子。」湯爲王，故以皇帝之命征伐夏。殛之。《周禮·大司馬》九伐。今來今，指後世。爾有衆，師衆。女曰：「我后，后，《史記》作君，謂湯也。《孟子》：「《書》曰：『徯我后，后來其蘇。』不恤我衆，舍我嗇事而割政。」今文本作割政夏。○據《孟子》：「民望湯，若大旱之望雲霓，耕者不變，誅其君而弔其民，若時雨降。」此則怨望之民，願舍穡事從湯以割政。按：割政即改正。《詩緯》：「午亥爲革命，卯酉爲改正。」一作「革正」。予維聞女衆言，《孟子》：「東面而征西夷怨，南面而征北狄怨，曰奚爲後我。」夏氏有罪，夏桀，姒氏也。此稱夏氏，謂後世法夏而王之夏，非指安邑之舊夏。予畏上帝，《詩》「上帝是皇」、「皇矣上帝」。不敢不正。《孟子》：「征之爲言正也。」《白虎通·誅伐篇》：「征猶正也，欲言其正也。」今《史記》「今」下有「夏多罪」三字，並以「割政」上二十三字聯屬于此。女其曰：「夏罪其如台？」《史記》作「有罪其奈何」。○謂商與台異方，虐不相及。夏王《夏本紀》稱帝，孔經乃稱王，則非古之夏王。率遏衆力，《大戴》：「桀不率先王之明德，乃荒耽于酒，淫泆于樂，德昏政亂，作宮室高臺及汙池，土察以爲民虐，粒食之民惛焉幾亡。」率割夏邑。《多方》：「叨懫日欽，劓割夏邑。」夏邑即夏之京都。割訓分裂，謂邦分崩離析也。○《伏傳》：「夏人飲酒，醉者持不醉者，不醉者持醉者，相合而歌曰：『盍歸于薄，盍歸于薄。』薄亦大矣，故伊尹退而閒居，深聽樂聲，更曰：『覺兮較兮，吾大命假兮！去不善而就善，何不樂兮！』」薄即亳，湯都也。假音格，至也。有衆率怠弗協，國人歸湯，怠于戴夏，以此不和。曰：「時日《伏傳》：「夏桀自比于日。」《新序·刺奢篇》說同。害喪？予及女皆亡。」《孟子》：「民欲與之偕亡，雖有臺池鳥獸，豈能獨樂哉？」夏德若茲，今朕必往。《左傳》：「桀有昏德，鼎遷于商。」爾尚輔予一人，《禮記》：「朝諸侯，分職授政任功，曰予一人。」《周語》引《湯誓》曰：「予一人有罪，無以爾萬夫；萬夫有罪，在予一人。」與《論語》說同。《呂覽》以爲旱禱詞。致天之罰，如《甘誓》「共行天罰」，《謨》曰「天討有罪」，即皇討也。湯稱天以伐夏，儼然奉皇之命，爲一統之詞。予其大賚女！如《論語》「周有大賚」，即《甘誓》「用命賞于祖」。○《墨子·尚賢》引《湯誓》曰：「聿求元聖，與之戮力，以治天下。」爾無不信，信即共命。○與上句倒置。朕不食言。四字師說。爾不從誓言，與「爾無不信」對。予則奴《周禮》：「其奴男子入于隸，女子入于舂槀。」戮女，《甘誓》：「不用命，戮于社。」罔有攸赦！四字師說。

大誓

按：《大誓》乃孔經本名，故先秦以前引用者皆稱《大誓》，即西漢博士後得之傳說見存于《伏傳》者稱曰《大誓》，足見《書經》初成不以《牧誓》名篇也。自《書序》家增湊百篇，始創《坶誓》之名，以「武王乃作《大誓》」十字羼入《史記》。然《本紀》全録經文，不稱《牧誓》也，枚氏乃僞造《泰誓》三篇，以符《書序》；清陽湖孫氏亦知枚本不足據，又輯古說，成《泰誓》一篇。覆轍不鑒，同一誣經，不知《大誓》乃書本名，《牧誓》以地爲名，乃仿《甘誓》爲之者。今從其朔，仍稱《大誓》。**第八**合上《甘誓》、《湯誓》，共爲三王三誓，經立三統循環，以救政治之窮。《中庸》「考諸三王而不謬」，《董子》「三而易」是也。○《書經》惟《大誓》異說滋多，始由漢得《大誓》與《書·大誓》兩虎同林，《書序》因之分《大誓》爲三，羼附《牧誓》篇名于後。枚氏蒐輯諸書所引《大誓》之文，彙爲三篇，而改舊《大誓》爲《牧誓》。二名歧異，迷誤後人。龔氏《大誓問答》直謂《周書》原有《大誓》、《牧書》二篇，閻氏《疏證》闢之，而枚謬畢露。然壘破兵潰，流爲寇盜，伏莽時發，大局弗寧。不知古書十五引《大誓》，而《牧誓》無稱，可見枚本《牧誓》舊名《大誓》也。其所引用有與經文不同者，乃古今別本異文；有與經文異而語意相合者，乃本經傳說，有在《牧誓》前後者，爲事傳，如《逸周書・酆謀》、《寤敬》、《和寤》、《武寤》諸篇，在誓之前；《克殷》、《世俘》、《商誓》、《度邑》諸篇，在誓之後，皆傳說也。與《左傳》先經起義、後經終事義例正同。經簡傳緐，本爲通例，不可以傳爲經，致一王二誓，不與夏、殷一律。考詳《四益叢書》中。今引《史記・本紀》所記誓前、誓後諸說，略加疏解，以見純爲本經傳說，而他書疑義亦可以迎刃而解也。

傳《史記・周本紀》：九年，史以爲武王即位之九年。武王未克殷，進稱王。《伏傳》：「《大誓》稱太子發。」《逸周書・文傳》及《律曆志》以爲文王受命之九年。上祭于畢，東觀兵，至于盟津，枚本據此事作《泰誓》。爲文王木主，據《中庸》，周公追王太王、王季。此文王則武所追稱者。載以車，中軍。武王自稱太子發，對軍將稱武王，對文王稱太子。經則但稱王，與「今予發」而已。言奉文王以伐，不敢自專。乃告司馬、按：《藝文類聚》十六、《太平御覽》百四十六、《詩・大明》疏引《大誓》，《月令》疏引《書傳》，皆司馬在前。**司徒**、行軍無司徒事，連類及之。司空、經「左杖黃鉞」，即司馬；「右秉白旄」，即司空。諸節：經稱亞旅、師氏、千夫長、百夫長。「齊栗，信哉！《伏傳》作「允哉」。予無知，以先祖有德臣，小子受先功，《伏傳》作「以先祖先父之有德之臣，左右予小子，受先公」。畢力賞罰，經曰：「爾所弗勖，其于爾躬有戮。」以定其功。」《伏傳》作「必力賞罰，以定厥功于先祖之遺」。〇此亦小小誓告之詞。經一代止一誓，統于《大誓》。遂興師。《王制》：「天子、諸侯將出，宜乎社，造乎禰。」此告廟出師，乃推衍經制之説。師尚父號曰：師中號令。「總爾衆庶，《齊世家》上有「蒼兕蒼兕」四字。與爾舟楫，後至者斬。」此渡河之軍令。武王渡河，中流，《伏傳》作「大子發」。白魚躍入王舟中，武王《伏傳》無「王」與「武王」三字。俯取以祭。《伏傳》此有「群公咸曰休哉」。既渡，有火自上復于下，至于王屋，《伏傳》、《鄭注》解作「王幄」。流爲烏，《索隱》引作「雕」。其色赤，其聲魄云。《伏傳》、《董子》皆詳此事。是時，諸侯不期而會盟津者八百諸侯。《王制》：「天下諸侯千六百。」此據經之半言。諸侯經稱「友邦冢君」。皆曰：「紂可伐矣！」與《湯誓》所稱「聞汝衆言」同。武王曰：「女未知天命，未可也。」乃還師歸。師渡河，豈無所伐？故戡黎事當繫于此。居二年，聞紂昏亂暴虐滋甚，經稱「暴虐于百姓」。殺王子比干，囚箕子。經稱「遺厥王父母弟不迪」。校本《泰誓》歷數紂罪，謂剖賢人心，囚奴正士。太師疵、少師强與《論語》不同。抱其祭器而犇周。此説由《微子》篇「殷民攘竊神祇之犧牷牲」推出者。于是武王徧告諸侯曰：即經「友邦冢君」與八國夷狄。「殷有重罪，校本《泰誓》多數紂罪。不可以不畢伐！」乃遵文王，仍據《王制》造于禰之説。遂率戎車三百乘、虎賁三千人、《孟子》：「武王之伐殷也，革車三百兩，虎賁三千人。」甲士四萬五千人，據《刑法志》，三百乘當作二萬二千五百人，加虎賁三千人，舉成數爲二萬五千人。以東伐紂。十一年十二月戊午，由此至二月甲子，相距六十六日，有誓二篇，不太煩乎？師畢渡盟津，諸侯咸會。友邦冢君及八國夷狄。曰：此下即史公總括經文之詞。《史記》于經文二十八篇皆不直録經文，下之直録經文者晚近所補。「孳孳無怠！」即經「夫子勖哉」之意。○《伏傳》「惟丙午，王逮師前師，乃鼓鼗躁，師乃慆，前歌後舞，假于上下，咸曰孜孜無怠。」武王乃作《太誓》，告于衆庶。此十字乃《書序》家所羼增，故《史記》有鈔書序及鈔經全文者。○以下總括經文大義，爲《大誓》師説。蓋聖人作經，賢者作傳，亦如《春秋左氏》據經立説，不必出于史文史事也。

序 以下《大誓》經文。時上無年歲，故《史記》三代皆爲《世表》，自共和以後乃爲《年表》。後人所推，皆屬肊撰。甲子但舉日而無月，即日亦非真日。《周本紀》以爲二月甲子，則蛇足也。昧爽，《三代世表》：「牒記黄帝以來，皆有年數，《尚書》頗缺略，孔子之弗論次其年月，豈虚哉！」按：牒記乃已往古史之事，經爲後世，指未來之世局，故不用已往之年月，所謂「成事不説，遂事不諫，既往不咎」。王《尚書》十篇，帝、四鄰四篇，一帝三王三篇，一王三公，合爲十也。朝至于商郊《伏傳》：「武王伐紂，至于商郊，停止宿夜，士卒皆歡樂，歌舞以待旦。」牧野，《禮記·大傳》：「牧之野，武王之大事也。」乃誓。《甘誓》、《湯誓》、《費誓》飭勵戎行，皆止臨時之一誓。《禮記》以牧野爲大事，則盟津濟師不必誓也。《周本紀》詳載此篇經文，不稱《牧誓》，《書序》乃有《牧誓》之名。王王爲中軍。左周公左，爲司馬。杖黄鉞，《王制》：「賜斧鉞然後殺。」《周書·克殷》：「周公把大鉞。」右召公右，爲司空。秉白旄《詩·出車》：「建彼旄矣。」《史·始皇紀正義》曰：「旄節者，編旄爲之，以象竹節，故古人建節用旄。」旄與柯同義，手無斧柯，左手執斧，右手執柯，周公左，召公右也。○司馬杖鉞，以誅有罪；司空持節，以賞有功。以麾，《周禮·巾車》：王之五路，木路建大麾。按軍事當用革路，建大白以即戎。大白恐亦似麾，故將軍稱麾下。王建大麾居中，如《左傳》王爲中軍，周公黑肩將左軍，虢公林父將右軍。曰：「逷矣，西土「西土」二字，《中候》屢見，此則武王在西爲西伯也。之人！」先告誓本國之人。

傳《逸周書·酆謀》：在酆謀伐紂，即與西土之人謀也，事在牧野之先。維王三祀，王在酆，謀言告聞。人以商謀伐周之言聞于武王。王召周公旦曰：《孟子》：「周公相武王。」「嗚呼！商其咸辜，維日望謀建功，謀言多信，今如其何」？周公曰：「時至矣！」乃興師循故。初用三同：一戚取同，二任用能，三矢猶誓也。無聲。三讓：一近市，二賤鬻，三施資。三虞：一邊不侵内，二道不毆牧，三郊不留人。此如《春秋》三科九旨，《書經》三德九目，《内經》三部九候。王曰：「嗚呼！允從。三三無咈，厥徵可因。與周同愛，愛微無疾，疾取不取，疾至致備。曲①禱不德，不德不成。害不在小，終維實大，悔後乃無。帝命不謟，應時作謀，不敏殆哉。」周公曰：「言斯允格，惟從己出，出而不允，乃菑；往而不往，乃弱。士卒咸若周一心。」此篇謀于西土，因經文有「西土之人」之説，故追敘事前而作。晉五經博士孔鼂每篇題云「某某解」，正謂此書爲《書經》之解詁，與《周禮》同出一源，非但記姬周之軼事而已。

經 王曰：與《甘誓》、《湯誓》同稱「王曰」，不稱「武王曰」者，經不專爲武王記事也。「嗟！我友邦冢君、次告誓諸侯。○《周本紀》：「八百諸侯咸會。」有邦君在，故首稱之。御事、各邦將帥之屬。司徒、二字記識。按：王者出，一公守，二公從。《穀梁》曰：「智者慮，仁者守，勇者行。」故誓師無司徒。司馬、將左軍。司空、將右軍。亞次也，卿之屬。旅、衆也，大夫之屬。○以上本國公、卿、大夫，品秩降于邦君。師氏、《周禮・師氏》：「凡軍旅王舉則從，使其屬帥四夷之隸，各以其兵服守王之門外。」千夫長、百夫長，此爲將弁。及庸、蜀、羌、髳、微、纑、《立政》曰夷、微、纑。

① 曲：《逸周書・酆謀解》作「又」。

彭、濮人，八國夷狄，以内及外，如《春秋》及、以及。稱爾戈，比爾干，立爾矛，予其誓」。此段告誓友邦與本國公卿、大夫、將士及遠夷。

傳《逸周書·武寤》：文分兩段，首段牧野以前布告友邦、遠夷之文，次段牧野將戰禱祈之文。王赫奮烈，《孟子》：「武王一怒而安天下之民。」八方咸發。《周本紀》：「武王徧告諸侯曰：殷有重罪，不可以不畢伐。」高城若地，言城易攻也。商庶若化。言商民歸化也。約期于牧，期于牧野會兵。案用師旅，《孟子》：「革車三百兩，虎賁三千人。」商不足滅。徧告之文止此。分禱上下。《周禮》大祝、大師「宜于社，造于祖，設軍社，類上帝」。○禱如《左傳》鐵之戰，蒯聵之禱。○以下禱詞。王食無疆，王不食言，庶赦定宗。二句疑倒置。○庶赦，猶云「脅從罔治」。定宗，如立武庚。尹氏八士，即經所謂亞旅。大師師尚父。三公，經之司徒、司馬、司空。咸作有績，夫子勖哉。神無不饗。禱于神。王克配天，經：「今予發惟共行天之罰。」合于四海，惟乃永寧。以上戰禱之詞。○二段文意與經相符，且補經闕，蓋解詁由經而生也。

王經于三誓皆稱「王」，以備通三統之義。本篇亦三見「王曰」。曰：此乃爲正誓詞。「古人有言曰：《典》、《謨》託古則曰「稽古帝堯」、「古皋陶」。王之誓亦託于古人之言。『牝雞無晨。三代之亂，皆由女禍。○此扶陽抑陰之義。中國亦如海外，初貴女，所謂野人知母，積成偏重。經乃抑女重男，分内外各治一事，如殷《易》首坤乾，孔子乃改作乾坤。蓋以女子有孕育，于行止有不便，故改易之。牝雞之晨，天道任陽而不任陰，如雞之雄者乃司晨，雌則伏耳。惟家之索』。男正位乎外，女正位乎内。《昏義》詳矣。反此則内外亂。今，今與古對。殷王紂史稱帝紂。惟婦言班《禮樂志》：「殷紂變亂正聲以悦婦人。」師古曰：「今文《大誓》之詞。」是用，男女平等。○《史記》：「今殷王紂乃用其婦人之言，自絶于天，毁壞其三正。」此與經異文證一。○班《五行志》引此六句，稱「誓師曰」。自棄厥肆祀枚本：「惟受罔有悛心，乃夷居，弗祀上帝神祇，遺厥先宗廟弗祀，犧牲粢盛，既于凶盜，乃曰吾有民有命，罔懲其侮。」不答，按：天子七廟，祭天地等祀，乃經制也。孔經以前無祭祀鬼神學説，《大誓》依託于紂，數其罪而伐之，所謂天下之惡皆歸之也。經欲起此新制，故《典》曰肆類上帝，柴望山川，歸假禰祖，表章帝舜，以爲世則。《孟子》湯征葛伯，《左傳》楚滅夔子，皆因不祀而罪之，即從《大誓》伐紂生義，是爲傳與經合之證。○《墨子》：「《大誓》之道曰：紂越厥夷①居，不肯祀上帝，棄厥先神祇不祀，乃曰吾有命，無廖僔務天下②。」夫曰「大誓之道」，即稱引此節之異文。枚本剽之爲《泰誓》篇者，誤。昬棄厥家國，據《周本紀》有此語。○《墨子·非命》：「《大誓》之言，殷王謂人有命，謂敬不可行，謂祭無益，謂暴無傷。上帝不常，九有以亡。」所謂「大誓之言」，即《大誓》之訓詁也。遺厥王父母弟《史記》：「離逷其王父母弟，乃斷棄其先祖之樂，乃爲淫聲，用變亂正聲，怡悦婦人。」此與經異文證二。不迪，迪，《史記》作用。○《論語》：「微子去之，箕子爲之奴，比干諫而死。」○枚本：「惟受罪浮于桀，剝喪元良，賊虐諫輔。」乃維四方之多罪逋逃，《左傳》：「昔武王數紂之罪，以告諸侯曰：紂爲天下逋逃主萃淵藪。」是崇是長，是信枚本：「今商王受力行無度，播棄黎老，昵比罪人。」是使，《漢·谷永傳》：「《書》曰：乃用其婦人之言，是信是使。」是以爲大夫卿士。《史記》無此七字，疑信使旁注，誤入正文。俾暴虐枚本：「今商王受弗敬上天，降災下民，沈湎冒色，敢行暴虐，罪人以族，官人以世，惟宮室、臺榭、陂池、侈服，以殘害于爾萬姓。」于百姓，

① 厥夷：原作「佚遺」，據《墨子·天志篇》改。
② 無廖僔務天下：此句當有誤。《墨子·天志篇》作：「毋僇其務，天亦縱棄紂而不葆。」

《孟子》：「《大誓》曰：天視自我民視，天聽自我民聽。」又：「《書》曰：天降下民，作之君，作之師，惟曰其助上帝寵之，四方有罪無罪，惟我在，天下曷敢有越厥志。」〇「民之所欲，天必從之」，《左》、《國》凡三見，俱稱「大誓」。以姦軌于商國。《左·成二年傳》：「《大誓》所謂商兆民離，周十人同者衆也。」又《昭廿四年》萇弘引《大誓》曰：「紂有億兆夷人，亦有離德；予有亂臣十人，同心同德。」枚本剽用之。今予發三千里有武王，三萬里有武皇。《詩》、《易》亦同其名號，此爲依託翻譯例。地域不同，則名同而實異，當審量説之。惟共行天枚本：「商罪貫盈，天命誅之。予弗順天，厥罪惟鈞。」之罰。《孟子》：「《大誓》曰：我武惟揚，侵于之疆，則取于殘，殺伐用張，于湯有光。」〇枚本：「今商王受狎侮五常，荒怠弗敬，自絶于天，結怨于民。斮朝涉之脛，剖賢人之心。作威殺戮，毒痡四海。崇信姦回，放黜師保，屏棄典刑，囚奴正士。郊社不修，宗廟不享。作奇技淫巧，以悦婦人。上帝弗順，祝降時喪。爾其孜孜，奉予一人，恭行天罰。」今日之事，不愆于六步、七步，《樂記》：「夫武，始而北出，再成而滅商，三成而南，四成而南國是疆，五成而分周公左、召公右，六成復綴以崇。天子夾振而駟伐，盛威于中國也。分夾而進，事蚤濟也。久立于綴，以待諸侯之至也。且女獨未聞牧野之語乎？」乃止齊焉。夫子勖哉！《周本紀》：「今予發維共行天罰，勉哉夫子！不可再，不可三。」此與經異文證三。不愆于四伐、五伐、六伐、七伐，《周禮·大司馬》：「以九伐之法正邦國。」乃止齊焉。勖哉夫子！《周語》襄王曰：「吾聞之《大誓》故曰：朕夢協朕卜，襲于休祥，戎商必克。」夫曰「大誓故曰」，《大誓》解詁也。尚桓桓如虎如羆，如豺如離①，「離」與「螭」同。〇四「如」字，以人比獸。《詩》之「如」則以人翻天。于商郊。弗禦②克犇，《孟子》：「王曰：

---

① 「尚桓桓」句：《尚書·牧誓》作「尚桓桓如虎如貔，如熊如羆」。

② 禦：《尚書·牧誓》作「迓」。

『無畏，寧爾也，非敵百姓也。』若崩厥角稽首。」故本作：「罔或無畏，寧執非敵？百姓懍懍，若崩厥角。」以役西土。《墨子・兼愛》：「昔者文王之治西土，若日若月，乍光于四方于西土。不爲大國侮小國，不爲衆庶侮鰥寡」云云。枚本作「惟我文考，若日月之照臨，光于四方，顯于西土」。爾所弗勖①，其于爾躬有戮！」《湯誓》：「爾不從誓言，予則奴戮女。」○枚本：「爾衆士其尚迪果毅，以登乃辟。功多有厚賞，不迪有顯戮！」

傳《史記・周本紀》：誓已，以下之文多與《周書・克殷篇》相同，蓋史公擇言爲之也。○以下如《左傳》後經終事例。諸侯兵會者車四千乘，周于天下三分有二，每州七百乘，六州則四千二百乘，舉成數言四千。又武爲西伯，統四州，每州八百乘，加本國八百乘，共四千乘。如《左昭十三年傳》晉叔向曰：「寡君有甲車四千乘。」此經説也。陳師牧野。《周書・克殷》云：「周車三百五十乘。」不言諸侯之兵。帝紂聞武王來，亦發兵七十萬人《漢・刑法志》千乘之數。距武王。武王使師尚父與百夫致師，《周書・克殷》同。○《周禮》環人致師。《左傳》：「楚許伯御樂伯，攝叔爲右，以致晉師。」以大卒馳帝紂師；紂師雖衆，皆無戰之心，心欲武王亟入。紂師皆倒兵以戰，枚本《武成》：「前徒倒戈。」即剽用此。以開武王。武王馳之，紂兵皆崩，畔紂。《克殷》：「王既誓，以虎賁戎車馳商師，商師大崩。」紂走反，入登于鹿臺之上，蒙衣其珠玉，自燔于火而死。《世俘》：「紂取天智玉琰五，環身以自焚。」武王持大白旗以麾諸侯，《周禮》：「建大白以即戎。」諸侯畢拜武王，武王乃揖諸侯，《克殷》同。諸侯畢從。武王至商國，《克殷》

① 爾所弗勖：據《尚書・牧誓》，此句前有「勖哉夫子」四字。

略此句。商國百姓咸待于郊。于是武王使群臣告語商百姓曰：《克殷》作「群賓僉進曰」。「上天降休。」商人皆再拜稽首，武王亦答拜。先入，至紂死所，武王自射之，三發而后下車，以輕劍《克殷》作「輕吕」。擊之，以黄鉞斬①紂頭，縣大白之旗。《克殷》説同。已而至紂之嬖妾二女，二女皆經，自殺，武王又射三發，擊以劍，斬以玄鉞，終經之「牝雞之晨，惟婦言是用」。縣其頭小白之旗。《克殷》説同。武王已乃出復軍。其明日，《克殷》作翼日。除道，修社及商紂宮。及期，百夫荷罕旗以先驅。《克殷》云「荷素質之旗于王前」。武王弟叔振鐸《克殷》作「叔振奉拜假」。奉陳常車，周公旦把大鉞，大司馬。畢公《克殷》作召公。把小鉞，小司馬。以夾武王。合于經之「王左杖黄鉞，右秉白旄」，特詳左略右耳。散宜生、太顛、閎夭名見《君奭》，即經之亞旅。皆執劍，《克殷》作「執輕吕以奏王」。以衛武王。既入，立于社南大卒之左，右《克殷》無右字。畢從。《克殷》作「群臣畢從」。毛叔鄭奉明水，衛康叔封此時康叔未封衛。布兹，《克殷》作「傅禮」。召公奭贊采，師尚父牽牲，史佚筴祝《洛誥》「逸祝册」，《金縢》「史乃册祝」同。《周禮》「大祝掌六祝，六曰筴祝」。曰：「殷之末孫季紂，殄廢先王明德，《克殷》作「末孫受德迷先祖成湯之明」。侮蔑神祇不祀，經：「自棄厥肆祀。」昏暴商邑百姓，經：「暴虐于百姓。」其章顯聞于天皇上帝。」《克殷》作「昊天上帝」。○經但云天罰于是武王再拜稽首，曰：「膺更大命，革殷，受天明命。」武王又再拜稽首，乃出。《克殷》説同。封商紂子禄

① 斬：原脱，據《史記·周本紀》補。

父殷之餘民。武王爲殷初定未集，乃使其弟管叔鮮、蔡叔度相禄父治殷①。即《王制》三監之制。○《克殷》無「蔡叔」。已而命召公釋箕子之囚，命畢公釋百姓之囚，表商容之閭。命南宮括散鹿臺之財，發鉅橋之粟，以振貧弱萌隸②。命南宮括、《克殷》作「百達」。史佚展九鼎指九州言。保玉。《克殷》作三巫。○《周書》有《世俘》一篇。命閎夭封比干之墓。命宗祝享祠于軍。《克殷》作「崇賓饗禱之于軍」。乃罷兵。按：《史記》全采《周書·克殷》之文以爲誓後之傳，但史文較詳，字有更易，與引《書經》經文事同一律，故《逸周書》爲書傳。以後凡言克商後事者，皆牧野事傳也。況《周書》之中，職方同于《周禮》，官人符乎《戴記》，《周月》、《時訓》通《皇篇》之曆象，《作雒》、《大邑》即《洛誥》之土中，《明堂》、《王會》即解位成，《祭公》「拜手」再詳《顧命》。觥觥大文，胥闡《書》指，目爲周史，不其忽諸！

[伏傳] 此篇《伏傳》題爲《武成》，故僞古文仿造《武成》篇，實則《大誓》後傳也。采坿經後，以終《大誓》之義。

武王與紂戰于坶之野，紂之卒輻分，紂之車瓦裂，紂之甲鱗下，此與「前徒倒戈」稍易其詞，可見諸家傳説雖多，皆所以解經矣。賀乎武王。紂死，《伏傳》不言射紂縣首，所謂「紂之不善，不如是之甚也」。武王皇皇，若天下之未定，殷之故家遺俗、流風善政猶有存者。召太公而問曰：「入殷奈何？」紂死方入殷，較《周書》輕吕、黄鉞之説稍雅。太公曰：「臣聞之，愛人者兼其屋上之烏，不愛人者及其骨

① 殷：原脱，據《史記·周本紀》補。
② 「命南宮括」至「萌隸」：原脱，據《史記·周本紀》補。

餘，此射擊斬縣之説所由生。○骨餘，一作儲胥。何如？」武王曰：「不可。」不爲已甚。召公趨而進曰：「臣聞之也，有罪者殺，無罪者活，《説苑·臣術》：「《大誓》曰：『附下而罔上者死，附上而罔下者刑，與聞國政而無益于民者退，在上位而不能進賢者逐。』此所以勸善而黜惡也。」咸劉厥敵，無使有餘烈，何如？」武王曰：「不可。」《孟子》「以至仁伐至不仁，何其血之流杵」，即謂「咸劉厥敵」之非策。枚本「血流漂杵」等詞足見其誤。周公趨而進曰：「臣聞之也，各安其宅，各田其田，毋故毋親，惟仁之親，何如？」孟子于《武成》取二三策，即取周公各安、各田、親仁之策也。武王曠乎若天下之已定，計議已定而不疑。遂入殷，封比干之墓，表商容之閭，發鉅橋之粟，散鹿臺之財，枚本僞《武成》篇襲用此數語。歸傾宮之女，而民知方，曰：「王之于仁人也，死者封其墓，《論語》「雖有周親，不如仁人」，枚本《泰誓》剽用之。況于生者乎！王之于賢人也，死者表其閭，《論語》「善人是富」。況于在者乎！王之于財也，聚者散之，論語周有大賚況于復籍乎！王之于色也，在者歸其父母，況于復徵乎！」

高宗《禮記》：「高宗者，武丁。武丁者，殷之賢王也。當此之時，殷衰而復興，禮廢而復起，故善之。善之，故載之書中而高之，故謂之高宗。」**肜日**《爾雅》：「繹，又祭也。周曰繹，商曰肜。」《王制》：「天子七廟。」何休説高宗祭豐于禰，以致雉雊之變。正義引王肅云：「高宗豐于禰，故有雊雉升遠祖成湯廟之異。」《禮緯》：「唐虞二廟，夏四廟，殷五廟，周六廟。」是高宗之時，天子七廟之制未備，因雉雊而建設七廟以祭，故肜爲又祭之名辭。**第九**合下共三篇，爲殷之三公。孔經託殷以起三公之制。三公降于王，故在三王三誓後，不專以三公屬于殷。

序 高宗《殷本紀》：「祖己嘉武丁之以祥雉爲德，立其廟爲高宗。」是高宗乃廟謚。謚法始于孔經，《儀禮》所謂「死而謚」是也。肜日，《王制》：「司徒主祭。」此篇全爲司徒之事。越有雊雉。《伏傳》：「皃之不恭，是謂不肅，厥咎狂，時則有雞旤。高宗豐祭小乙禰廟，而廢祖廟之祭，即貌不恭肅也，宜有雊雉之異。」

經 祖己曰：祖己即殷之司徒公。「惟先先，謂先祀其所親。《左·文二年傳》：「子雖齊聖，不先父食久矣。故禹不先鯀，湯不先契，文武不先不窋。宋祖帝乙，鄭祖厲王，猶上祖也。」高宗先小乙，所先未當，故祖己以爲言。假王①，《易》「王假有廟」，《詩》「湯孫奏假」。○據《晉書·禮志》，武帝太始三年，有司奏置七廟，宜祖立一廟。群臣議：上古清廟一宫，周制七廟。可見周以前廟制缺略，實則所謂周制即經制。正厥事。」《孔光傳》引此《書》言：「變異之來，事有不正也；因不正而正之。」當如《王制》所謂天子七廟，三昭三穆，與太祖之廟而七，方爲禮之正。○《祭法》：「殷人祖契而宗湯。」迺訓于王，《殷本紀》稱帝武丁，《書經》乃稱王，如吴、楚稱王，《春秋》貶稱子。凡孔經既出聖裁。便與舊史不同。曰：王不知典禮，而祖己訓之，實乃經訓也。「惟天監下句。民，隸古定本多此「民」字，《史記》無。典厥義。《禮·郊特牲》：「萬物本乎天，人本乎祖。」《論語》：「務民之義，敬鬼神而遠之。」降年有永，有不永，先祖之年，各有修短之不同。非天夭民，天之生人，皆與以壽。民隸古定本較《史記》多此「民」字。中絶命。人自戕之，命乃中絶。民有不若若，順也。《中庸》：「宗廟之禮，所以序昭穆也。」不若，如《左傳》躋僖公逆祀也。禮無不順，祀國之大事也，而逆之，可謂禮

---

① 假王：《尚書·高宗肜日》作「格王」。

乎？德，不聽罪，高宗，殷之賢君，祖廟不順昭穆之序，雖有德，不足以貸其罪。天既付①，命天以妖異爲符信而譴告之。○班《五行志》：「野鳥入廟，敗亡之異。」正厥德，當恐懼而修正祖廟，以德回天。迺曰：『其如台。』《淮南》大九州，西北台州。○謂如台州初開化，不講廟制。○《史記》作「其奈何」。嗚呼！慨歎無窮。王後王。司司徒。敬民，《左傳》：「夫民，神之主也，是以聖王先成民而後致力于神。故奉牲以告曰博碩肥腯，謂民力之普存也；奉盛以告曰絜粢豐盛，謂其三時不害，而民和年豐也；奉酒醴以告曰嘉栗旨酒，謂其上下皆有嘉德，而無違心也。所謂馨香，無讒慝也，故務其三時，脩其五教，親其九族，以致其禋祀，于是乎民和而神降之福。」罔非天胤，前代先祖皆天潢之冑。典祀司徒職守。○《周禮》宗伯以下諸職由此分司。無豐于尼。」從隸古定本。校本「尼」作「昵」。馬云：「尼，考也，謂禰廟也。」按昵，近也，亦謂禰廟。高宗祭廟，特豐于禰，孔經託之，以起廟制。○《祭法》：「天下有王，分地建國，置都立邑，設廟祧壇墠而祭之，乃爲親疏多寡之數。是故王立七廟、一壇、一墠，曰考廟，曰王考廟，曰皇考廟，曰顯考廟，曰祖考廟，皆月祭之。遠祖爲祧，有二祧，享嘗乃止。去祧爲壇，去壇爲墠。壇、墠有禱焉祭之，無禱乃止。去墠爲鬼。」

西伯戡黎 文王爲西伯。文王崩，武王繼位，爲西伯。《呂覽》稱武爲西伯。《竹書紀年》：「西伯發戡黎。」是戡黎即武觀兵事，經傳無文王戡黎事。第十

序　西伯言西伯必有東伯。周在岐西，故《呂覽》以爲西方之偏伯，《公羊》所謂一相處乎外也。殷都朝歌在東，當有東伯，見經之《微子》是也，《公羊》所謂一相處乎內也。既戡黎，《周禮》司馬主征伐。祖伊恐，奔告于王。《殷本紀》

① 付：《尚書・高宗肜日》作「孚」。

稱帝辛、帝紂，《書經》則改稱王。

經曰：「天子，《白虎通》：「王者父天地母，爲天之子，《春秋》王一稱天子是也。」天既訖我殷命，有罪誅絶之罰。假人人謀。元龜，鬼謀。○《周禮》卜師、龜人所掌。罔敢知吉。《鴻範》稽疑説。《論衡·卜筮篇》：「紂至惡之君，賢者不舉，大龜不兆，七十卜而皆凶。」非先王不相我後人，《孟子》：「賢聖之君六七作，天下歸殷久矣，其故家遺俗、流風善政猶有存者。」惟王淫虐①，用自絶，《周本紀》：「今殷王紂乃用其婦人之言，自絶于天。」枚本《泰誓》：「今商王紂力行無度，播棄黎老，昵比罪人，淫酗肆虐。」又曰：「荒怠弗敬，自絶于天。」即剽用此經，推廣其義。故天棄我，《左傳》：「皇天無親，惟德是依。」無德，故天棄之。不有康食。凶荒饑饉。不虞天性，災異反常。**不迪率典**。解上句，謂天道不循常度。今我民上徵之天，此徵之人。罔不欲喪，諸侯皆欲喪殷邦。曰：『天曷不降威！』天討不伸。**大命**「大命」二字屢見于《中候》，謂大一統之命，即皇命也。**胡不至**？此上句訓詁誤入正文者。今王其如台？」《史記》作「其奈何」。○《殷書》「台」字四見。《淮南》：「西北台州。」孔經開素統，主西方，與「西土」、「新洛」、「割申」、「遷西」同爲素統標目字。王曰：「烏呼！我生不有命在天。」此爲信命之説。天命雖有定，然如朝廷用人，有大功必賞，有大罪必罰。以開國言，則爲受命；以繼體言，則爲定命。中興滅亡，則爲自求禍福。紂飾非巧辯，自託于守成無罪。祖伊反曰：「烏呼！乃罪多紂罪重多。參一本作絫。在上，腥聞于天。乃能責

---

① 虐：《尚書·西伯戡黎》作「戲」。

命于天？罪多安能祈天永命。○《墨子》「非命」說。殷之即喪，機勢已迫，不能久延。指乃功，紂尚指數其功，不自知罪。不無戮于爾邦。」爾邦，紂之邦也，其能免戮乎？

微子《彤日》祖己爲司徒，掌祭祀；《戡黎》西伯爲司馬，掌征伐；微子爲司空，掌邦土，共爲殷之三公。孔子殷人，爲素王，故三公三篇特詳殷，以爲夏、周之起例。**第十一**

微子 西伯爲異姓伯，《曲禮》謂之伯舅；微子爲同姓伯，《曲禮》謂之伯父。《王制》謂之二老，如《金縢》之二公。《顧命》之太保畢公。若曰：「若曰」者本無，舊説依事託詞，如六書叚借之例。微子去殷，史不記其辭説，經乃揣擬以爲言。《尚書》惟此末篇兩見「若曰」，以起《中候》「王若曰」、「周公若曰」，皆代詞也。太師、箕子。少師，比干。○《殷本紀》：「紂愈淫亂不止，微子數諫不聽，乃與太師、少師謀，遂去。」○《周禮》有大師、小師之職，僞《周官》增多名目，乃以太師、太傅、太保爲三公，少師、少傅、少保爲三孤。殷《中候》大國殷爲皇統國號，《周禮》殷同爲上方，殷國爲邊鄙，皆由此王統之殷推之。其弗或亂正四方？《周禮》：「辨方正位，體國經野」，司空專職。我祖殷人祖契而宗湯。底《史記》無「底」字。遂陳于上，上，猶古也。我不斥君非，過則稱己。用沈酗《史記》作「沈湎」。于酒，《中候》所以有《酒誥》。用《史記》「用」上有「婦人是」三字。亂敗厥德于下，《史記》作「敗湯德」。殷罔不「罔不」，《史記》作「既」。小大，好草竊姦宄，卿士指二伯，如《左傳》鄭武公、莊公爲周卿士。師師百僚、師師，《王制》百二十官。非度。小大皆違法度。凡有辜罪，乃罔恒獲，《牧誓》「乃惟四方之多罪逋逃」。小民小國。方興，興動干戈。相爲敵讎。弱肉强食，如戰國。○以上皆亂敗厥德之證。今殷其淪喪，《詩》「淪胥以亡」。若涉大水，其無津涯①。《史記》作「若涉水，無津涯」。○解「淪」字。○子書道家多以比喻言治天下，如御馬、解牛、驅雞、療病，言在此，意在彼，其原出于《詩》、《易》。《詩》言鳥獸、草木、衣服、車馬，《易》言龍馬、龜鴻、士夫、士妻，各有取譬。若望文生訓，則室家、婚媾、男女等辭不免疑爲淫穢，郢書燕説，失之遠矣。《孟子》説《詩》「不以文害辭，不以辭害志，以意逆志，是爲得之」。《尚書》人學以之終，天學以之始，故特立「若」字例，借言形况，以爲《詩》、《易》之先導。如若顛木、若觀火、若乘舟、若網在綱、若農服田、若火燎原、若稽田、若作室家、若涉淵水、若游大川之類，皆以比喻爲辭，形容見義。《書》之所喻尚爲人事，推之《詩》、《易》乃見天則。是「若」字一例，全爲《詩》、《易》之起文也。殷遂喪，越至于今。」解「喪」字。曰：上有「若曰」，此再加「曰」，如《多士》「王曰」、「又曰」之例，皆經之代辭，非古人之實言也。「太師②、少師，我其發出往③，起作而去也。吾家耄，耄，老也。《左傳》以伯舅耋老，《曲禮》二伯自稱曰「天子之老」。家耄者，同姓伯之稱也。孫《春秋諱》：「奔曰孫。」于荒。荒服也。○《論語》：「微子去之。」今爾無指告，汝二人無所指告。予顛躋，躋、隮古通，墜也。謂不去而與國同顛隕。若之何其？」問如何方可。太師④若曰：箕子之言亦係代詞。○微、箕審處事宜，猶用代詞，其用小。《中候》周公、成王開闢全球之兩京，亦用代詞，其用大。以此例彼，即驗推之義也。「王子，如《春秋》王子猛、王子朝之稱。天毒降

---

① 涯：原脱，據《尚書·微子》補。
② 太師：《尚書·微子》作「父師」。
③ 往：《尚書·微子》作「狂」。
④ 太師：《尚書·微子》作「父師」。

災荒殷邦，《史記》説「天篤下，菑亡殷國。」方興答「小民方興」句。○外。沈酗于酒，答「沈酗句。○内。乃罔畏畏，無所畏懼。咈其耉長，《史記》作「不用老長」。○耉即耄，即天子之老長者。五官之長皆二伯之稱。舊有位人。解「耉長」。○《中候》所以有《立政》。今殷民乃攘竊答「草竊姦宄」句。神天神。祇地祇。○《王制》：天子祭天地，又祭天下名山大川。之犧牷牲，紂棄厥肆祀弗答，故犧牲被盜。按：殷尚白，牲用白牡。《王制》：「祭天地之牛角繭栗。」用《雒誥》「用牲于郊」。以容，將食無災。食犧牲者，有司不治以罪。降監殷民，用乂稠①斂，召稠，數也。斂，賦斂；召，徵調。謂賦役煩苛。敵讎不怠，答「相爲敵讎」句。罪合于一，民苦苛法，又罹兵禍。多瘠民多貧瘠。罔詔。無所告愬。商今其有災，我興受其敗。生逢禍敗之時。商其淪喪，答「今殷其淪喪」句。我罔爲臣一本無「臣」字。僕。《論語》：「箕子爲之奴。」詔王子出勸微子去。迪，我舊以存殷祀。云以下爲少師比干答微子之詞。孩子，指箕子。趙賓解《易》「箕子」作「荄兹」，即亥子。王子弗出，我乃顛隮。上言出之利，此言不出之害。自靖，人安撫國人。自獻于先王，以身報主。○《史記》説治國國治，身死不恨。我不顧行遯。」各行其志，比干以死自誓。○《論語》：「比干諫而死。孔子曰：『殷有三仁焉。』」

① 稠：《尚書・微子》作「讎」。

書中候弘道編

廖平撰　黄鎔等述

楊世文　宋桂梅　校點

校點説明

《書中候弘道篇》不分卷，廖平撰，黄鎔箋述。廖平認爲《尚書》分《尚書》與《中候》兩部分，不得統爲之《書》。其《尚書》十一篇，《中候》十八篇，合二十九篇。《中候》首周公篇七，爲《金縢》、《君奭》、《多方》、《多士》、《召誥》、《立政》、《毋佚》；次成王篇六，爲《雒誥》、《般庚之誥》、《大誥》、《康誥》、《酒誥》、《梓材》；次周篇五，爲《顧命》、《甫刑》、《文侯之命》、《鮮誓》、《秦誓》。全書仍録《尚書》本文，而以新説注疏于下。認爲「候」通「侯」，「中候」意思是「中鵠」。《孟子》稱孔子「集大成」，猶射于百步之外，即《論語》「執射」之義。經立正鵠，以待後王射中，故《中候》乃「俟後」之書，託古周公、成王，推爲大統。《荀子・勸學篇》説「《詩》、《書》故而不切」，《列子・仲尼篇》説「吾修《詩》、《書》，正禮、樂，將以治天下，遺來世」，皆爲《中候》之説。其説新穎，闡發小大、天人之説。民國七年（一九一八）四川存古書局刊入《六譯館叢書》，今據此本整理。

目録

書中候弘道編……一八一
周公七篇……一八一
金縢第一……一八一
君奭第二……一八七
多方第三……一九四
多士第四……二〇一
召誥第五……二〇六
立政第六……二一三
毋佚第七……二二〇
成王六篇……二二七
雒誥第八……二二八
般庚之誥第九……二三六
大誥第十……二五一

康誥第十一……………………二五六
酒誥第十二……………………二六四
梓材第十三……………………二七〇
周五篇……………………二七三
顧命第十四……………………二七四
甫刑第十五……………………二八三
文侯之命第十六……………………二九四
鮮誓第十七……………………二九七
秦誓第十八……………………二九九

書中候弘道編

《書緯·璇璣鈐》：孔子删《書》，以一十篇爲《尚書》，十八篇爲《中候》。候通侯，《開元占經》引作《中侯》，「中侯」謂中鵠。《孟子》稱孔子「集大成」，猶射于百步之外，即《論語》「執射」之義。經立正鵠，以待後王射中，故《中侯》乃俟後之書，託古周公、成王，推爲大統。《荀子·勸學篇》「《詩》、《書》故而不切」，《列子·仲尼篇》「吾脩《詩》、《書》，將以治天下，遺來世」，皆《中候》之説也。另詳《皇帝疆域圖》三十一。

井研廖氏學

樂山受業黄鎔筆述

周公七篇

《論語》周公才美、夢見周公，皆孔子寄託周公，肇開大統之説，《春秋演孔圖》據周史立新經是也。《孟子》周公「兼三王」、「施四事」、「統四方」、天地人爲七政，即七篇舊義。今按《伏傳》周公攝政七年之説分配七篇。《金縢》「一年救亂」，《君奭》「二年克殷」，《多方》「三年踐奄」，《多士》「四年建侯衛」，《召誥》「五年營成周」，《立政》「六年制禮」。《毋佚》「七年致政」，是于七會同之年作誥七篇。序較《皇帝疆域圖表》稍有更易，而大綱相同，七篇全以「周公曰」爲主。《史記·周本紀》：「初管、蔡畔周，周公討之，三年而畢。」定其事在周公之篇，可見古義有此篇也。

金縢此《周公》篇之總序。二禪如《典》、《謨》，故特詳武王讓公，公讓成王，感應天心之事，與堯、舜之讓前後一轍。實則武周傳及，因管蔡之變，乃改傳子法，致位成王，是爲小統。經由此推建大統，美其禪讓之德，遺之後世。**第一**《魯世家》：「周公被讒奔楚。」《伏傳》「一年救亂」，謂周公午年南巡，第一次夏宗宣誥。

公之巡狩始于南，如《帝謨》舜治南，即《詩經》「周南」之意。經義開南服，王化自北而南，以南方爲極盛，亦以南方爲難治。所謂救亂者，撥亂反正，如《春秋》伐楚責貢也，故次第一。

【序】既從《易・既濟》取義，爲既往。克商商即《周禮》殷國遍鄙，《大行人》「十二年巡狩殷國」。二年，舉零當作十二年，丑年丑月，歲星見于東方，次年乃寅年大會同事。俟後之書，不能豫定年月，故《書》之有歲月者，皆典禮，非記事。王大統，讀皇。有疾，不豫。《白虎通》：「天子病曰不豫，言不復豫政也。」武王有疾，禪位周公，如《帝典》堯老舜攝。

【經】二公司馬、司空。此時太公、召公爲伯，如《典》之羲、相，《謨》之皋、禹。曰：周公恐管叔疑忌，未有即位，二公爲之決策。「我其爲王《竹書》稱周公爲周文王。穆《詩》文王昭，武王穆。卜？」東昭西穆。穆卜，謂卜宅西雒。即《召誥》「太保先相宅」，因武王有建兩京之意也。周公曰：成公之志稱公。「未未爲地中。《禮・月令》：「季夏黃帝，中央土」是也。謂穆卜當求地中以建都，即《酒誥》所謂「妹邦」。可以戚我先王。」以卜宅西雒之事告先王即位。公乃自以爲質，質，從《史記》。西方尚質。《董子》主天法質而王。○《荀子・儒效篇》：「周公履天子之籍，聽天下之斷，偃然如固有之，而天下不稱貪焉。」爲三壇建置三王之位，故用三壇。【同墠爲壇】解說壇基。于南方，三壇之南。北面，周公立焉，三王之位在北，周公向北禮畢而立，即踐阼也。植璧秉圭，寅年大會同，諸侯皆在。○《周禮・大宗伯》：子執穀璧，男執蒲璧，公執桓圭，侯執信圭，伯執躬圭。天子以此五瑞封建五等諸侯。乃告太王、王季、文王。據《中庸》，周公成文武之德，追王太王、王季，是文乃武所追王，此次周公攝政，乃追王三代。

【傳】史《周禮》大史、小史。乃策，祝曰：祝辭告三王。○大祝掌六祝之辭，六曰筴祝。「惟爾元孫猶文孫孺子王。某，不稱名者，不專爲武王言，所以俟後也。遘厲虐疾。《史記》曰「勤勞阻疾」。若爾三王，天子即位，必告先王。是有負晉本作丕。子負，背也，指西雒言。子謂周公。之責責周公開闢西京。于天，天統全球。以旦代某兄終弟及，不言武王，將以俟後。之身。代武攝位。爲天子代死之説，迷信神權，聖人不道。○《荀子》：大儒「周公屏成王而及武王，以屬天下，惡天下之倍周也」。又：「以枝代主，而非越也。」《衛世家》：「周公旦代武王治，當國。」旦巧《孟子》説孔子「智譬則巧也」。○晉本作「予仁若考」，此從《史記》。能，多材如《多士》。○《論語》：「如有周公之才之美。」多藝，如《多士》。○《孟子》説孔子「聖譬則力也」。能事鬼神。《召誥》祭祀。乃元孫經云：「爾之許我，我其以璧與圭歸俟爾命。」不若旦經云「爾不許我」。多材多藝，不能事鬼神，即屏璧與圭。○《荀子》：「天子也者，不可以少當也，不可以假攝也，能則天下歸之，不能則天下去之。」乃命于帝上帝。庭，周公受武王遺命，如受天命即位。敷佑四方，《伏傳》：「堯推尊舜而讓之，屬諸侯焉，納之大麓之野，烈風雷雨不迷，致之以昭華之玉。」武讓周公，事與之同。用能定爾子孫《説苑》：「一世繼體之君爲文子，再世守文之君爲文孫。」于下地，對上天言，地在下，周圍皆天。四方之民，《範》：「庶民惟星。」舉外以包内。○《荀子·大儒》：「周公兼制天下，立七十一國，姬姓獨居五十三人，而天下不稱偏焉。」按：當作七十二國，如《月令》七十二侯，統御四方四帝，故曰兼制天下。罔不祇畏。《中候》：「周公踐阼理政，與天合志，萬序咸得，休氣充塞，藩侯陪位，群公皆就立，如舜。」烏呼！《史記》無此二字。無墜天之降葆《史記》作「寶」。命，《中候》：「曰若稽古周公旦，欽惟皇天順踐阼即攝，七年歸政成王。」我先王亦永有依歸。先王爲宗廟主。○《周禮·大宗伯》言享先王者六。

今我即命于元龜，大寶龜。○《鴻範》稽疑，《周禮・太卜》：凡國大貞卜、立君，則眂高作龜。以下卜師、龜人諸職由此分司。○以下告龜之辭。爾之許我，卜傳賢而吉。我乃以璧與圭，五玉五等，封建諸侯。歸俟俟後。爾命；從龜之吉占。爾不許我，卜傳賢不吉。我乃屏璧與圭。」《伏傳》：「封若圭璧。」謂封人、封建，非康叔名。乃卜三龜，《洪範》三人占。《周禮》太卜三兆之法，一玉兆，二瓦兆，三原兆。三易之法，一《連山》，二《歸藏》，三《周易》。一習吉。《史記》云「卜人皆曰吉」。啟籥見書，卜兆之書。○太卜三兆，其經兆之體皆百有二十，其頌皆千有二百。三易，其經卦皆八，其別皆六十有四。乃并是吉。解一習吉。公曰：「體！經兆之體。王其「其」讀「基」。王基，猶言王畿。罔害。讀作「綱轄」。此句乃繇詞，即三兆之頌，謂西京王畿居中，統轄全球。予小子《曲禮》：「天子未除喪，曰『予小子』。」新新與舊不同。○《演孔圖》據周史立新經。命于三王，《詩》：「周雖舊邦，其命維新。」惟永終《範》、《考終命》、《論語》「天祿永終」。是圖。地輿全球圖。茲攸俟，俟後開通。能念讀驗。予一人。」驗推于予。○《曲禮》：「君天下曰天子，朝諸侯，分職、授政、任功，曰予一人。」公已即位仍稱公，經成周公之志也。歸，歸于王宮。

乃納策于金縢之匱中。藏告三王之祝策。

傳　王翌日乃瘳。後師故神其代死之説者。武王既喪，如堯殂落，《禮記》武王九十三而終。○《召誥》太保「旅王若公」，誥在此。管叔周初用殷法，傳及以次，當傳管叔。及其群弟蔡叔、霍叔。○經託周公開闢全球，不尚舊時史事。凡用史事處，亦如《春秋》，因時事加王心。乃流言于國，管叔以周公傳及越次，因以蜚語謗傷。曰：「公將不利于孺子。」按：《雒誥》四見「孺子」，皆指後王。此以「孺子」指成王，如《禮・檀弓》舅犯稱重耳。

周公乃告二公如帝咨羲、和，舜之左禹右皋。曰：「我之弗辟，避嫌引去，以天下讓成王，如舜讓禹。○《魯世家》：「周公被讒奔楚。」《論衡》説同。我無以告我先王。」奔楚即南巡。《伏傳》：「一年救亂」，説在此。周公居《公羊》「王所居爲京師」。周公居東洛邑，成王在西鎬京。東《康誥》：「周公初基，作新大邑于東國雒。」《竹書》：「周文王出居于東。」蓋周公南巡後即居洛邑，大統因之以爲雒食，故《詩・魯頌》從上下例，爲魚即。《周禮》五土，東川澤。二年，與武讓之二年同爲舉零例，皆謂丑年丑月十二年也。以下周公讓成王，如舜讓成王，如舜讓禹，亦謂寅年大會同，二十二人皆至。則罪人斯得。如舜舉十六族，流四凶以化四夷。于後，十三年大會同，即《伏傳》「七年致政成王」時。公乃爲詩讀作「詒」，即《雒誥》。以貽①王，周公拜手稽首曰：「朕復子明辟。」讓位成王。名之曰《鴟鴞》。此《詩序》家所羼入者，與《書序》同一作僞，故改上「詒」字作「詩」。王亦未亦未讀作夾妹。○二雒食，東西夾輔，如夾其皇澗。敢誚公。誚，讀「肖」，似也。成王嗣位，仍承用周公舊制。○《荀子》：「周公歸周，反籍于成王，而天下不輟事周。然而周公北面而朝之。」「周公無天下也。鄉有天下，今無天下，非擅也。成王鄉無天下，今有天下，非奪也。變埶次序節然也。」

傳秋，《史記・三代世表》：「孔子序《尚書》，則略無年月。」蓋經以侯後，與《春秋》編年記事不同。秋主西方白統，周公讓位之後，即居西雒，如少昊氏，鳳鳥適至爲鳳皇。秋以地言，與東對。周公在西，成王自在東，故上無年，下無月。大熟，《般庚》「若農服田力穡，乃亦有秋」，以農田喻天下治。未穫，喻西雒雖已開化，周公未報最而薨。天大雷電以風，《論衡》：「周公死，成王孤疑于葬禮，天大雷雨，以彰聖功。」禾盡偃，大木斯拔，喻周公既

① 貽：原作「詒」，據《尚書・金縢》改。

薨，西京干支伯牧盡廢。大木如《周南》之樛木，禾如葛藟。邦人大恐。其死也哀。王成王從致政後，記之稱王。與大夫盡弁，《周禮·司服》五弁，凡凶事服弁服。《伏傳》：「周公疾，曰：『吾死，必葬于成周。』示天下臣于成王。成王曰：『周公生欲事宗廟，死欲聚骨于畢。』畢者，文王之墓也，故周公薨，成王不葬于成周，而葬之于畢。」以啟金縢之書，啟視所藏之祝策。乃得周公本爲一統之泰皇，經託之爲太伯。《論語》「泰伯三讓」，謂武王禪位一讓，奔楚二讓，致政三讓。所自以爲功功，當如上文作「質」。代武王之說。即負子鬼神之說。兄終弟及，以旦代身。《荀子》：「周公及武王非代死。」二公及王乃問諸史天官太史，掌鬼神。與百執事，人事。○偏問之以審其詳。對曰：「信。噫！公命我勿敢言。」遵守公藏策時之命。王執書以泣，感公之至德。曰：「其勿穆卜。《史記》：「自今後其無繆卜乎。」○廟主之制，左昭右穆。《左傳》：「周公魯爲文昭。」成王葬周公于畢，從文王墓，位周公于穆，今因風雷而改卜。《禮·王制》「天子七廟，三昭三穆」說。昔公勤勞王家，《雒誥》：「惟公德明光于上下，勤施于四方，旁作穆穆，御衡不迷，文武勤教。」惟予沖人居中統御六合。弗及知。《論語》：「泰伯三以天下讓，民無得而稱焉。」今天動威《白虎通·封公侯篇》：「周公身薨，天爲之變。成王以天子之禮葬之，命魯郊，以明至孝，天所興也。」以彰周公之德，「泰伯其可謂至德也已矣。」惟朕小子猶「予小子」之稱。其新逆，親迎周公梓宮，與周公主。我國家禮亦宜之。」《白虎通》：「葬周公以王禮。」《明堂位》：「命魯世世祀周公以天子禮樂。」

傳　此七年致政時事，與前傳互文見義。王成王。出出郭。郊，郊天即位，如《召誥》用牲于郊。天乃雨，反風，反，復也，又也。謂雨而又風。舜讓禹有風雷，周公讓成王同之。陸賈《新語》：「周公與堯舜合符瑞。」

禾則盡起。此儒增語。因反風而謂偃禾盡起，不知此風雨與上風雷判分兩事。二公如舜相堯，禹、皋相舜。命邦人，邦人，如《康誥》男邦、《酒誥》、《召誥》之邦伯。凡大木所偃，如高陽、高辛二帝已亡。盡起而築之。如堯舉才子十六族。歲皇省爲歲，包四時言。則大熟。喻天下大治。○《伏傳》因有嘉禾三苗一穗之說，《書序》因增《歸本》、《嘉禾》篇。

君奭奭，召公名。《公羊》：「陝以東主之周，陝以西主之召。」二公本周初之二伯，孔經因之以爲小統分陝而治，大統當分雒而治。小統召公治陝西，周公治陝東；大統召公治東雒，周公治西雒。古說賢者爲其易，聖人爲其難是也。此篇全本此意，驗小推大，周公挽召公共濟艱難。**第二**《伏傳》：「二年克殷。」此篇首序殷喪周受，即克殷之說，故次第二。所謂二年，乃酉年西巡西方，秋覲諸侯，欲召公主治東雒也。

經 周公若曰：代詞。○《論語》：「子曰：如有周公之才之美。」又曰：「夢見周公。」皆經義寄託周公之說。「君奭，尊稱召公爲君。弗通佛、拂，讀弼。《謨》「弼成五服」，大統弼成十五服。兩弓相對，彼此合同。此弗字言地輿。弔，弔從弓矢。測天用弧矢法，此弔字言天道。○二字立大統標準。天降喪于殷，殷既墜厥命，天訖殷命。我有讀「又」。周又周乃後來之周。既受，克殷之說止此三句。○借已往之殷周，爲將來殷周之起例。我不敢知曰百世俟後，不敢預料。厥讀槩。基槩基即槷柯，說詳《疆域圖表》三十七。永孚于休。《周禮》：地中百物阜安爲休。若天若，順也。棐棐義同槩，解詳《大誥》。忱，順天之度而精詳，用棐以測。我亦不敢知曰其道出于不詳。天道不能詳盡。○詳，晉本作「祥」，與上「孚休」相反，義亦通。

於戲，君己以召公爲己處留京，《公羊》「一相處乎內」是也。○周統東京，戊己居中，西京甲己居中。《論語》「修己以敬」、「己立」、「己達」、「克己爲仁」，皆此義。説詳《疆域圖》二十五。曰讀作「日」。《洪範》「師尹惟日」。時《典》惟帝時舉。我，謂召公以帝與師尹之事概諉責于我。我亦不敢甯東京甯畿。于上帝命，弗永先闢東雒，不敢不永孚上帝之休命。遠念讀驗。天威天之高遠，測量須求有驗。越我民。罔尤《素問》：「歲得其位，則風雨以時，民安少病。」違，讀圍。惟人。三才，人居中。在地軸丕圍，人皇居中統御之。我後嗣後嗣，《莽傳》作嗣事。子孫，俟後之詞。大不克共上下，慮後人不明上下陰陽升降之事。遏失前人光土圭測日有歲差，與前不合。○《素問》移光定位。在家，女生有家。不知命不易。十二女都鄙爲家，測量未的，不知定準。天應棐諶，即上文「若天棐忱」説。○校本作「天難諶」，此從《莽傳》所引。乃亡隊同墜。命，弗克經歷，無所經驗，致墜天命。嗣前人共明德。恭嗣前人明光之德。在今予小子旦《曲禮》：「天子自稱曰予小子。」非克有正，八正、十二正，《周禮》謂之正歲正月。迪進也。惟前人光施于我沖子。」八子、十二子和合于中爲沖子。○《雒誥》：「惟公德明光于上下，勤施于四方。」

[傳]又曰：當是召公答詞。「天不可信。天度有歲差、里差，不可預定。我道惟寧東京。王西京。德延，天兩京之德足以延長天命。不庸釋于文王《竹書》稱周公爲文王，以其踐天子位也。受命。」謂周公既受命，不庸釋其責任。

公曰：「君奭！我聞在昔，昔，古通「夕」，謂後世。成湯開國一統之君。既受命，既爲既往爲法，古經託成湯以垂後世法。時則有若伊尹，若字乃擬議未定之詞，下同。假①于皇天。《典》「假于上下」，此言假天以統地，皇則配天。湯時無皇，經言皇者，知爲後世大統言也。在太甲，甲爲干首，舉東方甲以起餘方。時則有若保衡。《大戴・保傅篇》：「太保、太傅、太師爲三公之職。」言保以起二公。《詩》曰：「維阿衡實左右商王。」保衡爲左伯，尚有右伯。在太戊，戊居中，言戊以起己，亦以統八干。時則有若伊陟、司馬。臣扈，司空。假②于上帝。紫微，天極上帝之居。《淮南》：「中央鈞天，地中與之應合。」即《召誥》「紹上帝服土中」也。巫咸，司徒。乂王家。《周禮・大司徒》：「以上圭之瀍求交會和合之地中，以建王國。」○大戊中央三公備，餘方從同。在祖乙，乙，東方，柔干。合上太甲，特詳東方，爲舉隅例。時則有若巫賢。以一人統百官，如禹宅百揆。在武丁，丁，南方，柔干。○詳東南，略西北。時則有若甘盤。時字統言四方，缺西北，以待推也。舊説殷尚質，以生日名子。顧湯名履，紂名受，武庚名禄父，不盡用日干爲名。經用日干者，以四時統八干，以帝統王，故大統《典》、《謨》以干爲人，而干支分州也。《本紀》，因經于殷王用干，遂于諸王皆以干名，亦猶《蔡世家》因《春秋》一見桓侯，遂歷代皆侯，此沿經而誤者也。率惟茲指土圭法。有陳，有所陳列。保乂乂象氣交，説在《内經・氣交變篇》，即《周禮》地中。有殷，有讀「又」。又殷者，將來之大殷。故殷禮《中庸》：「吾學殷禮，有宋存焉。」言殷禮以起周禮。陟《禮器》：「升中于天，而鳳皇降，龜龍格。」配天，饗帝于郊，而風雨節，寒暑時。是故聖人南面而立，而天下大治。多歷年所。前之殷祚六百年，將來之殷祚不能預決，故但曰多。天惟純佑

① 假：《尚書・君奭》作「格」。
② 假：《尚書・君奭》作「格」。

命，純全佑助殷命。則商實百姓內百官。王人，《春秋》微者稱王人。罔不秉德秉持其德。明恤；小臣恤，憫也。屏《板》詩六畿之一，在鎮服外。侯甸，王居爲甸，《周禮》爲官府。○先外後内，舊殷安有此制。矧咸奔走。舉都鄙、官府以包邦國，皆奔走來朝于京師。維兹維德《淮南》四維：東北爲報德之維，西南爲背陽之維，東南爲常羊之維，西北爲蹏通之維。此「維德」爲舉隅。稱，《爾雅》：「稱，舉也。」用乂厥辟。辟，君也。○前舉四時爲四正，此舉四維爲四隅，合歸地中，而建皇國以君天下。迪①讀「軸」。○中央地軸。一人使②使，李善引作有事。四方，一人居中使四方，用土圭。《地官》日南景短、日北景長、日東景夕、日西景朝，即四方之説。若卜筮，《範》七稽疑。凡卜，皆占未來事。罔不是孚。」中孚。○卜筮能先知土圭，測日能于四方求合地中。○已往之殷，乃王統，其規模不能如此濶大。

公曰：「君奭！天壽千古此天。辯③《皇道篇》「辯秩」、「辯在」。格，《帝典》「格于上下」。保乂有讀「又」，下同。殷，殷用辯格之法，能得地中以建都。有殷嗣，天滅威。將來之殷既滅。今指乂周。女指君奭。永念，則長驗辯格之法則。有固命，厥亂亂，治也。○又鞏固天命而治天下。明我新造邦。」新造兩京，如日月之明，當與君奭共治之。

公曰：「君奭！昔讀作「夕」，喻後世。在上帝，上帝統天，天以統地。割申割，裂也。申，西方，謂剖分西

---

① 迪：《尚書·君奭》作「故」。
② 使：《尚書·君奭》作「有事」。
③ 辯：《尚書·君奭》作「平」。

京，即如今之兩半球。勸觀字之誤。寧東京。王西京。之德，東西二德，即二帝，爲皇二伯。○《禮・緇衣》篇引：「昔在上帝，周田觀文王之德。」周田乃割申之。隸誤「割」，馬本作「害」，篆形近周。勸寧、觀文，互有移誤。博士則讀「周田」爲「厥亂」，此古今文轉變之常。觀于《公羊》引《秦誓》一段，轉變更多，與今本迥異，可見孔經古本不仍舊貫。今《弘道編》追求古義，恐貽改字之誚，純以「讀作某字」代之。温故知新，是在閱者。其集大命于厥躬。建兩京統全球爲大命。維文王周公頌揚先烈。尚克修長也。東西二萬八千里。和《董子》：「東西兩和謂地中。」我有夏，地中赤道爲夏，謂文王已先闢東京，非真文王昌也。亦維四維，四隅。有若虢叔，若者，設擬之詞，下同。虢叔居中司天，如《周禮・冢宰》。有若閎夭，居北司地，如《周禮・司徒》。有若散宜生，居東司春，如《周禮・宗伯》。有若泰顛，居南司夏，如《周禮・司馬》。有若南宮《釋文》馬本「宮」作「君」。括。」居西司秋，如《周禮・司寇》。○公謂文王，有五人爲輔。

傳 又曰：君奭之詞。「亡讀「無」。能往來，《緜》詩：「胥附先後，奔走禦侮。」古以爲四方。茲迪①彝教，奭謂五人，不過遵其常教。文王蔑讀作「茂」。德降于國人。文王有茂德五人無能。

說 「亦維純佑秉德，五人惟純全佑助文王，秉持其德。迪讀作「軸」。知天威，測得地中，上承天極。乃維時四維，四時。昭左昭右穆，東昭西穆，先建東京，故言昭。文王迪讀「軸」。見文王據地中朝見群后。冒，聞于上帝，《召誥》：「王采紹上帝。」維時受有殷命哉。統有四維、四方，而繼殷受命。

---

① 茲迪：原作「迪茲」，據《尚書・君奭》改。

經 以下周公之詞。「武王維茲四人如《典》、《謨》四岳，武居中統之。尚迪讀作「軸」。有祿，居地中以踐阼。後暨武王後，謂百世之後。誕將天威，《謨》：「天討有罪。」咸劉厥敵。《孟子》：「滅國者五十。」惟茲四人昭東京。武王惟冒，如文王冒聞上帝。丕單讀作禪。稱德。武王禪位周公，《雒誥》乃禪文祖德。今在①予小子旦，周公攝天子位。若順也。游大川，與《典》、《謨》鴻水同謂大海也。自東而西爲順。予往往治西半球。暨女奭其濟，欲召公居東京，治東半球。小子指後王。同車同軌，書同文，行同倫。未地中，《酒誥》未邦。在位，如《月令》季夏黄帝居中央。誕無我責東西分任。收，罔讀作「網」。○若網在綱。勖不及，勉爲其難。耇與耋、耄、老同爲二伯之稱。造德不降，我謂召爲東伯，德不及西。則鳴鳥弗聞。鳳鳥不至。

傳「矧曰引解之詞。其有能假②。」其，讀朞。《帝典》：「朞三百有六旬有六日，以閏月定四時成歲。」總在能假于上下。

公曰：「於戲！君肆其監于茲，如上文所陳述。我受命無疆惟休，文同《召誥》。○無疆，謂全球。休，謂地中百物阜安，即董子所謂和東方、用吉服，亦爲休。亦大惟艱。東球之大難治。告君乃猷裕我，謂君奭之才猷饒裕過我。不以後人迷。」當開先立法，勿使後人迷惑。

---

① 今在：原作「在今」，據《尚書・君奭》改。

② 假：《尚書・君奭》作「格」。

傳 公曰：此篇「公曰」下呼君者，皆周公之詞。此「公曰」下不呼君，當是召公之詞，與上「又曰」同義。○鄭説「又曰」爲「人又云」，恐即「公曰」之裂文。「前人文王、武王。敷乃心，居中布化。乃悉命女，指周公。作女民極。《周禮》五言「以爲民極」，皆女周公創作。曰：「曰」疑篆作⊖，象地球圓。女明勖地球極大，女勉闢兩京，如日月之明。偶王，文、武二王。在亶，亶通單，同禪，謂武王禪位。乘兹大命，武王欲闢兩京之命。惟文王德丕，謂周公德大。承無疆之恤。」凶服爲恤。西半球用凶服，謂周公承命，能東西統治。

公曰：「君，告汝，朕允告召公以己心之誠。保奭。太保召公。其汝克敬惟汝能敬治東。以予，監于殷喪大否，天地不交爲否，謂殷之喪邦，乃天否厄，當以爲監。肆念讀「驗」。我天威。周之兩京應驗于天。予不讀丕。允得其大信。惟若兹誥，上文「槩基永孚」之説。○足證此篇乃會同之誥。予惟曰：讀作「日」。襄《謨》「思日贊贊襄哉」，解已詳。我二人，周、召二公東西分治，大小皆同。汝有合哉？」此《伏傳》合和四海、天下大洽之説所本。

傳 言曰：君奭答言。「在時二人，以二人居中，合治四方、四時。天休兹至，休祥備集。惟時二人讀作一人。弗戡。讀「堪」。○惟我一人，不堪其任。○此如唐虞諸臣交讓，古文家因增召公不悦之説。其汝克敬德，明《雒誥》：「惟公德明光于上下。」我俊《謨》：「俊乂在官。」民。《鴻範》庶民、《康誥》蓄民。○先内後外。在在，察也。我率俊民，惟汝察之。讓後人于丕時。未竟之功，待之後人。於戲！篤棐槷柯。時四時。○《周禮》：「春秋致月，冬夏致日。」二人，我二人篤求之。我式式即土圭槷柯。克至于今日休，我奉土圭之程式，今乃得休和之地中。我咸成文王功周公之功。○《雒誥》：「公功棐軸篤。」于不怠，不敢怠荒。丕冒，海隅出日，日出于東，入于西。舉東隅，尚有三隅，均歸覆冒，爲丕冒。罔不率俾。」無不率服。公曰：「君，予不惠小惠難及全球。若茲多誥？上見「公曰」者七。予惟用閔于天越民。」憂天憫民。○《内經》天災民病説。

公曰：此篇八見「公曰」。「於戲！君，呼君奭者八。惟乃知民德善言天者必有驗于人。亦罔不能厥初，先闢東京。惟其終。終闢西京。祇若茲，西仍如東。往周公往西。敬用治。」欲召公就職治東雒。

多方

此篇午年南巡下方時會之誥，乃舉行《帝典》「五載一巡狩」之制。説詳《皇帝疆域·七會同圖》。《金縢》「奔楚」巡正南，《多方》巡南半球，所謂四國，乃乙丙丁庚，而外六裔皆來朝，故統稱「多方」。篇中多言土圭測日與夏、殷、周三統遷移干支之事。蓋孔經大統無可起創，特借小統之周監于二代，驗小推大，以爲百世後用人行政之準的。若目爲姬周之事實，則驗也。**第三**《伏傳》「三年踐奄」，此篇首序「王來自奄」，即踐奄之説所本，故次第三。

序　惟五月《帝典》：「五月南巡。」乃四方分巡，内二州，外三州，朝于方岳之下。此篇告四國與邊鄙殷侯，乃五載午年五月下方時會之誥。丁亥，是日取南北相合之義。王來自奄，通「弇」。○《孟子》「周公伐奄」，即《伏傳》所謂「踐奄」，經因推爲大統西方弇州，以爲周公開闢西雒，而歸于東雒，乃南巡作誥。歸自弇而作誥，故《伏傳》有《揜誥》，當作弇誥，即此《多方》篇也。至于宗周。小統宗周在鎬京，大統宗周在東雒。小統成周在雒邑，大統成周在西雒。大小東西相反。

經　周公曰：王若曰：《左·定四年傳》：王子虎盟諸侯，稱「王若曰」。是王子虎代王之詞也。此則周公代王之詞，即周公亦實非公旦也。他篇「王若曰」皆爲代擬之詞。誰代擬之，所望于好學深思者。「猷！謂土圭法。《詩》：「爲猷丕遠。」告爾四國南半球乙丙丁庚。多方，《周禮》辨方。維爾殷侯殷國都鄙之侯，每侯五千里，如月令七十二候。尹《範》：「師尹惟日。」民，「庶民惟星。」我惟大降爾命，大統全球三萬里爲大命。爾罔不知。無不聞知。洪維圖天之命，全球一統。上承天命。弗永寅寅謂東京，與《君奭》「申」字對，謂既闢東京，當復闢西。念讀「驗」。于祀，下文五祀，謂五載一巡，巡岳牧所守之地，以驗政治之臧否。惟帝上帝降割枚本作「格」。于夏。赤道。○從赤道割剖爲南北兩半球。有讀又。夏將來之夏。誕厥逸，大肆逸豫。不肯戚枚本作「慼」。言于民，不憂民之疾苦。乃大淫昏，有夏昏德。不克終日勸讀「觀」。于帝之迪，讀「軸」。○不能觀察天帝監臨之地軸。乃爾四國，殷侯尹民。攸聞。所聞于夏代者。厥圖帝之命，貪天之命。不克開于民之麗，民之麗于刑者，不能輕解開脱。乃大降罰，天降大罰。崇亂有夏，增亂于國。○有讀又，下同。因甲甲爲干首，舉甲以統十干，爲見端例。于内亂，二伯、八伯爲亂于内。不克靈承于旅，旅指十二支。○外牧亦不善承其治。圖①丕大統内外干支圖，説詳《疆域圖》三十八。維進之恭，維當進用靖共爾位之人。洪舒于民。大舒政治于民。亦惟有夏之民叨貪叨。坙②忿戾也。日欽，欽用小，後世帝王之亂有如世。劓割夏邑。割據都邑。天上。維時四時行焉。求民主，下。○《周禮》地中、民極。乃大降顯休命于成湯，刑殄有夏。夏亡而殷興。惟天不畀《範》：帝乃震怒，不畀。

① 圖：《尚書·多方》作「罔」。

② 坙：《尚書·多方》作「懫」。

純，乃惟以爾多方之義民，《大誥》民儀有十夫。不克永于多享。《多方》肇亂不能久享國祚。

【傳】維夏之恭多士，《多方》言《多士》，二篇交互，南北對文。下文亦云「有方多士」。大不克保享于民，校本「克」下多一「明」字。乃胥維虐于民，至于百爲，凡百所爲，皆虐民之事。大不克開。不能開釋無辜。

乃維成湯，克以爾多方，簡簡用。○殷遷夏統八千于外，説詳《疆域圖》三十八。代夏作民主。繼夏而興。慎厥麗，慎審民之麗刑者。乃勸。讀觀。厥民蕃民。刑，巡狩邊鄙，以觀蕃民之職守。《帝典》「觀厥刑于二女」，《易·觀卦》「省方觀民」。用勸。《孟子》：「入其疆，土地闢，田野治，養老尊，俊傑在位，則有慶。」以至于帝乙，《史記》殷諸王以干爲名，從此起義。解詳《君奭》篇。罔不明德司空封建。慎罰，司馬掌刑。○二大綱二公所掌，義同《康誥》。亦克用勸。上爲王勸，此爲二公勸。

【傳】下文解「慎罰用勸」。要囚，《王制》：「三公以獄之成告于王。」○《康誥》「要囚」乃「要圍」。殄戮多罪，刑當其罪。亦克用勸。懲一足以警百。開釋無辜，《論語》「赦小過」。亦克用勸。「有恥且格」。今至于爾辟，後世之君有如紂者。弗克以爾多方享天之命。伯牧肇亂，國祚以傾。於戲！」孔子殷人，因歎息殷之亡。

王若曰：繼殷之周王，仍用代辭，非實姬周之王。「誥【告】詁上誥字。爾多方，乙丙丁庚及殷侯尹民。非天庸釋有夏，釋，舍去也。非天庸釋有殷，夏殷之王，非天棄之。乃惟爾辟，如夏殷之桀紂。以爾多方，夏統、殷統干支圖。大淫圖天之命，大肆淫泆，貪天之命。屑有辭。屑讀「削」，伐去也。○《湯誓》伐桀，《大誥》伐紂，皆有責言。

傳 乃維有夏如桀。圖厥政，爲政。不集于享，《國語》時享。○桀不能集諸侯以來享。天降時喪，天降喪于夏。有邦閒之。殷伺其間而取代之。○不言殷而言有邦，五德代興，皆如此。乃維爾商後王不言紂，而通稱後王者，爲後世失國者警也。逸厥逸，逸其所謂逸。圖厥政，圖謀其所謂政。不蠲烝，蠲，潔也。烝，冬祭之名。不齊潔而烝以慢神。天維降時喪。天降喪于殷。

維聖《鴻範》聖時謂中央。罔念讀「驗」。作狂，《範》狂恒，謂東方，此舉隅例。○地中交會和合無驗，則偏于一隅。維狂東方甲。克念讀「驗」。○《論語》「克己」。作聖。甲入中宮。○解詳《鴻範》及《皇帝疆域》三十八圖。天惟五年《帝典》五載一巡，説詳《皇帝疆域・七會同圖》。○新城王氏《尚書商誼》謂《多方》作自五年五月。須夏①從鄭本。之夏，大也。大統巡狩，須用五年，寅、午、戌年是也。子孫，文子文孫。誕讀作「延」，長也。作民主，長享國祚，爲民主。罔讀「網」。可念讀「驗」。聽。地球之大，可用土圭測驗。

傳 天維天統四維。求爾多方，内外干支。大動以威，以威令命之。開厥讀槩。顧天。槩柯當上應天端。維爾多方，罔堪顧之。不能顧天，是以天災民病，而國以亡。

① 夏：《尚書・多方》作「暇」。

維我周王王讀作「皇」，非姬周之王。靈承于旅，旅，指十二支，言外以包內。克堪用德，五德運行。維典神天。專以周公關兩京，如顓頊之南正重司天以屬神，又如《周禮》天官冢宰統四方。天維式教我用休，式，土圭法，用以求地中。○《孟子》：「紹我周王見休。」簡畀殷命，以簡命畀付殷國。尹爾多方。周承殷後，遷移干支，以爲伯牧。

今我害①讀「轄」，地中如車轄。敢多誥，誥多方。我維大大統標目字。降爾四國乙丙丁庚。民命，蕃民、庶民，南六裔。《皇道篇》：「命羲仲、羲叔以統之。」爾害不讀作「曷丕」，下同。忱《大誥》「天棐忱」。裕之于爾多方？能竭誠以測天，則辨正方位，裕如也。爾害②不夾介讀「界」。○地球從赤道中分南北各半，相夾爲界。又我周王，皇居中央。享天之命？長膺天眷。今爾尚宅讀度，入聲。爾宅，宅讀度，去聲。《皇道篇》四宅，鄭作度。《王制》：「司空執度度地。」畋爾田，經以井田九區喻九州。爾害③不惠《帝典》：「亮采惠疇。」王讀「皇」。熙天之命？熙，廣也。

傳　爾乃迪讀「軸」，地中。屢不讀「丕」。靜，得大定之處爲地軸。爾心京師。○《周禮》乃建皇圖。未《月令》季夏未月爲中央。愛，《詩》：「心乎愛矣。」爾乃不讀「丕」。大誥「丕」字。宅讀「度」。天命，《周禮》

① 害：《尚書·多方》作「曷」。
② 害：《尚書·多方》作「曷」。
③ 害：《尚書·多方》作「曷」。

測土，深求地中，天地之所合也。爾乃屑播讀作屏「藩」。天命，《板》詩六畿爲都鄙。○由近及遠。爾乃自作不讀「丕」。典，作大邑之法。圖干支分州圖。忱棐忱。于正。辨方正位。我維時其教告之，按四時以教告四方。我維時其戰讀「闡」。要囚讀「圍」。之，推闡西京要圍之界于四方。至于再，二年克殷。至于①三。三年踐奄。○兩次會朝，巡狩東南。乃②有不用我降爾命，違命。我乃其大罰殛之。如《典》之殛鯀。

傳 非我有讀「又」。周將來之周。秉德秉持五方五德之權。不康寧，非不使爾安寧。乃維爾自速辜。」自速其罪。

王曰：「於戲！猷，土圭法。告爾有方多士謂夏之士。暨殷多士，二代干支分方不同。○《多方》篇亦稱多士。今爾奔走、臣我《詩》：「商之孫子，侯服于周。」監讀「鑒」。五祀，五載巡狩之時，必有賞罰黜陟，當以爲鑒。越維有胥伯典司土圭之職。小大多政，讀「正」，八正、十二正。○辨方正位，大而全球，小而一州，當得其正。《周禮》謂之正歲，《內經》謂之歲得位。○《伏傳》引《孟子》、《公羊》說解小大多政，因以伯爲賦。爾罔不克臬。爾皆能用臬柯以測日。自作作新大邑。不和，未得地中。○讀作「丕和」亦可。爾惟和哉；東京地中。爾室王畿官府。不睦，猶云不和。○讀作「不睦」亦可。爾惟和哉！西京地中。○董子兩和說。

---

① 至于：原脱，據《尚書·多方》補。
② 乃：原脱，據《尚書·多方》補。

傳 爾邑地中王國。克明，兩京如日月之明。爾維四維。○言四隅以起四正。克勤勤施于四方。乃事。測量之事。上①上象土圭槷柯。不朞忌也。○晉本作「爾尚不忌」。于凶東吉，西凶。德，此句從《説文》所引。○不朞，讀作「丕基」。《大誥》「丕丕基」指兩京，此「丕基丁凶」指西京。亦則以穆穆西穆。○《酒誥》：「穆考文王，肇國在西土。」在乃位，《帝典》：「四門穆穆。」《左傳》説無凶人也。克閱于乃邑西京。謀介。讀「界」。○經營兩京要圍之界。爾乃自時四時。雒邑，爾多士乃從四方拱衛東雒京師。尚永力畋爾田，井田喻九州。○尚各力治其州區。天維畀矜爾，天以爾爲矜式。我有讀又。周後世大統之周。維其大大統介讀「界」。○每州六千里。賚爾，《論語》：「周有大賚。」迪讀軸。簡在王讀皇。庭。由中央簡用爾于皇庭。尚爾事，靖共爾位。有服在大僚。」《論語》：「善人是富。」

王曰：「於戲！多士，爾不克勸忱我命，不能勸勉竭誠以測日。爾亦則維不克享，不能享有禄位。凡民維曰不享。《孟子》：「國人皆曰不可，然後察之；見不可焉，然後去之。」爾乃維佚維頗，測量不當，或佚出，或偏頗。大遠王讀皇。命，違命。則維爾多方探天皇配天。之威，以身探試。我則致天之罰，《謨》：「天討有罪。」離逖爾土。」奪爾土地，使爾離遠。○周統東京，干支圖南半球移易。

王曰：「我不維多誥，我維祗告爾命。」孔經新創土圭之法，以命伯牧，不得不反覆周詳。

① 上：《尚書·多方》作「爾尚」。

傳 又曰：「時維爾初，與爾更始不克敬于和，不能敬求地中。則無我怨。」勿怨我之離逖爾。

多士 此篇戊年北巡上方殷同之誥，説詳《皇帝疆域·七會同圖》。所謂「四國」，即《帝謨》辛壬癸甲在北半球者，而外六裔亦來朝，故統稱《多士》。篇中詳序夏、殷、周三統興亡之故，並言西雒已闢，將遷西京，會同宣誥，純爲後世大統立法，非如周告殷商頑民也。**第四**《伏傳》：「四年建侯衛。」乃第四次會同之事，非謂第四年也。侯衛即《康誥》侯、甸、男、采、衛，與此篇寧、幹同爲互舉首尾之詞。經更推及幹干年支，內外伯牧皆備，故《周禮》推及九服、十服，並及蕃國，是爲經傳合一之證。

序 惟三月，讀作「五月」，與南巡之《多方》不在一時，南北彼此相反。周公初于新邑雒，上方黃道之中建都邑，以爲會朝之所。《內經·靈樞》：「乾曰新洛，巽曰陰洛。」是南北有二洛。用告商王士。周統遷殷之干支。

經 王若曰：代詞。○序言周公用告，經言「王若曰」，與《多方》「周公曰」、「王若曰」同。「爾殷遺多士，殷統干支，遷至北者。弗讀「佛」，通「拂」，音「弼」，即《謨》「弼成」之義。弔弔從弓矢，天道猶張弓矢，象南北極。○弗言地道，弔言天道，以地合天。旻天，西秋天。大降喪于殷，天訖殷命。我有讀「又」。周又周非舊周。佑命，我周受天眷命。將天明威，奉行天威。致王讀皇。罰，共行天罰。皇配天，如皇罰有罪。敕殷命敕，正也。終于帝。終嗣帝位爲天子。肆爾多士，肆，陳也。非我小國小邦周。敢翼①讀「冀」。殷命，冀，希冀也。維天不畀天不

① 翼：《尚書·多士》作「弋」。

與殷。允罔固亂，固，讀作「怙」。《左・僖十五年》、《宣十二年》皆言「毋怙亂」。允，信也。弼我，天輔相我。我其敢求位？豈敢貪求天位。

傳　維帝不畀，《鴻範》：「帝乃震怒，不畀。」維我下民《商頌》：「天命降監，下民有嚴。」秉爲，所秉持以爲政者。維天明畏。《論語》：「畏天命。」

我聞曰：《春秋》隱、桓五世爲傳聞世，文、宣四世爲所聞世。《書》則有夏爲傳聞世，有殷爲所聞世。上帝引佚，《論衡・語增篇》①：「故經曰：上帝引佚。謂虞舜也。舜承安繼治，任賢使能，恭己無爲，而天下治。」又《自然篇》云：「上帝，謂舜禹也。」有讀又。夏不適佚，則將來之夏，不合帝舜引佚之法則。維帝降假②，至也。鄉于時。維天降鑒，至于徧嚮四時，以求民主。

傳　夏弗克庸帝，不用帝命。大淫屑③讀削。有辭。《多方》：「大淫圖天之命，削有辭。」解甚詳。

維時天罔念聞，天不佑夏。厥維廢元命，廢其大命。降致罰。降致天罰。

乃命此「乃命」爲天命。皇配天，故「乃命羲和」爲皇命。爾先祖成湯革夏，《詩》：「不長夏以革。」俊《謨》「俊乂在官」，爲三公。民《範》「庶民惟星」，在邊鄙。甸王居爲甸，即官府。四方。統括之辭。自成湯至于帝乙，殷諸

---

① 語增篇：原作「治增篇」，據《論衡》改。
② 假：《尚書・多士》作「格」。
③ 屑：《尚書・多士》作「泆」。

王皆以干名，説詳《君奭》。罔不明德司空封建。恤祀，司徒主祭。○治安之世，專尚文教，故不言司馬之職務。亦維天丕建，天示方位，建設干支以分州。保乂地中氣交。有讀又。殷，拱衛中央京師。殷王亦罔敢失帝，不失帝位。罔不讀作「網丕」。配天，全球之大，干支分州，上應天端。其澤在今遺澤流至今日。後嗣王，不言紂而言後嗣王，經義本以俟後也。誕罔顯于天。不明天道。

傳 矧曰引解上文。其有聽念于先王對後嗣王言。勤家，當念先王之勤勞國家。誕淫厥佚，大淫樂其逸。罔顧于天顯不顧天之顯道民祇。民皆敬畏。

維時上帝不保，天不佑之。降若兹大喪。降喪于殷。

傳 維天不畀天不與殷。不明厥德，昏德。凡四方小大邦喪，小邦方千里一國，大邦方六千里一州。罔非有辭于罰。」邦國喪亂，皆有討罪之辭。

王若曰：代後世之周王爲詞。「爾殷多士，説詳《皇帝疆域・殷統干支圖》。今維我周王周爲大統國號。王讀作皇。不靈大地球。○《書緯・考靈曜》：「地常動不止。」承帝事，以地承天。有命曰割殷，《大誓》主旨。告敕于帝。告正位于上帝。維我事讀作士。不貳《詩》：「士貳其行。」適，《大雅》：「上帝臨汝，無貳爾心。」維爾王家商之京師王畿。我適。往也。周入殷都。予其曰：維爾洪無度，中央戊己二伯統括全球，洪大無可測度。我不爾動，周統東京，遷移干支，仍用戊己居中。自乃邑。《孟子》：「紹我周王見休，惟臣附于大邑周。」予亦念天即于殷大戾，《内經》：「歲失其位，邪氣中之，災害生焉。」肆不正。」此句解「大戾」。○因其不正，故遷徙以正之。説詳

《疆域圖》第三十八。

王曰：「猷，土圭法。告爾多士，北半球内外伯牧咸會。予維時其遷居西爾。西京既建，時將遷居，以此宜誥。非我一人《曲禮》：「天子自稱曰予一人。」奉德不康寧，不安于東京寧畿，故遷居。時維天命元，元，從漢石經，大也。隸古定本「元」作「无」，下加「違」字，因「元」誤爲「无」而增「違」。朕不敢有，不敢獨有，將以東雒之干支移居西雒。後毋我怨。勿以遠徙爲怨。維爾知，維殷先人有册有典，殷先世之故事，爾所素知。殷革夏命。夏世分州之干支遷移于殷。今爾又曰：夏今當周統，爾又考求赤道。迪讀軸。簡在王庭，既得地中，乃受簡用于王庭。有服五服、九服、十五服。在百僚。《謨》：「百僚師師。」謂内官。○《多方》作「迪簡在王庭，尚爾事，有服在大僚。」予一人惟聽用德，《月令》五德。○一人居中，聽從五德之運用。肆予敢求求通裘，讀作表。《詩》：「窈窕淑女，寤寐表之。」謂以十二女外薄四海。爾于天邑商，經借周道開素統。○《詩》：「商邑翼翼，四方之極。」地中京師，上應天端，故曰天邑商。○《董子·改制篇》：「周公輔成王受命，作宫邑于洛陽，成文武之制，作汋樂以奉天。殷湯之後稱邑。」予惟率夷憐夷憐，從《論衡·雷虚篇》引，晉本作「肆矜」。爾。夷同彝，常也。率循常典，以哀憐爾。《論衡》引「哀矜勿喜」爲解。非予罪，時維天命。」其削奢者非我罪也，乃天命如此。

王曰：「告爾多士，漢石經有「告爾」二字。昔昔通夕，指未來。朕來自奄，《多方》踐奄，故《多士》當在《多方》後。予大大統異于小統。降爾四國辛壬癸甲。民庶民、蕃民，北方六裔。命。《皇道篇》：命和仲、和叔以統之。我乃明致天罰，《謨》：「天討有罪。」迻爾遐逷，周統樂京，干支圖北半球移易。比事州域比鄰，各共爾事。臣我宗宗周東雒。○《孟子》：「惟臣附于大邑周。」多愻。」多爾遜讓之德，如《帝典》命官交相讓。○愻，古作「孫」。多孫，即

《吕刑》童孫。

王曰：「告爾殷多士，《大雅》：「有商孫子。」今予維不爾殺，「殺」讀去聲，不減殺爾之爵秩。予維時命有申。申西方，與《多方》「弗永寅」對。寅、申相對，即《詩》四始之正月、七月。○《周本紀》：「周公復卜申①，居九鼎焉，曰：此天下之中。」今來今。朕作大邑于茲雒，《靈樞》：「乾曰新洛，在上方。」即北半球黄道之中。予維四方罔讀網，喻地球。攸賓，《典》：「賓于四門，四門穆穆。」亦惟爾多士攸服奔走，臣我《大雅》：「商之孫子，侯服于周。」多遜。讀孫。○多士指内外伯牧八千十二支，多孫指七十二侯，即《吕刑》「童孫」。爾乃尚有爾土，每州六千里。爾乃尚寧東京寧畿。榦翰畿。止。《詩》：「邦畿千里，維民所止。」爾克敬，靖共爾位。天維畀矜爾；天與爾以矜式。爾不克敬，不能供職。爾不啻不有爾土，《孟子》：「入其疆，土地荒蕪，遺老失賢，掊克在位，則有讓，一不朝則貶其爵，再不朝則削其地。」予亦致天之罰于爾躬。《謨》：「天討有罪，五刑五用哉。」今來今。爾維時宅爾邑，宅，度也。邑，京師。度地以求地中。繼爾居，《詩》：「日居月諸，各居其上。」即周禮辨正之方位。爾厥有幹幹即干，北半球之干，乃辛壬癸甲。有年十二年即十二支。北半球之支乃戌亥子丑寅卯。于茲雒，北半球黄道中。爾小子《吕刑》幼子即卒正。乃興，起也。從爾遷。」周統遷移殷統支干。説詳《皇帝疆域圖》三十八。

王曰：又曰：「又」恐爲「公」之誤，與《多方》周公曰、王若曰互文。「時將來之時。予，乃或言「時然後言」，孔子所以聖之時。爾攸居。」各司其居，即《周禮》辨正之方位。○《般庚》「奠厥攸居。」

---

① 「申」字之後，《史記·周本紀》尚有「視卒營築」四字。

召誥此篇兩序兩事。前序周公命太保相宅西雒，創建西京，《伏傳》「五年營成周」是也。後序太保奉武王命，卜宅東雒，明堂位成，武王讓周公，周公主祭，召公宣誥，故稱《召誥》。《周禮》：「會同曰誥。」寅年大會于京師，宣布禪讓之事，故《召誥》居中；《金縢》、《君奭》、《立政》、《毋佚》四篇皆「公曰」，爲四輔；《多方》、《多士》各四國，爲八伯，共七篇，爲七政，爲皇統。《孟子》：「周公兼三王，施四事。」《伏傳》説四事春、夏、秋、冬，則三王天、地、人，即上、中、下。周公人統宅中，統御六合。説詳《皇帝疆域圖》第二十一及四十。**第五**《伏傳》：「五年營成周。」乃第五次寅年京師大會同之事，非謂第五年也。天下伯牧同寅大會，宣布武周禪位之事。又如武王之意，使召公復營洛邑，事體重大，俾天下咸知。○小統宗周，在西鎬，成周在東洛，大統。宗周在東雒，成周在西雒，次遞及遠，驗小推大。

序 此序營成周，建西京，開素統。孔子殷人，尚白，即《商頌》後周、魯之旨。《商頌》殿末，所以繼衰周；此序開先，所以爲素王。《列子》謂仲尼盛稱西方聖人，《楚辭》西皇太乙是也。**惟二月**夏正建卯之二月。此月晝夜均分，即董子謂中春爲東方之和也。言卯月以起西方酉月。**既望**，三五而盈，爲地中日月東西對望，兩京象之。**越六日**皇統六日六千里一州。**乙未**，東乙西辛。東用剛日，甲丙庚壬；西用柔日，乙丁辛癸。言乙以起東西。未爲《月令》黄帝季夏中央之支。**王**讀作皇，爲青統。青與素對。**朝**東方。○言朝以起夕。**步**量人推步。**自周**，東雒宗周，又地球周圍九萬里。**則至于豐**。西京成周。○《易·豐卦》曰中即地中。《伏傳》：「周公老于豐。」《董子》推神農爲九皇，作宫邑于豐，非文王所遷之豐。**惟太保**稱官而不言其人，所以俟後。**先**司空度地居民，政所必先。《論語》：子路問政，子曰：「先之。」此自《金縢》穆卜，即謀營成周西雒，故曰先。**周公**《列子》：「孔子尚公。」借周公以開大統。**相宅**，《量人》建國、營國。○太保承周公之命，先往西雒相宅，則在豐之王即周公也。《周本紀》謂成王在豐者，誤。越若《皇道篇》「欽若」。來。自西而東，順日月之經天，越險而來西雒。○《召誥》兩序營西雒在先，營東雒在後，先後倒置，明明寓俟後之意也。《禮記》：「某也殷人。」素統開先，相宅于西，《頌》詩「商邑」是也。

序 此序營宗周東京，《康誥》「作新大邑于東國雒」是也。序文甚詳，以繼前序之後，謂將來建西京亦如是也。三月，舉零例，乃十三月，與《康誥》同。緯説夏以十三月爲正，孔子因周正改夏正，故《春秋》三月始繫事。《書》與《春秋》同例。○《白虎通・三政》：「孔子承周之弊，行夏之時。」知繼十一月者，當用十三月也。惟丙午甲辰朔三日丙午。朏。月出爲朏，與《康誥》「哉生霸」同義。越三日戊申，第五日。太保職官虛位以待人。朝朝日東方。至于洛，東洛東京。卜宅。卜即土圭宅度也。○《周禮・大司徒》：「以土圭之灋求地中。」土方氏掌土圭，以土地相宅。詳①《皇帝疆域圖》三十七。厥讀「橜」，即槷柯。即得卜，《大司徒》：凡建國，以土圭土其地而制其域。則經營。《詩經》之「營之」，《考工》「匠人營國」一段。越三日庚戌，第七日。太保乃以能左右之日以。庶殷殷國邊鄙。攻位明堂位，《皇帝疆域》有詳圖。于雒汭。《伏傳》：「周公營雒，以觀天下之心，于是四方諸侯率其群黨各攻位于其庭。」

傳 此簡舊在後，今移此。厥既命殷庶，庶殷舉邊鄙殷國，天下諸侯皆在矣。丕作。此如《左傳・昭三十三年》士彌牟營成周，計丈數，揣高卑，度厚薄，仞溝洫，物土方，議遠邇，量事期，計徒庸，慮材用，書餱糧，以令役于諸侯。

---

① 「詳」下原衍一「詳」字，據文意删。

越五日甲寅，第十一日。位成。明堂位。辨方正位，爲宫方三百步，爲壇三成，五日不能成。經舉寅年寅月，乃典制會朝之月，又取甲寅爲東京正方耳。若翌日乙卯，與《雒誥》日期同。○所記之日，僅舉大略。周公朝朝夕之朝。至于雒，即前序所稱「王朝步自周，至于豐。」則達觀于新邑非舊周之舊邑。營。《量人》：「營國城郭，營后宫，量市朝、道巷、門渠。」越三日丁巳，南郊用南方干支。用牲于郊，《作雒》：「乃設丘兆于南郊，以祀上帝，配以后稷，日月星辰、先王皆與食。」牛二。《禮·郊特牲》用一牛。《郊祀志》：「周公加牲，告徙新邑，定郊祀于雒。」越翌日戊午，社，土神，用戊日。《詩》：「吉日維戊。」乃社于新邑，《周禮》：封人「掌設王之社壝。」《作雒》：「乃建大社于國中，五方、五土將建諸侯，鑿取其方之土，壽以黄土，苴以白茅，以爲社之封。」牛一，羊一，豕一。《王制》：「天子社稷皆太牢。」《白虎通》：「社稷以三牲何？重功故也。」越七日甲子，從丙午至此，乃月之二十一日。《禮記》「日用甲」，用日之始也。周公乃朝，朝諸侯于明堂，即天子位。禪讓之事，必在二十五年大朝會之寅年。用書天子誥教。命庶殷《禮·明堂位》之九夷、八蠻、六戎、五狄，即都鄙。《周禮》蕃外，《板》詩六畿六千里。侯、甸、《周禮》官府。○王、侯、甸六千里。男、由男至鎮六千里。邦伯。邦即《周禮》邦國之符記，伯爲八方伯。○姬周無此疆域。

太保乃以庶邦二字包括都鄙、官府、邦國。冢君即《周禮》三等之孤。出取幣，大行人、小行人、六幣、司儀，合諸侯五等、諸侯將幣，《逸周書·王會》「陳幣當外壇」云云。乃復入入朝。錫周公。此時武王已崩，以遺命錫賜周公。

傳曰：「拜手稽首，君臣之禮。旅陳也。王若公，誥若，順也。武王順兄弟傳及之序，禪位周公，有遺誥，太保陳之。告庶殷，先稱遠人。越乃御事。」後稱官府諸執事，以概其餘。

經 王若公誥全爲後世大統之周立法。「於戲！皇天上帝皇配天，以統全球，爲上帝，即《莊子》九洛之上皇。改改制。厥元子，子正北方，見端例，舉子以包十二支，爲全球外州牧，故稱元子。茲大國殷非舊時之小殷，乃將來之大殷。之命，周改殷統之干支，内外移易。説詳《皇帝疆域圖》三十八。惟王讀皇。受命，在東爲青皇，在西爲素皇。無疆《大誥》「無疆大歷服」，即《魯頌》「思無疆」。惟休，吉。亦無疆《董子·率本篇》：「夫至明者其照無疆，至晦者其闇無疆。」惟恤。凶。○吉凶即東西之代詞，故《鴻範》休徵、咎徵分兩半球。於戲！害①其讀作「轄基」，謂地中。奈何弗敬？敬承天休。天既遐終大邦殷之命，大殷亡而大周興。茲殷多先哲王在天，殷先王之名皆用天干，周以之配合地支分州。越厥後王後民，將來之周王、周民。茲服厥命。《詩》：「上帝既命，侯于周服。」

傳 厥終，解遐終。智藏賢智不肖。瘝在。小人在位。夫民。知保抱攜持厥婦子，以哀籲天，呼天而訴。徂讀「詛」。厥亡，是日害喪。出執。解上句。天亦哀于四方民，天視民視，天聽民聽。其眷命用懋，天眷有周。王其疾敬德。疾，速也。解上「奈何弗敬。」相古猶《典》、《謨》之稽古。先民先代分州之干支。《周禮》萬民統稱伯牧。有讀又。夏，又夏，乃將來大統之夏。《董子》：「法夏而王。」天迪讀「軸」。天軸，謂天統地輿。從子保，《詩》：「天保定爾。」《史·周本紀》：「定天保，依天室。」○舉北方子以起十二支，如《典》于外州舉一州。面坐子則面午，所謂南面。稽天若，《皇篇》：「欽若昊天」。若，順也，順天而行，從北歷東而

① 害：《尚書·召誥》作「曷」。

南、而西爲順。今來今，下同。時既墜厥命。夏道遂亡。今相有殷，又殷，乃將來大統之殷，法殷而王者。天迪軸。格保，《典》：「格于上下」。干支即上天下地之代詞。《齊詩》説南半球爲上方，北半球爲下方，五際六情皆用干支。面稽天若，殷繼夏統，遷移干支，仍順天之次序。今時既墜厥命。殷道已亡。今周統。沖子沖從水從中，十二支從子起脩爲六裔和會于中，即《淮南》所謂六合。嗣，則承繼夏殷之法則。無遺耇老。從《孔光傳》引。晉本作「壽耇」。謂周統東京仍用戊己，爲二伯。○説詳《皇帝疆域・三統遷移干支圖》。○自「相古」下均解「改厥元子」句。

【説】曰其稽我古人之德，《典》：「曰若稽古帝堯，克明俊德」。其咨二十二人，即干支分州之總例。此將來大統之周，上法帝堯，爲進化説，《公羊》「後之堯舜」是也。矧曰又一説。其有讀「又」。能稽謀讀「謨」，即《帝謨》。自天。《帝謨》爲舜專篇。《謨》「稽古」有「同天」之説。《典》、《謨》堯舜南北分治，成王周公東西分治，皆用干支以分州，故兩「曰」字有二義。○説詳《周統兩京干支圖》。

【經】前言東京，以下言西京，故此篇兩序。於戲！有王《周禮》王畿千里。雖小，中心甚小，西京以王畿爲心。元子哉！十二支首子，包舉全球。其丕推而大之，方三萬里。能諴和也。于小民。如《康誥》：「四方民大和會」，又：「蕃民和」。今休，卜得地中，百物阜安。王王畿。不敢後，前序太保相宅，所以必先。○武王遺誥，欲闢兩京。《周本紀》：「王曰：定天保，依天室」，「日夜勞來，定我西土地。」又曰：「復營洛邑，如武王之意。」用顧西顧。畏于民碞。不敢侮鰥寡。

【傳】《召誥》前後參迕，今有所移易。其惟王謂周公。勿以小民淫濫也。用非彝，濫用非法。亦敢殄戮嚴刑好殺。○解「民碞」句。用乂民，《詩》：「邦畿千里，維①民所止。」若有功。順天之序，乃有功。其惟王西京王畿。位辨方正位。在德元，《月令》五德，土居中央，王畿似之。小民乃惟刑型于家邦。用于天下，驗小推大。越王顯。《康誥》「丕顯考文王」稱周公。上下《雒誥》：「惟公德明光于上下。」勤勤施于四方。恤，無疆惟恤。其曰我受天命，我周。丕若有夏歷年，如夏祚之長。式勿替有殷歷年。勿衰替，不及殷祚。欲希望後來之詞。王以小民，王謂周公。受天永命。此段召公陳詞，述武王之意。王王畿。來讀「采」。○采服萬里。紹上帝，《大誥》「紹天」。自服五服、九服、十五服。于讀「宇」。○天地四方曰宇。土中。《周禮》三萬里之地中。旦曰：讀作「旦日」，猶《大誥》「翌日」，未定何日。「其作大邑，《孟子》：「大邑周」。○《周本紀》：「定我西土，我維顯服，及德方明。自洛汭延于伊汭，居易毋固，其有夏之居。我南望三塗，北望嶽鄙，顧詹有河，粵詹雒伊，毋遠天室。營成周居于雒邑而後去。」其自時四方、四時、四帝。配皇天，四帝如天四宮。泰皇統一天下，與天相配。○《逸周書·度邑解》「無遠天室」一段，與《周本紀》相同。毖祀《多方》「念于祀，監五祀」，謂五載一巡。于上下，上《多士》北半球，下《多方》南半球。其自時《金縢》南，《君奭》西，《立政》北，《毋佚》東。四輔如四時。中《召誥》居中。乂。七篇如七政，以安天下。又地中氣交。王西京。厥有成東京成畿。命治民，兩京皆由中心施治于蕃民。今休。」今已卜得地中。

傳 此段亦召公之詞。王稱周公，下同。先服殷御事，先建東洛，移易殷統之干支。比《易·比卦》：

① 維：原作「為」，據《詩經·商頌·玄鳥》改。

「建萬國，親諸侯」。《周禮》形方氏「大國比小國」，「無有華離之地」。介讀「界」。○謂劃分疆域。于我有周御事，周統東京，以陽干陽支爲内服，陰干陰支爲外服。《皇帝疆域》有圖。節性《王制》：「司徒修六禮以節民性。」又：「五方之民皆有性也。」惟日土圭法，一日千里。其邁。讀萬。《帝謨》：「一日二日萬幾」。王敬作所，《春秋》以王居爲王所，亦曰京師。不可不敬德。

説 宅新邑，解「王敬作所」。○宅，度也。新邑即東國新大邑。肆惟王其疾敬德。解「不可不敬德」。王其德之用，《多士》：「予一人惟聽用德。」祈天永命。

經 以下總結兩京。於戲！若生子，天下一家例。九男二女，皆皇祖與父母二伯之子。《詩·斯干》：「乃生男子」、「乃生女子」，喻干支陰陽。罔不讀作「網丕」。○地球之大，劃疆分州如網。在厥初生，在，察也。厥，讀「橜」。用槷柯察視方位，乃以干支代伯牧。自貽哲命。命官。○《帝謨》：「知人則哲，能官人。」今來今，指後世。天其讀基。命《雒誥》「天基命」，初命建東京。哲，命《雒誥》「定命」、「終命」，建西京。此言哲命，謂西雒，乃哲想所至。吉凶，吉東京，凶西京。命歷年。歷，日也，干也；年，支也。説詳《周統兩京干支圖》。知知從射取義，即《中候》俟後之意。今我初服。」初封建内服、外服。

傳 舊簡在前，今移此。我不可不監于有讀「又」，下同。夏，亦不可不監于有殷。周監于二代。我不敢知曰，未來者不可知。有夏服天命，惟有歷年。夏以日干月支分内外州。我不敢知曰，不其讀作「丕基」，下同。延。不知將來國祚延長否。惟不敬厥德，乃早墜厥命，無德則夏早亡。我不敢知曰，有殷受天命，惟有歷年。殷之日干月支内外互遷。我不敢知曰，不其延。惟不敬厥德，乃早墜厥命。無德則殷早亡。今王嗣今周公嗣位。受厥命，受武王禪讓之命。我亦惟茲二國命，東西京之大命。嗣若功。承繼義和欽若之功。王乃初服。

經 拜手稽首曰：周公受命之詞。「予小臣對武王遺誥稱臣。敢以王武王。之讎匹仇。民、蕃民皆齊等。百君子、内官。○《謨》「百僚師師」，《詩》「百爾君子」。越友内州友邦。民，外州庶民、蕃民。保受王威命討有罪，如《鮮誓》、《吕刑》。明德，賞有功，如《秦誓》、《文侯命》。王末西京建王畿，爲事之終。○《大學》本末例。有成今方有東京成畿。命，皆王遺誥所命。王亦顯。兩京既建，王亦光顯于世。我非敢勤，勤施于四方。惟恭奉幣，職幣。用外府掌邦布之出入，凡祭祀、賓客、喪紀、會同、軍旅，共其財用之幣，齊賜予之財用。供讀「共」。王《周禮》天官諸司多共王之職。○謂守成規，崇節儉。能祈天永命。」

立政 此篇子年北巡子方之誥。王化始于北。《内經》北政、南政由此生義。政者，正也。《周禮》「辨方正位」之說亦出于此篇。中設官分職，略舉大綱，《周禮》詳其細目，是爲經傳相合。《伏傳》「六年制禮作樂」，謂創制典禮，垂法後王，作樂乃連類及之也。**第六** 六年制禮，謂第六次冬遇宣誥，故次第六，非僅六年也。

經 周公若曰：經託周公，故用代詞，非真周公也。後儒以其職官合于《周禮》，故有周公制禮之說，蓋望文生訓也。「拜手稽首，解詳《雒誥》。告嗣天子王後王。○《立政》不稱誥，而經言告，告即誥也。矣。」中侯。○《鴻範》：「天子作民父母，以爲天下王。」用咸戒于王，曰：百世之後，百王莫違。「王左右《王制》：八伯各以其屬屬于天子之老，二人分天下爲左右，曰二伯。常伯、八州方伯。常任、九卿。準人、大夫。○準，漢石經作「辟」。綴衣、《周禮・天官》：幕人掌帷、幕、幄、帟、綬之事。虎賁。」夏官虎賁氏。

周公曰：「於戲！休兹《君奭》「天休兹至」，謂休美在兹，指和合之地中。知恤，憂也。鮮哉！《孟子》：「堯以不得舜爲己憂，舜以不得禹、皋陶爲己憂。」後王鮮如堯舜之知憂者。古之人託古。迪讀「軸」。維有夏，《禹貢》統括全球，豫爲地中。乃有室大《梓材》大家，《孟子》所謂巨室。競，籲俊，籲讀作龢，通「和」。○《謨》：「俊乂在官，同寅協共，和衷哉！」尊上帝《典》：「類于上帝」。迪，讀軸。知《射義》中候。忱求地中而能棐忱。恂信也。于九德之行。《謨》：「亦行有九德」。乃敢告教詁告字。厥后曰，后帝舜。拜手稽首后矣。曰：宅乃事，九德咸事，爲三公。宅乃牧，曰嚴六德，亮采有邦，爲諸侯。宅乃準，曰宣三德，浚明有家，爲大夫。兹惟后矣。用人之權，惟后操之。亂治也。○漢石經有「亂」字。謀面面南而治。用丕訓《顧命》大訓。德，五方五德。則《詩》：「杕柯杕柯，其則丕遠。」乃宅人，《貢》：「四奥既宅。」○所言皆大統之夏。兹乃三宅事、牧、準之三等。無義民。《大誥》民儀十夫，無則不可。桀後世暴君有如桀者。德維乃弗不也，謂不德。作下文牧作。往任，以不德者往爲牧。是維暴德，以暴爲德。罔後。喪亡無後。

亦越成湯陟，後世升爲天子，有如湯者。丕釐理也。○《詩》：「釐爾女士」。上帝天。之耿顯也。命。《素問》「移光定位」，即天之顯命。○《典》「光被四表」。乃用三有宅，事、牧、準之三。克即宅。能者用之。

傳曰解詁。三有俊，克即俊。俊乂在官，以統卿、大夫。嚴敬也。維丕式，敬用槷柯三尺。○解上

「耿命」。克用三宅三俊。解上「三宅」。其在商邑，用協于厥邑；京師。○《詩》：「商邑翼翼，四方之極」。《董子・改制篇》：「湯受命而王①，應天變夏，作殷號，時正白統」，「作宮邑于下洛之陽」。其在四方，用丕式解上「丕釐」。見德。四方四表各萬五千里，四帝分司，以見五德之運。○所言皆大統之商湯。於戲！其在受德，暋强暴也。○後世暴主有如紂者。維羞刑太史公曰：「詬莫大于宫刑。」暴德桀紂帥天下以暴。之人，任用閹宦兇德之人。同于厥邦；同升諸公。乃維庶習衆狎習者，即閹宦。逸德之人，逸出軌範，即暴德。同于厥政。解上二句。帝欽罰之。天訖殷命。

乃伻使也。我周也。有夏赤道。○天使周撫有地中。式商受命，繼殷商而受天命。奄甸奄有侯甸，即《周禮》官府。萬姓。即《周禮》萬民，指都鄙。亦越文王武王周公非姬公，文武亦非豐鎬之王。克知三三才。有度晉本作「宅」。心，三才以人居中，能度其心，則得地中。灼見三有會②心，會，從漢石經。○《範》「會其有極」。以敬事上帝，王采紹上帝，自服宇土中。立民《周禮》：「乃立五官，以爲民極。」長《謨》：「咸建五長」。伯。八州，八伯。○職官以此句爲綱。

傳以下爲目。立政：《周禮》：「辨方正位。」任人、常任九卿。準夫、準人、大夫。牧作、牧爲外州

---

① 王：原作「正」，據《春秋繁露・三代改制質文》改。

② 會：《尚書・立政》作「俊」。

牧。《貢》「萊夷作牧」。三事、三公。虎賁、綴衣、解見上。趣馬、夏官所屬有趣馬。小尹、趣馬以下巫馬、牧師、廋人、圉師、圉人爲其所屬。左右攜僕、内小臣、寺人、内豎諸職。百司、司裘、司服、掌皮、典絲、典枲諸職。庶府、太府、玉府、内府、外府諸職，又百官府。大都、八州方伯，如《春秋》魯、衛、齊、鄭、蔡、陳、秦、吴。小伯、卒正國如《春秋》曹伯、薛伯、杞伯，連帥國如《春秋》穀伯、盛伯。○《左傳》：「大都不過參國之一，中五之一，小九之一」。蓺人、《王制》：「凡執技以事上者，如《周禮》庖人、亨人、縫人、染人諸職，以下如牧人、牛人諸職。表臣、外臣，外服。百司、《周禮・天官》司會、司書諸職，《地官》司諫、司市諸職，《春官》司尊彝、司几筵諸職，《夏官》司勳、司爟諸職，《秋官》司民、司刑諸職。太史、春官之屬。尹伯、《範》：「師尹惟日」。庶常吉士、統稱衆職。司徒、人公主教。司馬、天公主兵。司空、地公主養。亞九卿。旅。大夫。○以上王官，外牧參差錯舉。夷、東方曰夷，舉隅例。微、纑、烝。烝，君也。舉微、纑二國以起九夷。三三謂南西北三方。亳、阪舉二地，餘從略。尹。如《春秋》遠國言江人黄人。○《禮・明堂位》：九夷、八蠻、六戎、五狄。《逸①周書・王會》諸夷，爲此經詳文。

文王維四維。克②厥讀橜，謂槷柯。度③心，《周禮》用土圭測土深，正日景，以求地中。乃克立《周禮》五言

① 「逸」下原衍一「逸」字，據文意刪。
② 克：原脱，據《尚書・立政》補。
③ 度：《尚書・立政》作「宅」。

乃立。兹常常伯常任。事三事。司内外百司。牧牧作。人，《大戴·文王官人》。以克俊有德。《典》：「克明俊德」。《謨》：「俊德」。爲天子。

傳 文王罔攸兼官事不攝。于庶言，「言」、「吉」之誤文，即上文「庶常吉士」。庶獄讀作「嶽」，即典四嶽。庶慎，讀作「鎮」，《周禮》鎮服。維有司之牧夫責重伯牧。是訓上文用丕訓，即土圭法。用違；讀「圍」，謂地輿。庶獄讀「嶽」。庶慎，讀「鎮」。○凡正方嶽與鎮服，皆在丕圍之中。文王罔讀「網」。○文王御世，若網在綱。敢知于兹。克知三有度心。

亦越武王率維敉功，率循文王安天下之功。不敢替厥義德，《詩》：「不愆不忘，率由舊章」。率惟謀《範》：「聽作謀」。從「從作乂」。容「貌曰恭」。○五事舉其三。德，《範》：「乂用三德。」以竝受兹丕丕其①。從漢石經。○大統兩京爲丕丕基，故曰「竝」。

於戲！孺子王後王。矣，中侯。繼自今來今。○《論語》：「其或繼周者。」我周公。其立政。周公踐天子位，故《魯頌》繼《周頌》。立事、「宅乃事」爲三公。準人、「宅乃準」爲大夫。牧夫，「宅乃牧」爲諸侯。我其克灼知厥讀「槷」。若，丕能知槷柯之用若此其大。乃俾亂，乃使伯牧共治之。相我受民，和地中爲和。○輔相我一人，以立民極。我庶獄讀「嶽」。庶慎。讀「鎮」。○解見上。時四時，四方。○春秋致月，冬夏致日。則勿有間之，四表測度，無所間隔。自一話一言，土圭法，一日千里，而差一寸。我則末維成德《中庸》：「周公成文武之德。」之

---

① 兹、其：《尚書·立政》作「此」、「基」。

彥，終思爲成德之美士。以乂我受民。《詩》：「邦畿千里，維民所止。」於戲！予旦以前人之微言，孔經多託古，所謂述而不作。○晉本作「已受人之徽言」，此從漢石經。咸告孺子王矣。待其人而後行。繼自今文子文孫，百世以俟聖人而不惑。○《說苑》：「一世繼體之君爲文子，再世守文之吾爲文孫。」其勿誤于庶獄讀「嶽」。庶慎，讀「鎮」。維正是乂之。由四維四正，以求地中氣交之地。

經 以下孔子之言。自古《論語》「好古」。○如《典》、《謨》之「稽古」。商人，《禮·檀弓》：「而某也，殷人也。夫明王不興，而天下其孰能宗予」。亦越我周文王《毋佚》：「自殷王中宗，及高宗，及祖甲，及我周文王」。立政，古之殷王與周文王立政不用丕訓德，則度地求地軸，本篇下文言及之，可見非已往小統之殷周也。立事、牧夫、準人，三宅，解見上。則克度①之，則，杙柯，其則不遠，能以度地。克由讀「軸」。繹之，得地軸而詳加紬繹。茲乃俾乂，茲指東西二雒，乃得地中建都。國則罔有。立政用憸人，《說文》：「憸利于上，佞人也」。不讀「丕」。訓于②德，上文丕訓德則。是罔顯顯，明也。○謂憸人不明丕訓德則之理。哉③讀「栽」。厥世。栽及國家，傳位之世次。又《內經》：「歲失其位，則生天災，民病」。○《論語》「惡利口之覆邦家者」。

---

① 度：《尚書·立政》作「宅」。
② 于：原脱，據《尚書·立政》補。
③ 哉：《尚書·立政》作「在」。

子。

傳 繼自今立政，有王者起，必來取法。其①勿以憸人，《論語》：「遠佞人」。其維吉士，用勱《説文》：「勉力也。」相我邦家。《詩》：「藹藹王多吉士，維君子使，媚于天子。」又曰：「王多吉人，媚于庶人。」即指孔

今來今。文子文孫，孺子王矣。解皆見上。其勿誤于庶獄，讀「嶽」。宜于方嶽，加審慎。○舉正嶽以包庶鎮。惟有司之牧夫。責成伯牧。其克詰爾戎兵，日討軍實。以陟禹之迹，《禹貢》大九州。○《商頌》：「設都于禹之績」。方行天下，井田與九州大小皆方，孔經用之，驗推天下。説詳《疆域圖》三十六。○《左·襄四年》虞人之箴曰：「芒芒禹跡，畫爲九州，經啟九道。」至于四至。海表，四海、四表，四帝分司。説詳《疆域圖》第十、第四十一。罔有不服。《商頌》：「莫敢不來享，莫敢不來王。」《大雅》：「自西自東，自南自北，無思不服。」○《明堂位》：「周公踐天子位，六年朝諸侯于明堂，制禮作樂，頒度量而天下大服。」以覲文王之鮮②光，明，光也。○上文「維縻」、「度心」説。以揚武王之大烈。大功。○上文「丕丕基」説。○《伏傳》：「交阯之南有越裳國。周公居攝六年，制禮作樂，天下和平，越裳以三象重九③譯而獻白雉，曰：道路悠遠，山川阻深，音使④不通，故重九譯而朝。周公乃歸之于王，稱先王之神致，以

---

① 其：原脱，據《尚書·立政》補。
② 鮮：《尚書·立政》作「耿」。
③ 九：孫之騄輯本《尚書大傳》卷三無此字。
④ 音使：原作「恐使之」，據孫之騄輯本《尚書大傳》卷三改。

薦于宗廟。」按：九譯，即《周禮》九畿。

於戲！繼自今後王立政，《商頌》：「壽考且寧，以保我後生。」其維克用常人。」曰商是常。

周公若曰：本篇始終皆託周公之詞。「太史，《周禮》：太史掌建邦之六典與灋則。司寇蘇公，《左傳・成十一年》：「昔周克商，使諸侯撫封，蘇忿生以温爲司寇。」此小統之司寇。推之大統，則爲大司寇。《立政》職官終于司寇，故《周禮》職官終于秋官。式敬《帝典》：「欽哉欽哉！惟刑之恤哉！」爾由獄，讀「獄」。以長我王國。蘇公由方嶽入爲王國司寇。茲式刑律。有慎，解上句「式敬」。以列用中罰。」《周禮・大司寇》：「刑平國用中典。」

毋佚此篇卯年東巡卯方春朝之誥。小統以二月巡守岱宗，肆覲東后，大統當在東雒，會朝于東，故宣告禪讓之事。《伏傳》「七年致政成王」，謂第七次會合諸侯，禪位成王，乃在二十五年之時。此合前六篇共爲七政會同，其次序較《皇帝疆域》三十五圖稍有變易，蓋典禮施之實行，不可拘泥也。**第七**《伏傳》說周公七年致政，故次第七。

經周公《論語・泰伯》。曰：七篇皆「周公曰」。「於戲！君子《論語》：「文質彬彬，然後君子。」東文西質，兩京相合，統一于東雒，是爲君子。《禮・表記》引「豈弟君子，民之父母」，以尊親解之。《孔子閒居》以五至三無解之。○不言「王」而稱「君子」，經不專爲成王言也。所，京師。○《春秋》小統，謂之「王所」，大統謂之「君子所」。其毋佚。此篇所以救無爲之弊。無爲則放縱淫佚，如秦二世之事。○《論語》「無倦」。先《論語》「先之」。知稼穡以農田喻治天下。

〇《詩》：「大田多稼。」之艱難，《論語》「勞之」。乃佚，《般庚》誥：「若農服田力嗇，乃亦有秋。」則知小人王伯小統。之依。《論語》「依于仁」，即王之宗旨。

傳 「相小人，厥父母二伯。〇王之父母爲二帝，如堯舜。勤勞稼嗇，《梓材》「若稽田」，既勤敷菑。厥子八王，八才子，八干，天下一家例。乃不知稼嗇之艱難，乃佚《大誥》：「厥父菑，厥子乃弗肯播，矧肯穫」。乃憲①，《謨》：「慎乃憲」。謂國法。既延②，長也。不讀丕。則槷柯長三尺，法地球三萬里。侮厥父母曰：『昔之人無聞知。』」各方伯狎侮二伯，以爲測日之命，自古無聞，可見土圭之法，孔經所創，以制曆憲者也。

周公曰：「於戲！我聞曰：咨上無聞，如《春秋》之傳聞世、所聞世。昔在殷王此篇專言殷，不及夏。孔子殷人，用殷禮也。中宗，殷一王。《史記》稱帝太戊，經改稱王。〇小統王，大統皇。王、皇通。嚴恭《皇道篇》「敬致」。寅畏，《皇道篇》「寅賓出日」、「寅餞入日」，即大司徒土圭法日東、日西。天《董子》：「商質者主天。」命自亮，「亮」即量人。《史記》、校本「亮」作「度」，爲「亮」之訓詁。以民祇懼，《帝典》：「咨汝二十有二人，欽哉！惟時亮天功③。」不敢荒寧。不敢怠荒自安。肆中宗之饗國七十有五年。國祚最長。〇《易傳》：「天數二十有五。」此七十五乃疊三之數，

① 憲：《尚書·無逸》作「諺」。
② 延：《尚書·無逸》作「誕」。
③ 功：原作「上」，據《尚書·舜典》改。

爲天皇。緯説天皇一萬八千歲。

「其在高宗，殷二王，《史記》稱帝武丁。時舊舊謂已往之殷，如「周雖舊邦」。勞于外，爲外諸侯，不過如皇統之外牧。爰暨推大之詞。小人。王伯。○由小推大。作作，起也。○《易傳》：「庖羲氏没，神農氏作。」又：「黄帝、堯、舜氏作。」《論語》：「作者七人。」此篇殷中宗、高宗、祖甲、周太王、王季、文王合周公爲七人。其即位，嗣天子位，法商而王，如《春秋》書元年公即位。乃有①創起禮制之詞。○有，徐幹引作「或」。亮闇②，《論語》作「諒陰」，《伏傳》作「梁闇」，以爲凶廬。三年不言，《論語》子張曰：「《書》云高宗諒陰，三年不言，何謂也？」子曰：「君薨，百官總己以聽于冢宰三年。」此經起天子居喪之制，殷高宗時本無此禮，故子張疑而問之。又《禮記・喪服四制》：「高宗時，殷衰而復興，禮廢而復起。」謂孔經託之以起喪禮也。解並詳《帝典》「如喪考妣」下。言乃讙③。晉本「讙」作「雍」，義同。○《禮記・坊記》此句上有「其惟不言」四字。不敢荒寧，《論語》「無倦」以下文王節多本此義。密靖殷國④。《周禮》殷國即都鄙，言外以賅内。至于小大，小統九州方三千里，大統九州方三萬里。無時或⑤怨。得萬國之歡心。肆高宗之饗國五十有五年。漢石經作「百年」，劉向、杜欽、班固、王充説並同。○《易傳》：「凡天地之數五十有五」。此合併天地當爲人

---

① 有：《尚書・無逸》作「或」。

② 闇：《尚書・無逸》作「陰」。

③ 「言乃讙」前，《尚書・無逸》有「其惟不言」四字。

④ 密靖殷國：《尚書・無逸》作「嘉靖殷邦」。

⑤ 時或：原脱，據《尚書・無逸》補。

皇。緯説人皇一百五十世，合四萬五千六百年。

「其在祖甲，殷三王。〇《漢書》王舜、劉歆議引《毋佚》殷三宗，以太甲爲太宗，在中宗、高宗前。據本篇下文，祖甲在高宗後，則祖甲非太甲。不讀「丕」。義惟王，讀「皇」。〇義之大者惟皇一統。舊爲小人。舊殷本爲王伯之世。作後有作者，如《孟子》「有王者起」、「聞文王作」。其即位，《殷本紀》：「祖甲立，是爲帝甲。帝甲淫亂，殷復衰。」此俟後之祖甲，與史不同。爰知小人之依，新殷爲大統，故能統馭王伯之小統。能保惠于庶民，《康誥》：「殷先哲王，用保乂民」。《周禮・大司徒》：「以保息養萬民。」不敢①侮鰥八千九男。寡。十二女。〇解見《梓材》。〇由舊小殷推爲新大殷。肆祖甲之饗國三十有三年。《易傳》：「地數三十。」故地皇國祚積三而終。緯説地皇一萬八千歲，則六三之數也。

「自時厥後立王，《殷本紀》自祖甲後至紂六世皆稱帝，兹乃稱王者，經爲後王言，不專爲殷也。生則逸②！如兩晉清淡之弊。不知稼穡之艱難，不能推廣井田爲大九州。不聞小人之勞，疆圉日蹙而小，不能統御王伯。惟躭樂是從。《孟子》：「般樂、怠敖，是自求禍。」自時厥後，以下乃世界分裂退化之説。〇《中論》有此四字。亦罔或或，鄭崇、王充、荀爽引作「有」。克壽，大統稱萬壽，小統乃短折不壽。或十年，十者數之盈。或七八年，稍降，或五六年，再降。或四三年。」又降。〇愈降愈少，退化之極，世界毀空。説詳四益《世界哲理箋釋》。

① 敢：原脱，據《尚書・無逸》補。

② 「生則逸」下，《尚書・無逸》還有「生則逸」三字。

周公曰：「於戲！厥亦惟我周太王、《魯頌》太王「實始翦商」，故《伏傳》、《白虎通》有「厥兆天子爵」之說。王季，克自抑畏。畏，讀作「威」。○《大雅》：「惟此王季，其德克明。克明克類，克長克君，王此大邦，克順克比。」文王《董子》：「天將授文王」，主地法文而王。卑服，《大雅》：「帝謂文王，無然畔援。」即康無然歆羨。功田功。誕先登于岸。《伏傳》：「前有高岸。」地球北多土，南多水，中爲高岸。○井田推爲大九州，說詳《疆域圖》第三十六。徽柔懿共，《大雅》：「帝謂文王，予懷明德，不大聲以色」。懷保小人①，王伯。○《中庸》：「懷諸侯，則天下畏之」。惠于矜寡。《大雅》：「比于文王，其德靡悔。既受帝祉，施于孫子。」按：矜寡謂八子、十二女，與《吕刑》幼子童孫爲天下一家例。自朝《皇道篇》：「寅賓出日。」至于日中日中星鳥。昃，寅餞入日。○《考工》：「匠人建國，置槷以縣，眡以景。爲規識日出之景與日入之景。晝參諸日中之景，夜考之極星，以正朝夕。」不讀丕。皇大一統爲皇。暇讀作「假」，音「格」。《典》：「假于上下」。食，地球東西，地中春分秋分。日月薄食，《康誥》謂之蔽。用咸和《周禮》地中陰陽之所和。萬民。《大雅》：「依其在京，度其鮮原。居岐之陽，在渭之將。萬邦之方，下民之王。」《周禮》萬民爲都鄙。按《史記》之文王，乃西伯也，安撫萬民。文王不敢盤于游田，與上「躭樂是從」相反。惟正八正、十二正。○《周禮》：「辨方正位。」之共。晉本此句上有「以庶邦」三字。○《大雅》「四方以無侮」、「四方以無拂」。文王受命《書緯》：文王以戊午蔀受命改元。○以史事論，文未及身而王，安得言受命。維四維，四帝。中測得地中，以建皇國。○《鉤命訣》曰：「文王爲五帝之宗」。身，天下一人。厥饗國五十年。」恰合中央天五地十之數。○《吕覽・制樂篇》：「文王立國五十一年而終。」說

① 人：《尚書・無逸》作「民」。

與《韓詩外傳》同，與此經不合。○《伏傳》：「文王受命一年，斷虞芮之質，二年伐于，三年伐密須，四年伐畎夷，五年伐耆，六年伐崇，七年而崩。」與周公攝政七年之説相似，皆推演經義之師説。

周公曰：「於戲！繼自今嗣王，此篇本爲致政成王，乃爲俟後之詞者。經不專爲成王立法也，然《伏傳》乃有成王政之篇名。其毋淫于酒，成王篇所以有《酒誥》。毋佚于游、田，如太康般游無度，田于洛表。惟正之共①。解見上。毋兄②兄，古「況」之渻。況，益也。○「酒」以下至此從《谷永傳》引及漢石經。曰今日耽樂。《孟子》：「今國家閒暇，及是時般樂怠敖」。乃非民攸訓，非正方伯牧，而教之測日景。○《範》：「凡厥庶民，極之敷言，是訓是行。」非天攸若，未得天正，而謂己欽若。時人四方四時之遠。丕則有愆。于土圭法有謬誤。毋若殷王紂《史記》稱帝紂，經改稱王。之迷亂，《大雅》：「宜監于殷，駿命不易。」酗于酒德哉！」解上「毋淫于酒」。

周公曰：「於戲！我聞曰：再答上「無聞」。○《論語》：「多聞」，「擇其善者而從之」。古之人猶通「猷」。○《詩》：「爲猶丕遠。」謂土圭法。胥訓告，《詩》：「遠猶辰告。」胥保惠，文王懷保小民，惠于矜寡。《周禮・大司徒》：「以保息六養萬民。」胥教誨，大司徒布教于邦國都鄙，乃縣教象之灋于象魏，使萬民觀教象。師氏教國子以三德、三行，保氏教國子以六藝、六儀。無或侜張③《爾雅》：「侜張，誑也。」爲幻。相詐惑也。此厥讀，橜，即槷柯。不讀「丕」，大

---

① 「其毋淫」至「之共」：《尚書・無逸》作：「則其無淫于觀、于逸、于游、于田，以萬民惟正之供。」

② 兄：《尚書・無逸》作「皇」。

③ 無或侜張：《尚書・無逸》作「民無或胥譸張」。

也。聖①，《範》五事，「睿作聖」。居中爲天下一人例。槷柯三尺求地中義同。人人皇。乃訓之，②《範》：「皇極之敷言是彝是訓。」變亂正刑③，讀「型」。正型，謂土圭之正法有乖亂。○晉本作「乃變亂先王之正刑」，此從漢石經。至于小大。民小統州方千里，大統州方六千里。不晉本作「否」，下同。則厥心違怨，不則厥口詛祝。」《内經》：「歲失其正，民多疾疫，是以怨詛。」

周公曰：以下解説上節。「於戲！自殷王小爲王，大爲皇。王、皇古通。中宗及高宗及祖甲，殷三王史皆稱帝，經稱王。此如《春秋》吴、楚稱王，經稱子。及我周文王，文未及身而王，本周公所追王，經乃以爲實王，此經史不同之證。《論語》：「文王既没，文在兹」，謂經義寄託文王。《公羊》：「王者孰謂？謂文王。」又：「文王之戰。」皆從此經出。兹四人《董子》四法，四而復。迪讀「惠」。○《謨》：「安民則惠。」哲。知人則哲。厥或告之曰：『小人積群小以成大統。怨女詈女！』解上違怨詛祝。則皇總稱爲皇。○漢石經作「兄」。兄，古「況」字。皇、況古通。曰敬德。五方五德，敬致日景。厥讀橜。愆，槷柯有誤。曰：『朕之愆。』引過自責。允當也。若時，欽若授時，必求允當。不啻讀「諦」。不敢含怒。槷柯有不諦洽，當再詳求，勿加怒于人。

---

① 聖：《尚書·無逸》作「聽」。
② 之：原脱，據《尚書·無逸》補。
③ 變亂正刑：《尚書·無逸》作「乃變亂先王之正刑」。

傳「此厥不讀作「橜丕」。聖①，解見上。人乃或侜②張爲幻，曰：人或誑語相告。『小人怨女詈女』。誑語若是。則信之。信其説而考求之。則若時，必求恰合四時之敘。○解上「允若時」。不永念讀「驗」。厥辟，不驗之于内外伯牧。不寬綽厥心，與上「不敢含怨」相反。亂罰無罪，殺無辜，怒而輕則罰，重則殺。怨有同，人皆怨之。是叢聚也。于厥身。」聚怨于一身。

周公曰：「於戲！嗣王經不專爲成王言。監于兹。」《孟子》：「子貢曰：由百世之後，等百世之王，莫之能違也」。

成王六篇此六篇皆「王曰」，爲一類。《吕覽》、《史記》説周用殷庚法，故《殷庚》稱誥，爲《周書》六篇，惟《梓材》不稱誥，然與五篇同例，皆會同宣誥之書，《雒誥》居中。《殷庚》誥五方、中央皆備，爲《大戴》之六府，其餘四方四誥，姬周不能用此鉅制。《史記》説初作《大誥》，次《康誥》、《酒誥》、《梓材》，其事在周公之篇。蓋兩雒、兩京皆周公之功，《中候》全主周公，故可以周公包舉成王之書，亦猶《典》、《謨》雖分堯舜，而舜攝堯之天下，大功二十皆歸舜也。

---

① 聖：《尚書·無逸》作「聽」。

② 侜：《尚書·無逸》作「譸」。

雒誥

此篇周公讓成王，周公禪位，成王主祭，與《召誥》爲大統東西兩京。《召誥》武王讓周公，如堯讓舜，攝位于東京，即東半球之地中。《雒誥》周公讓成王，主東洛，如舜讓禹。又通畿于西洛，開化兩京，皆周公之功。《禮運》説大同之世，大道之行，天下爲公，是也。《雒誥》居中，《般庚》之誥乃寅午戌三會同之誥。《大誥》、《康誥》、《酒誥》、《梓材》即大宗伯朝覲宗遇之誥。説詳《皇帝疆域圖》二十二。第八

經 序在《召誥》。周公拜手稽首《白虎通》：「殷先稽首，後拜手，周先拜手，後稽首，各順其文質。」○大祝辨擽，一曰䭫首，五以下言擽。曰：「朕復緯説文質再而復，《董子》再而復、三而復、四而復、五而復、九而復諸等級，由此推出。子猶云世子。明辟。漢元始群臣奏説，成王加元服，周公則致政，言我復子明君。王成王。如弗敢及不敢嗣位。天天包全球。基命初命建東京。定命，終命建西京，故有二命。○《周本紀》：「武王有闢兩京之意。」予乃胤一作「允」，繼也。保大相繼建設兩京，保世滋大。相東土，雖居西洛，仍必輔相東京。其基始也。作民明辟。《康誥》「大明服」爲全球輿輻，故統一全球爲明辟。予惟乙卯，與《召誥》同，而歲時異。朝朝與夕對。至于雒師。東雒京師。我卜用土主法。　河朔河北北極。黎水，南極黑道。○馮相氏冬夏致日。我乃卜《周本紀》：「成王使召公復營洛邑，如武王之意。」即《召誥》太保至洛卜宅，周公達觀之新邑。澗水東，瀍水西，澗取間義，瀍取纏義，指東西二洋海。惟雒東雒。食，東半球地中，春分地與日對，日中無景，爲食，《康誥》謂之蔽。○春分致月。我又卜《周本紀》：「周公復卜申視，卒營築，居九鼎焉，曰：此天下之中。」瀍水東，澗水西，三字舊缺，今補。亦惟雒西雒。○《莊子》：「上皇九洛」。食。西半球地中，秋分地與日對，日中無景，爲食，曆家謂之謦。○秋分致月。○《逸周書·作雒》：「及將致

政，乃作大邑成周于土中，立城方千七百二十丈，郛方七十里，南繫于洛水，北因于郟山，以爲天下之大湊。」伻來，讀作「辯采」。《皇道篇》辯秩、辯在四方、四辯，則四采方萬里一州。以圖《明堂位》、《王會圖》刊在《皇帝疆域圖》。及獻《左傳》：宋獻公合諸侯之禮六，鄭獻伯子男會公之禮六，《周禮》司儀云云。卜。」太卜卜立君、卜大封，則眡高作龜。

王拜手稽首成王答周公之拜。曰：「公，天子三公，二伯稱公，王後稱公，此從二伯、王後稱。不敢不敬天之休，《大誥》：「天休于寧王。」來相宅，土方氏掌土圭之瀍，以土地相宅。其作周匹休。東西兩京相匹耦。公既定宅，中天下而立。伻來來，讀作「辯采采」。南北二采、東西二采，四辯四采。視予卜，準視東雒地中之卜。休，恒和恒。吉。《大誥》：「我有大事休，朕卜并吉。」我二人成王、周公。共貞。《易》内卦曰貞。兩京皆居地中。公其以予萬億年俟後。敬天之休，以承天休。拜手稽首誨言。」仍欲周公時時納誨。

周公曰：「王，肇稱殷禮，《周禮》：十二年巡狩殷國。祀于新邑，篇末「王在新邑烝」。○舜承堯禪，格于文祖。周公受武禪，用牲于郊社。成王受周公禪，禋于文王、武王。咸秩無文。内外庶邦，肅雍將事，秩序不紊。○以上言成王嗣位。予齊百工，整齊百官。伻讀辯。從王義同「往」。于周。百官從周公往西京成周。予惟曰庶緯説孔子在庶。有事。肇開西土，乃素統之事。○以上言周公開化西京。今王來今後王。即命即位。曰讀作「日」。記功，宗如姬周之宗武王。以功孔經創立宗法。作元祀，紀元改正朔。惟命。」聽從新王之命。

曰：此成王答周公之辭。「汝受命篤弼，謂周公受武王遺命，開闢兩京。説在《召誥》。丕視功載，大功宣付國史。乃汝其悉自學功。《伏傳》：「悉，盡也。學，效也。《傳》曰：當其效功也。于卜雒邑，營成周，改正朔，立宗廟，序祭祀，易犧牲，制禮樂，一統天下，合和四海，而致諸侯，皆莫不依紳端冕以奉祭祀者。其下莫不自悉以奉其上者，莫不自悉以奉其祭祀者。此之謂盡其天下諸侯之志，而效天下諸侯之功也。」按：合和四海，乃大統也，姬周烏能若此！孺子後王。其朋，朋爲鳳羽，即《帝謨》「亮翼」，《大誥》「予翼」，喻兩京。〇此「朋」指東京。孺子其朋，此「朋」指西京。〇《易》：「東南得朋，西北喪朋。」亦言兩朋。其往。往西京。無若火始燄燄，厥攸灼，敘弗其絶。漢梅福説：「毋若火，始庸庸。勢陵于君，權隆于主，然後防之，亦無及矣。」此謂成王不欲西京分裂，與東京斷絶關係。厥若彝，當如今日禪讓之常。及撫事如予，撫臨國事，如我東京，勿改革。惟以在周工。以東周之職官。往新邑，往西京。伻鄉讀作「辯嚮」。即有僚，四方四辯，嚮離而治，撫有百僚。明作有功，創作兩京，如東西日月之合明。惇大成西京成周，西方萬物成。裕，讀「谷」。〇東谷風，指東京。〇兩京合[illegible]，功乃厚大。汝永有辭。」長有令名。

公曰：「已！東京地中。女惟沖子六合來會于京師，如衆水朝宗，和合于中。惟終。惟永終是圖。女其敬識百辟享，方三萬里爲方三千里者百，治以百王，莫敢不來享。亦識其有不享。《周語》：「賓服者享」，「有不享則修文。」

傳「享多儀，《大行人》：上公、諸侯、諸伯廟中將幣皆三享。儀不及物，惟曰不享，禮儀疎略。惟不役志于享。誠意不屬。〇《孟子》説「爲其不成享也」。「凡民即蕃民，謂遠人。惟曰不享，惟事其爽讀作「爾」。侮。」《周語》：「序成而有不至，則修刑。」于是乎有征不享。

傳此簡舊在後，今移此。王曰：舊簡「王曰」聯文三見，今移作傳。「公定，百辟皆公所封建。予往已。答「已女惟沖子」句。公功開化東京，皆公之功。肅將祗歡，《詩》：「有來雍雍，至止肅肅。」相維辟公，天子穆穆。」公無困哉！謂敬識百辟享之難。我惟無斁無厭斁。其康事，公勿替《禮記》：賜魯以天子之樂，康周公。刑，四方《明堂位》：「廣魯于天下」。其世《大行人》：「九州之外，謂之蕃國，世壹見。」即《周語》所謂「終王」。享。四方皆來享。

「乃惟孺子攽，《説文》：「攽，分也」。解「孺子其朋」二句。朕不暇讀作「丕假」，謂假于上下。聽。朕教女《禮記·文王世子》「周公教成王」説。于棐民彝，「棐」即棐柯，自有常法。〇《大誥》：「天棐忱辭，其考我民。」女乃是不讀「丕」蘉，勉也。「是」從日，正直也謂黽勉以求地中。乃時惟不讀「丕」。永哉！四方四時甚長遠。〇《典》：「光被四表」。篤敍乃正父，《洪範》：《康誥》正人指八正，十二正之伯牧，正父乃二伯之稱，如南正重、北正黎。罔不若。」有二伯以分治，則四方土圭之秩敍無不順。

傳 舊簡在後，今移此。王曰：「公功棐迪讀「軸」。篤，以棐柯測量地軸，篤責于二伯，以及伯牧。罔不若時。」若不順四時之敍。〇《周禮》：冬夏致日，春秋致月。

説 舊簡在後，今移此。「惠《典》：「亮采惠疇」。篤敘，司空執度，篤求四時之敘。無有遘自疾，《內經》：「氣得其和，民以不病。」萬年猒于乃德，永飫公之德。殷乃引弧矢。考。」殷國邊鄙皆用弧矢法，以考天度。

記 「王西京王畿。伻讀「辨」。殷，殷國。〇由內及外。乃承敘承正父之篤敘。萬年，其永觀答「時惟丕永」句。朕子懷德。」《板》詩：「懷德惟寧」。寧畿爲東京。〇《書》于《康誥》言五服，《周禮》推及九服。《雒誥》言寧，《大誥》言寧成，《周禮》合併《板》詩六畿，爲十五畿。

「予不敢廢乃命，遵惇大成裕之命。女往敬哉！往東京涖位。茲予其明農哉。兩半球大九州，如農田方里而井。說詳《皇帝疆域》三十四圖。彼裕讀「谷」，東京谷風。我民，據上文「惇大成裕」，「民」當讀作「成」，指西京成周。無遠用戾。」不以兩京之遠而背戾。

王若曰：加「若曰」以明其非姬周之成王。「公！明保對明辟、明作、明農而言，謂兩京如日月合明。予沖子。十二支合聚于中央，舉一子以起之，爲見端例。公稱丕顯德，公之德大顯于天下。以予小子天子自稱。揚文武之德烈①，東文西武，兩京所由致治。奉對②天命，全球九州，與天九野相對。和《董子》：「天有兩和，以成二中」。恒《詩》「如月之恒」，言月恒尚有日升，日月、晝夜劃分東西兩畿。萬邦③萬國方萬里爲一州。四方民，《周禮》五土、五民，扼中言之，則四民。居師。居于東雒京師。○《伏傳》：「是故《周書》自《大誓》就《召誥》而盛于《雒誥》，故其書曰『揚文武之德烈，奉對天命，和恒萬邦四方民』，是以見之也。」惇宗將禮，《祭法》：「周人祖文王而宗武王。」禮當惇祀。稱秩元祀，宗法既立，故東雒爲宗周。咸秩無文。後嗣遵宗支之秩序，不可紊。惟公德明，《康誥》：「丕顯考」，「克明德」。光于上下，天地。○中有人。勤施于四方，《孟子》：「周公思兼三王，以施四事」。《伏傳》說以春夏秋

---

① 文武之德烈：《尚書·洛誥》作「文武烈」。
② 對：《尚書·洛誥》作「答」。
③ 萬邦：《尚書·洛誥》無此二字。

冬。○周公七政，如《典》之「光被四表，格于上下」。旁東雒之旁即西雒。作穆穆，《大雅》「穆穆文王」，《周頌》「天子穆穆」，《金縢》「穆卜」，即卜西京。○《伏傳》：「孔子曰：『吾于《雒誥》，見周公之德光明于上下，勤施于四方，旁作穆穆，至于海表，莫敢不來服，莫敢不來享，以勤文王之鮮光，以揚武王之大訓，而天下大治。』故聖之與聖，猶規之相周，矩之相襲也。」按：大治，謂兩京通畿。又《伏傳》以此節爲迎日之詞，與《大戴·公符篇》合。御衡東西爲衡。不迷，所謂明也，如舜烈風雷雨不迷。文武勤教。公在東雒，徽稱爲文，在西雒，徽稱爲武，皆能勤施政教。予沖子以外州包内九州。夙夜即東西之代詞。毖祀。」《伏傳》説：「天下諸侯之悉來，進受命于周而退見文武之尸者，千七百七十三諸侯。諸侯在廟中者，伋然淵其志，和其情，愀然若復見文武之身。」

[周]公拜手稽首曰：「王命予來以西京來相宅事歸之王命。承保乃文祖與《帝典》文祖同，不專指周文王。受命民，《孟子》：「保民而王。」越乃光烈考武王借武王以立説，非周武王。○《周頌》：「于皇武王，無競維烈。」弘倂古「訓」字。弘訓，大訓。共。孺子來相宅，卜宅兩京，尚待後王。其大惇惇大成周。典殷獻民，周統兩京，移易殷統干支。亂治也。爲四方新辟，東京分干支陰陽，西京用五運六氣以爲伯牧。説詳《皇帝疆域》三十八圖。作周共周也。先。《論語》：「君子先行其言」。○兩京共爲周一統。

[傳]「曰其自時中乂，《周禮》：四時之所交謂之地中。萬邦咸休，萬邦方萬里爲一州，九州三萬里。惟王西京。有成東京。績。兩京之功。予旦以多子八才子，十二女。越御事内官。篤前人成烈，指東京，猶《大誥》稱前甯人。答對也。其師。西方京師與東方京師相對待。作周孚先。相合爲周一統，即《伏傳》所謂天下大治。

「考成也。朕昭子刑，成我復子明辟之法。乃單讀「禪」。文祖德。禪讓之德，如舜受終文祖。伻來讀作「辯采」。毖讀「比」。殷，殷國。○四方、四辯、四采，相比以及于都鄙。乃命寧。寧畿。○乃會合諸侯，宣命于東京禪位。予以秬鬯二卣，曰明禋，將嗣位，必先告廟。拜手稽首休享。」告廟必行拜跪禮。

【傳】舊簡在後，今移此。王賓王後，如《帝謨》虞賓。殺禋咸格，四海之内，各以其職來助祭。王入太室，太廟。祼。

「予不敢宿，《禮記》：「已受命不宿」。則禋于文王、武王。」《祭法》：「周人祖文王而宗武王」。《中庸》：「周公追王文王。」《孝經》：「周公宗祀文王」。惟成王乃宗祭武王，經託之以别祖宗。

【傳】戊辰，《律曆志》以爲十二月戊辰晦。王在新邑烝，冬祭曰烝。【祭歲】。解「烝」字。文王騂牛一，周用騂剛。武王騂牛一。《王制》：「天子七廟。」周祖后稷，可由此二廟推之。

王曰：舊簡在前，今移此，爲答詞。「公！予小子其退，《伏傳》：「退見文武之尸。」即辟于周，宗周。○告廟後即君位。命公後。《公羊》：「封魯公以爲周公也。周公拜乎前，魯公拜乎後，曰：生以養周公，死以爲周公主。然則周公曷爲不之魯？欲天下之一乎周也。」

【傳】王命周公後，《詩》：「乃命魯公，俾侯于東。」作册逸誥，《左傳》：「命以伯禽。」在十有二月。讀作十有三月。○《律曆志》：成王元年正月己巳朔，此命伯禽俾侯于魯之歲也。

「四方迪讀「軸」。○地中京師。亂未定，土圭測量，未得其當。于宗禮亦未克敉，孔經創立宗法。敉，安也。○二句追溯往事。公功，定之安之，皆公之功。○《伏傳》「周公攝政，建侯衛，營成周，制禮作樂」之説所由出。迪將其後。以公大有勳勞，乃封魯公。

傳 王命作册逸策命魯公。祝册，惟告大祝建邦國，先告后土，用牲幣。周公其後。公有後于魯。監《春秋》、《王制》監大夫之制。我士《鴻範》：「卿士惟月。」師師尹惟日。工，百工即百官。誕保文武受命，此成王嗣位誥内外大小臣工之辭。亂爲四輔。」《大戴·千乘篇》：「國有四輔。輔，卿也。卿設如四體。」《保傳篇》：「以周公、太公、召公、史佚爲成王四輔。」《伏傳》：「以疑承輔弼，爲天子四鄰。」即四輔之説也。

傳 惟周公誕保文武受命，惟七年。七年即七言，謂《書》七篇。二十五年中七次大會，用《書》七篇以誥庶邦。《大行人》：「歲徧存，三歲徧覜，五歲徧省，七歲屬象胥，九歲屬瞽史，十有一歲達瑞節，十有二歲巡守殷國。」《伏傳》：「一年救亂，二年克殷，三年踐奄，四年建侯衛，五年營成周，六年制禮作樂，七年致政。」皆七次。七年七會同，説詳《周公》七篇及《疆域圖表》第三十五。

般庚之誥

從《左氏・哀十一年傳》稱誥。《呂覽・慎大篇》：「周公問殷遺老所悦，于是復般庚之政。」《史・殷本紀》：「武王封武庚，令修行般庚之政。」是《般庚誥》本爲《周書》，乃周用般庚法遷移殷民。周爲大統國號，干支分州，内外遷動；《内經》五運六氣諸法，即此篇師説。前《疆域圖表》分此篇爲五篇，今審當爲六章。篇中有四提頭：「般庚遷于殷」一章，言五邦四方，應《皇道篇》爲總文，爲轂；「般庚斆于民言觀火」一章，爲南方火德言；「用罰」一章爲西方司寇，以南兼西；「般庚作言涉河乘舟」一章，爲北方水德言；「生生」一章爲東方主生，以北兼東；「般庚既遷」一章言奠居正位，爲中央土德。五章應《顧命》五篇，大旨調和氣化，以地合天。《周禮》五官及土圭測日、辨方正位之應驗，全在此篇，又《大戴》水、火、金、木、土、轂之義也。**第九**

序　般庚般庚名句。殷諸王即位，皆以干爲徽稱。舊説殷從質，以生日名子，非也。大統以干辨方位，經義般庚遷殷，即移干于外州也。説詳《皇帝疆域》三十八圖。遷于殷，《周禮》殷國在邊鄙，即大行人九州外之蕃國。《内經》運氣説八干惟庚常在西，故舉庚以示例。民五土、五民。不讀「丕」。適有居，内外大遷動。率籲衆戚籲，評也。戚，如《典》之九族，指九州伯。衆則兼外十二牧言。出矢言。矢，誓也。「言」即「矢」字之變文。

經　曰：「我王小爲王，大爲皇。來，由周至地中。既爰宅于兹，兹新邑。重我民，《周禮》五土五民，《内經》推之爲二十五人，各有定位。無盡劉。《爾雅》：「劉，剝落也。」不讀丕。能胥匡《逸周書・大匡》：「周王詔三州之侯。」又：「東隅之侯受賜于王。」二篇互文見義，爲舉隅例。以生，《内經・陰陽應象大論》：「東方生風」云云，「南方生熱」云云，「中央生濕」云云，「西方生燥」云云，「北方生寒」云云。卜稽曰《洪範》稽疑，卜未來事。其如往也。台？

《淮南》：大九州，西北曰台州。○將由東往西。先王有服，夏、殷二代皆有内服、外服。恪謹天命，天包地球，全以干支命位。茲茲新邑，指西洛。猶不常寧，不常在東洛寧畿，《多方》「弗永寅」是也。不常厥邑，由東而西，建設兩京。于今周統。五邦。五邦即五方、五極。周統東京五邦，西京五邦，干支分州不同，具詳《皇帝疆域圖》第三十八。○以五立義，《内經》最詳。今不承于古，周統不仍用夏殷之制。罔讀作「網」，地球分劃經緯綫如網。知天之斷讀作「繼」。命，天繼夏殷而命周。矧曰猶解曰，爲訓詁。其克從先王之烈？解上「先王有服」句。若顛木顛，古通「巔」，言山巔之木，取譬高大。緯説以木喻天下，皇取其根，帝得其幹，王得其枝，霸得其附枝。《詩經》樹木多從此例。説詳《詩緯新解》。之有由枿①，由，讀「軸」。木之正幹如車軸，枿即枝幹。枝喻言干枝也。天《考靈曜》：「中央鈞天」。《淮南》同。其永我命長有天下。于茲新邑，東洛爲新大邑，西洛爲茲新邑。○《五運行・太始天元册文》：丹天戊分黅天己分，二天分陰陽，故有兩京。紹復殷統干遷外，支遷内。周統東京干支内外互用，西京乃移支于外，復如夏統之舊。先王之大業，底綏四方。」周統東京戊己居中，西京甲巳居中，以統四方。

序以下二章爲殷同之誥。般庚斅于民，周用般庚法治殷民。由讀「軸」。乃在位，地軸之大，當以干支辨方正位。以常《月令》十日干，十二月支爲常。《素問》有《五常政篇》、《六元政紀》，言四時正化之常，五運氣行，主歲之紀，有常數。又云：「氣者行有次，止有位，常以正月朔日平旦視之，覩其位而知其所在。此天之道，氣之常也。」舊服，定位爲

① 枿：《尚書・盤庚》作「蘖」。

舊，加臨爲新。正八正，十二正。○《周禮》正歲正月。法八正。《神明篇》：「用鍼法天則地，合以天光。」《九鍼篇》：「一以法天，二以法地，三以法人，四以法時，五以法音，六以法律，七以法星，八以法風，九以法野。」度，《五運行》、《六元正紀》、《至真要》三篇，皆言其差三十度。曰：讀作「日」。《九宫八風篇》：「四十六日一移宫。」「無或敢伏藏也，匿也。小人小統。之攸箴。」讀作「鍼」。《九鍼法》：天九野爲大九州，内藏小鍼八十一。○勿匿小而遺大。王皇。命衆，干支二十二人。悉至于庭。緯説十二諸侯朝于王庭。舉外以賅内。

經　文分二章，以南兼西，如《周禮·司馬》之統司寇。○此章告南方伯牧。王若曰：用代詞。「格女衆，内外伯牧大會于京師。予告女「告」字一見，古通「誥」，此經所以稱誥。訓女，猷土圭測日法。○經屢言土圭法，蓋欽天授時，孔經新義也。黜讀作「詘」。乃心，干支正位，各有六千里之中心，不出其位爲詘。無敖從康。當從百物阜安之地中推測之。古託古，如《典》「稽古」。我先王，夏、殷二代之王。亦惟圖任舊人共政。政通「正」，任用干支以求正位。○《六微旨大論》：「因天之序，盛衰之時，移光定位，正立而待之。」又言：「六氣應五行早晏之時刻。」《至真要大論》言南政、北政，《神明論》言八正，《六元正紀大論》言六氣司天之政。王西京王畿。播讀作「蕃」，《大行人》蕃國。告「告」字二見。之，修由内及外，疆域長遠。不匿厥讀作「槩」，謂槷柯。指，《淮南·天文訓》：十二月招摇所指。○各方用槷柯，上應斗建，其象昭著，無所隱匿。王用丕欽，建用王極，欽若昊天。罔有逸言，不逸出干支正位之外，又《無逸》「勤勞稼穡」。民用丕變。《六微旨大論》：「天樞之上，天氣主之；天樞之下，地氣主之；氣交之分，人氣從之。」帝曰：『其升降何如？』岐伯曰：『氣之升降，天地之更用也。』帝曰：『願聞其用。』岐伯曰：『升已則降，降者謂天；降已而升，升者謂地。天氣下降，氣流于地；地氣上升，氣騰于天。故高下相召，升降相因，而變作矣。』」今女聒聒，拒善自用之意。起信讀「伸」，與上「詘」字對。險《廣雅》：「衺也。」膚，淺也。所測險邪而膚淺。予弗知乃所訟！爭辨也。非予自荒疎也。兹德，《月令》五德分五方，予一人不能徧測。惟讀「維」。女含讀「合」。德，《至真要大論》：「寒暑、温涼、盛衰之用，其在四維。故《大要》曰：彼春之暖，爲夏之暑；彼秋之忿，爲冬之怒。謹按四維，斥候皆歸，其終可見，其始可知。」又云：「上合昭昭，下合冥冥。」《六元正紀大論》：「帝曰：欲通天紀，從地之理。和其運，調其化，使上下合德，無相奪倫，天地升降，不失其宜，五運宣行，勿乖其政。」不施①從《白虎通・號篇》引。予一人。施，棄也，讀作「丕施」亦可。如《中庸》所謂「施及蠻貊」。予若觀火，《月令》：「夏三月，盛德在火，其日丙丁。」《素問》：「五運行火，主戊癸。」周統西京用之。予亦炪②讀「詘」，詘處于地中六千里。謀，作乃逸。下文「聽予一人之作猷」。若網在綱③，有條而不紊；地球經緯綫如網，皇居中州，施用土圭法。若農服田力嗇，乃亦有秋。《詩》：「大田多稼」。〇井田中爲公田，如王居，八家私田，如八方伯。驗小推大，説詳《疆域圖》三十四。

傳 此簡在下，今移此。「惰農自安，以農田喻治天下，惰者不能開闢田畝。**不昬**通「敃」，强也。**作勞**，解惰農。不服田畝，以田荒喻天下之不治。越其罔有黍稷。「女克黜讀「詘」。乃心，解見上。施實德于民，《六元正紀大論》：「先立其年，以明其氣，金木水火土運行之數，寒

---

① 施：《尚書・盤庚》作「惕」。

② 炪：《尚書・盤庚》作「拙」。

③ 若網在綱：原作「若綱在網」，據《尚書・盤庚》改。

暑燥淫風火臨御之化則，天道可息，民氣可調。」至于婚友，十干嫁娶法，甲配己化土，乙配庚化金，丙配辛化水，丁配壬化木，戊配癸化火。丕乃敢大言，《素問》有《九大論》。女有積德，下加上臨，天符歲會。《六微旨大論》四言歲氣會同及氣交。乃不畏戎讀作「賊」。毒于遠邇。《靈樞·歲露篇》：「逢年之盛，遇月之滿，得時之和，雖有賊風邪氣，不能危之也。」

傳「女不和《周禮》：地中，陰陽之所和。吉每方正月之吉。言「吉」字緟文。于百姓，五運六氣不當其位，則不得天地陰陽之和，不能獲吉。惟女自生毒。《至真要大論》言六氣勝復之爲病甚詳。乃敗禍姦宄，又：「風木受邪，肝病生焉；金燥受邪，肺病生焉；火熱受邪，心病生焉；寒水受邪，腎病生焉；土溼受邪，脾病生焉。所謂感邪而生病也。乘年之虛，則邪甚也；失時之和，亦邪甚也。遇月之空，亦邪甚也。重感于邪，則病危矣。」以自災于厥身。《九宮八風篇》：「風從虛之鄉來，乃能病人。其傷人也，內舍于八經。」乃既先惡于民，又：「太一在冬至之日有變，占在君；在春分之日有變，占在相；在中宮之日有變，占在吏；在秋分之日有變，占在將；在夏至之日有變，占①在百姓。」乃奉其恫，痛也。女悔命何及！《八正神明篇》：「八正之虛邪而避之勿犯也。以身之虛而逢天之虛，兩虛相感，其氣至骨，入則傷五藏。」相時四方，四時。⿰忄散②民，散居四極之民，用土圭以相度。猶通「猷」，測量法。胥顧于箴讀「鍼」。《靈樞》九鍼及九九八十一鍼刺取人身穴竅，譬喻內外二十一州，各翕

---

① 占：原作「古」，據《靈樞·九宮八風第七十七》改。

② ⿰忄散：《尚書·盤庚》作「憸」。

中于乃心。言，訓詁之言。其發有逸口。古文圍象每州疆圉。〇《六元正紀》言五鬱之發甚詳。蓋鬱極乃發，待時而作，必逸出州域範圍。

傳「矧引伸其詞。予制乃短長之命，南北二萬六千里爲短，東西二萬八千①里爲長。女曷不告朕，《六節藏象論》：岐伯謂積氣盈閏，上帝所秘。《氣交變大論》：岐伯以五運應天，六經五氣，爲上帝所貴。「帝曰：余聞得其人不教，是謂失道。傳非其人，慢泄天寶。」而胥動以浮六氣司天，在上。言？恐沈六氣在泉，在下。于衆，衆皆願居北半球陸地，恐居南半球多水之地。若火南方之行。之燎于原，火性炎上。不可嚮邇，火氣過勝。其猶可撲滅？此水火既濟之義，謂當以開化北方之伯牧出治南方，如《典》、《謨》堯北舜南。則維女衆内外伯牧。自作弗靖，未得正位，則不安居。非予有咎。測量之事，伯牧任之。

經此章告西方伯牧。「遲任有言曰：託古人之言。『人惟求②舊，仍用《帝典》二十二人，歷四代而如舊，以方位言。器《帝典》：「如五器」。《典瑞》：「掌玉瑞、玉器。」《大宗伯》：「四命受器。」非求舊，維新。』設官分職，隨時更易。蓋王者受命，必異器械。〇《内經》下加上臨，天氣與歲會，必求當位。古我先王，夏、殷二代。暨乃祖乃父，據十二支言，戊己二伯爲祖，八千方伯爲父。胥及逸勤，君逸臣勞。予周統之王。不敢動用非罰。慎罰。〇秋官

---

① 千：原作「王」，據文意改。

② 求：原脱，據《尚書·盤庚》補。

司寇掌刑罰。世選爾勞，司勳事功曰勞。凡有功者，銘書于王之大常，祭于大烝，司勳詔之。予不絶爾善。《論語》：「繼絶世。」茲予大享于先王，《大宗伯》六享。爾祖其從與享之。《伏傳》引此二句，謂子孫世守采地，以祠其始受封之人。作福作災，《素問》：「歲得其位，則風雨以時。民安少病，歲失其位，邪氣中之，災變生焉。」予亦不敢動用非德。明德，天命有德。予告「告」字三見。女于讀「干」，八州八干。難，告以測度之難。若射之有志。測天用弧矢法。女毋翕侮成人①，讀作「戊人」，謂中央二伯。○《康誥》：「商耇戊人。」毋流②孤《周禮》三等之孤，即《王制》諸侯世子。「毋流孤」者，即《孟子》「無易樹子」也。有幼，《呂刑》「幼子」。○舉二伯卒正，中包八伯。各長于厥居，《曲禮》：「九州之長曰牧」。八干各居其方。勉出出封。乃力，《謨》：「宣力四方。」《詩》：「膂力方剛，經營四方。」謂四岳。聽予一人之作猷。《範》：「有猷有爲」。《詩》：「爲猷丕遠。」蓋用土圭法測日。無有遠邇，遠，指都鄙。邇，指官府。用罪伐厥死，《歲露篇》：「歲多賊風邪氣，寒温不和，則民多病而死矣。」用德章厥善。又因歲之和而少賊風者，民少病而少死。國之臧，則維女衆；《六微旨大論》：「帝曰：當位何如？岐伯曰：木運臨卯，火運臨午，土運臨四季，金運臨酉，水運臨子，所謂歲會，氣之正也。」國之不臧，「帝曰：非位何如？岐伯曰：歲不與會也。」則維予一人是有逸罰。罰其測量未當者。凡爾衆，其維致告。推致此誥于天下，以求邦國、都鄙皆當其位。○「告」字四見。自今至于後日，俟後久遠，與時偕極，晏子所謂「累世莫殫」。各共爾事，內外州宜考歲差。○《康

① 汝毋翕侮成人：《尚書・盤庚》作「汝無侮老成人」。
② 流：《尚書・盤庚》作「弱」。

誥》外事陳時臬。齊乃位，《六元正紀大論》：「命其位，而方月可知也。」度爾口，讀作「圍」。○各測度内州外州之疆圉。罰及爾身，不稱職者必受罰。弗可悔！」

序 以下二章爲時會之誥。般庚作，起而遷徙。維涉河北方水。○《禹貢》「北播爲九河」，同爲逆河。以民遷。十二支遷于外。乃話民之弗率，民欲不遷。**誕告用亶**。「亶」通「單」，讀「闡」。○「告」字五見。**其有衆咸造**，干支内外嶽牧皆至。**勿媟在王庭**。三句傳文。般庚乃登進厥民。《康誥》：「蕃①，民和，見士于周。」

經 文分二章，以北兼東，如《周禮》地官之統春官。曰：此章告北方伯牧。「明聽朕言，明，喻兩京，與《雒誥》「明」作「明保」同義。勿荒失朕命。荒謂荒服。於戲！古我前后，《詩》：「皇皇后帝」。《典》：「稽古帝堯」。罔不維民十二支。之承保，黎民時雍。后胥高②堯僅初闢北半球。鮮，以不浮于天《素問》六氣司天說。《考靈曜》：「北方玄天」。《淮南》同。時。殷《周禮》時會見下方諸侯，殷同見上方諸侯。降大虐，《素問》有《瘧論》、《至真要大論》，言六氣六淫、民病甚詳。○上方下方測度未當，不免災眚。先王夏殷。不讀「丕」。懷懷保萬民。厥讀「橜」。攸作，乃作槷柯以測天。視民利用遷。干支未得正位，故宜遷徙。女曷弗念讀「驗」。我古后之聞？《内經》

---

① 蕃：《尚書·盤庚》作「播」。

② 高：《尚書·盤庚》作「感」。

多稱引皇帝所聞。承女俾讀「卑」。女，《六微旨大論》：「相火之下，水氣承之；水位之下，土氣承之；土位之下，風氣承之，風位之下，火氣承之；君火之下，陰精承之。亢則害，承乃制，制則生化。」維喜康以求地中。共，非讀「棐」，即槷柯。○《酒誥》：「厥棐有共」。女有咎推步有差。比于罰。《天元玉册》云：「六氣常有三氣在天，三氣在地。每一氣升天作左間氣，一氣入地作左間氣，一氣遷正作司天，一氣遷正作在泉，一氣退位作天右間氣，一氣退位作地右間氣。氣交有合，常得位所在，至當其時，即天地交，迺變而泰，天地不交，迺作病也。是故氣交失易位，氣交迺變，變易非常，即四時失序，萬化不安，變民病也。」予若籲率籲衆戚。懷兹新邑，西洛。亦維女故，因汝測量未當。以丕從厥志。若射之有志。今予將試以爾遷，明試以功。安定厥國。內八州爲邦國，外十二州爲殷國，宜各得其正位。○《六元正紀大論》：「運非有餘，非不足，是謂正歲，其至當其時也。」

傳「今女不憂朕心地中京師。之攸困，《論語》：「允槷其中，四海困窮。」謂光被四表。乃咸大不宣《考工・車人》：「半矩謂之宣。」乃心，不用柯，以土其地而制其域。欽欽若。念讀「驗」。以忱，《大誥》「棐忱」。動予一人，勞動天子。爾維自鞠窮也。自苦，不得天地之和，不能阜財安民，是自窮苦。若乘舟，因涉河而言舟。女弗濟，臭厥載。有舟不濟，聽其腐朽。爾忱不屬，爾不棐忱。維胥以沈。《詩》：「載胥及溺」。《素問》六氣在泉說。○前南方伯牧胥浮恐沈，今北方伯牧又欲胥沈。蓋戊癸遷南，丙辛遷北，思故土也。不其讀「期」。○《六微旨大論》：「天氣始于甲，地氣始于子。子甲相合，命曰歲立。謹候其時，氣可與期。」《六元正紀大論》：「凡此定期之紀，勝復正化，皆有常數，不可不察。故知其要者一言而終，不知其要流散無窮。」或迪①，讀「軸」。自怨②不考時期，而怨地球之大。曷瘳？如病不愈。女不謀長以思乃災，南北水火不調，是以生災。○《六元正紀大論》災九宮説。女永勸憂③。解「謀長以思」句。永，長，憂，思也。今周統。其有今來今。罔後，俟後。○言豈有今無後。女何生在上？《月令》：「北冬黄鍾，陽氣上生。」《素問》六氣俱言上見。又干上臨支，爲天符。今予命女一，《鴻範》：「一曰水」。《伏傳》：「天一生水。」《靈樞》：「九宮數始于北。」○解「試以爾遷」句。無起穢以自臭，《月令》：「冬三月，其臭朽」。《金匱真言》作「臭腐」。恐人踦倚也。乃身，以身喻天下，倚則不得正位。迂回曲。乃心。不得各州之中心以建國。

經此章告東方伯牧。「予御④《大戴·盛德篇》以御馬比御天下。續乃命于天，《考靈曜》：「東方睪天。」《淮南》作「蒼天」。○上交天之繼命。予豈女威，東方主生，任德不任刑。用奉畜女衆。畜，養也。衆，干支。予念我先神后《董子》推神農爲九皇。之勞爾先，先祖在乃祖乃父之先，言自神農統一天下，已用干支分州，此法古之意。予不克羞爾，羞，進也。用懷爾《中庸》「懷諸侯」。然。失于政，《補本病論》：「帝曰：余聞天地二甲子，十干、十

---

① 迪：《尚書·盤庚》作「稽」。
② 怨：《尚書·盤庚》作「怒」。
③ 女永勸憂：《尚書·盤庚》作「汝誕勸憂」。
④ 御：《尚書·盤庚》作「迓」。

二支，上下經緯天地，數有迭移，失守其位，可得昭乎？岐伯曰：失之迭位者，謂雖得歲正，未得正位之司，即四時不節。」陳于茲，茲新邑。高后上帝。丕乃知降罪戾，《六元正紀大論》：「運太過其至先，運不足其至後，此候之常也。非太過、非不及，則至當其時，非是者眚也。」曰：解說。曷虐朕民！《五運行篇》：「從其氣則和，違其氣則病。不當其位者病，迭移其位者病，失其位者危。」女萬民《周禮》萬民指都鄙。乃不生生，《鄉飲酒義》：「東方者春，産萬物者也。」〇未得甲乙寅卯正位之司，不能生于生方。暨予一人猷土圭法。同心，同以地中爲京師。先太過者先天。后不及者後天。丕降與女罪疾。《氣交變篇》：「五運之氣太過不及，下應民病，上應五星，甚則死不治。」其説甚詳。

傳「曰：傳説。曷不暨朕幼孫《呂刑》：「幼子童孫。」有比！《周禮》：「大國比小國」。故有爽德，推步不合五德之運。自上其罰女，《六微旨大論》：「《大元册》曰天符。歲會，太一天符之會也。」天符爲執法，歲會爲行令，太一天符爲貴人。邪之中執法者其病速而危，中行令者其病徐而持，中貴人者其病暴而死。」女罔能迪。讀「軸」。〇不能存于地軸。

「古我先后，古帝堯。既勞《孟子》：「放勳曰勞之。」乃祖乃父，堯用干支，見于二十二人與辛壬癸甲及九男、二女。女共作我畜民。今共爲我周之伯牧。女有近①則，切近之法則。在乃心，據干支正位，由近及遠。我先后帝舜。綏退也。乃祖乃父，《帝謨》：「巧言令色孔壬」。是舜退干於外州之證，必移支於内。乃祖乃父迄于

① 近：《尚書·盤庚》作「戕」。

夏殷，又有遷移。乃斷棄女，夏殷亡國，干支見棄。不救乃死。周不挽救，惟死而已。○《至真要大論》言六氣之絶死不治甚詳。茲周統。予有亂政同位，《論語》：「武王曰：予有亂臣十人。」具乃貝玉。《禹貢》青州淮夷貢蠙珠。《顧命》大玉、夷玉在東序，《帝典》五玉封五等諸侯。乃祖乃父夏殷干支。丕乃告我高后①周統干支。曰：作丕刑《詩》云：「刑于寡妻，至于兄弟，以御于家邦。」于朕子孫②！干支爲祖父子孫，爲天下一家例。迪地軸，地中。高后上帝。○《召誥》：「王采紹上帝」。丕乃興降不永。不，讀「丕」。○國祚于以緜長。

「於戲！今予告「告」字六見。女：不易！干支定位。○《六元正紀大論》：「數之始起于上而終于下。歲半之前，天氣主之，歲半之後，地氣主之。上下交互，氣交主之，歲紀畢矣。故曰：位明氣月，可知乎所謂氣也。」永敬大恤，讀作「衅」。釁，隙也。○《九宫八風篇》：「風從所居之鄉來爲實風，主生長，養萬物。從其衝後來爲虚風，傷人者也，主殺，主害者也。謹候虚風而避之，故聖人曰避虚邪之道，如避矢石然，邪弗能害。」無胥絶遠。都鄙。○《五運行大論》：「夫變化之用，天垂象，地成形，七曜緯虚，五行麗地。地者，所以列應天之精氣也。形精之動，猶根本之與枝葉也。仰觀其象，雖遠可知也。」女比③猶通「猷」。念讀「驗」。以相從，土圭之法，比次爲用，驗者從之。各翕④中于乃心。九夏、十二州各有建國之中心，務求合天。

---

① 我高后：原作「乃祖乃父」，據《尚書·盤庚》改。
② 子孫：《尚書·盤庚》無「子」字。
③ 比：《尚書·盤庚》作「分」。
④ 翕：《尚書·盤庚》作「設」。

傳「乃有不吉、《周禮》正月之吉、不吉，言不得每方之中。○内八正一月四十五日，外十二正一月三十日。不迪，讀「軸」。○不得地軸之中。顛越顛倒隕越。不恭，讀「共」。○不能各共爾事。暫遇姦宄①，差失天度，致逢乖戾。○《禮・月令》言四時失令甚詳。我乃劓讀「刈」。殄滅之，無遺育，解「殄滅」句。無俾易種于茲新邑。西洛。

「往哉！成王命伯牧由東往西，與《帝典》命官由北往南同。生生。東方春氣，主生。經有二生，因兩京有兩東方也，故甲乙二日分剛柔，《周禮》五土别川澤。今予將試以女遷，與告北方伯牧語同。永建乃家。」《大學》治天下始于齊家。

序此章地中大會同之誥。般庚既遷，岳牧咸建以後十三年大會京師。奠厥攸居，《王制》：「司空執度，度地居民。」凡居民，量地以制邑，度地以居民，地邑民居，必參相得也。乃止厥位，《周禮》辨方正位，《皇帝疆域》有圖。○《六微旨大論》：「當其位則正。」綏爰有衆。綏，安也。衆，干支伯牧。

經曰：誥詞。「女罔讀作「網」，喻地球。台民②，《淮南》：西北台州，《貢》以雍爲皇居。此經直告西方九州之伯牧。勖建大命。天命。建設兩京爲大命。今予其敷心腹腎腸，天下一人例，説詳《皇帝疆域・五事圖》。

---

① 宄：原作「究」，《尚書・盤庚》改。
② 女罔台民：《尚書・盤庚》作「無戲怠」。

○《靈》、《素》多以人身應合天地。歷告「告」字七見。爾百姓于讀作「干」。十干，二伯八伯。《帝典》「百姓」指百官。朕志。罔罪爾衆，衆統稱干支。爾無共怒，勿攖天怒。協比讒言予一人。《帝典》「讒說殄行」。古我先王周先王。將多于前東京。功，武王意欲建兩京，說見《周本紀》。適于山，五土，西方山林。用降我凶，德西素，凶服。綏①績于朕邦。《詩》：「邦畿千里。」今我民用蕩析離居，游移莫定。罔有定極，《六微旨大論》：「遠哉天之道也。如迎浮云，若視深淵。視深淵尚可測，迎浮雲莫知其極。」今爾惠朕順從于我。害讀「曷」。祇動萬民以遷②？《周禮》以萬民爲都鄙，言外以賅内。○《天元紀大論》：「天有陰陽，地亦有陰陽。欲知天地之陰陽者，應天之氣，動而不息，故五歲而右遷。應地之氣，靜而守位，故六朞而環會。動靜相召，上下相臨，陰陽相錯，而變由生也。」肆上帝太一天符。將復《至真要大論》「六氣之復」說。我文孫。高祖文祖。之德，《說苑》：「繼體守文之君，其始封爲高祖，再世守文之君爲文孫。」亂治也。越我家。天下一家。朕及篤《雒誥》篤敘。敬，共讀「恭」，解敬字。承民命，《雒誥》：「承保乃文祖受命民。」用永地于新邑。西洛。肆予沖人，沖子併外十二支爲六合，沖人會合干支于地中。非廢厥謀，厥，讀「橜」，謂槷柯。弔「弔」從弓矢。天道猶張弓，矢象南北立極。東南兩半球之天皆如弓，一張一弛。由讀「軸」。地球形圓爲大輿，地中如車軸，《詩緯》謂之地軸。靈《書緯・考靈曜》詳言天地之道。各，非敢違卜，卜即土圭法。用宏茲賁。讀「墳」。五土，北方墳衍。言墳，爲舉隅例。

① 綏：《尚書・盤庚》作「嘉」。
② 今爾惠朕害祇動萬民以遷：《尚書・盤庚》作「爾謂朕曷震動萬民以遷」。

於戲！邦伯、邦國之方伯。師長《帝典》十二師即十二牧。百執事之人，《周禮》百官。尚皆乘①哉！純用井田車乘之法。井田乃經制説，詳《疆域圖》第三十六。予其勖②簡相爾，黽勉簡用爾爲輔相。念敬我衆。干支，伯牧。朕不肩好貨，太府、内府掌受九貢、九賦、九功之貨賄。○「貨」亦作「化」。《内經》多言五運六氣之化。敢共生生。《天元紀大論》：「太始，《天元册文》曰：太虚寥廓，肇基化元。萬物資始，五運終天。布氣真靈，總統坤元。曰陰曰陽，曰柔曰剛。幽顯既位，寒暑弛張。生生化化，品物咸章。」鞠人《詩》：「母兮鞠我」。司空主養。謀人《秦誓》古之謀人、今之謀人，《司徒》學校議謀。之保居，先養後教，民樂其居。敘欽。《帝典》「咨女二十有二人」、「欽哉」。

傳「今我既羞進也。告「告」字八見。爾于讀「干」。舉干以統支。朕志若否，讀「丕」。○若，順也。丕，天也。順③天之行，統地之大。罔有弗欽。汝往欽哉。無總于貨寶，不貪爲寶。生生自庸。用也。○《五運行大論》：「東方生風，風生木，木生酸，酸生肝，肝生筋，其用爲動。南方生熱，熱生火，火生苦，苦生心，心生血，血生脾，其用爲燥。中央生溼，溼生土，土生甘，甘生脾，脾生肉，肉生肺，其用爲化。西方生燥，燥生金，金生辛，辛生肺，肺生皮毛，皮毛生腎，其用爲固。北方生寒，寒生水，水生鹹，鹹生腎，腎生骨髓，骨髓生肝，其用爲藏。」式敷民德，五土五民，五德終始。永肩一心。」全由地中以統一之。○《詩》：「無貳爾心。」

---

① 乘：《尚書·盤庚》作「隱」。
② 勖：《尚書·盤庚》作「懋」。
③ 順：原作「順順」，據文意删。

大誥《周禮》：「會同曰誥。」此篇大統卯年誥東方諸侯者，故稱「大誥」，以別于小統。《周本紀》：初作《大誥》，次《康誥》、《酒誥》、《梓材》，其事在周公之篇。蓋兩京皆周公手創，此四篇分四方四巡，周公雖居西洛，卻稟承成王之命，今故以屬成王篇。《逸周書·成開》「成王元年大開告用」是也。**第十**

王若曰：代成王爲詞。「猷！通「猶」。《詩》「遠猷辰誥」、「爲猷丕遠」，《中庸》「猶以爲遠」，皆謂土圭測日。大誥此巡狩東岳誥東諸侯。爾多邦，多邦，猶《春秋》稱諸侯。誥皆會諸侯之詞，若周公東征，安有多邦。越乃御事。《周禮》會同執事諸職。不讀「丕」。弔！弔從弓丨，象矢狀。天球南北極其直如矢，天道猶張弓。《易》「張弧」、「説弧」，《帝謨》「弼直」是也。天降割于我家，割，裂也。劃分兩半球，建設兩京，以成天下一家。弗少延。時勢迫促。洪惟我幼《立政》「孺子」，《管子》「幼官」。沖人，六合以內。嗣後王。無疆無疆，即無邪，謂地輿之大。大曆全球用七曆，説詳《疆域圖》第三十。服，十五服、三十服。弗遭①讀作「佛曹」。佛音弼。《孟子》「拂士」即「弼士」，謂輔弼分曹。哲，《謨》曰：「知人則哲，能官人。」迪讀「惠」。民康。《謨》曰：「安民則惠。」

傳「矧曰解説大曆。其有能假②《典》「假于上下」。知天命。《皇道篇》：「欽若昊天」。「己！東京戊己居中。予惟小子，俟後之孺子王。《曲禮》：「天子在喪，曰予小子。」若涉淵水，大海也。即

---

① 遭：《尚書·大誥》作「造」。
② 假：《尚書·大誥》作「格」。

《典》、《謨》鴻水。予惟往涉海西京。求朕攸濟。朕必濟渡之。敷賁，讀「墳」，大也。敷布大化。敷一作「傅」。前人周公。受命，《康誥》：「誕受厥命。」兹不忘大功。周公開闢兩京之功。予不敢閉時局開通，莫能閉之。于天降威，解「天降割」。用寧王東京寧畿，《莽傳》曾經舉行；西京王畿，見于《周禮》。兩京猶一家，説詳《疆域圖》第二十三。遺我大寶龜，《鴻範》稽疑，《周禮》大卜，國大遷則貞龜。《伏傳》説周公謀于同姓朋友及天下均從，然後加之蓍龜，故卜必吉。紹天《召誥》「紹上帝。」明，即命曰：卜辭。有大艱于西土，西半球，西京。西土人亦不靖。未得安居。粵兹蠢，《禮記》：「東方者春，春之爲言蠢也。」指東京。○追述東京開化之始。殷《周禮》殷國。小腆都鄙多小國。誕敢紀其敘。五紀歲、時、月、日、星之敘。天降威，知我國有呰，同「疵」。○《内經》民病説。民不康。歲氣不和，民多疵癘。

傳「曰：予復。反反復詳審。鄙都鄙。我周邦。言外以包内，東京于以開闢。今蠢，東京。今翌日，不定何日，所以俟後。民儀晉本作「獻」，義通。○「民儀」者，民之表儀。有十夫。十夫，十人。《論語》謂之亂臣十人，皆指十干分布九州，爲二伯、八伯。「予翼，兩京如兩翼，《謨》謂之亮翼。以于讀作「干」。兩京皆用干支分州，説詳《疆域圖》第三十八。敉寧武讀作「成」。圖功。撫東京寧成二畿，以進圖之。我有大事，休！全球大統之事。朕卜并吉。卜即土圭測量兩京，并得吉卜。○《詩》：「卜云其吉。」

傳「肆予告我友邦君，諸侯。越尹氏、内官。庶士、外官。御事，總括内外。曰：『予得吉卜，土圭測得地中。予惟以爾庶邦，統稱諸侯。于伐殷殷國，邊鄙。逋播臣。』控馭全球，開通邊境。

「爾庶邦君越庶士、御事罔不反曰：艱大，指卜宅事。民不靜。指逋播爲亂，民不安居。亦惟在王宮、官府。邦君邦國。室。天下一家。越予小子，考翼不讀作「丕」。可征，往也。考，老也。二伯如翼，開闢兩京，大可以往。王害不違讀作「轄丕圖」，謂地球大輿。卜？用土圭以卜之。

傳「肆予沖人一人統六合。永思艱，思念事之難。曰：『嗚虖！允蠢東京土圭，信合天道。鰥寡，哀哉！哀讀作「裒」，聚也，盛也。謂東方之民富庶可期。予遭天役，遭逢土圭測天之役。遺大投艱于朕身，地球甚大，測度甚難。越予沖人，不卬自卹，讀作「丕仰」。卹，憂也，仰天而憂。義爾邦君，義，讀作「儀」，毖也。頒土圭之式于庶邦。越爾多士，外州牧。尹氏、內官。御事，典司土圭諸職。綏予曰：綏，安也。無毖通「密」。于卹，無庸私憂。不可不成乃寧東京寧畿。考圖功。』此段述東京測日之事。

說「已！東京。予惟小子，解見上。不敢替上帝命。替，廢也。天休于寧東京寧畿。王，西京王畿。興我小邦周，由舊小邦周推驗爲大邑周。寧東。王西。惟卜用，兩京建都，惟用土圭卜宅。克綏受茲命。由綏服三千里推而受茲大命。今來今。天其相民，天佐斯民。矧亦惟卜用。《鴻範》稽疑，乃命卜筮。烏虖！天明威，文同《帝謨》，明南方，威北方。弼我丕丕基！」二「丕基」指東西京。

王曰：「爾惟舊人，開化東京之人。爾不讀「丕」，晉本亦然。克遠省，能于遠方省察土圭。爾知寧王若勤哉！兩京地中，皆由勤而得。天閟晉本「閟」下多一「毖」字。我成功所，閟，秘也。天秘藏其成功所在，謂天日不易測。予曷敢不極卒寧東京。王西京。圖事。極力卒成兩京之事。肆予大化。全球之化。

傳「誘我友邦君，誘之順從。天棐諶通「忱」。辭，漢孔光說，承順天道，加精致誠。〇辭理也。「棐」從飛下翅，取其相背。土圭之柯，四表各一尺五寸，皆取相背。是「棐」與臬、槷、檿同義，用以測天，當精誠而治理之。其考我民，我蕃民其考察之。予害①其不于前寧人前建東京寧畿之人，指周公。圖功攸終？始于東，終于西。天亦惟用勤毖我勤，勞也。毖，慎也。民，若有疾，《内經》民病説。予害②敢不于前寧人周公。攸受休弼③？」漢詁説弼爲輔，與《史記》説謨弼諧爲輔和同。蓋周公所受休美在兩京。

王曰：此段言俟後。「若昔古文「夕」，譬喻後世。朕其逝，往也，亡也。朕言艱土圭測天最難。日思。解詳《帝謨》「詩日④贊贊」。若考作室，譬喻天下一家。既思⑤法，厎定地形。厥子八才子。乃弗肯堂，不克闢堂基。矧肯構？豈克構屋。厥父菑，以耕喻治國。厥子乃弗肯播，不克布種。矧肯穫？豈克收刈。厥考翼讀作「冀」，希望也。其肯曰：予有後，弗棄基。望後人之紹基。肆予害⑥敢不越卬讀「仰」。敉撫也。寧

---

① 害：《尚書·大誥》作「曷」。
② 害：《尚書·大誥》作「曷」。
③ 弼：《尚書·大誥》作「畢」。
④ 日：《尚書·皋陶謨》作「曰」。
⑤ 思：《尚書·大誥》作「厎」。
⑥ 害：《尚書·大誥》作「曷」。

王大命？仰觀天日，撫考土圭，而兩京可建。

傳「若兄《吕刑》伯兄，即方伯。考，察也。乃有友伐讀作「交杙」，謂八方伯交相考察杙柯。厥子，《吕刑》幼子，即卒正，大統外牧。民長①五長，謂五等諸侯。其勸互相勸勉。弗救？」弗讀「拂」，訓「弼」。《周禮》司救救過失，謂弼救土圭之差。

王曰：「烏虖！肆哉！肆，陳也。爾庶邦君，内外諸侯。越爾御事。司掌土圭之人。爽明也。邦由讀「軸」。哲。邦軸，謂地中京師。能明邦軸，則智者也。亦惟十人十干分布九州，戊己爲二伯。迪讀「軸」。知上帝命，以地中而知天命所在。粤天棐諶②，解詳「天棐諶辭」。爾時四時。罔敢易法。土圭四表之法，不敢變易。

傳「矧今天降戾于周邦，天度乖戾。惟大囏測量甚難。人，誕鄰庶邦壤地鄰接。胥伐讀「杙」。于厥室。皆用杙柯以測于其國。爾亦不知天命不易！不，讀「丕」。〇皆大知天度有定。予永念曰：念，讀「驗」。天惟喪讀「表」。殷。用四表于殷國。若嗇夫，農夫耕田。予害③敢不終朕晦？井九百晦，象九州。説詳《疆域圖》三十四。天亦惟休于前寧人，周公已闢東京。予害④其極卜，用土圭于四極以卜

---

① 長：《尚書・大誥》作「養」。

② 粤天棐諶：《尚書・大誥》作「越天棐忱」。

③ 害：《尚書・大誥》作「曷」。

④ 害：《尚書・大誥》作「曷」。

宅。敢不卜晉本作「于」。從，卜，從漢詁，言必從也。率寧人有指疆土？以東京寧畿之人往西方各疆土。

說「矧今卜并吉，兩京皆卜得地中。肆朕誕以爾東征。誥封東方諸侯，以之往東，非兵征也。天命不僭，天命斷無僭差。卜陳惟若兹。」肆臯柯以卜宅若此。○此篇誥東諸侯，特詳土圭之事，他篇稍略。

康誥舊以《康誥》爲成王封康叔，但經稱「朕其弟」與「文考」、「寡兄」，皆不合叔姪之辭。按《左・定四年傳》：「命以伯禽」，稱字無書；「命以唐誥」，亦無書。「唐誥」當作「唐叔」，「命以康誥」必是「命以康叔」。此如踐土策命晉侯，襄十四年策命齊侯，別有策文，與《書經》無關也。自《書序》以《康誥》爲封康叔，因改《左傳》「康叔」爲「康誥」，而「唐叔」亦改作「唐誥」。若傳于伯禽言「命以魯公」，必改作「魯誥」，以爲書缺之證。今伯禽稱字，故知二叔亦必稱字。而經之《康誥》乃大統之世午年南巡之誥，于封康叔無涉也。

第十一

序惟三月十三月，解詳《召誥》。哉生霸，月三日成魄，比方三千里。周公《列子》：「孔子尚公。」初基，大統之始，非姬周營洛之始。作新《詩》：「周雖舊邦，其命維新」。大邑邑爲京城。新大邑①者，非舊周之小邑。○大邑，說詳《逸周書・作雒》。于東青統。國《周禮》國畿。雒，言東國雒，尚有西國雒，故《雒誥》有二「雒食」。四方民大和《周禮》：陰陽之所和，謂之地中。此東半球之地中，尚有西半球之地中，即《董子》所謂東西兩和。會。《逸周書・王會》、

---

① 邑：原作「色」，據文意改。

《周禮》大會同。説詳《疆域圖表》第四十。侯甸《周禮》官府。男邦采衛，《周禮》以男至鎮爲邦國，故「男」下有「邦」字爲符記。百工即百官，指内官。播民，讀作「蕃民」。《鴻範》「庶民惟星」，在蕃以外，即《周禮》都鄙。和和之言合會于京師。見司儀將合諸侯，詔王儀南鄉見諸侯。大行人七見，大宗伯四見。士事也。《孟子》：「諸侯朝于天子曰述職。」述職者，述所職也，無非事者。于周。大統國號。周公《禮運》大同之説，天下爲公。咸勤，《雒誥》：「勤施于四方。」乃洪大誥治。《周禮》：「會同曰誥。」此序大邑、大和會、大誥治，皆大統標目字。

經 王若曰：代詞，説詳《多士》。「孟侯，孟伯之代文，即《吕刑》伯父，如《春秋》桓文爲伯，稱齊侯、晉侯。《左傳》乃稱侯伯。朕其弟，即《吕刑》仲叔、季弟，爲方伯。小子即《吕刑》幼子。封。《周禮》：「封人掌封國。」非康叔名。《伏傳》：「王曰封，惟曰若圭璧。」言圭璧而五長皆在矣。○《莽傳》以此節爲周公居攝稱王之文，不言封康叔，然仍當以王屬成王爲是，蓋《雒誥》成王朝諸侯也。惟乃丕顯考考，老也，猶《微子》篇「耄耇」之稱。小統二伯稱元老、耋老、天子之老，大統二伯乃稱「丕顯考」。文王，《竹書》稱周公爲周文王，《雒誥》「公稱丕顯德」是也。克明德《伏傳》説文王克明俊德，如《典》之帝堯。按：堯舜爲皇二伯，周公似之。慎罰，此篇以明德慎罰爲二大綱。《左傳》引《周書》曰：「明德慎罰，文王所以造周。」即指周公。不敢侮鰥寡，庸庸，祗祗，畏畏，《孔叢子》引孔子曰：「用可用則正治矣，敬可敬則尚賢矣，畏可畏則服刑恤矣。」顯民，德著于民。用肇造我區《鄒衍附傳》：「如一區中者，乃爲一州。」九州則九區。夏，赤道下爲夏，地中爲九夏。《周禮》有九夏。越我一二邦，一邦爲東京，二邦爲西京。《顧命》：「一二伯父。」以修我西土。西半球、西京，素統。○《禮記》：「武王曰：『夢帝與我九齡。』文王曰：『爾以爲何也？』武王曰：『西方有九國焉，君王其終撫諸？』」惟時怙怙，賴也。○《吕刑》：「一人有慶，兆民賴之。」冒，聞于上帝，德動天鑒。帝休，上帝嘉美之。天乃大命文王全球之大，皆周公所開闢。殪戎殷，殪，盡也，滅也。戎，西方六戎。殷《周禮》殷國，謂周公盡撫西戎以拓邊疆。誕大也。受厥命，《書緯・運期授》：「周文王以戊午蔀二十九年受命。」注：「謂文王以受命之年爲元年。」越厥邦邦國。厥民，蕃民。惟時敘。東京主春夏，西京主秋冬，所以順天四時之敘。乃寡兄對「朕其弟」言，即伯兄。勖，即《帝典》命官、欽哉之意。肆汝小子上由孟侯至小子，此由寡兄至小子，互文見義。封，封人、封國，下同。在茲東土。」東半球東國雖先開化

王曰：「於戲！從《潛夫論》，下同。封，汝念哉！念，讀作「驗」，驗小推大。今來今。民將在祗遹敬遵。乃文考，文爲謚，考爲老。紹聞衣讀作「開夜」。德東晝西夜。周公紹承東土，開化西方。言。往往西京。敷求于殷先哲王，移易殷統之干支。說詳《疆域圖表》三十八。用保乂民。「乂」象氣交，指地中京師。女丕遠《詩》：「爲猷丕遠。」惟商耇殷二伯。成人，讀作「戊人」，謂商統干支以戊己爲二伯，周東京仍周之，言戊以包己，周西京則移用甲己。宅心居于東京地中。知訓。別求求，古文「球」。○《周禮・土訓》「詔地求」，即地球，在東半球；言別球，謂西半球也。聞由古《典》「稽古」。先哲王，干支分州之制，創始于《典》之二十二人。《帝謨》辛壬癸甲，《禹貢》「六府」沿用之。用康保民。地中百物阜安，以建王國。○《謨》：「安民則惠。」弘覆于天，校本作「弘于天」，今從《荀子》，謂地球周圍皆天。若德裕乃身，《大學》：「德潤身」。不廢在王命。」毋違朕命。

王曰：「於戲！小子封，解見上。恫矜①乃身，恫，痛也。矜，病也。敬哉！天威棐忱，棐，即臬柯。

---

① 矜：《尚書・康誥》作「瘝」。

解詳《大誥》「天棐忱辭」句。民情大可見，大統之民，可于寅年大會，交相見。小人小統。難保，務大者恐遺小。往往西京。盡乃心，居中而治。無康好逸豫，乃其乂民。乂，即《周禮》交會和合之地中。我聞曰：怨不在大，亦不在小；大小均求無怨。惠不讀作「丕」。惠，茂不讀「丕」茂。《左傳》引此二句，謂康叔所以服宏大，即下文「乃服惟弘」也。○「叔」當作「誥」。己！西京甲己居中。汝惟小子，與《大誥》「予惟小子」對，謂後王、後生。乃服惟弘《書》建五服，《周禮》推至九服、十五服。王，西京王畿。應保殷民，殷國，邊鄙之民。○由内及外。亦惟助王王畿。宅天命，《召誥》「其作大邑」、「其自時配皇天」。作新民。」西京爲新邑，故民稱新民，非舊周之民也。○《詩》：「周雖舊邦，其命維新。」《金縢》周公自稱「新命」。《大學》引此句，謂「君子無所不用其極」。○以上皆「明德」之事。

王曰：「於戲！封，敬明乃罰。以下言慎罰。人有小罪，匪眚，過誤也。乃惟終，終，不改。自作不典，式不守常法。爾，有厥罪小，乃不可不殺。《帝典》：「怙終賊刑」。乃有大罪，匪終，非欲終身爲惡。乃惟眚哉，哉，從《潛夫論》，通作「裁」。適爾，偶爾如此。既道極厥罪①，既自稱道盡，輸其情罪。時乃不可殺。」《帝典》：「眚裁肆赦。」

王曰：「於戲！封，有敘《周禮》土圭尺五寸，千里差一寸，以求地中。時，四方、四時用四表。乃大明服，大明生于東，謂日也。日光偏照全球，以土圭測之，千里一服。惟民其力懋和。《董子》：「天有兩和。」東西地中是也。若有疾，《内經》「民病」。惟民其畢棄咎。當求歲時之和，爲民盡去其咎戾。若保赤子，赤，南方赤道。子，北極

① 罪：《尚書·康誥》作「辜」。

玄枵。○《大學》：「如保赤子，心誠求之，雖不中不遠。」謂據地心以求南北也。《孟子》「若保赤子」，以爲「彼有取爾」，謂土圭法所取用也。惟民其康乂。《周禮》：「百物阜安，乃建皇國」。○測量四方，以求地中。

傳「非女封刑人殺人，無或刑人殺人。《春秋》之義，諸侯不可專殺。又曰枚本此二字在「非汝封」下。非女封劓刵人，無或劓刵人。」此《呂刑》苗民虐刑，後人增羼者。

王曰：「外事，土圭測量，不在内地。女陳時臬四方四時。臬以測日，臬即三尺之柯，與槷杙義同。《考工》匠人用槷之法甚詳。司，師職掌土圭之官。茲殷二黑道，皆殷國。罰《詩·兔罝》即「土圭」轉音，「罰」又罝之誤文。有倫。」一寸千里，有一定之倫次。○《般庚誥》：「國之不臧，惟予一人有逸罰」。

傳又曰：「要囚，囚，讀作「圍」，下同。兩京交界處爲要圍。説詳《疆域圖》三十二。服兩京各三十服，《大行人》六服，止于要。念讀作「驗」。五六日，五日五千里，爲帝制一州。六日六千里，爲皇制一州。至于旬十日萬里，爲一州。九州方三萬里。○《詩》作「洵」。時，四時，四方、四帝分司，各萬五千里。丕蔽蔽，謂地球東西春分秋分日月之蝕，《雒誥》謂之食。要囚。」東京一圍，西京一圍，即兩半球。

王曰：「女陳時臬事，外事。罰蔽殷彝，土圭測合日食當滿蔽，殷國邊鄙而得其常，斯爲地中。用其義刑義殺，義，宜也。勿庸以次次，通「恣」。○毋庸放恣。汝封。乃汝盡遜，順也。曰時敘。所封皆順五等諸侯之敘。

傳「惟曰訓詁。未未來。有遜事。謂孔經時會，未來未有遜敘之事。已！汝惟小子，解見上。

未《月令》：季夏中央黄帝，月建未，其日戊己。即《酒誥》妹土。其有若女封之心，謂汝孟侯兄弟小子所封，當以未土爲中心。朕心東京。朕德，得也。惟乃知。東京得地中之法，皆汝所知。今闢西京，當倣效之。

「凡舉條件。民自得罪，自作孽。寇攘姦宄，《帝典》命皋陶作寇賊姦宄。殺越人于貨，于，取也。閔不畏死，枚本「閔」作「暋」。凡民罔不譈。」枚本作「憝」，怨也。○《孟子》説「是不待教而誅者也」。

王曰：因有姦民，乃發此誥。「封，元惡大憝。提出姦惡之大者。

傳「矧古訓解之詞。惟不孝不友。不孝友者罪極大。○此孔經倫理學。子弗祇服厥父事，大傷厥考心。于父不能字厥子，字，愛也。乃疾厥子。父子交惡。于弟弗克念天顯，乃弗克恭厥兄。兄亦不念鞠《爾雅》：「鞠，稺也。」子哀，大不友于弟。兄弟相尤。○此節以家喻國，推之爲天下一家。《墨子·兼愛》篇説君臣、父子、兄弟不相愛之害甚詳。惟弔兹，弔，憫也。不讀作「丕」。于我政人得罪，大得罪于執政之人。天惟與我民彝《詩》：「民之秉彝」。大泯亂。滅亂天常。

説「曰：訓詁。乃其速由文王作罰，從周公所制之刑罰。刑兹無赦。《左傳》引《康誥》曰：「父不慈，子不孝，兄不友，弟不共，不相及也。」○此段提倡倫紀之化，使人别于禽獸、野人。○終結慎罰。

不讀作「丕」。率大戛。戛，讀作「杙」，即杙柯。

傳「矧矧從弓矢，即古訓解。惟外庶子、即《鴻範》「庶民」。訓人，《周禮·土訓》誦訓、訓方氏。惟厥正人，八正、十二正之伯牧。越小臣、《周禮》：「小臣掌王之小命。」諸節，職掌土圭諸司。乃别播讀作「蕃」，謂西方蕃國。敷，造讀作「誥」，敷布土圭測日之誥。民大譽，讀作「與」，從也。如《齊語》「桓公知天下諸侯多與己」之「與」。弗念讀「驗」。弗庸，測而弗驗者，不可見諸實用。瘝厥君。牧伯病土圭法而不知。時乃引惡，則四時不得其和。惟朕憝。讀作「鶉」，南方鶉火。己！東洛京師。○謂嚮離而治，東京己，得地中。女乃其速①由讀作「東軸」，謂收東地軸以求地中。兹義率殺。殺，讀去聲。○謂此測日之法，當按土圭千里一寸以次減殺。亦惟君猶春秋稱諸侯。惟長，五長。不讀作「丕」。能厥讀作「槷」，即槷柯，謂各君各長皆能用土圭測量。家人，越厥讀「槷」。○天下一家之人，皆能越境用槷測日。小臣猶小子。外正。外十二正爲十二州牧。惟威惟虐，其極邊不能測量者，當用威迫。大放王命，推放王命，于大地球。乃非德用乂。倘非五德五帝分方測量，而欲求地中建都。女亦罔迷罔。不克敬典，不能敬遵土圭之法。乃由通「猶」。裕民，裕，讀作「谷」。東方谷風，謂欲如東京之完善。惟文王之敬忌，此則周公所畏忌。乃裕讀「谷」。民。曰：我惟四維。有及。用東京之人以闢西京，又從四維以測及中央。則予一人《曲禮》天子自稱。以懌。」悦也。

王曰：「封！爽讀作「爾」。惟民維民，即蕃民。迪讀「軸」。吉康，得地中，則交會和合。我時四時。其惟殷先哲王德，《月令》五德統干支。○謂承用殷統分州之干支，以隨時遷移。用康《周禮》地中百物阜安。乂民乃建皇國。作求。讀作「球」。○開通地球。

傳　「矧訓解。今民罔迪讀作「綱軸」，謂地球分晝經緯綫如綱。不適，地軸之大，民未徧遊。不迪讀作

① 速：原作「遠」，據《尚書·康誥》改。

「丕軸」。則罔不識地球之大。政，讀「正」。在厥邦。」《周禮》辨方正位，在由邦國以推及都鄙。○從大戛至此，皆言土圭之事。

王曰：以下總結明德慎罰及土圭之法。「封，予惟不可不監，周監二代。告女德之説明德。于罰之行。慎罰。今惟民不静，維民，即蕃民，未能安静歸化。未戾《爾雅》：「定也。」厥心，地中未定。迪屢讀作「軸數」，謂地軸經緯度數。未同。未與東半球相符。爽錯誤也。解上句。惟天其罰殛我，罪在朕躬。我其不怨。讀作「丕怨」。○《大戴·小辨篇》孔子解忠恕，舉九知，如九服，由近及遠。惟厥讀作「槩」，謂遠近皆用土圭杙柯。罪不①在大，不能測量者即有罪。亦不②在多。一次差爽，則必罪之。

傳「矧曰引解上文。其尚顯聞讀作「闕」。于天。」謂窺測天度。

王曰：「於戲！封，敬哉！無作怨，讀作「憝」。○結上「元惡大憝」。勿用非謀讀「謨」，通「模」，謂作惡者不可爲楷模。非彝，民彝，即彝倫。○不可爲法，不遵倫常者皆不用之。蔽日月之食。時忱。時常誠心審察。丕則地球合天之大法則。敏德，得也，敏求則得。○二句結上「丕率大杙」句。用康乃心，安居地中。顧乃德，環顧五德之方位。遠乃猷，《詩》：「爲猷丕遠。」裕乃以民寧，乃能安民。不女瑕殄。」結上「予一人以懌」。

王曰：「於戲！肆女小子封，舉小子以括二伯方伯。惟命不于常，《大學》説此句云：「道善則得之，不善

① 不：《尚書·康誥》作「無」。
② 不：《尚書·康誥》作「無」。

則失之。」女念哉！念，讀作「驗」。無我殄享。無使我享國殄滅。明乃服命，乃大明服。高乃聽，聽從高天以測日。用康所謂《康誥》。乂民。」用吉康之地，以建京師。

王若曰：始末皆用代詞。「往哉，封！《帝典》開闢南方，堯命九官往南。《雒誥》開闢西方，成王封國往西。勿替敬，慎守封疆。典聽朕誥，「誥」從唐石經。女乃以殷民移易殷統干支。世享。」享有國祚。

酒誥此篇酉年酉月西巡之誥。西方之辰，丣爲閉門，可稱作「酉誥」。《書》作《酒誥》者，《禮記》「春饗孤子，秋食耆老」，饗有酒食，無酒事，從宜俗，秋食仍用酒，防其沈酗，故以酒申誥命。第十二

經 成王若曰：馬、鄭、王本及歐陽、大小夏侯三家皆作「成王若曰」，可見《酒誥》爲成王之誥。然非姬周之成王也，故用代詞。「明大命于妹讀作「末」。邦。統一全球之命爲大命，亦從《康誥》「大明服」生義。末邦，即京師。如《月令》「季夏中央土，黃帝所居」，《小雅》「予未有室家」，亦以中央末土爲邦畿。乃穆考東顯西穆。文王，據《康誥》，「顯考文王」爲周公，以周公建東京爲伯也。「穆考文王」亦指周公，以周公開闢西京爲伯也。肇國在西土。西半球。厥誥八月西巡狩，秋覲作誥。毖庶邦內八州、外十二州。庶士，八伯、十二牧。○「毖」讀作「比」。《周禮》：「大國比小國。」《易·比卦》：「建萬國，親諸侯。」「庶」乃素統標目字。越少正、《月令》：「西方其帝少皞。」御事，西岳伯牧諸職。朝夕東洛爲朝，西洛爲夕，言朝夕以統兩京。曰：祀茲酒。祀，讀作「祇」，敬也，篆隸形近而誤。

傳 「惟天降命，天統全球，懋降大命。肇我民，肇啟五土五民。惟元祀。《逸周書·成開》：「成王元

年，大開告用。」○上三句解「明大命于未邦」。天西天。降威，《伏傳》：「秋冬刑罰。」我民用大亂喪德，用燕喪威儀。亦罔非酒惟行。《詩・賓筵》：「曰既醉止，威儀幡幡。舍其坐遷，屢舞僊僊。」越小大邦用喪，上文「庶邦」。亦罔非酒惟辜。《孟子》：「禹惡旨酒。」《戰國策》：「禹絶旨酒，曰：後世必有以酒亡其國者。」

「文王誥文王奉命中央宣誥于西。教解「誥」字。小子即「沖子」。有正有事，内外岳牧各有正方，各有職司。毋彝酒。《韓非子・説林》引《書》曰：「彝酒，常酒也。常酒者，天子失天下，匹夫失其身。」越庶國，上文「庶邦」。飲惟祀，德將無醉。《伏傳》引《酒誥傳》曰：「天子有事，諸侯皆侍；宗室皆侍，族人皆侍。祭已，而與族人飲。宗子燕族人于堂，宗婦燕族人于房，序之以昭穆。不醉而出，是不親也。故曰：飲而醉者，宗室之意也；德將無醉，族人之志也。是故祀禮有讓，德施有復，義之至也。」惟曰：誥詞。我民迪讀作「軸」。小子，民軸，指地中京師。《詩》：「邦畿千里，維民所止。」《大誥》：「已予惟小子。」惟土物《周禮》十二土名物。愛，厥心臧。心喻京師，爲首善之區。《詩》：「心乎愛矣，中心臧之。」聰聽祖考之彝訓，祖喻皇祖，考喻二帝。越小大德，《中庸》「小德川流」如四帝，「大德敦化」如皇。小子惟一。沖子一統。妹土中央未邦，九夏、九洛之心。嗣嗣王。爾股肱二伯。純，其藝黍稷，《論語》爲政足食爲先。奔走事厥考厥長。考，二伯；長，《帝謨》五長。肇牽車牛，遠服賈，用《白虎通・商賈篇》引《書》言：「遠行可知也。」欽①厥父母。《白虎通》引：「欽厥父母」，欲留供養之也。厥父母慶，父母，如《典》羲和，《詩》「孝孫有慶」，則兼慶皇祖。自洗洗獻賓也。腆，賓告旨酢主人。致賓致爵，主婦致爵。用酒。慶事始用酒。庶

① 欽：《尚書・酒誥》作「孝養」。

士有正，《小司寇》：「令群士憲刑禁，乃宣布于四方。」越庶伯君子，庶伯外官八伯，君子内官百僚。其爾典聽朕教。即文王誥教。爾大克羞耇養老。○鄉飲酒禮、公食大夫禮。惟君，《儀禮》鄉燕，君爲主。爾乃飲食醉飽，《郊特牲》：「饗禘有樂，而食嘗無樂，陰陽之義也。凡飲養陽氣也，凡食養陰氣也。故春禘而秋嘗，春饗孤子，秋食耆老，其義一也。而食嘗無樂。飲養陽氣也，故有樂；食養陰氣也，故無聲。凡聲，陽也。」丕讀作「否」，謂非羞耇當飲之時。惟曰：爾克永觀省，《易·觀卦》：「省方觀民設教。」作稽中讀去聲。德。《周禮》司稽「掌巡市而察其犯禁者而搏之」，所以糾民慝，使民一道德以同俗也。○以下酒禁之條件。爾尚克羞饋祀，《儀禮·饋食禮》。祀如大夫祭五祀，士祭其先，言饋祀可許飲酒。爾乃自介介，通「界」，如《伏傳》分別年齒。用逸。《伏傳》：「古者聖帝之治天下也，五十以下非烝社不敢遊飲，六十以上遊飲也。」兹乃允惟王正事之臣，上文有正、有事、毋彝酒。兹亦惟天若元德，謂酒禁于全國，如天之大德包容。永不忘在王家。」勿違王之誥教。○此完全一篇誥教之詞。

王後王。曰：「封，《伏傳》：「王曰封，惟曰若圭璧。」圭璧乃統舉五等諸侯之詞。自此以下，爲後王用誥者立説，故四見「王曰封」。我西土孔子欲闢西方。《列子·仲尼》自稱「西方聖人」，《楚辭》所謂「西皇太乙」。棐徂邦君、方伯。御事、各邦卿大夫等。小子，沖子，即外州牧。尚克用文王教，以上篇文王誥教爲準的。不腆于酒。腆，美也。故我至于今，來今，非一時。克受殷之命。」將來之殷，非已往成湯之殷。

王曰：「封！《周禮》封人，掌封建諸侯。下同。我聞惟曰：《論語》：「子曰：蓋有不知而作之者，我無是也。多聞，擇其善者而從之。」在昔通作「夕」，譬喻後世。殷先哲王，後世之大邦殷。迪畏天，迪，讀作「軸」，地中京師，謹承鈞天。顯小民，《周禮》「以爲民極，乃立天官」。經德《周禮》「經野」謂都鄙，此以德爲鄙，四帝在外。秉哲。《謨》：

「知人則哲，能官人。」自成湯至于帝乙，文同《多士》，解見《皇帝疆域·殷統干支圖》。咸皆也。殷承夏統，移支于内，皆以干支分州。成王迄于周統，則以成爲東心，王爲西心。畏相，畏天相宅。惟御事職掌土圭之官。厥讀作「橜」。棐即「柯」，解見《大誥》。有恭，《般庚》：「各共爾事。」不敢自暇自逸。《無逸》。

傳「矧曰猶云「解曰」。其敢崇飲？不敢尚飲。越在外服，在王畿之外。侯、甸、男、衛、邦伯；《周禮》九服由此起算，經略傳詳。《白虎通》引稱侯、甸、任、衛作國伯。越在内服，王畿之内。百僚、庶尹、《周禮》五官之屬三百四十八官。惟亞、職有等級。惟服、《周禮》九服加作十五服。宗工，《曲禮》：天子六太。太宗、太工，誤作太士。太宗即《周禮》内宗、外宗。太工統考工。越百姓里居，《周禮》謂之百官府。罔敢湎于酒，《韓詩》説曰：「飲酒閉門不出客曰湎。」皆沈于酒之謂也。不惟不敢，亦不暇。各有正事，不敢自暇。惟助成王德顯，贊助周統兩京之德，顯助于天下。越尹人統稱内外服諸職。祗辟。祗，敬也。辟，法也。

説「我聞亦惟曰：託之舊聞。在今後嗣王此侯後明文。酣身，樂酒也。厥命罔顯于民，不宣酒禁于民。祗保徒保己之逸樂。越怨不易。民愈怨而不改易。誕惟厥縱，淫佚于非彝，非常縱樂，如紂長夜之飲。用燕喪威儀，醉後失儀。民罔不盡傷心。「傷」詁「盡」字。惟荒腆于酒，荒，大也。腆，美也。不惟自息乃逸。不思自止其淫逸。厥心疾恨，過甚。不克畏死。雖死不懼。辜在商邑，《白虎通》引《書》曰「在商邑」，謂殷也。越殷國滅，無罹。罹，讀作「離」，麗也。無附麗之者。弗惟德馨香祀，登聞于天，無馨香之德以祀天。誕惟民怨，小民惟曰怨咨。庶群自酒，《殷本紀》：「紂以酒爲池，以肉爲林，使男女裸相逐其間。」《論衡》引《傳》語曰：「紂沉湎于酒，牛飲者三千人，爲長夜之飲。」腥聞在上，僞《泰誓》「穢德彰聞」本此。故天降喪于殷。天亡殷國。罔愛于殷，惟逸。所以不愛于殷者，惟以縱逸之故。天非虐，天豈虐殷。惟民自速辜。」殷人自速其罪。○前朝弊政應當改革，紂以酒亡國，經因以酒示例。

王曰：「封！予不惟若茲多誥。反覆申誥。古人有言曰：託古爲言。人毋于水監，當于民監。《戰國策》蔡澤曰：「監于水者見面之容，見于人者知吉與凶。」今惟殷墜厥命，殷亡周興。我其可不大監周監于殷。撫于時？撫有四時，如《月令》中央黄帝，此大一統之周也。予惟曰：女劼毖慎密也。殷獻臣，《大誥》「民獻有十夫」，即周統遷移殷干。此「殷獻臣」即指殷十干。説詳《疆域圖》第三十八。侯、甸、男、衛，《周禮》九畿由此始。矧太史友、友，讀作「ナ」，左手也。内史友，友，讀作「又」，右手也。○《大戴·盛德》：「天子御者内史、太史，左右手也。」越獻臣外以干支分州。百宗工，内以太宗統宗人，以太工統百工。矧惟爾事，卿大夫各執事。服休地中上承天休，説在《雒誥》。服采；采服與上侯、甸、男、衛互文見義。矧惟若疇，九疇，九州。圻父薄韋①，《詩·圻父》「王之爪牙」，司馬也。薄，迫也。韋，古「圍」字。司馬統轄全國。農父若保，司空順時勸農以保民。宏父定辟，司徒定法。矧女剛剛、柔、正直三德，舉司馬以統二公。制于酒。皆宜禁酒。

【傳】「厥或告《秋官·萍氏》掌幾酒、謹酒。曰：以下酒禁條文。『群飲。』群聚飲酒。女勿失②，勿使

① 韋：《尚書·酒誥》作「違」。

② 失：《尚書·酒誥》作「佚」。

逃失。盡執抲獻①，從《説文》引。○抲，訶問。獻，通「讞」，議刑也。以歸于周，如《春秋》晉人執衛侯、曹伯歸于京師。予其殺。革除舊弊，不能不嚴。○司虣掌禁令，禁以屬遊飲食于市者，若不可禁，則搏而戮之。「又又一條文。惟殷之迪，進也。諸臣惟工惟殷進用之諸臣百工。乃湎于酒，舊染未除。勿庸殺之，姑惟教之。姑且從寬待。

「有讀「又」。○又一條文。斯明享，斯，分析也。享，獻也。分析罪之輕重，其明顯有罪者教而釋之，以其獄辭獻于上。乃不用我教辭，二次復犯。惟我一人弗恤，不再姑息。弗蠲明也。乃事，不明酒禁綦嚴之事。時同于殺。」一律用殺。

王曰：「封！統誥五等諸侯。女典聽朕常聽從朕之酒戒。毖，勿辯慎勿置辯。乃司民《秋官·司民》，掌登萬民之數。湎于酒。」爲民上者能守酒禁，乃能禁民。

---

① 抲獻：《尚書·酒誥》作「拘」。

梓材《梓材》繼《大誥》、《康誥》、《酒誥》後，當仍稱誥。此篇爲子年子月北巡之誥，故《梓材》古文作「杍材」。杍從子，爲正北方之書。《伏傳》：「杍者，子道也。」據父子立説，即本篇「大家」，爲《禮運》「天下一家」之義。　**第十三**

經**王曰：「封！**《周禮》封人、封建，非康叔名。**以厥庶民**《鴻範》「庶民惟星」，即《周禮》「都鄙」。**暨厥臣，**内官，《周禮》「官府」。○舉内外以括邦國。**達大家，**天下一家。○由外歸内，共爲一大家。**以厥臣達王**皇祖爲一家之尊。**惟邦君。**《周禮》邦國，即八州八伯，此由内及外。**汝**統稱内外臣工、岳牧。**若恒**《詩》「如月之恒」，《範》「卿士惟月」。**越曰：**曰，讀作「日」。《範》：「師尹惟日。」**我有師師：**《帝謨》：「百僚師師。」指内官。**司徒、司馬、司空、**三公。**尹、大夫。旅。**衆也。謂士，中缺九卿。**曰：**誥詞。○《周禮》：誥用之于會同。**予罔厲殺人。**不虐殺人。○經以「明德慎罰」爲大綱，故封建之後言慎刑。**亦厥君**指邦君。**先**《論語》：「子路問政，子曰：『先之，勞之。』」。**敬勞，肆徂**讀作「祖」，謂皇祖。○皇親勞之。**厥敬勞。肆往，**皇使往勞，如《左傳》葵丘之齊桓，王使宰孔加勞。**姦宄、殺人、**《康誥》「寇攘姦宄，殺越人」。**歷人，**歷，過也。**宥，**肆姦宄所過之家，不從坐也。○《典》：「眚災肆赦。」**亦見**朝見。**厥君事，**《孟子》：「諸侯朝于天子，曰述職。述職者，述所職也，無非事者。」**彊人有**枚本作「戕敗人宥，王啟監，厥亂爲民」，此從《論衡・効力》所引。○彊，讀作「疆」。疆人，指外牧。王《國語》：「荒服終王。」開賢①，厥率化民②。《論衡》：「賢人壯彊于禮義，故能開賢，其率化民。化民須禮義，禮義須文章，行有餘力，則以學文，能學文，有力之驗也。」

傳「曰：無胥戕，解「罔厲殺人」。無胥虐，解「歷人宥肆」。至于矜寡，《伏傳》：「老而無妻謂之矜，老而無夫謂之寡」云云，與《孟子》「天下窮民」之説同爲此經之傳；然《孟子》以爲文王，恐因周公踐阼稱文王，但不當誤爲治岐。至于媰婦，《説文》：「媰，婦人妊身也。」謂惠于媰孀，此由家法以推廣者也。○解上「大家」。○内八干爲子爲鰥，外十二支爲女爲寡。媰謂北方壬，婦如《論語》十亂有婦人，謂中央己。合由讀作「軸」。以容。測圜爲容，由地中統括全球，干支岳牧皆容納于輪輻之内。王讀「皇」。其效與「斆」同，申命之。邦君言邦伯以統都鄙。越御事，内官百執事。厥命厥，讀「橜」，謂土圭測日之命。曷以以，古作「目」，隸變作「己」。○《詩》「曷維其己」，即紀綱字。引弧矢測天、度地、相宅之法，與「弔」字同。養富之，司空。引大學六矩，彼此相反相似。恬，教之，司徒。自古王皇。若茲，託古立説。監《王制》「天子使其大夫爲三監，監于方伯之國，國三人。」罔讀作「綱」，君爲臣綱。攸辟。《王制》王統二伯，二伯統方伯，每州方伯統二伯，一十國。○説上王臣、邦君、庶民。

説「惟曰：若稽田，大小九州取喻井田。説詳《疆域圖》第三十四。此與《典》、《謨》「若稽古」同意，皆虛擬之辭。既勤敷菑，《爾雅》：「田一歲曰菑。」惟其陳修，陳列修治。○《左傳》：「爲國家者，如農夫之務去草

① 開賢：《尚書・梓材》作「啟監」。
② 厥率化民：《尚書・梓材》作「厥亂為民」。

焉。」爲厥疆《大司徒》：「制其畿疆而溝封之。凡建邦國，以土圭土其地而制其域，諸公封疆方五百里，諸侯封疆方四百里，諸伯封疆方三百里，諸子封疆方二百里，諸男封疆方一百里。凡造都鄙，制其地域而封溝之。」畎。《考工記》：「匠人爲溝洫，耜廣五寸，二耜爲耦，一耦之伐廣尺深尺，謂之甽。」○《謨》：「濬畎澮。」若作室家，此篇詳天下一家例，故爲大家。男以女爲室，女以男爲家。○經例，皇爲祖，二帝爲父母，八王八干爲八子，十二牧十二支爲孫。説詳《疆域圖》第三十三。既勤垣墉，《大誥》：「若考作室，既底法。」《詩》：「价人維藩，太師維垣。」又：「綢繆牖户。」惟其塗塈茨。修飾完繕。○一家之中，尊卑有序，藩垣堅固。若作梓材，梓材，指干支。干即幹，支即支。緯説以木喻天下。《詩經》樹木多從此例。《般庚誥》：「若顛木之有由枿。」亦指干支言。此篇「梓材」義同，故《伏傳》、《論衡》皆以梓爲子道。古説十干爲九子、十子，十二支爲十二子，即從此經生義。故「梓材」古作「杍材」，恐當作「子才」，論説十人才難。《左傳》「八才子」，古義足證。説詳《皇帝疆域・十夫圖》、《六裔圖》、《十日十二辰圖》、《二十二人圖》、《三統遷移干支圖》。既勤樸斲，《王制》「造士」，作育人才。惟其塗丹雘。干支分州，莫不拱衛中央。○地中京師，當天之赤道。○此節純取譬喻，爲經中大例。

「今來今。王惟曰：此爲後王設立誥詞。先王由後溯前。既勤用明德，舉賢。○《帝謨》九德官人。懷《詩》：「懷德爲寧。」爲夾，二伯夾輔。○《左傳》公、太公夾輔成王。召庶邦享大行人以九儀辨諸侯之命，等諸臣之爵，以同邦國之禮，而待其賓客。上公、諸侯、諸伯、諸子、諸男廟中將幣，皆三享。《大戴・朝事篇》亦詳此禮。作，兄弟《吕刑》伯兄、仲叔、季弟。方每方一岳、兩伯、三牧，四方八伯、十二牧。來，巡狩之方岳牧來朝，同寅之年來會京師。亦既用明德。《大司徒》「封建」。后《典》「群后」乃岳牧之統稱。式典集，即上文「監綱攸辟」。庶邦丕享。《詩》：「莫敢不來享。」《周語》：「賓服時享。」皇天天包地球，皇配天，統全球。既附校本作「付」。中國民《孟子》：「中天下而立，定四海之民。」越厥疆《大司徒》：「制其畿疆。」又：「制其畿方千里而封樹之。」故《周禮》皇制每畿千里，十五畿共爲三萬里。土五土、十二土。○《内經》：「五運六氣，移光定位，以地應天。」于先王，法古。○大統之制，歸功前王，故大宗伯六言「享先王」。肆王後王。惟德《論語》：「爲政以德。」用，和《董子》：「天有兩和，以成二中。」謂東西中春、中秋之中，《雒誥》、《召誥》因以建兩京。懌詁「和」字。先後迷《易·坤卦》：「先迷後得。」謂地球東西晝夜相反。民，用懌《周禮·大宰》：「三曰禮典，以諧萬民。」先王受命。先王受天明命，始建兩京。已，京師。○兩京皆以已居中，說詳《疆域圖》第三十八。若茲東國洛。監！大宰建牧立監。

傳「惟曰：欲至于萬年，俟後施行。惟王皇祖。子子孫孫皇之子爲帝，帝之子爲王。皇之孫爲王，帝之孫爲伯。永保民。」此俟後明文。經以十八篇爲《中候》，爲後來皇帝立法，師表萬世。故經非古史，亦非粉飾諛辭。

周五篇

經據衰而作，此五篇自《顧命》以後，周德漸衰，降而東遷，《春秋》以作。故《甫刑》、《文侯命》皆在春秋以前。由此尚推，即《中庸》所謂「攷諸三王」、「祖述堯舜」也。五篇分五方，《顧命》居中，餘四篇如四嶽，與典、謨、貢、範相應。蓋小爲一王之四嶽，大爲四帝之四鄰。騶子附傳「驗小推大」之說，實爲《書經》總例。《鮮誓》東，《秦誓》西，二篇皆「公曰」，即王統二伯稱公之義。《甫刑》南，《文侯命》北，二篇皆「王曰」，如《帝典》之羲和，顓頊之南正重、北正黎。帝之二伯稱王，再尚推之，是爲《皇道篇》之羲和，即堯舜二帝也。五篇小大悉備，由四嶽升爲二伯，由二伯進爲二王，由二王進爲二帝，統歸于皇，蓋逆數以俟後施行也。說詳《皇帝疆域圖》二十四及《世界哲理箋釋》。故《顧命》之王，以小統爲基，大之則爲皇，周亦大小共同之國號，有小邦周，又有大邑周也。

顧命 《金縢》詳武、周傳賢之事，如堯、舜，爲皇學；《顧命》詳成、康傳子之事，如禹、啟，爲王學。此篇特詳嗣王承繼大位之典禮，自「帝舜受終文祖」以下，歷代禪繼皆用此禮。《論語》「禮之用，和爲貴，小大由之」是也。**第十四** 此一篇居中，統二誓命、刑典、《大學》；《康誥》居中，統《舅犯》、《楚書》、《孟獻子》、《秦誓》，同爲一王四嶽之世局。

序 維四月，月不繫年，所以俟後。《史記》三代但爲《世表》，無年表，其言曰：「孔子序《尚書》，略無年月。」後儒謂成王即位三十年，又以爲二十八年者，皆肊揣之説也。」哉生霸，三日。王有病，不豫。晉本作「王不懌」，此從班《律曆志》引，解詳《金縢》。甲子，《大誓》伐紂，《召誥》涖朝，皆同用甲子，若事實，不如此奇巧。王乃洮沫水，洮，洮髮。沫，靧面。相内臣扶相。被冕服，憑玉几。《中論·法象篇》：「顛沛而丕亂者，成王其人也。將崩，體被冕服，然後發顧命之辭。」乃同，《禹貢》「十有三載乃同」，爲寅年之大會同。此宣布顧命，亦當會同群臣。召太保奭、司空公。芮伯、彤伯、二卿。畢公、司馬，公。衛侯、出封爲方伯，入王朝爲卿。毛公、卿。○二公四卿，與《皇道篇》羲和四子相應。師氏、地官師氏，使其屬帥四夷之隸，各以其兵服守王之門外。虎臣、夏官虎賁氏，王在國則守王宮，國有大故則守王門，大喪亦如之。百尹、宮中百司。御事。朝外執事諸職。

經 王曰：「於戲！疾大漸，進也。維幾，瀕危。病日臻。解「大漸」。既彌留，解「維幾」。恐不獲誓言嗣，恐不及言後嗣繼位之事。○小統傳世，家天下。茲予審訓命女。訓命二公四卿。○以下命詞。昔君讀作后。文王、武王文、武如堯、舜二帝，爲皇二伯，故稱后，即建二雒之周公。○周以武王開國，文乃追王，不可與武並稱，以墮文之臣節。宣重光，古文家稽古帝舜重華協于帝之説，以堯舜二帝爲重華。《伏傳》：「八伯歌曰：日月光華。」即舜。此經生義。故《書經》由小推大，前後一轍。奠定也。麗二帝分治天下，疆域相附麗。陳教則陳列教法。肄。肄□□也。不違，讀作「丕圍」。○爲地球之大，而勤勞求治。用克達殷，讀作「撻殷」，即《伏傳》「二年克殷」。就從漢石經。大命。《君奭》：「割申觀寧王之德，其集大命于厥躬。」又曰：「偶王在亶，乘兹大命。」在後後世。之侗，通僮，僮昏無知。敬御天威，恭承天命。嗣守繼體守文。文武王統于文武二帝。大訓，大統乃稱大訓，即《立政》「丕訓」，《雒誥》「弘訓」。無敢昏逾。昏昧逾越。今來今。天降疾殆，弗興興起。弗悟。悟通寤。爾二公四卿。尚明時朕言，尚于明時聽朕命。用敬保元子釗，釗當作某，經不專爲成康記事，《金縢》作「元孫某」。弘濟于艱難，成康隆盛之世，不爲艱難。所謂艱難，指後世内憂外患之時局言。柔遠能邇，文同《帝謨》，解並詳。安勸小大庶邦。先小後大，驗小推大。庶邦，猶《春秋》之稱諸侯。思《鴻範》五事，思爲元首，居中御外，乃天下一人例。夫人自亂治也。于威儀。一人自治，則有威可畏，有儀可象。爾無以釗讀作某，空白俟後。冒貢進也。于非幾。」讀作畿。《周禮》王畿千里。○非王畿而冒進之，是未得地中也。兹即即，從漢石經。受命。命詞止此。

傳還出，二公四卿退而出。綴衣于庭。群臣侍疾于路寢，設帷幄。越翌日乙丑，由上文甲子推得之。王崩。班《律曆志》、《白虎通》引《書》作「成王崩」，《周禮》「天府」司農注引《顧命》無「成」字，東晉本同。據《春秋》天王崩不舉謚，故此經不當云成王崩。

太保命君奭，聽于冢宰。仲桓、南宫髦王官，二大夫。俾爰齊侯吕伋，司馬所屬之下卿。以二干戈、二干，二戈。虎賁百人《周禮》：虎賁氏掌先後王而趨以卒伍。逆子《春秋》書子法。釗《白虎通・爵篇》：「父歿稱子某者何？屈于尸柩也。」于南門之外，《大戴・保傅篇》南學。延入翼室，《毋佚》：「高宗亮闇。」《白虎通》引《禮・閒傳》曰：「父母之喪，居倚廬于中門外東牆下，户北向。」恤宅宗。憂居爲喪主。丁卯，王崩之二日。命作册。《雒誥》「王命作册」，此不稱王，《白虎通》篇：緣始終之義，一年不可有二君也。○此册命太保爲伯相。度 詁下「越」字。越七日，《王制》：天子七日而殯。癸酉，乙丁癸皆柔日。伯相二伯爲相。○伯相即冢宰之變稱。命《論語》：「百官總己以聽于冢宰。」士司空、司徒二公所屬之士，命之職掌陳設諸物。須材。材力之人，司馬所屬之士，命之執惠戈等器。狄設《喪大記》：狄人設階，小臣復。復者，朝服君以卷。黼衣①、《明堂位》：天子負斧依，司几筵，王位設黼衣。綴衣。《周禮》：幕人，大喪共帷幕、帟綬。掌次，凡喪，王則張帟三重。○此即詳繼體即位之禮。以下敷設皆在祖廟。

傳 牖閒南鄉，王位。○《司几筵》依前南鄉。敷重篾席，馬曰：蔑，纖蒻。許慎引布重莫席，蒲席也。黼純，緣以黑白雜繒。華玉，五色玉。仍几。司几筵，設莞席、紛純，如次席、黼純，左右玉几。又凶事仍几，下同。西席②東鄉，廟中堂西。敷重厎席，厎，青蒲也，俗作莀。綴純，緣以雜彩。文貝，仍几。《司几筵》：諸侯祭祀，席蒲筵繢純，加莞席紛純，右彫几。東序西鄉，廟中堂東。敷重豐席，刮涑竹席。畫純，以

① 黼衣：《尚書・顧命》作「黼扆」。
② 西席：《尚書・顧命》作「西序」。

雲氣畫之爲緣。雕玉，仍几。司几筵，酢席莞筵紛純，加繅席畫純，左彤几。西夾南鄉，西夾室在西序後。敷重筍席，《爾雅》：「筍，竹萌。」「萌」與「笢」通。《説文》：「竹膚也。」徐鍇云「竹青」。玄紛純，以玄組爲之緣。漆仍几，《司几筵》：「凡喪事，設葦席，右素几。」越玉五重，五等圭璧，國之重寶，即《帝典》五瑞、五玉。○此句宜在「陳寶」下，因陳西夾，故連文于此。

陳寶，《天府》：「凡國之玉鎮、大寶器，藏焉。若有大祭大喪，則出而陳之。」赤刀、周人尚赤，故刀赤色。大訓、《立政》「丕訓德則」，即杙柯測量之丕則。弘璧、《玉人》：「璧羨度尺，好三寸以爲度。」琬琰《玉人》：「琬圭九寸，而繅以象德。琰圭九寸，判規以除慝，以易行。」在西序。堂之西。大玉、《玉人》：「大琮十有二寸，射四寸，厚寸，是爲内鎮，宗后守之。」夷玉、《周禮》夷服所貢之玉。天球、天文圖，天形圓如球。河圖地球圖，水道詳而山脈顯，與天球對，非宋人所謂河圖。○《春秋命曆序》：「河圖，帝王之階，圖載山川州界之分野。後堯壇于河，受①龍圖，作《握河紀》。逮虞舜夏商，咸亦受焉。」在東序。堂之東。胤之舞衣，胤，國名。○以下技藝之寶。大貝、《伏傳》：「散宜生之江淮之浦，取大貝，如車渠。」鼖鼓《韗人》：「鼓長八尺。鼓四尺，中圍加三之一，謂之鼖鼓。」《大司馬》：「諸侯執賁鼓。」在西房。序之室爲房。○《伏傳》：「東房、西房各九雉。」兑之戈、和之弓、《考工記·弓人》：「九和之弓。」則「兑」恐即古「鋭」字。垂之竹矢垂，堯時工官。竹矢，《禹貢》箘簵所製。在東房。解見西房。○《周禮·司弓矢》：「大喪，共明弓矢，于葬時用之。」

---

① 受：原脱，據《水經注疏》卷一引《春秋命曆序》補。

大路巾車，王之五路，一曰玉路，以祀。在賓階面，西面階。贅路二曰金路，以賓。在阼階面，東面階。先路三曰象路，以朝。在左塾之前，門側堂爲塾。左塾在畢門之左。次路五曰木路，以田，以封蕃國。在右塾之前。右塾在畢門之右。○《典路》：「掌王之五路。」大喪則出路。此不陳革路，《車僕》：「大喪廞革車，于葬時用之。」

二人爵赤黑色。弁，周弁。執惠，三隅矛。立于畢門祖廟之門。之内。廟門内左右各一人。四人騏①青黑色。《詩》：「其弁伊騏。」弁，司服五弁，此見其二。執戈上刃，戈，漢之鉤戈戟。夾兩階東西階各二人。戺。堂廉曰戺。一人冕，周冕。執劉，漢之鑱斧。立于東堂。東廂之前堂。一人冕，執戉，大斧。立于西堂。西廂之前堂。一人冕，執戣，《説文》：「戣，兵也。」立于東垂。東序之東階上。一人冕，執瞿，漢之二鋒矛。立于西垂。西序之西階上。一人冕，司服五冕。執鋭，《説文》：「鋭，讀若兑。」立于側階。東房北嚮之階。

王《白虎通》：「天子大斂之後稱王者，明士民不可一日無君也。」麻冕三十升布。○《白虎通・紼冕篇》：「麻冕者，周宗廟之冠也」云云。黼裳，裳有文者。○《白虎通》：「此斂之後也。」由賓階隮。自西階升堂。卿士二伯。邦君八伯以下。麻冕蟻裳，蟻，色玄無文。入即位。各就臣位。○《周本紀》：「二公率諸侯以太子釗見于先王廟中。」太保、即冢宰攝政，稱伯相，朝王仍稱太保，下同。太史、《金縢》史。太宗春官大宗伯。皆麻冕彤裳。彤黄赤色。

---

① 騏：《尚書・顧命》作「綦」。

太保承玠《説文》：「玠，大圭也。」《考工記・玉人》：「大圭長三尺，杼上終葵首，天子服之。」圭，《金縢》圭璧。上宗《周禮・大宗伯》：「大喪朝覲，則爲上相。」奉同同，當作「冃」，即古「冒」字。瑁，瑁以釋同，下但言同。〇《伏傳》：「古者圭必有冒，言下之必有冒，不敢專達也。天子執冒以朝諸侯，見則覆之。故冒圭者，天子所以與諸侯爲瑞也。」諸侯執所受圭，以朝于天子。由阼階隮。東階。太史秉書，册命。由賓階隮。西階。御奉也。王册命即《顧命》，如《召誥》，王若，公誥。〇經舉王以示例。曰：册命之詞。「皇后《詩》「皇皇后帝」，則皇后乃皇帝之稱也。成王爲王，不得稱皇帝。後世小統自尊，或有僭越，然由王尚推，雖帝與皇禪位，册命亦當如是。凭玉几，王將崩，凭玉几發顧命，所謂「明時朕言」。道揚末命，臨終之命。命女嗣訓，小統傳嗣。臨君周邦，言邦，非天下之比。《詩》「周雖舊邦」。率循大卞，《康誥》「丕率大戞」，即大杙土圭法。爕合也。和《董子》「兩和」，《地官・大司徒》：「地中陰陽之所和。」天下，由小推大，即《伏傳》所謂大洽。用對校本作「答」。〇《淮南・地形訓》：「大九州正中冀州，中土上對。」《天文訓》：「九野，中央鈞天。」又蕭吉《五行大義》：「北斗九星，下對九州鈞天，數五，屬斗第五。衡星應中宮，對豫州。」引説共詳《地理辨證補證》。揚文武之光訓。」文武，二帝也。王統于帝。

王《白虎通》：「故先君不可得見，則後君繼體矣。」再拜，興，受命之禮。答曰：「眇眇予末小子，對皇后言末。〇《曲禮》：「天子未除喪，曰予小子。」其能[而]通「耐」，古「能」字，旁注誤入。亂四方，亂，治也。以敬忌天威。」皇配天。乃受同同作冃。〇《白虎通》：「王再拜，興，乃受同，明爲繼體之君也。」[瑁]。解見上。

[傳]王三宿，肅也。肅以進爵者三。三祭，三祭酒。三詫。三奠爵。詫，鄭作「宅」，謂卻行復本位也。

上宗曰：「饗。」勸神之詞。○此祭于殯宮也。

傳　太保受同，讀作「冃」，不言瑁，此《伏傳》復圭之制。以下諸侯皆然。降，盥，下堂盥以示潔。以異同《說文》：「同，爵名也。」臣不敢襲君之爵，故用異同。秉璋以酢。《祭統》：「君執圭瓚裸，大宗伯執璋瓚亞裸。」太保即用此禮以祭殯宮。授宗人小宗伯。同，以酢爵授于小宗伯。拜，向殯宮拜。王答拜。王從旁答拜。

太保受同，祭，解上「秉璋以酢」。嚌，讀「隮」，升堂也。上言降，此言隮。宅，卻行而退，王三宅，太保一宅。

授宗人同，拜，王答拜。解見上。太保降，因隮故降。收。諸侯收，糾也，聚也。○言外官以統内職。

出太保糾率百官出。廟門此可證其在祖廟也。俟。待朝新君。

王此踰年改元即位稱王。舊以此爲《康王之誥》。○《白虎通》：「稱王以接諸侯，明已繼體爲君也。」出在應門之内，《伏傳》：「諸侯之宮，三門三朝。皋門内曰外朝，應門内曰内朝，路門内曰路寢之朝。」《禮·明堂位》：「魯太廟，天子明堂；庫門，天子皋門；雉門，天子應門。」太保司空。○朝見新王，不稱冢宰。率西方諸侯《秦誓》、《文侯命》西兼北，統四州。○西如《皇篇》和公統和仲、和叔。入應門左，《大誓》：「左杖黄鉞。」《左傳》：「周公將左軍。」畢公司馬。率東方諸侯《費誓》、《甫刑》東兼南，統四州。○東如《皇篇》羲公統羲仲、羲叔。入應門右，《大誓》：「右秉白旄。」《左傳》：「虢公將右軍。」○《王制》：「八伯各以其屬屬于天子之老二人，分天下爲左右，曰二伯。」○全書皆以二伯立綱。《皇道篇・帝典》羲、和，《帝謨》禹、皋，《三王篇》微子、西伯，《金縢》二公之類是也。皆黼黻《帝謨》：「黼黻希繡。」衣黃朱紼①。天子朱紼，侯黃朱，即赤紼。○「黼黻衣黃朱紼」從《白虎通》引。賓稱王後陳詞。奉玠②圭《考工記・玉人》：「鎮圭尺有二寸，天子守之。」兼幣，《帝典》：「五玉，三帛，二生一死摯。」《周禮・大宗伯》：「玉作六瑞，禽作六摯。」曰：稱詞。「一二三伯。臣內官。衛，外官。○言衛則內包男、采，外包蠻、夷、鎮。敢執壤奠。」九服九貢，各以其所貴寶爲摯。皆再拜稽首。朝覲之禮。王義宜也。嗣德嗣繼前王之德。答拜。《秋官・司儀》：「土揖庶姓，時揖異姓，天揖同姓。」太保一公。臮通作「暨」。芮伯一卿。咸舉左伯所屬卿、大夫、士，即兼右伯所屬卿、大夫、士。進，相揖，群臣相揖定位。皆再拜稽首百二十官，朝覲新王。曰：《伏傳》：「《顧命》後有《畁命》。」畁象左右二臣。亣從大，而八分之，即太保畢公分左右率群臣致詞也。《書序・畢命篇》亦從此析義立名。「敢敬告天子，《白虎通》：「王亦稱天子。」皇天皇統全球，天包大地。改大邦殷之命，非已往之小殷。維周繼大邦殷者，必爲大邑周。文武東文西武，二伯徽稱。説詳《雒誥》。誕受羑若，馬曰：「羑，道也。若，順也。」○謂順天道而受命。○舊以爲文囚羑里，何以牽涉武王？克恤西土。《雒誥》：「建闢兩京，自東而西，其道順。」維新陟王《竹書》：「凡帝王崩皆曰陟。」畢協賞罰，悉當其功罪。戡定厥功，戡，克也。用敷遺後人休。遺留後人以休美。今王來今之後王。○小爲王，大爲皇。敬

① 皆黼黻衣黃朱紼：《尚書・康王之誥》作「皆布乘黃朱」。

② 玠：《尚書・康王之誥》無此字。

之哉！敬以即位。無壞我高祖寡命①。」《説苑》：「繼體守文之君，其始封爲高祖。」王踰年稱王，如《春秋》踰年稱公。若曰：以下爲後王即位改元布告天下之誥，非真康王之詞，故用代詞。「庶邦猶《春秋》之稱諸侯。侯、甸、男、衛，舊周無此五服名。維予一人釗釗，原作「某」，後儒易「釗」字。報誥。舊所謂《康王之誥》即此。昔古通「夕」，謂後世也。君讀作「后」。文武二雒二伯，解見上。丕平讀作「辯」，亦作「便」。○《皇道篇》四方四辯，《鴻範》「皇道便便」。富，同田爲富。《易》曰：「富以其鄰。」四帝四鄰，二雒二鄰，同用井田法劃分九州。不讀「丕」。務咎，《鴻範》咎徵，用陰干柔日，爲西半球，與休徵東半球用陽干剛日對。經義東球已闢，乃專務其功于西，故曰「不務咎」。厎[至]解「厎」字。齊東西齊同，政治劃一。○《王制》：「齊其政，不易其宜。」信，用信，國之寶也。昭[明]解「昭」字。于天下。西京統馭天下。則亦《説文》「亦」象兩腋，喻兩雒。有熊羆之士，《詩·斯干》：「維熊維羆，男子之祥。」八千爲男，分主八州。不二心之臣，外十二牧，十二女。《詩》：「女也不爽。」保乂「乂」即《地官》地中，陰陽之所交。王家，《周禮》「百物阜安，乃建王國」，即方千里之王畿。用端命于上帝。地中王畿，上應天端。「用端」如上文「用對」。○《春秋合誠圖》：「天皇大帝，北辰星也。含元秉陽，舒精吐光，居紫宮中，制御四方。」皇天皇則配天。用訓順也。厥道，天有九道，皇則順天而行。付畀四方，《月令》四時施化四方。乃命《皇道篇》開宗之「乃命」爲皇命，由此尚推。建侯《周禮·大司馬·職方氏》：侯爲九畿九服之始。樹屏，屏乃《板》詩六畿之一，爲外州六千里，合九

① 案：此句之前，《尚書·康王之誥》有「張惶六師」四字。

畿爲十五畿，共三萬里，姬周無此疆域典制。**在我後**百世之後。**之人。**待其人而後行。**今予一二伯父，**《曲禮》：「天子同姓謂之伯父。」不言伯舅，主答太保畢公。**尚胥暨顧，**皆及受顧命之重。**綏**安也。**爾先公**周統東京干支。**之臣服于先王。**內服陽干陽支，外服陰干陰支。**雖爾身在外，**外，指西雒。○周統西京干支，與東京不同。說詳《皇帝疆域·三統干支圖》。**乃心罔不在王室。**東京。○小爲《春秋》王室，大爲全球之皇室。**用奉恤**憂勤也。**厥若，**讀作「羑若」。**無遺鞠子羞。」**「鞠子」即「胄子」。胄子，太子在太學時之稱。○姬周之康王，本方三千里之王耳，經以之驗小推大，繼《雒誥》之後，以爲兩京統一之皇。猶禹本王統，因承帝禪，遂以爲戴九天、履四時之皇。驗推之例，全書一轍，《論語》所謂「志于道」是也。

【傳】**群公**《周禮》：「諸公之封方五百里。」舉公以包侯、伯、子、男。**既皆聽命，**聞即位建元之命。**相揖，趨出。**與上咸進相揖相應。**王釋冕，**冕，涖朝吉服，朝罷則釋之。**反**反居亮闇。**喪服。**喪服三年然後除。《毋佚》：「高宗亮闇，三年不言。」是也。此經制也。《帝典》：「百姓如喪考妣三年。」是臣民皆爲君三年服也，此孔經文明之制也。考之事實則否。《左·昭十五年傳》「景王葬穆后，既葬，除喪」，《春秋·閔二年》吉禘于莊公，《孟子》魯、滕未行三年喪，此皆姬周通行之禮制。後儒謂周公制禮、尊姬旦以抑孔子之說，可不攻而自破也。

甫刑南嶽。○《墨子》作「吕刑」。《國語》：「堯胙四嶽，命爲侯伯，賜姓曰有吕。」許慎說太嶽爲禹心吕之臣，故封吕侯。《史記》、《論衡》作「甫侯」。《詩·揚之水》申甫許皆南方國。是吕其氏，而甫其國也。《左傳》：「許，太嶽之胤。」據《說文》，則「甫」亦太嶽。《書》終四嶽，首《甫刑》，先南，與堯時太嶽封南如出一轍，即《雅》詩《崧高》首南之義也。**第十五**《周禮·秋官》全爲此篇之傳。

序 維甫命，此與《皇篇》「申命羲叔」大小相應。○《論衡・非韓篇》：「穆王之世，任刑治政，亂而無功，甫侯諫之。」王享國百年，《史・本紀》：「穆王即位，春秋已五十矣。」《竹書》：「穆王即位五十五年陟。」耄同「耄」，鄭作「旄」，班固作「眊」，枚作「耄」，義皆同，謂二伯二老，即甫侯也。○《書緯刑德放》：「周穆王以呂侯爲相。」荒，《史記・匈奴傳》：「周道衰，荒服不至，穆王作甫刑之辟。」○王官舉耄，外服舉荒，由近及遠。度作詳①刑，量度時宜，以作詳審之刑。以詰四方。制刑于中，以告四方。

經 王曰：「若古《帝典》「曰若稽古」，敘帝堯之文化。《周書》「王曰若古」，記蚩尤之蠻野。文野懸殊，乃見經史之別。有訓，《大雅》：「古訓是式。」蚩尤維始作亂，《史記》：「蚩尤作亂，神農不能征，軒轅代之，爲黃帝。」《董子・改制篇》：「周人之王，尚推神農爲九皇，而改號軒轅，是爲皇帝。」則合神農、軒轅爲一。延及于平民。即齊民。罔不寇賊，蚩尤作五兵，民挾之以爲暴。鴟義王符引作「消義」，疑當作「梟義」。姦宄，鄭本「宄」作「軌」，寇賊姦軌，文同《帝典》。敓同「奪」。攘强取人物。撟虔。矯詐殺人。○詁上二句。苗民匪用命，不用神農軒轅之命。○此從《禮記・緇衣》篇引，晉本作「弗用靈」。制以刑，《墨子・尚同》中引作「苗民否用練折則刑」，共有四字不同，可見《書經》今古文轉變甚多，不可究詰。兹編雖有更易，咸以「讀作」代之，不敢改經也。維作五虐《墨子》作「五殺」。之刑曰法。《尚同》中有「苗之制五刑，以亂天下，則此豈刑不善哉？用刑則不善也，故遂以爲五殺。」殺戮大辟之刑。無辜，刑及無罪。

① 詳：《尚書・呂刑》無此字。

爰始淫爲劓、割鼻。刵、讀作「刖」，即下文臏刑。斀、晉本作「椓」，破陰也，即下文宫刑。黥，黥面，即下文墨刑。○合上大辟爲五刑，皆肉刑也。越兹麗刑并制，于麗法者必刑之，并牽制無罪。罔差有辭。雖有辨辭，不爲差别。

傳「民興胥漸，《伏傳》：「唐虞象刑而民不敢犯，苗民用刑而民興犯漸。」泯泯棼棼，昏亂。罔中于信，不合于誠信。以覆詛盟。雖詛盟，亦覆敗。○《論語》：「齊之以刑，民免無恥。」虐威庶僇，虐殺甚衆。旁①告無辜于天帝②。《論衡》變動説。此言蚩尤之民被冤，旁告無罪于上天也。天帝③監民，天視自我民視。罔有馨香德，刑用刑而不用德。發聞維腥。腥聞于天。

「皇董子尚推神農爲九皇。○《大戴·五帝德》首黄帝，乃天帝在人，如《月令》黄帝者乃爲皇。帝帝顓頊兼包帝嚳。○據《楚語》，顓頊以前，人能登天，是顓頊乃皇運之終，帝運之始也。哀矜庶僇之不辜，哀其無罪被僇。報虐以威，以兵威除暴。遏絶苗民，剿絶爲亂之民。無世在下。《禮記·緇衣》：「《甫刑》曰：『苗民匪用命，制以刑，惟作五虐之刑，曰法。』是以民有惡德，而遂絶其世也。」乃命「乃命」上冠以「皇」，故《皇道篇》以「乃命」始，爲皇命。重黎，如「乃命羲和」。○《揚子》：「或問：『南正重司天，北正黎司地，今何僚也？』曰：『近羲，近和。』『孰重？孰黎？』曰：『羲近重，和近黎。』或問黄帝終始，曰：『託也。』」絶地天通，重黎即天地二官，通則《山經》、《楚詞》，神遊往來，絶則如《春秋》。

① 旁：《尚書·吕刑》作「方」。
② 天帝：《尚書·吕刑》作「上」。
③ 天帝：《尚書·吕刑》作「上帝」。

○《楚語》昭王問于觀射父說。罔有降格。降格，謂達地通天。○解上句。○此下「群后之肆」三句，《墨子》引在「有苗」下，今從之。

「皇帝《尚書》帝堯、帝舜合爲《帝典》，此兼皇言之，可見《帝典》中寓有皇道。清問《典》：「詢于四嶽」，「咨十二牧」。下民，《謨》曰：「下民昏墊。」舜闢南半球，爲下方，故「民」爲下民。○枚本此下有「鰥寡」二字。有辭有苗，《謨》「苗頑弗即工」，謂南方頑民如中國之苗。○枚本作「于苗」。曰群后內外嶽牧之稱。之肆枚本作「逮」。在下，南半球嶽牧徧布于下方者。明明不枚本作「棐」，通「匪」。常，天命靡常。矜寡不枚本作「無」。蓋。不葢蔽下情。德威維威，《大學》「新民」。司馬，征伐。○枚本作「惟畏」。德明維明。《大學》「明德」，司空封建。○《禮・表記》引此二句，以爲非虞舜孰能如此。乃名三后，枚本作「乃命」。名、命古通。恤功于民：恤，憂也。《孟子》：「聖人之憂民如此。」伯夷降典，堯時伯夷以大嶽典禮，即《周禮・大宗伯》爲司徒卿。哲通「折」。民維刑；折獄乃秋官司寇之職，伯夷爲司寇，當在皋陶爲伯時，後遷司馬，爲伯。《呂覽・察傳篇》：「重黎舉夔。」以伯夷比重黎，乃爲伯之證。《孟子》謂伯夷爲天下大老，是也。然不宜誤爲文王時人。禹平水土，司空，公。○《周禮》地官職。主名山川；《貢》九州山水推之全球，皆禹所命名，實經託之也。稷司空，卿。降播種，農殖嘉穀。《孟子》：「后稷教民稼穡，樹藝五穀。」三后成功，《尸子》：「舜舉三后而四死除。何爲四死？飢渴、寒暍、勤勞、鬬爭。」維假假，通格，至也。枚本作「殷」。于民。《墨子》：「三聖人者，謹其言，慎其行，精其思慮，索天下之隱事遺利，以上事天，則天鄉其德，下施之萬民，萬民被其利，終身無已。故先王之言曰：此道也，大用之天下則不究，小用之則不困，修用之則萬民被其利，終身無已。」爰枚本作「士」，以爲皋陶。經言三后，必無皋陶。制百姓于刑之衷，枚本作「中」。○《後漢・梁統傳》引：「經曰：『爰制百姓于刑之衷。』孔子曰：『刑罰不衷，則人無所厝手足。』衷之爲言，不輕不重之謂也。」以教祇敬也。德。《白虎通・三教篇》：「地道謙卑，天之所生，地敬養之，以敬爲地教也。故《尚書》曰：『以教祇德。』」《董子》四法：「天將授禹，主地法夏而王。」此言禹受舜禪。穆穆在上，當作「在下」。明明在下，當作「在上」。○《大戴・五帝德》：「禹平九州，戴九天。」灼于四方，上下四方即六宗。○《大戴》：「禹履四時，據四海。」如《月令》之黄帝。罔不讀作「網丕」，謂禹居中爲皇統，六宗若網在綱，有條而不紊。維德之勤。《國語》：「禹勤民事而水死。」《史記・李斯傳》：「禹疏九河，決渟水致之海，而股無胈，脛無毛，手足胼胝，面目黧黑，雖臣虜之勞，不烈于此矣。」

傳「故故，通「詁」，即訓詁。乃明于刑之衷，解上句。率乂于民乂，古「五」字，象地中氣交。棐杙柯。彝。常用杙柯以求三萬里之地中。典獄《周禮》典司獄訟諸職。非訖于威，不當終于立威。維訖于富。讀作「福」。○惟當終于作福。○《伏傳》：「子張曰：堯舜之主，一人不刑而天下治，何則？教誠而愛深也。」敬忌而罔有擇言在躬①，《表記》：「子曰：『君子不失足于人，不失色于人，不失口于人。』是故君子貌足畏也，色足憚也，言足信也。」《甫刑》曰：『敬忌而罔有擇言在躬。』」維克肩也。天德，肩任天德。《大戴》「戴九天」之説本此。自作元命，大命。○全球皆禹所開通，故曰「自作」。配享在下。」皇配天而享天禄于下。

王一王。○《董子・改制篇》：「王者有不易者。」曰：「嗟！四方四方即四時。此節王承皇帝之後，當是禹爲夏王。據《大戴》謂「禹履四時，據四海」，蓋小爲王統三千里之四方，大爲皇統三萬里之四方，故禹有伯禹、帝禹、大禹之目。經

① 躬：《尚書・呂刑》作「身」。

託禹以爲大小統之樞紐。○《詩》：「商邑翼翼，四方之極。」《董子》：「主天法商而王。」司政典獄，讀作「嶽」。○四方，四正，四嶽。非爾讀作「邇」。○三萬里之遠。維四維。作天皇配天。牧？十二牧統于四嶽。今爾何監？《王制》監，大夫。《周禮·天官》：「建其牧，立其監。」非時四時，四方，四嶽。○《王制》：「天子使其大夫爲三監，監于方伯之國。」伯夷禹時伯夷爲伯。播刑之不迪？不迪，從《緇衣》引，讀作「丕軸」，謂大地球之地中。其讀作「基」。○「丕軸基」，猶《立政》所謂「丕基」。○《左·昭六年傳》：「夏有亂政，而作《禹刑》。」今爾指嶽牧。何懲？讀作「徵」。《鴻範》休徵、咎徵喻兩半球，「何徵」猶《典》之詢四嶽、咨十二牧。

傳 此段乃「遏絶苗民」之傳。「維時有苗①僞《禹謨》曰：「維時有苗弗率。」匪察于獄之麗，《王制》：「凡制五刑，必即天倫，郵罰麗于事。」有苗不然。罔擇吉人，不分别善人。觀于五刑之中；中，去聲。○以觀用刑之當罪。維時庶威奪貨，《康誥》：「凡民自得罪，寇攘姦宄，殺越人于貨。」斷制五刑，有苗武斷用刑。以亂無辜。上文「庶戮之辜」。上帝不蠲，善也。《左·襄九年》：「明神不蠲要盟。」降咎于苗。僞《禹謨》「天降之咎」本此。苗民無辭于罰，故僞《禹謨》有禹征有苗之誓。乃絶厥世。」上文無世，在下。○僞《禹謨》「苗格」之説故與經相反。

王二王。○繼禹之後爲夏后啟。《董子》：「王者有再而復者。」又曰：「主地法夏而王。」曰：「於戲！《列子·仲尼篇》：「此樂天知命之所以憂。」念之哉！念，讀作「驗」。○騶子先驗小物，推而大之。伯父、《王制》二伯。《曲禮》：

---

① 有苗：《尚書·吕刑》作「苗民」。

「五官之長曰伯，天子同姓謂之伯父。」伯兄、對仲叔季言爲兄，如《皇道篇》羲仲，《典》之伯夷爲太嶽。仲叔、季弟、如《皇篇》羲叔、和仲、和叔爲四嶽，加耦數爲八伯。《論語》「周有八士」，《左傳》高陽、高辛八才子是也。又《昭二十六年傳》，王子朝告諭諸侯，統稱伯仲叔季，皆方伯同等之稱。幼子、卒正降于方伯，故爲子。童孫，連帥再降于方伯，故爲孫。○此經中天下一家例。皆天下諸侯皆在是。聽朕言，聽從王言。庶有格至也命。錫命以至。今爾罔不由讀作「綱丕軸」。○「綱」喻全球，「丕軸」喻地中京師。慰曰勤，自慰曰勤。○《雒誥》：「勤施于四方。」謂用土圭測日。爾罔讀「綱」。○《般庚誥》：「若網在綱。」或戒不勤。以惰爲戒，故《皇篇》曰「寅賓」、「寅餞」。天齊乎人，「乎人」從《楊賜傳》引，説齊爲符。馬曰：「齊，中也。」假①我一日，一日千里，皇以爲畿，王以爲州。非終《周禮》畿服以國畿始。維終，極也。四維萬五千里，即四極。在人。人以杙柯測量之。爾尚敬逆天命，逆，迎也。土圭法以地迎天。以奉我一人。《玉藻》：「凡自稱，天子曰予一人。」雖畏讀「威」，下同。勿畏，雖有威，不用威。○《伏傳》：「夏后氏不殺，不刑罰有罪，而民不輕犯。」雖休勿休。雖荷天休，尚不休止。維敬五刑，慎刑。以成三德。《鴻範》三德爲三公。一人有慶，慶，喜也，善也。兆民賴之，《左・閔元年傳》：「天子曰兆民。」其寧維永。」由國畿推至寧畿，十五畿地甚長遠。

王三王。○繼夏當爲商。《董子》：「王者有三而復者。」又曰：「主天法質而王。」曰：「吁！意同「於戲」。來，天下諸侯皆至。有邦《周禮》邦國。有土，《周禮》五土。告爾詳刑。詳、祥古通。○《左・昭六年傳》：「商有亂政，而

① 假：《尚書・呂刑》作「俾」。

作《湯刑》。」在今來今。爾安百姓，《周禮》百官化自近始。何擇非人？所擇何非吉人。何敬非刑？所敬何非五刑。何度非及？及，讀作「居」，古文作「尻」，因誤作「及」。○《帝典》：「五流有度，五度三居。」解並詳。兩造具備，使訟者兩至。師士師。聽五辭。《小司寇》：「以五聲聽獄訟，求民情：一曰辭聽，二曰色聽，三曰氣聽，四曰耳聽，五曰目聽。」五辭簡孚，正于五刑。《王制》：「正以獄成告于大司寇，大司寇以獄之成告于王，王命三公參聽之，三公以獄之成告于王，三宥然後制刑。」五刑不簡，所犯不實。正于五罰。《典》：「金作贖刑。」五罰不服，罰不當其罪。正于五過。歸之于過失。

傳「五過之疵，病也。惟官、同官而相徇也。惟反、同官不相協，故反其輕重也。惟內、女謁行也。惟貨、苞苴行也。惟求。請求枉法。○校本作「來」。其罪惟鈞，過本宜赦，若因過而有此五病，則鈞坐以罪。其審核之。「核」從漢元帝引，下同。○校本作「克」。五刑之疑有赦，刑之疑者正于五罰。五罰之疑有赦，罰之疑者正于五過。其審核之。《康誥》慎罰。簡孚有衆，《王制》：「疑獄汜與衆共之。」維訊校本作「維貌」，茲從《史記》。有稽，《周禮》：小司寇「以三刺斷庶民獄訟之中：一曰訊群臣，二曰訊群吏，三曰訊萬民。」無簡不聽，《王制》：「有旨無簡不聽。」共①嚴天威。共懔天子之刑威。

記以下詳言五罰，即《帝典》贖刑之條文。「墨《周禮・司刑》五刑之一。辟《伏傳》：「非所事而事之，出入

---

① 共：《尚書・呂刑》作「具」。

不以道義，而誦不詳之辭者，其刑墨。」疑赦，疑者罰而赦之。○《漢書・蕭望之傳》：「小過赦，薄罪贖。」其罰百鍰，《伏傳》說一鍰六兩。○鍰，《史記》作「率」，《蕭望之傳》作「選」，枚本作「鍰」。閱實其罪。察其實而後罰之。劓《司刑》五刑之二。辟《伏傳》：「觸易君命，革輿服制度，姦宄盜攘傷人者，其刑劓。」疑赦，其罰倍灑①，灑，古通「蓰」。五倍曰蓰。閱實其罪。臏②《司刑》五刑，刖在第四。辟《伏傳》：「決關梁、踰城郭而略盜者，其刑臏。」疑赦，其罰倍差，倍者加二百，爲四百。差者加四百之三分之一，凡五百三十三三分之一也。閱實其罪。宮《司刑》五刑，宮在第三。辟《伏傳》：「男女不以義交者，其刑宮。」疑赦，其罰五枚本作「六」。百率③，閱實其罪。大辟《司刑》五刑殺罪。○《伏傳》：「降叛寇賊，劫略奪攘矯虔者，其刑死。」疑赦，其罰千率④，六千兩。閱實其罪。按：墨、劓、臏、宮、大辟，即有苗之劓、刖、椓、黥、庶戮。世界文明改從金贖，酌宜用之。

[說]「墨罰之屬千，《周禮・司刑》墨罪五百。劓罰之屬千，劓罪五百。臏罰之屬五百，刖罪五百。宮罰之屬三百，宮罪五百。大辟之罰其屬二百，殺罪五百。五刑之屬三千。《周禮・司刑》五罪二千五百。

---

① 其罰倍灑：《尚書・呂刑》作「其罪惟倍」。
② 臏：《尚書・呂刑》作「剕」。
③ 五百率：《尚書・呂刑》作「六百鍰」。
④ 率：《尚書・呂刑》作「鍰」。

「上下比罪，比較罪之輕重。○《王制》凡聽「五刑必察小大之比以成之」。無僭亂辭，無差誤之獄辭。勿用不行。勿用當世不行之法。維察詳察其情。維法，適當法意。其審核之。

傳「上刑挾輕，挾，枚本作「適」，兹從《劉愷傳》引。下同。下服；輕者減等服下刑。下刑挾重，上服。重者加等服上刑。○《小司寇》：「聽民之所刺宥，以施上服下服之刑。」輕重諸罰有權。《孟子》：「權然後知輕重。」

「刑罰世輕世重，《周禮》：「刑新國用輕典，刑亂國用重典，刑平國用中典。」維齊非齊，《荀子·王制篇》說先王制禮義以分之，使有富貴貧賤之等。有倫《王制》：「凡制五刑，必即天倫。」有要。《秋官·士師》「歲終則令正要會」，即《王制》「史以獄成告于正，正以獄成告于大司寇及王」。

傳「罰懲非死，罰以懲之，不及于死。人極于病。罰重而民病貧。非佞折獄，聽訟不以口辯。惟良折獄，循良之吏。罔非在中。無不當罪。察辭于差，上文「上下比罪」。非從維從。《伏傳》：「聽獄者，或從其辭，或從其情。」

傳「哀矜①折獄，《論語》：「如得其情，則哀矜而勿喜。」○解「惟良折獄」。明啟刑書胥占，啟當代法律之書，與衆共覩。咸庶中正。解「罔非在中」句。

---

① 矜：《尚書·呂刑》作「敬」。

「其刑其罰，其審核之。《伏傳》：「子夏曰：昔者三王慤然欲錯刑遂罰，平心而應之，和然後刑之，然且曰吾意者以不平慮之乎？吾意者以不平平之乎？如此者三，然後行之，此之謂慎罰。」

傳「獄成而孚，《王制》：「成獄辭。」輸而孚。輸通「渝」，謂變更其獄而仍相符。其刑上備，刑讞上于王，備詳罪狀。有并兩刑。」犯兩罪者，并上于王，以待決。

王四王。○繼商當爲周。《董子》：「王者有四而復者。」又曰：「主地法文而王。」曰：「於戲！敬之哉！《康誥》：「王曰：於戲！封，敬明乃罰。」官伯五官之長曰伯，即《王制》之二伯。《左·昭十一年傳》：「單子爲王官伯。」族《典》「九族」，即九州方伯。姓《典》「百姓」，即《周禮·太宰》之百官。朕言多懼，懼用刑之不當。朕敬于刑，《左·昭六年傳》：「周有亂政，而作九刑，三辟之興，皆叔世也。」此合夏商論之，叔世謂後世也。有德維刑。《史記》：老子著書言道德，申子之學主刑名，韓非喜刑名法術之學，其極慘礉少恩，是皆原于道德之意。今天相民，《帝謨》天視民視、天聽民聽。作配在下。天在上，民在下。明清于單辭，單辭，即《論語》子路折獄之片言。後漢明帝詔曰：「詳刑慎罰，明察單辭。」民之亂，罔不中《伏傳》：「聽獄之術有三：治必寬，寬之術歸于察，察之術歸于義。是故聽而不寬是亂也，寬而不察是慢也。古之聽訟者，言不越情，情不越義。」聽獄之兩辭。上文「兩造具備」。無或私家于獄之兩辭。無因聽獄兩辭而私利其家。獄貨非寶，《伏傳》：「獄貨非可寶也，然寶之者，未能行其法也。」維府辜功，府，聚也。聚貨乃罪事也。○《伏傳》：「貪人之寶，受人之財，未有不受命以矯其上者；親下以矯其上者，未有能成其功者也。」報以庶訧。天將降之百殃。永畏維罰。天罰可畏。

傳「非天不中，中，讀「衷」。《爾雅》：「衷，善也。」維人在命。人自取降殃之命。天罰不極，天不極罰之。庶民《範》：「庶民惟星。」《周禮》：「萬民爲都鄙。」罔有令政在于天下。」《詩》「溥天之下」，言全球。王五王。○《論語》：「其或繼周，百世可知。」蓋孔子繼衰周爲素王也。《董子》：「五者有五而復者。」曰：「於戲！於戲，與《典》、《謨》之「咨」同意。○《列子·仲尼篇》：「此道不行一國與當年，其如天下與來世矣！」嗣孫，後生，後王。今往，自今以往。何監非德？此與「何監非時」同爲統御天下之詞。四時、四方，《月令》木、火、金、水四德，即四帝。于民之中。《周禮》五土、五民，地中爲國畿。○《詩》：「邦畿千里，維民所止。」尚明聽之哉！《帝謨》：「汝明汝聽。」哲人維刑。本篇帝舜「折民維刑」。無疆之辭，《大誥》：「嗣無疆大曆服。」《召誥》：「無疆惟休，亦無疆惟恤。」皆言全球。屬于五極，《周禮》：「五言以爲民極。」《淮南·地形訓》：「五極各萬二千里。」咸中《周禮》中央天官，即《洪範》皇極，《淮南》：「中央之極萬二千里。」有慶。一人有慶。

傳 以下嗣孫，後王之嗣。于受王《董子·改制》「五而復」以下，即言九而復。兹數神農、顓頊、帝嚳、堯、舜、禹、夏、商、周爲九，加素王爲十。《大戴》以黃帝爲天帝，自顓頊始爲人帝。《董子》亦有先謚、後謚之别，則經以顓頊當皇之終、帝之始，數至素王爲九，特爲後世王者立因革損益之準時。嘉師，嘉，善；師，衆。謂受素王之善甚衆。監《論語》「周監二代」，《詩》「殷監不遠」之「監」。于兹素王立法，故《詩》終《商頌》。詳刑。」詳，祥古通。○《三國志·步騭傳》：「吕侯贖刑，休泰之祚，實由此興。」

文侯之命

北嶽。○《左·宣十二年傳》：「昔平王命文侯曰：『與鄭夾輔周室，毋廢王命。』」又《隱六年傳》：「周之東遷晉鄭焉。」依《吕覽·疑似篇》亦云：「平王賜地晉文。」是東州之初，晉、鄭爲伯。《書經》以文侯與甫侯相對，初爲方嶽，陟爲南北二伯。二篇皆「王曰」，王命二伯。上之爲帝顓頊之重、黎分南正、北正，即《帝典》帝咨羲和。再上爲《皇道篇》之羲、和。經義皇、帝、王皆以二伯分主天下。《史・晉世家》、劉向《新序》、《三國・魏志》以爲襄王命晉文者，誤矣。**第十六**此與《皇篇》「申命和叔」大小相起。

經 **王**王、皇古通。**若曰：**經用代辭，非真平王命文侯也①。**「父**《曲禮》：「天子稱同姓之伯曰伯父。」**羲**讀作「羲」。**和！**《皇篇》以羲、和爲二伯，稱父以起帝爲父母，此王之二伯，引用《皇篇》之典，亦稱羲、和。可見《書經》大小相通，並無世代沿革。**丕顯文武，**北文南武，即羲、和二伯之徽稱。《康誥》「丕顯考文王」指周公，則以東西分伯。**克慎明德，**帝以德爲主。《大學》「明明德于天下」。**昭登②于上，**皇祖。**敷聞在下，**帝之下有王。**維時**四維，四時。**亦維上帝，**《詩》「皇矣上帝」。**集厥命于文武③。**「武」從《史・晉世家》。○文、武爲二帝，即《皇篇》「乃命羲和」。四維，四表。**先正**四正，四嶽。**克左右**《王制》：「分天下爲左右，曰二伯。」**昭事厥辟，**宣昭政事于諸侯。**越小大謀猷，**王小皇大，由小推大。**罔不率從，**小大皆從此制。**肆先祖**讀作「天祖」，即皇祖。**懷在位。**懷，安也。○此段言二伯之制創始于《皇篇》，而王亦如之，爲錫命通用之策文。

「於戲！閔予小子《曲禮》：「天子未除喪，曰予小子。」○《詩・周頌》有此一篇。**嗣，遭天丕愆，**逢天大災。

---

① 也：原作「仇」，據文意改。
② 登：《尚書・文侯之命》作「升」。
③ 文武：《尚書・文侯之命》作「文王」。

○《頌》詩：「遭家不造。」殄資澤于下民，殄絶惠澤，不降于民。侵戎我國家。《周本紀》：「犬戎攻幽王。」○《頌》詩：「嬛嬛在疚。」純即純即，猶言「緣今」。我御事，御事，猶言「執政」。罔克耆壽，無能有耇老之伯。○《頌》詩：「於乎皇考，永世克孝。」謂耇老之伯已逝世。咎在厥躬，引咎自責。此二句從漢成帝詔引。○《頌》詩：「維予小子，夙夜敬止。」予則罔克。自謂無能。曰：維祖皇祖。○《頌》詩：「念兹皇祖，陟降庭止。」維父，二帝父母。其伊恤朕躬。《頌》詩：「於乎皇王，繼序思不忘。」於戲！有績《吕覽》：「平王東徙，晉文勞王。」予一人，《玉藻》：「天子自稱曰予一人。」永綏在位。永安厥位。○此段錫命能靖國難之伯。

「父義和！讀作「羲和」。女克昭乃顯祖，皇乃天下所共祖，故曰「顯祖」。女肇刑通型。文武，羲、和二帝之徽稱。用會大會同。紹乃辟，使諸侯各嗣其位。追孝孝爲下奉上之義，故曰「追孝」。于前文人。與《大誥》「前寧人」同意。東京寧畿，東伯文帝。女多戰功曰多。修，扞扞，《説文》作「⿰旱殳」。我于讀作「宇」。艱，幹濟時艱，以保疆宇。若女，予嘉。」予嘉乃勳。○此段大會之時錫命二伯之策文。

王曰：上文三段敘明錫命之事由，此段用于每段之後，如今公文程式，所謂經爲後世立法也。「父義讀「羲」。和！王之二伯稱羲和，引用皇帝之典，如《春秋》齊晉。其歸受王錫命而歸。視爾師，《左・昭十三年傳》：「晉昭公甲車四千乘。」蓋晉爲伯，統四方伯，每州千乘。寧爾邦。《春秋》齊爲伯在兖州，晉爲伯在冀州。○覲禮伯父無事，歸寧乃邦。用賚爾賚，賜也。秬鬯一卣，《禮緯・含文嘉》九賜，九曰秬鬯。彤弓一，《雅》詩「彤弓」一章。彤矢百，《含文嘉》九賜，八曰弓矢。盧弓一，盧矢百，《左傳》：「作玈弓矢千。」《王制》：「賜弓矢然後征。」馬《含文嘉》九賜，一曰車馬。四匹。《詩・小雅》：「四牡騑騑。」《左傳》大輅之服、戎輅之服。父往往任伯職。哉！王統錫命侯伯止此，故

《左傳》策命晉侯即用此節典禮，但加虎賁三百人。**柔遠能邇**，《帝典》「咨十二牧」文同。「遠邇」即《周禮》都鄙、官府。**惠康小民**，《謨》曰：「安民則惠。」○帝命王爲伯，用此二句。**無荒寧**。東京寧畿。**簡恤爾都，用成**用成畿爲東都。**爾顯德。**」彰顯帝德。○皇命羲、和二帝，用此二句。但此命東伯也，若命西伯，可云「無荒甸，簡恤爾都用王。」

鮮誓第十七

東嶽。○鮮，一作「獮」。《左傳》：「秋獮。」《周禮・大司馬》：「中秋治兵，遂以獮田。」《伏傳》：「鮮者，秋取嘗也。」取鮮獸以嘗祭，當是周公東征，大閱車從而申誓命。《史記》作「肸誓」，《書序》作「粊誓」，枚本作「費誓」，誤以爲伯禽用兵。《穀梁》：「誥誓不及二帝。」可知王乃作誓，周公代武踐阼，東征誓師，始合經例。

【經】**公曰**：周公攝政，全書皆稱公，蓋從王後二伯例也。**嗟！人無譁**，人，謂軍人。**聽命！**聽誓命。**徂兹**徂，往也。兹謂管叔與殷，不直言征伐。**淮夷、徐戎竝興**，竝起響應。**善敹乃甲**《周禮》司甲所職。**胄**，《史記》説「敹」爲「陳」。**敿乃干**，敿，繫連也。**無敢不弔！**弔，讀作「彀」，連下弓矢言之。**備乃弓矢**，《周禮》司弓矢所職。○弓矢，古之利器。**鍛乃戈**《周禮》司戈盾所職。**矛**，鍛，小冶也。**厲乃鋒刃**，《周禮》司兵所職。○厲，《左傳》云「磨厲以須」。**無敢不善**。皆當精善。○此段修理武備。

以下誓師條文。**「今惟淫舍**軍行一宿爲舍，兵多則舍地過廣。**牿牛馬**，牿，牛馬牢也。軍中牛駕長轂，馬駕革車。**敷乃擭**，敷，通「杜」，塞也。擭，捕獸之機檻。**敜乃穽**，敜，以土窒道路之陷穽。○《周禮・雍氏》：「秋令塞井杜擭。」**無敢傷牿**。勿傷所牢之牛馬。**牿之傷，女則有常刑**。申明軍律一。

「馬牛其風，牛馬牝牡相誘曰風。○《左傳》城濮之戰，晉中軍風于澤，亡大旆之左旃，祁瞞奸命，司馬殺之，以徇于諸侯。臣妾逋逃，居民避兵而逃者。勿敢越逐。勿越壘而逐之。振復之，振，或作「祇」，《史記》作「敬」。我商算法。賚女。計算其功賞賜之。○《周禮·司勳》：「凡賞無常，輕重眡功。」乃越逐，不復，違令越逐。女則有常刑。申明軍律二。

「無敢寇攘，勿劫掠民財。踰牆垣，喻越民家之垣。竊馬牛，妨民耕業。誘臣妾，姦誘不法。女則有常刑。《左·文十八年傳》：「先君周公作誓命曰：毀則爲賊，掩賊爲藏，竊賄爲盜，盜器爲姦。主藏之名，賴姦之用，爲大凶德，有常無赦，在九刑不忘。」據此，周公作《鮮誓》當爲定案。○申明軍律三。

「甲戌，外事用剛日。我周公自謂。維征征伐之權，公主之。《周禮·大司馬》九伐之灋。徐戎，先征遠戎，冀管叔之悔悟。峙乃糗糧，先備兵食。無敢不逮，勿輸運不及。女則有大刑。死刑。○申明軍律四。

「魯人上言「我」，此言「魯人」，明明周公徵用魯人供役也。至于聽命徂征者則非魯兵，可見伯禽誓師之説誤矣。三郊三隧，《伏傳》：「古者百里之國，三十里之遂，二十里之郊；七十里之國，二十里之遂，九里之郊；五十里之國，九里之遂，三里之郊。」按：此説與《春秋》經制合。蓋魯百里國爲青州伯，統曹、莒、邾等七十里國爲卒正，統郕、穀、盛等五十里國爲連帥，故郊遂分三等。峙乃楨榦。築壘所用。甲戌，但言日，不定何月。我維築，以魯人供築役，如後世工程隊。無敢不共，各共爾事。「共」亦作「供」。女則有無餘刑，郊遂之民皆坐罪。非殺。旁注誤入正文。○申明軍律五。

「魯人三郊三隧，隧，通作「遂」，亦作「隊」。峙乃芻茭，所以飼牛馬。○《周禮》圉人掌養馬芻牧之事。無敢不多，司勳戰功曰多。女則有大刑。」申明軍律六。

秦誓西嶽。○秦近豳采，乃周公根本之地，開化最先，學校養老、議謀善政舉行，故作《秦誓》。秦在西方，爲兑卦。《禮記》所引《兑命》之文，皆爲此篇師説。蓋小統稱《秦誓》，大統稱《兑命》，驗推之例，顯然可見。○舊以此爲秦繆之誓，不知諸侯作誓，不合《書》例。按《秦本紀》云：「封殽尸，作誓。」《書序》云：「敗殽還歸，作誓。」然《左傳》于此二事不言作誓，則語增，事實不足據也。考説並詳《疆域圖表》第二十四。**第十八**

[經]公曰：此篇與《鮮誓》皆「公曰」，一用兵，一興學，一常一變，一東一西，皆公主政，推之大統東西兩球，亦皆歸功于公。《論語》「才美足觀」是也。「嗟！我士，乃文士，非兵士。聽無譁，予誓《禮記》：「曲藝皆誓之。」故教士之書得稱誓。告女群言之首。經制：學校養老，孤子入學，耆老主教，國有政事，耆老建議，代表人民之意。故學校即議院，耆老爲群言之首。古人有言曰：託古爲言，與《帝典》「稽古」前後相應。『民訖自訖止自始，猶言終始也。若是多盤，盤旋不盡，學理精深。○《禮·學記》：「古之王者，建國君民，教學爲先。《兑命》曰：『念終始典于學。』」其是之謂乎！』責人斯無難，《禮·緇衣》引《兑命》曰：「惟曰起羞。」維受責俾如流，從諫如流。是維艱哉！』屈己受責，難得其人。○古人言止此。我心之憂，地中爲心。○《詩》：「心之憂矣。」日月逾邁，《周禮》：「春夏致日，秋冬致

月。」若弗員①讀作「幅員」。來。若，順也。日月順地球而來。○《學記》：《兑命》曰：「敬孫務時敏，厥修乃來。」謂敬致四時日月，則槷長三尺，明光來應。○土圭法研究于學校，故先言之。

「維古往古。之謀人，周以前堯、舜、禹、湯爲往古。《鴻範》「謀及卿士」爲上議院，「謀及庶人」爲下議院，皆爲人謀。則曰未就往古草昧，文化未成。予惎；惎，通「忌」，憎惡也。○《孟子》：「守先王之道。」維今來今，後世。之謀人，周以後未來時代，爲今其議院謀議之人，必更有進。姑將以爲親。待其人而後行。○《孟子》：「以待後之學者。」○《學記》：「學然後知不足，教然後知困，知不足然後能自反也，知困然後能自强也。故曰：教學相長也。《兑命》曰：『學學半。』其此之謂乎！」雖則員②員謂地球。○《詩》：「杕柯杕柯，其則丕遠。」然，尚猶猶，通「猷」。○《板》詩：「出話丕然，爲猶丕遠。」《中庸》：「睨而視之，猶以爲遠。」謂土圭法三萬里之遠。詢茲黄髮，《王制》「三王養老，皆引年」，讀作「乞言」。則罔所愆。老成善謀。○《王制》：「有虞氏養國老于上庠，養庶老于下庠。夏后氏養國老于東序，養庶老于西序。殷人養國老于右學，養庶老于左學。周人養國老于東膠，養庶老于虞庠。虞庠在國之西郊。」此經制養老于學，老者主教，幼者從學。

「番番良士，《王制》：「五十養于家，六十養于國，七十養于學。」旅力既愆，筋力衰而閱歷多。我尚有之。用以建謀。○《穀梁》：「智者慮，爲司徒。」仡仡勇夫，《穀梁》：「勇者行，爲司馬。」射御不違，我尚不欲。勇夫躁

---

① 員：《尚書・文侯之命》作「云」。

② 員：《尚書・文侯之命》作「云」。

率，不欲使之主謀。○《禮・緇衣》引《兑命》曰：「惟甲胄起兵。」惟諓諓善竫讀作「靖」。言①，耆老善論。俾君子易怠②，怠，讀作「怡」。○使君子聞善言而樂易。而況乎我多有之③！議院謀人甚衆。○經義：老者建議，壯者奉行。故謀國臧而施行利。議謀不用壯者，以其閲歷少而躁妄多也。○《公羊》引此三句，較校本變易五字，多二字。可見《書經》古今文、隸古定本轉變之多如此。

「昧昧我思之，《詩・關雎》：「寤寐思服。」言由東西求地中也。此「昧昧我思」即《莊子》所謂「中央之帝曰混沌」。○《公羊》無此五字。惟一介斷斷焉④此從《公羊》。○一介，猶云「一槩」，謂謀人之多也。後儒改《大學》作「若有一个臣」，以爲蹇叔者，誤。無他技。老成不尚奇巧。其心休休，美大皃。能有容⑤。學識淵懿，統籌兼顧。

傳 以下解能「有容」。「人之有技，若己有之；人之彦聖，其心好之，不啻若自其口出。寔能容之，休休之度如此。以能保我子孫《大學》：「君子賢其賢而親其親。」黎民，小統爲黔首，大統爲黑道之民。尚亦⑥有利哉！《大學》：「小人樂其樂而利其利。」人之有技，以下説不能容之害。媢嫉以惡

① 惟諓諓善竫言：《尚書・秦誓》作「惟截截善諞言」。
② 怠：《尚書・秦誓》作「辭」。
③ 而況乎我多有之：《尚書・秦誓》作「我皇多有之」。
④ 惟一介斷斷焉：《尚書・秦誓》作「如有一介臣斷斷猗」。
⑤ 能有容：《尚書・秦誓》作「其如有容」。
⑥ 尚亦：《尚書・秦誓》作「亦職」。

之；人之彦聖而違之，俾不通①。寔不能容，此段不能容之實。以不能保我子孫黎民，亦曰殆哉！不容之害。○兩節善善惡惡分别用舍之權。○《禮·緇衣》引《兑命》曰：「爵無及惡德，民立而正事，純而祭祀，是爲不敬。事煩則亂，事神則難。」「邦之阢隉，危不安也。曰由由，一本作「予」。一人；《緇衣》引《兑命》曰：「惟干戈省厥躬。」邦之榮懷，亦尚一人之慶。」《兑命》曰：「惟衣裳在笥。」

① 通：《尚書·秦誓》作「達」。

書經周禮皇帝疆域圖表

樂山黄鎔　撰輯　井研廖平　審定
楊世文　薛會新　校點

校點説明

《書經周禮皇帝疆域圖表》四十二篇，廖平門人黄鎔撰輯，廖平審定。戊戌（一八九八）以後，廖平經説發生重大變化，即以「大統小統」説取代「今古」説，從而泯滅今古界限，實現群經大同。以《周禮》屬皇帝「大統」，治全球；以《周禮》爲根基，《尚書》爲行事。據廖宗澤《六譯先生年譜》，民國三年甲寅（一九一四）廖平刊其三圖，以餘稿命黄鎔編輯，鎔每編成一圖，輒用作國學學校講義，其中繩尺糾駁改易復陳者至於數四。到民國四年（一九一五），黄鎔編成《皇帝疆域圖表》，共有圖表凡四十二，每圖皆有文字説明。《續修四庫全書總目提要·經部·書類》：「由《王制九州三服千里一州圖第一》，迄《書經周禮大小分統表第四十二》，卷帙浩繁，思慮亦細，於《六譯館叢書》中堪稱鉅製。凡《尚書》、《周禮》二書之疑難，如《職方》九州，《禹貢》、《洪範》、《考工》歲時、井田、四鄰，以及導水測地，吉凶服制，莫不詳考制度，博徵經説。凡三代典章法制、治平要術，皆能於此得其要領。雖云僅究《尚書》、《周禮》皇帝疆域，而徵引之博，凡經、史、小學、諸子、百家之有關者，皆附之篇中，並辨其真僞，論其得失，發前儒所未發，洵自來言《六經》及古史者，無此妙諦也。」「惟其附會新説，謂大九州即世界宇宙，則其小疵，然不足爲是書病也。」是書又名《尚書周禮皇帝疆域圖表》、《皇帝疆域圖表》，曾連載於《四川國學雜誌》一九一二至一九一三年第三、四、五號，《國學薈編》一九一五年第一、三、十二期，一九一六年第十、十一期，一九一七年第九期。民國四年成都存古書局刊本收入《六譯館叢書》，今據此本整理。

目録

王制九州三服千里一州圖第一……三一一
帝州九服九千里爲九州圖第二……三一三
尚書四帝四鄰十五服九州圖第三……三一七
周禮九服九分天下圖第四……三二三
周禮九畿九州圖第五……三二六
周禮九服兼藩爲萬里一州立法圖第六……三二九
周禮九畿合詩六畿圖第七……三三二
禹貢九州推廣爲八十一州圖第八……三三五
尚書十一篇法古表第九……三四〇
尚書四帝四鄰四表均分天下圖第十……三五〇
禹貢導山爲天九野圖第十一……三五八
禹貢導水爲地九淵表第十二……三六六
職方九州内七外二圖第十三……三七一

尚書十夫與周禮五土合圖第十四……三七六
職方六裔配外十二州六氣六合圖第十五……三八一
周禮五土五民五動植即今全地球圖第十六……三八五
尚書五行五帝運圖第十七附論封禪……三八九
周禮五土五官均分五極圖第十八……三九三
土圭測地四方求地中總圖第十九……三九六
周禮帝制五官圖第二十……四〇二
周公七篇圖第二十一……四〇六
成王六篇圖第二十二……四一四
召誥素統洛誥緇統以西東方爲地中心圖第二十三……四二一
周五篇圖第二十四……四二七
周禮十日十二辰辨方正位圖第二十五……四三四
帝典二十二人爲五運六氣圖第二十六……四四一
尚書皇篇六相圖第二十七……四四八
洪範五紀歲時月日星圖第二十八……四五六
禮運十二月還相爲本表第二十九……四六〇

全球曆憲圖第三十……四六八
尚書五事圖第三十一……四七四
書經板詩周禮西東京十五畿之要圍圖第三十二……四七九
書經天下一家表第三十三……四八五
考工記輪輻三十以象月圖第三十四……四九三
尚書周禮七政會同圖第三十五……四九九
井田九區驗推爲大九州圖第三十六……五〇五
周禮槷柯從衡求地中圖第三十七……五一一
夏殷周三統循環遷移干支圖第三十八……五二一
周禮吉凶齊十五服圖第三十九……五三四
召誥明堂位圖第四十……五四三
尚書四鄰萬五千里分二十一州圖第四十一……五五九
書經周禮小大分統表第四十二……五六二
跋……五七一

王制九州三服千里一州圖第一①

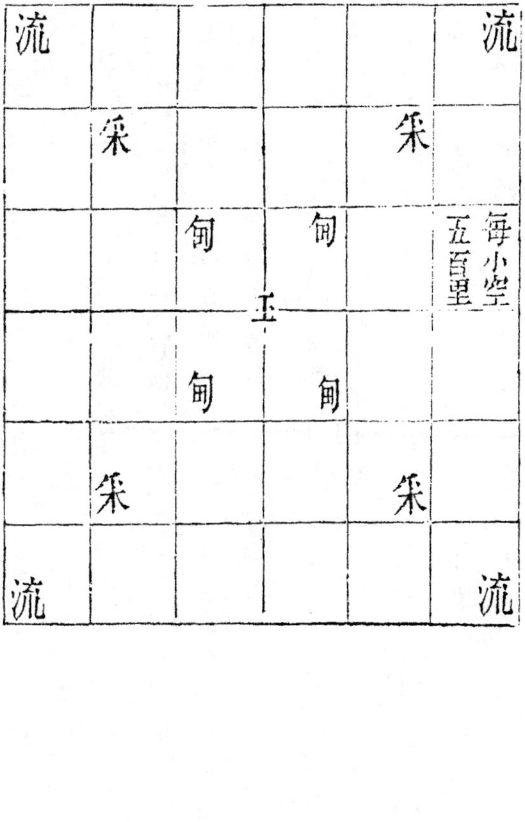

① 圖第一：原作「第一圖」，據原目。以下類似情況不再出校。

流。

《王制》：千里之内曰甸，《左傳》同。九服九畿同以甸爲王居。千里之外曰采，其外方五百里。曰

又其外方五百里。《詩》「左右采之」、「左右流之」，推三千里於三萬里，名同實異。

《王制》：凡四海之内九州，州方千里。分爲方千里者九。

《孟子》：海内之地方千里者九。合爲方三千里，與《王制》合。

按《王制》説《春秋》，三千里爲小標本；《周禮》説《尚書》，加十倍方三萬里爲大標本，而六合以内人事盡之矣。《鄒衍傳》所稱大九州得九九八十一方三千里，儒者九州止得八十一分之一，所謂儒者九州，即指《春秋》、《王制》而言。今欲考皇帝九州各種制度，不得不先立此標準，以皇帝之法皆由此推廣也。

《詩》亦用三萬里立説。《關雎》「左右采之」、「左右流之」、「左右覒讀作表。之」，采、流即此三服之采、流，小者五百里，大者六千里。古文説黄帝畫井萬國，以三萬里立九州皇極，各六千里爲甸，其外六千里爲采，又六千里爲流。

《白虎通義》云：「王者王三千里，不治夷狄。」今本或作五千里。蓋用《禹貢》五服説，其中本有蠻夷明文。王三千里爲《春秋》家説，絶不至有五千里。且五服亦非全圖，乃帝一州之地，當以三千里爲正。

帝州九服九千里爲九州圖第二

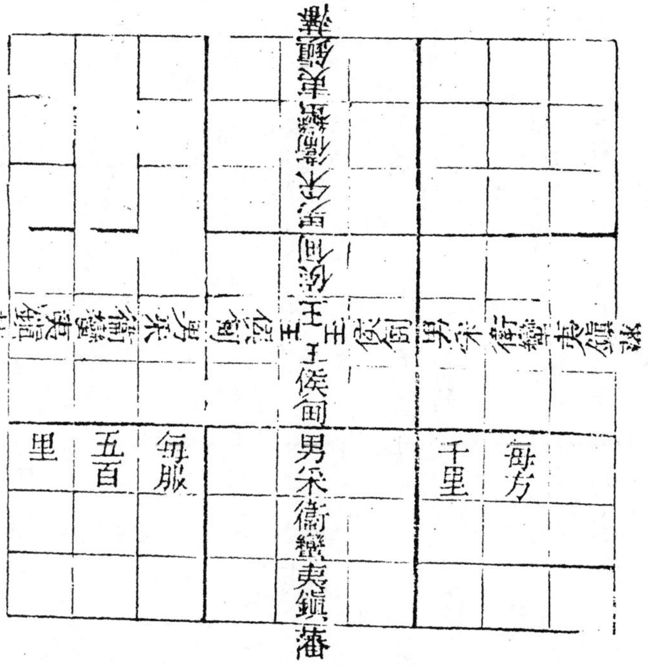

經《尚書·康誥》：侯、甸、男、邦、采、衛。

《酒誥》：越在外侯、甸、男、邦、伯。又：侯、甸、男、衛。

《召誥》：命庶殷、侯、甸、男、邦、伯。

《君奭》：屏侯、甸。

《顧命》：庶邦、侯、甸、男、衛。

傳《職方氏》：乃辨九服之邦國，方千里曰王畿，其外方五百里曰侯服，又其外方五百里曰甸服，又其外方五百里曰男服，又其外方五百里曰采服，又其外方五百里曰衛服，又其外方五百里曰蠻服，又其外方五百里曰夷服，又其外方五百里曰鎮服，又其外方五百里曰藩服。《禹貢》之五服，甸在侯内。《周禮》九服，甸在侯外。《提要》謂《周禮》九畿不合《禹貢》，不知《禹貢》立方千里一州之制，《周禮》起方六千里一州之制。畿服九等，名稱實補足《尚書》侯甸男邦采衛之文。《書》少而《周禮》多者，《書》導其源，《周禮》竟其流也。經畧傳詳，作述通例，以爲不符，自生荆棘。後另有詳駁。

説《鄒衍傳》：儒者所謂中國者，於天下乃八十一分居其一分耳。中國名曰赤縣神州，赤縣神州内自有九州，禹之序九州是也，不得爲州數。中國外如赤縣神州者九，乃所謂九州也。於是有裨海環之，人民禽獸莫能相通者，如一區中者，乃謂一州。如此者九，乃有大瀛海環其外。

按：《王制》三服三千里，《禹貢》五服五千里，《周禮》云九服，則九服九千里，不辯自明。《王制》、《左傳》皆以王居爲甸，《周禮》則甸在第三服，是《王制》言九州三服，適合於帝州之甸服。蓋帝以《王制》九州爲一州，用以三輔一之法，變王之九州爲甸。九服九千里，適得九九八十一方千里，與鄒衍之説正同。自來説《周禮》者皆謂制服與《尚書》不同，蓋專就《禹貢》五服爲言，而未遍考全經也。據《禹貢》言，甸侯、綏侯在甸外。據《周禮》言，王、侯、甸，甸在侯外。今考之《康誥》以下稱疆域，侯在甸内者凡五六見，則《尚書》實據九服立説，經傳投契，相證益明。故《周禮》之於《尚書》，亦如《王制》之於《春秋》，離之兩傷，合之兩美。列舉全文，證據確實。按九服九千里爲九州，内包《王制》之九州者九，方千里者八十一，經傳明著，炳如日星，不待證以鄒衍之説而自明。是《周禮》帝制九服，以三千里爲一州，甸以内爲王畿，王居爲甸。《王制》之千里，《周禮》之三千里，異實而名同，一定之例，則九服之王畿爲三千里，以三服抵《王制》一服。經傳特著此明文，恐後人之眩惑，可謂心苦分明矣。乃鄭注誤讀《大行人》「要」字與「王畿千里」句，遂謂周制七千里爲九州，王以方千里爲畿，八州之牧各得方千里者六，方七千里，爲方千里者四十九，王居其一，以外八牧，六八四八。大於王畿五倍，大不合於鄒衍之九州，小不合於《禹貢》之五服。進退失據，誠所謂聚九州之鐵不能鑄此錯。今臚舉經傳，隱微遂以彰著。故鄭注《周禮》本有三萬里之説，其注緯書，於四時升降尤詳，而解釋正經，不敢據九服、九畿、九千里、一萬八千里立説者，以《周禮》爲周公已行之書，中國無此疆域，周姬無此版圖，因傳偶以蠻夷鎮三服統稱爲要，遂據此孤文，違經反傳，皆所不惜。以不知《周禮》爲《書》傳，俟後帝之學，初非王學。古史所謂周者，普徧之稱，後來大皇之符號，實非姬周之周也。

尚書四帝四鄰十五服九州圖第三①

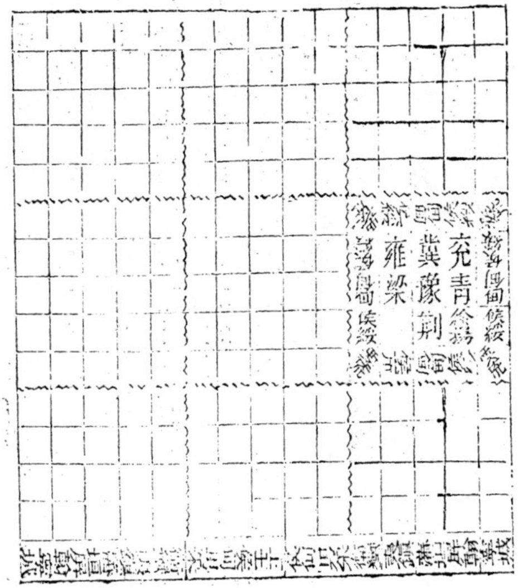

① 原作「五千里一州第三」，據原目改。

四帝均分，各得萬五千里，立九州，以五千里爲一州，合九州爲方萬五千里。惟舊説牽拘文義，以五服爲禹之全域。夫《尚書》、《周禮》皆以三萬里爲起例，則如五千里者實有三十六，經不能但取其一以立法，而置其三十五方五千里於不顧。地域等級，各有不同，故經舉一該八，以明四帝均分方萬五千里之制。《帝謨》之「州」字當絶句，以五千里爲一州。

按：此四帝均分天下，各立九州之制，《尚書》、《周禮》舉此爲例，其義有三：一、五服例冠衣帶裳履。一、《王制》封國分三等，大國百里，次國七十里，小國方五十里。經傳每舉小國以爲公式，如諸侯三軍，萬二千五百人爲一軍是也。一、《尚書》皇所封國，大者方千里，次七百里，次五百里。經傳所言五服五千里，亦如《王制》，舉小國以爲公式也。又此四帝均分天下，各以十五服之制，以一化三，五服即十五服之起文。以一五服化成三五服，共爲十五服。以《周禮》九服加藩以外六服，又《禹貢》五服，每服下有二小名，以一化三爲十五。

經《皋陶謨》：弼成五服，至于五千。句。州句。○以上爲九服四帝均分例。十有二師，十二州十二牧。外薄四海。此爲九畿，皇一統立二十一州例。內八宮，每宮占四十五度，外十二州，每州占三十度，同爲六千里一州。

經《禹貢》：五百里甸服，百里賦納總，二百里納銍，三百里納秸服，秸下多一服字，與下同以三百里爲一小界。四百里粟，五百里米。五百里侯服，百里采，百上當脱「三」字。二百里男邦，三百里諸侯。五字當爲衍文。五百里綏服，三百里揆文教，二百里奮武衛。五百里要服，三百里夷，二百里蔡。五百里荒服，三百里蠻，二百里流。

按：《禹貢》外四服，每服之下有二小名，先三後二，爲每服之小界，固也。然五服《周禮》作九服，加以藩以外六服，實作十五服，以一化三。今每服合二小名，亦爲三，三五十五，亦可由此起義。

按：經四表、傳土圭，舊説皆以爲三萬里，爲方五千里者三十六。舊説以《禹貢》五千里爲《尚書》疆域之定制，不知《禹貢》崑崙、弱水皆包全球而言，五千里一州，方一萬五千里爲九州，配十五服，只作爲四帝均分天下之圖。又方五千里，共得方千里者二十五。《周禮》諸公封方五百里，亦得方百里者二十五。《王制》千里一州，諸公封方百里。《周禮》公封方五百里，必五千里爲一州，而後有此封地。驗小推大，一定之例也。

説《國語》：夫先王之制，邦内甸服，邦外侯服，侯衛賓服，賓，《禹貢》作綏。蠻夷要服，戎翟荒服。甸服者祭，侯服者祀，賓服者享，要服者貢，荒服者王。日祭月祀，時享歲貢終王。

按：《國語》以終歲時月日分屬五服，即《洪範》之歲時月日星。終王即《周禮》之世一見。《周禮》九服九畿，第三爲甸，第九爲鎮，鎮以内爲九州。以三服當九服、九畿，則五服即十五服、十五畿之起例。就文義言爲五千里，而日月時歲終之，五等則爲十五畿，純全之比例。王統甸在畿内，《周禮》之甸方三千里，以三千里一服計之，三五爲萬五千里，兩面相加則得三萬里。

傳 《尚書》爲經，《周禮》爲傳。《周禮·大司徒》：凡建邦國，以土圭度其地而制其域。諸公之地封疆方五百里，其食者半。諸侯方四百里，諸伯方三百里，諸子方二百里，諸男方百里。

傳 《周禮·職方氏》：凡邦國千里，封公以方五百里，則四公。

按：傳言此者，以明《周禮》之周必大於《王制》，而後可以方五千里。方千里爲方百里者百，據《王制》，諸公之封只得天子百分之一。鄭注乃以《周禮》王畿認爲千里，誤之甚矣。辯見下。

傳 方四百里則六侯，方三百里則七伯，方二百里則二十五子，方百里則百男。

按：《王制》方千里一州，公侯方百里。《周禮》公封方五百里，多於方百里者二十四倍。自來説《周禮》者皆以千里説之。《王制》方千里一州，爲方百里者百，公侯封方百里，只得百分之一。《周禮》方千里只能封四公，《記》有明文。一公之封，已占全州四分之一，除三公封地之外，只剩方五百里，何以立國？且援《王制》之例推之，畿内方百里之國九，以封三公六卿。《周禮》雖再加一倍，作爲方千里二，亦且只能封三公七卿。三公各方五百里，卿視侯方四百里，七卿共得地方百里者百一十二，合三公之地，共方百里者百八十七。蓋以正官論，尚有二卿、二十七大夫、八十一元士無地可封。又考《王制》，畿内九十三國，封地不過占王畿三分之一，其三分之二另有典章。今千里之地只能封四國，大抵尚少方千里者二十四。鄭君不悟此弊，仍以爲《周禮》王畿實只千里，左右支絀，無一可通，萬無此等制度，古今説者皆欲求通，而至今不能通。今立《尚書》爲經，《周禮》爲傳，《帝謨》、《禹貢》皆以五千里爲一州，方五千里，則諸公例得方五百里。故《周禮》諸公封五百里，一見《大司徒》，一見《職方氏》。凡《周禮》所見，皆以傳《尚書》五千里一州之文也。經傳兩兩比合，如磁引針。其所以舉五千里示例者，考皇帝分合、地域廣狹不一，不能徧舉，特舉一小者以示例。《王制》封國有百里、七十里、五十里三等之差，《周禮》援推，亦有千里、七百里、五百里之别。舉一以示例，其餘皆可推。今立此爲弟三圖，再考餘圖，其制自明。

周禮九服九分天下圖第四

九分天下，董子亦曰九皇。

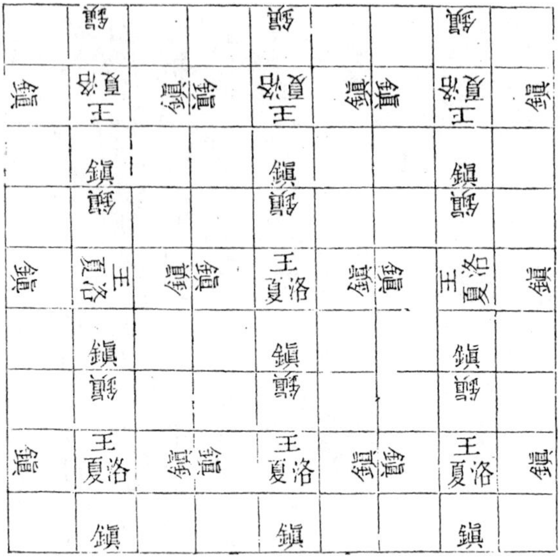

每格三千里，一帝九州，各占九千里，共計方二萬七千里，爲七百二十九方千里，合再期之日數。

《周禮》曰九夏。以九秋例之，亦爲三歲。

《莊子》曰九洛。

《靈樞》曰九鍼。九九八十一鍼。鍼讀同鎮。

《楚辭》九辨、九秋。《詩》以三月爲一秋，三秋爲九月，九秋爲二十七月，合爲三歲。

經《帝典》：蠻夷猾夏。赤道長緯，地中爲夏，蠻夷在邊鄙。小言之則各州之中爲夏，其邊鄙皆爲蠻夷。

《禹貢》：九州攸同。内各包九州。九山刊旅，九州滌原，九澤①既陂。九河、九江。

《康誥》：東國洛。

《多士》：新邑洛。○於茲洛。《靈樞》九宫、八風。東南曰陰洛，西北曰新洛。

傳鍾師以鍾鼓奏九夏：王夏、中央。肆夏、北。昭夏、東。納夏、西。章夏、南。齊夏、東北。族夏、東南。祴夏、西北。驁夏。西南。

說《山海經》：天地之東西二萬八千里，南北二萬六千里。《管子》、《吕覽》、《淮南》、《河圖》、《廣雅》同。

《春秋緯·保乾圖》：天皇、地皇、人皇，兄弟九人，分爲九州，長天下。

《命曆序》：人皇出於提地之國。九男，九兄弟相似，别長九國，離艮地精，女出爲之后。○人皇依山川土地之勢，裁度爲九州，謂之九囿。九囿各居其一，而爲之長。

按：經制九州大小不同，蓋分皇帝王伯四等。《春秋》、《王制》疆域最小，《尚書》託古皇帝四鄰例四分天下，則以五千里爲一州。《謨》曰：「弼成五服。」爲五千里者四。

① 澤：原作「釋」，據《尚書·禹貢》改。

帝均分之制，若以九起算者，則爲九分天下。或曰九皇，或曰九洛。因三而九，由九而八十一，爲鄒衍與《靈樞》九鍼、九九八十一鍼之所本，即《職方》九服，所謂九州之外爲藩國之説也。以九服爲一州，如此者九，爲方二萬七千里之九州，即鄒衍大九州也。九數之極小者爲井田，春秋以前無，井田乃經制。大則爲九州。井即九州。《易》曰：「改邑不改井。」又曰：「往來井井。」故《詩》例以京師爲公，八州爲私。儒者之九州，八伯歸一王，中等九分之九州，方九千里。八王輔一帝，上等一統之九州，二萬七千里。八干統於戊己，共計九九八十一方三千里，而九之數極也。

《尚書》、《周禮》專爲皇帝制法。由《春秋》以推大，神禹爲皇司空，決九川，距四海，全爲全球立法。考《周禮》五土分五方，《禹貢》九河、九江與九山、九川、九澤以九起例者五見，冀雍又以四至見，内包九州，皆爲大九州之師説也。《莊子·天下篇》：「禹之湮洪水，決江河而通四夷、九州也，名山三百，文山三千，小者無數。禹親自操橐耜而九雜天下之川。」大九州上應九天、九野，《商頌》謂之九有，《莊子》謂之九洛，《周禮》謂之九夏。《詩》三歲、九秋，《楚辭》九辨、九秋，皆指此九州。一洛得方三千里者九，爲人皇兄弟九人分王之師説。董子九皇亦其比例。中心王居爲夏，故《論語》、《公羊》謂之諸夏。在九服中爲夏服。《詩》「爲絺爲綌，服之無斁」，指夏服也。《書》曰「蠻夷猾夏」，謂邊鄙之變也。夏又禹之國號，故《詩》曰：「設都于禹之績。」又《尚書》屢見營洛、卜洛、至洛、兹雒、新邑洛、東國洛之文，必指此九州、九洛而言。不然，何其洛邑之多哉！

大九州可分可合，分之則各王一州，爲割據時代，合之則以一服八，如鄒氏。《春秋》大一統，皇居中州，統馭八極，《孟子》中天下立、定四海民是也。九服邊際爲鎮，每鎮方九千里。《職方》每州一鎮，九州合爲九鎮，再推之爲九九八十一，即《靈樞》由九鍼以推九九八十一。鍼、鎮字同，可見《内經》爲皇帝學。九州應九竅，言九九八十一者十數見也。合計九州不滿土圭三萬里之量，以方萬里立州，不合以九起數之例，故十中去一。《詩》因有「一日不見」例。如「天有十日」、「一日千里」，除一用九，爲三千里一州，古說射落九日，獨存一日，則爲方千里一州。積至一州九千里，如三月之九十日，三州如三秋，九州如三歲，三九二十七月，以爲三年，爲九秋。與九夏相比。此「一日不見」以九起算之大例，所以成大九州也。經傳特立此大州，以爲九分天下之預備，充之則滿三萬里，減之則二萬七千里。《大行人》謂九州外爲藩，其文在衛、要之下，而不繫於鎮服之外者，正以九州有皇帝各種分合之不同，不可拘泥於三萬里也。

按：東西二萬八千里、南北二萬六千里之說，屢見諸子。考《時則訓》五帝、五極，各得萬二千里。四帝均分一帝占萬五千里。九夏，各得方九千里。其數縱橫爲二萬七千里，並無稍出入也。

周禮九畿九州圖第五

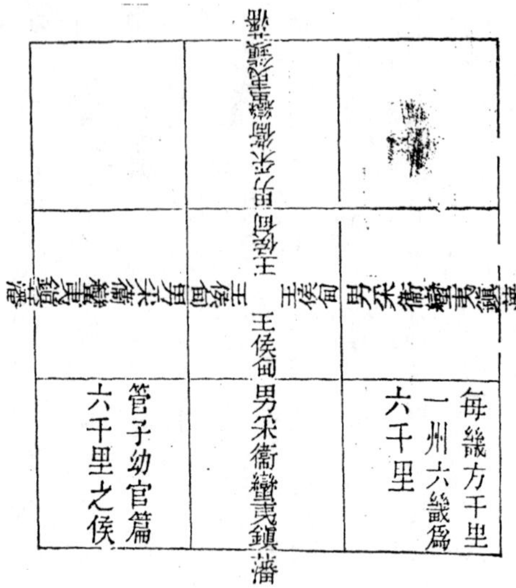

據《大司徒》每畿千里，九畿兩面合計爲方萬八千里，分作九州，每州方六千里。《大行人》：九州之外謂之藩國。按九服、九畿以九起例，而王至藩實爲十字，名義不符，所以必敘藩字，有三義，一以見九州之外爲藩，一以接《板》詩六服之藩，一以見皇制九州各得萬里，以十服計，適至藩而止。舊說黃帝萬里制萬國者，實指一州而言。○藩畿在九州外，合爲二萬里，再加《板》詩五畿，共三萬里。

○經《康誥》：侯、甸、官府。男、邦、采、衛。邦，國。○《酒誥》、《召誥》、《君奭》、《顧命》同。男下有邦字爲符記。《酒誥》、《召誥》均稱男、邦，《顧命》省文稱男、衛。全文見第二圖。○藩以外爲都鄙。

○傳《大司馬》：乃以九畿之籍一畿千里，九畿爲九千里，合之爲萬八千里。施邦國由男至鎮爲邦國，經但言男采衛，不言蠻夷鎮者，《大行人》要服包之也。之政職。方千里曰國畿，《職方氏》：方千里曰王畿。其外方五百里當讀作千里，下同。○既曰畿，當爲方千里，仍曰五百里者，互文起例，兼見皇帝九州大小之差。曰侯畿，二千里。又其外方五百里曰甸畿，三千里。又其外方五百里曰男畿，四千里。又其外方五百里曰采畿，五千里。又其外方五百里曰衛畿，六千里。又其外方五百里曰蠻畿，七千里。又其外方五百里曰夷畿，八千里①。又其外方五百里曰鎮畿，九千里②。又其外方五百里曰藩畿，加入藩爲十畿，則方萬里。○《易》「月幾望」凡數見。《禮》曰「月以爲量」。月徑千里，三五而盈，十五爲地中千里而差一寸，故地中得十五爲望。《大司徒》：制其畿方千里而封樹之。《詩》：「邦畿千里，維民所止。」邦國之畿，以封諸侯。○服五百里，畿方千里，舊説甚明。

按：經傳五服、九服同稱五百里，侯、甸、男、邦、采、衛，經凡數見。據《周禮》畿服同以九起例，九服爲九千里，九畿爲萬八千里，固一定不移者也。皇帝大小不同，畿服名同實異。九畿之制，爲自來説《周禮》者所未詳，今故特立此圖以明之。

《提要》引《横渠語録》，謂《周禮》九畿之制不與《禹貢》合。夫以九畿與五服較多寡，

---

① 八千里：原作「八里千」，據文意改。

② 九千里：原作「九里千」，據文意改。

誠不合也。顧五服五千里，《帝謨》：「弼成五服，至于五千州。」乃《尚書》帝制之一州，九畿萬八千里，《大司徒》：畿方千里。乃《周禮》皇制之九州，廣狹迥殊，無可疑也。凡評議經傳，必取義涉近似者而後立言有本，不至謬誤千里。若舉泰山與丘垤衡其大小，本不待言，以九畿求合於五服，豈非泰山、丘垤，不必相提並論者乎？横渠一代名賢，奚至言之不審？其所以有疑於九畿者，良以中國疆輿狹隘，自鄭注《周禮》以七千里説《大行人》六服，已增多於《禹貢》，而充滿中國歷代版圖之分量，故儒者飫聞其説，視九服九千里爲贅文，而九畿萬八千里更等諸汪洋大海，無人問津。蓋因鄭君七千里之説蔽塞其聰明，不敢再加推廣，敝屣大統，而人云亦云久已，士習相沿矣。横渠承襲餘波，耳食附和。但既明提九畿，則加於五服者八倍有餘，名目里數，明文具在，使其稍事研求，當亦啞然自笑。習俗移人，賢者不免，其信然歟！今世界開通，地球三萬里之説大明，凡經傳宏廓之疆宇，昔目爲無用之空文者，皆爲當今之實驗。兹據《康誥》、《酒誥》等篇侯甸男采衛之名稱，爲《周禮》畿服之起例，經略傳詳，實與五服大小分馳，列證繪圖，合之兩美，皆出孔門舊義，絶非自創新奇。特以前賢囿於《禹貢》區域①，縮小聖經範圍，生不逢時，無足深怪。後之讀《尚書》、《周禮》者，其加以考核之功，庶不受謡諑之惑乎！

① 區域：原作「區城」，據文意改。

周禮九服兼藩爲萬里一州立法圖第六

方萬里，仿《禹貢》法，立二十五州，則以二千里爲一州，侯以内爲官府，爲甸衛以内四服，爲邦國，八伯居之。藩以内爲都鄙，爲外州，蠻夷鎮藩四服，十二牧居之。凡昇平之世分内外，有諸夏、夷狄之分。大同之世内外如一，則全球合爲九州，不分諸夏、夷狄矣。

經《帝典》：協和萬邦。

《帝謨》：一日二日萬幾。幾讀作畿。

《洛誥》：其自時中乂，萬邦咸休。

傳《職方氏》九服，由王數至藩爲十服。大司馬九畿。由國畿數至藩爲十畿。

按《周禮》九服、九畿皆以九起算，所謂「一日不見」例也。乃鎮之外綴一藩字，合數則十而非九，與服畿之九數皆不合。又《大行人》云九州之外謂之藩國。如九服爲九州，不應外綴以奇零之五百里，九畿爲九州，不應綴以藩畿之一千里。此最不可通之條文也。今以三例讀之，九州以外見一「藩」字；以五服例推之，九州外當更有六服六畿，九六合爲十五服畿。《周禮》以「藩」字終，《板》詩以「藩」字始，留此孤「藩」字以接《板》詩之六畿，一也。地實三萬里，因欲分九九八十一，故用「一日不見」例。實則十而非九，故雖以九服、九畿立名，其所以必多綴一「藩」字者，以天有十日，因萬里不能截爲九分，故去一以九起算，九九爲方二萬七千里，又特綴此一字，以互起三萬里之法，二也。九州小爲井田，大爲全球。以三萬里立九州，每州各得方萬里，於九服外特綴一「藩」則爲十，以起皇萬里一州之制，三也。今故爲此圖以明之。

按《地理志》，黄帝方制萬里，畫野分州，得百里之國萬區，是故《易》稱「先王以建萬國、親諸侯」；《書》云「協和萬國」，此古文家萬里萬國之説所本。夫古文家據此佚義以攻博士，博士因漢代疆域適用小統規模，乃以《春秋》、《王制》説經，師弟傳授，相沿已久，遺忘皇帝師説，忽逢矛盾，莫識根原，謹守舊疆，難支大敵，而經中大小統之制無所位置，一林兩虎，互鬭不休。馬、鄭以下，絶少通論，自唐歷宋，至今爲梗。不知萬里、萬國乃大統之一州也。蓋方萬里爲方千里者百，方百里者萬。小統公侯之封地方百里，積至萬里、萬國，明明由小推大，由王進帝，而企於皇。考《周禮》九服仿《禹貢》五服，以五百里計，由王至藩共十服，兩面合計爲萬里。《大司馬》九畿，每畿千里，由王至藩共十畿，兩面合計爲二萬里。《帝謨》「一日二日」土圭日景，一日千里。萬畿，謂五畿合爲萬里，非有萬畿之多也。以萬里封萬國，《帝典》、《洛誥》謂之萬邦。以九服方萬里爲一州，九畿合藩方二萬里，有四州之地，加至三萬里，則爲九州。由漸遞增，自河而海，經制立之等級，以待世界之開通，並不拘執故步，畫地自封也。博士乃蹈此弊，故移書譏其是末師而非往古，六經初成，爲孔氏古文。至於國家將有大事，指大統言。若立辟雍、封禪、巡守之儀，皆皇帝典禮。則幽冥而莫知其源，謂其因陋就寡，能小而不能大。然則經中典制，包羅萬有，鉅細不遺，大足既不容於小屨，培塿何敢比於泰山！必使界限嚴明，疑難胥釋，俟諸百世，自利施行云爾。

周禮九畿合詩六畿圖第七①

每畿千里，十五畿萬五千里，兩面合計爲三萬里。內九州、外十六州，每州方六千里。《幼官篇》六千里之侯，《素問・陰陽大論》屢言三十度，觀其正月而可知。又云移光定位，定率二百里一度，六千里共爲三十度，以十二月計之，合爲三百六十度。

經《顧命》：王若曰：庶邦此二字統舉十五畿。侯、甸、男、衛。媘一采字，以男、衛包之，猶《大行人》要、蕃之包蠻、夷、鎮。○皇天用訓厥道，付畀四方，乃命建侯樹屏。九畿舉侯以揭綱，六畿舉屏以張目。

---

① 周禮九畿合詩六畿圖第七：原作「第七」，據目録補。

《君奭》：小臣屏侯甸。先外後内，如夷夏之稱。矧咸奔走。

《板》詩：价人維藩，大師維垣。大邦維屏，大宗維翰。懷德維寧，宗子維城。無俾城壞，無獨斯畏。

傳《大行人》：九州之外謂之蕃國。

説《王莽傳》：九州之内二千二百有三公，作甸侯，是爲惟城。諸在侯服，是爲惟寧。在采任諸侯，是爲惟翰。在賓服是爲惟屏，在揆文教、奮武衛是爲惟垣。在九州之外，是爲惟藩。各以其方爲稱，總爲萬國焉。

按：《周禮》九畿，其開方記里與九服同以五百里爲準。今據《大司徒》明文讀作千里一畿，合計九畿，方萬八千里以立九州，内三畿一州合兩面計之爲六畿，共六千里。爲官府八伯，六畿一州每州方六千里。爲邦國，外餘四面六千里爲都鄙，恰合全球三萬里之數。然九州之外綴一蕃字，孤文坿隸，有若贅疣，内之名稱無可割取，外之名目概付闕如，故此蕃字爲説畿服之一巨難，積疑在心，百慮千思，莫由解釋。及讀《板》詩，見其六名與畿服相類，意謂《周禮》以蕃終，《板》詩以藩始，如凸凹筍節，待人湊合。因取此六名以接逗《周禮》九畿，九六合爲十五，如《乾》之用九、《坤》之用六，且與土圭之尺五相符，鬼斧神工，天然巧合。或頗嫌其穿鑿，於古無徵，終不免於蛇足。遲之又久，讀《漢書·王莽傳》，見其以城、甯、翰、屏、垣、藩施諸政策，則二千年前新室已實用此制，著之史文，有目共覩，然後乃忻然自慰，以爲因而非創。考西漢之世，博士傳經，風同道一。莽之當國，取法《周禮》爲多，故其所規畫，輒舉經制而試行之。兹之《板》詩六名，必爲經師遺説無疑矣。今以補綴於九畿之外。《顧命》「建侯樹屏」、《君奭》「屏侯甸」早已微示端倪，特未經抉出，則至寶棄塗，無人愛惜，一爲拾墜鉤沉，則十五畿恢復舊觀，如月之闕而復圓，詎非快事！另有東西二心，圖詳後。

又按：《大行人》六服侯、甸、男、采、衛、要。下接九州外之蕃，較之五服有加，卻於九服不足。且六服七千里，不能建設九州，安得云蕃在九州外？似此條文索解不易。迹其由侯至蕃，首尾皆畿服原文，惟要服夾襍於中，殊嫌梗阻，反復推究，始悟經傳就人身衣服立義。要，古腰字。要服如人之要帶，要上有六服，王、侯、甸、男、采、衛。要下亦必有六服。補以《板》詩，恰與蕃國相接。故地球分五帶，黑、黄、赤、黄、黑。人身有五服，冠、衣、帶、裳、履。與之相等。經義以王、侯、甸爲冠，男、采、衛爲衣，藩、垣、屏爲裳，翰、寧、城爲履，帶居於中，當蠻、夷、鎮之位。每服三名，三五十五，均勻整齊。以要、服包蠻、夷、鎮，在《國語》有蠻夷要服之證文。而《禹貢》五服，夷蠻亦在要荒之下。不得謂肊撰典制也。自此義寖微，鄭君乃以六服七千里説姬周之版土，既不相符，又以王畿千里外之八伯多於王者五倍，榦弱枝强，莫能立國，豈非豎儒誤乃公事者乎？

禹貢九州推廣爲八十一州圖第八

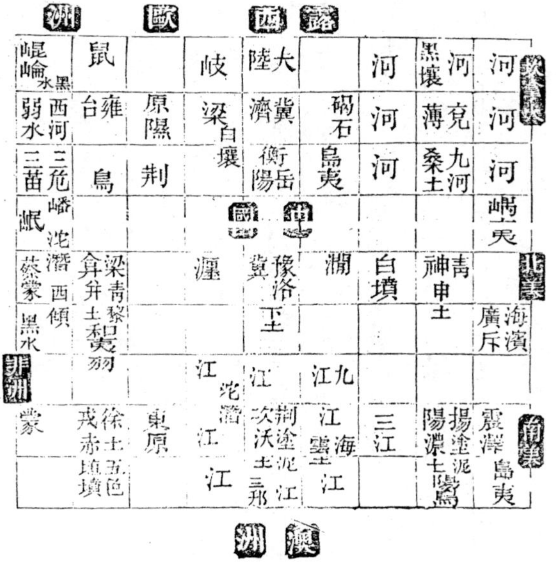

此爲一統，九夏爲分裂。

經《禹貢》：冀州、兖州、青州、徐州、揚州、荆州、豫州、梁州、雍州。○九州攸同。

傳《大行人》：九州之外謂之蕃國。

說《淮南·地形訓》：何謂九州？謂大九州。東南神州曰農土，正南次州曰沃土，西南戎州曰滔土，正西弇州曰并土，正中冀州曰中土，西北台州曰肥土，正北濟州曰成土，東北薄州曰隱土，正東陽州曰申土。

按：《禹貢》九州所舉四至、山水地名，往往有出其區域之外且甚遠者，如冀舉岐雍州山。梁、梁州。岳衡、荆州。島夷，揚州。已包數州之境。雍言弱水既西，必踰葱嶺。揚謂島夷卉服，遠在海疆。況崑崙爲混沌，當赤道之地中，鳥鼠分南北，乃天星之别號。兖、荆以九河、《爾雅》九河千里一曲，九河九曲，則九千里。九江起大統九州之川浸，徐土以五色入貢，得中州五種之精英。故九州攸同、四海會同，皆統括全球之偉論。舊説拘拘於中國一隅之地，削足適屨，詎有合耶？抑知世界開化，由野而文，疆宇由小而大。春秋之時，九州僅方三千里，上推虞夏，草昧尤甚。孔聖删《書》，託古定制，乃據當日之州名，隱寓皇帝之版土，以俟後施行，藏須彌於芥子，推而放諸四海而準，豈但爲魯邦治列國而已乎？惟孔經既寓此微言，子編乃闡兹大義。觀《淮南·地形》由八殥八紘推至八極，命名九州，定正方位，以方千里起算，積至二萬七千里，適符鄒衍八十一州之説。然冀州中土乃《貢》

之首區，是明明推廣經義，演説皇圖，絶非憑虚臆造之言也。考《貢》稱白壤、黑壤、赤埴、青土、黄壤，詳舉五土，實分大地五方。且九言厥土，庶土交正。即《淮南》之九土。而兖桑土，豫下土，荆雲土，爲之起例，故梁土青黎，黎即黧，黑色。弇稱并土，并合兩色。荆揚塗泥，即次曰沃土，陽曰農土。農當作濃。《貢》與《淮南》契合若是，固不特揚陽字同、青神音近也。

《貢》九州之由小推大，《淮南》既爲師説，且有合於今之地球焉。中國自古稱中國，地大物博，乃天然大統之中都，在《莊子》，上皇九洛爲中洛，瀍澗東西，解詳《洛誥》。日所出入，偉哉皇州，奄有全亞。由是北美屬青州，美本在西，地球南北立極，東西動轉。爲《淮南》神州之申土。申乃西方支辰，移西作東。《貢》曰海濱廣斥，謂其地多瀕海，今美州是也。南美屬揚州，坎拿大屬兖州，露西屬冀州，歐州屬雍州，黑水當爲黑海。非州從尼羅河劃界爲淮南之弇州，《貢》曰梁州。戎州澳州屬荆州。晝野分疆，援古證今，若合符節。《中庸》「考三王而不謬，俟百世而不惑」即此九州之推驗，已足見全豹之一斑矣。

附《禹貢》昆侖即《周禮》地中考

經《禹貢》：雍州昆侖。昆侖，混沌。混從昆得聲，屯、侖聲同部。

傳《大司徒》：日至之景，包冬至、夏至。尺有五寸，萬五千里。謂之地中，天地上下。之所合也，三才，通天地人。四時之所交也，四旁，前後左右，以方位言。風雨五紀箕畢。之所會也，二句以氣信言。陰陽之所和也。調和陰陽，即《氣交篇》。然則百物阜安，天下均平。乃建王國焉。王國中天下而立。

説《莊子》：中央之帝曰混沌，赤道下無冬無夏，寒暑四時同，無春無秋，晝夜長短同，故謂之混沌。曆法渾天之學，即由此而出。地中用渾天。南海之帝曰儵，《左傳》君處北海，寡人處南海。二伯中分天下，由此而出，即《尚書》之羲和，戰國有秦爲西帝、齊爲東帝之議，亦同。北海之帝曰忽。曆法東球南用南蓋天，西球南用南宣夜，東球北用北宣夜，西球北用北蓋天。三法同時並用，爲地球將來之曆法。

《河圖》云：昆侖山應於天，最居中，八十一域布繞之，中國東南隅居其一分。《博物志》引。

按：東南當爲東北。正寅方八十一域，即鄒子九九之説。《禮》：九夏七十二侯，中國居其一分。中國指《春秋》三千里而言，居其一分，即鄒子儒者九州爲八十一分之一也。

《括地象》：昆侖之山爲地首也。昆侖山爲柱，氣上通天。侖者地之中也。《初學記》引。

按《孟子》「中天下而立，定四海之民」，亦用此論。

《龍魚河圖》：昆侖，天中柱也。《藝文彙聚》引。

按：赤道長緯度，正當南北之間，故爲天地之中。

《河圖括地象》云：地中央曰昆侖，其東南當爲東北，萬五千里曰神州。《曲禮正義》引。

案：神州之名見《地形訓》。

《河圖》云：昆侖山應於天，最居中。《博物志》引。

按：《太平御覽》引《河圖始開圖》云：昆侖之墟，有五城十二樓。《藝文類聚》引《河圖》文略同。《博物志》引《括地象》云：「崑侖之山，物之所生，聖人仙人之所集。」則爲天學之昆侖，不在世界中矣。佛書之須彌鐵圍等，皆不在世界中。

《水經·河水》篇云：昆侖山高一萬一千五百里。注以葱嶺當之。

按：當作一萬五千里。地厚三萬里，由地平計之，爲一萬五千里，蓋千、五字倒，二百爲衍字。

又按：經有昆侖，後人屢易其地以當之，近世説者乃以亞州葱嶺當之。葱嶺爲亞州最高之山，是乃亞州之中，非天中也。夫經文之旨，本以赤道緯度、東西王城二畿爲昆侖。《周禮》九畿加入《板》詩之六畿，王莽由内推外。蓋東半球之中爲王畿，西半球之中爲城畿。城與成通。《尚書》云王成，多爲地中畿服之名，如成王、王末有成命、王有成績之類是也。其地中天下而立，不必實在山上，不必其高萬五千里。海禁未開，不知經傳三萬里制度，故於亞州地圖中以一最高之山當之，亦如岷山、導江，初以松茂當之，近迺指爲青海之山，以金沙江爲正流。前人不知經不單言中國，岷亦不在亞州，就五方正位言之，則西在美州，經岷山亦在美州，乃爲大九州之西，非中國一隅之江水也。

尚書十一篇法古表第九

《書緯·璇璣鈐》曰：孔子求得黄帝元孫帝魁之書，凡三千三百三十篇，乃删，以一百篇爲《尚書》，十八篇爲《中候》。按：百當爲十，十篇爲法古。王降爲伯，經據衰而作，追序往古時代，所謂皇降而帝，帝降而王。《史記》言尚者十餘見，皆由此起例。如數《皇篇》則爲十一，共爲二十九篇，與《藝文志》所列《尚書經》及大小夏侯章句解故合。

一皇如歲　四帝如四時　三王如月《春秋》三月有王　三公二伯如日

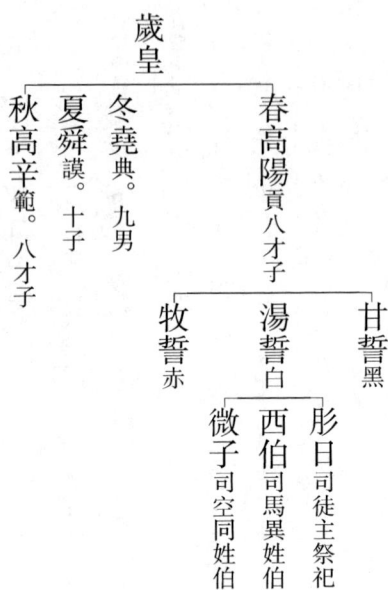

- 歲皇
  - 春高陽貢八才子
    - 甘誓黑
    - 湯誓白
      - 肜日司徒主祭祀
      - 西伯司馬異姓伯
      - 微子司空同姓伯
    - 牧誓赤
  - 冬堯典。九男
  - 夏舜謨。十子
  - 秋高辛範。八才子

《皇篇》「乃命羲和」五節。《書》爲皇帝學，用五紀「皇省爲歲」例，以明一統。説詳《皇篇六相圖》。

《帝典》堯主地，法文而王，一名《堯典》，今從《大學》稱《帝典》，如和叔司冬。

《帝謨》舜主天，法商而王，一名《皋陶謨》。《大傳》「帝告」即「帝謨」字誤，如羲叔司夏。

《禹貢》高陽氏主地，法夏而王，一名《九共》，如羲仲司春。

《洪範》高辛氏主天，法質而王，如和叔司秋。○以上一皇統四帝，如一歲統四時，用《大傳》七觀前四觀次序，以爲四帝四鄰。

三王三誓

《甘誓》一名《禹誓》，見《墨子》。尚黑。

《湯誓》尚白。

《牧誓》尚赤。一名《泰誓》。○漢所得《泰誓》即《牧誓》傳文，一王不能立二誓也。

殷三公二伯

《肜日》司徒仁者守，主祭祀。○王者出，一公守，二公從，東西二伯從行，故有六卿六軍。

《西伯戡黎》司馬勇者行，主征伐。○言西伯知有東伯，異姓稱伯舅。

《微子》司空智者慮。○西伯，異姓之伯；微子，同姓之伯。所謂家耄，即同姓稱伯父。

[傳]《書大傳》：子夏讀《書》畢，見夫子，夫子問焉：「子何爲於《書》」？子夏曰：「《書》之論事，昭昭如日月之代明，《範》五紀：卿士惟月，師尹惟日。離離若星辰之錯行，《範》「庶民惟星」。按列

宿一方七星，《書》以二十八篇象之。上有堯《帝典》。舜《帝謨》。之道，下有三王夏、商、周。之義。商所受於夫子，親承書教。志之於心，弗敢忘也。」經中堯舜三王之道與古史不同，所當服膺。夫子造然變色曰：「嘻！子殆可與言《書》矣。七十弟子中言《書》者不可多得。雖然，見其表，外觀粗淺。未見其裏。」內容廣大。顏回曰：「何謂也？」回在可與言《書》之列。子曰：「闚其門，所謂外觀。《論語》：「得其門者或寡矣。」而不入其中，觀其奧藏《論語》：「不得其門而入，不見宗廟之美，百官之富。」之所在乎？然藏又非難也。得解則不難。丘嘗悉心盡志以入其中，三萬里地球，以氣交爲地中，乃孔聖哲想所至。前有高岸，地球赤道以北多土，以南多水，中爲高岸。後有大谿，兩極冰海在後。填填《史・天官書》：填星中央土。填填，喻南北兩黄道。正立而已。《孟子》「中天下而立」。是故《堯典》可以觀美，夔典樂，八音克諧。《論語》「子謂韶盡美矣」。《禹貢》可以觀事，《大戴・千乘篇》：司空司冬。《周禮・小宰》六曰冬官，其屬六十，掌邦事。《咎繇》謨可以觀治，《周禮》天官，其屬六十，掌邦治。《洪範》可以觀度，《中庸》：「非天子不議禮，不制度。」六誓《穀梁》：誥誓不及二帝。三王三誓，《費誓》、《秦誓》合爲五。可以觀義，所謂下有三王之義。五誥《大誥》、《康誥》、《召誥》、《洛誥》、《酒誥》合《般庚》爲六，當云五誓六誥。可以觀仁，仁如果木之核，喻地中京師。《周禮》會同曰誥。大會諸侯，必在京師。《甫刑》此言末五篇。可以觀誡。通斯七觀，《書》之大義舉矣。」

說《董子・改制篇》：王者以王爲基，進化之序由王而帝、而皇。改制改易古制，以成新經。作科作爲金科玉律，以垂後世。奈何？曰：當十二色，曆《春秋》子丑寅三月有王，推之全球，當有十二王，法十二月。各法而讀作爾。正色，黑白赤爲小三統。逆數三而復。正朔三而改。絀三之前三王以上。曰五帝，顓頊、帝嚳、堯、舜、禹。帝迭五行迭運。首一色，首，尚也。五方異色。順數五帝相復，五德代興。禮樂各以其法象其宜。五帝不相沿襲。順數四而復，典、謨、貢、範如四方四帝。咸作國號，高陽、高辛、唐堯、虞舜。遷宫邑，天下四方，各居一方。易官名，制禮作樂。故湯受命《湯誓》。而王①，應天變夏，作殷號，湯開國號商，般庚遷殷，始號殷。云湯號殷，後世追論之稱。時正白統，親夏，故虞②，絀唐，謂之帝堯，可見帝堯乃後世追稱，非當日之實號。以神農爲赤帝。寄託神農爲帝，當地中，赤道之下。作宫邑于下洛《莊子》九洛，此下洛在南半球。之陽，湯本都亳，此云下洛，非商湯也。名相官曰尹③。一作名相曰宫尹。絀虞④謂之帝舜，後王追加爵號爲帝。以⑤軒轅曰黄帝，下文神農改號軒轅，謂之皇帝。推神農以爲九皇。大九州之皇。作宫邑于豐，《易·豐》：「亨，王假之勿憂，宜日中。」名相官曰宰。《周禮·天官冢宰》。作《武樂》，制文禮以奉天。武王受命，《牧誓》。作宫邑于鄗，周都。制爵五等。公、侯、伯、子、男。作《象樂》，繼文以

---

① 王：原作「正」，據蘇輿《春秋繁露義證》卷七《三代改制质文》改。
② 親夏故虞：原作「故親夏虞」，據右引改。
③ 據右引，此後脱「作《濩樂》，制質禮以奉天。文王受命而王，应天變殷作周號，時正赤統，親殷故夏」。
④ 絀虞：原作「爵」，據右引改。
⑤ 以：原脱，據右引補。

奉天。周公輔成王受命，《金縢》以下七篇爲周公書。作宮邑于洛陽，《召誥》：洛爲新邑。成文武之制，《中庸》：周公成文武之德。作《汋》樂以奉天。殷湯之後稱邑，示天之變反命。故天子命無常，惟命是德慶。

王者之法，必正號，絀王絀前代之王。謂之帝。封其後以小國，如春秋杞。使奉祀之，下存二王之後以大國，如宋。使服其服，行其禮樂，稱客以朝。故同時稱帝者五，五極五帝，若以中央統四方，則一皇四帝。稱王者三，三誓稱《夏書》、《商書》、《周書》。○此皆《尚書》師説，否則安得同時有五帝三王。所以昭五端，五方之正。通三統也。三王。是故周抱經本有周字。人之王《書》以《周書》終。尚《璇璣鈐》：《尚書》篇題號尚者，上也，書者，如也。書者寫其言，如其意，情得展舒也。又曰：因而謂之書，加尚以尊之。《史贊》云：「學者多稱五帝，尚矣。」《三代世表》云：「五帝三代之記尚矣。」推尚推猶云追稱，作書者追稱之。神農爲九皇，《洪範》九疇，中爲皇極。而改號軒轅，非史家之神農軒轅。謂之皇帝。即《皇篇》之皇。因存帝顓頊、高陽氏。帝嚳、高辛氏。帝堯《典》：「曰若稽古。」之帝號，絀虞而號舜曰帝舜。商絀唐，周絀虞，次第蟬聯。録五帝以小國，《樂記》：封黄帝之後於薊，封帝堯之後於祝，封帝舜之後於陳。下存禹之後於杞，存湯之後於宋，以方百里，爵號公，皆使服其服，行其禮樂，稱先王客而朝。《春秋》作新王之事，《尚書》則作新皇新帝之事。變周之制，當正黑統，改周正行夏正。而殷、周爲王者之後，絀夏絀杞。改號禹，謂之帝，録其後以小國，故曰絀夏，《左傳》：杞，夏餘也。存周，《春秋》：天王乃託號，宋與周同爲王後。以《春秋》當新王，《莊子》有新經之説。不以侯，《春秋》見諸行事，《尚書》專以侯後。弗同王者之後也。《公羊傳》：云：後之堯舜不與杞宋同。稱子又稱伯何？再問杞子杞伯。見殊之小國也。黄帝之先謚，四帝之後謚，何也？據《大戴・五帝德》爲問。曰：帝號必存五，帝代一本作代帝。首天之色，首稱黄帝。號至五而反。顓頊以下五帝號在上。周人之王，以周人包括《中候》十八篇。軒轅直首天黄他本作皇。號，三皇以天皇始，故歲皇得天統。故曰黄帝云。讀作皇帝，即《皇篇》之皇。帝號尊而謚卑，故四帝帝顓頊、帝嚳、帝堯、帝舜。後謚也。帝，尊號也。録以小何？曰：遠者號尊而地小，事實上之堯舜疆域小。近者號卑周僅稱王。而地大，疆域較大於古。親疎之義也。堯舜如《春秋》傳聞世，周如《春秋》所見世。湯受命親夏虞疎唐，周受命親夏商疎虞。故王者有不易者，皇極，建極不動。有再而復者，主天法質，主地法文。有三而復者，正朔三而改，如三王。有四而復者，四方四時遞嬗，如高陽、高辛、堯、舜。有五而復者，五帝五德代興，如二高、堯、舜、禹。有九而復者。如神農、二高、堯、舜、禹、夏、商、周。○抱經本錢云：董子法以三代定三統，追前五代爲五帝，又追前一代爲九皇，凡九代。三統移於下，則九皇五帝遷於上。明此通天地、《楚語》：顓頊重司天，黎司地。《典》之羲和即《周禮》之天官、地官。陰陽、羲主春夏爲陽，和主秋冬爲陰。四時、羲和四子，分司四仲，如《典》、《謨》、《貢》、《範》。日月、星辰、五紀：卿士惟月，師尹惟日，庶民惟星。山川、人倫，案《璇璣鈐》曰：書者，如也。上天垂文，象布節度，書如天行也。故再而復者法天之陰陽，三而復者法天之三光，四而復者法天之四時，五而復者法天之五星五行，九而復者法天之九野九曜。德侔天地者稱皇帝，天祐而子之，號稱天子。故聖王讀作皇。生則稱天子，皇法天，故爲天子。皇配天則帝爲天子。崩遷則存爲三王，讀作皇。○天皇、地皇、人皇。小統爲三王。絀滅則爲五帝，皇降而帝，爲帝后，乃《尚書》説。下至附庸，杞爲小國，乃《春秋》説。絀爲九皇，尚推神農。下極其爲民。讀作代。有一謂之三代。按：如商併夏虞、周併夏殷皆爲三代。故雖絶地，廟位祝牲，猶列於郊號，宗於代讀作岱。宗。《祭法》：有虞氏禘黄帝，而郊嚳，祖顓頊，而宗堯。夏后氏亦禘黄帝，而郊鯀，祖顓頊，而宗禹。殷人禘嚳，而郊冥，祖契，而宗湯。周人禘嚳，而郊稷，祖文王，而宗武王。故曰：聲名魂魄施於虚，極壽無疆。

王者以制，一商一夏，商《洪範》，夏《禹貢》。一質一文。共爲四分、四方、四時。商《湯誓》。質者主天，夏《甘誓》。文者主地，春秋周《牧誓》。者主人，故三等也。三代、三統。主天法商而王，帝舜。其道佚陽，親親而多仁樸。主地法夏而王，高陽氏，帝顓頊。其道進陰，尊尊而多義節。主天法質而王，高辛氏帝嚳。其道佚，陽，親親而多質愛。主地法文而王，帝堯。其道進，陰，尊尊而多禮文。

四法法商、法夏、法質、法文，此爲《尚書》四鄰説。修於所故，舊也，所謂法古。祖於先帝。祖述前代之帝。故四法如四時然，《五帝德》中不數禹，以二高、唐、虞爲四鄰。終而復始，窮則反本。四法之天施符授聖人王法，則性命形乎先祖，大昭乎王君。故天將授舜主天法商而王，舜云法商者，乃尚推之舜。祖錫姓爲姚氏；天將授禹主地法夏而王，禹即夏也。云法夏者，禹之前有如夏者，顓頊高陽氏是也。祖錫姓爲姒氏；天將授湯商主天法質而王，殷人尚質，云法質者，前有用質之王，如帝嚳高辛氏是也。祖錫姓爲子氏；天將授文王周主地法文而王，周人尚文，云法文者，前有用文之王，如帝堯是也。祖錫姓爲姬氏。按四法由舜而下推，則有禹、湯、文之王，由舜而尚推，則有顓頊、帝嚳、帝堯，皆四代，故曰四法，如四時。

按《書》自《書序》作俑，分篇立説，斷代繫事，割裂零亂，大義乖淪，致後人以史目經，而煌煌聖作，等諸破殘之野稗，良可惜也。考堯舜之世，據《孟子》「草木暢茂，禽獸逼人」之説，狉榛蠻野，實其時史事之真象，安有光被協和之雅化？唐虞如此，前古可知。降而夏殷，疆宇仍隘。周則蠻楚鴂舌、勾吴文身，淮徐戎夷，散居腹地，所謂底平徐東原。底貢、荆三邦。厥田、厥賦之隆規，僅託空文而已。故經不下同於史，文明質野，異趣殊途。司馬雖根據《大戴》本紀五帝，猶曰百家言黄帝文不雅馴，而《五帝德》之軼説，非好學深思，心知其意，難爲淺見寡聞道。明明謂史與經之迥不相侔也。《書》之義例久就湮沉，今據《大傳》、《繁露》姑揭綱領，以發其凡。

《大傳》以典、貢、謨、範四篇弁首，下接誓、誥，而宗旨甚略。惟《董子·改制篇》反覆詳盡，乃《尚書》師説之僅存者。《書緯》：「尚，上也。書，如也。」謂上託五帝，如天行之五宫。《天官書》中紫宫、東宫、南宫、西宫、北宫。故《書》始堯舜，《大戴》誌聖言，益之以顓頊、帝嚳。《禹典》包《皇篇》，《繁露》尚推神農爲九皇。一號軒轅黄帝。是神農本爲帝，推尊之爲皇也。蓋四方四帝法四時，四而復。加中央一帝爲五。若四帝總歸於中，則中央爲皇。此五帝之分合，歲皇所以統四時也。經制王者必存二王之後，故堯舜之前厥有高陽、高辛，雖《貢》爲《夏書》、《範》爲《商書》，而法夏法商，運會循環。後之視今，猶今之視昔，世代相因，鑒前起後，千百年如一日也。《荀子·非相篇》：「欲觀聖王之跡，則於其粲然者矣。後王者天下之君也，舍後王而道上古，譬之是猶舍己之君而事人之君也。故曰：欲觀千歲，則審今日，欲知億萬，則審一二，欲知上世，則審周道，欲知周道，則審其人所貴君子。故曰：以近知遠，以一知萬，以微知明，此之謂也。」《論語》謂之成事、既往、老者、往者。將以師表萬世，故肇始皇帝，特開大統之規模，下序三王，又植小統之基礎。三公二伯，綱紀釐然。其古帝之謚號不必實有其人，《公羊》云後之堯舜。即政治之設施，方且虛存其理。董子再而復，三而復，四而復，五而復，九而復，皇神農，五帝顓頊、帝嚳、堯、舜、禹，三王夏、商、周，共九代。若以禹爲夏，則加周公爲一代。設此等級，以待世變之日新，而牢籠百代。立表待日而景，虛位待人而行，鏡花水月，色相空靈，若視爲往古之事實，則拘滯鮮通，不其騃乎！

按《列子·楊朱篇》：「太古之事滅矣，孰誌之哉？孔子誌之。三皇之世董子言一九皇。若存若亡，似有似無。五帝之事《大戴·五帝德》、《書》始典、貢、謨、範。若覺音教。若夢，並無實象。三王之事或隱或顯，一帝三王，四帝十二王，見三王，隱九王。一王三公，見三公，隱六公。億不識讀作志。一。以全數計，則一帝八王，五帝四十王，見三王，隱三十七王，四十王必百二十公，見三公，隱百一十七公，其下卿、大夫、士闕略尚多。當身之事或聞傳聞世，如九皇、五帝；所聞世，如夏、商。或見，所見世，如周。萬不識一。粗舉大綱。目前之事或存或廢，就典禮制度言之。千不識一。未能詳備。太古如董子神農軒轅之世。至於今日，孔子之時。年數固不可勝紀，《史·三代世表》：「至於序《尚書》則略無年月。」又曰：「夫子之弗論次其年月，豈虛哉。」但伏羲已來三十餘萬歲，略舉大數。賢愚好醜，尚論古人。成敗是非，論其世。無不消滅，歷朝典制全無遺留。但遲速之間去聲。耳。」年代無論久暫，皆歸消滅。據此而論，孔子作《書》，前代典章樸質譾陋，無足取則，經中文明制作，莫非一人手創。經據衰而作。宰我曰：「予觀夫子，賢堯舜遠。」子貢曰：「禮樂德政，百王莫違。」及門親炙，論定久矣。故《尚書》十一篇託始《典》、《謨》，而中存《皇篇》，實寓待推之意，下而三王三誓，爲尚黑、尚白、尚赤之三代；此小三統，則有然也。若大三統，則《詩》詠素青黃，見《齊風》。《論語》謂之緇衣、素衣、黃衣。《尚書》以歲皇始，不過三皇之一耳。《緯命曆序》曰：天皇、地皇各一萬八千歲，人皇此天、地、人爲大三統之符號，小者子丑寅三正而已。凡一百五十世，姬周小統，卜世三十。合四萬五千六百年。此說大三統循環世代長遠之興替，若小三統，則夏四百，殷六百，周八百年。而忠、質、文之政必有野、鬼、僿之敝，因革補救，始利敷施，驗小推大，《中庸》：「小德川流，大德敦化。」並行不悖，而皇、帝、王、伯之尊卑分位，以皇統帝，以帝統王，以王統伯。故《列子·仲尼篇》曰：「三皇善用因時者，四帝如四時。五帝善用仁義者，王以仁義爲主，孟子崇王，屢言仁義。三王善任智勇者。」智者慮，司空；勇者行，司馬；仁者守，司徒。說見《穀梁》。〇《洪範》三德，謂之剛克、柔克、正直。以次遞降，部屬分明，皆《尚書》十一篇之舊說也。茲略舉大概，恐遺漏尚多耳。

尚書四帝四鄰四表均分天下圖第十

此圖已刊《哲學發微》中，今詳加考證，以發明之。

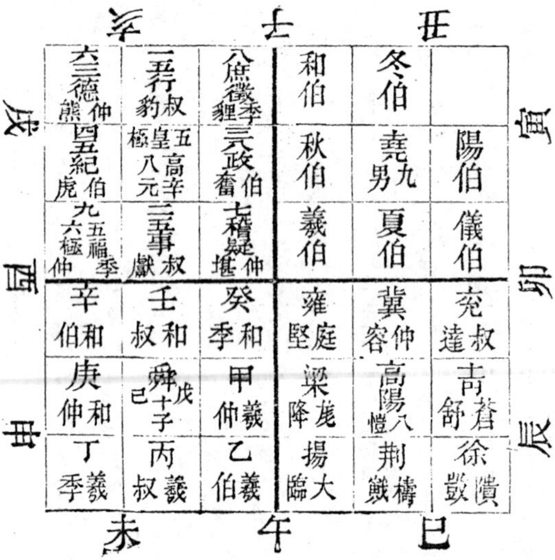

經《帝謨》：帝曰：舜。吁，臣哉！南北爲臣。○《白虎通》：「不臣二王之後者，尊先王，通天下之三統也。」騷賦以堯主北，舜主南，冬夏分治，而舜乃堯臣。鄰哉！東西二帝合爲鄰。鄰哉！四帝四鄰，土地相接。臣哉！《左傳》文十八年：昔高陽氏有才子八人：蒼舒、隤敳、檮戭、大臨、尨降、庭堅、仲容、叔達，齊聖廣淵，明允篤誠，天下之民謂之八愷。高辛氏有才子八人：伯奮、仲堪、叔獻、季仲、伯虎、仲熊、叔豹、季貍，忠肅共懿，宣惠慈和，天下之民謂之八元。此十六族也，世濟其美，不隕其名，以至於堯。堯不能舉舜臣，堯舉八愷，使主后土，以揆百事，莫不時序，地平天成。舉八元，使布五教於四方，父義，母慈，兄友，弟共，子孝，内平外成。

欽四鄰。四帝均分天下，如羲和四子分司四時，又如《周禮》地官司冬，春官宗伯，夏官司馬，秋官司寇。

說《墨子·節葬篇》：堯北教乎八狄，堯之治功在北。道死，葬蛩山之陰。舜西西與南爲鄰。教乎七戎，舜之治功在西南。道死，葬南巳上文西字，恐係南之誤。之市。禹東教乎九夷，三帝開化三方。以四方循環例推之，高陽主東，高辛主西，堯北，舜南，禹復主東，終而復始。道死，葬會稽之山。

《大戴·五帝德》：宰我請問帝顓頊，孔子曰：「五帝用記，記載於書。三王用度。揣度時代。女欲一日辨聞古昔之説，《尚書》往古之説。躁哉，予也！」宰我曰：「昔者予聞諸夫子曰：小子無有宿問。」孔子曰：「顓頊，黄帝之孫，昌意之子也，曰高陽。洪淵以有謀，疏通以知遠。養材以任地，履時以象天。依鬼神以制義，治氣以教民，潔誠以祭祀。乘龍而至四海，北至於幽陵，南至於交趾，西濟於流沙，東至於蟠木。動静之物，大小之神，日月所照，莫不砥礪。」宰我曰：「請問帝嚳。」孔子曰：「玄囂之孫，蟜極之子也，曰高辛。生而神靈，自言其名，博施利物，不於其身。必於其子孫。聰以知遠，明以察微。順天之義，知民之急。仁而威，惠而信，修身而天下服。取地之財而節用之，撫教萬民而利誨之。歷日月而迎送之，明鬼神而敬事之。其色郁郁，其德嶷嶷。其動也時，其服也士。春夏乘龍，秋冬乘馬。黄黼黻衣，執中而獲天下。日月所照，風雨所至，莫不從順。」宰我曰：「請問帝堯。」孔子曰：「高辛之子也，曰放勳。其仁如天，其知如神。就之如日，望之如雲。富而不驕，貴而不豫。黄黼黻衣，丹車白馬。伯夷主禮，龍夔教舞。舉舜、彭祖而任之，四時先民治之。流共工於幽州，以變北狄。放驩兜於崇山，以變南蠻。殺三苗於三危，以變西戎。殛鯀於羽山，以變東夷。其言不貳，其德不回。四海之内，舟輿所至，莫不説夷。」宰我曰：「請問帝舜。」孔子曰：「蟜牛之孫，瞽叟之子也，曰重華。好學孝友，聞於四海。陶漁事親，寬裕温良。敦敏而知時，畏天而愛民，恤遠而親近。承受大命，依於倪皇。叡明通知，爲天下王。使禹敷土，主名山川，以利於民。使后稷播種，務勤嘉穀，以作飲食。羲和掌曆，與帝堯同。敬授民時。使益行火，以辟山萊。伯夷主禮，以節天下。夔作樂，以歌籥舞，和以鍾鼓。皋陶作士，忠信疏通，知民之情。契作司徒，教民孝友。敬政率經，其言不惑，其德不慝，舉賢而天下平。南撫交趾，大教墨子云西教。鮮支、渠廋、氐羌、北山戎、發、息慎，東長鳥讀作島。夷、羽民。」

《書大傳》：元祀代泰山，貢兩伯之樂焉。陽伯之樂舞株離，其歌聲比余謡，名曰皙陽。

儀伯之樂舞鼚哉，其歌聲比大謡，名曰南陽。中祀大交霍山，貢兩伯之樂焉。夏伯之樂舞謾彧，其歌聲比中謡，名曰初慮。羲伯之樂舞將陽，其歌聲比大謡，名曰朱於。秋祀柳穀華山，貢兩伯之樂焉。秋伯之樂舞蔡俶，其歌聲比小謡，名曰苓落。和伯之樂舞玄和，其歌聲比中謡，名曰歸來。幽都宏山祀，貢兩伯之樂焉。冬伯之樂舞齊落，歌曰縵縵。按：四嶽八伯，當闕一春伯。

四帝分占四維，鎔注：《淮南・天文訓》：東北爲報德之維，西南爲背陽之維，東南爲常羊之維，西北爲蹏通之維。各萬五千里，爲十五服。立九州，每州五服，得五千里，故曰：弼成五服，至于五千，句。州句。〇以方五千里爲一州。十有二師。外十二牧。以三十度六千里爲月，計之萬五千里，加二六千里，正合三九之數。

《禹貢》「弼成五服」，方五千里。謂一州耳。一表方萬五千里，已得方五千里者九，四表共有三十六方五千里，則知五服非全幅。十五服萬五千里，亦非全球。《謨》曰：「欽四鄰。」四界四鄰。《論語》：「德緯説皇道帝德。皇一統法天道，帝分治法四時。《月令》春盛德在木，夏盛德在火，秋盛德在金，冬盛德在水。帝以德爲主，故《大戴》有《五帝德》。不孤，四帝同時分治，故不孤。必有鄰。」壤地相接。《易》曰：「東鄰太皞爲東帝。〇《括地象》云：崑崙東南萬五千里曰神州。殺牛，不如西鄰少昊爲西帝。之禴祭。」又曰：「富合田爲富。以其鄰。」四方四帝互相爲鄰。《洪範》九疇用生成數法，一二三四五爲生數，六七八九十爲成數。説見《書大傳》。本即九州，疇、州古字通用。九共、共與貢通。九共即九州之貢。《詩》小共、大共。九疇即八元、八愷之義。九州之中州爲王畿，元、愷爲八州方伯。《大戴・宰我問五帝德》共有六帝，黄帝、顓頊、帝嚳、帝堯、帝舜、禹。由黄帝起，終於禹，如六經終於《易》，《大戴》：禹履四時，據四海，平九州，戴九天，統一天下，如《易》之統括乾坤。始於《春秋》。舉春秋以包冬夏，如黄帝居中，統馭四時。其中四帝二高與堯舜，正如四教之《詩》、《書》、《禮》、《樂》也。《王制》：「樂正崇四術，立四教。春秋教以禮樂，冬夏教以詩書。」天主六，《素問》：天以六節，故皇用六相。人帝則五，地以五制，故五帝。故黄帝爲五天帝之一，舉一以示其例。舉中以包四方。人帝始顓頊，董子謂黄帝先謚者爲天帝，四帝後謚者爲人帝。終禹。禹承帝運之終。别有五人帝，即顓頊、帝嚳、堯、舜、禹。黄帝不在五人帝之内。即《月令》之黄帝爲五天帝之一，以爲五人帝之起例。又：《五帝德》每帝各有四至之文，高陽乘龍而至四海，北至於幽陵，南至於交趾，西濟於流沙，東至於蟠木。高辛春夏乘龍，秋冬乘馬。帝堯流共工於幽州，以變北狄，放驩兜於崇山，以變南蠻，殺三苗於三危，以變西戎，殛鯀於羽山，以變東夷。帝舜南撫交趾，西教鮮支、渠廋、氐羌，北山戎，發，息慎，東長鳥夷、羽民。各王一方，非全在中國。四至之地本不盡在中國。

《尚書》始堯之故，舊説多不安。今考定五人帝，五方五帝。二高爲二帝後，《謨》曰「虞賓在位」，合二高爲三恪。如春秋之杞宋，爲已往二代；《論語》：「周監於二代。」堯舜南北二帝，如晉楚夾輔皇室。《春秋》小統，晉楚分伯。堯舜同時，南北分治，即爲皇之二伯。○《白虎通・爵篇》：《中侯》曰：天子臣放勛，何以知皇亦稱天子也？以其言天覆地載，俱王天下也。經雖始堯，包有高陽、高辛在内，故《大戴》於帝堯之前數二高。而一皇四帝四鄰之制皇如歲。二高爲二帝後。堯舜爲皇二伯，分治南北。又《書》始

《堯典》，如《春秋》齊桓一匡天下。堯老舜攝，則舜又一匡。全矣。《逸禮》、即《周禮》，劉歆謂之《逸禮》。《淮南》均言五帝分司五極，《周禮》五官五言以爲民極，《淮南・地形訓》五位五極。各得方萬二千里，此五分天下之制。説詳五土五官均分五極圖。其説以二萬七千里開方，各得一百四十四方千里。共計方千里者七百二十。此以皇爲天，天統五人帝。再用四帝均分三萬里，故各得一表，共爲四表。《典》曰「光被四表」。爲方萬五千里。四表共方三萬里。故經曰四鄰、四表，合皇則爲五。以皇統四帝。

由四帝變爲五，以夏居中。《月令》季夏黄帝居中，夏又爲禹之國號。○《五帝德》：禹履四時，據四海，平九州，戴九天。四海之内，舟車所至，無不賓服。此夏禹居中統四帝之舊説。以四帝各九州言之，取其中一州五千里歸中央，四州合爲方萬里，方五千里者四。土寄王於四季。《月令》：土王於季夏，實王於四季，每季九十日，而土王十八日。今則四季之辰戌丑未《翼奉傳》謂之上方下方。入中宫，爲九夏，《周禮》鍾師所掌，説詳九分天下圖。則得方萬里。中央。其餘八支甲乙丙丁庚辛壬癸。各爲一州，各得方萬里，共爲方三萬里。與中之禹服正同。中央方萬里。蓋方三萬里爲方千里者九百，九人各得萬里而適均。此又一法也。經傳之理，靈變非常，不能以定法拘泥，故又有一法。

《左傳》引《書》説，牽引二高十六族，此《尚書》師説。非用四鄰，則十六族無位置之地。中國方數千里，不能容之。又堯舜之治，《論語》：惟堯則天，巍巍蕩蕩。《帝謨》外薄四海，咸建五長。如用舊説，囿於中國一隅。不免有優劣。堯功少，舜功多。今以分方求之，用《墨子》説。堯在東北維，已治安，惟對沖之坤維西南隅。未治，所謂四凶等皆在坤維，舉舜以治坤維。《左傳》舜臣堯，舉十六族，去四凶。舜之作用，全在下方，南半球。○堯在上方，北半球。與堯舊治不同。南北分治。所云大麓、《典》「納于大麓」。畎畝、《孟子》：「舜發於畎畝之中。」深山、《孟子》：「舜之居深山之中。」貳室、《孟子》：「舜館甥於貳室。」南河之南，《孟子》：「舜避堯之子於南河之南。」皆指坤維。故《孟子》曰：「居堯之宮，逼堯之子，是篡也。」舜之治功不與堯同在一地，故不居堯宮。《尚書》爲皇帝學，首《帝典》寓有《皇篇》。乃百世以下大同之法《洪範》是之謂大同。則。海禁未開以前，學者多囿於一隅之見以説之。以中國之地説《尚書》。如能小中見大，《列子·仲尼篇》：「曩吾脩詩書，正禮樂，將以治天下，遺來世，非但脩一身、治魯國而已。」統五帝而區畫之，五帝分方，則各司萬二千里。四帝分司，則各得萬五千里。若中央之帝統四方，則爲皇統四帝。經立此制，託之前古。則思過半矣。

鎔按：四帝四鄰圖説，癸丑之歲，四譯先生年六十，撰成於滬上，刊入《孔經哲學發微》中。其義根據於《帝謨》，貫通於諸子、《論語》、《孟子》、《墨子》、《董子》。傳記，如《大戴》、《周禮》。要以發明孔經信古好古之旨者也。初聞是説者或且目爲新奇，試思《尚書》託始唐虞，《大戴》何以兼及二高？蓋《春秋》之義，王者以王爲起例。存前王之後，尊賢不過二代，因革損益，以成時政。《謨》之虞賓，《召誥》王賓，《頌》客白馬，《雅》客白駒，皆經制之宏綱也。故二高爲二帝後，所以備一朝之殷監；而四帝如四時，又以起循環代興之例。董子四法，詳注在法古表。已明明言之矣。四法由舜而下推禹、湯、文，卻寓上推顓頊、嚳、堯之意。拘泥世代而言之，則所謂舜法商、禹法夏者不可解也。若就中國疆輿説之，削足適屨，體制不符。蓋州五千里，《謨》有明文。九州萬五千里，恰合《周禮》十五服之數。而《大戴》五帝各有四至之版宇，《墨子》亦有堯北舜南之教化，《左傳》四帝之墟號同《月令》，可知煌煌帝制，不同在一隅之地也。今以地球三萬里定爲四帝均分之局，各得萬五千里，各一九州，各有八伯、二高之元愷，固合天然之位置矣。高陽爲法夏之王，故《貢》之九州借用其名；高辛爲法質之王，故《範》之九疇亦符其數。舜在《皋謨》以辛壬癸甲爲北方四州，依例推補，乃有十子。《呂覽》謂有九子。堯於《孟子》稱有九男，説同《淮南·泰族訓》、《説苑·君道篇》。惟《呂覽》謂有十子，而堯男實止丹朱。本謂九州之長，《伏傳》説之以一岳兩伯，合數中央，則爲九。考經傳中伯仲叔季爲兄弟之稱，《呂刑》伯兄、仲叔、季弟喻方伯同等如兄弟，《典》之羲和仲叔，《伏傳》之八伯是也。《左傳》昭二十六年。閔馬父曰「單劉贊私立少，唯伯仲叔季圖之」，皆總稱諸侯之辭，又《禮》所謂「天下一家」之微言也。具此大義，上符天星之四宫，見《史·天官書》。下合《帝典》之四表，《謨》、《貢》之四海，中通《月令》之四時，包舉乾坤，牢籠六合。皇出而統一之，則如黄帝之居中央；四季寄王於土，則八干分爲八正，以當八節。隨宜通變，託古立標，經制所以可大而可久歟！補注既畢，略記大概於此，恐未盡此圖之蘊奧也。

禹貢導山爲天九野圖第十一

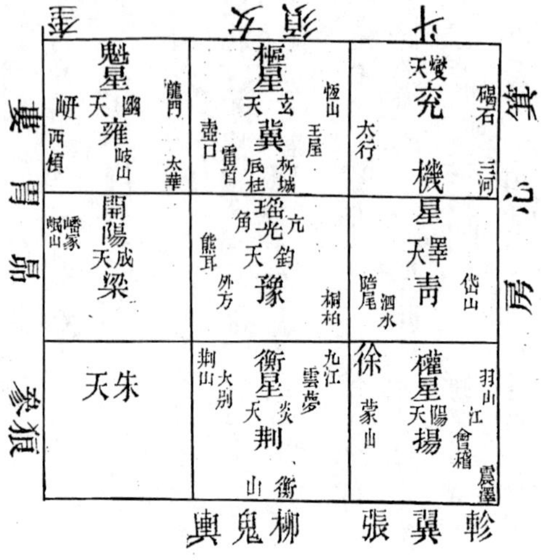

《春秋緯·感精符》：地爲山川。山川之精，上爲星辰，各應其州域分野，爲國作精符驗也。

經《禹貢》：導岍《夏本紀》：道九山。《索隱》：汧、壺口、砥柱、太行、西傾、熊耳、嶓冢、内方、岐，是九山也。及岐，至于荆山，《地理志》有北條之荆山。逾于河。《春秋緯・文耀鉤》：斗者天之喉舌，玉衡屬杓，魁爲璇璣，布度定紀，分州繫象。華岐以北，龍門、積石，至三危之野，雍州，屬魁星。壺口、雷首，至于太岳。厎柱、析城，至于王屋。冀州。太行、恒山，至于碣石，入于海。太行以東至碣石，王屋、砥柱，冀州，屬樞星，三河、雷澤，東至海岱以北，兖州、青州，屬機星。按：太行以東爲兖州，王屋、砥柱爲冀州，海岱則爲青州。《貢》闕，緯補。西傾、朱圉、鳥鼠，至于太華。荆山西南至岷山，北距鳥鼠，梁州，屬開陽。熊耳、外方、桐柏至于陪尾。外方、熊耳以東至泗水、陪尾，豫州，屬瑤光。導嶓冢，馬融以汧爲北條，西傾爲中條，嶓冢爲南條。至于荆山，《河圖》：嶓冢山上爲狼星，荆山爲地雌，上爲軒轅星。内方，至于大別，岷山之陽，至于衡山。大別以東雲夢、九江、衡山，荆州爲衡星。過九江，至于敷淺原。蒙山以東至羽山，南至江、會稽、震澤，徐揚之州，屬權星。此九州屬北斗，星有七，州有九。但兖青徐揚并屬二州，故七星主九州也。按：兖青當作兖冀。

傳《保章氏》：以星天有象。土地有形。辨九州之地。所封封域，皆有分星。鄭注：謂大界則曰九州，州中諸國之封域，於星亦有分焉，其書亡矣。緯於九州以北斗分野，則書未亡。堪輿雖有郡國所入度，某郡入某星幾度，此分野之説尚存於堪輿家，非古數也。歲差不同。今其存可考者，十二次之分也。星紀，吴越也；玄枵，齊也；娵訾，衛也；降婁，魯也；大梁，趙也；實沉，晉也；鶉首，秦也；鶉火，周也；鶉尾，楚也；壽星，鄭也；大火，宋也；析木，燕也。此以十二次分野爲外十二州之星土，雖仍用春秋國地，當由中國以推全球。

說《尚書緯・考靈曜》：「天有九野，九千九百九十九隅，去地五億萬里。何謂九野？中央均天，其星角亢；《淮南》有氐。東方罡天，《淮南》作蒼天。其星房心；《淮南》有尾。東北變天，其星斗箕；《淮南》有牽牛。北方玄天，其星須女；《淮南》有虛危。西北①幽天，其星奎婁；《淮南》有東壁。西方成天，其星胃昴；《淮南》有畢。西南朱天，其星參狼；《淮南》作觜嶲參東井。南方炎天，其星輿鬼柳；東南陽天，其星張翼軫。」《淮南》同。

《史・天官書》：太史公曰：「仰則觀象於天，俯則法類於地。天則有日月，地則有陰陽。天有五星，地有五行。此言五方。按九州舉四正、中央爲五。天則有列宿，地則有州域。三光者陰陽之精，氣本在地，而聖人統理之。」孔聖作書，乃以導山上應天之九野。

朱子《易傳》：班固曰：「陰陽之精，其本在地。」張衡曰：「地有山嶽，精鍾爲星。」蓋星辰者，地之精氣，上發於天，而有光耀者也。衆星被耀，因水轉光，三辰同形，陰陽相配，其體則艮也。艮爲山，如《貢》導山。《河洛篇》曰：「天中極星，崑崙之墟，天門明堂，太山之精。中挺，三台也。五靈，諸侯也。岍、岐、荆山、壺口、雷首、太嶽、砥柱，東方之宿也；析城、王屋、太行、常山、碣石、西傾、朱圉，北方之宿也；鳥鼠、太華、熊耳、外方、桐柏、嶓冢、陪尾，西方之宿也；荆山、内方、大別、岷山、衡山、九江、敷淺原，南方之宿也。九隘之險，九河

① 西北：原作「西天」，據《古微書・尚書考靈曜》改。

之曲，瀇水、三危、汶水、九折，上爲列星。」

按：舊解《禹貢》導山者，統以中國山脈説之，坐井而觀，規模自小，時地限之，不足爲諸儒怪。試思《大戴·五帝德》云：「禹度九山，據四海，四方四海，中國則僅東海。平九州，戴九天，以九州應九天，即《淮南》之九野。明耳目，治天下。」普天之下，包舉地球。是《大戴》以導山爲全球大九州之山，本有明文可據。緯以斗七星分配九州，皆以九山發明戴九天之義也。蓋山岳麗形於地，洩精於天，凝成星象，照耀寰區；故地有名山三百，支山三千，天有有名之星三百二十，無名之星萬千五百二十。天光地德，下臨上載，形氣相須，以爲一體。孔經由小以推大，舉天以包地。北辰居所，京師環拱以衆星。王正天端，《春秋》收功於大統。叡聖哲想，與世彌綸。《詩經》託夢境以戾天，《莊》、《列》借神游以作傳。鳶魚升降，靈魂往來，塵垢之外，上浮下征。至此乃爲聖道之極功，天學之竟境。而此義實基礎於《禹貢》之導山。何則？《書》爲人學，善言人者必有合於天。《貢》以五千里一州爲起例，九州則萬五千里爲一帝，四帝三萬里，法天之四宫。朱子以導山爲四方之宿，是也。每方七宿，七山應之。《貢》列九州，緯屬之以北斗；《天官書》：斗建四時，均五行，臨制四方。統御全球。中國東亞之一隅，不過如《貢》之豫州，其餘八州分布地球，上應天行。故斗七星主九州，乃主全球之九州，而導山分九山，亦指全球九州之九山。《周禮·職方》每州必舉一山鎮，以爲一州之望，方伯祭之，所謂封内名山也。九山分九州，上契天星，旋斡坤輿，垂光乾紀，孔經實具。此即小觀大之確義，以待推於後人。《詩》、《易》、《楚辭》、《山經》所有地名，大都由此翻譯而出，天人同名，上下一貫。不拘拘於中國，亦不拘拘於本世界。故《尚書》爲上翻天神、下翻地示之定本。統綜六合，凡人世所有天地山川，名號雖同，解義各別；如《書》之稷、契爲人名，《詩》之稷、契爲天神。即以《禹貢》之山而論，昆侖爲混沌，爲地中；鳥鼠本爲南北之星，岐衡已出冀境之外；析支、渠搜、雍陝未有主名；岷山、江源、松茂移於青海。説詳第八圖。芥子須彌，一粒世界，誠宜據所見以求所不見也。故禹州之貢有九，古義因有九共之説。共、貢字通，古文九篇沿之而誤。《商頌》乃有小共、小九州之貢。大共大九州之貢。之目，騶衍先驗小物，由赤縣神州推之九九八十一州，至於無垠，是爲《尚書》師説之顯著者。今以九州之山印證天之九野，天之範圍不小，即地之版宇無疆。天無私覆，地無私載，成象成形，經制宏博，古説昭然，非一人之私言也。再列大統分野圖如左：

附大統分野圖

《史・天官書》：北斗七星，所謂「璇璣玉衡，以齊七政」。用昬建者杓；杓，自華山以西南。推廣之詞。夜半建者衡；衡，殷中州《淮南》九州正中冀州，曰中土。河、濟中國。之間。兼舉大小而言。平旦建者魁；魁，海岱中國。以東北由中國小東推及大東，又以東兼北，如華之以西兼南，共爲四方。也。說同《元命苞》。

經《帝典》：「在璿璣玉衡，北斗。以齊七政。鄭曰：齊，中也。七政謂春、夏、秋、冬、天文、地理、人道，所以爲政也。人道正而萬事順成，故天道政之大者也。肆類于上帝，禮：祭上帝於圜丘。○皇配天，故郊天。禋于六宗，馬曰：六宗，天地、四時。○内九州舉四正，天公、地公爲二伯。望于山川，每州各有名山大川以爲望。偏于群神。鄭曰：偏以尊卑之秩序，祭之群神，若丘陵墳衍之屬。輯五瑞。」五等諸侯之瑞。○上文言天以包舉地之山川，此言五長，乃天、地、人三才共貫之説。

傳馮相氏掌二十有八星之位，辨其敘事。

説《五行大義》云：此九天亦屬北斗九星之數，故下封九州。炎天《淮南》：其星輿鬼柳七星。數九，屬斗第一樞星，應離宫。《淮南》謂之次州。對揚州。當今澳州。變天其星箕斗牽牛。數八，屬斗第二璇星，應艮宫。《淮南》謂之薄州。對兖州。當今坎拿大。昊天《淮南》作顥天。其星胃昴畢。數七，屬斗第三璣星，應兑宫，《淮南》謂之弇州。對梁州。當今尼羅河之西。幽天其星東壁奎婁。數六，屬斗第四權星，應乾宫，《淮南》謂之台州。對雍州。當今歐州。鈞天，其星角亢氐。數五，屬斗第五衡星，應中宫，《淮南》謂之冀州。對豫州。當今中國。陽天其星張翼軫。數四，屬斗第六開陽星、應巽宫，《淮南》謂之神州。對徐州。當今南美。蒼天其星房心尾。數三，屬斗第七瑶光星，應震宫，《淮南》謂之陽州。對青州。當今北美。朱天其星觜巂參東井。數二，屬斗第八星，應坤宫，《淮南》謂之戎州。對荆州。當今尼羅河之東。玄天其星須女虚危。數一，屬斗第九星，應坎宫，《淮南》謂之濟州。對冀州。當今露西。第八第九二星陰而不見，以其對陰宮也。

按：太史公曰：「二十八宿主十二州，即十二月、十二支，爲皇統外州。斗秉兼之，斗柄運行於内九州。所從來來自孔門，爲大統師説。久矣。」古義流傳已久。可見分野乃孔經微言，以起大統之郛郭者也。《尚書》二十八篇，取法列宿之經天。而《典》之璿璣玉衡，特以北斗居中，臨御八正，感召八風；於《易》爲八卦，於樂爲八音，於地球爲八極，於經制爲八州，規模至爲宏遠。蓋聖人俯仰之間，觀象觀法，立説垂後，義取大同。乃自來解分野者但就中國州地分排北斗列宿，明達之士亦知天闊地狹，不足以容納諸星。孔經正留此明顯易知之義，以待後人之推闡。《論語》「無行不與」，行謂天星運行，因見可以求隱。「無隱乎爾」，胥此意也。故北斗建極，四季流行，經星分方，九疇對照，大之爲《淮南》九州，充滿今之地球，小之爲《禹貢》九州，不過今之中國。夫《禹貢》九州非小也，小中寓大，經恉實有能約能博之理，況地球既出，孔義益明。倘仍拘泥故舊，如史公目衍爲「怪誕」，則真井蛙籓鷃，不足語江河之大，量天地之高者也。

禹貢導水爲地九淵表第十二

舊圖水道皆在中國，今推而大之，不以九水囿於一隅，故但列表以解之。

經《帝謨》：予決九川，距四海。四方四海，即全球之海。

《禹貢》：九川九州之川。滌原，九澤九州之澤藪，如《周禮·職方》所舉。既陂，四海會同。以九川、九澤會同於四海，匪但中國東海而已。

導弱水至于合黎，餘波入于流沙。西極。○雍州弱水既西，知非中國東海之水。

導黑水至于三危，《河圖》：三危山在鳥鼠西南，上爲天苑星。《楚詞·天問》：「黑水玄趾，三危安在？」言不在中國也。入于南海。明言南海不在中國境内。

導河積石，至于龍門。南至于華陰，東至于底柱，又東至孟津。東過洛汭，至于大伾。北過洚水，至于大陸。中國之河文止于此。又北播爲九河，《爾雅》九河：徒駭、太史、馬頰、覆鬴、胡蘇、簡絜、鉤盤、鬲津。又云：河千里一曲。是九河當爲北方九千里一州之河。同爲逆河，入于海。承上南海而言，此當入北海者，故云逆河。

嶓冢《河圖》：嶓冢山上爲狼星。導漾，東流爲漢，又東，爲滄浪之水。過三澨，至于大别，《河圖》：大别爲地理，天以合，地以通。南入于江。東，滙澤，爲彭蠡。東，爲北江，入于海。上之三水在西南北方，此方言東海，先舉四方四水，爲四海會同之起例。

岷山岷古作岐，通汶。《河圖》：汶山之地爲井絡，上爲天井星。導江，舊以岷江在西蜀松茂，近以爲發源青海，以金沙江爲正流。經義漸推漸廣，據地球正西而論，直當以爲在美洲。東別爲沱，又東，至于澧。過九江，九江如九河，九千里。至于東陵。東迆北，會于滙。東爲中江，入于海。北美河水東流入海。

導沇水，東流爲濟，入于海，溢爲滎。東出于陶丘北，又東至于菏，又東北會于汶，又北，東入于海。

導淮自桐柏《河圖》：桐柏爲地穴。東會于泗、沂，東入于海。

導渭自鳥鼠鳥爲南方朱雀，鼠爲北方玄枵。同穴，《河圖》：鳥鼠同穴，山之幹也，上爲掩畢星。東會于澧，又東會于涇，又東過漆、沮，入于河。

導洛董子：上皇九洛。地中之洛爲京師。自熊耳，《河圖》：熊耳山，地門也。精上爲畢星附耳。東北會于澗瀍，解詳第二十三圖。又東會于伊，又東北入于河。

說《爾雅》十藪：魯青州。有大野，《職方》：兗州澤藪大野。晉冀州。有大陸，《職方》：冀州澤藪揚紆。秦梁州。有楊陓，《職方》無梁州。宋徐州。有孟諸，《職方》無徐州，而青州澤藪望諸。楚荆州。有雲夢，《職方》荆州澤藪同。吴越揚州。之間有具區，《職方》揚州澤藪同。齊兗州。有海隅，《職方》兗州澤藪見上。燕同齊兗州。有昭余祁，《職方》并州澤藪同。○按并爲外州，《爾雅》外州澤藪舉其一。鄭豫州。有圃田，《職方》豫州澤藪同。周雍州。有焦護，《職方》：雍州澤藪弦蒲。○按：《淮南·地形訓》言九藪，無魯大野、周焦護二句，加趙有距鹿一句。

《楚辭・天問篇》：伯禹腹鮌，夫何以變化？纂就前緒，遂成考功。何續此繼業，鮌治中國之水。而厥謀不同？禹乃治天下之水，故不同。洪泉極深，何以寘之？地方九州，則何以墳之？應龍何畫，河海何歷？鮌何所營，禹何所成？康回馮怒，地何故以東南傾？《天文訓》：「地不滿東南，故水潦塵埃①歸焉。」乃就天下大勢而言。

九州何錯？川谷何洿，東流不溢，中國之水皆向東流。孰知其故？據中國以推海外，此理最宜研究。東西南北，推及四方，是以中國爲中州也。其脩孰多？東西二萬八千里，南北二萬六千里。南北順橢，圓而長曰橢，舉南北，尚有東西。其衍幾何？崑崙縣圃，其尻安在？求中州地中之所在。增城九重，其高幾里？《淮南》言昆侖高萬一千里。四旁之門，《帝典》：「闢四門。」其誰從焉？西北啟閉，何氣通焉？尚有東南。何所冬暖？何所夏寒？均指南半球。黑水玄趾，三危安在？獨舉入南海之黑水以示例，足見禹之導水多不在中國。

《莊子・天下篇》：禹之湮洪水，決江河，而通四夷九州也。即天下四方之大九州。名山三百，支山三千，小者無數，禹親自操橐耜，而九雜天下之川。天下者，普天之下，包舉全球之稱也。此《帝謨》決九川、距四海之傳説。

《列子・黃帝篇》：鯢旋之潘讀作蟠。爲淵，止水之潘爲淵，流水之潘爲淵，濫水之潘爲

---

① 埃：原作「矣」，據《淮南子・天文訓》改。

淵，沃水之潘爲淵，氿水之潘爲淵，雍水之潘爲淵，汧水之潘爲淵，肥水之潘爲淵，是爲九淵。九淵一作九泉，或九原，即所謂九幽。

按：孔經説世界諸水，統括之以四海會同，哲想所至，明明謂四海仍然一海也。迄今地球圖出，南半球多水，四方輪艦交通無阻，孔經已於二千年前標著明文。即此一端，足徵俟後不惑之説非誇誕也，凡一切大統制度，又奚疑乎！乃自來解《禹貢》導水者，尋源竟委，囿於中國一隅之地。不知弱水、南海既非中國所有，而《河圖》《廣博物志》引。以九水發源經過之山上應天星，山不爲中國所限制，水安得爲中國所範圍？莊子謂禹州爲四夷九州，水爲天下之川，此古説大禹治水，不以爲僅在中國之證。即《楚辭・天問》亦謂禹功之成，由中國以推之四海，遺文具在，可覆按也。蓋經義以禹爲皇司空，掘地注海，大興水利。《貢》稱導九水，即《五帝德》所謂通九道、陂九澤、據四海，本指全球大九州之水而言。如騶衍大瀛海環其外之説，乃與四海會同之旨相符。故《貢》之九水、九導爲九藪，爲九淵、爲九川、爲九原、九泉，爲大九州之川浸，《職方》九州皆舉川浸。當由中國流域推及全球。《列子・湯問》：「四海之外奚有？」革曰：「猶齊州也。以中國爲始。朕東行至營，人民猶是也；問營之東，復猶營也。西行至豳，人民猶是也；問豳之西，復猶豳也。舉東西以包南北。朕是以知四海、四荒、四極由中國齊州東西以推之。之不異是也。」此經傳驗小推大之例。《論語》謂之舉一反三，《春秋》説以推見至隱，《中庸》解以行遠自邇。宇宙之大，六合之廣，不可但據所見而遺其所不見。佛説大千世界包有世界海、世界性、世界種、世界元四等名號，皆積累恒河沙數以爲比例。彼不過闡發宗教，尚能就所見之恒河沙以推廣世界。儒者寢饋孔經、涵濡聖澤二千餘年，若必將經中恢宏之制作縮小於一隅，致攻經廢經者藉口於不適時宜，是豈經之咎哉！

職方九州内七外二圖第十三

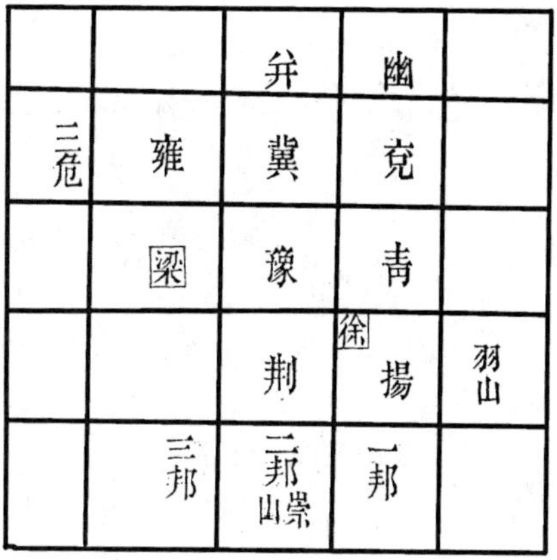

經以《禹貢》九州爲起例。《職方》無徐、梁而加以幽、并。考《尚書》，幽爲外州。揚子雲《并州箴》，其地乃在朔方。《周書》中言徐、梁者多矣，《周禮》何以二方不立州？知《職方》内州舉七、外州舉二，互文見義，以成九數。《爾雅》於《禹貢》亦止見七州，外舉幽、營以成九數，與《職方》同例。故内七州皆以水地爲界，外二州敘於末。齊曰營州，燕曰幽州，亦内七外二。《易》曰「改邑不改井」，謂京城三代異地，而九州則不能變更。或乃以此爲三代沿革，誤也。

經《帝典》：肇十有二州，外州十二。封十有二山。十二州各有山鎮，如《職方》幽州之醫無閭、并州之恒山。○流共工于幽州，職方之幽州即此。放驩兜于崇山，竄三苗于三危，殛鯀于羽山，合崇山、三危爲十二山之三。四罪而天下言天下則包舉全球。咸服。

《禹貢》荆州：三邦底貢。正南荆州有三邦，餘可隅反。

傳《職方氏》：乃辨九州之國，内見七州，外見二州，合爲九。使同貫利。貫，通也。内外交通。東南曰揚州，正南曰荆州，河南曰豫州，正東曰青州，河東曰兖州，正西曰雍州，東北曰幽州，此外州，文見《帝典》。河南曰冀州，正北曰并州。此亦外州，故《禹貢》不見。

説《爾雅》九州：兩河間曰冀州，河南曰豫州，河西曰雝州，漢南曰荆州，江南曰揚州，濟河間曰兖州，濟東曰徐州，以上内七州，以水地記。燕曰幽州，齊曰營州。二外州居末，以國爲記。

《元命苞》下：昴畢爲天街，散爲冀州，首舉冀州，與《貢》同，可見《貢》之九州上應分星，乃大九州。分爲趙國，以中國國地説分野，乃儒家縮小經制，非《貢》之本旨也。立爲常山。常山即恒山也。牽牛流爲揚州，分爲越國，立爲揚州。軫星散爲荆州，分爲楚國。虚危之精流爲青州，分爲齊國，立爲萊山。天弓星主司弓弩，流爲徐州，别爲魯國。五星流爲兖州，分爲鄭國。鈎鈐星别爲豫州。東井星流爲雍州。於《貢》九州舉其八，無梁州。分爲秦國。觜參流爲益州。箕星散爲幽州，分爲燕國。營室流爲并州，分爲衛國，立爲明山。舉三外州爲十二州四分之一。

節録《地球新義》中《四代九州無沿革論》

按《禹貢》五服五千里一大王，以爲十五服、十五畿之起例。其甸服千里，侯、綏千里，要、荒千里，共方五千里，乃帝制之一州。在侯、綏者爲四岳，爲八伯；在要、荒者爲十二州，十二牧。内侯、綏爲州，外要、荒亦爲州。八州有伯，十二州有牧，同時並建，兩不相妨。此經中之明文也。八州有名山大川，十二州亦有名山大川。《帝典》曰「肇十有二州，封十有二山，濬川」者，謂十二牧之州内各有一名山以爲鎮，一大川以爲浸也。考《典》曰：「覲四岳群牧。」四岳爲四正方岳，加四隅方，即《大傳》所謂八伯，在侯、綏二服内。群牧即十二外州伯，在要、荒二服内。《典》於「詢四岳」後即言「咨十二牧」，内外岳牧比肩一堂，是唐虞有十二州明文，非無内九州也。《謨》於「予決九川」後云「弼成五服，至于五千，州以五千里爲一州，乃四帝均分之天下。十有二師」，内州八伯，外州十二師。是禹有九州，明文在《貢》。又有十二師，非禹改帝之十二州爲九也。說者不考經義，乃曰堯制本十二州，禹既治水，涸出之地甚多，乃改堯之十二州以爲九州。地既廣於前，州反少於後，豈合情理乎？《大戴·五帝德》言：「堯放四凶，以化四夷。」《史記·五帝本紀》引之。考幽州爲《帝典》外十二州之一，直隸乃中國濟河之故地。自說《周禮》者以爲周時分割冀、兖，添建幽、并，後儒襲其誤説，皆目直隸爲幽州故地。如《職方氏》誠確，則周室之幽與堯時之幽名同而實異，亦不得因周制之幽州在内服，遂連堯制之幽州亦以爲在内地也。此堯與禹内服同爲九州要荒，同爲十二州。夏無改堯制之事，推之殷周，亦並無沿革之説也。西漢以上説九州者無異同。九方乃成井字，所謂「畫井而治」、「改邑不改井」。若十二州則不成井字，不能畫爲正方之圖，故十二必在九州之外。至《王莽傳》乃有周制去徐、梁加幽、并之文，後儒又據此加入梁、徐、益，以爲十二州。蓋據劉歆所上《周禮・職方》立説。以《職方》證之別經，則殊多異同。按古梁州舊國，見《牧誓》者有庸、蜀、羌、髳、微、盧、彭、濮等國，何以定鼎建州，割而棄之？況《春秋》書梁亡，以州舉，是周有梁州明矣。至於徐州，見於《詩》、《書》、《春秋》及各經傳尤爲明著，《職方》何爲滅没之乎？今審其義，《職方》於虞夏九州但舉七州之名，而梁、徐從略；於要荒之十二州又但舉幽、并，而於十州從略。蓋於内外二十州全文内錯舉九數，是爲互文見例之法，不得以爲廢徐、梁而加幽、并也。或曰：今《周禮》與《逸周書》、《職方》所舉山水皆在内地，何得以幽、并改屬要荒？曰：鄭注《周禮》，於《職方》山水不合輿圖者每多改字。莽、歆徵天下能識古文者至京翻譯古文，《莽傳》既明以爲周制去徐、梁加幽、并，上有好者，下必從之，則其點竄古書，不可究詰矣。《爾雅》本無殷制之文，後人因其九州與《禹貢》、《周禮》小異，《禹貢》既爲夏制，《職方》又爲周制，以《爾雅》閒居其中，成三統之制，事由心造，與鄭注以《周禮》爲周制，凡與《周禮》不合者皆指爲殷制，其事正同。經義則不分三代沿革。今欲去僞説而求真解，《爾雅》當同《職方》，錯舉外州以見例。蓋上七州舉水地與《禹貢》名目悉合，與西漢之説同，末二州舉國，與上七州文義懸殊。且殷時尚無燕、齊二國，何得舉以分定州界?今仍以互文説之。上七州爲内州,末二州爲要荒,乃經師之遺言,非殷朝之舊典。考經制,要荒十二州,每當天子巡守,四岳皆從,見於方伯之國。考前明東北一帶外藩,不近隸於直隸,而航海附於山東;山東爲方岳東界,海無外服,分配外牧,必以南北之外服附屬之。《尚書》以四岳統十二州之制,《貢》於荊州見三邦,明制尚能得其遺意。每方得三,故合之爲十二。《爾雅》營州,當爲外牧。齊曰營州者,《列子》東至營,以營爲東方之極。謂營附於齊之方伯。非太公所居之營丘。燕曰幽州,即《帝典》之幽州。謂幽附於燕之方伯。其内七州以水地計,亦如職方之七州。外二州以國舉,亦如職方之幽、并。學者必先知六經九州並無沿革,經制爲百世不變之道,即使推廣擴充如鄒衍之海外九州,可云奇辯,而於中國猶確守成法,以爲根本之據。故其説由小推大,由九州以推八十一州,以一生三,以三生九,小大雖殊,而名實不改。若衍者,可謂善於推廣經説,尤可謂能謹守師説者也。使四代六經之文已先紛更沿革,如後世史書改置郡縣,是先自亂其例,何以傳示百世,流法無窮?《易》曰「改邑不改井」,可知邑指京城,井指九州,謂四代建京雖不同,而九州不可改也。

尚書十夫與周禮五土合圖第十四

經《大誥》：民獻有十夫。〇亦惟十人，迪知上帝命。

傳《大司徒》：一曰山林，西非。二曰川澤，東美。三曰丘陵。南澳。四曰墳衍，北歐。五曰原隰。中亞。

按：孔聖作經，《春秋》據亂，二伯晉楚，八伯魯齊衛鄭蔡秦陳吳，於事實雖不符，特依託以起義。《尚書》基礎禹州，推爲大統，茫茫九囿，當定名稱。由是翻繹干支，《爾雅》：甲曰閼逢，寅曰攝提格之類，初本拼音，孔經翻成雅言。以辛壬癸甲起北方四州之符記，與《豳》詩之一之日、二之日、三之日、四之日同此例也，待南服開闢，乙丙丁庚可以次補。《月令》四時八干，中央戊己，即十干九州之全文也。《大誥》統名爲十夫、十人，《周禮》爲傳，乃於五地有十名，亦猶五方之十干，九州之二伯、八伯，《孟子》「堯使九男事舜」，《呂覽》「堯有十子，舜有九子」是也。此説已詳於二十二人之圖，兹再立分圖以明之。

附尚書十夫與周禮五土分圖

分如易六爻分貞悔

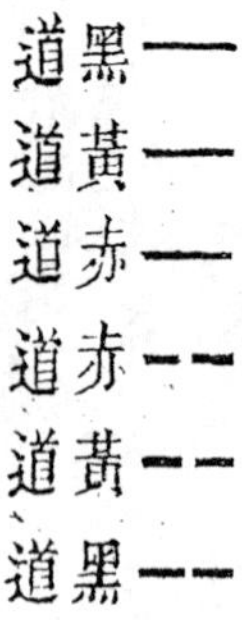

合如易重卦六爻讀作三爻

經《洪範》：無偏北極北。無陂，南極南。遵王讀作皇，下同。之義。無有作好，《翼奉傳》：北方之情好也。遵王之道。無有作惡，《翼奉傳》：南方之情惡也。遵王之路。無偏上東。無黨，下東。王道蕩蕩。無黨上西。無偏，下西。王道平平。無反赤道北。無側，赤道南。王道正直。執繩而治。○在兩半球之中，其直如繩，故曰正直。會其有極，北半球之極。歸《詩》云「會且歸矣」。其有極。南半球之極。

傳《大宗伯》：以天産指上方。○天生上首。作陰德，北半球。以中禮《中庸》：「中也者，天下之大本也。」防之；以地産指下方。○地生下首。作陽德，南半球。以和樂《中庸》：「和也者，天下之達道也。」防之。以禮樂合天地之化，《禮記》：「大樂與天地同和，大禮與天地同節。」百物之産，《中庸》：「致中和，天地位焉，萬物育焉。」以事鬼北陰德。神，南陽德。以諧萬民，以致百物。

説《大傳》：天一生水，地二生火，天三生木，地四生金，地六成水，天七成火，地八成木，天九成金，天五生土。不言地十成土，蓋天數五，地數五，陰陽氣均，有天五必有地五，二五合十，故止言天五，與《月令》中央數五合。

《左傳》：天有十日，人有十等。○《曲禮》：内事用柔日，外事用剛日。○《論語》：唐虞之際。唐五際，虞五際，合爲亂臣十人。

按：此圖與前圖一分一合，合者如齊桓一匡天下，分者如晉楚中分天下。弭兵以後，晉楚之從者交相見。一匡則合爲十夫、爲十人，如《管子》之本副十圖。《幼官篇》。中分則五柔五剛，南北劃界，各得五人，如《管子》之本圖五、副圖五，《詩》之五豝、五豵。今地球兩極，黑道嚴寒，爲天一生水、地六成水，一六共宗。○天地以南北分上下。干爲壬癸，土爲墳衍。《範》謂之「無偏無陂」，言當北極、南極如《詩》、《易》之「坎坎」，卦爻之初、上。中正之地也。赤道極熱，爲地二生火，天七成火，二七同道，同在赤道。干爲丙丁，土爲丘陵。《範》謂之「無反無側」，言當赤道之中也。風詩之《二南》離離，《易》之重明，明兩作離。南北兩黃道之中爲天五生土，《月令》黃中數五，即地五成土，《太玄》五與五相守。干爲戊己，土爲原隰。《範》謂之「無好無惡」，即《翼奉傳》北好南惡之説也。《易》之二五爻，《詩》「黃鳥黃鳥」，「憂心忡忡」。兩黃道之東爲三八木，三八爲朋。干爲甲乙，土爲川澤。《易》爲震往來，《詩》靁在南山陽、南山下。西爲四九金，四九爲友。干爲庚辛，土爲山林。《易》爲和兑、孚兑，《詩》爲脱脱。《範》謂之「無偏無黨，無黨無偏」，言當温帶之和也。若此者，天數五，地數五，北半球卦象既濟，南半球卦象未濟，分之爲唐虞五際；合之爲亂臣十人。《尚書》開宗，二帝分治，堯主居守，司北半球四國，爲堯臣五人，即唐五際，舜主施行，司南半球四國，爲舜臣五人，即虞五際。經謂之《多士》、《多方》。《周禮》「時見曰會」，朝覲上方諸侯，「殷見曰同」，朝覲下方諸侯，非謂是歟？

職方六裔配外十二州六氣六合圖第十五

經《帝典》：詢于四岳，咨十有二牧。十二牧之先舉四岳，四岳八伯在內，十二牧在外。《帝典》非無九州。《禹貢》非無十二州，以爲沿革者，大誤。

《帝謨》：十有二師，外薄四海。禹平水土後，仍有十二州。

《禹貢》：冀州《貢》之九州推爲八十一州，説詳第八圖。島夷，當在露西北水海。青州嵎夷，《帝典》羲仲宅之。萊夷兖州無夷，青州獨見二夷，當與兖互文。作牧，以夷爲牧，此《職方》六裔爲六牧之所本。徐州淮夷，《魯頌》大東、海邦，淮夷來同，當在大東洋。揚州島夷，《淮南》：東南曰陽州。則島夷當在南洋。荆州三邦底貢，《貢》以荆爲正南，南方有三外邦，餘方可例推。梁州和夷，梁爲正西，和夷當在西洋。雍州析支、渠搜、西戎當在歐州之西。此雍州之戎有三名：荆州則統稱三邦，《貢》於西南見六夷，《周禮》爲傳，故《職方》亦於西南見六裔。即敘。謂雍州西方三外州之三夷已敘爵爲牧矣。

六府孔修。六府，即外十二州。詳《淮南·天文訓》。

五服：五百里要服，三百里夷。○《貢》之要服包夷，在三千里外。《周禮》要服包蠻夷，在萬八千里外。

五百里荒服。三百里蠻。○蠻夷皆在要荒外。

傳《職方氏》：掌天下之圖，以掌天下之地，辨其邦國、内九州。都鄙、外十二州。四夷、八蠻、七閩、九貉、五戎、六狄之人民，凡古書言四夷，皆用成數，此於四成數外加入四五生數，共爲六。與其財用九穀五穀者，五方之穀。九穀者，九州之穀。程氏《九穀考》大誤。六畜五官奉六牲，四方四中占二，如六官。之數要，周知其利害。小行人五書，利害爲一書。

象胥掌蠻、夷、閩、貉、戎、狄之國此亦以六數舉之。使，掌傳王讀作皇。之言而諭説之。是也。

說《淮南·天文訓》：何謂六府？子午、丑未、寅申、卯酉、辰戌、巳亥合併十二支爲六。《時則訓》：六合，孟春與孟秋爲合，仲春與仲秋爲合，季春與季秋爲合，孟夏與孟冬爲合，仲夏與仲冬爲合，季夏與季冬爲合。《周禮》地中交會和合。十二支無地中爲六衝，有地中則化爲六合。

按：《職方》於内州舉七，外州舉二，前十三圖既詳其錯舉之義矣。但夷、蠻、閩、貉、戎、狄舊以爲邊夷各種。考《王制》、《明堂位》及《大戴·明堂》與《爾雅》皆以夷、蠻、戎、狄分四方四海，此則添出閩、貉二種，地止四極，夷有六名。司農以貉合北狄，鄭君以閩合南蠻，較之東西，多寡不均。若果爲南北之別種，《周禮》何必多此二名？可知不以四方計也。即以數而論，《爾雅》稱九夷、八狄、七戎、六蠻，似與月令成數相合。然《明堂位》稱九夷、八蠻、六戎、五狄，説又參差，莫能畫一。求其通而不得，偏考諸家，皆無明條，有亦等諸謎囈。甚矣，索解之難也，繼讀《豳風·七月》之詩，見其「斯螽」一段由五月「四月秀葽」當爲四日，月則從五起算。敘至十月，爲歲紀半周之數，而於十一月殊有闕略，後人補綴以一二三四之日。或以子丑寅卯四月爲四日，下接四月，數之爲十一月。夫日干月支，判然各別，何得以六月蒙上四日數之乎？此又萬不可通之條件也。疑義滋增，悠悠長夜，久而始悟其用五運六氣另有詳説，在二十六圖。之法也。《素問》五運併十干爲五，十干即十日。六氣併十二支爲六。甲己居中，餘八干合爲四運，故四日即八干，六月即十二月。干以嫁娶法合二爲一，支以六合法化二爲一。内九宫，外十二宫，是爲《周禮》十日十二辰馮相氏。之舊説。證之《職方》，天然巧合，蓋以六裔包十二牧矣。考大統會同之典，午年夏宗南方三外州，酉年秋覲西方三外州，此舉南西方六州，而北東方可以隅反。至寅年大會同，則十二州來合於地中京師，《禹貢》、《淮南》謂之六府六合；未有西南方六裔至，而東北方六裔不至者，故但言六裔，而十二牧之全數舉矣。《内經·刺法篇》歷舉歲氣起從巳亥，四月與十月合。終於戌辰，九月與三月合。正與《職方》六裔之數相同。是以《謨》之辛壬癸甲即起南方之乙丙丁庚，汝聽之六律即兼六吕，《麟經》之春秋即備四時。天地之道，有陽必有陰，有奇必有偶。董子：陽出則陰入，陽左則陰右。孾理之士，因表以求影，見面以知背，執矩以求方，執規以求員，即所見以求所不見；若拘泥半面，而不推想全體，則造化不能成一物，經傳中荆棘叢生矣，豈特《職方》六裔之不可解乎！所以《典》曰十二牧，《謨》曰十二師，是爲十二州侯伯之統稱，而《職方》説以六裔者，謂蠻夷大長仰化輸誠，咸受上國之策封。《春秋》夷進中國則中國之。蓋大同之世，無所謂夷也。《周禮》爲皇帝之書，《職方》掌天下之圖與地，辨其邦國都鄙，内九州、外十二州胥歸統馭，故遠人來服，始爲夷而終爲牧，殆寓由漸進化之意歟！

周禮五土五民五動植即今全地球圖第十六

經《帝典》：百姓、黎民。塞帶之人居黑道最遠，爲黎民。○中春厥民析，東半球。中夏厥民因，南半球。中秋厥民夷，西半球。中冬厥民隩。北半球。○《管子》七十一代，代或作氏，或作民，即七十二侯也。横言之九九八十一，除中九夏、九洛，餘七十二，爲七十二民也。

《洪範》：庶民。經多言庶，孔子「其德在庶」。六經皆以素統爲主，故言庶者多。

《康誥》：四方民。《地形訓》作三十六民，用《山海經》名目，蓋言天之九野。

《洛誥》：和恒四方民。《詩·民勞》五章，合爲二十五民，與《靈樞》二十五人合。○初言五土，五土又分五方，變爲五五二十五。

傳大司徒之職，掌建邦之土地之圖，與其人民之數。○辯其山《禹貢》九山。林、西毛。川《禹貢》九川。澤、《禹貢》九澤。○東鱗。丘《左傳》九丘。陵、南羽。墳《禹貢》黑墳、白墳、赤埴。墳，墳壚。衍、北介。原隰中央倮。○《禹貢》：原隰底績，至于太原。之名物。○以土會之法辯五帝之物生：一曰山林，其動物宜毛物，植物宜皁物，其民毛而方。二曰川澤，其動物宜鱗物，《考工記》：天下之大獸五：脂者，膏者，臝者，羽者，鱗者。其植物宜膏《考工記》：膏者以爲牲。物，其民黑而津。三曰丘陵，其動物宜羽物，其植物宜覈物，其民專而長。四曰墳衍，其動物宜介物，其植物宜莢物，其民皙而瘠。五曰原隰，其動物宜臝物，其植物宜叢物，其民豐肉而庳。土會之法，《詩》每援以起例，《禹貢》亦同。

說《靈樞》：黄帝曰：「余聞伯高曰：『天地之間，六合之内，不離乎五，人亦應之。故五五二十五人之政，而陰陽之人不與焉。其態又不合於衆者五。』余已知之矣，願聞二十五人之形。」岐伯曰：「先立五形金、木、水、火、土，別其五色，異其五形之人，而二十五人具矣。木形之人比於上角，似於蒼帝，其爲人蒼色，小頭，長面，大肩，背直，身小，手足好，有才，勞心，少力，多憂，勞於事，能音耐，下同。春夏，不能秋冬，感而病生。足厥陰，佗佗然。太角之人、鈦音第。角之人、左角之人、判角之人。按原文甚繁。由一推五，舉木形以示例，其餘四形詳見本書。○是故五形之人二十五變者，衆之所以相欺者是也。」

案：人種問題，最於世界有關。今全球人種分別黄白黑銅椶五種，與經五方之人同，然數千萬年後，當有變易，尚不足爲定説。考《周禮》五民，分別五色、五形，與《内經》五態之説同，至《二十五人篇》，由五自乘爲二十五民，並其性質技能，莫不詳備。由一生五，猶中央之統五方。五五增至二十五，猶九九自乘之爲八十一。五帝之各統五官，總此五民，蔓延大地，在《康誥》、《酒誥》爲四方民，統而稱之，則曰百姓、黎民、庶民。

《天演論》以人爲猿猴之變種，非定論也。考地球初成，本無生物，積久而後物生。地質家掘地考究，略有後先層次。而《大戴·易本命》記孔子九九八十一之論，《地形訓》亦引之。則地球生動物之序，以九運言之。一運尚無動物，二運二九一八，始生蟲，故蟲八月而化。地質家以動物始爲蟲，此與《大戴》合者也。五運五九四五而生猨，西人謂變人之動物也。九運九九八十一而人始生。至此而生物畢。人在諸物之後，亦與地質家之説合，故定此爲孔子之論大地生物之序。夫星球各世界靈物不必同，故有四靈五蟲之説；本世界則以人爲靈物，猨特毛蟲之一種，不能變爲至精至貴之靈物。

按：《易》曰：「有天地然後有萬物，有萬物然後有男女。」初則由氣化，後乃由形生。《易本命》引子曰：「易之生，人、禽獸、萬物、昆蟲，《淮南》作貞蟲。或奇或偶，或飛或走，莫知其情，惟達道德者能原本之。」達道者即孔子。各有以生，各以其類而生。《内經》廣其義説二十五民，《淮南·地形訓》謂「㝃音演。生海人，海人生若菌，若菌生聖人，聖人生庶人。凡㝃者生於庶人」，則詳六合以外。其羽毛鱗介各物所由生，即各星球之各種靈物，如東方以龍爲靈，南方以鳳爲靈，餘可例推。惟本地球乃以人爲萬物之靈，他星球雖倮蟲有人，然非靈物，亦如本地球之魚鳥。緯説北斗七星散而生物，各星之精皆能降生萬物。此以天地之精氣爲生，《易》曰精氣爲物。《淮南》「至陰生牝，至陽生牡」之説，即精氣之所由生也。精氣流行，裔淫宇内，大生廣生，各星球各有殊稟，靈物遂自無而生。《月令》分别五方五蟲，《易本命》五蟲三百六十，麟鳳龜龍，聖人爲之長，五靈五世界，各得其秀異之氣以生。佛經謂諸天之中，天人形狀一切不同，是也。人於本世界爲倮，居《月令》五蟲之中。《禮運》：「人者天地之心，五行之端，食味别聲，被色而生。」《左傳》：「人受天地之中以生。」《内經》：「人以天地之氣生。」是人生之根原，必由五行、五色、五聲、五味，萬物皆備，然後積中氣以成形。故人至九運而始生。天地之大，氣化之理，玄奥莫名，未可拘執形質以求之也。

尚書五行五帝運圖第十七 附論封禪

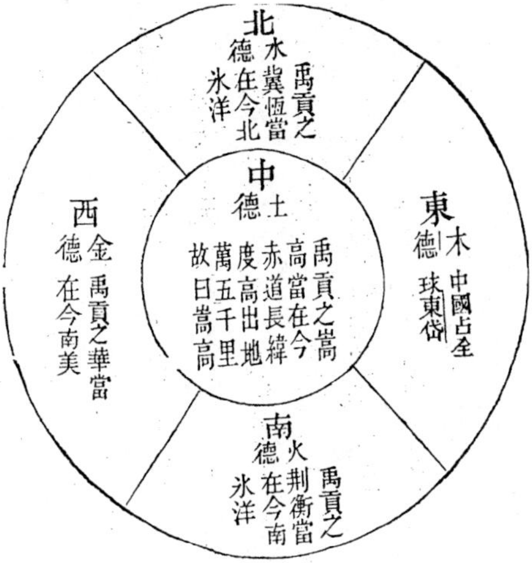

《洪範》九疇，即大九州。疇人子弟散在四夷。五行爲五帝符號。《内經》言五行、五運，皆調和氣化，爲平治之極。則九流陰陽五行家爲皇道之佐，《六家要旨》詳矣。

《五行大義》推其説，辨方正位，上天下地，遠物近身，其於陰陽五行可千可萬，皆以《尚書》爲歸宿。

五帝似青、黄、赤、白、黑五帝。

經《洪範》：一五行：一曰水，二曰火，三曰木，四曰金，五曰土。

傳《周禮·小宗伯》：兆五帝於四郊。鄭注：蒼曰靈威仰，太昊食焉；赤曰赤熛怒，炎帝食焉；黄曰含樞紐，黄帝食焉；白曰白招拒，少昊食焉；黑曰汁光紀，顓頊食焉；黄帝亦於南郊。說與緯同。

說《書大傳》：天一生水，地二生火，天三生木，地四生金，天五生土。

《月令》：春三月盛德在木，其帝太皞。《淮南·天文訓》：東方木也，其帝太皞，執規而治春。夏三月盛德在火，其帝炎帝。《淮南》：南方火也，其帝炎帝，執衡而治夏。季夏中央土，其帝黄帝。《淮南》：中央土也，其帝黄帝，執繩而制四方。秋三月盛德在金，其帝少皞。《淮南》：西方金也，其帝少昊，執矩而治秋。冬三月盛德在水，其帝顓頊。《淮南》：北方水也，其帝顓頊，執權而治冬。

《大戴·五帝德》：黄帝、即《月令》五帝之一，舉中以包四方，爲五天帝。○帝顓頊、德不及遠，絶地天通，乃爲民師。帝嚳、帝堯、帝舜、禹。自顓頊至禹爲五人帝，各有四方、四至。

《史記·封禪書》：騶子之徒論著終始五德之運。《騶衍附傳》：稱引天地剖判以來五德轉移，治各有宜，而符應若兹。

按：中國五行之説，頗爲泰西化學家所詬病。不知五行見於《洪範》，孔子特著爲經，以爲五方之符記。《範》之九疇，即大九州，五行約九疇爲五方。所謂木金水火土，猶東西南北中、春夏秋冬季，以之辨方正位，絶不以原質論也，考《繁露》：《五刑相生篇》。「天地之氣合而爲一，泰皇一統。分爲陰陽，如二伯。判爲四時，如四岳。列爲五行。中央兼四方。行者行也，明明言行步。其行不同，《易》曰「與時偕行」。故謂之五行。自東而南、而中、而西、而北爲五行。五行者，五官也。」即《周禮》五官，天官中，地官北①，春官東，夏官南，秋官西。以五官解五行，蓋謂五方天道之運行也。《靈樞・陰陽繫日月篇》：四時五行以次行。《六元正紀篇》：金、木、水、火、土運行之數。《天官書》：斗爲帝車，運於中央，臨制四鄉。建四時，均五行。一年一周天，均布五行，説在《月令》。緯説指東曰春，指南曰夏，指西曰秋，指北曰冬，以其逐時易方，故曰其行不同。行如天子巡守，由中出游，巡行四岳。北斗行於天上，周流三垣四宫，《天官書》謂之五宫。爲五天帝之定位，鄭注所引緯説靈威仰之五帝與《月令》五帝是也。在地爲五土、五極，爲五人帝之所司，《大戴》顓頊以下之五帝與《周禮》之五官是也。地球未出以前，孔經五帝分方之説無所依託，乃假借天行以包全地，非以五行爲五物，爲化學之原質也。是五行乃帝學之一大宗派。自孔經流傳，後儒遞相推衍，故大傳有《洪範五行傳》、九流陰陽五行家、《素問》、《靈樞》五運行、五常政、五藏、五氣、五態、二十五人等篇。凡以五起例，大抵爲五帝之師説，即如終始五德之運以五運相王，本指五土之帝而言。北半球水德，南半球火德，

---

① 地官北：原作「地官冬北」，據文意改。

東半球木德，西半球金德，地中土德，說與《大戴》、《月令》合。《左傳》謂之五帝之墟。各以其儀節服色稱尊於一方。故五行爲五方符記，並不在中國疆輿之内也。秦漢誤會此旨，或以爲水德、土德、火德皆以全球大統之説縮小於中國一隅，足大屨小，勉强附會。彼漢師主張經説，因五行無所附麗，墮落災異，災異言其變，即《月令》春行夏秋冬之政之類。奚足怪哉！觀於齊桓欲封禪，管子難之，以東海比目魚、西海比翼鳥及鳳凰麒麟等瑞無其應，用其事未至其時，貽譏久矣。故五行之行於五方，亦如太一之下行九宫。説見《易緯》。天運流行，周徧宇内，分區記方，俾有主名；五帝司之，是爲五地；上應五行星之精，爲五小天帝；又應三垣四宫，爲五大天帝。於禽爲四靈五蟲。如龍爲蒼龍，謂歲星與東方七宿之類。五行之義，上下天人靡不包舉，質言之，莫非孔經之符號。《靈》、《素》推廣其説，至於累千累萬，大義所關，不厭求詳。道而非器，若以物質概之，豈非管窺蠡測之見乎！

周禮五土五官均分五極圖第十八

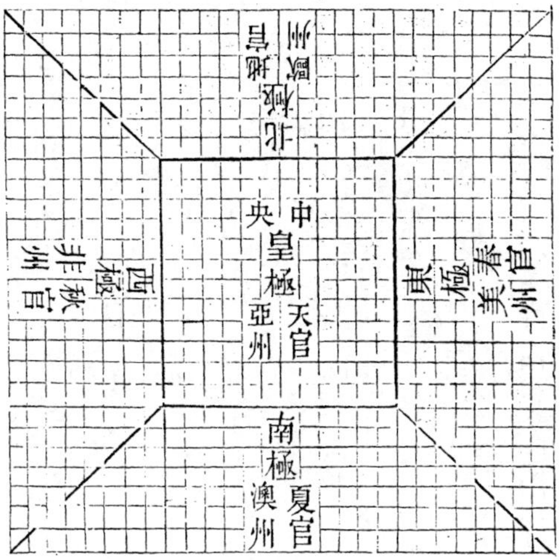

五土、五官，各得方萬二千里，爲方千里者一百四十四，以南北二萬六千里、東西二萬八千里開方，除奇零不計外，共得方千里者七百二十。

《頌》詩：「商邑翼翼，四方之極。」《雅》詩《民勞》五章，中言京師，四言中國。

經《洪範》：五皇極，皇建其有極。其有稱六極者，則爲皇學，上下四旁六官之説也。《吕刑》：屬于五極，咸中有慶。

傳《周禮》：惟王讀作皇。建國，辨方正位，體國經野，設官分職，以爲民極。五官皆有此文，是爲五極。《大司徒》五地：一曰山林，西非。二曰川澤，東美。三曰丘陵，南澳。四曰墳衍，北歐。五曰原隰。中亞。

説《大傳》：東方之極，自碣石東至榑木之野，帝太皞，神句芒司之。《淮南·時則訓》：東方之極萬二千里。南方之極，自北户孫之外①，南至炎風之野，帝炎帝，神祝融司之。《淮南》：南方之極萬二千里。中央之極，自崑崙中至大室之野，帝黄帝，神后土司之，《淮南》：中央之極萬二千里。西方之極，自流沙西至三危之野，帝少皞，神蓐收司之。《淮南》：西方之極萬二千里。北方之極，自丁令北至積雪之野，帝顓頊，神玄冥司之。《淮南》：北方之極萬二千里。

按五極之説，《尚書》、《周禮》指輿地而言，諸家傳記如《爾雅》、《楚詞》、《淮南》、《山海經》及《明堂月令》，大抵天人同名。或有言四極、八極者，中央對四方、四維言之也。五方五極即《周禮》五地五官，司之即爲五帝。《素問》「天以六節，地以五制」，《春秋》六

① 北户孫之外：原作「此户」，據《淮南子·時則訓》改、補。

鵠、五石，以爲上下起例。五地震在子午卯酉未日，即地以五制。凡經傳以五立義者，如五行、五運、五音、五色、五味、五常、五事、五鳩、五雉等説，《素問》所謂「六合之内，不離乎五」，故諸五字皆爲五方之符記。迄今世界開通，五大州疆輿廣博，恰與五極之地吻合，《中候》俟後之旨，《尚書》前十篇爲法古，《中候》十八篇爲俟後，一退化，一進化，所謂原始要終。所以爲萬世師表。地球五州，亞州在東，爲黄種，運氣學説所謂甲己化土，爲中央，故《洪範》五爲皇極，《淮南》亦以冀州爲中土。餘八宫爲八風。九疇即九州。皇極舉綱張目，其他四表、四岳、八伯、八土環居拱衛，以象三垣四宫。《齊詩》四始，正月、四月、七月、十月爲寅申巳亥。《山海經》中爲《五藏》，《海外》、《大荒》，皆以四起數。佛書之四大部州，東勝神州，南贍部州，西牛賀州，北①俱盧州。合之中央，皆爲五極之比例。證以今之地球，亞州黄種居中，歐爲北極，澳爲南極，非爲西極，美爲東極。地球南北建極，東西圓轉無定方。《詩》謂之「昊天罔極」，故美爲東方之極。如西長庚、東啟明，一星而二名。五州依山川大界分劃區域，與二千年前之經傳適相符契。《中庸》「至誠前知」，洵不誣矣。又，《淮南》五極各司萬二千里，以東西二萬八千里、南北二萬六千里開方而整齊之，各得方千里者一百四十四，五極共計方千里者七百二十，較之大九州二萬七千里之地，只少方千里者九。實計只少其一。

① 北：原作「非」，據《大唐西域記》卷一改。

土圭測地四方求地中總圖第十九

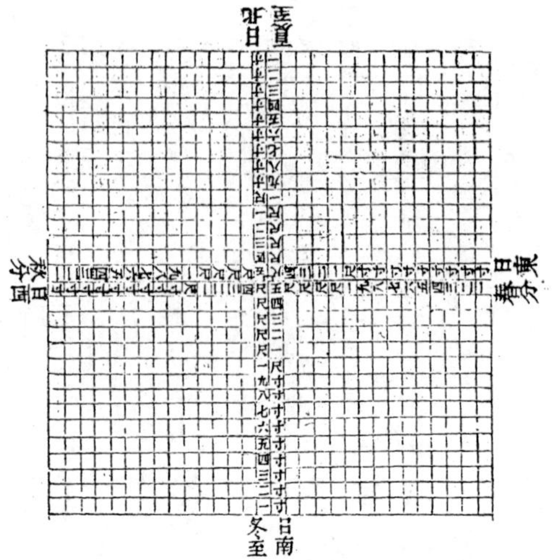

每格千里，全圖方三萬里，四方各一萬五千里。

冬夏致日，春秋致月，四面各萬五千里，爲地中，即赤道長緯度也。

《大司徒》：以土圭之法測土深，正日景，二至南極日中無景。以求地中。日南地在北爲冬至。則景短多暑，日北地在南爲夏至。則景長多寒，日東地在西爲春分。則景夕多風，日西地在東爲秋分。則景朝多陰。日至之景尺有五寸，謂之地中。

【經】《帝典》：光被四表。《書》説萬五千里爲一表。

《召誥》：王來紹上帝，自服于土中。土中，上合天心。旦曰：「其作大邑，特建皇京。其自時四時之所交也。配皇天。」天之九野，鈞天在中央。地之九州，京師在地中。

《洛誥》：來相宅，其作周匹休。土方氏土圭以土地相宅，是二誥相宅，皆用土圭法。

《洛誥》：明光于上下，南北兩極黑道冰海之地。勤土圭測景。施由中推外。于四方。相宅爲勤，施立四表，以求地中。

《康誥》：此卯年卯月春朝三州，告諸侯之詞。《周禮》：「會同曰誥。」《大傳》「封若圭璧」，諸侯之統稱，非康叔名。王曰：外事，女陳時《周禮》：冬夏致日，春秋致月。臬，臬與槷同。鄭注臬、槷、杙三字同義。《考工記》：「匠人建國，水地以縣。」置槷以縣，眂以景爲規，視日出之景與日入之景，晝參諸日中之景，夜考之極星，以正朝夕。司師，土方氏。茲殷殷國黑道。罰《詩》兔罝即土圭之轉音，罰又爲罝之誤。有倫。共立三十表。《中庸》：「槷柯以杙柯。」有倫，謂次第立三十表。二至由黑道置表，千里差一寸，至地中爲一尺五寸。

《多方》：爾罔不克臬。土圭測日月。

【傳】《土方氏》：掌土圭之法，以致日景。冬夏致日，春秋致月，四時有四法。以土地相宅，《書》二言相宅。而建邦國都鄙。

《玉人》：土圭尺有五寸以致日，以土地。土圭以柯爲座。柯長三尺，以應三尺之影。柯圍九寸，乃儀器，非匠人斧柄。詳《釋柯》中。

《大司徒》：日至之景尺五寸，鄭注：景尺有五寸者，南戴日下萬五千里，地與星辰四遊升降於三萬里之中，是以半之，得地之中也。畿方千里，取象於日一寸。謂之地中。《周髀》：北極下地，即以北極爲天頂，而太陽周轉近於地平，陽氣希微，不能解凍，萬物不生，其左右猶能生物。而以春分至秋分爲晝，故朝耕而暮穫。若中衡左右在赤道下，以赤道爲天頂，春分以後日軌漸離赤道而北，至夏至而極，其出入並在正卯酉之北一十三度半有奇，其熱漸減，而涼氣以生，爲北方之秋矣。天地之所合也，四時之所交也，風雨之所會也，陰陽之所和也。《素問·氣交篇》：帝曰：「精光之論，大聖之業，宣明大道，通於無窮，究於無極也。余聞之，善言天者必應於人，善言古者必驗於今，善言氣者必彰於物，善言應者同天地之化，善言化言變者通神明之理，非夫子孰能言至道歟！迺擇良兆而藏之靈寶，命曰氣交變。」然則百物阜安，乃建王國焉。○凡建國，以土圭槷柯，司空職。土其地而制其域。地中求景法，從來曆家不得其數，莫不疑之。不知地中在赤道緯度長綫，今於潁川陽城求之，非天下之中。又土圭長一尺五寸，曆家皆用《周髀》之表，如何能合？詳考鄭《孝經》、《尚書》緯注，則得之矣。《典瑞》：土圭以致四時日月，《周髀》：春分之日夜分以至秋分之日夜分，極下常有日光。秋分之日夜分以至春分之日夜分，極下常無日光。冬至夏至者，日道發斂之所生也。故日運行處極北，北方日中，南方夜半。日在極東，東方日中，西方夜半。日在極南，南方日中，北方夜半。日在極西，西方日中，東方夜半。凡此四者，晝夜易處，如四時相反。然其陰陽所終，冬夏所極，皆若一也。天象蓋笠，地法覆槃。封國則以土地。

説《大戴·千乘篇》：司空司冬，以制度制地事，準揆山林，規表衍沃，畜水行，衰濯浸，以節四時之事，治地遠近。是以立民之居，必於國中之休地，因寒暑之和，六畜育焉，五穀宜焉。辨輕重，制剛柔，和五味，以節食時事。

《書緯·考靈曜》：日之行，冬至之後漸差向北，冬至之前，日必在南。夏至之後漸差向南。夏至之前，日必在北。

地與星辰四遊升降於三萬里之中。春則星辰西遊，地亦西遊。夏則星辰北當作南。遊，據《左傳》日南至夏至，則日北至地必南降。秋則星辰東遊，地亦東遊。冬則星辰南當作北。遊。地必北升。地有四遊，冬至地上北而西地在北而轉西。三萬里，夏至地下南而東地在南而轉東。三萬里，春秋二分其中矣。天旁行四表之中，先言天，即謂日也。冬南，日在南，即《左傳》之日南至。夏北，日在北，地必在南。春西，當作東。秋東，當作西。皆薄四海而止。地次言地。亦升降於天之中，冬至而下，夏至而上，二至上下，蓋極地厚也。兩極當二至之時，日中無景。地與星辰俱有四遊升降。四遊者，自立春地與星辰西遊，地球在西，故上文曰當在東。春分西遊之極。地雖西極，升降正中，從此漸而東，由南至東。至春末復正。自立夏之後北遊，當作南。夏至北當亦作南。遊之極，地則升降極下，夏季復正。立秋之後東遊，地球在東，故上文曰當在西。秋分東遊之極，地則升降正中，秋分復正。立冬之後南遊，當作北。冬至南遊當亦作北。之極，地則升降極上，冬季復正。地厚蓋三萬里。春分之時，地正當中，自此地漸漸而下。至夏至之時，地下遊萬五千里，地之上畔與天中平，夏至之後，地漸漸向上。至秋分，地正當天之中央，自此漸漸而上。至冬至，上遊萬五千里，地之下畔與天中平，自冬至後，地漸漸而下。

《素問·六元正紀大論》：歲半之前，天氣主之。歲半之後，地氣主之。上下交互，氣交主之。《周禮》：天地之所合，四時之所交，謂之地中。歲紀《洪範》五紀，皇省惟歲。畢矣。岐伯曰：「春氣西行，夏氣北行，秋氣東行，冬氣南行。故春氣始於下，秋氣始於上，夏氣始於中，冬氣始於標；春氣始於左，秋氣始於右，冬氣始於後，夏氣始於前。此四時正化之常，故至高之地，冬氣常在，至下之地，春氣常在，必謹察之。」

《五常政大論》：地有高下，氣有温涼，高者氣寒，下者氣熱。

《六微旨大論》：因天之序，盛衰之時，移光定位，正立而待之。

經《洪範》：日月之行，則有冬，有夏。冬夏所以致日，至於致月，則在春秋，舉冬夏以包之。

傳《馮相氏》：冬夏致日，求南北之中。春秋致月，求東西之中。以辨四時之敘。《素問·六元篇》：春氣西行，夏氣北行，秋氣東行，冬氣南行。故春氣始於下，秋氣始於上，夏氣始於中，冬氣始於標，春氣始於左，秋氣始於右，冬氣始於後，夏氣始於前。此四時正化之常。

經《康誥》：惟三月哉生魄。三日三千里。

《顧命》：惟四月哉生魄。

《召誥》：惟二月春分。既望。地中十五譏。《易》曰「月幾望」，幾當作譏。〇三月惟丙午朏。

說《禮運》：播五行於四時，和而後月生焉。是以三五而盈，三五而闕。

按：《易》曰：「懸象著明，莫大乎日月。」日月之道，至大至博，天時寒暑，人事作息，潮汐早晚，蚌胎盈虧，莫非日月之作用也。《春秋》大事書日，所以舉重；首時書月，所以謹始。周天三百六十五度有奇，聖人則之，以三百六旬六日爲一年。說見《帝典》。故一晝一夜爲一日，地球自轉一周。一圓一缺爲一月，地球移宮三十度。三月爲一時，中星更易。十二月爲一歲，星回於天。閏月則歸餘於終，閏當在十二月後，《春秋》兩見。曆象取義，參兩天地。《尚書》、《周禮》於冬夏二至晝考日景，以求南北之地中，於春秋二分夜考極星，月在其内。以求東西之地中，而建王國；數千百萬年後歲差、里差有異，地中京畿因之改置。王者舉事，上應天端，所謂「允執厥中」，此經義所以可大可久也。

節録《曆象考成》日食月食經緯度説

按：周天三百六十度，每度當大地二百里，故推驗大地，經緯度分皆與天應，測緯度者，用午正日晷，或測南北二極，測經度，則必於月蝕取之。蓋月蝕與日蝕異，日之食限分數隨地不同，月之食限分數天下皆同。但入限有晝夜，人有見有不見耳。此處食甚於子者，處其東三十度必食甚於丑，處其西三十度必食甚於亥。若相去九十度，則此見食於子，而彼當食於午，雖食而不可見矣。測東西經度者，兩地同測月食虧復時刻，或相約於同夜測月，與某星同經度分，爲其時刻分秒。相隔一時，則東西相去六千里。如測南北之緯度，則於兩地測北極出地之度，所差一度，即相去二百里。此皆地球圓體之明驗也。

周禮帝制五官圖第二十

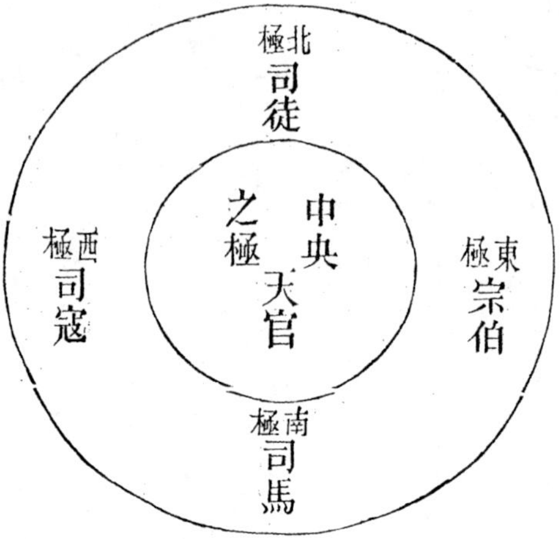

《左傳・昭十七年》：祝鳩氏，司徒也。雎鳩氏，司馬也。鳲鳩氏，司空也。爽鳩氏，司寇也。鶻鳩氏，司事即《曲禮》之司士。也。五鳩，鳩民者也。

《曲禮》：天子建天官。不言地官，上下無常，言天即統地。郊社以事上帝亦同。○天子之五官，曰司徒、司馬、司空、司士、司寇，典司五衆。

《大戴記》言五官者，《千乘篇》一見，《四代篇》二見。

《靈樞・陰陽二十五人篇》：天地之間，六合之内，不離乎五。一見《通天論》。

傳《周禮》：外史掌達三皇皇法天，「天以六節」，故六官。五帝「地以五制」，故帝有五官。之書。《周禮》：以爲民極，中央之極。乃立天官言天必有地，加四時之官爲六相，爲皇制。冢宰。《王制》制國用之冢宰權小，《論語》「百官聽於冢宰」權大。所謂民師、民事加四時之官爲五官，爲帝制。以爲民極，北方之極。乃立地官司徒。地官中兩見司空。蓋地官爲司空本職，因以司空攝天官，乃以典春之司徒代爲地官司冬。故《大戴》、《淮南》以冬北方爲司空，惟董子以爲司寇。以爲民極，東方之極。乃立春官宗伯。宗伯本司徒卿，因以司徒攝地官，故以宗伯爲春官。以爲民極，南方之極。乃立夏官司馬。《大戴》、《淮南》司馬皆同在南。以爲民極，西方之極。乃立秋官司寇。《大戴》、《淮南》同。董子爲司徒。

《小宗伯》：毛六牲，辨其名物，而頒之於五官，五官爲帝制。太史、大司寇見有六官之文，爲皇制。使共奉之。司農云：司徒主牛，宗伯主雞，司馬主馬及羊，司寇主犬，司空主豕。○按，六牲共奉，當以司馬主馬；司寇主羊，西方商音如羊；司空主犬、豕，以攝天官，故主二牲；司徒主牛，地官黄也；宗伯主雞，東方雞鳴。此與《詩經》六牲方位相起。

説《尚書大傳》：天立五帝以爲相，四時施生，法度明察，春夏慶賞，秋冬刑罰。

《大戴・千乘篇》：設其四佐，列其五官。○設其四佐而官之：司徒典春，司馬司夏，司寇司秋，司空司冬。四佐分司四方，皆常職之方。

董子《繁露・五行相勝篇》：木者，司農也。《五行相生篇》：東方者木，農之本。司農尚仁。火者，司馬也，南方者火也，本朝司馬，尚智。土者，君之官當讀作宮。也，其相司營。中央者土，君宮也，司營尚信。金者，司徒也。西方者金，大理司徒也。司徒尚義。水者，司寇也。北方者水，執法司寇也。司寇尚禮。○按大理即司寇，執法當爲司徒。

《淮南・天文訓》：何謂五官？東方爲田，即司農，爲司空卿，與董子合。南方爲司馬，西方爲理，即司寇，爲司馬卿。北方爲司空，司空在北，兼東方。司馬在南，兼西方。中央爲都。司徒居中，主教。○按董子、淮南之説與《周禮》、《大戴》稍異，然五方、五官，綱領不殊。

按：孔經哲想包舉全球，莽莽幅員，難持綱要，欲執簡以統煩，惟居中以御外，故經制中央四方、京師四岳之文，時露頭角。即《尚書》篇中，如五典、五禮、五聲、五色，皆爲五方之符記，而五帝之例以起。《大戴・五帝德》篇首舉黄帝，舉中以包四方。帝號在下，如《月令》之青帝、炎帝、白帝、黑帝，此五天帝也。舉天以包地。帝顓頊、帝嚳、帝堯、帝舜、帝禹，下三帝爲《尚書》所託始。帝號在上，此順數之五人帝也。《周禮》爲《書》傳，乃以冢宰居中，以司徒、宗伯、司馬、司寇分司四時。《左傳》所謂民師、民事。《曲禮》謂之五官，《時則訓》謂之五位、五極，各司萬二千里，即五官之轄地也。五帝分居五土，劃疆割據，服色習尚迴不相同，使非泰皇出而統一之，則分争不熄。由是《皇篇》在帝典之中，六極坿五福之末。《周禮》規摹此義，乃寓六相於五官之内。説詳《皇篇》六相圖。蓋天以六節，故皇法天而用六，地以五制，故帝法地而用五。經傳相同，互文見義。帝之命討必稱天，《範》之會極必歸皇，虛位待時，隨宜取法，莫非叡聖因心之則，不能視爲唐虞已行之典禮，亦不得以爲姬周遺留之掌故。西漢以後，大義寖微，謡説競起，昧驗小推大之經例，挾求全責備之私心，謂天地、四時、六官有缺，歸獄秦火，補以《考工》，或欲於各官中割裂工職，以作冬官。不知五官爲備，冬官亦不掌工。《曲禮》：天子之六工職司營造，與六太同隸於天子。《考工》乃六工之記。司空本地官，司冬，董子：陰常處於空虚。又子爲玄枵之次。《大戴》、《淮南》所謂北方司空是也。因以司空攝冢宰，故司徒代爲地官，而以宗伯代司徒。《地官》鄉大夫「受教法於司徒」，鄉師「以司徒之大旗致衆庶」，是爲司徒代司空之證；鄉師「考司空之辟」，司救「凡民之有衺惡者，役諸司空」，是爲舊職司空之證；而《春官》「毛六牲」以五官共奉，是爲本止五官之證。六官止五官，如六經之止五經，六穀之止五穀。五官爲帝制，由帝可以推皇。凡經傳載籍以五立義，如《靈》、《素》之異名緟叠，不憚其煩者，要皆爲帝學之旨歸。故五官之職，在《王制》則縮小爲三公，在皇世則增加爲六轡，説見《大戴·盛德篇》。嬴絀損益，帝居其中爲消息。《尚書》開宗，所以權輿《帝典》；《吕刑》五極，所以特慶咸中也。

周公七篇圖第二十一

《中候》十八篇此以下周公七篇，成王六篇，周五篇，圖俱刊入《孔經哲學發微》中，今加詳注，且引經傳以證明之。《書緯》：《璇璣鈐》。十八篇爲《中候》。説詳《法古表》下。俟後聖，《中庸》：「百世以俟聖人而不惑。」知來。《論語》：「告往知來。」候與俟同義，候與侯同，侯與俟通，義取射侯。言中讀去聲。者皆取法於射，丨象矢，口象鵠。經立正鵠，以待後王之射。《孟子》：孔子大成，智巧聖力，猶射於百步之外。告讀入聲。爲鵠本字，鵠古人告，後人加鳥。誥與告同。告從屮，象矢，從口，象鵠，仍取射義。

《尚書》十一篇皆法古，前表證説已詳。故十一篇中無新舊、繼續、後生、後王、嗣王、孺子等字。《中候》中專言繼自今、後王、《立政》。○《無逸》則曰繼自今、嗣王。嗣天子王、《立政》。○又三言孺子王。嗣王、《酒誥》、《多士》、《無逸》兩見。孺子，《洛誥》四見。不爲當時人君而言，《列子·仲尼篇》：「吾脩詩書，正禮樂，將以治天下，遺來世，非但脩一身，治魯國而已。而魯之君臣日失其序，仁義益衰，性情益薄，此道不行於一國，其如天下與來世矣。」專爲後來聖王立法，待其人而後行，《中庸》。故俟聖知來之學説，專用《中候》之經爲起例。《盤庚》亦與五誥同，今從《左傳》、哀十一年引《盤庚》稱誥。《史記》《殷本紀》：武王封武庚以續殷祀，令修行盤庚之政，殷民大悦。歸入《中候》，以合十八之數。

周公七篇圖

俟後逆讀，《易》「知來者逆」。由六成王六篇。而七，周公七篇。即由帝進皇也。皇禮六宗，用六相數，皇爲七。比於《皇篇》一統，故爲七政。中央、上下、四方。○人統人居中。如《周頌》《詩》三頌，周居首。泰皇秦博士説古者天皇、地皇、泰皇最貴。六五，周五篇。即天地二統，説見下圖。七六五合爲十八，相加爲十八，即《中候》之數。二九。成王東洛有九州，周公西洛有九州，共爲二九。

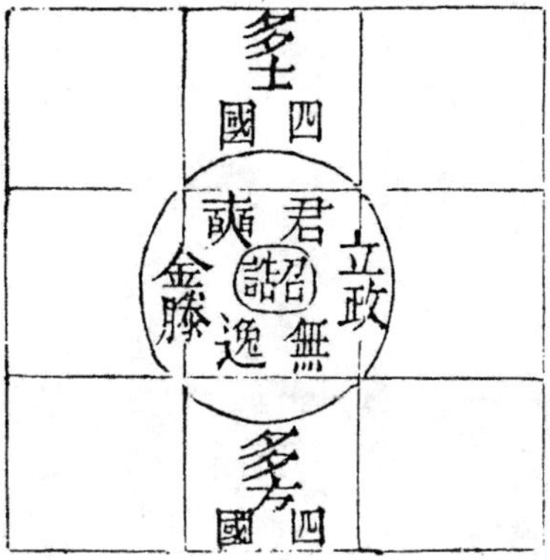

七篇皆以「周公曰」爲主，凡以七立名者，由此起例。

《召誥》周公主祭祀，武王讓周公，如堯禪舜，有風雷之變。

中央揖讓授受，除《金縢》以外三篇無序，皆周公一人之言。內爲四輔，《金縢》、《無逸》、《君奭》、《立政》。即四方、四時之義。《周禮》地春夏秋四官。外州二多，一多四國，《多士》四國，辛壬癸申。《多方》四國，乙丙丁庚。合爲八伯。

《周公》七篇，一稱誥，成王六篇，一不稱誥，合爲六誥。《伏傳》「六誓」、「五誥」，五、六字當互易。

經《召誥》：惟二月當讀爲十二月，丑年丑月。既望，三五而盈，地中之義。越六日《詩》「六日不詹」。乙未，東兼南。王王畿。朝步量人推步。自周，由舊周變爲新周，由小周推爲大周。則至于豐。《易·豐卦》日中即地中。《伏傳》：周公老于豐。董子推神農爲九皇，作宮邑于豐，非文王所遷之豐。惟太保先周公相宅，先相宅于東洛，以讓成王。後相宅于西洛，乃遷居西洛。誥王命周公後，相宅有先後之分。越若來自東越險而來西。三月，寅年寅月爲十三月，舉零數。惟丙午，地中分野南。朏。朏，三日明生之名。其時月出庚，與西方相應。越三日《豳》詩三之日。戊申，申爲西七月。太保朝至于洛，西洛。卜宅。厥厥讀作橜，土圭法用之。既得卜，《周本紀》：周公復卜申。則經營。《詩》「經之營之」。

皇天皇配天，舉天以包全球。上帝，《詩》「皇矣上帝」、「上帝是皇」。改孔子改制。厥元子《顧命》：「皇天改大邦殷之命。」茲大國殷之命。《周禮·大行人》：十二歲巡守殷國。故云大國殷，非商之舊殷，且有素統之意。惟王王畿。受命，無疆與無邪同。惟休，易吉服。亦無疆惟恤。易凶服。〇《大誥》：「嗣無疆大曆服。」嗚呼，曷其奈何弗敬？天既遐終讀作絡。大邦殷稱同《顧命》。之命，兹殷多先哲王在天，追述舊殷。越厥後王後民。俟後之新王新民。兹服厥命。

今來今。相有讀作又。殷。又殷，指後世之殷。

自服于讀作宇。土中。即《周禮》三萬里之地中。旦曰：「其作大邑。」《孟子》：「大邑周。」

今來今。王嗣受厥命。

《金縢》：二公曰：二伯進言。我其爲王指周公。穆卜。東昭西穆，言爲周公卜宅西洛。

予小子《禮記》：天子自稱之詞。新「新」字乃《中候》十八篇之標目。命《詩》：「周雖舊邦，其命維新。」于三王。《伏傳》：周公身居位，聽天下爲政。

天大雷電，以風。堯讓舜，有風雷之變。武讓周公，亦有風雷之變。舜讓禹，周公讓成王，亦必如此，可例推之。

《無逸》：周公曰：「嗚呼！繼自今嗣王。」從此句起至篇末，皆俟後之詞。

周公曰：「嗚呼，嗣王其監于兹！」此末句與首句相應。

《君奭》：周公若曰。非真周公之日語，故用代詞。

君己己爲地中符號。○召公居東洛，己心；周公居西洛，戊心。兩京通畿，説詳第二十三圖。曰，時我，東京治春夏，西京治秋冬，分司四時。我亦不敢寧。寧指東京寧畿。

小臣屏屏爲東京六畿之一。侯甸，舉侯甸以統西京之九畿。矧咸奔走。

我新造邦。新闢西方。

公曰：君奭，在昔上帝，《詩》：「皇矣上帝。」割剖分東西。申西方申。勸寧寧畿東京。王王畿西京。之德，其集大命大統之命。于厥躬。

我則鳴鳥不聞。《論語》：鳳鳥不至，鳳兮德衰。

《立政》：周公若曰，本篇兩見。拜手稽首，告嗣天子王矣。借周公以告後王。咸告孺子王論語後生。矣。繼自今，文子文孫。本篇二見。○《公羊》：是子繼文之體。至于海表，明言海外，不在中國。罔有不服。九服、六服、十五服。

繼自今後王立政。非周公之立政。

《多士》：惟三月，緯説十三月爲夏正寅月，乃會同之月，舉零例。周公即下「王曰」，孔子稱之爲周公，與泰伯同義。初于新邑洛，借東洛開新邑，非姬周之洛邑。用告商《書》主素統，商又西方之音。王士。王周公。若曰。經擬其王言加若。

王若曰：爾殷多士。《周禮》殷國。

王曰：猷告爾多士，予惟時其遷居西爾。周公遷居西半球。肆予敢求即四表之表，周居中，則商遷于外。爾于天邑商。《詩》：「商邑翼翼，四方之極。」素皇創統，上承天休，故稱天邑。

王曰：多士，昔朕來自奄，《淮南》：西方弇州。予大降爾四國。辛壬癸甲。民命。

王曰：告爾殷多士，今予惟不爾殺，予惟時命有申。西方。○《史·周本紀》：周公反政成王，成王在豐，使召公復營洛邑，如武王之意。周公復卜申視，卒營築，居九鼎焉，曰：「此天下之中，四方入貢道里均。」按：卜申即卜宅西方，今西半球之地中。今朕作大邑于兹洛。西洛，西京。

《多方》：周公曰：「王若曰，緟言之，以明繼周之王。猷告爾四國乙丙丁庚。多方。」

洪惟圖天之命弗永，寅寅與申對。念于祀。《伏傳》：周公老于豐，心不敢遠成王，而欲事文武之廟。

今我曷敢多誥，會同曰誥。我惟大降爾四國民命。此句與《多士》同文。

說 《白虎通·王道篇》：古者書皆託古。周公東征，文見《大誥》及《豳風》。○闢東方，建東都。○《孟子》：「有攸不爲臣，東征綏厥士女，匪厥玄黃，紹我周王見休，惟臣附于大邑周。」西怨。不言南征北怨，書説但以東西分治也。

《喪服篇》：周公踐阼理政，與天同志，天以東西分陰陽晝夜。展興周道，由東而西，以春秋兩京之小統推廣爲大統。顯天度數，上合周天之度。萬物咸得，天之氣倡始于東，成功于西。休氣充塞。東西皆治。

鎔按：周公爲天子之説，見於《書》者，《金縢》則曰「以旦代身」，《召誥》則周公主祭。故荀子以周公爲大儒，謂其由無天下而有天下，又由有天下而無天下也。《孟子》亦曰周公不有天下。成王賜周公以天子禮樂，見《禮記·祭統》、《明堂位》。以其曾爲天子而讓天下也。周初承殷舊制，傳及踐阼，政成遜位，此周公之故事。孔聖因之作書，推廣大統，先闢寅方東洛，功成治定，讓之成王，遷居申方西洛，化及海表，留俟後聖，晏子謂累世不能殫其學，當年不能究其禮，是也。此爲孔子待價而沽之美玉。《列子·仲尼篇》：仲尼盛稱西方聖人，《楚詞》言西皇太乙。不治而不亂，不言而自信，蕩蕩乎民無能名。蓋託周公以肇開西極，創建西京，哲想冥冥，百世不惑，其精神與周公相接，寤寐與周公潛通。《論語》「夢見周公」，凡夢皆占未來，不占已往。謂此也。孟子屢以周孔並稱，莊子亦云玄聖素王。又《書》之前後皆以攝立義。舜攝堯之天下，《孟子》：堯老，舜攝。以開化西南；周公攝武之天下，《伏傳》周公攝政。以通畿東西。煌煌聖制，正《列子》所謂修《詩》、《書》以治天下、遺來世也。實則舜與周公之攝，皆孔子垂空言以俟後耳。《春秋》隱公不書即位，亦以攝始。《史記》：《孔子世家》。鄭人謂子貢曰：「東門有人，其顙似堯，首舉堯，《書》之始也。《中庸》謂之祖述。其項類皋陶，《書》以皋陶佐舜，爲第二篇。其肩類子產，鄭子產當晉楚之衝，《春秋》因之起南北分伯之制。《論語》：子謂子產有君子之道四。然自要以下以上爲法古，以下爲俟後。不及禹《大戴》以禹之九州戴九天爲一統，即《禹貢》師説。三寸。禹以下，周公、成王分兩京，不及禹之一統。○《淮南·人間訓》：夫車之所以能轉千里者，以其要在三寸之轄。纍纍往古來今之皇帝王伯累積於一身。若喪讀平聲。家之狗。」《韓詩外傳》：喪家之狗既斂而椁，有席而祭，顧望無人也。言古之舜、禹、皋陶、周公、成王已往，孔子尚爲之守，謂守舊也。子貢以實告，孔子欣然嘉其知我。笑曰：「形狀末也，自謂未得爲舜、禹、皋陶、周公、成王。而謂似喪家之狗，然哉，然哉！」《書》皆託古，守先待後。是故孔子作《書》，師表萬世，寄託古之帝王，《荀子·勸學篇》：「《詩》《書》故而不切。」以起庶人庶統，《書》中所以多見庶字也。如庶績、庶事、庶土、庶民、庶邦、庶士、庶殷、殷庶、庶言、庶獄、庶慎之類。周公七篇，爲七政例。《孟子》：「周公思兼三王，以施四事。」《伏傳》：「周公思兼三王，以施于春夏秋冬。」《周禮》大會同、中央。時會、上方。殷同、下方。朝覲宗遇，四方。中三會、外四朝，共爲七言，《書》七篇即取此義。成王六篇，亦有由六進七之意。《金縢》、《無逸》、《君奭》、《立政》四篇爲四輔，如四時、四事。《多士》下方四國，爲地統。《周禮》地官司北。《多方》上方四國，爲天統。《周禮》司馬天公主南。《召誥》居中，爲人統。周公之化，自東而西，取法天之日月升東没西，《中庸》：如日月之代明。實素王憑虚驅策，以建兩京之制。所謂大國殷、大邦殷、《召誥》。天邑商《多士》。者，即孔子殷人，《檀弓》：「而某也，殷人也。」《商頌》商邑之意。此當力追微言，以復舊貫，庶於《書》皆得窺一二云爾。

成王六篇圖第二十二

六篇皆用「王曰」，爲主六府、六宗、六沴，凡言六者由此起例。

侯後逆讀由五周五篇。進六，成王六篇。由王進帝，比于四鄰，説見《帝謨》。四時。春夏秋冬，朝宗覲遇。○天統。《素問》：天以六爲節，五運六氣。俱詳《天元紀大論》。天六地五。《素問》傳曰：天六地五，數之常也。

《周禮》：會同曰誥。秋官士師掌五戒，二曰誥，用之於會同。誥皆會諸侯之辭。《盤庚》、《左傳》稱誥，哀十一年。《史記》言武王、周公用盤庚法以教殷民。《殷本紀》，説見前。《吕覽·慎大篇》：武王勝殷，立湯之後於宋。周公進殷之遺老，問衆之所悦，曰：「欲復盤庚之政。」武王於是復盤庚之政。六府：金、木、水、火、土、轂。《大戴·四代篇》説轂象京師。盤庚五邦五遷，主五行，《洛誥》即爲轂，六沴《伏傳》、《洪範五行傳》。亦於五行外別加上帝。上帝統六宗。《洛誥》：成王主祭祀，即位告廟。周公讓成王，如舜讓禹，中央揖讓，餘五篇皆王一人之言，無問答。

經《洛誥》：周公拜手稽首。周公居攝，成王爲之臣。成王即政，周公反拜。《孟子》：堯與瞽瞍北面朝舜，由此例推之耳。曰：「朕復子世子之稱。明辟，讓成王爲明君。王如弗敢及不敢嗣位。天稱天以包舉全球。基命初命在東。定命，終命在西，故有二命。予乃胤繼也。保大相繼建設兩京，保世滋大。相東土，雖居西洛，仍當輔相東京。其基作民明辟。」《康誥》「大明服」，即全球輿輻，此云「明辟」，正與相符。○下文二洛食即兩京，説詳第二十三圖。

王成王。拜手稽首與周公爲禮。曰：「公天子三公二伯稱公，王後亦稱公，此如王後稱。不敢不敬天之休，受天命王東洛。來相宅，卜宅西洛。○《召誥》：武讓周公，太保相宅，周公主祭。《洛誥》：周公讓成王，周公相宅，成王主祭。此二事二代典禮，亦如堯舜舊説，以爲一事大誤。其作周匹休。」西與東相匹耦。

周公曰：「王成王主祭。肇稱殷禮，祀于新邑，即位祀于東洛。咸秩無文。」仍如殷人尚質，故無文。

「乃女其悉自教工。」《伏傳》：《書》曰：「乃女其悉學功。」悉，盡也，學，效也。傳曰：「當其效功也，于卜雒邑、營成周，改正朔、立宗廟、序祭祀、易犧牲，制禮作樂，一統天下，合和四海，而致諸侯，皆莫不依紳端冕以奉祭祀者，其下莫不自悉以奉其上者，莫不自悉以奉其祭祀者，此之謂也。盡其天下諸侯之志，而效天下諸侯之功也。」按：「一統天下，合和四海」，即大統也。姬周烏敢當此！

公曰：「己己指東京，戊爲西京。予惟讀作維。《詩》以維爲四維。沖子。」沖從水從中，衆水朝宗，和合于中，如《淮南》六合來會於京師。

惟周公誕保文武受命，惟七年。七年即七言，年、言音近，古通。七言即謂七篇，非果七年。即以七年而論，乃指七會同之年。《大行人》：王之撫邦國諸侯者，歲徧存，三歲徧覜，五歲徧省，七歲屬象胥，九歲屬瞽史，十有一歲達瑞節，十有二歲巡守殷國，共七次，爲七年。《伏傳》：周公攝政，一年救亂，二年克殷，三年踐奄，四年建侯衛，五年營成周，六年制禮作樂，七年致政。亦如《大行人》之七次。七年爲二十五年，非僅僅七年也。

《盤庚之誥》。從《左傳》稱誥。○五邦法五行，如五運，當爲五篇。按：經有四提頭，四言般庚，又有五邦明文，故知爲五運之符號。以古有周用般庚法之説，故與《洛誥》等篇爲一類。○按：地中赤道爲夏，所謂諸夏、九夏也，十干居之。殷國十二支在邊，夏亡移在外，殷從外移居中，殷亡又還外，周居中統之，殷帝以干爲名，取此義。周居地中，則夏、殷居外，此所以言遷。

《大誥》：王若曰：用代詞，非真周王。「猷！一作猷。《詩》：「遠猷辰告」，又「猶之未遠」。《中庸》「猶以爲遠」，與此同義。大誥爾多邦。」誥皆會諸侯之詞，若以爲周公東征之誥，不得云多邦。

「嗣無疆以輿地言，無疆，猶無邪。大曆服。」全球七曆。○曆爲五紀例，服爲衣服例。

「已東洛地中。予惟四維。○《詩》：「瞻彼洛矣，維水泱泱。」洛在中，維水，四維之水。小子。俟後之後生。○本篇二見。民獻有十夫。」十夫，十人，指十干。○《論語》：「舜有臣五人。」則堯亦當有五人，爲二五際，中分天下。「武王有十人」，武王讀作西皇，合二帝所有爲十人。

「亦惟十人。」《左傳》：「天有十日，人有十等。」

「天統舉全球。休于寧西京六畿之一。○本篇「寧」字十二見。王，東京，九畿之心。興我小邦周。」由姬周小邦推廣爲大統之東西兩京。

「矧今卜并吉。」東西卜宅皆吉，故曰并吉。

《康誥》：周公初基，《召誥》：太保先相宅。作新大邑于東國洛，姬周之洛不得謂之新大邑。四方民大和會，《周禮》大會同。又地中陰陽之所和也，風雨之所會也。侯、甸、五服侯在甸外，九服則甸在侯外，此用《周禮》九服例，以甸爲王居，大小同。男、邦、邦爲《周禮》邦國之符記。采、衛。《周禮》九服，王、侯、甸、男、采、衛、蠻、夷、鎮。此依九服文而錯舉五字，《春秋》無此制也。

王若曰：《左傳》定四年踐土之盟，其載書云：「王若曰：晉重魯申」云云，杜注：「王若曰，謂其時王子虎盟諸侯，故稱王命。」是「王若曰」，王子虎代王爲詞也。以臣代君爲詞，非出自王一人之口。夫子虎可代當日之王爲詞，《書經》自《大誥》以下，若《康誥》、《酒誥》、《洛誥》、《多士》、《多方》、《顧命》、《文侯命》皆稱「王若曰」，是必有人代爲之言也明矣。誰秉筆而作《書》者？後人讀《書》，猶不悟乎？「孟侯《呂刑》伯父之變文。朕其弟，伯兄、仲叔、季弟。小子幼子童孫。封。」猶春秋諸侯，《伏傳》：「封若圭璧。」〇圭璧乃五等諸侯所執，封如封人，非康叔名。

「用肇造我區夏，《周禮》九夏分九區，即大九州。越我一二邦，東洛爲一邦，西洛爲一邦。以修我西土。」西方，西京。

「肆汝小子《論語》之後生。封，封人，封建。在茲東土。」東方，東洛。

「己東心，東京。汝惟小子。」俟後。未《太玄》：「五五爲土，爲中央，爲四維，曰戊己，辰辰未戌丑」。故未指地中，即《酒誥》妹土。

「其有若汝封之心。」指西方戊心，與己相對。

《酒誥》：昴星在西方，卯爲閉門。《禮記》：「春饗孤子，秋食耆老。」饗有樂，食無樂。《詩》：「有酒湑我，無酒酤我。」東南有樂，則有酒，西北無樂，則無酒。然禮從宜，事從俗，秋食仍用酒，恐其沉湎，故借酒以作誥。王若曰：酉年八月西巡。「明即大明服之明。大命于妹讀作未。邦，未邦指地中。《詩》：「予未有室家。」乃穆考東顯，西穆。文王后。肇國在西土。」肇開西洛。

「越在外服，言外服、内服者，會諸侯之詞。若策命康叔一人，不言及此。侯、甸、王居。男、衛、邦、伯，以侯甸之九服爲外服，故西洛用之，如《乾卦》用九。越在内服，東洛，東京，以中國爲内，用城寧六服，如《坤卦》用六。○今地球東半球多土宜用九服，西半球土少，宜用六服。蓋經舉大畧，潤澤則在後人。百僚庶尹。」京内職。

「我聞亦惟曰，在今後嗣王。」俟後之詞。

《梓材》：《梓材》不稱誥，然與五誥爲一例。王曰：「封！《伏傳》：王曰封，惟曰若圭璧。○此以圭璧解封字。按《周禮·大宗伯》：「王大封，公、侯、伯執圭，子男執璧。」舉圭璧，而五長皆在矣。己東京。若兹監，惟曰欲至于萬年，惟王子子孫孫永保民。」俟後之詞。

鎔按：《伏傳》有曰：「是故《周書》自《大誓》即《牧誓》。《尚書》武王主此篇。後得《泰誓》爲《逸周書》文，乃傳也。說詳《四益雜著》。就《召誥》周公主此篇。○初建東洛。而盛于《雒誥》，成王主此篇。○繼建西洛，化及全球。故其書曰：揚文武之德烈，《中庸》：周公成文武之德。奉對天命，全球九州與天九野相對。和《文子·上仁篇》：「天地之氣莫大於和。和者，陰陽調，日夜分。故萬物春分而生，秋分而成，生與成必得和之精。故積陰不生，積陽不化，陰陽交接，乃能成和。」恒《詩》：「如月之恒。」○月與日對言，月恒尚有日升。

《易·恒卦》：「日月得天，而能久照。」和、恒舉陰陽，日月以配東西兩畿。萬邦，方萬里爲一州。四方全球四極。民是以見之也。可見其盛。孔子曰：以聖言爲準。『吾于《雒誥》見周公之德，周公讓天下。光明于上下，天地。○中有人。勤施于四方，周公七政，如《典》之「光被四表，格于上下」。旁西洛在東洛之旁。作穆穆，《詩》「天子穆穆」。西方爲穆，即「穆穆武王」與「穆卜」之義。至于海表，四表三萬里。六合以内爲四海，四極、四荒皆不在此世界。莫敢不來服，九服、六服、十五服。莫敢不來享。《國語》：賓服者。亯，時享。○二語統括全球。以勤文王三皇，文在左，武在右。之鮮光，《顧命》：「昔君文王、武王宣重光。」以揚武王《史·敘傳》云六經異傳。《書》之文武非姬周之二王。之大訓，《顧命》：大訓在西序。而天下大洽。洽，合也。東西合爲兩京，謂之大洽。故聖之與聖也，成王、周公。猶規之相周，東爲半規，西爲半規，合爲一周。矩之相襲東爲一矩，西爲一矩，兩矩相襲。也。』」據此可見，《召誥》、《洛誥》乃《書經》人學之極功，素皇聖化之偉烈。自尼山前知，哲想周至，見夫日月來往，晝夜循環，而知輿地東西，陰陽各半。大《易》既以乾坤開宗，《皇篇》乃以羲和分治。羲主春夏，司陽化。和主秋冬，司陰化。顧皇佐二伯，或在同畿，春秋兩京，相距千里，推及全球，鞭長難及。堯舜雖南北分教，説見《墨子》。而經文簡略，欽以四鄰，不足見兩儀之運化，《史·六國表序》：東方物所始生，西方物所成就。夫作事者必於東南，收功實者常於西北。必不得已，乃託周公創建兩京，以闢大統。《洛誥》「卜澗水東、瀍水西，惟洛食」者，東洛也；《康誥》謂之東國洛、新大邑。「又卜瀍水東澗水西，三字當補。亦惟洛食」者，解詳第二十三圖。西洛也。《洛誥》謂之「相宅作周匹休」，《多士》謂之「遷西惟命有申」，《君奭》謂之「申勸」。兩洛通畿，一在東半球，爲晝，主陽教，一在西半球，爲夜，主陰教。《靈樞·九宫八風篇》：「乾曰新洛，東北之洛也，巽曰陰洛，乾當曰陽洛。西南之洛也。」亦兩洛相對，均分天度，恰與《書》之兩洛相印證。十三篇中屢稱天，蓋舉天以包地也。孔子自謂爲「天生德」，又曰「天何言」、「知我其天」，聖人至誠，參天兩地，仰觀俯察，創制顯庸，垂爲世則。迄今地球圖出，劃分東西，而孔經預料，已立法在二千年前。《論語》「如有用我，其爲東周」，謂如周公之先闢東洛也。將來泰皇首出，修明内政，取法周公七篇，巡守朝覲，取法成王六篇，東西雖分，仍歸一統，具此大義，徹貫古今。乃韓文《進學》猥以「周誥殷盤」劈分二代，直與《吕覽》、《史記》「周用盤庚法」之説相違，此唐以後晚師誤解，不如先師之足據者也。

召誥素統洛誥緇統以西東方爲地中心圖第二十三

召誥素統以西方地中爲心圖

《召誥》武王讓周公，太保爲冢宰，周公主祭祀，如堯禪舜。篇中無成王事，所有「王」字皆王畿之王。

洛誥緇統以東方地中爲心圖

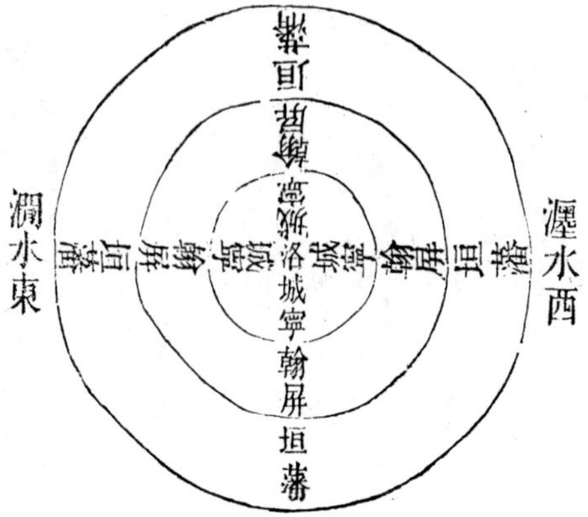

《洛誥》周公讓成王，如舜禪禹，成王主祭祀，周公如堯，以舊天子拜新天子。所以戰國學説有堯帥諸侯朝舜之説，據此推之也。二讓亦如堯舜之禪，兩有風雷之變；堯舜風雷一見《帝典》，武周風雷一見《金縢》。四禪讓，四風雷，經見二隱二也。

經《召誥》：武王讓周公，如堯禪舜。惟太保如《洛誥》周公。先周公周公爲皇，主祭祀。相宅。○于洛西洛。○二洛二誥非一時一地之事。《莊子》言九洛，故《書》洛不止一。卜宅。用土圭法。○王讀作王畿之王，非成王。《召誥》亦無成王事。來讀作采。采在第五畿，相合爲萬里，故《書》、《詩》同以采爲標示。紹上帝，天九野，鈞天在九天中。自服五服五畿。于土中。指東西兩球之地中。

《洛誥》：周公讓成王，如舜讓禹，故《召誥》周公主祭，《洛誥》成王主祭，舊説混爲一事。我卜河朔黎水。南北致日。我乃卜土圭相宅法。澗水東、瀍水西，澗瀍指東西二洋海。澗取閒義，瀍取纏義。惟洛東洛。○洛在二水之中，《莊子》九洛，是爲上皇。按九州之中，由中譯之，皆爲洛。食；春分致月。東球地中，春分地與日平，日中無景爲食，即曆家之所謂蝕。我又卜瀍水東、澗水西，三字舊脱，今補。○秋分致月，西球地中，適與東球相對。亦惟洛西洛。○四表之中。食。秋分地中與日平，日中無景日食。《康誥》作蔽。○一洛爲成，一洛爲王。

《洛誥》：其自時中地中混沌。乂《素問·氣交變説》：「天樞之上，天氣主之，天樞之下，地氣主之，氣交之分，人氣主之。萬物由之。」又曰：「天氣下降，氣流於地，地氣上升，氣騰於天。故高下相召，升降相因，而變作矣。」見《六微旨篇》。萬邦咸休，惟王西方地中王畿，下同。有成東方地中惟城。下同。績。《詩》：「遹求厥寧，遹觀厥成。」召伯有成，王心則寧。」皆爲成、寧二字之起例。

《酒誥》：自成湯咸至于帝乙，成東心。王西心。畏相。成王二字原不可解，或以成王爲稱周成王者，大誤。○惟助成東心。王西心。○《職方》所謂王畿。德顯。

《召誥》：其自時中乂，古五字，乂象氣交。○《素問·六微旨篇》：上下之位，氣交之中，人之居也。」王王畿。厥作槼，土主法。有成惟成。命治民。○王西王畿。未有成東成畿。命。

《君奭》：我咸成東心。文讀作乂。王西心。功于不怠。

《大誥》：寧《板》詩：「懷德惟寧。」下同。王《周禮·職方》：「千里曰王畿。」下同。遺我大寶龜，紹天明即命。○敉寧武圖功，我有大事休，大地球建都之事。朕卜穆卜。并吉。東方吉。○不可不成宗子惟城。乃寧考圖功。○天休于寧王，興我小邦周。寧王惟卜，用克綏受兹命。○爾知寧王若勤哉！天閟毖我成功所，所指地中，以建城畿爲功。予不敢不極卒寧王圖事。○予曷敢不于前寧人圖功攸終，天亦惟用勤毖我民，若有疾，予曷敢不于前寧人攸受休畢。○肆予曷敢不越卬敉寧王大命。○天亦惟休于前寧人。○予曷其極卜，敢弗于從？率寧人有指疆土，矧今卜并吉。

《洛誥》：乃命寧予。

《多士》：爾乃尚寧幹讀作翰，即翰畿。止。○今爾惟時宅爾邑，繼爾居，爾厥作槼。有幹作翰。有年疑屏之誤。于兹洛。

《君奭》：君己地中京師，己所居守。曰時我，我亦不敢寧于上帝命。本不敢建設六畿爲十五畿，但天命制作，不能不爾。○我道惟寧王德延。○申勸寧王之德，其集大命于厥躬。○我則鳴鳥不聞。《論語》：「鳳鳥不至。」

《吕刑》：一人有慶，兆民賴之，其寧惟永。

《文侯之命》：其歸視爾師，寧爾邦。○無荒寧。簡恤爾都，用成成爲京都，于此見明文。爾顯德。

按《周禮》，畿服之名，至九而止，加以《板》詩六名，始足十五之數。顧《板》詩以藩接鎮，本由内推外，以王爲京，以城爲鄙，而《莽傳》始城終藩，又以城爲京，以藩爲京，以藩爲鄙，二義枘鑿，顛倒參差。從《板》詩，則空言徒託，從《莽傳》，則雖見行事，而與《周禮》王畿國畿相忤。一棲兩雄，一窟兩蛟，求如水乳交合，難矣。考《板》詩之文，其卒曰「宗子惟城」，是城宜在内，而不在外，《文侯命》：「爾都用成。」合之《職方》王畿，當即《春秋》兩京通畿之例，特大小不同耳。大統之兩京，與今東西兩半球之地圖相符，經之成王、王成及寧王，舉兩京之名稱，如《詩》之鎬、洛。東球用《板》詩六畿，如《易·坤卦》之用六。城爲東京，爲東洛，即新莽曾經實行之制；故《大誥》東征密邇東京，是以東征。寧字十二見，又曰「朕卜並吉」，東方吉服。「予得吉卜」，穆卜，西方。皆寧畿在東之確證。西球則用《周禮》九畿，如《易·乾卦》之用九。王爲西京，爲西洛。九六合數，兩面皆十五畿，法一月三十日，分之則乾九坤六，地球彼此晝夜、一陰一陽之義也。東爲青統，《詩》所謂「正月東寅。繁服名，同蕃。霜」，「九月肅霜」，東與西對，舊説此句不能解正月之霜不爲異，改正月爲四月，又與「四月維夏」犯。《論語》「緇衣東青。羔西方羊。裘」；以西方王畿爲鄙。西爲素統，《詩》所謂「七月西申。流服名，與繁對。火」，東方躔次大火。《論語》「素衣西白。麑東鹿與羊對。裘」。以東方成畿爲鄙。○《詩》死鹿、死麕即麑，孔子祖西皇，故稱旻天麕裘。

按：經之洛，即《周禮》地中。土圭之法，一尺五寸，東西南北各一萬五千里，以求地中。天下有九洛，亦如《周禮》之九夏。此洛爲九洛中之大洛，亦如九夏之王夏。《詩》以《邶風》爲北辰，《周》、《召》爲二公，《尚書》亦以素統爲主，以西洛在西，故以西洛爲主，有「鳴鳥不聞」之説。《洛誥》之王，即西皇，故曰「兹洛」、曰「新邑洛」，以洛不一，洛爲百世以下之新周，非古之舊邦、舊洛也。《靈樞·九宫八風篇》九宫即九洛，今乾、巽二方稱新洛、陰洛，舉二以示例。

周五篇圖第二十四 地統。《内經》：「天地之間，六合之内，不離乎五。」又：「地以五爲制。」

堯舜禪讓，武亦禪讓；禹啟傳子，成康亦傳子。《中侯》篇中與《尚書》兩相發明，《顧命》傳世，如禹、啟，爲帝之終，即爲王之始。又如《春秋》爲王《顧命》爲王，《費誓》、《秦誓》二「公曰」爲二伯。學，《書》繼《春秋》而作。逆讀，由衰周而尚推。二誓、二伯，如西伯、微子。再逆推，如禹皋、如羲和。《顧命》與二「王曰」《呂刑》、《文侯之命》。爲三王，如三誓。《甘誓》、《湯誓》、《牧誓》。此由伯進王之説也。

	文侯之命 舅犯	
秦誓 同	顧命 康誥	費誓 孟獻子
	呂刑 楚書	

東方兵，《費誓》。南方刑，《呂刑》。西方《秦誓》。學校、《禮記》「曲藝皆誓之」，故教士之書亦稱誓。議院，誓告汝群言之首，詢茲黃髮。北方選舉，《文侯命》言錫命。中央傳家，父子授受。《顧命》繼位。外四篇二「公曰」、二「王曰」，兼包天地二統《費誓》司馬，兼掌刑，主天。《文侯》司空，主地。言之。《顧命》父子相傳，如禹家天下，故爲小康。上推爲大同。《大學》五引《書》，爲五帝例。中《康誥》，東孟獻子，魯。西《秦誓》，北舅犯，晉。南《楚書》，與此周五篇。疊矩重規，互相印證。

經《顧命》：中央傳世。乃同召太保奭、司空公。芮伯、二卿。畢公、司馬公。衛侯、出封爲方伯，入王朝爲卿。毛公。卿。○如《春秋》之毛伯。○此二公四卿與《帝典》羲和四子相應。伯相。太保畢公以同姓爲伯，爲相，故稱伯相，猶伯父之稱。

眇眇予末小子，天子在喪之稱。其能而亂治也。四方，東南西北。以敬忌天威。以天統王。王世子在喪，即稱王以繼體也。出，在應門之內，太保率西方西兼北。諸侯入應門左，爲左伯左相。畢公率東方東兼南。諸侯入應門右。爲右伯右相。

王若曰：仍用代詞，非真康王之綸音。庶邦統稱之詞。侯、甸、王居。男、包采在內。衛。借舉九服，以此爲小統，由小推大。

保乂與「交」字同義，地中交會合和。《素問·氣交篇》。王家，用端命於上帝。王受命于帝，帝承訓于皇。皇天皇則配天。用訓厥道，《洪範》：「遵皇之道」、「皇道蕩蕩」，「皇道平平」，「皇道正直。」付畀四方。此大統之四方。乃命如典皇篇之乃命。建侯內服。樹屏，外服。○侯爲九服之次，屏在外服之三。在我指見在而言。後侯後。之人。空文垂待後人。今往古來今，未來爲今。予一二伯父《曲禮》二伯之稱。尚胥暨顧綏。《禹貢》綏服在方三千里內。

《呂刑》：即《甫刑》。《詩》以申甫許鄭語，以申呂同爲南方國。惟呂命，王享國百年，耄荒，《微子》：「吾家耄遜于荒。」度作刑，以詰四方。以此四方爲起例。四方皆必用刑，則兵與學校、選舉亦必普及於四方，非拘滯於一方也。皇帝《大戴》顓頊爲五帝之始，上承皇運之終。哀下方哀。矜庶戮之不辜。

乃命重黎，與《典》「乃命羲和」相應。絶地天通，《楚語》：昭王問於觀射父曰：「《周書》所謂重黎寔使天地不通者，何也？若無然，民將能登天乎？」對曰：「非此之謂也。古者民神不雜，民之精爽不攜貳者，而又能齊肅衷正，其智能上下比義，其聖能光遠宣朗，其明能光照之，其聰能聽徹之，如是則明神降之。民神異業，敬而不瀆，故神降之嘉生。及少皞之衰也，九黎亂德，民神雜糅，不可方物，民匱於祀，而不知其福。顓頊受之，乃命南正重司天，以屬神，命火正黎司地，以屬民，使復舊常，無相侵瀆，是謂絶地天通。」罔有降格。《淮南・天文訓》：昔者共工與顓頊争爲帝，怒而觸不周之山，天柱折，地維絶。天傾西北，故日月星辰移焉。地不滿東南，故水潦塵埃歸焉。○故《書經》專詳人學。

皇帝下以舜臣伯夷、禹、稷爲三后，是舜得稱爲皇帝。清問下民。

王曰：王之等級在皇帝下。嗚呼，念之哉！讀作驗小推大之驗。伯父《曲禮》：天子同姓謂之伯父。伯兄，仲叔季弟，《左・昭二十六年》：王子朝曰：「單、劉贊私立少，唯伯仲叔季圖之。」是統稱諸侯之詞。《典》之羲仲、和仲主東西，羲叔、和叔主南北。《伏傳》説以每岳兩伯，共爲八伯，品級同等，比之兄弟。幼子卒正降於方伯，故爲子。童孫，連帥再降於方伯，故爲孫。○按：伯父與兄弟子孫，乃天下一家之例。皆聽朕言。

王曰：嗚呼嗣孫！嗣天子王，文子文孫。今來今。往往古。何監殷監。非德？帝德。于民之中，尚明聽《謨》「汝明汝聽」。之哉！哲通作折。人惟刑，無疆《大誥》：「嗣無疆大曆服。」之辭，屬于五極，《周禮》五官，五言以爲民極，爲五極。《淮南・地形訓》：五極各萬二千里。咸中中央之極萬二千里。有慶。一人有慶。

《文侯之命》：王若曰：父義本作羲。和。引用《帝典》之二伯羲和。

王曰：父義和，其歸視爾師，《謨》曰十有二師。甯爾邦。《覲禮》：伯父無事，歸甯乃邦。父往哉！柔遠能邇，文同《帝典》。惠康小民。《詩》：「民亦勞止，汔可小康，惠此中國。」無荒寧，無使甯畿荒而不治。簡恤爾都，用成以《板》詩之城畿爲都，如新莽之是爲惟城。爾顯德。

《費誓》：公曰：上二篇皆「王曰」，此與《秦誓》皆「公曰」。嗟！人無嘩，聽命。全篇皆誓師之詞，爲司馬事。

《秦誓》：舊以爲秦繆之誓，《書序》謬説也。《史・世家》：「孔子序《書》傳，上紀唐虞之際，下至秦繆。」繆字乃古文家羼增者。按《班志》：「上斷於堯，下訖於秦」，無繆字。孔氏傳《序》：「斷自唐虞以下，訖于周。」謂《周書》，周公也。《穀梁》「誥誓不及二帝」，是王乃作誓。《書》中三王三誓。周公代武攝位，故東征作《費誓》。秦近豳采，乃西京根本之地，學校養老，要政所關，故周公作《秦誓》。秦在西方，於卦爲兑。凡古書所引《兑命》不離學教議謀者，皆爲此篇師説。公曰：與《費誓》同爲周公。嗟我士，乃文士，非兵士。聽無譁，予誓《禮記》：「曲藝皆誓之。」故教士之書得稱誓。告汝群言之首。學校養老之典禮，孤子學，耆老教。經制，學校即議院，故此爲立學稽疑。

惟古之謀人。《洪範》：稽疑，謀及卿士，謀及庶人。爲人謀，謀及卜筮，則爲鬼謀。

惟今之謀人。此爲乞言議謀。○卿士上議院，庶人下議院。

尚猷《詩》：「我視謀猷。」詢茲黄髮，《王制》：「三王養老，皆引年。」引年，讀作「乞言」。則罔所愆。老成善謀。

番番良士。《王制》：「五十養於鄉，六十養於國，七十養於學，達於諸侯。八十拜君命，一坐再至，瞽亦如之。九十使人受。」

旅力既愆，筋力衰而歷事多。我尚有之。用以建謀。仡仡勇夫，壯者行。射御不違，我尚不欲。不欲使之議謀。惟截截善諞言，耆老善論。俾君子易辭，君子聞善言而改易前辭。我皇多有之。不妨多有。○《王制》：「有虞氏養國老於上庠，養庶老於下庠。夏后氏養國老於東序，養庶老於西序。殷人養國老於右學，養庶老於左學。周人養國老於東膠，養庶老於虞庠。」此經制。養老於學，幼者從教，老者講學建議，壯者奉行，故謀國臧而施行利。議謀不用壯者，以其閱歷少而躁妄多也。

按：二十八篇各有取法，不能增損。考《大學》以孟獻子、舅犯、《楚書》與《康誥》、《秦誓》并舉。《康誥》居中，餘四方與《顧命》五篇相應。舅犯、《楚書》文見《國語》、《晉語》、《楚語》。《戴記》。《檀弓下》。經文之外，兼舉傳記，非一引書，便爲孔經。

經云：《帝謨》。天命有德，五服五章。天討有罪，五刑五用。刑賞皆以五立義。《大學》專以好惡進退爲主，民之所好好之，民之所惡惡之。即所謂明德用賢。○《洪範》三德，《帝謨》九德。新民，除不肖。明德慎罰。文見《康誥》。明德，司空封建，《謨》曰：嚴六德，亮采有邦。錫命，錫大命小，分十八級。爲柯；柯即土圭之儀器，所以度地，説見《周禮・考工》。新民，司馬九伐，《周禮・大司馬》。斧鉞專征。《詩》曰：「析薪如之何？匪斧不克。」《齊風・南山》。除惡以新民《大學》引《康誥》作新民。比於析薪，後來居上。

鎔按：中央、四方之制，《書經》緟規疊矩，奚爲不憚其煩！《內經》曰：《靈樞・陰陽二十五人篇》、《通天篇》。「天地之間，六合之內，不離乎五。」故在天則四宮環衛紫垣，在地則四海會歸地中。《書經》仰觀俯察，創起宏規，《典》咨詢四岳，《謨》外薄四海，加數京師，則爲五。《書》終以《顧命》五篇，無非此義也。《顧命》詳傳世之典，新王嗣位，諸侯入朝，南吕侯，北文侯，俱成康以後之國。《書》繼《春秋》，據衰而作。《費》、《秦》爲周公書。小統之世，周公用兵於東，興學於西。大統之世，則周公於《洛誥》建東京，於《召誥》建西京。《書》終二《誓》，見周公之化，先治小邦周，繼闢大邑周，由小而大，俟後驗推。故四岳四篇，大之爲四帝四鄰，近之爲四宅四輔，遠之爲四表四極。通於《雅》詩《嵩高》四篇、《邶》之四風，《顧命》居中統馭，如《月令》五帝。太保、畢公，左右二伯，如《典》之羲和四篇，如仲叔四子，分司四時。《書》之首尾相應，脈絡相貫，而政化推行之次序，以此五篇爲始。基以《洛誥》、《召誥》，爲分治，以《皇篇》集大成。《董子·改制篇》曰：「周人之王，統舉《中候》十八篇而言。尚推神農爲九皇，以《皇篇》爲止境。絀虞，而號舜曰帝舜。」書始《虞書》。此《書經》師説之彰明較著者也。五篇，中央一，四方四。故《吕刑》曰「屬于五極，《周禮》五言以爲民極。咸中有慶。」《大學》五引《書》，亦與此五篇相發明。《周禮》作傳，所以特詳五官也。雖東南兵刑，西北政教，不合於《周禮》之西南兵刑，夏司馬，秋司寇。東北教養，春宗伯掌禮，冬地官司徒。蓋慶賞刑威，相濟爲用，不能拘於一方，亦惟因時用之而已。《顧命》居中，如《洪範》之五皇極。二《誓》皆「公曰」，爲王之二伯，如殷二伯之西伯、微子。《吕刑》、《文侯命》皆「王曰」，爲帝之二伯，如《典》之帝咨羲和、《謨》之左禹右皋。合《顧命》爲三王，如三《誓》以王統伯、以帝統王，有由伯進王、由王進帝、由帝進皇之意，皆由此五篇逆推而得之。故中央、四方爲經制之大綱，在王世則王統四伯，在帝世則帝統四王，在皇世則皇統四帝，隨時建極，因地制宜，小大合符，尊卑一貫。《素問》所謂「地以五制」是也。況《顧命》太保、芮伯、彤伯、畢公、衛侯、毛公，二公統四卿，亦爲六職。又《周禮》皇統六官，帝制則五官。六典六屬之起文也。《書》以五方兼備六宗，由五進六，加皇爲七。此《中候》十八篇之標目也。

周禮十日十二辰辨方正位圖第二十五

《素問・六微旨大論》：岐伯曰：「天氣始於甲，地氣始於子，子甲相合，命曰歲立。謹候其時，氣可與期。」

《白虎通・五行篇》：「少陽見於寅，盛於卯，衰於辰。其日甲乙，時爲春，位在東方。太陽見於巳，盛於午，衰於未。其日丙丁，時爲夏，位在南方。少陰見於申，壯於酉，衰於戌。其日庚辛，時爲秋，位在西方。太陰見於亥，壯於子，衰於丑。其日壬癸，時爲冬，位在北方。土爲中宮，其日戊己。宮者中也。」

經《洪範》五紀：皇省惟歲，言歲則包舉全球。卿士惟月，師尹惟日。

傳《周禮》：惟皇建國，地中乃建皇國。辨方每方三月，四方八方。正位，各有正當之位。體國內八州爲邦國。經野。外十二州爲野、爲都鄙。○文凡五見。

馮相氏掌十有二歲、十有二月、以上言曆法。十有二辰、十二支。十日。十干。○此二句言版圖，先辰後日，先外後內，如《君奭》屏侯甸之稱。

說《中庸》：是以聲名洋溢乎中國，內八州。施及蠻貊，外十二州。舟車所至，水陸無阻。人力所通，內外交通。天之所覆，地之所載，《左傳》：如天之無不覆，如地之無不載。日月所照，天有十日，地有九州，天有十二月，地有十二州。霜秋冬。露春夏。所墜，凡有血氣者，莫不尊親，文家尊尊，質家親親，文質彬彬，中外統一。故曰配天。以地合天，全球畢舉。

《史記·律書》：《書》曰七正，《帝典》：齊七政。二十八舍。律十二辰。曆，十日。天所以通五行內外州皆分五方。八正八干之位，四立、二至、二分。之氣，天所以成孰萬物也。

《淮南·地形訓》：凡八紘之氣，是出寒暑，以合八正，必以風雨。

《天文訓》：音自倍而爲日，律自倍而爲辰，故日十而辰十二。說與《周禮》合。凡日，甲剛乙柔，丙剛丁柔，以至於癸。

《漢書·律曆志》：黃鍾始於子，在十一月。大呂位於丑，在十二月。大蔟位於寅，在正月。

夾鍾位於卯，在二月。姑洗位於辰，在三月。中吕位於巳，在四月。蕤賓位於午，在五月。林鍾位於未，在六月。夷則位於申，在七月。南吕位於酉，在八月。亡射位於戌，在九月。應鍾位於亥，在十月。

《翼奉傳》：五性不相害，六情更興廢。觀性以曆，張晏曰：性謂五行也，曆謂日也。觀情以律。情，謂六情。律，十二律也。明主即皇。所宜獨用，皇大一統。難與二人共也。《孟子》：民無二王。

《素問·八正神明篇》：帝曰：「星辰八正何候？」岐伯曰：「星辰者，所以制日月之行也。八正者，所以候八風之虚邪以時至者也。四時者，所以分春秋冬夏之氣所在，即八節、十二月之方位。以時調之也，八正之虚邪，而避之勿犯也。」

《陰陽類論》：孟春始至，黄帝讀作皇帝。燕坐，臨觀八極，正八風之氣。

《靈樞·九宫八風篇》：太一常以冬至之日居叶蟄之宫北方。四十六日，明日居天留東北方。四十六日，明日居倉門東方。四十六日，明日居陰洛東南方。四十五日，明日居天宫南方。四十六日，明日居玄委西南方。四十六日，明日居倉果西方。四十六日，明日居新洛西北方。四十五日，明日復居叶蟄之宫，曰冬至矣。

《素問·六元正紀大論》：帝曰：「五氣之發不當位者，何也？」岐伯曰：「命其差。」帝曰：「差有數乎？」岐伯曰：「後皆三十度而有奇也。」

數之始，起於上而終於下。歲半之前，天氣主之；歲半之後，地氣主之；上下交互，氣交主之；歲紀《洪範》五紀，皇省惟歲。畢矣。故曰位明辨正方位。氣月可知乎？所謂氣也。《本病論》：帝曰：「余聞天地二甲子，十干、十二支，上下經緯天地，天球地輿，大而無紀，以干支分別經緯綫以推測之。數有迭移，失守以干支三百六十度分排天地之方位。然天左旋，地右轉，易於移動。其位，可得昭乎？」岐伯曰：「失之迭位者，謂雖得歲正，未得正位之司，所以必辨方正位。即四時不節。」

按《史記・三代世表》：「孔子因史文次《春秋》，紀元年，正時日月，《公羊》以爲大一統。蓋其詳哉！本諸魯史，能道其詳。至於序《尚書》序次皇、帝、王。則略無年月，託古四代，因心作則，故略。或頗有，有則皆有別義。然多闕。」舉其一二，不能完備。又曰：「余讀諜記，黄帝以來皆有年數，稽其曆譜諜，以上皆古史，結繩字母之書。終始五德之運，古文孔經初成，用古文，即六書。咸不同，乖異。與字母不同。夫子之弗論次其年月，作書以俟後，故闕年月。豈虚哉！」是知孔聖作《書》，藉古定制，垂法後王，不能預期以月日，如或稱紀，必有寄託。《範》曰：「卿士惟月，師尹惟日。」以日月形況職官而統以歲皇，故《周禮》「設官分職」繫於「辨方正位，體國經野」之下。今據《公羊》大一統之義安排日月，博采諸説以證之。

考經傳以日月分辨方位者，《易》有先後庚三日、先後甲三日，先甲三日，如《謨》之辛、壬、癸。《豳》詩有一、二、三、四之日，又舉五月至十月。十二月舉其半，以見起不見。《詩》篇有《正月》、《四月》、《六月》、當長夏。七月、十月，與《春秋》之首時，皆發端揭要。惟《月令》乃爲詳文。顧州有九，干有十，以戊己合於中州，《太玄》：五與五相守。爲九。古説十日並出，射落九日，故在天爲十日，在地則以九日分配九州。《靈樞》九宫、八風、四十五六日移一宫，八宫八節，共合周天三百六十日。之數。《史記》、《淮南》、《素問》謂之八正。八正者，四立、二分、二至，得時令之正，爲全球内八州之正方。外則每方三州，以《貢》之荆州三邦爲起例，舉一反三，共計十二州。在天爲十二月，在地爲十二支。《周禮》謂之十二土、十二壤。每州立牧，經稱爲十二牧，緯説爲十二諸侯。每月三十日，故《素問》屢言三十度，移光定位，在天一度，當地之二百里。周天三百六十度，當地之周圍七百二十里。若周圍九萬里，則每度二百五十里。此天地合德，上下同流之至理也。又日月躔度交會，一年有十二次，《書》傳日月所會，謂日月交會於十二次也。寅曰析木，卯曰大火，辰曰壽星，巳曰鶉尾，午曰鶉火，未曰鶉首，申曰實沉，酉曰大梁，戌曰降婁，亥曰娵訾，子曰玄枵，丑曰星紀。是爲一周，而歲功成。歲皇御宇，日月光華，内外岳牧，各安其位。《春秋内事》：天有十二分，日月之所躔也，地有十二分，王侯之所居也。蓋天無私覆，地無私載，日月無私照，孔經實取此義，以開創大統之謨，上法天道，下符地紀，分方建國，以俟後驗。而載籍本之立説者，如《史·天官書》甲乙四海之外，此句起驗推之例。丙丁江淮海岱，海爲南海。戊己中州言大九州之中。河濟，此與江淮皆《王制》小統之説。庚辛華山以西，西極萬二千里。壬癸恒山以北。北極萬二千里。○此二句由小推大。《淮南·天文訓》：甲齊，中國。乙東夷，推及海外。○以下同例。丙楚，丁南夷，戊魏，己韓，以中國爲全球之中。庚秦，辛西夷，壬衛，癸越，子周，丑翟，寅楚，卯鄭，辰晉，巳衛，午秦，未宋，申齊，酉魯，齊魯在東而曰申酉，秦在西而曰午，楚在南而曰寅，明明借諸國爲符記，以示驗推，不宜但據中國説之。戊趙，亥燕。班書均引此文。雖以十日、十二辰分配中國山川國地，不免户牖八荒，庭除六合，然存留孔義，見豹一斑，要可以準此推放。故干支分州之説之於天下，如示諸掌，乃經中韞匵之美，所以待時而沽者也。漢儒强容以小屨，後賢宜縱其大觀。今既世界開通，使猶拘泥故步，不越雷地，則作繭自縛，何以争存於學戰時代哉！

按《禮緯·斗威儀》：王者王讀作皇。得其根核，核當作荄，譬地中京師。帝者得其英華，四方四帝均分天下無餘地，如英華之盡發。若一統之世，當云帝得其幹。霸者得其附枝。上當有「王者得其枝」一句。蓋幹即十干，枝即十二支，以樹木喻天下，《詩》多用此例。即干支分州之師説也。顧日干月枝，既足以綜括大地，而樞機之發，全在於中央戊己。所謂根荄。《月令》中央黄帝，其日戊己，陰陽施化，如《皇篇》之羲和，左右二伯分主天下，君逸臣勞，無爲而治，此戊己居中之作用也。其見於經者，如《大誥》「己予惟小子」，二見。自稱之詞也。《康誥》「己汝惟小子」，二見。《洛誥》一見。旁稱之詞也。又《君奭》「君己曰時我」，則稱己爲君也。《立政》曰「予旦己」，則周公爲己也。他若《梓材》「己若兹監」，《洛誥》「公定予往己」，皆以己中樞建極，臨御四方。《易》亦曰「己日乃孚。」不言戊者，《素問》戊與癸合，化火主南，惟己宅中不動，如召公常爲内伯，故己之文屢見《書》篇，異常殊別，後儒誤讀作「已」，失之遠矣。觀於《論語》「恭己無爲」、「至治惟舜」，「顔淵克己復禮，天下歸仁」，以及「己立」、「己達」、「修己以安百姓」，皆由己及遠、居中馭外之詞。倘以施身自謂解之，則人皆可聖，而聖人之道小也。且素王受命制作，乃區區爲後世學究立法乎？

帝典二十二人爲五運六氣圖第二十六

內八干，分布八州，每宮四十五六度。外十二支，分布十二州，每宮三十度强。內外同爲六千里一州，《幼官篇》所謂六千之侯。外十二州還相爲宮，《幼官篇》所以有十二卯亞、十二清明等說。

經《帝典》：咨汝二十有二人。

《帝謨》：辛、壬、癸、甲。《左傳》：「天有十日，人有十等。」

予欲聞六律、兼六呂即十二支。五聲、《月令》：春三月，其日甲乙，其音角；夏三月，其日丙丁，其音徵；季夏，其日戊己，其音宫； 秋三月，其日庚辛，其音商； 冬三月，其日壬癸，其音羽。八音，《白虎通》以八音配八卦，如八干之分布八州。在治忽，以出納五言，五方之言，如乃命羲和、咨汝羲暨和、咨四岳、詢于四岳、咨十有二牧，統内外計之，爲五言。汝聽。共咨二十二人，則咸聽王言。

《大誥》：民獻有十夫。○亦惟十人，迪知上帝命。《論語》：武王曰：「予有亂臣十人。」又曰「唐虞之際」。《詩》説五際，堯統五剛日，舜統五柔日，合爲十日、十夫、十人。

《多士》：今來今。爾惟時四時，八正。宅爾邑，上文大邑爲地中京師，此邑爲各州伯牧之城居。繼爾居，各居其方。爾厥有幹，十干爲幹，指内州言。有年年即十二支，《周禮》謂之十二歲，指外州言。于兹洛。内外二十州，拱衛皇畿。

説《素問》：甲己之歲，土運統之； 乙庚之歲，金運統之； 丙辛之歲，水運統之； 丁壬之歲，木運統之； 戊癸之歲，火運統之。十干用嫁娶法，以柔配剛爲一運。子午之歲，上見少陰； 丑未之歲，上見太陰； 寅申之歲，上見少陽； 卯酉之歲，上見陽明； 辰戌之歲，上見太陽； 巳亥之歲，上見厥陰。六氣以六衝化六合，爲十二月旋相爲宫之法。

按：二十二人舊無定解，今以十干、十二支當之，數目整齊，絶無牽强。經義最爲宏遠，徵諸載籍，如《孟子》謂堯使九男，謂九牧，即八才子加入中一州。《論語》十人，有一婦人，餘九男也。二女即外州十二牧，舉零數曰二女，猶《周禮》之舉幽、并。事舜，九男即十干合戊己爲九。《吕覽·孟春紀》：「堯有子十人，全舉十干，故於九男有加。不與其子而授舜。舜有子九人，仍如堯九男之數。

不與其子而授禹。」又云：「堯傳天下於舜，禮之諸侯，妻之二女，臣以十子。」《淮南・泰族訓》：「舜入大麓，烈風雷雨不迷，乃屬以九子，贈以昭華之玉，而傳天下焉。」或九或十，皆就戊己之分合言之，非堯舜實有十男、九男也。而二女不辯自明矣。《史・律書》謂干支爲十母十二子，子女母子，隨文取義。《詩・斯干》篇男子、女子，皆指干支而言。故「民獻十夫」與「亂臣十人」，十干也。己爲陰干，與戊相合，如婦從夫，故曰：「有婦人焉，九人而已。」不宜讀作「已」。舜時禹統北方四州，辛壬癸甲。故曰「臣五人。」《帝典》覲四岳、析之爲八伯。群牧，即十二外州牧。加二伯，爲二十二人。《左傳》説之以八元、八愷、十六才子與干支子男同義。四凶爲大功二十，再加二伯，亦爲二十二人，此十干、十二支，孔經託爲二十二人，以爲大統内外州之符記者也。

此爲二十二人之定位。然經義尚有變化，如六十甲子合干支而計，互易其位，此則《尚書》「遷殷民于洛」之起例也。蓋殷民即十二年巡守之殷國，其地多在黑道，嚴寒堅冰，如今兩極冰海；八宮所居之位多在赤道，爍石流金。皇帝統一天下，必先燮理陰陽，調和寒熱二帶，使如温帶，赤黑二道，使如黄道。殷國本在四邊，巡守之年，以十二支本位調入居八干之位。《尚書》自成湯至於帝乙皆以天干命名，《白虎通・名篇》：殷以生日名子，不以子丑爲名何？曰：甲乙者幹也，子丑者枝也。幹爲本，本質，故以甲乙爲名也。其於仲丁、河亶甲、祖乙、盤庚之類不常厥邑，即遷移干位也。《易》所謂水火既濟，《内經》所謂運會、所謂天符歲會之説，繇此起例。

附五運六氣圖

《淮南・時則訓》：六合：孟春與孟秋爲合，仲春與仲秋爲合，季春與季秋爲合，孟夏與孟冬爲合，仲夏與仲秋爲合，季夏與季冬爲合。孟春始贏，孟秋始縮，仲春始出，仲秋始内，季春大出，季秋大内，孟夏始緩，孟冬始急，仲夏至修，仲冬至短，季夏德畢，季冬刑畢。故曰：正月失政，七月涼風不至；二月失政，八月雷不藏；三月失政，九月不下霜；四月失政，十月不凍；五月失政，十一月蟄蟲冬出其鄉；六月失政，十二月草木不脱；七月失政，正月大寒不解；八月失政，二月雷不發；九月失政，三月春風不濟；十月失政，四月草木不實；十一月失政，五月下雹霜；十二月失政，六月五穀疾狂。

說《素問·五運行大論》：黄帝讀作皇帝。坐明堂，始正天綱，臨觀八極，八方，八州。考建五常，五方，五運。請天師而問曰：「論言天地之動静，神明爲之紀，陰陽之升降，寒暑彰其兆。予聞五運之數於夫子，夫子之所言，正五氣之各主歲爾。首甲定運，予因論之。」鬼臾區曰：「土主甲己，金主乙庚，水主丙辛，木主丁壬，火主戊癸。子午之上，少陰主之；丑未之上，太陰主之；寅申之上，少陽主之；卯酉之上，陽明主之；辰戌之上，太陽主之；巳亥之上，厥陰主之，不合陰陽，其故何也？」岐伯曰：「是明道也，此天地之陰陽也。」

《六微旨大論》：帝曰：「何謂當位？」岐伯曰：「木運臨卯，火運臨午，土運臨四季，金運臨酉，水運臨子，所謂歲會氣之平也。」帝曰：「非位何如？」岐伯曰：「歲不與會也。」○帝曰：「六氣應五行之變何如？」岐伯曰：「位有終始，氣有初中，上下不同，求之亦異。」《六元正紀大論》：岐伯曰：「先立其年，以明其氣。金、木、水、火、土運行之數，寒暑、燥溼風火臨御之化，則天道可見，民氣可調，陰陽卷舒，近而無惑。」

夫六氣者，行有次，止有位，故常以正月朔日平旦視之，覩其位而知其所在矣。運有餘，其至先，運不及，其至後，此天之道、氣之常也。運非有餘，非不足，是謂正歲。《周禮》屢言正歲。其至當其時也。

按：干支之説，蟠天際地，上下同流。故《樂緯·動聲儀》云：天有五音，所以司日，十日，十干。地有六律，所以司辰。十二辰，十二月。在天則日月運行以成象，在地則干支分布以辨方。孔經大義，以五六爲天地之中，翻譯干支，以起大統之制。《謨》之辛壬癸甲是其起例，《多士》之幹年揭其綱要，《月令》乃以十日、十干分五方，析之爲九州。以十二月分四時，而統爲一歲。皇省惟歲。《史記》、《天官書》。《淮南》《天文訓》。以干支分隸海外、中國各地，即小推驗，古説甚明。《内經》爲皇帝師法，於干支特加詳備。《素問》五運從嫁娶法，移易十干，如職官之陞轉。六氣以司天、在泉互相輪遞，如職事之分司。《淮南》説之以六合十二支輻輳於地中，雍容和合。經稱之曰沖人、沖子，此運氣之明淺者也。若夫泰皇《秦本紀》：博士議：「古者天皇、地皇、泰皇獨尊。」統一全球，疆輿廣遠，居中布化，調和陰陽，俾萬物各得其所，厥道安在？《素問》岐伯曰：「先立其年，以北斗所指定其州名。以明其氣。」故歲得其位，則風雨以時，民安少病；歲失其位，邪氣中之，炎變生焉。如乘年之虚，失時之和，遇月之空之類。是以五運太過、不及，下應民病，上應五星，德化政令，相時補救。《氣交變篇》曰：「運氣相得，各行其道。」聖人則之，以治天下。故無失天信，無逆氣宜，無翼其勝，無贊其復，是謂至治。

《内經》五運六氣發揮詳盡，是爲皇帝統御六合、調和氣化之妙理，故《洪範》曰「皇省惟歲」也。或以天地之廣大，疑一人政令不能挽救，不知大人指皇帝。與天地合德，日月合明，四時合序。《大傳》：「天子南面而視四星之中，春張，夏火，秋虛，冬昴。知民之緩急，則不舉力役。」此仰觀而得者也；《月令》頒十二月之令，此順時而行者也。若天地氣運有變占，如八風從虛來之類。則德化政令，損益施行，使不爲害。如《左傳》修城郭、貶食、省用、務嗇、勸分，魯乃饑而不害。故曰：五運之政，猶權衡也，高者抑之，下者舉之，化者應之，變者復之；又木鬱達之，火鬱發之，土鬱奪之，金鬱泄之，水鬱折之。皆皇帝所以調元贊化、治天下如示諸掌者也。

尚書皇篇六相圖第二十七

經《尚書・皇篇》：乃命羲和。○分命羲仲，以殷仲春。○申命羲叔，以正仲夏。○分命和仲，以殷仲秋。○申命和叔，以正仲冬。

傳《周禮》：天官冢宰、地官司徒、春官宗伯、夏官司馬、秋官司寇、冬官小宰。以官府之六屬舉邦治：一曰天官，其屬六十，掌邦治；二曰地官，其屬六十，掌邦教；三曰春官，其屬六十，掌邦禮；四曰夏官，其屬六十，掌邦政；五曰秋官，其屬六十，掌邦刑；六曰冬官，其屬六十，掌邦事。

太史：凡邦國都鄙及萬民之有約劑者藏焉，以貳六官，六官之所登。

大司寇：凡邦之大盟約，涖其盟，書而登之於天府。太史、内史、司會，及六官皆受其貳而藏之。

説《大戴・盛德篇》：古之御政以治天下者，冢宰之官以成道，司徒之官以成德，宗伯之官以成仁，司馬之官以成聖，司寇之官以成義，司空之官以成禮。故六官以爲轡，司會均入以爲軜。故御四馬，執六轡。

《淮南・本經訓》：帝當作皇。者體太一，王當作帝。者法陰陽，霸當作王。者則四時，君當作伯。者用六律。秉太一者，牢籠天地，二官。彈壓山川，含吐陰陽，象二伯。伸曳四時，四岳。紀綱八極，四正，兼四隅。經緯六合，十二月。覆露照導，普汜無私，蠉飛蠕動，莫不仰德而生。陰陽者，承天地之和，形萬殊之體，含氣化物，以成埒類，埒，形也。贏縮卷舒，淪於不測，終始虛滿，轉於無原。四時者，春生，夏長，秋收，冬藏，取予有節，出入有時，開闔張歙，不失其敘，喜怒剛柔，不離其理。○是故體太一者，明於天地一官。之情，通於道德皇道、帝德。之倫，聰明耀於日月，精神通於萬物，動静調於陰陽，羲公主春夏，爲陽；和公主秋冬，爲陰。喜怒和於四時，四方、四帝。德澤施於方外，名聲傳於後世。法陰陽者，德與天地參，明與日月並，精與鬼神總，戴圓履方，抱表懷繩，内能修身，外能得人，發號施令，天下莫不從風。則四時者，柔而不脆，剛而不韇，折也。寬而不肆，肅而不悖，優柔委從，以養群類，其德含愚而容不肖，無所私愛。

按：《帝典》「乃命羲和」一段，不言主命，又與下文「帝咨羲和」緟複。舊解無所區别，今以「乃命」爲《皇篇》，「帝咨」爲《帝命》。蓋孔聖於三王以上創起帝制，又於《帝典》之中隱寓皇謨。皇命羲和及四子司四仲，不曰「皇命」者，皇法天不言，《論語》「天何言哉，四時行焉」，即此義也。《周禮》標題六官，不以命官之人稱首，與《書》旨最相印證，故《周禮》爲《尚書》傳也。考「乃命」二字，《尚書》兩見。《吕刑》「乃命重黎」上有皇帝明文，可知「乃命羲和」亦爲皇命也。史公《自序》：「昔在顓頊，命南正重以司天，北正黎以司地。唐虞之際，紹重、黎之後，使復典之。羲氏天公，和氏地公。故重、黎氏世序天地。」是羲、和之前爲重、黎。觀其所司，即知羲、和之職務也。羲爲天官，《周禮》冢宰。主東南。其二子仲爲春官，即《周禮》宗伯。治東極萬二千里；叔爲夏官，即《周禮》司馬。治南極萬二千里。和爲地官，即《周禮》司徒。主西北。其二子仲爲秋官，即《周禮》司寇。治西極萬二千里；叔爲冬官，即《大戴》①司空。治北極萬二千里。六官分司，爲皇六相。《大戴禮》「六官六轡」、《管子》「黄帝六相」之説是也。六官分司上下四方，謂之六宗。《大傳》：「萬物非天不生，非地不載，非春不動，非夏不長，非秋不收，非冬不藏。」《書》曰「禋于六宗」，此之謂也。《典》曰：「光被四表，格于上下。」《洛誥》：「惟公德明，光于上下，勤施于四方。」皆皇法天道，以六爲節之經義。六爲天地四時，人皇居中，統而一之，是爲七政。《典》曰「璿璣玉衡，齊七政」，《大傳》注：「春、夏、秋、冬、天文、地理、人道，政之大者。」又周公思兼三王之道，以施於春、夏、秋、冬，《孟子》之説與此同。

顧此六相七政之義，既常見於經傳，而其他載籍如《素問》者亦譬喻恰當，具有全文焉。爰附《刺禁篇》七政圖説如左：

① 大戴：原作「天戴」。按：《大戴禮記·千乘》篇曰「司空司冬」，據改。

附《素問·刺禁篇》七政圖

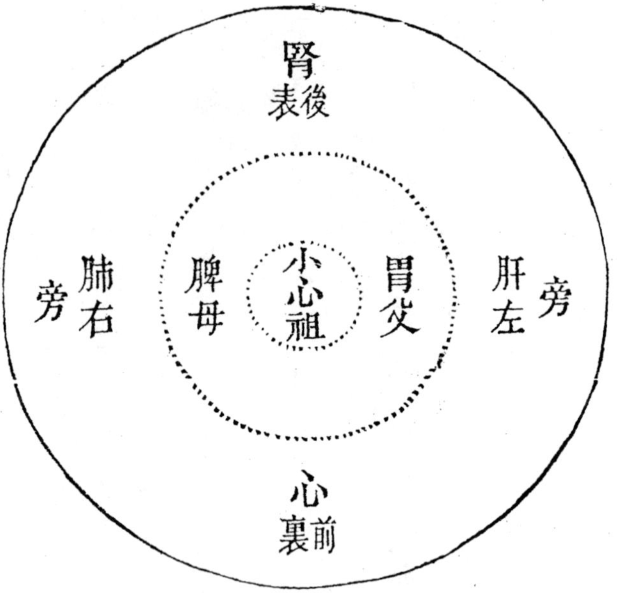

《帝典》：「璿璣玉衡，以齊七政。」中央、四方、上下爲七政。《大傳》：周公思兼三王之道，三王即三統，即天地人、上中下。以施於春夏秋冬。指四方、四旁。《孟子》謂之四事，即前、後、左、右，合天、地、人爲七政。

肝肺心腎爲四岳，如仲叔四子司四時，

胃脾爲二伯，如羲、和爲天官、地官。

小心居尊位，爲天子，爲人皇，與《靈蘭秘典》十二官相使同。

《素問・刺禁篇》：岐伯曰：「藏有要讀作腰。害，讀作轄。不可不察。肝《秘典》作將軍之官。生於左，春官，東木。肺《秘典》作相傳之官。藏於右，秋官，西金。心《秘典》：膻中者，臣使之官。部於表，讀作裏。地球赤道居中，故南爲裏。○夏官，南火。腎《秘典》：膽者，中正之官。治於裏，讀作表。北極在外，故爲表。其表裏字互異者，後人改之也。自《難經》後貴腎，以爲生命之原，故内腎外心。○冬官，北水。脾《素問・刺法補遺篇》：脾者，諫議之官。爲之使，脾象偶，爲陰、爲母。胃《秘典》作倉廩之官。爲之市。胃象奇，爲陽、爲父。鬲肓之上，中四方之中。有父母。指脾胃言，爲二轂轄。七節統小心言之爲七。○本經《六節藏象篇》以藏兼各府言之。又十一藏取決於膽。上文止十藏，云十一藏者，包《秘典》十二官。腦在其外，爲督脈之主。之旁，中六宗之中。有小楊氏《太素》作志。心。《秘典》：心者，君主之宫，神明出焉。按：小心，腦也。以小名者，别異於心也。○日本丹波元簡《素問識》博采諸家之説駁之，謂小心非心包，非腎俞，非命門相火，必有别所指也，最爲卓見，而未能確斷其爲腦。從之有福，《補注》：從謂隨順也。八者人之所以生，形之所以成，故順之則福延，逆之則咎至。逆之有咎。」馬注：「藏府在人之位次隆重如此，刺之者順其所而不傷，則有福，逆其所而傷之，則有咎。所謂要害之當察者，以此。」

按：《内經》一書，舊以醫書目之，顧其中天地運氣，陰陽造化，累牘連篇，按之人身，殆若史公所謂宏大不經。今審别義類，凡專言病狀診法、鍼灸治法者爲醫學，其言五行、五運、五氣者爲帝學，其言四方、中央兼上下天地範圍廣大者爲皇學。無論其他矣，即《刺禁篇》所謂肝左肺右，頗爲西人解剖家所詬病，以爲不合人身搆造部位，乃中醫相沿襲承不變，而於小心造爲上數、下數、命門等説，明達之士心知其誤，而憚於鑽研，故此義最爲《靈樞》之大疑。二千餘年，聚訟不休，舊説無一明通之條，無怪其然也。不知《刺禁》之左右、前後，即《大學》之左右、前後，父母即《大學》之上下，要在於七。於《尚書》爲七政。《周髀》以六矩測量，加入中心，則爲七。《論語》「七十從心所欲，不踰矩」者，同此義也，「挈矩之道」實發明《尚書》七政、《周髀》六矩之意。《書》之《皇篇》以皇爲小心，以羲和四子主治中外，爲天下一家之例。《素問》以元首爲小心，以脾胃爲父母，統轄四旁四岳，見天下一人之義。《淮南·本經訓》：「天地宇宙，一人之身也。六合之内，一人之制也。」故聖人由近知遠，而萬殊爲一，此當爲《内經》之師説。蓋當日孔經祖述堯舜，不便宣言皇統，而《内經》值小康世代，欲以一家之言包羅皇帝之旨，當名《皇帝内經》，以無主名，故改黄帝。伏機待發，藏寶待沽，此固著述之苦心矣。迄今鈎稽隱語，義猶可説。

肝生於左，如《典》之羲仲司春，即《周禮》春官；木司春，非謂肝在人身偏左。肺藏於右，如《典》之和仲司秋，即《周禮》秋官；金司秋，非謂肺在人身偏右。心部於裏，地球熱帶在中，故爲裏。如《典》之羲叔司夏，即《周禮》夏官；心爲陽藏主火，火司夏。腎治於表，地球寒帶在外，故爲表。如《典》之和叔司冬，即《周禮》冬官。腎爲陰藏主水，水司冬。脾主運化，在下，爲母。胃納水穀，以施精於五藏，如《典》之羲和二伯，即《周禮》天官、地官。羲和以仲叔爲子，故羲和爲父母。心腎肝肺受脾胃之溉養爲子，故脾胃居中爲父母，謂之中有父母。小心爲腦爲囟，囟與心音近。在《書》爲元首，《内經》言心者同名異實，附肺之心無論矣。或以腦爲心，如「心者，君主之宫，五藏六府之主」是也。或以囟爲心，所謂手心、主心包絡，皆以囟爲心，以其音義相同，後人遂全改作心。處至尊之位，又喻王畿，京城與五藏一府共爲七節，謂其按部位司氣化，各有節制也。旁者，左右前後爲四旁，加上胃下脾爲六官。《素問》謂之六節藏象。六官之中，腦爲之主，其曰中者，使市之中，又四岳四旁之中，合腦數之爲七，故曰七節之旁，中有小心。腦爲一身之主。謂之小者，驗小推大之義。「王言如絲，其出如綸」，政治地域皆先小後大。如小共、大共、小球、大球，小大字凡數十見，故小心爲皇居中。推之二伯又一層，同居王畿，故亦言中。又推之四旁、四岳。如再推之，則爲外州十二牧。此所以先小後大之義也。人身之中，區分等級，正如皇之統羲和及仲叔四子也。後人不諳此義，以小心爲内腎，即心包絡，謂自尾閭上推七節，兩腰之間爲命門，爲相火。解七節爲脊骨倒數之第七節。順數則爲十四節。夫脊骨無自尾閭倒數之理，且旁字、中字皆不可解。即以七節爲小心，謂七節有小心可也，不必再言中；言中，則云七節之中有小心可也，何必先言旁？言旁則以四旁起義。六爲六宗，七爲七政。六又如六情，哀樂喜怒好惡，加以中心之欲，則爲七字，爲《尚書》大例。於四旁上下之中再加一數爲七，專爲政法而言，何嘗指背脊之十四椎，而妄謂之七節哉？或又以包絡爲附心之脂，其部位與背之第七椎相對，則又順數七椎，以小心爲包絡，皆就藏府立論，不知爲政法，故愈辯而愈不可通。

洪範五紀歲時月日星圖第二十八

洪範五紀歲時月日星圖

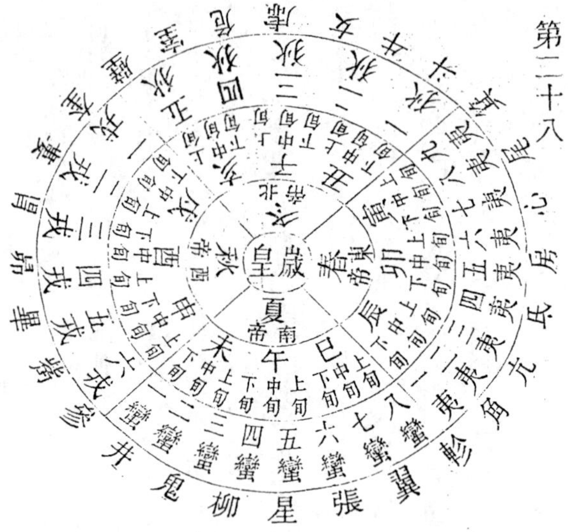

《召誥》：「皇天上帝。」故皇配天，天以歲主氣，地以皇敷治。皇統四帝，詳四鄰圖。法歲統四時。一帝統三王，如三《誓》。法一時統三月。《春秋》三月有王。一王有三公，《殷彤日》、《西伯》、《微子》。法一月三十日。一公九大夫，三公二十七大夫，即三十日。列星散布，如民之散處。《大戴》：東民曰夷，南民曰蠻，西民曰戎，北民曰狄。《明堂位》：九夷，八蠻，六戎，五狄。九八六五相加，恰合列宿之數。

經《洪範》五紀：一曰歲，二曰①月，三曰日，四曰星辰。皇省惟歲，一歲四時，如一皇四帝，當補「四帝惟時」一句。卿士惟月，一時三月，如一帝三王。師尹惟日，月三日成光，如一王三公。庶民惟星。星有好風，東箕。星有好雨。西畢。舉東西以包南北。○《大戴・千乘篇》：東辟之民曰夷，精以僥，至於大遠，有不火食者矣。南辟之民曰蠻，信以朴，至於大遠，有不火食者矣。西辟之民曰戎，勁以剛，至於大遠，有不火食者矣。北辟之民曰狄，肥以戾，至於大遠，有不火食者矣。

傳《保章氏》：掌天星，以志日月星辰之變動，以觀天下之遷，遷如五運六氣遷移干支。辨其吉凶。東吉西凶，各異其宜。

說《禮・王制》：中國戎夷，五方之民，皆有性也，不可推移。東方曰夷，被髮文身，有不火食者矣。南方曰蠻，雕題交趾，有不火食者矣。西方曰戎，被髮衣皮，有不粒食者矣。北方曰狄，衣羽毛，穴居，有不粒食者矣。

《繁露・官制象天篇》：天有四時，時三月。王者讀作皇者。四選，如四帝。選三臣。一帝三王。是故有孟、有仲、有季，三月如三王。一時之精也。精，抱經本作情，下同。有上、有下、有中，三旬如三公。一選之精也。三臣而爲一選，四選而止，人情盡矣。人之材固有四選，如天之時固有四

---

① 曰：原作「月」，據《尚書・洪範》改。

變也。春者少陽之選也，夏者太陽之選也，秋者少陰之選也，冬者太陰之選也。聖人爲一選，東青帝。君子爲一選，南赤帝。善人爲一選，西白帝。正人爲一選，北黑帝。由此而下者，此下爲王伯。不足選也。四選之中，各有節也。是故天選四堤，一作堪。十二而人變盡矣。盡人之變合之天，唯聖人者作六經之孔聖。能之，所以立王讀作皇。事矣。何謂天之大經？三起而成日，三日而成規，《康誥》、《顧命》「哉生魄」。三旬而成月，三月而成時，三時而成功。至秋而萬物成。寒暑與和，三而成物，日月與星，五紀：二曰月，三曰日，四曰星。三而成光。天地與人，三皇，三統。三而成德。皇主道，天地人三公則主三德。由此觀之，三而一成，天之大經也。以此爲天制。

按：《春秋》「元年春王正月」，《公羊》説以大一統，此《洪範》五紀之師説也。蓋歲時月日即皇帝王伯之比例，其大小等差適相符契。皇法天道，總統全球，如歲，故曰「皇省惟歲」。四帝分司，各得萬五千里，如四時。一帝三卿，即三王，如一時三月，故「卿士惟月」。一卿三師尹，即一王三公，如月三日生魄，故曰「師尹惟日」。《王制》二十七大夫，法二十七日，三公三日統之，共計三十日。皆合於以三輔一之制，大綱小紀，秩序井然，群策群力，贊襄大化，庶民被澤，如衆星之依附日光。彼僻處邊陲，如東夷、南蠻、西戎、北狄之民者，不啻列星之散布。《王制》：「五方之民，性不可移，五味異和，器械異制，衣服異宜。」喜怒好惡俗尚迥別，故舉箕風畢雨以喻情欲之懸殊，所當因地制宜者也。修其教不易其俗，齊其政不易其宜。顧五紀不言時者，當以《皇篇》羲和四子補入歲月之中，方爲完備。蓋二説參迕互見，《皇篇》不言皇，而舉二伯、四岳，五紀首言皇，而缺二公、羲公、和公。四時；彼此詳略，各持一端，合之兩美。經中多有此例。如《典》以帝始，而包舉《皇篇》；《範》建皇極，而兼備五行；帝止堯舜，而經言四鄰，必有四帝。經傳通例，以見求隱。五紀以年時月日分四等，以皇比歲，其職官以次遞降。董子《官制象天篇》言之甚詳，誠古説之信而有徵者矣。

禮運十二月還相爲本表第二十九

寅	正	十二	十一	十	九	八	七	六	五	四	三	二
卯	二	正	十二	十一	十	九	八	七	六	五	四	三
辰	三	二	正	十二	十一	十	九	八	七	六	五	四
巳	四	三	二	正	十二	十一	十	九	八	七	六	五
午	五	四	三	二	正	十二	十一	十	九	八	七	六
未	六	五	四	三	二	正	十二	十一	十	九	八	七
申	七	六	五	四	三	二	正	十二	十一	十	九	八
酉	八	七	六	五	四	三	二	正	十二	十一	十	九
戌	九	八	七	六	五	四	三	二	正	十二	十一	十
亥	十	九	八	七	六	五	四	三	二	正	十二	十一
子	十一	十	九	八	七	六	五	四	三	二	正	十二
丑	十二	十一	十	九	八	七	六	五	四	三	二	正

經《帝典》：朞三百有六旬有六日，以閏月定四時成歲。

協時月正日，同律度量衡。案：正日與量衡對文，正作正月之正，讀正，即同寅之寅。三正、八正、十二正。

傳《周禮》：正月之吉。○十二土、十二壤、十二風、十二教、十二月。

說《禮運》：「五行之動，迭相竭也。五行、四時、十二月還相爲本，表見前。五音、六律、十二管還相爲宮。」注：言五行運轉，更相爲始。五聲：宮商角徵羽，其管陽曰律，陰曰呂。布在十二辰，始於黃鍾九寸，下生者三分去一，上生者三分益一。終於南呂，更相爲宮，凡六十律。甄鸞案：黃鍾爲宮，子。林鍾爲徵，大簇爲商，南呂爲羽，姑洗爲角。林鍾爲宮，未。太簇爲徵，南呂爲商，姑洗爲羽，應鍾爲角。太簇爲宮，寅。南呂爲徵，姑洗爲商，應鍾爲羽，蕤賓爲角。南呂爲宮，酉。姑洗爲徵，應鍾爲商，蕤賓爲羽，大呂爲角。姑洗爲宮，辰。應鍾爲徵，蕤賓爲商，大呂爲羽，夷則爲角。應鍾爲宮，亥。蕤賓爲徵，大呂爲商，夷則爲羽，夾鍾爲角。蕤賓爲宮，午。大呂爲徵，夷則爲商，夾鍾爲羽，無射爲角。大呂爲宮，丑。夷則爲徵，夾鍾爲商，無射爲羽，中呂爲角。夷則爲宮，申。夾鍾爲徵，無射爲商，中呂爲羽，黃鍾爲角。夾鍾爲宮，卯。無射爲徵，中呂爲商，黃鍾爲羽，林鍾爲角。無射爲宮，戌。中呂爲徵，黃鍾爲商，林鍾爲羽，太簇爲角。中呂爲宮，巳。黃鍾爲徵，林鍾爲商，大簇爲羽，南呂爲角。

按：甄說根據《史記·曆書》而推衍其義。

《素問·至真要大論》：岐伯曰：「夫氣之生與化，盛衰異也。寒暑温涼，盛衰之用，其在四維。故陽之動始於温，盛於暑；陰之動始於清，盛於寒。春夏秋冬，各差其分。故大要曰：『彼春之暖，爲夏之暑，彼秋之忿，爲冬之怒。』《脈要精微論》：「萬物之外，六合之內，天地之變，陰陽之應。」「彼春之暖」四句與此同。謹按四維，斥候皆歸，其終可見，其始可知。』此之謂也。」帝曰：「差有數乎？」岐伯曰：「又凡三十度也。」《六微旨大論》：岐伯曰：初凡三十六度而有奇，中氣同法。

《六元正紀大論》：帝曰：「自得其位何如？」岐伯曰：「自得其位，常化也。」帝曰：「願聞所在也。」岐伯曰：「命其位，辨方正位。而方月十二方之十二月。可知也。」

按：全球之大，寒熱温平，氣候不同，此以地而異也。晝夜短長，彼此各别，此一日之差也。《素問》「春暖夏暑」，則有一時之判；《周髀》「朝耕暮穫」，則有半年之殊。兹剖分大略，以斗杓昏建爲準。全球次第輪遞，終歲而匝，所謂十二月還相爲本也；斗指届期飈興，律應所謂十二管還相爲宫也。《周禮》以十二土壤、十二風教爲十二月張本。天子治曆，分别節候之早晏、里差之毫忽，頒行十二月之政令，以授民時。十二月即《典》之十二州，每州方六千里，爲六侯。六侯六方千里。合計十二州，爲《月令》之七十二侯。緯説「十二諸侯列於庭」，謂十二州之諸侯也。《邶》詩謂之月諸。十干分居五方爲日居。全球十二正月彼此移易，此之寅月，彼之申月，正東以卯爲正月，正西以酉爲正月，正南、正北各以午、子爲正月。其餘以次遞推，前後有一月之差。各得其正，各適其時，立天之端，合地之紀，此大統頒曆之要政也。繪圖如左：

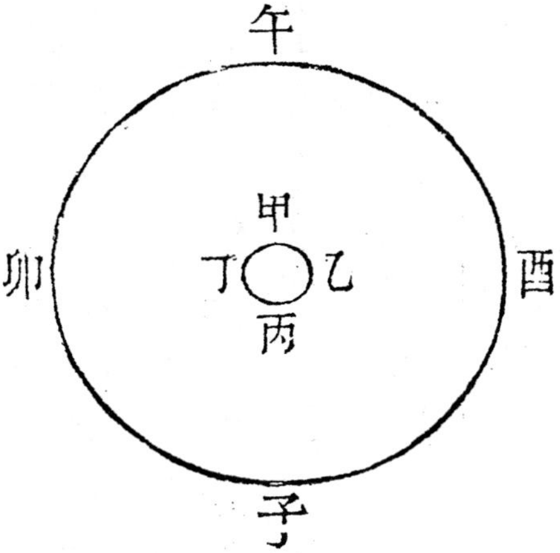

《大戴》、《管子》言地員，《考靈曜》言地動。西人以日爲心，謂地球繞日。中國以地爲心，謂日繞地球。據目之所見言之，則但見日之東升西墜耳。今仍從顯豁易見者，以明全球氣候不同之理。

地球日晷説

欲明天道之流行，先達地球之圓體。地球一日自轉一周，日影即明照地球一周，爲一晝夜。天下大地以次輪轉，故居東方者先見日光，居西方者後見日光。東方人見日爲午正者，西方人見日爲卯正也。如午酉子卯爲日晷，甲乙丙丁爲地球，日在午、人居甲者，日正當其天頂，得午時；人居丙者，日卻在其天頂，對衝而得子時。東去甲九十度，居丁者得酉時，而西去甲九十度，居乙者又得卯時矣。《素問》説之爲春暖、夏暑、秋忿、冬怒。夫居甲、丙者以酉乙丁卯爲地横綫，而居乙、丁者則又以午甲丙子爲地横綫。蓋大地皆以日到天頂爲午正也。

附管子幼官篇圖

官者，《周禮》大綱，辨方正位，體國經野，設官分職。所有干支非時日，乃州域伯牧，故以官言之。

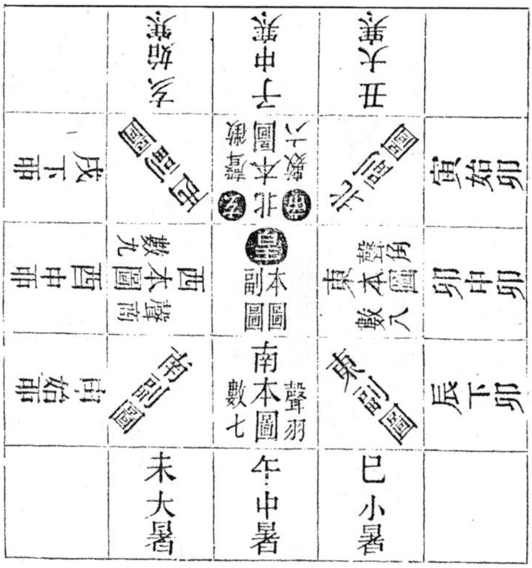

《管子·輕重乙篇》：地之東西二萬八千里，南北二萬六千里。天子中而立，國之四面萬有餘里。○以中州萬里計之，則爲三萬里。此圖每格六千里爲一州。縱橫合計，即全球三萬里也。

幼爲侯後之義，《中候》篇中所謂幼子、童孫、孺子王、嗣王、繼自今後王、自時厥後立王、嗣天子王、文子、文孫；又《論語》「後生可畏」之「後生」。

説《幼官篇》：若因處虛守静，人物則皇。皇省爲歲，以下詳帝王伯君之分，與《商鞅傳》同。五味時節，君服黄色，味甘味，聽宫聲，治和氣，用五數，飲於黄后之井。井即六千里之九州。發善必審於密，執威必明於中。○善習五官，謹修三官。必設常主，計必先定。求天下之精材，論百工之鋭器。器成，角試否臧。收天下之豪傑，有天下之稱材。此居於圖方中。

春：十二，地氣發，戒春事。十二，小卯，出耕。十二，天氣下，賜與。十二，義氣至，修門閭。十二，清明，發禁。十二，始卯，合男女。十二，中卯。十二，下卯。三卯同事。八舉時節，君服青色，味酸味，聽角聲，治燥氣，用八數，飲於青后之井。此居於圖東方方外。

夏：十二，小郢，至德。十二，絶氣下，下爵賞。十二，中郢，賜與。十二，中絶，收聚。十二，大暑至，盡善。十二，中暑。十二，小暑。終三暑同事。七舉時節，君服赤色，味苦味，聽羽聲，治陽氣，用七數，飲於赤后之井。此居於圖南方方外。

秋：十二，期風至，戒秋事。十二，小卯，當作丣，古西字，下同。薄百爵。十二，白露下，收聚。十二，復理，賜與。十二，始前節，第賦事。十二，始丣，合男女。十二，中丣。十二，下丣。三丣同事。九和時節，君服白色，味辛味，聽商聲，治濕氣，用九數，飲於白后之井。此居於圖西方方外。

冬：十二，始寒，盡刑。十二，小榆，賜與。十二，中寒，收聚。十二，中榆，大收。十二，寒至，静。十二，大寒，之陰。十二，大寒，終。三寒同事。六行時節，君服黑色，味鹹味，聽徵聲，治陰氣，用六數，飲於黑后之井。此居於圖北方方外。

按：《管子》之書，非真管子所作，前人論之詳矣。古子書以孟子爲正體，無一章無孟子，乃爲專家一人之書，其餘則由劉子政校書時以類相從。凡古來師説遺著，皆附之以行。如《荀子》、《董子》中多古書，凡有荀、董明文者乃爲自作專書，餘皆古籍，附之而行。管子生在孔子前，當時無此文字。其書紀管死後事最多，且有管子明文者不過十八篇耳，故其中雜有道家、名家、法家、縱横家、陰陽五行家。蓋後來名法家依託管子作有十數篇，餘皆古書。如此篇爲道家、陰陽五行之專書，附管書以傳耳。

惟《管子》中有附篇，故多《周禮》師説。如《幼官篇》六千里之侯，合於《大司馬》由王至甸之制；二千里内三年而朝，合於《大行人》男服三歲壹見；三千里内五年而會，合於《大行人》衛服五歲壹見。又九舉帝事成，明非霸者之事。九會、九命出，豈爲九合之匡？如此鴻文，顯然推驗。故所列十圖，中方爲皇居，處虛守静，人物則皇。八方如八州，本圖如正方伯，副圖如隅方伯，中央本副圖如二伯。其外十二月合於《月令》，但所分節候有十二清明、十二白露等説，凡十二字至於三十見，蓋以全球之地，每月氣候有方位十二之不同，故一節化爲十二節，一年二十四節，則爲二百八十節，詳分縷析，悉依北斗之正，而應律吕之宫。況其言曰「天不一時，一日之中，四時之氣俱備」，則更剖辨毫釐矣。其所以爲此説者，皆由《帝典》曆象授時、《洪範》五紀曆數推衍而成，非能私心肊撰也。故九令首舉玄帝之命，八令尚之玄官。玄帝即黑帝。孔聖以水精繼王，《莊子》謂之玄聖，緯書謂之黑主，《管子》謂之玄帝。明明祖述宣尼，發明經恉，彼齊桓烏足當玄帝之稱哉！

全球曆憲圖第三十

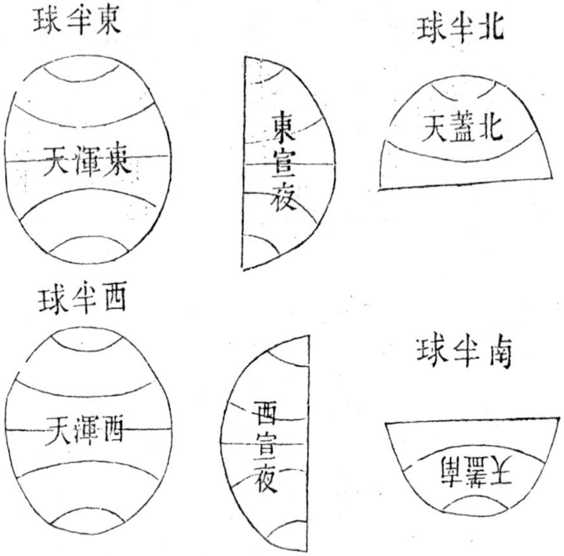

測天推曆之法，古有蓋天、宣夜、渾天三家。舊以用於中國一隅，互有長短，今就地球南北中分其形，上下如笠，用蓋天法，即周髀法。北爲北蓋天，南爲南蓋天，其晝夜適勻，爲東西春分秋分時節；若冬夏長短，乃南北升降之殊，用宣夜法；又地球中央當赤道之處，無晝夜長短，無冬夏寒暑，用渾天法。然中國古法又有六曆，見於《漢・藝文志》及《左傳長曆》。今地球廣博，廓其有容，爰列全球七憲圖如左。

全球七憲圖

古法多同時並用，以地分之，如五運六氣，司天在泉。本全球二十一州，寒暑晝夜，各不相同，一年之中，有此二十等之差別。自古義失傳，後人皆於中國一隅求之，所以悠謬無實驗，不知此皆大統全球曆法，中儒誤以説中國，故支絀不合。今張明古法大同學説，凡昔人萬難通貫之條件，無不冰釋理解。即如星土分野、土圭測日、九畿五帝運之類，亦同此例也。

經《帝典》：欽若昊天，天統全球。曆象日月星辰，敬授人時。協時內八宫、八正。月十二月還相爲本。正內八正，外十二正。日。一晝一夜爲一日。○按：內八宫四立，順推十二月，其朔與外州同。四立以朔爲元旦，二分二至以望爲朔。《詩》：「洵有情兮，而無望兮。」洵當爲旬，「而」與「天」篆相似，情讀爲生，「旬有生兮」，十日之內有哉生明，「天無望兮」，四十五日移一宫，以望爲朔也。

傳《周禮》：正歲。年。○冬至至冬至爲歲，如今陽曆；元日至元旦爲年，如今陰曆。

馮相氏掌十有二歲、十二州，十二正。十有二月。八州八正，戊己在內。

説《禮·月令》每月朔除中一宫外，當頒二十朔令，內八正之朔，外十二正之朔。春用、夏用、長夏用、秋用、冬用，容易致誤。

《禮緯·稽命徵》：三皇三正，伏羲建寅，神農建丑，黄帝建子。至禹建寅，夏以牙。宗伏羲，商建丑，殷以萌。宗神農，周建子，周以至動。宗黄帝，所謂正朔三而改也。

舜以十一月爲正，尚赤。堯以十二月爲正，尚白。高辛氏以十二月當作十三月。爲正，尚黑。高陽氏以十一月爲正，尚赤。少皞氏以十二月爲正，尚白。黄帝以十三月爲正，尚黑。神農以十一月爲正，尚赤。女媧以十二月爲正，尚白。伏羲以上未有聞焉。

《漢·藝文志》：《黄帝五家憲》三十卷，《顓頊憲》二十一卷，又《五星憲》十四卷。《夏殷周魯憲》十四卷，所謂六家古憲。

《律曆志》：五霸之末，史官喪紀，六曆爲後來全球立法。春秋五霸止三千里，故云喪紀，疆域小也。疇古州字。人全球分二十一州。子弟用天下一家例，謂侯牧也。分散，爲海所阻絶。或在夷狄，八十一方三千里，儒者止得其一，其八十皆在夷狄。其所紀《書》五紀例。有黄帝、顓頊、夏、殷、周、魯憲，蓋中外一本。春秋占其一，外尚有八十。

杜氏《左傳長曆》云：「漢末，宋仲子集七憲以考《春秋》。」是古有七憲之文。

《宋書·律曆志》引《五紀論》云：《黄帝憲》有四法，顓頊、夏、周並有二術。殷魯之文不見。

附《公羊補證·大統春秋條例》一則

《春秋》以年時月日爲大一統，《公羊傳》説。○董子《賢良策》：「《春秋》大一統者，天地之常經，古今之通誼也。」首時，過必書，以比月日食襄公二十一年。明曆法。周之九十月，乃全球申酉方。古者測天有三法：蓋天、宣夜、渾天。乃皇帝舊説，從赤道中分，上小下大，天如蓋笠，東北北蓋天，西南南蓋天，上下顛倒，其蓋笠之形同也。東半球與西半球晝夜相反，故西北爲北宣夜，東南爲南宣夜。黄道有陰陽寒暑，有晝夜長短，赤道居中，四時皆同，無寒暑，無春秋，故用渾天，《莊子》「中央之帝曰混沌」是也。同時並用三法，非循環迭更，因三法變六曆。今地球各國曆法雖異，所用多本於英。以節氣言，則皆同。蓋造曆之國英倫敦。所居與中國緯度同，就本國作曆，南半球諸屬地未嘗措意。泰皇一統，以敬天授時爲要政。中國之春耕，於南美爲秋穫，北美之夏炎，於澳非爲冬寒。《内經・至真篇》：彼春之暖爲夏之暑，彼秋之忿爲冬之怒，命其地而方月可知。故必用六曆。正東用魯，正西用殷，正北用顓頊，正南用夏，即《春秋》之四首時也。四方各司三月。地中用渾天曆，北黄道用黄帝曆，南黄道用周曆。共造七曆，蓋天、宣夜法普通用之。各審方位所宜，同時並用，所謂一日之中，四時之氣皆備。《管子》説。以日躔所至爲正月，全球有十二建之不同。皇帝因時布政，每月之朔，十二月令必全頒焉。故《管子》有十二卯、十二酉、十二清明、十二白露之説。《詩》所謂「夏之日，冬之夜」，「冬之夜，夏之日」，《唐風》。「無冬無夏」，《陳風》。「靡明靡晦」，「俾晝作夜」，《大雅・蕩》。「不夙則莫」，「昔我往矣，楊柳依依，今我來思，雨雪霏霏」；《小雅・采薇》。《易》之「行其庭，不見其人」，《艮卦》。「入其宫，不見其妻」，《困卦》。皆謂寒暑相反，晝夜不同，一朔十二皆全，一日三百六旬皆備。

鎔按：地球未出以前，中國儒者論天，互執渾、蓋二義。論蓋者不合渾，論渾者不合蓋。故漢王仲任據蓋天之説以駁渾儀，揚子雲難蓋天八事以通渾天。又有調停渾、蓋者，梁崔靈恩是也。《晉志》又謂宣夜無師法。《書》疏引蔡邕，正義引虞喜説同。三家既成水火，六曆更助波瀾，天道茫茫，多方以求，難徵實驗，有若日家吉凶，爭訟不已。須知先師創法，必有取義；既附作者之林，豈無施行之效？宏規巨製，蘊積於中國一隅，衆水障陂，良田爲澤，無益有害，未得宣洩之宜故也。今以三家六曆全爲大統師説，尾閭既暢，渤澥汪洋，百川會歸，不見其溢。故中央渾天，交氣和合南北黄道，黄帝周曆，分主四州，共爲八正。《史記・律書》、《淮南・地形》、《素問·神明》皆言八正。如《靈樞·九宫八風篇》四十五日一移宫，爲地之内八州。北黄道以秋分、立冬、冬至、立春辛壬癸甲。爲朔，南黄道以春分、立夏、夏至、立秋乙丙丁庚。爲朔。至於外州，則東方用魯曆，子丑寅三州屬之。《春秋》春三月有王，一州一王，三月故有三王。南方巳午未三州，三王三曆，用夏憲。西方申酉戌三州，用殷曆，以申酉戌爲正月。北方亥子丑三州，顓頊在北，故北方三王，三正用顓頊曆。十二支，每宫三十度，當每月三十日。每州前後節氣有一月之差，各以斗杓所指爲正，爲六律六氣之所本。統計全球内外州皆方六千里，四方上下合中央共用七憲。内八州八正，外十二州十二正，同時並用，共頒二十曆，蓋天、宣夜之法，普通采用。舊説不知此爲全球三萬里立法，强於中國三千里内以沿革説之，左右不合，歸於悠謬不經，今以全球分析立法，則古先師之遺説乃得實用也。

尚書五事圖第三十一

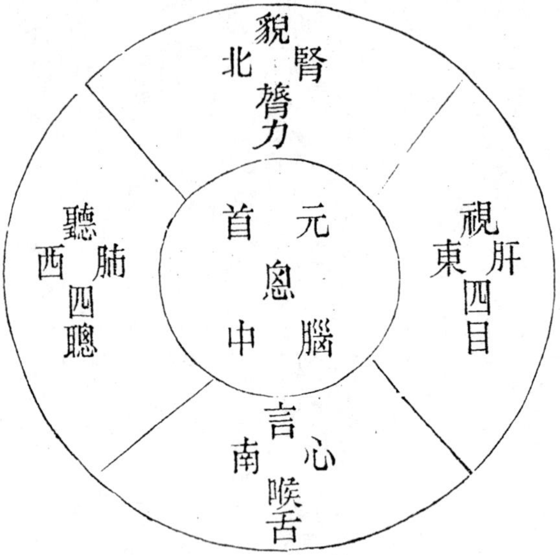

小言之爲中國一人，大言之爲天下一人。《詩》：「公侯腹心」，「王之喉舌」，「膂力方剛」。

凡大統之說，心皆爲京師，又作仁，與人通。人古作𠆢，象草木之仁。《論語》問仁，多爲皇帝治京師以統四方之法，如「天下歸仁」之類是也。

【經】《洪範》二，五事：一曰貌，腎，北水。二曰言，心，南火。三曰視，肝，東木。四曰聽，肺，西金。五曰恖。腦，中央土。○思從囟從心，即腦也。《内經》謂之髓海。

《帝典》：明四目，達四聰。《家語》謂之四岳。

《帝謨》：臣作朕股肱比二伯。耳目，比東西二牧。予欲左右指二伯。○《詩》左右采、流。有民①，汝翼。羽翼比二伯。予欲宣力四方，四岳。○《詩》：「四方于宣。」汝爲。予欲觀即《範》所謂視。古人之象，日、月、星辰、山、龍、華蟲，作會，宗彝，藻、火、粉、米、黼、黻、絺、繡，以五采彰施於五色，五方。作服，汝明。視欲明。○以視兼貌，以東統北。予欲聞六律、五聲、八音，在治忽，以出納五言，《典》龍作納言，《範》謂之言。汝聽。以聽兼言，以西統南。○元首《易》：「首出庶物。」明哉！股肱《左傳》：周公、太公股肱周室。良哉！庶事康哉！《靈蘭秘典》：主明則下安，以此養生則壽，沒世不殆。元首叢脞哉！股肱惰哉！萬事墮哉！《秘典》：主不明，則十二官危，使道閉塞，而不相通，形乃大傷，以此養生則殆，以爲天下者，其宗大危，戒之戒之！

《般庚》：予其敷心腹腎腸。舉南北以包東西。○腹象疆域，腸象使命傳達。

【說】《論語》：克己甲己入中，説詳《内經》。復禮爲仁。仁爲果木之核，象人腦。○非禮勿視，東左。非禮

---

① 民：原作「明」，據《尚書正義·益稷》改。

勿聽，西右。非禮勿言，南前。非禮勿動。北後。○「九思」章：「視思明，聽思聰，貌思恭，言思忠」，以視、聽、貌、言歸於思，是腦爲君主之證。

《孟子》：「心之官當作囟之宫。則思，思從囟從心。《内經》：心與囟同有心名，囟爲腦，有感覺神筋，故主思。西人有腦氣筋之説。思則得之。」○「耳目之官不思」。

《素問·靈蘭秘典》：心者，心讀爲囟，於脈爲督任，在中爲地中，爲京師。肺下之心爲心。囟與心音同，故經之心字多指恖而言，凡謂心爲藏府主者是也。君主腦爲靈魂之用，在至高，爲一身之主。凡人百體之能運動及有覺悟，皆屬腦氣筋所爲，而腦爲之主使也。之官也，官當作宫。《内經》：「膻中者，心主之宫城也。」「膻中」當作「腦户」，字形相近而誤。腦爲髓海，宫喻京城。神明出焉。英合信氏謂①腦爲元神之府，爲靈魂所用之機，以顯其思慮行爲者也。肺者，肺爲氣海，配金，在西方。相傅之官，治節出焉。肝者，肝爲血海，配木，在東方。將軍之官，謀慮出焉。腎者，内腎屬藏，外腎屬府，專司傳種。作强之官，配水，在北方。伎巧出焉。膻中者，指肺下之心，與胸中腹中對文，《難經》謂之包絡。臣使之官，腦爲君主，爲心君。肺下之心承腦之驅使，爲臣使之官。配火，在南方。喜樂出焉。故主腦爲一身之主，上居尊位。明《書》：「元首明哉。」則下百體皆居下位，爲輔。安，以此養生則壽，没世不殆。主不明《書》：「元首叢脞哉！」則十二官危，使道閉塞而不相通，形乃大傷。以此養身則殆，以爲天下者，其宗大危，戒之戒之！

---

① 謂：原無，據文意補。

《靈樞·邪客篇》：心者，當作囟者，指腦言之。五藏六府之大主也，大主即腦氣筋之謂。《全體新論》：「眼無腦氣筋則不能視，耳無腦氣筋則不能聽，鼻無腦氣筋則不分香臭，舌無腦氣筋則不知甘苦，手足無腦氣筋則廢而無用矣。」説與《大學》心不在、視不見、聽不聞合。精神之所舍也，《黄庭内景》：腦爲泥丸，元神居焉。其藏堅固，邪弗能容也。

按：人以藐然一身，蜉蝣於世，比之大地，細已甚矣！乃《靈》、《素》每以人與天地相應，如《邪客篇》：「地有高山，人有肩膝；地有深谷，人有腋膕；地有十二經水，人有十二經脈；《靈樞·經水篇》：「足太陽外合於清水，内屬於膀胱，而通水道焉。足少陽外合於渭水，内屬於膽。足陽明外合於海水，内屬於胃。足太陰外合於湖水，内屬於脾。足少陰外合於汝水，内屬於腎。足厥陰外合於澠水，内屬於肝。手太陽外合於淮水，内屬於小腸，而水道出焉。手少陽外合於漯水，内屬於三焦。手陽明外合於江水，内屬於大腸。手太陰外合於河水，内屬於肺。手少陰外合於濟水，内屬於心。手心主外合於漳水，内屬於心包。凡此十二經水者，外有源泉，而内有所稟。」地有泉脈，人有衛氣；地有草蓂，人有毫毛；地有小山，人有小節；地有山石，人有高骨；地有林木，人有募當作膜。筋；地有聚邑，人有䐃音窘，脂也。肉。」凡十數篇，《太素》所以立「人合」一門也。大地摶摶，人與相等，此義創始於《尚書》，小言之爲中國一人，説見《禮運》。大言之爲天下一人也。《尚書》元首比君，股肱左右比二伯，四目四聰比四岳八伯，而《洪範》五事則以起四方、中央之大例焉。五事：肝竅於目司視，配木，主東方；心竅於舌主言，配火，主南方；肺主聲，聲入耳司聽，配金，主西方；腎作强之官，主動作，爲貌，配水，主北方；《孟子》：仁義禮智四端，猶人四體，苟能充之，足保四海。皆以人身爲例，譬喻四方。思從囟從心。囟，《説文》謂之腦，金正希言人記性在腦，汪訒菴云人憶往事必閉目上瞪而思索之，故腦主思慮。爲百體之尊，君象也。神筋感覺，百體從令，故腦喻君主，貌言視聽喻四牧。經義以身作則，執簡御煩，是以《論語》顔子視聽言動，天下歸仁，子張聞見言行，禄禄通於轆，即爲轂。在其中。《内經》推闡醫理，本此立説，以人身參兩天地，實符皇帝之大化。《大學》修身爲本，足收效於國家天下；《孟子》其身正，而天下歸之；皆《尚書》「五事」之師説也，豈特《禹貢》五服、《周禮》六服、九服有取於人身之衣服，以狀版圖之廣狹，始足見天下一人之義哉！

書經板詩周禮西東京十五畿之要圍圖第三十二

書經周禮西京十五畿之要圍圖

前之《召誥》西京、《洛誥》東京二圖，第二十三。東用《板》詩六畿，新莽曾經舉行之制。法《坤》之用六，西用《周禮》九畿，法《乾》之用九。此二圖亦用兩京通畿之制，剖劃東西兩半球，而均分十五畿，各得七畿半，從大司徒之制。每畿千

板詩周禮東京十五畿之要圍圖

里，共計萬五千里。兩面合計，爲三萬里。兩界交合之處，周圍皆夷服之地。

經《帝典》：蠻夷率服。經於蠻夷統以服言之，寓可分可合之義。分則如《周禮》之蠻服、夷服，合則如《大行人》要服，包舉蠻、夷、鎮，故《國語》曰蠻夷要服。

蠻夷《周禮》都鄙之地。猾夏。夏指南方赤道之地，中即京師，邊夷不靖，侵略爲患。

《禹貢》五服：甸、侯、綏、要、荒。《説文》：要，身中也，象人要自臼之形。《釋名》：要，約也，在體之中。如是，則綏、要二字當互易。《逸周書·王會》：「千里内爲比服，二千里内爲要服，三千里内爲荒服。」要適在中。《周禮》要包蠻、夷、鎮三服，在中。内有六服，外有六服，以配冠、衣、裳、履。《禹貢》、《國語》要字乃居四數，内三外一，不合要字名義。一説此爲七千里言之。《王制》封國分百里、七十、五十。大統封國，亦分三等，有萬里一州、七千里一州、五千里一州之不同。《貢》於要上有三服，要下亦必有三服，是以五服起七服也。

《大誥》：王害讀作皇轄，喻地中京師。不違。讀作丕圍。○《詩》「帝命式于九圍」，又曰「帝命不違」，即丕圍，謂九州外之大圍。《論語》「不違」皆當讀作「丕圍」，謂疆圉也。

《康誥》：要囚，讀作圍，下同。○按：囚從口從人，與束帶之束字同義。《説文》：帶從巾，象繫佩之形。則囚亦象人束帶之形，恐即古帶字，而通作圍。舊以要囚解作罪囚，殊失疆輿之大義。服《大行人》六服止於要。念讀作驗。五五日，五千里。六日，六服，六千里。至于旬十日，萬里一州。時，一時三月，喻一方三外州。《詩》云「如三月兮」，九九八十一日，如三月也。丕蔽地球東西春分秋分，日中無景曰蔽，《洛誥》作食。要囚。東一圍爲東京，西一圍爲西京。

傳《大行人》：衛服外方五百里，謂之要服。即要帶。六歲壹見，在六千里外。其貢貨物。據《大司馬》、《職方》，要服爲蠻夷鎮之約文。《天官》言九貢，此方六貢，知尚有蠻、夷、鎮之三貢。

鞮鞻氏掌四夷之樂。四方四夷。○《明堂位》：「昧，東夷之樂也，任，南蠻之樂也。」舉東南以包西北。

說《詩・衛風》：心中心京師。之憂矣，之子外州十二子。無裳。○心之憂矣，之子無帶。○心之憂矣，之子無服。喻言邊鄙之地未能率服，是爲中心之憂。

《魏風》：糾糾葛屨，熱帶用葛。可以履霜。寒帶。○由赤道地中統轄南北黑道之地。摻摻女手，外州十二女。可以縫裳。黄道温帶。要之要圍。襋之，《説文》：襋，衣領也。好人《關雎》好逑。○人統淑女君子言之。服之。無思不服。

《曹風》：淑人即《關雎》淑女，指外十二牧。君子，内八州八千。其帶内外合界處。伊絲，界綫如絲。其弁王畿冠服。伊騏。讀作其，通基，始也。

《小雅》：彼都人士，彼都與此都對文，當是兩都。垂帶兩都交界處爲帶。而厲。《史・功臣侯年表》：使河如帶，泰山如厲，國以永甯，爰及苗裔。

匪伊垂之，垂通陲，邊陲也。帶則有餘。兩都交界處，疆域僅得半。

《國語》：蠻夷要服。所言五服與《禹貢》同，然蠻夷爲要，《貢》之要服亦包夷在内，足爲《周禮》要包蠻夷鎮之證，又以見夷在要圍之地。

《左・昭二十三年傳》：古者《書經》託古。天子《白虎通》帝稱天子。守在四夷。二帝分治，故四邊皆夷，以夷爲守衛。

按：經傳屢言要。要，篆文作[illegible]，取義人身之要，後人增作腰。於衣服爲束帶之處，乃上下適中之地。人身以帶繫爲要，地球以熱帶爲要。地球分五帶：寒、温、熱、温、寒；人身有五服：冠、衣、帶、裳、履。若從熱帶南北分剖，則二履相對，以二温帶爲要。即《詩》之「赤舄几几」，赤舄，赤道；几几，兩足相抵。所謂玄冠、黄裳、赤舄，其色皆地球天上之道色。在南者以南爲上，視北爲下，又《詩》之「顛倒裳衣」，《内經》「要以上爲天，要以下爲地」；是要者截然居中，而兩半適均之名也。經之言要者，《貢》五服要在第四，與《國語》同，不合要服束帶之義。是要上有三服，要下亦當有三服，所以起七千里封國之制。《大行人》以蠻、夷、鎮三字統名爲要，要上有六服，王、侯、甸、男、采、衛。要下亦必有六服。《周禮》乃要外僅一藩字，内六外一，不合要字本義，故必以《板》詩六畿藩、垣、屏、翰、寧、城。補綴於要字之外，内六外亦六，要字之名義始符。《國語》「蠻夷要服」，以蠻夷兼包鎮在内。最爲確證。故《貢》之要服亦包夷之小名在内。《康誥》、《酒誥》、《顧命》屢舉服名，皆止於衛，留此蠻夷以爲要服之地，此《大行人》所以指蠻、夷、鎮三名爲要之義也。地球象月，三五盈闕，兩都各得十五畿，與之相應。以要包蠻、夷、鎮之例推之，則王、侯、甸爲冠，男、采、衛爲衣，藩、垣、屏爲裳，翰、寧、城爲履，惟蠻、夷、鎮適當其中，而爲帶。《曲禮》：「天子視不上於袷，朝祭服之曲領。不下於帶。」《深衣》：「帶下毋厭髀，上毋厭脅。當無骨者，制①十有二幅，以

① 制：原作「刺」，據《禮記·深衣》改。

應十二月。」謂疆域止於帶，可置外州十二也。帶當要際，上有冠衣，下有裳履，然《莽傳》以藩在邊，城在心，不合十五畿由内推外之法，此蓋大統兩京通畿之制也。《書經》、《周禮》以王爲冠，以城爲履；《板》詩、《莽傳》以城爲冠，以侯爲履。兩京如日月對望，分建於東西兩半球，各得七畿半，而夷適在周圍邊綫交界之處。《康誥》、《多方》謂之要圍，以四方計，實爲四夷，亦謂之四裔，《史·五帝紀》：舜流四凶族，遷於四裔。《明堂位》謂之四塞，《左傳》謂「古者天子二帝分治之世。守在四夷」是也。天下治安，四夷静守四邊，是爲蠻夷率服；天下擾亂，四夷邊患四起，則爲蠻夷猾夏。夷在邊鄙，其風俗習慣南裸北裘，東僥西勁，各有其性之所宜。《王制》「順而安之」，所謂王者不治夷狄也；又經義謂内中國、外夷狄，用夏變夷，説家謂「迸諸四夷」、「菈中國」、「撫四夷」者，莫不與此圖相合。

書經天下一家表第三十三

皇祖 如《春秋》天王、《詩》之「黄鳥」。

父 戊，羲公，帝堯，如《春秋》晉、楚。

- **伯** 甲，羲伯、伯達、伯奮，如《春秋》魯、衛、齊、鄭。
- **仲** 丙，羲仲、仲突、仲堪。
- **叔** 庚，羲叔、叔夜、叔獻。
- **季** 壬，羲季、季隨、季仲，如《詩》秦、鄭、衛、陳。

幼子 如《春秋》卒正，如《詩》檜、曹。

童孫 如《春秋》連帥。

母 己，和公，帝舜，如《詩》之召、齊。

- **伯** 乙，和伯、伯适、伯虎，如《春秋》蔡、陳、秦、吳。
- **仲** 丁，和仲、仲忽、仲熊。
- **叔** 辛，和叔、叔夏、叔豹。
- **季** 癸，和季、季騧、季貍，如《詩》豳、鄘、魏、唐。

幼子 如《詩》公子。

童孫 如《詩》公孫。

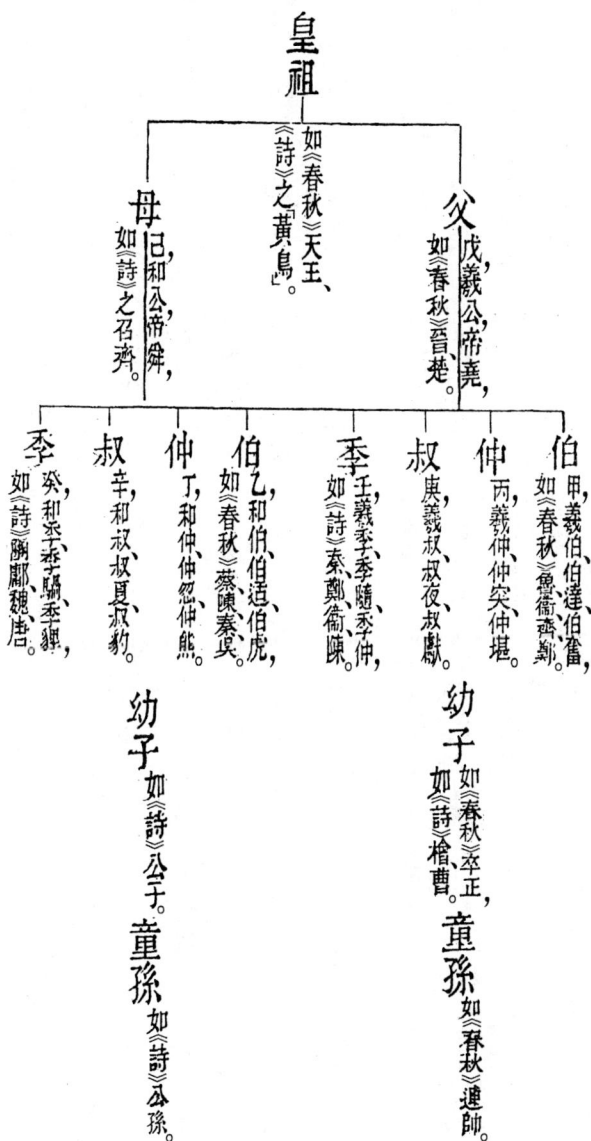

【經】《皇篇》「乃命羲和」皇二伯，即二帝。五節。羲仲、羲叔、和仲、和叔，舉四正岳加四維之伯季，即全文也。《帝典》：放勳乃殂落，百姓如喪考妣，即父母。○宰我短喪，指國卹言。「予也有三年之愛於其父母乎」，即指君言。全據《帝典》立説，非謂其家之父母也。三載《王制》：父母之喪，三年不從政。○帝世乃能實行，以前皆無其德用其事。四海遏密八音。天子國服，乃有禮壞樂崩之説。宰我即據此爲問。《洪範》：天子《白虎通》：父天母地，爲天之子。天覆地載，謂之天子。帝王之德有優劣，俱稱天子。作民父母，皇配天。《召誥》、《顧命》稱皇天，《詩》稱皇祖，故帝爲父母。以爲天下王。指帝言之。《大誥》：若考如皇爲帝之父，帝爲王之父，王爲伯之父。作室，室如京師。既底法，如《召誥》、《洛誥》相宅、卜宅。厥子如帝爲皇之子，王爲帝之子，伯爲王之子。乃弗肯堂？堂如邦國。【矧】矧，從矢從引，當即古引字，爲古訓故書名。肯構？肯構，即解肯堂句。厥父菑，以農田比治天下。厥子乃弗肯播？【矧】經中多云「矧曰」，即後之「解曰」。肯穫？以父子喻君臣。○《無逸》：「厥父母勤勞稼穡，厥子乃不知稼穡之艱難。」《康誥》：孟侯，如《呂刑》伯父舊以爲稱康叔，誤。《伏傳》以爲太子，謂後王，即孺子嗣王之意。朕其弟，如《呂刑》仲叔季弟。小子。如《呂刑》幼子。○如《春秋》二伯、八方伯、六卒正。若保赤子，惟四維，四伯。民三十六民、七十二民，皆指諸侯，非小民。其康五福，康寧在中。乂。乂，古五字，十之變體，一爲東西，一爲南北，其交會處爲地中。王曰：封！《周禮》「封人」、「封國」，《伏傳》「封若圭璧」，合稱五等諸侯。元惡大憝，如四凶族。【矧】以下引解元惡句。惟四凶流四維。不孝不承上命。不友。不協恭同寅。○如《左傳》稱四凶之惡。子弗祗服厥父事，不能靖共。大傷厥考心。小不事大。於父不能字厥子，大不字小。乃疾厥子。君臣交惡。于弟仲叔、季弟。弗克念天顯，乃弗克恭厥兄。伯兄。○互爭，如連衡合縱。兄亦不念鞠子太子在太學時稱鞠子，即育子、冑子。哀，大不友于弟。如春秋會盟侵伐。○《墨子・兼愛篇》：「亂何自起？起不相愛。臣子之不孝君父，所謂亂也。子自愛不愛父，故虧父而自利。弟自愛不愛兄，故虧兄而自利。臣自愛不愛君，故虧君而自利。此所謂亂也。雖父之不慈子，兄之不慈弟，君之不慈臣，此亦天下之所謂亂也。父自愛也，不愛子，故虧子而自利。兄自愛也，不愛弟，故虧弟而自利。君自愛也，不愛臣，故虧臣而自利。是何也？皆起不相愛。」

《梓材》：王曰：封！封人，掌封建諸侯。以厥庶民暨厥臣達大家，合臣民爲一大家，即天下一家。以厥臣五等諸侯。達王家小爲王，家大爲皇。惟邦《周禮》邦國。君。八伯達於二伯，以及天皇。若作室家。《詩》「宜爾室家」、「予未有室家」。既勤垣《板》詩藩垣。墉，惟讀作維，四隅。諸侯爲四維。其塗塈茨。繪畫修飾之事。

《呂刑》：王曰：嗚呼，念讀作驗小推大之驗。之哉！伯父、《禮記》天子稱同姓伯。伯兄、羲、和各分四子，甲丙庚壬是。仲叔、季弟、方伯同等，如兄弟。《論語》八士與《左傳》八元皆再見伯、仲、叔、季。幼子、《詩》「公子」。○卒正降於方伯，如子。童孫。《詩》「公孫」。○連帥再降於方伯，如孫。

《文侯之命》：王王、皇古通。若曰：父羲和，即《皇篇》之二伯，稱父以起二帝爲父母。丕顯文武，東文西武，即二帝之謚。克慎明德。《大學》：「明明德于天下。」○帝以德爲主。昭升于上，皇祖。敷聞在下。敷政于方伯、卒正。○帝之下有王伯。惟時上帝，《詩》：「上帝是皇。」集厥命于文王。《史·世家》作文武，即皇之命羲和。亦惟四維，四表。先正，先相宅東洛，得地中之正位，建東京。克左右分兩京，設左右二伯。昭事厥辟，宣昭政事于諸侯。越小大謀猷，先小後大，由小推大。罔不率從，小大皆從此制。肆先祖讀作天祖，即皇祖。懷在位。懷，安也。

父義和！汝克昭乃顯祖，皇乃天下所共祖，故曰顯祖。汝肇刑通作型。文武，爲羲和二伯之徽稱。用會大會同。紹乃辟，繼承二伯者爲諸侯，即八伯。追孝孝爲下奉上之義，故曰追孝。○《孝經》：「明王以孝治天下。」于前文人。與《大誥》「前寧人」同義。東京寧畿，東伯文帝，先闢東都，後建西都，故稱前寧、前文。汝多戰功日多。修，扞我于讀作宇，天地四方曰宇。艱，幹濟時艱，保合疆宇。若汝，予嘉。予嘉乃勳。

說《禮記》：孔子閒居，子夏侍。子夏曰：「敢問《詩》云『豈弟君子，民之父母』，君子猶天子之稱。上爲君子，下爲民，父母指帝而言。何如斯可謂民之父母矣？」孔子曰：「夫民之父母乎，必達於禮樂之原，《樂記》：「暴民不作，諸侯賓服，兵革不試，五刑不用，百姓無患，天子不怒。如此，則樂達矣。合父子之親，明長幼之序，以敬四海之內，天子如此，則禮行矣。故知禮樂之情者能作，識禮樂之文者能述。樂者，天地之和也。禮者，天地之序也。聖人作樂以應天，制禮以配地。禮樂明備，天地官矣。」以致五至，五方、五帝、五極各司萬二千里。而行三無，天、地、人三皇，曠世無耦。以横於天下。二帝分司東西爲横。四方有敗，四表測日，氣有盛衰。必先知之。《易》曰：「先天而天弗違。」此之謂民之父母矣。」

《表記》：《詩》曰：「豈弟君子，民之父母。」豈以强教之，弟以悦安之。樂而無荒，有禮而親，威莊而安，孝慈而敬，使民有父之尊，有母之親。如此而後可以爲民父母矣。非至德，其孰能如此乎！

附《知聖篇》一則

《尚書》人學大統，有天下一家之例。天下大同，比於門内和合，以皇爲祖，以二后爲父母，即二帝。以八士伯仲叔季爲兄弟姊妹，以卒正連帥爲公子公孫。天下大同爲婚媾，和好宴樂，娶妻生子，所謂「天作之合，篤生文武」。如皇以二帝爲伯。至於小統，則天下分裂，各君其國，各子其民，彼此不相通。東北乾，陽，文家，主亨；西南坤，陰，質家，主貞。東北相合，爲有父無母；西南相配，爲有母無父。《詩》、《易》全爲天學。《小雅》言無父無母，《蓼莪》。悲傷憂苦，爲分而未合，雖亦言宜樂，《常棣》宜爾室家，樂爾妻帑。但曰爾曰其，則自顧其私，未能大通，爲天學之小康，必如《大雅》，而後無憂悲哀傷之可言。此大小《雅》所由分。《詩》、《易》所謂鰥寡孤獨，皆謂騫崩，彼此畫疆自守，不婚媾，而爲寇盜。他如獨行、寡婦、獨兮、煢獨皆同。所謂娶妻、生子、同車、同行、同歸、同室、婚媾，皆爲大同言。此《詩》、《易》小大之所以分，與《書經》人學緟規疊矩，所謂天人合一也。

鎔按：天下一家之説見於《禮運》，即《梓材》「大家」之傳。《禮運》：「大道緯説皇道帝德。之行也，天下爲公，選賢與能，講信修睦。故人不獨親其親，以天下之父母爲父母。不獨子其子，以卒正連帥爲幼子童孫，以民爲赤子。使老有所終，上而皇帝。壯有所用，中而伯叔兄弟。幼有所長，下而幼子。矜寡孤獨廢疾者皆有所養。無一夫不被澤。男有分，女有歸。十干如十男，十二支如十二女。貨惡其棄於地也，不必藏於己。富者公其財。力惡其不出於身也，不必爲己。貧者公其力。是故謀閉而不興，姦謀不起。盜竊亂賊而不作，人無争奪。故外户而不閉，四海爲家，邊陲肅穆。是謂大同。」《洪範》卿士從、庶民從，是之謂大同。夫大同之世，即所謂天下一家也。天下之大，縱横三萬里，地廣民衆，人各異心，亂所由生也，孔子知世界開通，必有泰皇統一之一日。文家尊尊，義重君臣。質家親親，恩猶父子。故經中職官之等級，屢比於家人之尊卑。公、侯、伯、子統於一皇，正如父母二伯公。兄弟方伯侯。子卒正伯。孫連帥子男。群奉一祖。《皇篇》二公四子共贊皇猷，《典》、《謨》二帝五臣同祖黄帝，即皇帝。《範》則其子陳疇，會歸皇極，《舜》則四門廣闢，不蔽聰明。大地蘧廬也，天下庭除也，《書經》特開此例，以執簡而御煩，此如縮地之法，一寸千里。《詩》、《易》亦與此義互相發明。《詩》則黄鳥爲皇，即皇祖，先祖是皇。二鳩爲父母。父母孔邇。八王爲子，振振公子。十六公爲孫，公孫碩膚。○宜爾子孫，子孫千億。祖父、兄弟。子孫即皇帝王伯牧五等之分。他如念兹皇祖、獻之皇祖、昭考、烈考、歸甯父母、叔兮伯兮、仲子予季、綏予孝子、維予小子、孝孫有慶、曾孫維主，凡屬家庭之稱謂，莫不品級之攸分。若夫散見之文，則室家、君王、未有室家、之子宜家、百室盈止、婦子甯止、無毁我室、綢繆牖户、四國於藩、四方於宣，讀作垣。皆謂此也。

《易》則太極如皇，兩儀如父母，八卦分八方如兄弟，每卦六爻如卒正、如幼子。《乾鑿度》曰：初爲元士，如《王制》屬長。二爲大夫，如連帥，如童孫。三爲三公，如卒正，如幼子。四爲諸侯，當曰四爲王，王始有三公，諸侯則三卿而已。○王如方伯，如兄弟。五爲天子，即帝之正稱，如父母。上爲宗廟。如天，如皇。據此緯説，古義有徵。況《家人》之卦曰：「女正位乎内，《論語》己爲婦人，居中央。男正位乎外，八干分八州。男女正，天地之大義也。天以十干運於上，地以九州應於下。家人有嚴君焉，家督如國君。父母天子作民父母。之謂也。父父、子子、兄兄、弟弟、夫夫、婦婦，而家道正，正家而天下定矣。」凡屬微言，胥符大統，若以狹義解之，失之遠矣。

顧傳説之發明此義者亦多矣。《論語》八士即八元八愷之先聲；《孟子》九男與十子二女爲同例；緯説「人皇九頭，别長九國」；《易傳》震、巽六子生於乾、坤；《孝經》明王即皇。治天下，立孝道推行之準；《公羊》「天子不言出」，示王者無外之規。《大學》齊家、明德及於天下。《中庸》達孝治國，始於事先。率普天之臣民，皆至親之骨肉，此天下一家之義，所以能子惠元元，得億兆夷人之同心者也。故楚得楚弓，不存畛域之見；視秦視越，奚有肥瘠之殊？觀於《墨子·尚同》、《兼愛》二篇，更有足以相印證者。其言曰：「里長率其里之萬民以尚同乎鄉長，鄉長屬其鄉之萬民以尚同乎國君，國君率其國之萬民以尚同乎天子，《白虎通》：帝稱天子。天子又總天下之義以尚同於天。即皇。○凡分五等。故治天下之國若治一家，使天下之民若使一夫。」此尚同之説也。「使天下兼相愛，人若愛其身，惡施不孝？猶有不慈者乎？視子弟與臣若其身，惡施不慈、不孝？亡讀作無，下同。有。猶有盜賊乎？故視人之室若其室，誰竊？視人身若其身，誰賊？故盜賊亡有，猶有大夫之相亂家，諸侯之相攻國者乎？視人家若其家，誰亂？視人國若其國，誰攻？故大夫之相亂家，諸侯之相攻國者亡有。使天下兼相愛，國與國不相攻，家與家不相亂，盜賊無有，君臣父子皆能孝慈，若此，則天下治。」此兼愛之説也。夫尚同則天下可合爲一家，兼愛則一家可推之天下，墨學之宗旨，要皆聖道之支流。故墨書稱頌仲尼，又以爲孔子言亦當而不可易，故凡所發明，胥根經義；尚同、兼愛之外，如天志、明鬼等説，皆與大同之旨相符。惟非儒之論，與孟子「無父」之説兩相水火。蓋牛驥不同途，鵬鷃不同志，大小異趣，各極其偏。然兄弟鬩牆，莫非一氣，若不合觀其通，則載籍極博，隨在皆亡羊之歧矣。

考工記輪輻三十以象月圖第三十四

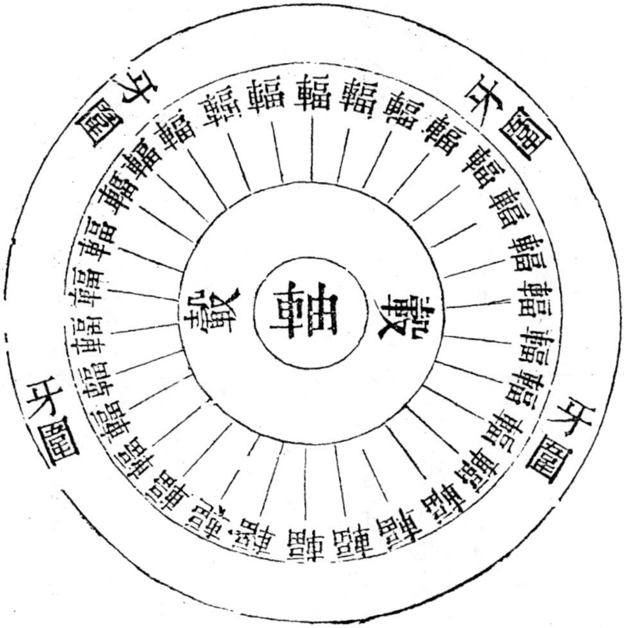

經《洪範》五紀：卿士惟月。

《大誥》：嗣無疆《召誥》：「無疆惟休，亦無疆惟恤。」《君奭》文同。《詩》「受福無疆」。《易·坤》：「德合無疆。」大曆全球七曆。服。與輻通。○王害讀作轄。不違讀作丕圍。《商頌》「帝命不違」亦當讀作丕圍。卜。

《康誥》：惟三月哉生魄。三日，三千里。○王曰：「嗚呼，封，《大傳》：「封若圭璧。」有敘，五等品級及《周禮》宗伯九命之儀。時一時三月。乃大明服。」服通於輻。大輿圓滿，明照全球，故曰大明服。

《顧命》：惟四月哉生魄。

《召誥》：惟二月既望。地中十五畿。○三月惟丙午朏。

傳《大司徒》：以天下土地之圖，周知九州之地域廣輪即廣大之車輪。之數。三十輻共一轂。

《考工記》：輈人爲輈，注：車轅也。軫之方也，以象地也；蓋之圜也，以象天也；輪輻三十，以象日日字宜衍，從《容經》、《大戴·保傅篇》所引。月也；蓋弓二十有八，以象星也。如《今文尚書》二十八篇。

說《禮運》：播五行《天官書》：斗爲帝車，運於中央，臨制四鄉，即爲五行。於四時，十二月。和《大司徒》：地中，陰陽之所和也。而後月生焉。由中推外，地爲大圜之形。是以三五而盈，地中赤道長濶，三五十五，對望之時，正當地中，故盈。三五而闕，地球黑道短狹，又三五十五，以漸而下弦，故闕。五行之動，迭相竭也。五方、五行，周歲而盡。五行、四時、十二月一月三十日，故《素問》屢言三十度。旋相爲本也。

周而復始，圜轉不已。○故聖人指孔子。作則，必以天地爲本，天地皆圜形。以陰陽爲端，地之兩半球，彼此晝夜。以四時爲柄，上律天時，春夏秋冬十二月。以日星爲紀，五紀：「師尹惟日，庶民惟星。」月以爲量。土圭夜考極星，測量月景。

《賈子·容經》：古之爲路輿也，《大戴·保傅篇》作路車。蓋圜以象天，二十八橑以象列星，二十八宿。軫方以象地，《易》「坤至静而德方」，謂面積可開方，非謂地之全形。三十輻如《易》上經三十，《小雅》四始三十篇。以象月。一日千里，三十日爲一月，得直經三萬里。故仰則觀天文，俯則察地理，以上《大戴》文同。前視則覩鸞和之聲，側聽則聞舊作觀。四時之運。四方運行。此輿教之道也。《大戴》作巾車教。

老子《道德經》：三十輻共一轂。

《史記·敘傳》：二十八宿環北辰，三十輻共一轂，説同《老子》。運行無窮，輔弼股肱之臣配焉，忠信行道，以奉主上，作三十《世家》。象一月三十日。

按：輪輻爲孔經之大例，運行圓轉，取譬地球，上符月曜。經義創立，傳記子史繼起發明，理本同源，故著述一家也。又《老子》王公稱孤、寡、不穀，河上公本穀字從車，注云：「自謙不輻輳也。」諸本多誤作穀，如《左傳》解不穀爲不善，與孤寡之義不合。今按：王之京城爲軸，畿甸爲轂，八州爲輻，外十二州爲牙圍。「牙」一作「思無邪」之「邪」，即今「涯」字也。輻一作幅，又通作輹，與服同音，《禹貢》五服、《周禮》九服是也。又與福同音，《周南》「福履」，《洪範》「五福」。凡轂輻、幅員、衣服、如黃帝垂衣裳而天下治，《詩》垂帶而厲。福禄，禄與轂音近。皆以輿地起例，同指版土而言。一日千里，即從土圭法千里而差一寸起例。合三萬里爲一月，地中爲望，音同王。北極之邊爲晦爲朔。三五而盈，三五而闕，三五即十五服。《詩》之五紽、五緎、五總，良馬五之、四之、六之，皆以十五立説。上弦下弦當十五之中，月三日成魄，即取方三千里爲一州之義。又形體之日月，則日大於月，曆法之日月則三十日乃月，所謂三十晝夜也。

車之輪輻圓象地球，以爲象月者，《援神契》地精爲月，月與地一也。從前地球未出，不能以爲象地，故以一轂三十輻象一月三十日，實以象地面之兩十五畿也。十五畿，中心爲王畿，正當地中，如月之三五而盈。故禮曰「聖人作則，孔聖作經，垂法後王。月以爲量」，測量月輪，而知地圓，因以輪輻立法。《易》曰「月幾望」是也。全球統爲一轂，取象一月。三月一時，一方三州，外州十二，象十二月。東巡二月，南巡五月，西巡八月，北巡十一月，車駕所至，四方輻輳。《月令》每月頒朔，一朔全頒十二州之月令，一年輪遍十二月，是以巡狩如日月照臨，遊幸則日征月邁。輪輻取義如此，《大司徒》之天下廣輪，所以貴於周知也。

按：《周禮》輪輻象月，即所以譬喻地球，其義起於《大誥》之「王轄不圍」《商頌》：「帝命不圍。」與《康誥》之大明服，《禮器》「大明生於東」，指日而言。月借日光爲明。而見於《易》與《詩》者，如《大壯》「大輿之輹」、《説卦》「坤爲大輿」、《鄭風》之「遵大路」、《禮》：「大路，殷輅也。」《論語》：「乘殷之輅。」《王風》「如皦日」之「大車」，《小雅》亦有《大車》篇。《易》：「大車以載，積中不敗。」皆從輪輻起例。孔聖轍環反魯，哲想從心，成名執御，括舉大圜，建設制度，《謨》、《貢》乃弼。五服服與輹、輻同音。不過方五千里之地，然每服兼包二小名，實寓三五十五之推例。故《康誥》五服，侯、甸、男、采、衛。《周禮》、《板》詩補足十五之數，兩面合計爲三十服，即「三十輻」之通義也。經制小爲五服，大爲五福。福與輻通。《洪範》五福在九疇，而中五皇極亦曰「斂時五福」，是中心有五福爲一疇，即一州，外八疇亦有五福，爲八州，共爲十福，合於《周禮·職方》九服，加藩爲十，而外餘牙圍，爲《板》詩五服之地，垣、屏、翰、甯、城。共計十五福，即《禮運》三五盈闕之説也。經以輪輻象地圓，每託比興，於《詩》故有小球、比中心軸轂。大球之詠。大地球如全輪。觀其軸象京師，《詩》謂之「清清讀作青，緇衣青統。人在軸」，乃中軍以作好。轂象畿甸，《詩》謂之受禄、干禄、文見《假樂》。禄通於轆，轆亦作轆，同於轂。宜君王之率由輻象内八州，牙圍象十二外州，《商頌》「帝命式于九圍」，非謂九州外有牙圍乎？上下兩黑道立極不動，故曰「坎坎伐輪」、「坎坎伐輻」。北極玄枵虚鼠，乃牙圍盡處，故曰「誰謂鼠無牙」。「思無邪」，邪通牙，又通涯。無涯，猶無疆也。我服讀作輻。既成于三十里，里讀作裏。謂三十輻在牙圍之裏也。駿發爾私，終三十里，亦符此義。三十輻象三十日，即三十干共爲一轂。故《詩》曰「干禄百福」、干禄猶言干轂。「干禄豈弟」。干禄，指大統地中而言。《論語》子張是以有干禄之學。他若地有四游，《詩》有「輾轉反側」之説。地球掩月，《詩》以「彼月而食」爲常，緟言形況，藉證鴻規。凡詩中福履、《左傳》「賜我先君履」，指地而言。福禄、茀禄、茀禄即輻轂，茀象輻與轂聯綴之形。幅員、百福、百禄、多福、萬福、遐福、謂遠輻。景福，景，古影字，謂月影，合於輪輻。莫非比物此志也。大義微言，不敢明告，借託吟詠，以狀疆輿之廣遠。東漢以後師説寖衰，乃以福禄爲祈禱之幸辭，由是迷信滿紙，亡國聽神，揆之經義，豈非南轅而北轍者乎！

尚書周禮七政會同圖第三十五

《帝典》東巡寅卯辰三州爲春朝，南巡巳午未三州爲夏宗，西巡申酉戌三州爲秋觀，北巡亥子丑三州爲冬遇。○午年時見下方乙丙丁庚四州，曰會，戌年殷見上方辛壬癸甲四州，曰同。十三年與二十五年俱當寅年，大會同于京師，曰同寅。七政、七年讀作七言。皆以七爲節。

經《帝典》：既月乃日，無一定之月日，所以俟後舉行。《史記》謂「孔子序《尚書》，則略無年月」是也。覲四岳內州四正岳，分之則爲八伯。群牧，外州十二牧。班瑞于群后。內外岳牧之統稱，猶《周禮》、《三傳》之稱諸侯。

歲二月卯年卯日。東巡守，東方三外州寅卯辰來朝曰朝。五月午年午月。南巡守，南方三外州巳午未來朝曰宗。八月酉年酉月。西巡守，西方三外州申酉戌來朝曰覲。十有一月子年①子月。朔巡守。北方三外州亥子丑來朝曰遇。

五載《內經》寅午戌歲氣會同。一巡守，三合之年舉行巡守大典。寅年會同于京師，內外岳牧皆至。午年下方乙丙丁庚四州伯至，曰時會。戌年上方辛壬癸甲四州伯至，曰殷同。群后四朝。前之外四巡，十二年四方四朝，內三巡亦十二年，四州合朝，至此二十五年，內外四方之群后皆來朝于地中京師，是爲大會同。

《帝謨》：同寅協恭。京師大會同，必於寅年舉行，故曰同寅。

《禹貢》：作十有三載，前經外巡四方十二年，於第二次十二年之首合前計之。緯稱夏正建寅，爲十三月，故此十三載爲寅年。乃同。

《洪範》：惟十有三祀，十三年同寅，天下諸侯皆至，故經有四岳十二牧。此專據典制，爲後世法，非武亦非文。〇二十五年再行此禮。王讀作皇。訪于箕子。箕古通其，蜀趙氏讀箕子爲亥滋。此作其子，即八伯八才子。《詩》曰「其子七兮」，《易》曰「其子和之」，八元八愷皆才子。

---

① 年：原作「月」，據上下文義改。

《康誥》：惟三月當作十三月，即緯以建寅爲十三月之説。經言三月者，舉零數也。此例如二女即十二女，克商二年即十二年，皆舉零數言之，與舉成數者爲比例。哉生魄，三日。周公初基，作新《中候》十八篇中乃有新舊字。大邑京師。于東國洛，地中。四方民大和會。即大會同。

傳《大宗伯》：春見歲星在卯。曰朝，曰東岳，亦曰東海。夏見歲星在午。曰宗，直言皆曰朝，以分四地，故異名以示別。秋見歲星在酉。曰覲，冬見歲星在子。曰遇，每方止三牧來合之，爲群后四朝分方之制也。時見曰會，下方四國。〇内八州寅年大會。午年行下方，所謂南海；戌年行上方，所謂北海。每會朝見四州之伯。殷見曰同。上方四國。

《大宰》：大朝覲會同，二十五年再行一次，故《尚書》禪讓必經二十五年乃再舉。贊玉幣、玉獻、玉几、玉爵。

《大司馬》：大會同，内四岳，外十二牧皆至，故曰大會同。《公羊》所謂偏至之辭，言天下諸侯皆在是也。外四朝共十二年，内三朝亦十二年，凡二十五年以後乃再行一次。故《左傳》「待我二十五年」，即引用此制。故堯讓舜，舜讓禹，武王讓周公，周公讓成王，皆在大會同之年舉行。以四岳、十二牧二十五年乃得會一次，乃可行此特別之制度。則帥士庶子而掌其政令。

《大祝》：大會同，造於廟。

《大史》：大會同，京師。朝覲，四時。以書協禮事。

《小史》：大會同，佐大史。

《典瑞》：王晉大圭，執鎮圭，繅藉五采五就，以朝日。公執桓圭，侯執信圭，伯執躬圭，繅皆三采三就。子執穀璧，男執蒲璧，繅皆二采再就。以朝覲宗遇四時。會同內八州。於王。《大行人》：春朝東方外州三牧，寅卯辰至。諸侯春秋獨見朝文。而圖天下之事，互文見義，四方所同。秋覲西方外州三牧，申酉戌至。以比邦國之功，《儀禮》有覲禮。夏宗南方外州三牧，巳午未至。以陳天下之謨，冬遇北方外州三牧，亥子丑至。以協諸侯之慮，時會下方乙丙丁庚四州伯至。以發四方之禁，六情謂之上方。殷同上方辛壬癸甲四州伯至。以施天下之政。六情謂之下方，八方，所謂六宗。○王之所以撫邦國諸侯者，歲徧存；寅年會同徧存，即徧至之辭。三歲徧覜；午年巡下方，《多方》四國。五歲《尚書》五載一巡。徧省；戌年巡上方，《多士》四國。七歲卯年巡東方。屬象胥，出巡外州，故用譯官。諭言語，協辭命；七朝所同，此互文見義。九歲午年巡南方。屬瞽史，諭書名，天下同文，正名雅言，如古文圖畫。聽音聲；字母方言用耳治。十有一歲酉年巡西方。達瑞節，《帝典》：五瑞、五玉。同度量，《帝典》：同律度量衡。成牢禮，掌客掌四方賓客之牢禮、餼獻、飲食之等數。同數器，《王制》八政。修法則；《帝典》：修五禮，如五器。十有二歲子年巡北方。王讀作皇。巡守殷國。《尚書》先外而後內，《周禮》先內而後外，經傳互文見義。

【說】《史記·天官書》：以攝提格歲：寅年。歲陰左行在寅，歲星右轉居丑，以正月與斗、牽牛晨出東方，曰監德，色蒼蒼有光。單閼歲：卯年。歲陰在卯，星居子。以二月與婺女、虛、危晨出，曰降入，大有光。○敦牂歲：午年。歲陰在午，星居酉。以五月與胃、昴、畢晨出，曰開明，炎炎有光。○作鄂歲：酉年。歲陰在酉，星居午，以八月與柳七星張晨出，曰爲長王，作作有芒。閹茂歲：戌年。歲陰在戌，星居巳，以九月與翼、軫晨出，曰天睢，白色大明。○困敦歲：子年。歲陰在子，星居卯，以十一月與氐、房、心晨出，曰天泉，玄色甚明。

《白虎通・巡狩篇》：《尚書》二月①東巡狩，至于岱宗，五月南巡狩，至于南嶽，八月西巡狩，至于西嶽，十有一月朔巡狩，至于北嶽。共十二年，内州亦十二年，共二十五年再行。所以不歲巡狩何？經不以一年四巡。爲太煩也。方伯乃歲巡。過五年爲太疏也。王者五年一周。因天道時有所生，歲有所成，方伯出巡。三歲一閏，外十二州三年巡一方。天道小備，五年再閏，内八州五年一巡。天道大備，故五年一巡狩。巡内八州。三年小備②，二伯出，天子出，二公從，有事則二伯亦可代巡。述職，黜陟。一年物有終始，歲有所成，方伯行國，時有所生，諸侯行邑。

按：皇統方三萬里，分建二十一州，版宇如此宏廓，自非控制有方，奚以皇圖永固？考巡守之典，《尚書》五載，《周禮》十二歲，二説參差。又二月東巡，五月南巡，八月西巡，十一月朔巡，竟似一年四巡。據《白虎通》，方伯之巡以歲，二伯之巡帝之二伯即王，皇之二伯即帝。以三年，王之巡以五年。由此上推，則皇帝之巡當十二年。王伯不能用皇之制，以十二年太疏略也。皇可以兼用帝王之制，故外四巡，卯午酉子年月。以十二年而周，内三巡，五年一舉，如寅年至午，午年至戌，戌年至寅，皆五年。亦以十二年而周。皇道法天，法歲星之周天，

---

① 月：原作「曰」，據《白虎通義・巡狩》改。

② 小備：原無，據《白虎通義・巡狩》補。

因時因地，如歲在午，歲星以五月見之類。順天而行，煩簡適中，非必待十二年始一巡也。經傳詳略，互文合觀，乃爲完璧。巡守大典，自來説者鮮所貫通，今列證分疏，俾徵實義。

井田九區驗推爲大九州圖第三十六

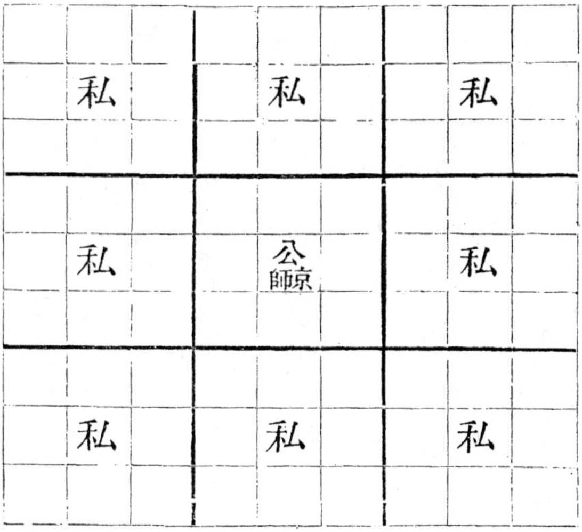

私	私	私
私	公	私
私	私	私

方里而井，井九百畝。以九起算，方千里而州，九州方三千里。以方三千里爲州，九州則方九千里。以九千里爲州，九州則方二萬七千里，即全球大九州也。

《詩》「夙夜在公」、「在公明明」、「自公召之」、「自公令之」，皆以居中京師爲公。「薄污我私」、「駿發爾私」，皆以八州爲私，如井田之八家。

【經】《帝謨》：濬畎澮距川。《考工記》：匠人爲溝洫，耜廣五寸，二耜爲耦，一耦之伐，廣尺深尺，謂之甽田。首倍之，廣二尺，深二尺，謂之遂。九夫爲井，井閒廣四尺、深四尺，謂之溝。方十里爲成，成閒廣八尺、深八尺，謂之洫。方百里爲同，同閒廣二尋、深二仞，謂之澮，專達於川。

《禹貢》：厎慎財賦，咸則三壤，三壤，上、中、下，以三爲則，詳分九等，每州如此。九州共有八十一等之田賦。成賦中邦。指中州京師。

《立政》：以陟禹之迹，《詩》：「維禹之迹」，「信彼南山，維禹甸之。」方行天下，方即開方。井田必方，大小九州皆方，通行天下。至于海表。《詩》：「于疆于理，至于南海。」

《無逸》：文王卑服，即康功《爾雅》：功，事也。田功。昔者文王之治岐也，耕者九一，見《孟子》。

【傳】《小司徒》：乃經土地，而井牧其田野。九夫爲井，四井爲邑，四邑爲丘，四丘爲甸，四甸爲縣，四縣爲都，以任地事，而令貢賦。

《遂人》：凡治野，夫夫一廛，田百晦。閒有遂，遂上有徑。十夫有溝，溝上有畛。百夫有洫，洫上有涂。千夫有澮，澮上有道。萬夫有川，川上有路，以達于畿。

【說】《穀梁・宣十五年》：初稅畝。《傳》：初者，始也。始者，《春秋》之始，《公羊》謂之託始。古者經制託古。什一，《孟子》：「夏貢，殷助，周徹，其實皆什一也。」又：「國中什一，使自賦。」藉《孟子》：「野九一而助。」助者，藉也。而不稅，藉取於公田，稅取於私田。初稅畝，魯用稅法久矣，《春秋》以爲初。非正也。非經制井田之正法。古者以井田託之古。三百步爲里，《大戴・主言篇》：「布指知寸，布手知尺，舒肘知尋，十尋而索，百步而堵，三百步而里，千步而井。」名曰井田。井田者九百畝，公田居一，《孟子》：「方里而井，井九百畝，其中爲公田，八家皆私百畝，同養公田。」私田稼不善則非吏，公田稼不善則非民。無愛國心。初税畝者，非公之去公田，本無公田。而履畝十取一也。《論語》：「二猶不足，何云取一？」如果履畝而十一，則與井田之法相符，《春秋》必不譏之也。以公之與民爲已悉矣。公田有定制，履畝則隨時加税。古者公田爲居，王居爲公。井竈葱韭盡取焉。井田之法，盡取於公田，不税民之私畝。〇此與作丘甲、用田賦皆譏不行井田法。

附《知聖篇》二則

騶子驗小推大，即化王伯爲皇帝之法。方里而井，可謂小矣，推之小九州而準，更推之大九州而準，六合之内，取譬於方里而已足，此與富家，一牧爲一家。〇《易・家人卦》：富家，大吉。京師《公羊》桓九年：京師者，天子之居也。京，大也；師，衆也。天子之居，必以衆大之辭言之。地中爲公，《詩》公田、顛倒自公、退食自公、夙夜在公。同以八州爲八家；大田多稼，即謂八王爲八家。合車輻圖爲終三十里，象月望三五盈缺。左右前後爲十千，所謂十畝之間、十畝之外、十千維耦，歲取十千三萬里大九州，中爲京師，爲公，四方同爲萬里，故曰十千維耦。是也。《詩》以公田比天下，爲一大例。言耕即井。《周頌》「亦服爾耕」，耕字從井。《易・乾》見龍在田、有禽《師卦》。無禽、《井卦》。酒道食德、飲食醉飽、皇道帝德、隰畛、主、伯、亞、旅，彊以見《周頌》。二徂六侯，當即八伯名目。皇祖即上帝，《大雅》「皇矣上帝」。多稌爲并家，飢饉爲騫崩。《禮》記禮耕義種，亦借田以比治天下也。

西人重公，公理公法皆不主一偏，原本於經。《詩》以九州比井田，京爲公，八家爲私，所謂「薄汙我私」、「駿發爾私」，皆謂八伯之私地；所云「退食自公」、「夙夜在公」，皆以公爲京邑，四隅顛倒，皆折中於公。公者不偏不倚，皇極居中，一貫之道，忠恕之訓。忠即中心，恕即絜矩，所謂上下、左右、前後，所惡勿施；忠不與詐僞對，而與偏倚對，即西人公理之説。《尸子》言孔子貴公，然一貫即中即公。《論語》所謂中行、狂狷，《列》、《莊》之言公者，尤不一而足。

鎔按：井田之法，創自孔經。《謨》曰「濬畎澮」，《貢》曰「則三壤」，似洪水甫治，虞夏即行井田。《大雅》：「公劉遷豳，徹田爲糧。」則殷時亦有井田。迄于有周，《豳風》「徹彼桑土」，《嵩高》「王命召伯，徹申伯土田」，《江漢》「王命召虎，式辟四方，徹我疆土」，又曰「于疆于理，至于南海」，是周之井田徧布於中國境內。乃考之事實，年饑盍徹，則魯無井田；經界正始，則滕無井田；許行受廛，則楚無井田；陳相負耒，則宋無井田；百畝無奪時，則齊梁無井田。曠覽周家之土宇，絶無井地之規模。後儒因班書《食貨志》言商鞅改帝王之制，除井田，《莽傳》亦曰秦滅廬井而置阡陌，於是集矢商鞅，以爲變法之咎。然《史·商君傳》云：鞅禁民父子兄弟同室内息，而集小都鄉邑聚爲縣，置令丞，凡三十一縣，爲田開阡陌封疆，行之四年，秦國富彊。《地理志》：「孝公用商君制轅田，開阡陌，東雄諸侯。」孟康曰：爰田，自爰其處。轅、爰古通。《左・僖十五年》：晉作爰田。注家不言其廢井田。是鞅增縣置官，開闢田畝，墾荒定賦，非廢舊日之井田也。故井田本經制，乃大小九州所原始。《孟子》：「方里而井，井九百畝，中爲公田。」中區爲公，八區爲私，正如《王制》九州中爲王畿，八州八伯環拱，由方里積之方三千里，推廣至二萬七千里，始終皆一井字之形，一貫之旨。此其一端也。《易》曰「往來井井」，謂由此井達彼井；「改邑不改井」，謂歷代京邑變更，九州之制不改。蓋經立此制，以爲驗小推大之符記，傳説乃從而發明《周禮》、《遂人》、《考工》、《匠人》。其較著也，《孟子》：「夏貢五十，根原《禹貢》。殷助七十，《詩》「雨我公田」，惟助爲有公田。周徹百畝。」名出《大雅》。又曰：「文王治岐，耕者九一。」皆緣經立説，託古徵信之義也。如《尚書》帝治託始堯舜。是以《管子・幼官》有曰「五后之井」。五帝各司萬二千里之九州。《史・本紀》：舜所居一年成聚，二年成邑，小司徒九夫爲井，四井爲邑。三年成都。六十四井爲甸，四甸爲縣，四縣爲都。班《地理志》：「黄帝旁行天下，方制萬里，畫埜分州。」似井田之法，由來已久，實則唐虞之民，自由耕鑿，歌帝力於何有。三代以來，隨宜定賦，列國乃稅斂有加，並未分區畫井，整齊貧富而限制之也。自西漢之末，始倡廢井田之説。《莽傳》：井田雖聖王法，其廢久矣。於是莽收民田爲王田，禁民積錢賣田，而天下亂也。晉世設均田之制，至東晉而法不行。北魏從塞外入主中夏，信李安世之言，令男子十五受露田四十畝，北齊令丁男受露田八十畝，北周令有室者課田百四十畝，因時變更，難以垂爲定憲。須知井田爲九州之起點，正如史公所謂先驗小物，推而大之，至於無垠者也。自信經疑史者强以經義牽合史事，膠柱刻舟，不知潤澤其誤，至以《官禮》禍蒼生，是豈經之不利施行哉！

周禮槷柯從衡求地中圖第三十七

俗以柯爲斧柄，凡古言兵刃不言柄，戈矛鉞戚皆同，從無刃與柄分二名言之者。《考工記》以柯爲儀器，作車用之，以量輪輻。且匠人斧柄長短不一，安能以三尺爲準？況周圍九寸，非手所能把持，舊説誤矣。

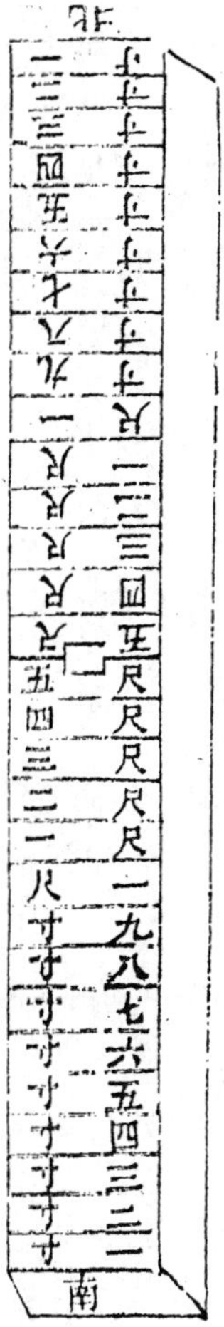

柯長三尺，象地三萬里，厚一寸五分，博三寸，周圍九寸，以土圭一尺五寸椓杙其中，以候日景，每一寸當地千里，故千里而差一寸。

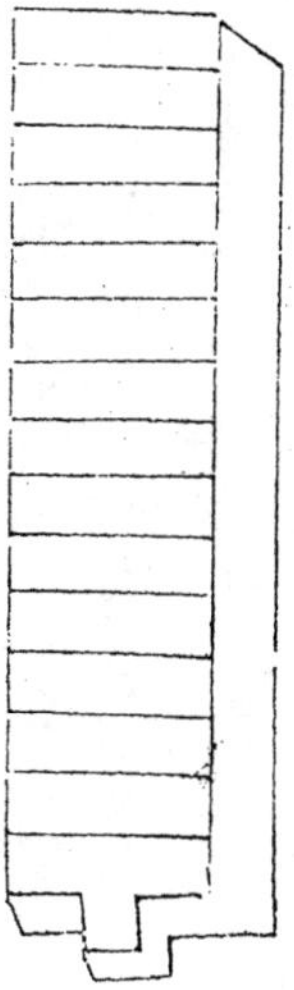

土圭一尺五寸，象地球四方各一萬五千里，椓於柯中，二至之景尺有五寸，是爲地中。

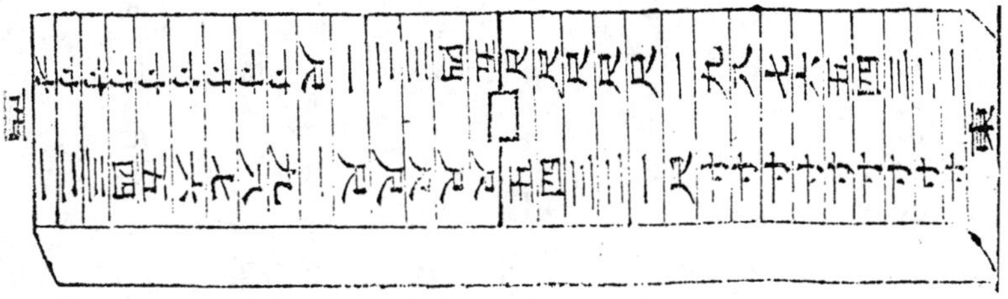

經《帝典》：光《周禮》「致日」、「致月」，《素問》「移光定位」，有光則可測景。被四表。一表萬五千里，四方則四表，用土圭一尺五寸，以柯三尺爲座，即《皇道編》四度。

亮采亮讀作量。司空公以量人爲卿，《周禮》十五畿萬里爲采。《謨》曰「載采采」，又曰「亮采有邦」是也。惠疇。

疇通於州，九疇即九州，量人建國，分國爲九州。

《康誥》：王曰：外事，土圭測日，外薄四海。汝陳時臬。四方，四時測日。臬與槷同。鄭注臬、槷、杙三字同義，即三尺之柯。司師，典司土圭之官，如《周禮》之典瑞、土方氏、馮相氏。兹殷二黑道爲殷國。罰有倫。一日千里，至萬五千里，以及三萬里，爲有倫次。○《書緯·考靈曜》鄭注：地厚蓋三萬里。春分之時，地正當中，自此地漸漸而下。夏至之時，地下游萬五千里，地之上畔與天中平。夏至之後，地漸漸向上。至秋分，地正當天之中央，自此漸漸而上。至冬至，上遊萬五千里，地之下畔與天中平，自冬至而後，地漸漸而下。

王曰：封。《伏傳》：王曰封，惟曰若圭璧。《周禮》封人掌封建大宗伯。王大封，公侯伯執圭，子男執璧，舉圭璧而五長皆在矣。○經稱封者三篇，指諸侯言，故有内服、外服之辭，非康叔一人占書三篇，亦非康叔名。

《召誥》：其自時中乂。四方四時之中，乃天地氣交之地。王中心王畿千里。厥讀作橜，與臬、槷通，即三尺之柯。有成即城畿，居十五畿之末。命，治民今休。

《君奭》：厥基讀作橜基，即柯之異名。永孚于休。

《大誥》：天明威，弼我丕丕基。以橜基測量三萬里之地球，故曰丕丕基。

《立政》：其在商邑，中央京師。《詩》：「商邑翼翼，四方之極。」用協于厥讀作橜。邑。京師當地中，適合於三尺柯之中，謂之協于橜邑。其在四方，光被四表。用丕式從衡用柯以量三萬里之地，謂之丕式。見德。《月令》：春木德，夏火德，秋金德，冬水德，四方四德，爲帝德之師說。

文王惟克厥讀作橜。宅心。用橜基之柯以度量地之中心。

以並受此丕丕基。周公、成王分建兩京，皆用橜基以測東西兩半球之中，故曰並。

《多士》：今爾惟時四維四時。宅宅即度。爾邑，《董子·改制篇》：周公作宮邑于洛陽。繼爾居，王居。爾厥讀橜。有幹八千爲内八州。有年十二支爲外十二州。于茲洛。東半球之京師。

《多方》：越惟有胥伯典司土圭之官。小大小王方三千里，大皇方三萬里。多正，八正、十二正。爾罔不克臬。三萬里之廣遠，皆用柯以測日。自作作新大邑。不和，未得地中。○《大司徒》：陰陽之所和也。爾惟和哉！東半球之地中。爾室王畿官府。不睦，猶云不和。○二不字讀作丕亦可。爾惟和哉！西半球之地中。爾邑地中京師。克明《洛誥》：「惟公德明光于上下。」爾惟克勤勤施于四方。乃事。土圭量日景之事。

傳《大司徒》：以土圭之灋測土深，正日景，二至兩極，日中無景。以求地中。日南地在北爲冬至。則景短如鄭注於二冰海立表，則冬至夏至所得之景正同，非有長短之殊。此就南北一偏而言，乃有長短耳。多暑。日北地在南爲夏至則景長舊說二至有一尺五寸與一丈五尺之不同。多寒。日東地在西爲春分。則景夕多風。皆取對衝言之，如《素問》六氣，《書經》謂之沖人、沖子。日西地在東爲秋分。則景朝多陰。日至之景兼冬至、夏至而言。尺有五寸，此法經與鄭君雖有其說，非千年後尚不能行，以今兩黑道尚爲冰海也。謂之地中。舉二至之中，即可推求二分之中。

凡建國，以土圭土其地而制其域。制其畿方千里而封樹之，故土圭法，千里一寸。

《封人》：經但作封。掌設王之社壝，匠人左祖右社，需用一井之地。爲畿封而樹之。凡封國，掌封建。設其社稷之壝，王之社方一里，諸侯之社方百步。封其四疆。造都邑之封域者《左傳》：大都不過參國之一，中五之一，小九之一。亦如之。

《典瑞》：土圭以致四時日月，冬夏致日，春秋致月。封國則以土地。

《量人》：司空執度量人，爲卿測量之事，爲量人專職。《禮記》月以爲量，三五盈闕，即量人春秋致月以營建全球十五畿服之都邑。掌建國之灋，建國必用土圭測量其封域，當杙柯三尺若干遠近，以爲頒曆授時之預備。以分國爲九州，以全球三萬里劃分九州，每州方萬里。○匠人九分其國以爲九分。營國事詳《匠人》。城郭，方九里，又城隅之制九雉。營后宫，王宫門阿之制五雉，宫隅之制七雉。量市朝，面朝後市，市朝一井。道巷門渠。經涂九軌，環涂七軌，野涂五軌。造都邑亦如之。門阿之制以爲都隅之制，宫隅之制以爲諸侯之制，環涂之制以爲諸侯經涂，野涂以爲都經涂。

《土方氏》：掌土圭之灋，以致日景，《尚書》：「敬致日永。」以土地相宅，《召誥》、《洛誥》。而建邦國都鄙。

《馮相氏》：冬夏致日，《尚書》：仲冬日短，仲夏日永，以求南北之中。春秋致月，《尚書》：仲春日中，仲秋宵中，以求東西之中。以辨四時之敘。由地中用四表以測四極，各有日景永短之次敘。○《爾雅疏》引《孝經緯》與鄭注言之詳矣。

說《考工記》：天工人代，此記乃五篇之傳說，非正經，又非百工之事，序乃古文家所補。玉人土圭尺有五寸，象南北兩半球萬五千里。以致日，以土地。致日以測四方，度地以求地中。

匠人匠人即量人之音誤，非工匠之比。所司之事，全爲《量人》之詳文，故考工名記，爲五官傳記，非百官之職，亦不專轄於冬官。建國，以下即量人建國之記。水地以縣，置槷槷，即三尺之柯。以縣，縣以正之，用土圭也。○《中庸》「執其兩端，用其中於民」，《論語》「允執其中」，「四海困窮」，凡「執」字多當讀作「槷」，同爲土圭測日之物。眡以景。視日景之正以爲準。爲規，地球周圍九萬里。識日出之景與日入之景。《尚書》：仲春寅賓出日，仲秋寅餞入日。晝參諸日中之景，夜考之極星，仲春日中星鳥，仲秋宵中星虛。○舉春秋以包冬夏。以正朝夕。《大司徒》：日東則景夕多風，日西則景朝多陰。

匠人營國，以下即量人營國之記。方九里，指城郭言，以九起算，爲九九八十一州之中心。旁三門，每方三門，共十二門，象十二月。國中九經九緯，從衡用九，如井田之方里而井。經涂九軌寬容九軌，則緯涂可用五軌、六軌不等。左祖右社，面朝後市，城方九里，以方三里者八爲民居，以中心方三里者一爲王之官府，方三里者一，爲方一里者九。以中心方一里者爲王宮，象天之紫微垣。以前之方一里者爲朝堂，即秋官朝士外朝，象天之紫微垣。以後之方一里者爲市，象天之天市垣，爲聚市交易之所。祖廟、社壇在左右，亦如之。尚餘四隅之方一里者四，以爲百官府。市朝一夫。夫爲井之誤文。按：遂人夫一廛，田百畮爲井田，九分之一。鄭注：謂之方百步。考《大戴·明堂》其宮方三百步，乃一井方里之地也，故當作市朝一井。九分其國以爲九分，分當爲軍。《莊子》：天子九軍。《董子·爵國篇》：天子地方千里，三分除一，定率得千六百萬日，九分之，各得百七十七萬七千七百七十七口，爲京口軍九。○按：量人分國爲九州，每分九千里，乃全球之大綱。匠人分國爲九分，小爲市朝祖社，王宮居中，大爲城，方九里，再大爲國，畿千里，及皇州六千里、九千里，皆以井田九區之法，由內推外，大小皆九分也。地愈加廣，兵賦增多，倣董子地方千里之京口軍推而大之，照數倍算。九卿一卿一軍。治之。以九卿統九軍，故古有軍將皆命卿之説。此在王朝之九卿也，若天子之卿，出封爲方伯，則九州九卿。

車人之事，半矩謂之宣，半矩尺三寸三分寸之一。一宣有半謂之欘，一尺九寸九分五毫。一欘有半謂之柯，二尺九寸九分二毫五釐，舉全數爲三尺。一柯以柯爲儀器。有半四尺四寸八分八毫七釐五忽，舉全數爲四尺五寸。謂之磬折。宣、欘、柯、磬折皆屬儀器，測量用之。○司空度地居民，封建屬之。《詩》云「肅肅謝功，召伯營之」，「溥彼韓城，燕師所完」，「維鵲有巢，維鳩居之」，皆司空執度，建國營國，諸侯所至如歸之義。車人爲車，柯長三尺，象地球三萬里。博三寸如三千里。厚一寸有半，如千五百里。○共圍九寸，如九千里一州，以柯三尺爲規，則如全球周圍九萬里。五分其長，六寸六千里。以其一爲之首。中以六千里，象皇統之一州。轂如二公。長半柯，一尺五寸。○以直径言，包中軸在內。其圍一柯有半，四尺五寸，即所謂一月得四十五日，指八正言之。輻通作幅，又作福，同音作服。長一柯有半，下文渠得柯者三爲九尺，據三十輻而言，此言一柯有半爲四尺五寸，據十五輻而言。其博三寸，厚三分之一。一寸。渠輻之空道也。三句。○謂三寸也。柯者，三一柯三尺，三柯九尺。○《老子》：「三十輻共一轂。」《容經》：「三十輻以象月。」按：每輻三寸，三十輻故九尺，非謂渠長九尺也。六分其輪崇，輪高三尺，以六分之，每分五寸。以其一爲之牙圍。兩面合計爲一尺。○按輻併軸爲一尺五寸，牙圍與輻爲一尺六寸，共計爲三尺一寸，較柯長三尺有餘，舉成數爲三尺，象地球三萬里。○車邊爲牙，以圍加釘，似齒形，故牙爲涯邊，鼠牙從此取義。鼠子爲玄枵，即玄空，與鶉火對稱，爲鳥鼠。朱雀在中，玄枵在邊。《詩》「無邪」之「邪」從此取義。

《詩·小雅》：伐木讀作杙柯。丁丁，丁爲土圭加於柯上，形如釘入柯。鳥鳴嚶嚶。出自幽谷，兩黑道。遷于喬木。喻地中。從兩極起算，至地中，高萬五千里，《伏傳》謂之高岸。《豳風》：伐讀作杙，下同。柯《詩》伐木皆當作杙。椓之丁丁、椓之橐橐、夭夭，是椓即杙。牂牁之牁亦同。伐杙。柯，柯從木從可，可爲柯本字，口象柯竅形，柯以封建舉賢，故曰可。其則《爾雅·釋詁》：柯則法也。不遠。讀作丕遠，謂大一統之大猷遠猷，非小近也。○《詩》之兔罝即土圭。《呂覽·貴生》：「道之真以持身，其緒餘以爲國家，其土苴以治天下。」土苴即兔罝，土圭之異文。故「椓之丁丁」與「伐木丁丁」同爲此法，施于中谷、中逵、中林，即千里一表。《中庸》：執柯讀作槷柯。以伐讀作杙。柯，《爾雅》：樴謂之杙，在地者謂之臬，即槷。睨測量多以一目爲用，即所謂睨。而視之，《考工·匠人》：眡以景。猶以爲遠。猶與猷通。《詩》「大猷是經」、「遠猷辰告」、「猷之未遠」、「爲猷丕遠」，皆謂經營八表。故君子以人治人，每方萬五千里，用十五土圭測之，每千里置一表，得一寸之景差。前表已立，然後在千里外再加一表，是謂以人治人。改十五表從極邊至地中各不相同，爲改。而止。地中京師爲止。《詩》「止于丘隅」，又曰「邦畿千里，維民所止」。子曰「于止」、「知其所止」。忠恕《論語》以此二字爲一貫之旨。考《大戴·小辨篇》：子曰：「聞之忠有九知：知忠必知中，知中必知恕，知恕必知外，知外必知德，知德必知政，知政必知官，知官必知事，知事必知患，知患必知備。」按：九知有十名，如《周禮》九畿、九服加藩，皆由内及外之名辭。九知舉忠恕，如畿服之舉侯甸。違讀作圍，指大地周圍九萬里。道指天道。緯説日行九道。不遠，讀作丕遠。施諸己己即地中京師。《月令》：中央戊己。而不願，《列子·黄帝篇》：「黄帝即位十有五年，喜天下戴己。」又《仲尼篇》：「堯治天下五十年，不知億兆之願戴己歟？不願戴己歟？堯乃微服遊於康衢，聞兒童謡曰：『立我蒸民，莫匪爾極。不識不知，順帝之則。』」「則」即柯也。《詩》云：「其則不遠。」亦勿施《書》：「勤施于四方。」于人。《論語》：「己所不欲，勿施於人。」他如修己安人、己立立人、己達達人，皆由中及外之代辭。君子《詩》：「豈弟君子，民之父母。」《書》：「天子作民父母，以爲天下王。」之道四，丘未未指未來。能一焉。四道皆未來之事，所以俟後，故曰未能。所求乎子以事父，未能也。《樂緯》：「父子之仁生於木，木東方之行。」以子事父，如地承天，喻杙柯測日之意。孔子時東方未闢。所求乎臣以事君，未能也。君臣之義生於金，金西方之行。孔子時西方未闢。所求乎弟以事兄，未能也。兄弟之序生於火，火南方之行。孔子時，南方未闢。所求乎朋友朋友之信生於土，土中央也。先施《洛誥》「勤施于四方」，謂以土圭由中央推及四方。之，未能也。孔子時未得地中，不能推測四方。○四道不言北，孔子作《書》，託堯以先治北方，然後推及東、南、西，迨地中統一，則皇道人統之世也。庸德之行，《帝典》：堯曰峻德，舜曰惇德，託之以見實行。庸言之謹，孔經託之空言。有所不足，未開闢之天下。不敢不勉，建諸天地而不悖。有餘不敢盡。百世以俟聖人而不惑。言顧行，行顧言，言行合一，世界大同。君子胡不慥慥爾。慥，進也，又適也。

《新語·辨惑篇》：夫言道因權而立，司空主封建、選舉、錫命。德因勢而行。司馬主征伐、刑討。不在其位者，無司空之位。則無以齊其政。《大學》明明德、見賢而不能舉。不操其柄者，此柄指斧上位，單指柯。則無以制其剛。《洪範》剛克，司馬。○《大學》新民、見不善而不能退。《詩》云「有斧司馬斧鉞專殺，《詩》云：「析新如之何？匪斧不克。」故曰司馬主新民。有柯」，司空執度度地。○斧、柯二物，二公所用，故分析言之，非譬喻政柄也。言何以治之也。此分斧、柯爲二物之鐵證。

《琴操》：孔子去魯，作歌曰：「予欲望魯兮，龜山蔽之。手二公如左右手。《詩》：「左手執籥，右手秉翟。」無斧柯，言不能如司馬之專征伐，司空之掌封建。奈龜山何。」舊誤以斧柯作一物。

按：土圭之説，明文著於《周禮》，而鄭注之見於諸緯與各經疏引者，亦綦詳矣。顧其法，乃全球三萬里測日度地、建中立極之用。從前試用於潁川陽城，此不過中國之中耳。中國疆域大略五千里，而欲用三萬里測量之器，蜂房鵠卵，大小枘鑿，地望既差，天光必舛。八尺之表，與古不符，丈五之景，去道愈遠。聖制難徵實驗，由是土圭典物，悠悠虚懸，而槩基之柯，更變易形體，而辱在賤工矣。《考工·車人》之柯，二鄭既以爲斧柄，其他經傳解説家因之沿譌襲誤者，詎勝縷指乎！夫車人之柯三尺，在斧柄之長者或有之矣，然博三寸，厚一寸五分，其形廉潤，周圍九寸，已非斧柄所宜，況一柯有半，何取于磬折？五分其長，奚重于爲首？此義不明，致欽天測日之儀器，淪入于梓人運斤之手，生訓望文，乖違宗旨。不知司馬專殺用斧鉞，司空度地用杙柯，經傳古説，涇渭攸分。經《考工》三匠人本爲夏官量人之記，建國營國，量人職掌，屬於司空，不與梓、匠同儕。經義下俟百世，預料地球廣遠，將來大一統之世，不得地中以建都，上不能合天心，下不能扼地軸，四方朝貢，道里不均，非所以鈞衡天下也。特創此土圭之灋，以求四海中乂之地，用柯三尺，奠基植表，勤施於四方，懸眂日中之景，而知距離地中之里數。考八極、八紘、八殥之實測，以趨歸於中央。二至之景尺有五寸，乃爲四時四方適中之地，《召誥》謂之中土，《洛誥》謂之時中，《周禮》謂之四時所交之地中。地中之地，百物阜安，乃建皇國。故辨方正位，體國經野，皆以土圭爲準的，而土圭又以柯別遠近。杙柯爲基，土圭爲表，考極步地，不差秬黍。從前地球未出，儒者説經，每以大統宏規收縮於中國一隅。如九州分野之星，五帝終始之運，海外未通，心思囿於所見，無怪其削足適屨也。時會未逢，土圭不足致用，即三尺之柯，且溢爲木工之器具。必俟全球統一，兩極冰洋均已融解，冬至夏至得其日中無景之處，然後基始測量，而千里一寸之景可求，即交會和合之地可得。孔經韞匵之美玉，俟後久遠，待人而行，非若八股試帖，隨風氣爲轉移，不過經歷數百年，即已敝不可用者也。故秋菊春蘭，過時彫謝，聖人之道，亘古彌新。前值小康時代，不適用大同之典制，坐使土圭杙柯摧殘分裂，即經傳亦多舛誤之文。今起廢鈎沉，光復舊物，考明柯之形狀，證實柯之作用，其與土圭尺五，殆如蓋之於車，絃之於軫，確有可合不可離之勢。但所舉諸書，粗引端緒，有若秦碑漢碣，年代湮遠，文體剝蝕，幾經摹刻傳變，誤解支離。然其節專車，尚識防風之骨，渡河聞讀，能辨己亥之譌。考古之彥，誠使旁徵博訪，推類以求，則通衢大邑之間，滄海桑田之畔，其湮没聖門之遺寶，爲人所習見習聞而不之覺察者，必不僅此數也夫！

夏殷周三統循環遷移干支圖第三十八

夏統干支圖

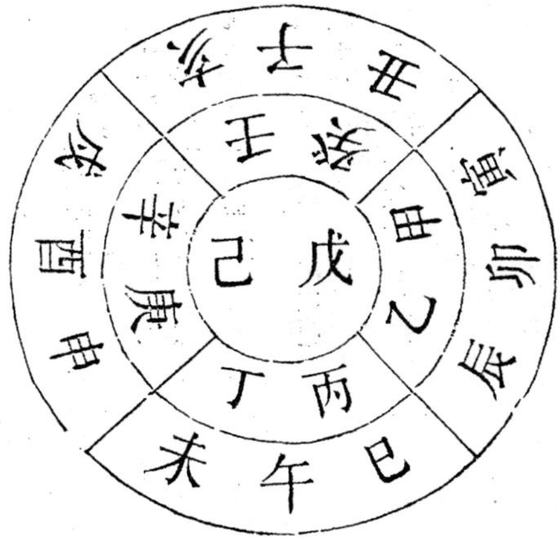

此干支分配二十一州之定位也。夏承堯舜揖讓之後，內外大統，州制無沿革，此與小統州制同一規畫。如《禹貢》九州，小統內州也，在侯綏內。荊州三邦，小統外州也。舉一反三，在要荒內。內九，外十二，並無沿革。驗小推大，名稱雖殊，而制度均同也。

經《帝典》：帝曰：「咨汝二十有二人，十干、十二支共爲二十二，孔聖以之爲大統岳牧之符記，分之稱四岳、群牧，合之稱群后。說詳皇帝疆域第二十六圖。欽哉！欽若昊天。惟時一時三月，四時八正十二月。亮天工。」測量天度，而知地位所在。經託帝堯，以天包地，故《論語》曰：「唯天爲大，唯堯則之。」

《帝謨》：禹曰：「予娶讀作聚，合也。塗山，《左·哀七年》：禹合諸侯於塗山，執玉帛者萬國。辛壬癸甲此北半球之四州。其南半球乙丙丁庚可以例推，即外十二州亦可由八干以推得之。啟。」開也，謂內州、外州初開闢，非禹子名。

《禹貢》：六府孔修。《淮南·天文訓》：何謂六府？子午、丑未、寅申、卯酉、辰戌、巳亥是也。

傳《周禮》：鍾師掌金奏。凡樂事，以鍾鼓奏九夏：夏統九州。王夏、戊己。肆夏、甲。昭夏、乙。納夏、丙。章夏、丁。齊夏、庚。族夏、辛。祴夏、壬。驁夏。癸。○夏乃地中赤道之名，十干居九州，爲九夏，又爲諸夏，借用爲大統國號，故夏之言假，又樂曰大夏。

《大行人》：十有二歲，歲星十二年一周天。王巡守殷國。夏以干居內州，則殷以支居外州，故殷國在邊鄙，應天之十二歲。夏道亡而殷支乃移居於內。

說《孟子》：堯使其子如《洪範》之其子。九男十干合戊己數之爲九。《呂覽》：「堯有子十人，不與其子而授舜；舜有子九人，不與其子而授禹，至公也。」皆據十干之分合言之。二女，即十二女，爲十二支，經以之代外十二牧。言十二女者，舉零之例，如《周禮》之舉幽并，《爾雅》之舉幽營。○《帝典》「汝于時觀厥型于二女」，乃堯使舜巡守四方，以觀外十二州之治否。《論衡》：「觀試虞舜于天下，不謂堯自觀之。」是也。以爲娥皇、女英者誤。百官內外州職官無缺。

牛羊喻百姓。《孟子》：「今有受牛羊而爲之牧之者。」倉廩備，以事舜于畎畝之中。即《典》之「納于大麓」。

《禮記·月令》：春三月，寅卯辰之月。其日甲乙。夏三月，巳午未之月。與《夏小正》同出一時。○《夏本紀》贊孔子正夏時，學者多傳《夏小正》。其日丙丁。季夏之月，言未以包四季，爲舉隅例。其日戊己。秋三月，申酉戌之月。其日庚辛。冬三月，亥子丑之月。其日壬癸。《周禮》馮相氏掌十有二月、十日。

《淮南·天文訓》：甲乙寅卯，木也。丙丁巳午，火也。戊己四季，土也。四季統辰戌丑未。庚辛申酉，金也。壬癸亥子，水也。此與《月令》皆干支之定位，未經遷移者也。

按：唐虞之世，禽獸逼人，土地未闢，《貢》所謂九州，《典》所謂十二州者，乃經制。由春秋尚推之，内外州非堯舜時已全備四岳、八伯、十二牧也。方五千之疆域，至秦漢始略相符。秦博士説古之帝者地不過千里，誠據事實而言者也。干支分州之説，乃孔經寄託大統之制，其例起於《典》、《謨》、《貢》，經緯天地，規模宏遠。夏承唐虞禪讓之局，受命守土，無所革更。此經制由小推大，先立一定之準則，以俟後聖者也。

殷統干支圖

據《周禮》十二歲巡守殷國，是殷以十二支居於外州。迄夏亡殷帝，九夏之人，放諸四夷，殷乃入居中原。《易》曰「帝乙歸妹」，妹爲妹土，天下之中，帝乙自外州遷居之，故曰歸妹。《乾鑿度》：帝乙即湯也。湯名天乙，爲殷帝，改革夏政。古文家説仲丁遷於隞，河亶甲居相，祖乙遷於邢。又《書》曰盤庚遷於殷，是經與古義本有遷移干支之説，舊誤以爲遷都。

經《帝謨》：何畏乎巧言令色《典》謂共工靖言庸違，象恭滔天，即巧言令色也。孔壬？壬，北方之干也。《典》「流共工于幽州，以變北狄」，幽乃小統，外州大統，外州當爲子，此言壬者，以起移干於外之例。《多方》：乃大降罰，崇亂有夏。讀作又夏，下同。○謂將來大統之夏。因甲舉甲以統十干爲見端例。于内亂，十干紊亂于内州，如春秋下無方伯。不克靈承于旅，旅，衆也，指十二州牧、十二支言。據此可見夏之末世干支岳牧之敝，故殷統更變之。圖丕以干支分配内外州。統舉全球，是爲丕圖。惟進之恭，同寅協恭。洪舒于民。乃惟有夏之民叨懫日欽，民所忉憂忿怒之人日見欽用。劓割夏邑。天惟時求民主，乃大降顯休命于成湯，刑殄有夏。殷起而夏滅。

《多士》：乃命爾先祖成湯革夏，改革夏政。俊《謨》曰「九德咸事，俊乂在官」，爲二伯，如戊己。民《範》曰「庶民惟星」，如邊鄙。甸王居中心。四方。兼内州、外州言。○謂王畿二伯與内岳、外牧皆較夏有所革更。自成湯至于帝乙，《殷本紀》：諸帝以干爲名。《白虎通》説以尚質，非也。此如《蔡世家》稱侯之例。《春秋》蔡一見桓侯，諸書緣經立説，而稱侯。《書》於殷帝有《盤庚》篇。《君奭》見太甲、太戊、祖乙、武丁。《無逸》見祖甲。《世表》因通以干名耳。湯名履，紂名受，皆别有名。罔不明德《大學》：「明明德于天下。」恤祀，《祭法》：殷人禘嚳而郊冥，祖契而宗湯。亦惟天天統全球。丕建，以干支建設内外州爲丕建。保乂地中天地之所交。有殷，讀作又殷。殷王大統爲殷皇。亦罔敢失帝，如《月令》黄帝統四帝。罔不配天以地配天。其澤。

《召誥》：嗚呼！《列子》：仲尼謂樂天知命之所以憂。皇天上帝，皇配天，如上帝。改孔經改制。厥元子子爲十二支之首，包舉大地球，故稱元子，改入内州。兹大國殷之命，湯王之殷爲小殷，將來之殷皇爲大國殷。惟王讀作皇。受命，無疆《大誥》「嗣無疆大曆服」，《詩·魯頌》「思無疆」。惟休，亦無疆惟恤。《董子·率本篇》：夫至明者其照無疆，至晦者其闇無疆。嗚呼，曷其奈何弗敬天！既遐終大邦殷之命，殷亡而周興。茲殷多先哲王在天，周以殷先王之名爲天干，配地支。越厥後王後民，後世之周王周民。茲服厥命。

說《史·天官書》：甲乙四海之外，以甲乙移之海外，是古有遷干於外州之說。且四海而云甲乙，亦舉隅例。日月不占。日干月支，不拘尋常方位所占。丙丁，江淮中國。海南海。岱也。戊己，中州、指大九州之中。《淮南》：冀州中土。河濟。小統，中國。庚辛，華山中國。以西。西極萬二千里。壬癸，恒山中國。以北。北極萬二千里。○史公《敘傳》：「協厥六經異傳。」故此段史文混合大小二統與內州外州之干言之。《淮南·天文訓》：甲齊，東岳。乙東夷，東外牧。○以甲乙分內外，是古說八干，有時在內，如夏統，有時在外，如殷統，有時甲內乙外，如周統。東京以下同此例。丙楚，南岳。丁南夷，南外牧。戊魏，己韓。戰國學說。

經《大誥》：民獻有十夫，即十干。《論語》所謂亂臣十人。予翼周建東西兩京如翼。以于。讀作干，即《多士》之有幹。言干以統支，以天統地。東京以干分內外，西京以干分五運。

亦惟十人迪讀作軸，即地輿。知上帝命。地軸運於下，十干運於上。

《召誥》：相古先民有夏，讀作又夏，非已往小統之夏。天迪讀作軸。○天軸謂天統地輿。從子北方子。保，十二支從子起，言子以統之。如《詩》於內卒正言曹，外卒正言檜。《春秋》之稱許男，同爲見端例。面坐子則面午。稽天若。若，順也。順天而行，從北歷東而南、而西爲順。○《皇道》篇：「欽若昊天。」今來今，下同。時既墜厥命，夏道已亡。今相有殷，又殷乃將來大統之殷，非已往小統之殷。天迪軸。格保，《典》曰：「格于上下。」干支即上天下地之代辭。面稽天若。殷雖干支互遷，仍順天時之次序。今時既墜厥命，殷道已亡。今周統。沖子沖從水從中，十二支以子午丑未寅申卯酉辰戌巳亥和會於中，即《淮南》所謂六合。嗣，承繼夏殷。則無遺壽耇，二伯，天子之老。周仍用戊己居中，爲二伯。曰其稽我古人之德。《典》：稽古帝堯，克明峻德。其咨羲和，如戊己。朞三百有六旬有六日，即全球干支一周，以閏月定四時，則八干四立，子卯午酉四仲。

我不可不監于有讀作又，下同。夏，殷因于夏禮。亦不可不監于有殷。周因于殷禮。我不敢知曰，未來者不可知。有夏服天命，惟有曆年。曆謂日也，年謂支也。以日干月支分内外州。我不敢知曰，不其延。「不其」讀作「丕基」，下同。〇不知將來國祚延長否。惟不敬厥德，乃早墜厥命。無德則夏必亡。我不敢知曰，有殷受天命，惟有曆年。殷之日干月支内外互遷。我不敢知曰，不其延。惟不敬厥德，乃早墜厥命。無德則殷必亡。今王來今之周皇。嗣受厥命，我亦惟兹二國夏殷。命，周監于二代。嗣若功。承繼夏殷之典制。王乃初服。内服爲内州，用陽干陽支；外服爲外州，用陰干陰支。

周統西京干支圖

前圖東京成王所都，此圖西京周公所都。《洛誥》兩言洛食，是也。西京干支分州，用《素問》五運六氣法，再加以天符歲會，下加上臨、司天在泉、太過不及諸法，則與時周流，變動不居，故《内經》多大統師説。

經《多方》：洪惟圖天之命，弗永寅寅指東洛。周公不永居東洛，讓位成王。念于祀。

《多士》：王曰：猷！告爾多士，多士即統稱干支岳牧之辭，猶《帝典》之稱群后。予惟時四維四時。其遷居西爾。遷于西半球之西洛。

王曰：告爾殷多士，謂殷之干支岳牧。今來今，指後世言，下同。予惟不爾殺，予惟時命有申。申指西方，與寅相對。今朕作大邑于茲洛，西洛。予惟四方罔攸賓。賓于四門，四門穆穆，無凶人。今爾惟時宅爾邑，京師。繼爾居，《詩》「日居月諸」，謂日干居内州爲伯，月支在外州爲諸侯。爾厥有幹即十干。有年歲星十二年周天，故年用十二支。于茲洛。西半球之洛都。○《莊子》九洛謂九州。爾小子後生，後王。

乃興，有王者起。從爾遷。遷移干支。

《君奭》：公曰：君奭，在昔上帝皇天上帝。割申劃分西半球與東洛爲兩京。勸寧東洛寧畿。王西洛王畿。之德，其集大命于厥躬。天之曆數在爾躬。

《般庚《呂覽》、《史記》：周用般庚之法以治殷民。故《般庚》爲周書。之誥》：從《左傳・哀十一年》所稱。先王有服，夏殷二代皆有内服外服。恪謹天命，天包地球，命以干支，辨方正位。兹多上于兹洛，指西京。猶不常寧，不常在東洛寧城，即《多方》所謂弗永寅。不常厥邑，由東而西，建設兩京。于今五邦。五邦五遷，即《素問》五運，故《般庚》一篇分五章：「般庚遷于殷」至「底綏四方」言木蘖，爲木運。「般庚斆于民」至「非予有咎」，言火燎，爲火運。「遲任有言」至「弗可悔」，言罰罪，乃秋官司寇事，爲金運。「般庚作」至「迂乃心」，言涉河，爲水運。「般庚既遷」至終篇，言奠居正位，爲中央土運。舊分三篇，言遷都者誤。○《素問・天元紀大論》言五運詳矣。今指周統言。不承于古，古指夏殷二代，其干支分州不同。罔讀作網。若網在綱，有條而不紊，喻全球一統之意。知天之斷讀作繼。命，天繼夏殷而命周。

矧曰 即解曰引，解上文。其克從先王之烈。解上先王有服及天上之繼命。

説《論語》：武王曰：西方武皇。「予有亂臣十人。」謂十干，即《大誥》十夫、十人。孔子曰：「才難，不其然乎！唐虞之際，唐虞各五際五人。于斯爲盛，至周而備。有婦人焉，陽干爲男，陰干爲女。九人而已。」已居中央不動。

《素問・五運行大論》：黃帝讀作皇帝。坐明堂，《大戴》：明堂九室，中一室爲朝堂，其八室爲招待八州方伯之館。外則東夷、南蠻、西戎、北狄，有十二室，以招待之。按照干支圖，縮小於方里之地，所謂治天下如示諸掌也。《考工・匠人》：韓魏居天下之中。庚秦，西岳。辛西夷，西外牧。壬衛，北岳。○春秋以魏遷兖。癸越，越在南，以癸配之。又起戊癸火運居南之例，如周統西京。子周，內。丑翟，外。○支亦有内外之分，以子丑爲起例，故殷統子，遷内州，丑在外州，而四季皆在外。周統亦然。寅楚，楚本在南，以配寅者，所以起周統西京丁遷東之例。卯鄭，《穀梁》：鄭冀州之國以配卯者，起周統西京壬遷東之例。辰晉，以北晉配東方。辰晉伯，東北也。巳衛，衛在豫，何以配巳？故周統西京戊遷南。午秦，秦本在西，何以配午？《詩・召南》以西兼南之意也。未宋，宋即殷也，以配未者，殷統居中，以戊己兼攝四季也。申齊，齊在東，以配西者，故周統西京，乙遷西。酉魯，魯國以東遷西者，《召誥》、《洛誥》周公所以建兩京也。戌趙，亥燕。趙燕本在東北，何以配戌亥。○此亦如史公「協厥六經異傳」之説。

按：《書》之《甘誓》、《湯誓》、《牧誓》乃中國小三統，已往之三王也。三統尚忠、尚質、尚文，經傳本有循環之例。《甘誓》云「怠棄三正」，不曰寅正，而曰三正。即寓天地人代興之公理。故夏殷周三代小，爲三王，經復推而大之，以爲三皇。三王之九州，皆在《禹貢》方三千里之内，其外州尚待開闢，五服要荒，綽有餘地，至於三皇。夏既用干支之定位，殷不能不改弦更張。《召誥》「大國殷改厥元子」，則移支於内，遷干於外，亦自然之勢也，惟戊己四季不動。《太玄》五五爲土，爲中央，爲四維，曰戊己，辰辰未戌丑。若以戊己加臨戌丑北半球。爲戊戌，己丑加臨辰未南半球。爲戊辰，己未二伯代巡四隅，以及四正，即《素問》六戊六己所由起。

周統東京干支圖

周即《易・繫》之周流，《周禮》之周知、周偏也，乃大統之國號。經因舊周變作新周，由小邦周推爲大邑周，故干支分州，雖承用夏殷，而互相遷動。內州陽干陽支，外州陰干陽支。正如《淮南》所謂甲齊、乙東夷、子周、丑翟之類。師說有憑，非肊撰也。

明堂九室，九卿朝焉者，則在朝堂左右，如後世官廳。戊己二伯率卿大夫士居之，如《易》之兩儀。始正天綱，朱竹垞《經義考》引羅苹曰：黃帝坐玄扈閣，與大司馬容光、左右輔將周昌二十二人臨觀鳳圖。此出《河圖録運法》。臨觀八極，《淮南》八極在八殯八紘外。考建五常。五方五運。請天師而問曰：「論言天地之動干。靜，支。神明爲之紀，陰陽之升降，冬至以後主降，夏至以後主升。寒暑彰其兆。予聞五運之數於夫子，夫子之所言，正五氣之各主歲爾。首甲定運，從甲入中宮起以定五運。予因論之。」鬼臾區曰：「土主甲己，中央。金主乙庚，西方。水主丙辛，北方。木主丁壬，東方。火主戊癸。南方。子午之上，少陰主之。丑未之上，太陰主之。寅申之上，少陽主之。卯酉之上，陽明主之。辰戌之上，太陽主之。巳亥之上，厥陰主之。司天在泉，六氣分上下輪遞。不合陰陽，其故何也？」岐伯曰：「是明道也，是天地之陰陽也。」

《六微旨大論》：帝曰：「何謂當位？」岐伯曰：「木運臨卯，火運臨午，土運臨四季，金運臨酉，水運臨子，所謂歲會，氣之平也。」

《天元紀大論》：欲知天地之陰陽者，天干地支。應天之氣，動而不息，天干主日，運行於上。故五歲而右遷。緯說地右轉以迎天。○如圖，甲乙丙丁戊五歲而入中宮，又從己起。應地之氣，靜而守位，地支主辰，定位於下。故六朞而環會。子寅辰午申戌如環一周。動靜相召，天動地靜。上下相臨，下加上臨。陰陽相錯，十干、十二支凡六十歲而爲一周。而變由生也。不及、太過，斯皆見矣。○《六元正紀大論》：此天地之綱紀，變化之淵源，非聖帝孰能窮其至理歟！

按：十干、十二支在《爾雅》爲歲陽歲名，其「甲曰閼逢」與「寅曰攝提格」等辭，最難索解。此孔經以前字母拼音之遺跡，孔聖因之翻譯干支古文，以辨正方位，而爲大統內外州之符記。蓋天有十日，地應之以九州；天有十二辰，日月所會謂之辰。地應之以十二月。以天包地，以地承天，即大統內外州所由起。其見於傳記子史諸說者，莫不由經而生，非離經而別調獨彈也。舊説虞夏殷周歷代州制有沿革，以爲唐虞十二州，夏改爲九州，殷周九州名有變更，以史説經，最乖孔義。駁詳《四益館雜著》。今通考諸書，其内九外十二之州制，不惟小統五千里並無歧異，即大統三萬里亦如出一轍。小統内州以《禹貢》九州爲定名，外州以荆之三邦爲起例，以雍之析支、渠搜、西戎爲實據，舉一反三，自邇行遠，大統由此驗推，不能不創建州名，乃借天之日干、地之支辰以劃分全球之疆域。《帝謨》辛壬癸甲、《多士》有幹有年，固明文較著矣。然天地轉運，數有叠移，文質再復，正朔三改，又不能一成不變耳。孔聖從心運矩，設三統循環之例以濟其窮。小三統之夏商周爲黑白赤，大三統之夏殷周爲青素黄。小爲三王，大爲三皇。天、地、人三皇，即子、丑、寅三正。其内州外州，均用干支。始而定位，繼而遷徙，終而斡旋交錯，六合流通。此聖經體天出治，因時變化之妙，異小道之泥遠，匪君子之墟拘，神龍莫測，境象空靈，其所以遺餉後人，俾之通經致用者，不至周且密乎！顧干支雖有移易，而内外二十一州之制則仍鐵案如山，靡所更改，於至變之中寓有不變之道。守經行權，因機肆應，萬古此天，萬古此地，萬古此經，俟聖百世，其諸不惑。此經所以可大，經所以可久，經所以可行也歟！但鷽鳩之笑，或不免耳。

周禮吉凶齊十五服圖第三十九

每格方萬里
九格三萬里

衮冕
鷩冕
毳冕
希冕
吉服
玄冕
玄冕
希冕
毳冕
鷩冕
衮冕

五冕用於享祀祭，當爲齊服五。《周禮》屬之吉服，已寓統於齊服之意。

東統緇衣。即《月令》：東方青帝，青衣。《周禮》以五冕爲吉服，然但言冕，不言章。身之服當合《帝謨》山、龍、華蟲作會，宗彝、璪、火言之，是爲經傳相得。

玄端	弁經　服弁　冠弁
齊服	皮弁　韋弁　韋弁　皮弁
素端	冠弁　服弁　弁經

玄端與玄冕同色，素端與弁經同色，有以中央兼統東西之義，故五弁吉凶並用。

中央黄衣。《月令》：中央黄帝。雖在季夏之月，推之季春、季秋、季冬，皆黄帝司令之時。故中央兼備四時，齊服五弁，兼用吉凶二服。

西統素衣。即《月令》：西方白帝，白衣。《周禮》錫衰、疑衰，不在《儀禮》五服內，然《周禮》凶服五等，仍與《儀禮》同意。	凶服用《儀禮》五服。《周禮》五衰雖與《儀禮》不符，然五服之意同也。	斬衰　齊衰　大功　小功　緦麻 凶服 緦麻　小功　大功　齊衰　斬衰	

經《帝謨》：天命有德，三德、六德、九德。五服五長之服，在王朝爲公、卿、大夫、士，出封爲公、侯、伯、子、男。○五服見於《康誥》，有侯、甸、男、采、衛。《周禮》增作九服，加《板》詩六服，爲十五服。五章哉！《伏傳》：天子作服，其文華蟲作會，宗彝、璪、火、山、龍。諸侯作會，宗彝、璪、火、山、龍。子男宗彝、璪、火、山、龍。大夫璪、火、山、龍。士山、龍。

予欲觀古人之象，經制託之古。日、月、星、辰、《洪範》：「卿士惟月，師尹惟①日，庶民惟星。」故董子有「官制

① 惟：原作「爲」，據《尚書·洪範》改。

象天」之説。山龍、華蟲、作會、宗彝、璪火、《伏傳》：山龍青也，華蟲黄也，作會黑也，宗彝白也，璪火赤也。天子服五，諸侯服四，次國服三，大夫服二，士服一。粉米、黼黻、絺繡，《周禮》：縫人掌王宮之縫線之事，以役女役，以縫王及后之衣服。以五采五方例。章施於五色，《考工記》：畫繢之事雜五色，青與赤謂之文，赤與白謂之章，白與黑謂之黼，黑與青謂之黻，五采備謂之繡。土以黄，其象方天時變火以圜。山以章，水以龍，鳥獸蛇雜四時五色之位以章之，謂之巧。作服。

弼成五服，至于五千，句。州。五服五千里爲一州，九州則萬五千里，爲十五服，爲一帝。

《禹貢》：五百里甸服，百里賦納總，二百里納銍，三百里納秸服，下之每服三百里一小名，故此服字爲記識字。四百里粟，五百里米。五百里侯服，百里采，百里上脱「三」字，當補。二百里男邦，三百里諸侯，此句衍文。五百里綏服，三百里揆文教，二百里奮武衛。五百里要服，三百里夷，二百里蔡。五百里荒服。三百里蠻，二百里流。

《酒誥》：越在外服，侯、甸、男、衛邦伯。《周禮》以男至鎮爲邦國。越在内服，先外後内，如衣服先見其外。百僚《謨》以百僚統稱卿大夫。庶尹統稱上中下士。惟亞亞，次也。卿亞於公，大夫亞於卿，士亞於大夫。惟服。以等級服從。

《立政》：以陟禹之迹，禹治全球之水。方《九章算術》有方程法，以方里爲方根。行天下，以全球開方，爲三萬里。至于海表，《謨》曰「外薄四海」。罔有不服。皆由五服推爲十五服。

[傳]《小宗伯》：辨吉凶之五服。東吉西凶，彼此相反。東統主緇衣，西統主素衣。如今東亞尚青，西歐美尚白。

司服掌王三皇，三統。之吉凶衣服，吉服五，凶服五。辨其名物與其用事。王之吉服，祀昊天上帝，皇配天，故祀上帝。則服大裘而冕。服周之冕。祀五帝合上帝爲六宗。亦如之。此以中央統上下四方。享先王則衮冕，吉服一。享先公、饗、射則鷩冕，吉服二。祀四望、山川則毳冕，吉服三。祭社稷五祀則希冕，吉服四。祭群小則玄冕。吉服五。○此五冕爲吉服，然單言冕，合經之山龍、華蟲、作會、宗彝、璪火，乃爲五吉服之全文。經傳詳略互文，乃通例也。

公之服，自衮冕而下如王之服。《伏傳》：天子服五，其文華蟲、作會、宗彝、璪火、山龍。侯伯之服，自鷩冕而下如公之服。諸侯服四：作會、宗彝、璪火、山龍。子男之服，自毳冕而下如侯伯之服。次國服三：宗彝、璪火、山龍。孤之服，自希冕而下如子男之服。此諸侯之孤如次國。卿大夫之服，自玄冕而下如孤之服。大夫服二：璪火、山龍。

凡兵事，韋弁服。眡朝，則皮弁服。凡甸，冠弁服。以上三服爲吉服。凡凶事，服弁服。凡弔事，服經服。此二服爲凶服。○五弁吉凶混用，與中央玄端、素端同。

凡喪，凶服。爲天王斬衰，凶服一。爲王后齊衰，凶服二。王爲三公六卿錫衰，凶服三。○《儀禮》傳曰：錫者十五升抽其半。爲諸侯緦衰，凶服四。爲大夫疑衰。凶服五。其首服皆弁絰。以弁絰統五凶服。

大札、大荒、大烖，素服。

其凶服加以大功、小功，《儀禮》不以錫衰、疑衰爲喪服。士之服，自皮弁而下如大夫之服，《伏傳》：士服一，山龍。其凶服亦如之。

其齊服有玄端、《論語》：「羔裘玄冠不以弔。」爲吉服。素端。《詩》素冠，爲凶服。○中央吉凶並用。

內司服掌王后之六服：以王后統五等命婦爲六服。褘衣、《玉藻》：王后褘衣。揄狄、夫人揄狄。○二公之三夫人。闕狄、君命屈狄。○九卿之九嬪。鞠衣、再命鞠衣。○二十七大夫之世婦。展衣、一命襢。○八十一上士之御妻。緣衣、士褖衣。○二百四十三中士之御妻。素沙。七百二十九下士之御妻。○按：《玉藻》六服無素沙，蓋王統百二十官，止於襢，帝統三百六十三官，止於褖，皇統千零九十二官，乃有素沙。○此王后與五等命婦有五服。《謨》於天子、公、侯、大夫、士亦有五服。

說《儀禮·記》：衰斬衰三年。三升，鄭注：喪禮八十縷爲一升。三升有半。齊衰期年。四升，大功九月。八升若九升，小功五月。十升若十一升，緦麻三月。十五升，抽其半。爲七升半。○按：五服升數，實有取義。斬衰三升，齊衰四升，大功八升，爲十五升。斬衰三升半，齊衰四升，緦麻七升半，爲十五升。齊衰四升，小功十一升，爲十五升。此如《禹貢》五服，每服包二小名，爲十五服也。斬衰三升，大功八升、九升，小功十升，爲三十升。大功九升，小功十升十一升，爲三十升。斬衰三升半，大功八升，小功十一升，緦麻七升半，爲三十升。斬衰三升半，大功九升，小功十升，緦麻七升半，爲三十升。此如《考工》三十輻以象月也。

《禮記·閒傳》：斬衰三升，齊衰四升、五升、六升，大功七升、八升、九升，小功十升、十一升、十二升，緦麻十五升，去其半。共計八十二升半。按騶子說大九州，九九八十一，以全球三萬里計之，每方尚餘一千五百里，故五凶服八十二升半象之。

録《知聖篇》二則

《司服》云：「掌王之吉凶衣服，辨其名物與其用事。」按：王之吉服五冕：衮冕、鷩冕、毳冕、希冕、玄冕。《喪服傳》錫衰不在五服之内，則以斬、齊、大功、小功、緦麻合爲五服。司服舉五弁，又云其凶服加以大功、小功，又云齊服有玄端、素端。今就司服之文分爲三門：吉五冕，凶五弁，衰齊則言二端以示例。三頌以素、青、黄起例，各五服，以合爲三十服。《禹貢》備舉五服，而《喪服傳》有五服之文。蓋緦麻、小功、大功、齊、斬共爲五服，與《禹貢》五服同文。《詩》素冠、素衣、素韠，舊説皆以爲凶服，是素統方萬里，爲凶服五服之比例，無疑矣。東方緇衣羔裘，即《鄉黨》羔裘、玄冠不以弔，是緇衣、青衿全爲吉服無疑。《詩》於《羔裘》云道遥、如濡，合爲東方吉服之五。中央五服爲黄統，兼取吉凶。以《周禮》言之，當爲齊服。齊服有吉有凶，兼用二服，故《司服》齊服有玄端、素端，玄端吉服，素端凶服。大抵中央以朝服三服居中，左取玄端，右取素端，故《詩》「狐裘以朝」，又曰「狐裘在堂」。車輻圖三十輻，三統三分，而借用吉、凶、齊之十五服以實之。此以幅隕比衣服之説也。且實而按之，《易》之吉、凶、无咎亦就三服言之。吉謂東鄰文，凶謂西鄰質；咎從卜從各，各君各子爲小統，分裂合好則爲无咎，无咎即合吉凶，即无妄、无疆、无邪。《易》之吉、凶、无咎亦以三服爲本義，而託之筮辭之吉、凶、无咎也。

《王風》「一日不見」，如三月、三秋、三歲，以三倍之法推之，一秋爲三月，三秋爲九月，則三歲當爲二十七月。喪服五服始於緦麻三月，終於斬衰三年。《禮記》三年之喪其實二十七月，是《采葛》之三月、三秋、三歲與喪期巧合。喪服皆緦麻所爲，舊説以素衣、素冠、素韠爲喪服，東帝爲「緇衣羔裘」，西帝爲「素衣麑裘」，素衣爲「麻衣如雪」，羔裘即「羔裘玄冠不以弔」，以此知東西之緇衣、素衣是以吉服、凶服爲起例。蓋東南生育，西北肅殺；生育者樂，肅殺者哀；《詩》中哀樂，實由吉服、凶服而起。《帝謨》、《禹貢》之五服，與衣服之服同字。大統十五服，《羔羊》之五紽、五緎、五緫，《干旄》之四之、五之、六之是也。考《禮》凶服有五，吉服有五，齊服有五，合爲十五。以東服爲吉，西服爲凶，中服爲齊。吉服五，冠昏用之，冠用緇布冠。東南喜樂，冠昏屬之；西北怒哀，故用凶服；中央齊，《周禮》齊服有玄端、素端。東吉西凶，中央兼用之。玄端即《論語》「不以弔」之玄冠，素端即《詩》之素冠。以喪服五服比疆域，則《周禮》九服萬里，爲緦麻三月；帝幅萬五千里，爲三秋；皇幅三萬里，爲三歲。《齊詩》以哀樂爲《詩》大例。孔子論《關雎》亦言哀樂，哀樂實即吉凶。吉服用緇用緣，凶服用麻用葛。必用吉凶二服立説，而後哀樂爲有根據，且推之《易》之吉凶，疑皆爲此例。以齊、吉、凶三門之十五服立説，而後大統之十五服各有宗主。推之於《易》，無不可者也。

鎔按：大地摶摶，莫可名狀。孔聖作經，既於《洪範》五事起天下一人之例，又藉衣服之義以統括全球。《易·繫》：「黄帝堯舜垂衣裳而天下治，蓋取諸乾坤。」乾上坤下，人身之服則上衣下裳，爲南北兩半球之象，況天包乎地，衣則覆蔽全體，近取諸身，罕譬而喻。故《貢》曰五服，即寓十五服於内，《周禮》推爲九服，溢出六服。於《詩》、《謨》則一州五服，九州十五服。《考工》説之以三十輻，輻爲與輻。《康誥》曰「大明服」，《大誥》曰「無疆大曆服」，皆取義於輿輻也。故輻、服相同。三五盈闕，月以爲量，服之爲義大矣哉！《論語》緇衣、素衣、黄衣本東、西、中之服色，即《齊詩》素、青、黄之三統。《檜風》素衣西，《鄭風》緇衣東，《邶風》黄裳中。以地球論，南北立極，冰海不易開通，惟此東西連橫之地，《帝謨》謂之輔和，《召誥》、《洛誥》以之建二洛，加以中央，地中三分，天下並列，如鼎足有三，合之則三權歸一。如《王制》三公統於天子。《周禮》吉服五、凶服五、齊服五，用事各别，似不相同，因時酌宜，未容通叚。不知東吉西凶，東亞尚青，西歐尚素。好惡相反，中央閒居其中，大同而化，修教齊政，與之相安。故玄端爲玄冕之起文，素端即弁經之先例。和同統一，道協於中，此經義驗推之苦心，不僅爲一王制禮者矣。考吉凶之義發端於《易》。《乾鑿度》曰：「陰陽東陽，西陰。有盛衰，人道《易》有三才之道，人道居中。有得失。東南得朋，西北喪朋。聖人因其象，法象莫大乎天地。隨其變，變通莫大乎四時。爲之設卦，《周禮》辨方正位，亦如《易》之八卦。方盛則託吉，東方春氣方盛爲吉。將衰則寄凶。」西方秋氣將衰爲凶。由此觀之，《易》之吉凶，非卜筮休咎之名辭，乃方位彼此之符記也。《周禮》爲皇帝之書，施政治於三萬里。《職方》、《大行人》九服、六服，已開十五服之先聲。而《司服》、《小宗伯》所稱吉、凶、齊之三五服，數既相符，義原一貫。「易簡而天下之理得」，此雖爲《易》言之，即謂爲群經言之，要亦非河漢之言也。

召誥明堂位圖第四十

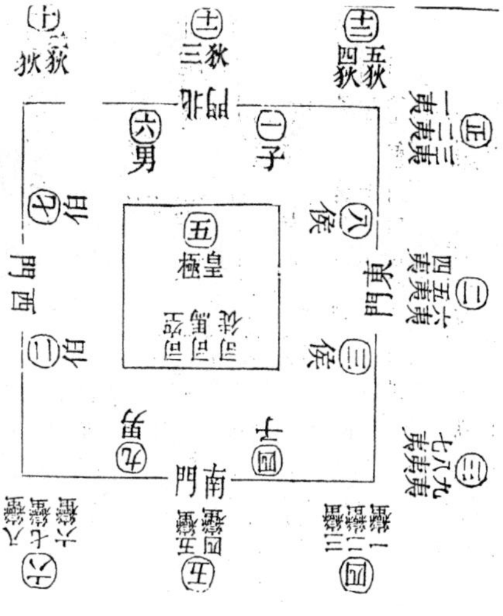

此圖據《覲禮》「四門」與《禮記·明堂位》之位次，併采《大戴·明堂》，集合而成。其方三百步，宫牆之内起建九室，如《洪範》九疇，中一室爲朝堂，周圍八室爲八州方伯所居，侯、伯、子、男四等，如《王制》方伯、卒正、連帥、屬長，每州皆備。宫外十二室，招待九夷、八蠻、六戎、五狄外州各國，恰符列宿之數，即《範》所謂「庶民惟星」也。縱横共計方五百步，會聚全球三萬里之岳牧於方里而井之内外。驗小觀大，能約能博。經制如此，實未經舉行之典禮也。

經《召誥》：太保書官而不名。經以俟後，不得定以召公解之。乃以庶殷攻《詩》庶民攻之。位《禮記·明堂位》、《周禮》辨方正位。于洛汭，西洛西京。越五日甲寅，位成。成位用寅日，以起大朝會必用寅年寅月。《禹貢》：○十有三載寅年。乃同。《帝謨》謂之同寅，《周禮》謂之大會同。《康誥》：惟三月十三月寅月。哉生魄，合朔後三日。周公初基，作新大邑非舊周之小邑。于東國洛，言東國尚有西國，即《周禮》之國畿。○《逸周書·作雒》：「乃作大邑成周于土中，立城方千七百二十丈，郛方七十里，南繫于洛水北，因于郟山，以爲天下之大湊。」四方民大和《大司徒》：陰陽之所和，謂之地中。會，《逸周書·王會》：下有圖。侯、甸、《周禮》官府。男、邦、采、衛、《周禮》加蠻夷鎮爲九服，男全鎮爲邦國，故經有邦字以爲符記。百工，即百官，指内官。播民，讀作蕃民。《洪範》「庶民惟星」，在蕃以外。和董子説東西爲和，此言東洛，尚有西洛。見士士，事也。《孟子》：「諸侯朝於天子曰述職。」述職者，述所職也，無非事者。于周。大統國號。周公咸勤，《洛誥》：「勤施于四方。」乃洪大誥治。《周禮》：「會同曰誥。」凡言誥皆會同，非獨封康叔。

説《儀禮·覲禮》：諸侯覲於天子，寅年大朝覲會同。爲宫方三百步。《大戴·主言》篇：「三百步而里。」《孟子》：「方里而井。」以此一井方里之地招待八州八伯，推之爲九九八十一州。驗小推大，説詳《皇帝疆域三十四圖》。四門四方四門。壇築土爲壇，在近郊三十里。十有二尋，八尺曰尋，共九十六尺。深四尺。深猶高也。《禮記·明堂位》：《逸周書》多與此同。昔者《尚書》「稽古」之變文。周公即《召誥》之周公。朝諸侯於明堂之位，即《召誥》位成。○《逸周書》：「周公攝政，君天下，弭亂，六年而天下大治，乃會方國諸侯於宗周，大朝諸侯明堂之位。」天子負斧依，南鄉坐北則向南。而立；《周書》曰：天子之位，負斧扆南面立，群公卿士侍于左右。三公，《周書》有「之位」二字，《大戴·朝事》作諸公之國。中階之前，三公居中，此爲朝位，言三公以統内官三百六十。北面東上；公尊有嫌，故北面。諸侯東西言侯、伯，以包南北之子、男，非東有侯而無伯、子、男也。之位，位，《朝事》篇作「國」。阼階《朝事》作「東階」。之東，如三八。西面尊卑不嫌，故居左右。北上；在東者西向。諸伯之國，《周書》作「之位」。西階之西，如二七。東面北上；在西者東向。諸子南北言子男以包東西之侯伯。之國，《周書》作「之位」。門東，如一國。○《周書》作「門内之東」，謂在南北門之東。北面東上；諸男侯、伯、子、男分四等，各州皆備，互文見義。之國，《周書》作「之位」。門西，如六九。○《周書》作「門内之西」，謂在南北門内之西。北面東上；兩言「北面」者，謂南方四九之國也。若北方一六，當如五狄之國，南面東上。○以上門以内。九夷之國，東門之外，東九夷居正二三春三月之三室。西面北上；八蠻之國，南門之外，南八蠻居四、五、六夏三月之三室。北面東上；六戎之國，西門之外，西六戎居七、八、九秋三月之三室。東面南上；五狄之國北門之外，北五狄居十、十一、十二冬三月之三室。南面以上四方四面，皆言其朝宿之館。東上；以上門外四裔，即六合四海，故《大戴》在辟雍水外。九采《逸周書》作「四塞九采之國，應門之外」，則九采當作九蕃，如《周禮》所謂九州外蕃國。之國，總論夷、蠻、戎、狄四裔。應門之外，國中朝堂方有應門，明堂位之南門亦如應門之制。此稱應門，當即南門。北面東上。《逸周書·王會》高夷以下諸國皆北嚮，言其北面而朝也，與此九蕃北面同，非若朝宿之館四方拱衛。○按：三公九蕃，北面以起，内官與州伯皆當北面而朝也。四塞，《周禮》蕃以外都鄙之地即十二牧所居之四極。世告至。《大行人》：九州之外謂之蕃國，世壹見。此周公《周書》作「宗周」。○《康誥》：「建東京爲宗周。」故《周書》曰「宗周」。《召誥》「建西京爲成周。」故《王會》云「成周之會」，非若春秋兩京在千里内。　明堂之位也。位有朝覲之位，有行館之位，《王會》則詳侍立之位。

解　明堂也者，明諸侯之尊卑也。《周書》曰：「故周公建焉，而朝諸侯于明堂之位，制禮作樂，頒度量，而天下大服，萬國各致其方賄。」○《大戴·朝事》乃《明堂位》之傳。

按：《明堂位》鴻規鉅制，收縮大九州三萬里之岳牧，聚合於方里内外，此如縮地之法，跬步千里，即騶子所謂先驗小物，推而大之，至於無垠也。故内八室爲八州，即大統八干之位。外十二月爲十二州，即《帝典》十二牧、《職方氏》六裔。戶牖八荒，庭除六合，天下諸侯皆在是。煌煌大典，十三年一舉行，二十五年而再舉，必待泰皇首出，統一全球之世，乃能用此禮制。小康之世，地不過三千里，或五千里，其九夷、八蠻、六戎、五狄不能如此完備。即五年一朝京師，自有朝宿之邑，如春秋之許田。其尋常朝堂足以廓其有容，不必於國外近郊爲壇三成、爲宮三百步也。惟大同遼遠，濟濟岳牧，輻輳於皇都，八方來歸，六府和合，各按所居之國地，辨方正位，會極歸極，以此方一井之地，爲大九州之基礎，一貫之旨，彰明較著。經制留以俟後，非古代已經舉行之典也。其託之周公者，經義鴻廓，特恐無徵不信，因託古以證其不謬耳。故周公非姬周之公旦。周之言徧，實爲皇統之國號，非舊周，乃新周，《詩》曰：「周雖舊邦，其命維新。」非小邦周，見《大誥》。乃大邑周見《孟子》。也。大統不稱周王、周皇而稱周公者，《尸子》謂孔子尚公，公即井田之中區，爲《詩經》公田之義例。大之即三萬里之地中，小之即明堂方里會朝之地。《謨》曰「邇可遠」，《範》曰「皇建其有極」，此之謂也。《書》於《康誥》建東京，《召誥》建西京，兩京會朝諸侯。其明堂之制皆準此爲楷則，若王宫路寢之朝，諸侯皆從左右歸聚於前方，由皋門應門入覲者，則不能按四方内外州之地整齊而位置之也。明堂之制既明，則《王會》乃可以説。

附《逸周書·王會》圖

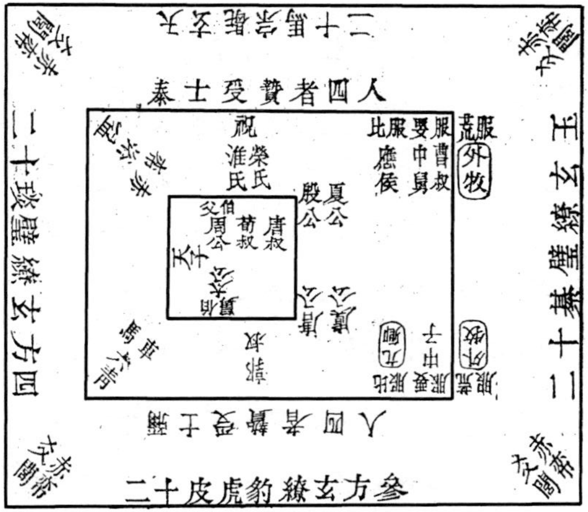

此《明堂位》諸侯朝覲待立左右之圖。《周禮·司儀》爲壇三成，公於上等，如周公太公立於堂上；侯伯於中等，如中舅曹叔立於堂下；子男於下等，如荒服外牧立於外臺。故《明堂》詳招待之方位，《干會》記朝覲之禮儀，合之兩美，待人而行。至於分巡四方，及時會殷同，則岳牧較寡，酌減用之。

傳《秋官・司儀》：將合諸侯，寅年寅月，大朝覲會同。則令爲壇此於國外築土爲壇，以大會諸侯，非國中王宮外之朝堂。三成，三重也。○《爾雅》：丘，一成爲敦丘，再成爲陶丘，三成爲昆侖丘。宮旁一門，宮三百步即一井，方里之地爲大九州始基，宮之每旁一門，則四門。詔王皇。儀，南嚮見諸侯，皇南面，臣北面。土揖庶姓，《曲禮》：庶邦小侯土揖，推手小下之也。時揖異姓，時揖，平推手也。天揖同姓。天揖，推手小舉之也。○《大戴・朝事》與此段文同。又曰：「所以別親疏外内也。」及其擯之，各以其禮：擯，公者五人，侯伯四人，子男三人。公於上等，三公中階之前，北面東上。侯伯於中等，諸侯之位，阼階之東，西面北上。諸伯之國，西階之西，東面北上。子男於下等，諸子之國門，東北面東上。諸男之國門，西北面東上。○按：壇有三成，故爵分三等。其將幣亦如之，《朝事》篇曰：「所以別貴賤，序尊卑也。」其禮亦如之。

說《逸周書・王會》：成周即《召誥》之西洛。西方萬物成，故曰成周。班《地理志》師古注誤。之會，四方民大和會。墠上除地曰墠，於墠中爲壇三成。張赤帟陰羽，《周禮》：掌次，合諸侯，設重帟；幕人，朝覲會同，供其帷幕、帷帟。○陰，淺黑色，以黑羽飾赤帟。天子南面立，向離而治。絻服周之冕。無繁露，冕綴玉下垂如繁露。朝服八十物，搢珽。珽或謂之大圭，長三尺。唐叔、荀叔、周公在左，侍立於左。太公望在右，侍立於右。皆絻，亦無繁露，朝服七十物，搢笏，《玉藻》：笏，諸侯以象，曰荼，前詘後直。《禮圖》云：晉宋謂之手板。古笏搢以記事，不執之以爲儀。宇文周百官始執笏。旁天子而立於堂上。堂上，即壇三成之上臺。堂下中臺。之右，唐公、虞公二帝後。南面立焉；右則面東，當作東面，惟天子南面。堂下之左，殷公、夏公二王後。立焉。皆南面。左則面西，當作西面。繞有繁露，朝服五十物，皆搢笏。八十物、七十物、五十物。以多寡别尊卑。爲諸侯之有疾病者，阼階之南，祝淮氏、榮氏次之。二氏世掌祝者。珪瓚次之，珪瓚用以祈禳。皆西面，在東而西面。彌宗旁之。王本作「之旁」。爲諸侯有疾病者之醫藥所居。相者贊相賓客禮儀者。太史魚、大行人，《周禮・大史》：「大會同朝覲，以書協禮事。」《大行人》：「掌大賓之禮及大客之儀，以九儀辨諸侯之命，等諸臣之爵，以同邦國之禮，而待其賓客。」皆朝服，有繁露。此爲儐相者。堂下之東面，郭叔掌爲天子菉録通。幣焉，繞無繁露。此在西而東面。内臺壇之中臺。西面正北方，自北而東者皆西面。應侯、如《顧命》衛侯爲卿。曹叔、如《春秋》蔡季。伯舅、異姓伯，如春秋齊侯，在本會即太公。中舅，《禮記》：「天子稱異姓方伯爲叔舅。」比服次之，要服次之，荒服次之。以三服包舉天下，如《周禮》官府、邦國、都鄙。○此段文意緟複，交互見義。西方東面正北方，自北而西者皆東面。伯父、同姓伯，如春秋之晉侯，在本會即周公。中子中子猶仲子，如春秋衛叔武攝位，稱衛子。次之。

[解]方千里之内小統千里，大統爲六千里，驗小推大。爲比服，如《周禮》官府王侯甸。方二千里之内大統萬八千里。爲要服，如《周禮》邦國由男至鎮六服。方三千里之内大統方三萬里。爲荒服，如《周禮》都鄙，即《板》詩六服。是皆朝於内者。在壇三成之内。

堂後東北爲赤帝焉，浴盆在其中。示諸侯以湯沐，欲其潔也。其西，天子車立馬乘，六青六馬皆青色。陰羽凫旌。凫羽爲旌，建於車上。中臺之外，即壇下等。其左泰士，泰士即《周禮》大府掌九貢、九賦、九功之貳，以受其貨賄之入。臺右彌士。彌士如《周禮》内府掌受九貢、九賦、九功之貨賄。凡四方之幣獻之金玉、齒革、兵器，凡良貨賄入焉。受贄贄，貢也。《大行人》：「九州之外，各以其所貴寶爲摯。」者八人，東面者四人。西面亦四人，共八人。陳幣當外壇，壇三成之下等。天玄毸宗毸當作髦，通鬣；宗同鬃。謂鬣鬃皆天玄黑色。馬十二，東方。玉玄繚璧綦孔注本作「碧基」。十二，南方。參方玄繚璧豹虎皮十二，西方。四方玄繚璧琰十二。北方。○參方、四方以次第計。外臺之四隅張赤帟，爲諸侯欲息者皆息焉，聚集待朝。命之曰爻閭。爻，交也。在交角處爲閭。周公旦主東方所之。青馬周公主東方，青馬即玄毸宗馬，則太公主西方，豹虎皮。黑髦，謂之母兒。髦即鬣字。其守營牆者，宮方三百步，十二牧在宮牆外。衣青，操弓，執矛。《周禮》虎賁氏舍則守王閑。

西面者，侍立東方，而向西者。正北方：稷慎大麈，王會諸國皆預擬後世全球之邊夷，不可概以中國邊夷説之。穢人前兒，前兒，若獼猴立行，聲似小兒。良夷在子，在子，幣身人首，脂其腹，炙之藿，則鳴曰「在子」。○幣當爲鼈。揚州禺，禺，魚名。解隃冠，冠，一本作寇。發人麃，麃者，若鹿迅走。俞人雖馬，青丘狐九尾，周頭煇羝，煇羝者，羊也。黑齒白鹿、白馬，白民乘黃，乘黃者似狐，其背有兩角，一本作似騏，無其字。東越海蛤，歐人蟬蛇，蟬蛇，順食之美。于越納，《説文》：⿰魚納魚似鼈，又作魶。姑妹珍，具區文蜃，一本作具甌。共人玄貝，海陽大蟹，自深桂，會稽以鼉。共二十國。皆西嚮。由正北而東、而南諸國皆待立於東，而西嚮，如子丑至辰巳言北以包舉之。正北方：義渠以茲白，茲白者，若白馬，鋸牙，食虎豹。央林以酋耳，酋耳者，身若虎豹，尾長參其身，食虎豹。北唐以閭，閭似隃冠。渠叟以鼩舊作⿰鼠豹，音豹。犬，鼩犬者，露犬也，能飛，食虎豹。樓煩以星施，星施者，珥旄。卜盧以紈牛，紈牛者，牛之小者也。區陽以鼈封，鼈封者，若彘，前後有首。規規以麟，麟者，仁獸也。西申以鳳鳥，鳳鳥者，戴仁抱義掖信。氐羌以鸞鳥，巴人以比翼鳥，方煬以皇鳥，蜀人以文翰，文翰者，若皐雞。方人以孔鳥，卜人以丹沙，夷用闖木，康民一本作人。以桴苡，桴苡者，其實如李，食之宜子。州靡費，費，其形人身，反踵自笑，笑則上脣弇其目，北方人謂之土螻。都郭生生欺羽，生生若黃狗，人面，能言。奇幹善芳。善芳者，頭若雄雞，佩之令人不眯。○共二十國。皆東嚮。由正北而西，而南諸國侍立於西，而東嚮，如亥戌至未午諸牧。○以上分排左東右西，朝覲侍立，諸國皆在荒服之列。北方臺正東：由北而東。○臺即壇，謂在三成壇之正北、正東居住者。高夷嗛羊，嗛羊者，羊而四角。獨鹿邛邛，邛邛，善走者也。孤竹距虛，不令支玄獏，不屠何青熊，東胡黃羆，山戎戎菽。共七國。其西：當作東，謂東北隅。般吾白虎黑文。屠州黑豹。禺氏騊駼，大夏兹白牛，兹白牛，野獸也，牛形而象齒。犬戎文馬，文馬，赤鬣縞身，目若黃金，名吉黃之乘。數楚每牛，每牛者，牛之小者也。匈奴狡犬。狡犬者，巨身，四足果。○共七國。皆北嚮。正北方、正東方、東北方共十四國，皆北嚮而朝覲。權扶玉目，白州比閭，比閭者，其華若羽，伐其木以爲車，終行不敗。禽人菅，路人大竹，長沙鼈。西北隅五國。其西：正西。魚復鼓鐘鐘牛，揚蠻之翟，倉吾翡翠。翡翠者，所以取羽。○西方三國。其餘西南諸國。皆可知。自古《尚書》稽古，《王會》託古成周。之政，朝會職貢之政典。南人至衆。國數不定，以例推之，當係六國，如東北之十四國，共爲二十八國，即九夷、八蠻、六戎、五狄之數。皆北嚮。北嚮朝覲。○以上諸國分班朝覲，皆在荒服之列。

按：「王會」當作「皇會」，即明堂位中心之朝儀，乃《康誥》「大和會」之傳。《書經》肇開大統，託周公以營建東洛，《康誥》「作新大邑于東國洛」。而大會諸侯。《王會》指目成周，以周公列之臣位，而天子成王，二説枘鑿，然與經指實相符也。經以《召誥》、《洛誥》分建兩京，其卜澗水東、瀍水西，惟洛食者，東洛也。謂周公代武王踐阼，創建東半球之東京也。其又卜瀍水東、澗水西，惟洛食者，西洛也。謂周公讓位成王，故《王會》周公爲臣。將紹建西半球之西京也。《王會》緣經立説，所以補《明堂》之闕文，即以爲俟後之大典，不得目爲姬周之實事，亦非周公草創之朝禮也。天命孔聖，制作皇謨，夢寐如見，才美足觀，殆與周公精神相貫，穆然信好而竊比。故周公者，孔子之代身；成王者，百世之後聖。叚借唐、虞、殷、夏，以爲四代之因監。即董子所謂「五而復」，取法五德之運。又藉曹叔、中子，以通一時之權變。國君有故，可以其母弟攝其君。在比服者爲王官，《王制》百二十官，《周禮》三百六十官。在要服者爲方伯，如《周禮》男采至夷鎮，即《明堂位圖》之八州伯。《周書》皆略之，而獨詳荒服諸夷，詳尊而略卑，詳遠而略近，互文起例，留待皇統之世補闕以施行。若以爲郟鄏定鼎，則成王滅唐，始封叔虞，説在《左·昭元年》。又《紀年》謂成王十年始封唐叔。而負扆初朝，弱弟胡爲繫國？唐叔、唐公不可並見。況乎周曹文昭，唐應武穆，郭虢通。叔王季之後，洛都之大觀，乃僅僅伯叔弟兄一姓一家之頌禱，即令遐方貢物，奚必乘輿出舍，而壇墠受朝哉？彼夫唐虞不曰祝陳，夏殷不曰杞宋，舍時王之封國，而仍用其有天下之大名，五德始終，遞嬗千古，《周禮》、《周書》所以爲皇帝之書，而非一代紀録之史也。自章句小儒止識姬周於已往，而不知新周於將來，足大屨小，望文傅會，其弊至於以史説經，害意害辭，悠悠長夜，可不稽古而求舊貫乎！須知成周爲土中之大邑，天子乃天皇之異稱，曠典雍容，鴻模垂世，實與《明堂位》互相發明，非若小統諸侯五年一朝之常事也。

由此觀之，《王會》爲明堂之覲禮，《明堂》辨群后之方位，二者可合不可離，有相得益章之美焉。舍《王會》朝儀無起例，舍《明堂》來賓無歸宿。迹其内岳外牧，界劃分明，遠則八正、八方，以四十五日爲一月，再遠則十二辰、十二律，以三十日爲一宫，莫不大湊於方里内外，則洛都明堂位非方三萬里之指掌圖耶？顧此於京師大會則有然矣。若天子朝覲宗遇，巡守四方，時會下方，殷同上方，岳牧減少，則明堂之儀文稍殺，損益潤澤，是在執行者斟酌其宜而已。然明堂之傳説，尚不僅方里之一法也。

《伏傳》：天子之堂即明堂位。廣九雉，雉三丈，九雉二十七丈，如二萬七千里之九州。三分其廣，一分九丈，如一州方九千里。以二爲内，二九十八丈，如皇内九州一萬八千里之數。五分内，每分三丈六尺。以一爲高。故有堂高三丈之説。〇下當補三分其内，以一爲外，方與全球三萬里合。如但以九雉計，則當云東房、西房各一雉有半，爲四丈五尺，共爲二十七丈。此一法也。東房、如三八與春三室。西房、如二七與秋三室。〇舉東西以包南北。北堂居中之明堂。各三雉。三雉九丈，以配九千里一州之數，此又一法也。

《孝經緯・援神契》：明堂，文王此文王當從《易緯》説，指孔子。之廟。廟讀作朝。〇孔子素王，以明堂位爲朝堂。夏后氏曰世室，魯廟亦曰世室。殷人曰重屋，《考工記》：二代修廣不同。周人曰明堂。三代明堂異名，乃孔經通三統之義。東西九筵，匠人度九尺之筵，每筵九尺。南北七筵，堂崇一筵，九尺。五室。五室即九室之誤文。《洪範》九疇，《大戴》二九四七五三六一八是也，象全球九州。若《考工・匠人》外有九室，九卿朝焉，則王宮外朝之官廳也。明堂省煩就簡，於左右分列五室，以備內官侍朝，亦可。凡室二筵。文同《考工・匠人》，此又一法也。

【解】明堂之制，東西九筵二丈此二字衍文。九尺也。當曰筵九尺，誤作二丈九尺。明堂東西八十一尺，即九筵之數。九九八十一，推之即騶子天下之説。南北六十三尺，七筵之數。○東西長而南北短，地球橢圓之形如此。故謂之太室。此明堂之異名。

按：《伏傳》、《孝經緯》所言明堂位之廣狹，各有取義。伏以九雉象二萬七千里，緯以九筵象八十一州。丈尺雖殊，其即小觀大之意同也。合之《戴記》、《周書》、《考工・匠人》，莫不解説經誼，預擬隆規，以俟後聖施行。扼其大要，潤澤由人，豈姬公朝諸侯已實有此明堂乎？能知此義，則將來大同時代欲建明堂，以納方國之珍貢，起儒生而制朝儀，庶不至悠謬不知其源耳。興禮樂而翊贊皇猷，豈曰小補云爾哉！

顧傳記之説明堂者，誠不啻治絲而棼矣。其曰「周公朝諸侯之明堂」，則大小《戴》、《逸周書》也。其曰「頒朔明堂」，則《禮・月令》、《書大傳》也。其曰「宗祀文王之明堂」，則《孝經》與《緯援神契》也。有歷代異名之明堂，則《考工記》、《管子》、《尸子》是也。更有散見之文，則《晏子》、《孟子》、《韓詩外傳》是也。衆喙争鳴，淄澠淆混，其爲經説中一大疑案也久矣。故鄭君謂明堂十二室，又謂與太廟、路寢異實同制。蔡邕謂與辟雍、靈臺同處異名。又有謂明堂九室，隨時異處者。有謂天子大寢一、小寢五，而異其名者。有謂是三間九架屋子，合九室、十二室糅併爲一者。迷霧千年，莫覩天日。夫群言淆亂衷諸聖，傳記子緯根原聖經，經立大綱，諸家詳其細目。今考朝諸侯之明堂即明堂位。出於《召誥》之攻位位成，頒朔明堂出於《皇道》篇之授時，説詳《全球曆憲圖》。宗祀文王之明堂出於《召誥》之用牲於郊。郊天祀上帝，乃宗祀文王於明堂以配上帝。此三大典禮，傳記通稱爲明堂，闡發經制，本甚明晰，後之解家隨文注疏，不於三大明堂審量其實用之所宜，乃欲牽連明堂諸説，合併一治，或又與路寢之朝膠漆相混，《伏傳》三門、三朝，其外曰臯門，次曰應門，又次曰路門。其臯門内曰外朝，應門内曰内朝，路門内曰路寢之朝。奚怪左支右絀，終覺矛盾哉！茲於《明堂位》之禮制既證説詳明矣，再旁徵頒朔明堂與宗祀文王之明堂，庶分道揚鑣，可免僨轅之患焉。

頒朔明堂，即《月令》之明堂，《皇道》篇「敬授民時」，所謂春暘谷、夏明都、秋昧谷、冬幽都，《禮・月令》説之以青陽、明堂、總章、玄堂，四時四方，其名不同，《伏傳》詳言之。其堂分布四郊，每方三室，大統之世頒行十二月十二正之時令，一歲而周。鄭君以十二室聚合於南郊，共爲一堂，未免舛誤，不能爲之諱也。駁詳《四益經話》。

宗祀文王之明堂，見於《孝經》「周公祀之，以配上帝」者，《鉤命訣》曰：后稷爲天地之主，文王爲五帝之宗。《援神契》曰：「明堂者，上圓下方，文同《大戴》。八窗，象八方。四闥，象四方。○此一堂四門八牖。布政之宮，當曰郊祀之宮。在國之陽。」南郊。又曰：「明堂，文王之廟，蓋之以茅。説同《大戴》。周公所以祀文王於明堂，以昭事上帝。」《帝典》：「類于上帝。」據此，乃郊事上帝時以文王配，《公羊》：自外至者無主不止。明堂即圜丘，《禮記》：祀上帝于圜丘。故其形上圓下方，以象天地，非頒朔明堂與朝諸侯之明堂皆上圓下方也。説明堂者當分此三大典制解之，則涇渭别流，而康莊掉臂矣。然傳記之混合三大明堂，而轇轕不分者，莫若《大戴》也。今録其文而詳釋之。

《大戴・明堂》篇：舊名《盛德記》。此篇多互文見義之辭，當審别之。明堂者，或稱室，朝覲頒朔，皆不住宿妃嬪，故有堂無室。其云五室、九室者，則朝宿之所，如内之朝房亦稱九室也。古即《尚書》稽古之古。有之也。謂經制有之，非事實所有。凡九室，下文二九四七五三六一八，即九室之方位，以中五爲明堂，餘八室招待八方伯，與《王制》朝宿邑同意。一室而有四户、單扉曰户，四户者二門也。○一室如一州。大統一州方九千里，包方三千里者九，故一州又分四岳，以一室四户象之。八牖，每户二牖、四户，則八牖如四岳、八伯。三十六户、四九三十六，合中一室數之。七十二牖。象一年七十二候，皇如歲以統之。○此言明堂位。以茅蓋屋，茅葉榦直上，取其由地達天。上圓下方。圓象天，方象地。○此二句言祀上帝於圜丘之明堂。

○《盛德》篇：天道不順，生於明堂不飾，故有天災則飾明堂也。

明堂者，所以明諸侯統稱内外岳牧諸職。尊卑。文同《逸周書》與《小戴記》。外八州之外。水外環以水，象海外。曰辟雍，辟通璧，圓形象地球形圓。南蠻、南方三外州，八蠻。○以下舉外十二州牧。東夷、東方三外州，九夷。北狄、北方三外州，五狄。西戎。西方三外州，六戎。○此段説明堂位。

《明堂月令》：此四郊明堂所以頒十二月令，即《吕覽》、《小戴記》月令明堂。赤綴户也，南方色赤，萬物以盛。白綴牖也。西方色白，萬物以成。○此言頒朔明堂。

二坤庚從西南起。九離丁南。四巽丙東南。○以上爲三分之一。七兑辛西。五戊己中。三震乙東。○此中一層如黄道素青黄。六乾壬西北。一坎癸北。八。艮甲東南。○以爲黑道三州。○此即上文之九室，以中五爲朝堂，餘八室按八州方位爲八伯之行館。《伏傳》用此成數，爲四郊頒朔明堂，則每方三室，故九室，象九州。大而《洪範》爲九疇，《靈樞》爲九宫。小而《明堂位》則收縮爲九室。

堂此中央會朝之堂。高三尺，《周禮》：堂崇一筵，乃九尺。○一説堂高三丈。東西九筵，《匠人》：周人明堂，度九尺之筵。南北七筵。《孝經援神契》有詳説。○以上説明堂位。

上圓下方。此句説郊事上帝之明堂。

九室，八方八室，中央爲朝堂，共計九室，如《靈樞》九宫。或言室，或言堂，此爲互文，無異同。十二堂。十二月爲六氣。此在辟雍水外，每方三堂，四方四奇居之，爲十二牧，象十二月、十二支，與《月令》明堂相似而不同。蓋此則分建十二處，彼則每方相連三堂也。室四户，户二牖。此九室之户牖也。共三十六户，七十二牖。若十二堂，當云堂二户六牖，共二十四户七十二牖，象二十四節、七十二候。其宫宫在九室之外。方《立政》之方行天下，由此起點。三百步。説同覲禮。○《主言》篇：百步而堵，三百步而里，與《穀梁》同。按：方里而井，明堂方廣一里，恰同一井字之面積，以會朝諸侯。皇居中央，八方來朝，正如井田之八家同井。推而大之，則三萬里之九州，每州方萬里，中爲皇畿也。若加外十二州，則每州六千里，縱横亦方三萬里，皆由明堂方里之一井字以驗推之。此孔經一貫之旨也。今算術以方里爲方根，開方之法，從此起算，亦由小推大之經義也。○此説明堂位。

在近郊。《伏傳》用九室之成數説，東堂距邦八里，南堂距邦七里，西堂距邦九里，北堂距邦六里，爲近郊明堂之詳文。○此句言頒朔明堂。

近郊三十里。三十里較頒朔明堂遠矣。《詩》「我服既成」於三十里，「駿發爾私」終三十里，即謂於此會朝也。○此句言明堂位。

或以爲又有一説。明堂者，文王之廟也。《孝經》：「周公宗祀文王於明堂以配上帝。」《伏傳》：「天下諸侯進受命於周，而退見文武之尸者，千七百七十三諸侯。」○此言郊祀明堂。

按：此篇糅襍三大明堂而合爲一傳，其初作傳之意，以爲經中綱領分明，同以明堂爲名，不妨集説一篇，以遺後哲。又因作傳者非一師，《大戴》總集其成，故不免參差錯襍。若據經制以立幖幟，此篇之文無不各歸部屬。自後儒以枝節説經，不詳核彼此之實義，輒欲一以貫三，勉强穿鑿，以致積謬沿譌，不啻群盲猜謎，是烏可以不辯！今於《明堂位》剖辯既明，又於頒朔明堂、郊祀明堂連類而及，不使珠襍魚目，庶幾三大明堂既識其命意之所在，又深察其制度之所宜，則諸家之説雖繁，而部居既別，剖決不難，可以鼎足三分，各安分地，無相侵奪矣。不然，《管子》、《尸子》、《考工記》、《孝經緯》等書所舉歷代異名，如神農曰天府，此祀上帝之明堂。黄帝曰合宫，此明堂位之異稱。唐曰衢室，有虞氏曰總章，頒朔明堂。夏曰世室，名同魯廟。殷人曰陽館，當即《月令》之青陽。周人曰明堂，周公明堂位。臚列名稱，金鐵合冶，混襍三大明堂，竟似往古徽稱之沿革，已令人如入五里霧矣，遑問其他哉！

尚書四鄰萬五千里分二十一州圖第四十一

每小格方三千里，一帝方萬五千里，四帝共方三萬里。外州僅十二州，四隅不列州，截長補短，以爲伸縮之地。

經《帝謨》：欽四鄰。四帝接壤爲四鄰。

禹曰：俞哉！帝四鄰之一。光天之下，光被四表，一帝一表。至于海隅四海，四帝各占一隅。蒼生，萬邦萬國方萬里，乃爲九州。黎獻，《大誥》「民獻有十夫」，即十干分配内九州。共統外州言之。爲帝臣，内外岳牧同爲一帝之臣。惟帝時舉。四帝分占四時，舉用岳牧，如舜舉高陽八愷、高辛八元。○此句足補五紀歲月中之闕。弼成五服，十五服言五服，爲舉零例。至于五千。方萬五千里，言五千亦爲舉零例。州三千里爲一州。甸以内三服爲帝畿，鎮以内六服爲九州，藩以外六服爲外州。《周禮》：九州之外爲藩國，每帝方萬五千里，立二十一州。十有二師，即《典》所謂十二牧，亦象月。外《周禮》：外史掌達三皇五帝之書。薄四海。四海即四表，每帝占一表。

傳《周禮·大行人》：九州之外謂之藩國。藩服在九州外，合垣屏翰甯城共六服，三千里爲藩國。

馮相氏掌十有二歲、歲星如皇統四帝。十有二月、外十二州牧占十二支，象月。十有二辰、日月所會謂之辰。十日、内九州占十干，象日。二十有八星之位，一方七宿。辨其序事，四時，四序。以會天位。地與天相應。

按：前之四帝、四鄰二圖，一於萬五千里内，以五服五千里爲一州，十五服爲九州；一於三萬里内均分四帝，各有八伯，引《左傳》二高、元愷、《吕覽》堯十子、《孟子》云堯九男。舜九子以實之。顧僅有内九州，而無外十二州，僅有八州八伯，而無外十二牧。經制大統以十干配九州，以十二支配十二牧，共計干支二十二，分布於二十一州，每州六千里，《典》之二十二人，所以通於《内經》之五運六氣也。然大統由小而推，芥子粒粟，莫不具有須彌世界。如律呂候氣，一室之中，安排十二管，而地氣流通，八音協八風，一堂之内，金石齊奏，而神人以和。故干支之作用，在天爲日爲辰，日月所會謂之辰。在地則五千里之大王，完備内外州之制。每州千里。若以四帝均分，區劃四鄰，則一帝萬五千里。甸以内三服三千里爲一州，爲帝畿。鎮以内六服三千里，故畿服皆有五百里之説。爲八州，爲八伯，爲八干。藩以外六服三千里爲外十二州，爲十二牧，爲十二支，象十二月。本十六州，經不立十六牧，以與天道不符也。一帝如此，三帝從同，舉隅反三，理原一貫。故一帝、二十一州合成已二伯居中制外，是以二十二人特繫於《帝典》之末也。況四帝分四方，如四時月令：東方春，帝太皞；南方夏，帝炎帝；西方秋，帝少皞；北方冬，帝顓頊。四時四帝，以青、赤、白、黑之服色各王其方。而春主寅卯辰三月，其日甲乙；夏主巳午未三月，其日丙丁；秋主申酉戌三月，其日庚辛；冬主亥子丑三月，其日壬癸。夫日月著明，容光必照。普天一日月也，大地一日月也，四方四隅同此日月也，一方一隅同此日月也。春中寅卯辰三律，而九律之氣皆備；春王甲乙之木，而八干之位亦均。天地之道無所偏，帝之官制無不全，政化無不具。《周禮》五官所以用官聯，不用官屬也。此四分天下。《帝典》二十二人之全制，不過一方一隅之實驗，然因此悟彼，即小觀大，推之大同世界，莫不同然。泰皇首出四子，分司四仲，即四帝共戴一尊，故一帝二十一州閒居王與皇。高下損益之閒，乃經制必經之階級也。是以補敘之。

書經周禮小大分統表第四十二

《書經》采録經文，以先小後大爲次。

《大誥》：天休于寧《板》詩六畿，寧城爲東京。王，《周禮》王畿爲西京。興我小邦周。由春秋之小周，推爲全球之大周。

我有大事休，朕卜并吉。卜即土圭相宅之形。卜建兩京於東西，故曰并吉、曰大事。

《康誥》：周公初基，作新大邑非若舊周之小邑，故孟子有「大邑周」之説。于東國洛。言東國，尚有西國。

《召誥》：旦曰：與「公曰」、「周公曰」不類，當讀作「旦日」，猶言明日。其作大邑，此西洛之大邑。其自時大邑居中，統馭四時。配皇天。上與天配。

《君奭》：在昔猶典謨之稽古。上帝，割申西方。○既營東國，又劃分西國。勸寧東京寧畿。王西京王畿。之德，其集大命于厥躬。東西兩半球分建兩京，以承天命，斯爲大命。

《多士》：予惟時命有申，西方申與東方寅相對。今來今。朕作大邑于兹洛。西洛，西京。○以上言將來之周，由小而大，肇建兩京。

肆爾多士，非我小國小邦周。敢弋殷命。追述舊小周之往事。

《無逸》其在高宗，時舊舊殷。勞于外，爰暨小人，舊殷國小，故稱小人。作其即位。

其在祖甲，不義惟王，舊爲小人。舊殷小國。作其即位，爰知小人之依，小國之君。能保惠于庶民，不敢侮鰥寡。

《召誥》：茲大國殷之命。將來之大殷。

天既遐終大邦殷之命。大殷爲方三萬里之皇，小殷乃方三千里之王。

《顧命》：敢敬告天子，將來之天子。皇天皇統全球，天包大地。改大邦殷之命，非舊小殷。惟周繼大邦殷者必爲大邑周。文武，東文西武，二伯徽稱。誕受羑若，馬曰：羑，道也；若，順也。○舊以爲文囚羑里，何以牽涉武王？克恤西土。開建兩京，由東而西，其道順。○以上言已往之殷周小，將來之殷周大。

《酒誥》：越小大由小而大。邦用喪，亦罔非酒惟辜。罪也。

聰聽祖考之彝訓，越小大德，《中庸》：「小德川流，大德敦化。」小子惟一。

《多士》：凡四方統全球而言。小大邦喪，罔非有辭于罰。皆藉口於刑罰未當。

《無逸》：嘉靖殷邦，至于小大，由高宗小殷推及大殷。無時或怨。但能嘉美靖安殷邦，民皆無怨。

乃變亂先王之正刑，至于小大民，邦有小大，民亦有小大之分。否則厥心違怨，否則厥口詛祝。

《多方》：亦惟有胥伯職掌土圭之官。小大多正，大統有八正、十二正，小統剖分細目，其正益多。爾罔不克臬。皆用槷柯測日。

《顧命》：柔遠能邇，文同《帝典》。安勸小大庶邦。庶邦小侯。

《文侯之命》：越小大謀猷，《詩》爲猶。丕遠惟大猷，是經小猷以此例推。罔不率從。小大皆從二伯之制。○

以上彙舉小大之文。

《大誥》：洪猶大也。惟我幼沖人，後世後王。嗣紹繼前代。無疆《魯頌》「思無疆」，指大地球而言。大曆全球七曆。服。服與輻通，即輪輻。《易》「大輿之輹」，又輻幀。

《康誥》：王曰：嗚呼，封！《伏傳》：「封惟曰若圭璧。」有敘《周禮》畿服由近而遠，皆有秩序。時四方四時。乃大明大明生于東，日光遍①照全球，日圓地球亦圓，故全球皆用土圭測日。服。五服、六服、十五服。○以上言大之極。

《立政》：大都、《左傳》：「大都參國之一。」《周禮》：「國畿千里。」小伯。都之大者爲皇，小者爲伯，中包帝王二等。

○以大包小，《周禮》據此作傳。

《周禮》

《書經》據袁而作，由王伯尚推皇帝，故先小後大。《周禮》爲皇帝專書，以大包小，故先大後小。

天官大宰之職：掌建邦之六典，皇用六，統上下四方。以佐王皇治邦國。以邦國起官府、都鄙。

小宰之職：掌建邦之宮讀作官。刑，以治王宮讀作王官，即內官。之政。小宰治內而不及外。以官府畿內。之六屬舉邦治：一曰天官，上方，《帝典》羲公。其屬六十，掌邦治，大事則從其長，服從于大宰。小事小宰職司之事。則專達。始得自專。二曰地官，下方，《帝典》和公。其屬六十，掌邦教，大事則從其長，以大統小，下同。小事則專達。小不能兼大，下同。三曰春官，東青，《帝典》

① 遍：原作「編」，據文義改。

羲仲。其屬六十，掌邦禮，大事則從其長，合爲一統，春統於歲皇。小事則專達。分爲東方，春氣主生。四曰夏官，南赤，《帝典》羲叔。其屬六十，掌邦政，大事則從其長，合則夏統於歲。小事則專達。分爲南方，夏氣主長。五曰秋官，西白，《帝典》和仲。其屬六十，掌邦刑，大事則從其長，合則秋統於歲。小事則專達。分爲西方，秋氣主收。六《周禮》止五官，法五帝。小宰言六官，乃皇統全制。曰冬官，北黑，《帝典》和叔。其屬六十，掌邦事，大事則從其長，合則冬統於歲。小事則專達。分爲北方，冬氣主藏。

地官大司徒之職：以天下土地之圖，普天之下，莫非皇土。周知九州之地域大九州方三萬里。廣輪全地球形圓如輪。之數，周圍九萬里。辨其山林、西。川澤、東。丘陵、南。墳衍、北。原隰中。○以上五土，如今五大洲。之名物，而辨其邦國、內八州。都鄙外十二州。之數。每州六千里。

小司徒之職，掌建邦之教灋。小統司徒主教，大統司徒則代司空掌水土。

春官大宗伯之職：掌建邦之天神、上。地示、下。人鬼四方。之禮，以佐王皇建保邦國。

小宗伯之職：凡國之大禮，佐大宗伯。大宗伯佐皇，小宗伯佐大宗伯，此大小所由分職。凡小禮掌事如大宗伯之儀。《論語》「禮之用，和爲貴」，「小大由之」。

大司樂：以六律、六同、即六吕，共十二，律吕分陰陽。五聲、五方例。八音、八方例。六舞雲門、咸池、大磬、大夏、大濩、大武。大合樂。地中，天地之所合也。

樂師：掌國學之政，以教國子小舞。教小舞，當爲小司樂。

大胥：以六樂之會，大司樂。凡六樂者文之以五聲，播之以八音。正舞位。六舞。

小胥：掌學士之徵令而比之。

大師：掌六律、六同，以合陰陽之聲。十二律呂，在地爲十二月、十二州。地球東西晝夜，春秋分陰陽。

小師：凡小祭祀、小樂事鼓朄。朄，小鼓名。

大祝：掌六祝之辭，皇統六宗，故用六祝。以事鬼四方。神上天神。亓。下地亓。

小祝：掌小祭祀，將事，侯候也。禳禱祠之祝號，以祈福祥。

凡事佐大祝。

凡内外小祭祀、小喪紀、小會同、小軍旅掌事焉。所掌皆事之小者。

大史：掌建邦之六典，與大宰所掌同。以逆邦國之治。掌灋以逆官府之治，掌則以逆都鄙之治。

小史：掌邦國之志。

大喪、大賓客、大會同、大軍旅佐大史。事之大者大史掌之，小史佐之。

凡國之用禮灋者掌其小事。

夏官大司馬之職：掌建邦國之九灋，九法，九州，象九天、九宫、九野。以佐王皇平邦國。

小司馬之職掌：凡小祭祀、會同、饗射、師田、喪紀，掌其事，如大司馬之灋。小司馬之權職，亦如大司馬，但疆域大小不同耳。

小子掌祭祀，必是小祭祀。羞羊肆、陳全體也。羊殽、用解體也。肉豆，切肉也。而掌珥《秋官・士師》：凡刉珥則奉犬牲。於社稷，諸侯祭社稷。祈於五祀。大夫祭五祀。○所掌不及祀天地。

大僕：掌正王之服位，出入王之大命。《書經》以寧畿、王畿兩京之命爲大命。

小臣：掌王之小命，春秋兩京在千里之內。詔相王之小灋儀。

凡大事佐大僕。

職方氏：凡邦國大統六千里，小統一千里。小大先小後大，與《書》相符。相維，大以包小，積小成大。王設其牧，小統爲王牧，在三千里外。大統爲皇牧，在萬八千里外。制其職，各以其所能；《董子》有大功德者受大爵土，功德小者受小爵土。大材者受大官位，小材者受小官位，如其能。制其貢，《商頌》：受小共、大共。各以其所有。《大行人》：九州之外謂之蕃國，各以其所貴寶爲摯。

形方氏：掌制邦國之地域而正其封疆，無有華離之地，疆域連屬，無離絶之患。使小國事大國，大國比小國。比，猶親也。《易・比》象曰：「先王以建萬國，親諸侯。」○小事大，則小屬於大；大比小，則以大統小。

秋官大司寇之職：掌建邦之三典，輕典、中典、重典。以佐王皇。刑邦國，詰四方。

小司寇之職：以三刺斷庶民獄訟之中。《王制》：司寇聽獄訟必三刺，與此合。

大行人：掌大賓之禮及大客之儀，以親諸侯。

小行人：掌邦國賓客之禮，籍以待四方之使者。當降於大行人，掌小賓之禮及小客之儀。

按：《莊子・逍遥游》：「小知不及大知，小年不及大年。」其説以鷽鳩、斥鴳、鵾魚、鵬鳥喻小知大知，以朝菌、蟪①蛄、冥靈、大椿喻小年大年，誠以天地之閒，六合之内，疆輿之遠，曆數之長，有不可思議、不可限量者，若但據目力身世所經及者爲言，則苛細者以秋毫爲大，豈知泰山之尚小乎！計短者以殤子爲壽，豈知彭祖之猶夭乎！故鷦鷯一枝，而山林葱鬱；偃鼠滿腹，而河水汪洋。大言炎炎，小言詹詹，凡子氏道家者流，率本此義，以鬯玄風。奚爲若是嘵嘵哉！不知子家出孔聖之後，子部竊孔經之餘。經分大小、天人二派。如《詩》以《小雅》、《大雅》名篇，以小共大共、小球大球、小國大國爲辭，由人企天也。《易》以小畜、大畜、小過、大過、大有、大壯爲卦，以小往大來、大往小來爲辭，此天學之大小也。《書》則由王伯而帝皇逆推，由小而大，有《洪範》、《大誥》之篇。《周禮》爲《書》傳，就將來大統而言，順推，以大包小，有大宰、小宰諸職，此人學之大小也。經義有此派别，故諸儒之識大識小者亦以此建幟名家，如大小戴、大小夏侯小夏侯詳章句，故大夏侯目爲小儒，破碎大道。是也。說《詩》家因僞造大、小毛公之說。後失此旨，乃以叔姪分之。蓋自尼山授受，學不同科，儒有君子文質彬彬，然後君子。《詩》「豈弟君子，民之父母」，《書經》「天子作民父母」。小人，德有大德小德。《中庸》：「小德川流，大德敦化。」故子貢文章《書》、《春秋》人學。天道，《詩》、《易》天學。迴判淺深；顔淵仰高鑽堅，言天學。猶樂善誘；由人學以漸進。赤爲小相，如《周

---

① 蟪：原作「惠」，據《莊子·逍遥游》改。

禮》小史、小行人。異撰者獨契聖心；曾晢天人一貫。遲爲小人，請稼者未知大化。孔聖之道，語大天下莫載，六合以外之天球。語小天下莫破。六合以內之地球。以此二派，遺餉後學。諸子爲其支裔，見仁見智，各極一偏。道家非毁仁義，王伯學。而推崇道德。皇帝學。儒家尊尚湯武，王學。而鄙薄桓文。伯學。學派分途，各有宗主，然上溯來源，則東沱西江，莫非岷山之所自出。循此階級，不難一貫。孰意晚學支離，力薄自畫，不是儒而非墨，即左荀而右孟，或嗤名法而淡黄老，或詡堅白而遁虚冥，或目莊列爲狂放寓言，迂誕恢詭。豈知異苔共岑，分枝同本，在當日僅如兄弟之析居，而後人乃挾門户之淺見！無隙挑釁，鬩牆鬬争，抑亦好事者爲之也。夫孔道恢宏，如天如海，大而八荒之外，小而方里之閒，巨細不遺。學有等級，行遠自邇，升高自卑。孟子曰：「孔子登東山而小魯，登泰山而小天下。」眼界心思之廣狹，即學問進步之程途。茲事體大，留待來茲。晏子謂累世積累千萬世。不能殫其學，當年不能究其禮，誠哉是言也！

即專以《書經》而論，成康之世，實地不過三千里，小之至矣！上考夏殷，秩然不謬，尚推唐虞，則州方五千里，弼成五服，至于五千州。九州必方萬五千里也。加《大戴》高陽、高辛四帝四鄰，共方三萬里，統以一皇，不亦大乎！迄於周公、成王分建兩京，劃割東西，寅申兩球，各有方三萬里之疆域。孔經聖化，充滿寰區，至此乃爲人學之極功。《書》中典制，法古則由皇帝而王伯，俟後則由伯王而帝皇，故堯舜爲後之堯舜，説在《公羊傳》。有夏、有殷、有讀作又。大邦殷、大邑周，乃將來大統之夏、殷、周，非已往小統之夏、殷、周也。小大之政治，宣聖特設之，以待其人而後行，是以師表萬世，而俎豆常新耳。若如舊説，則祖述之書，下儕於紀載之史，而記言記動，前代之陳蹟遺留，於兹二千餘年矣。三王不沿禮，五帝不襲樂，因革損益，變本加厲，泥於古者戾於今，竊恐《書》爲史筆，必與《秦會要》、《漢官儀》同歸於天演淘汰、人事革更之例。縱謂高文典册，可以傳世，顧《書》缺有間，尚不若馬、班、范、陳之詳，再後此而多歷年，勢將如《世本》、《譜牒》，消滅而無人過問。況《詩》比歌謡，《易》僅卜筮，《春秋》斷爛朝報，孔經無靈，不足實用，廟食馨香，寖以斬絶，是可忍也？豈非説經瑣碎之咎乎！須知《書》之奥窔，小之可以治中國，大之可以治全球，迹其秩序，井然有小王之局，方三千里。有大王之局，方五千里。有百王之局，各方三千里。有四帝之局，各方萬五千里。有五帝之局，各方萬二千里。有二帝之局，均分東西兩半球。有三皇之局，東西中，青素黄。有泰皇統一之局。全球大一統。小大糾紛，星羅棊布，任世局之滄桑，莫不有適宜之典則。此孔子所以聖之時，宜其盧牟六合，而與天地無終極也，豈若夏蟲不知冰，井蛙不知海者耶！千百世後，大統之隆規，《書》早爲之借箸而籌。驗小觀大，其則不遠，美玉韞匵，待價而沽。故天生孔子，不但爲中國一隅之聖，殆將爲天下全球之聖也；既爲中國一時之聖，又將爲全球萬世之聖也。猗歟偉歟！夐哉！至聖矣！

跋

鎔賦性迂拙，夙耳經學之奧，然卅年虚擲，不得其門久矣。前清乙未丙申閒，井研先生來主嘉州九峯講席，始負笈從焉。其時先生學通三傳，師説本諸《王制》，鎔以《公》、《穀》、《左》巨帙汪洋，疑義繁賾，門户水火，鑽仰大難，欲趨簡捷之途，竊附專家之列，不揣緜薄，請事《書經》。爰先辨古、今之真贋，次察《書序》之羼增，二十八篇法象列宿，以爲道在是矣。迺進考全書之禮制，推求歷代之官儀，字句梳剔，章段區分，將期告厥成功。先生謂説經最重師法，淵源授受，貴有本根，否則柳絮隨風，浮游漫衍，郢書燕説，弊不可言。故《春秋》經，《王制》傳；《尚書》經，《周禮》傳。聖作賢述，傳習有由。若欲闢典謨之肯綮，當以麟經爲津梁，循序程功，毋容躐等。鎔聞之，始基《王制》，鉤稽筆削，竊歎鄉之急圖捷徑者，適以證其拙且迂也。若此者數年，素王褒貶，畢露端倪。閒因涉獵《周禮》，比櫛《書經》，封疆則五服、九服不同，計里則五千、九千不合，州制則九州、十二州相迕，《禹貢》、《職方》州名互異。巡守則五載、十二載有差。《書》以和叔宅朔方，《周禮·冬官》等於史闕；《書》以司空主水土，《周禮·地官》掌以司徒；《書》之帝王在中國，《周禮》乃周知天下地域廣輪；《書》之三公無闕文，《牧誓》、《梓材》、《立政》。《周禮》無司空，而司馬、司徒皆有大小名目。《書》於唐虞無司馬，《牧誓》始見明文，與夏官合。似《周禮》專爲周書也。禮稱虞官五十，夏官百，殷二百，周三百，與《周禮》符，似《周禮》真爲周書也。諸多枘鑿，安能如《春秋》、《王制》水乳交融乎？繇是區畫疆輿，溝通州域，如此者又數年，而《經傳九州通解》始成於戊申之歲，可不謂拙而迂乎！然一逕初闢，荆莽尚多，吾才既竭，頽焉欲罷。猥以庚戌會考，籤分長蘆，不戒薄冰，遽罹足疾，蹣跚旋梓，進襄國學。先生於皇帝疆域已刊三圖，積稿猬煩，囑令編輯。鎔祇領之下，棼治亂絲，如魚入網，從衡奔突，不獲周行。然次第推擘，片紙隻辭，罔非至寶。匆匆數月，草草報命，繩尺糾駁，改易復陳，如此者數四焉，犓得以徐徐引緒，猶幸每一啟發，輒透玄微。先生又有《經話甲編》、《周禮新義凡例》以資臂助，慇懃蒐采，析彙別門，援經合傳，互證旁稽，屢遭疑難，日夜窮思，鬥角鉤心，難名苦況，莫非迂拙者之爲也。次年乙卯，《書經大統凡例》補綴成編，迄今丙辰，《疆域圖表》亦次完竣，而删削殘棄者，較成帙幾三倍之。所有二書矛盾諸條，均已融解，殆與《春秋》、《王制》同有經傳相得之美焉。雖凡立一義，嶄然新裁，要皆孔門之舊解也。温故服膺，披揀不暇，奚遑加損乎！《列禦寇》云：「吾脩《詩》、《書》，正《禮》、《樂》，將以治天下、遺來世，非但脩一身、治魯國。」此非仲尼之言耶！杏壇制作，下俟後聖，本有至誠前知之哲想，驗小推大之謨猷。無如海外阻絶，人莫覩地球之廣。西漢博士識其小者以適時宜，一切遠大之規，闕如不講。迨漢季發得《周禮》，竟莫知辟雍巡守之儀，乃欲以泥遠之小道出應大敵，降而愈趨，又欲以脩一身者推治天下。夜郎自尊，去聖益遠。故其後《周禮》雖立學，仍與《書經》别道分馳。時地限人，不免群盲説夢。今則地改闢矣，時已可矣，典制輿圖，兩相印證，天孫雲錦，離蹤巧合，殆於作經之心與述傳之意庶幾窺測萬一乎！昔日馬、鄭諸儒生不逢辰，範圍自蹙，不足深咎。禹、稷、顔子易地皆然耳。鎔裒徊《書》指，取道既迂，承先生之指授不爲不久，所成之以續貂者，三年以來，區區一編，不其拙乎！然發明大統規模，不自知量，期以之試用於將來，得毋與趙括兵書、房琯車戰竝以迂拙貽譏乎？夫《書經》、《周禮》之傳世也，知其不可而爲之，當日聖賢已拙也；不知其不可而仍爲之，當日聖賢又迂也。扼其大略，潤澤在人，自有不迂不拙者。興學至始皇而設博士，州牧至李斯而置郡守，夏時至漢武而改《太初》，服制至唐明而重母喪；經義由漸施行，推放四海，胥准此道。如果人存，何難政舉哉！顧鎔則坐言不能起行，目爲迂拙，無所於辭。然《書經弘道編》、《周禮訂本略注》方若爲山一簣，如此者假之數年，始克蕆事，又不知若何迂拙焉爾！謹誌閲歷之艱，不忘師承所自。若夫鴻綱大義，具詳圖表之中。兩美二難，後先合轍，閲者可以周覽而知，毋庸贅也。民國五年丙辰季夏，樂山受業黄鎔自述。

經傳九州通解

廖平學説　黄鎔撰
楊世文　校點

校點説明

光緒三十四年戊申(一九〇八),門人黄鎔撰成《經傳九州通解》一書。根據廖平學説,綴輯經中廣狹疆域之語,以《春秋》、《王制》爲始基,以《尚書》、《周禮》爲竟境,一名《春秋王制尚書周禮聖域大小考》。卷首有李光珠序、黄鎔自序。以皇、帝、王、伯分大統、小統,闡發大九州、小九州之説。認爲群經之中,九州之説最繁難駁雜,而《春秋》九州,因孔聖垂經,故爲儒者九州,爲立平治之基礎。而《周禮》、《爾雅》、《王制》、《尚書》等皆有九州之説,異説參差,殊難統一。而漢唐經師各執一辭,以爲四代九州有沿革,或合幽、并、營爲十二州,實爲臆説。該書故作此書,以爲《春秋》九州,即《王制》方三千里九州,儒者本之立説,此即王統之九州。實爲《書經周禮皇帝疆域圖表》的雛形。今據光緒三十四年刊本整理。

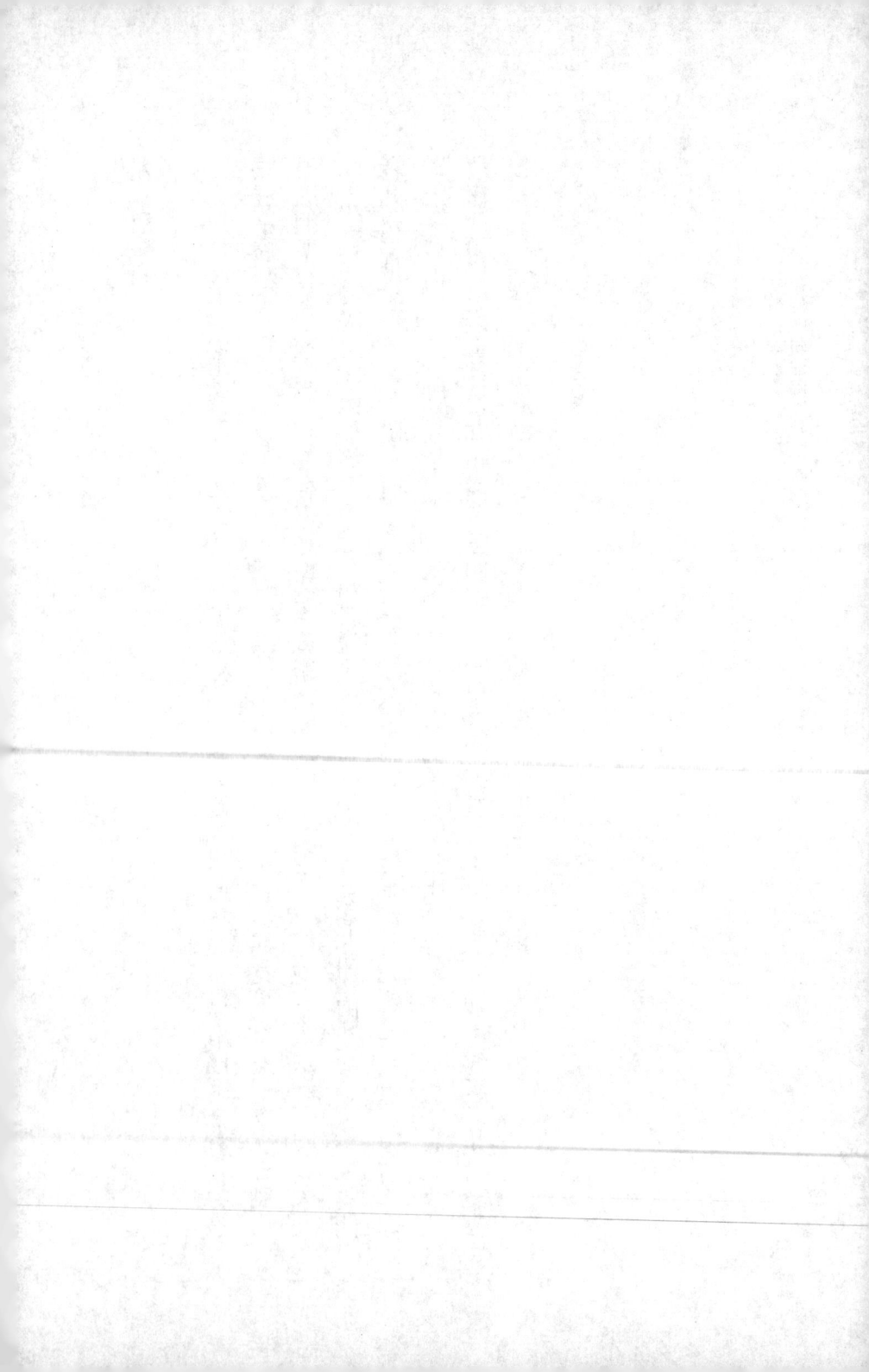

目録

李光珠序……五八一
黄鎔自序……五八二
《春秋》《王制》《尚書》《周禮》九州疆域大小考……五八三
帝統九州方九千里以八王爲八伯圖……五八八
帝制第一圖……五九四
鄒衍爲《周禮》師説……五九六
帝五分萬二千里圖……五九八
《尚書・吕刑》屬於五極咸中有慶……五九九
帝制第三圖……六〇一
皇制第四圖……六〇四
皇制第四圖説……六〇六
皇制第五圖……六〇七
皇制第五圖説……六〇八

皇制第六圖……六〇九
　皇制第六圖説……六一〇
末附九天圖……六一二
又附九宫八風圖……六一五
再附九宫八風圖……六一六

李光珠序①

經華先生與余同里同學，交最摯，時人有管、鮑之譽。嗣四譯主講九峰院，先後從遊，凡閱四五寒暑，先生治《詩》《書》，余治《春秋》。丁酉，先生登賢書，一試春闈不第，遂絶意科名，寢饋經誼，戞戞乎其獨造矣。壬寅，余領鄉薦，兩次汴闈報罷，留學東瀛，講求法政，凡經二載畢業，遄返都門，供職於民政部。旋膺省垣紳班法政學堂聘，歸任刑事部講課，時先生已由青神官學辭聘，歸主華美學堂經學課。二年，分任嘉中學堂國文科，一旦出其講義以示余，捧讀一遍，竊歎西風東漸，心醉者逐末忘本，先生獨能窺孔教底藴，由一經以通各經，由小統以至大統，頗能發明宣聖爲萬世立法之遺，而又本周秦諸子之師説，糾正漢唐以下之謬誤，不獨親炙者聞所樂聞，即一時文人咸以先睹爲快，是真能保全國粹者也。余因促付梓，以公諸世。李光珠序。

---

① 李光珠序：原無標題，校點者加。

黄鎔自序①

中國者，文明發達最早，饒有學問之國也。夷考古籒、篆、隸之遞變，方牘、竹桼之流貽，二酉積軸，四庫萃珍，載籍極博，要以孔經爲純粹之祖學。迺邇來論者謂孔經範圍僅在中邦，不能徧及全球，即其道不能推行海外。噫，是言也，殆將奪尼山之俎豆者也！竊以宗孔之彥，胥當力祛其説，一雪學戰之恥。鎔從遊四譯先生十餘年矣，經傳義例，麤識耑倪。洎乎晚近，沃聆緒論，得悉皇帝王伯之宗旨，遠近天人之梗概，爰掇經中廣狹疆域之略，以《春秋》、《王制》爲始基，以《尚書》、《周禮》爲竟境，一經一傳，相得益章。參以載記、子史諸家之碻證，既得經義宏廓之規模，亦明經旨貫通之關鍵。可見孔聖生知，當日車馬周遊，略一流覽，即能推測世界，以垂爲經。故地員見於《大戴記》，地動見於《考靈曜》，皆立論在二千年以前。迄今地球圖出，咸服先見之明。則大小九州之藴藏於經而未經抉發者，亦奚足怪！從前海航未通，儒者囿於所習，僅就中國一隅解説六經，其小之也固宜。今則彼一時，此一時也，倘再於孔經藴火不能發洩，奚啻守寶藏而憂貧窶哉！鎔不敏，願與有志争光學界者共事於斯。顧以區區之一得，揆諸四譯之經派，不過稊米於太倉，礨空於大澤焉耳。光緒戊申之秋，樂山黄鎔自序。

① 黄鎔自序：原無標題，校點者加。

《春秋》《王制》《尚書》《周禮》九州疆域大小考

群經之中，最繇難而駁襍者，九州之説是也。《春秋》九州，冀、兖、青、徐、揚、荆、豫、梁、雍，雍爲王畿，八州主以魯、衛、陳、鄭、蔡、泰、楚、吴八伯。此孔聖垂經，所謂儒者九州，以立平治之基礎者也。乃《周禮》去徐、梁，加幽、并，《爾雅》去青、梁，加幽、營，則以内外分殊矣。而《王制》言州方千里，《書謨》言州五服五千里，《周禮》九服方九千里立九州，職方氏。則以方三千里爲一州，九畿大司馬。方萬八千里立九州，則以六千里爲一州，合二萬七千里爲九州，則州九千里，三萬里爲九州，則州萬里。異説參差，殊難齊一。漢唐經師，或以《職方》爲周，《爾雅》爲殷，《禹貢》爲夏，《臯謨》爲虞，以爲四代九州有沿革，或合幽、并、營爲十二州，皆臆説也。又或隨文解釋，分經作注，不求通貫，諱短藏拙，何嘗不可。但《周禮》九服、十五服記里不殊，廣狹有異，而方九千里外又曰蕃國。大行人。一經之中，疆輿靡定，何以爲法於後世？況《禹貢》九州與《周禮》、《爾雅》不符，解經者無所遵守，致用者何所折衷？經制既不免游移，施行必多所阻礙。經學中少人材，大都職是故也。今審《春秋》九州，即《王制》方三千里九州。儒者本之立説，此王統之九州也。列圖如左：

《王制》：「四海之内九州，州方千里。」又云：「自恒山至於南河，千里而近。自南河至於江，千里而近。自江至於衡山，千里而遥。」此自北至南三千里之大界也。「自東河至於東海，千里而遥。自東河至於西河，千里而近。自西河至於流沙，千里而遥。」此自東至西三千里之大界也。

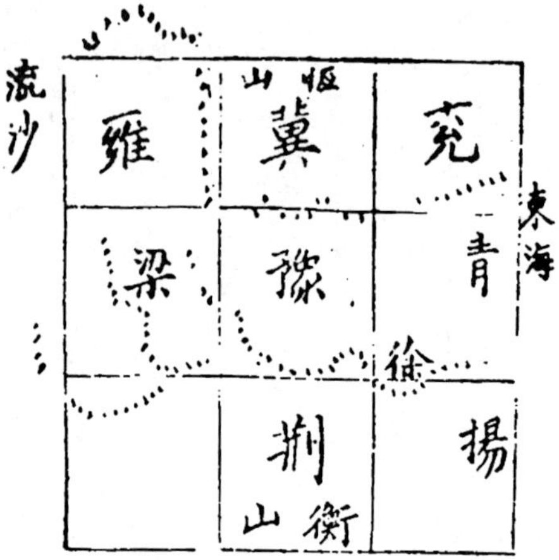

按：《王制》九州方三千里，統以一王，豫居中州，爲王畿，八州環拱，八伯分司，各以其屬屬於二伯。《春秋》桓、文爲二伯，魯、衛、陳、鄭、蔡、秦、楚、吴爲八伯，是爲經傳相符。《尚書》爲皇帝之學，治奏平成，先以九州啓宇，爲九宫、八風所祖。迨四凶化四裔，乃置外十二州，以法十二月、十二支，爲六氣，又爲六合。《典》曰：「肇十有二州，咨十有二牧，封十有二山。」

《謨》曰：「州十有二師。」以方五千里爲一州，故曰「弼成五服，至于五千州①」。《周禮》爲其師説，所以公封方五百里者，其州必五千里。《春秋》與《王制》同止三千里，不作五千里者，以三千爲三萬之起例，驗小推大，由三千里以推三萬，故《王制》詳《春秋》之典，《周禮》説《尚書》之制，小大不同，互文見義，此《禹貢》所以不可作爲儒者之九州，儒者之九州斷以《王制》《春秋》爲據也。《爾雅》《職方》均於内州舉其七，其幽、并、營乃外十二州之三，羽、崇、三危乃十二山之三，錯舉見例，本與《尚書》四岳十二牧相符，非殷周之州制也。今以五運六氣分作内九州、外十二州圖二：

方圖

圓圖

① 《尚書·益稷》原文爲：「弼成五服，至于五千，州十有二師」，「州」字屬下讀；廖平與黄鎔以爲當屬上讀。

按：五運六氣之説，出於《黄帝内經》：甲己之歲，土運主之；乙庚金運，丙辛水運，丁壬木運，戊癸火運。《素問》五日爲一候，三候爲一氣，六氣爲一時，所謂氣運，本按十干、十二支分布之方位言之，是爲皇帝大統寄託之規模。故《内經》之黄帝當爲皇帝，改爲黄帝，乃囿於習見，未能深考者所爲也。内九州、外十六州，合爲二十五州，即《周禮》二十五民之所本。皇帝外州只言十二者，以方千里爲一日，三十度爲一月，三百六十度合爲十二月，依北斗轉運，爲氣化所至。《史・天官書》：「斗爲帝車，運於中央，臨制四方。」是也。皇帝巡狩，政化覃尃，取象北斗，周運無疆。考《周禮》，大司徒周知九州之地域廣輪之數。夫九州而曰周知、周徧也，必指大九州而言。廣輪，謂地形廣圓如輪，今東西兩球圖是也。大九州實地當在北半球。又以土宜辨十二土、十二壤之物，即十二外州之義，皆由内及外之辭也。職方氏掌天下之圖，天下之地，乃辨九州之國，此皆統舉全球之辭。是《周禮》本詳三皇五帝大統之制，凡以三五立説者，象三才三皇、五方五帝；以八九立説者，象八方、八州、九州；以十二立説者，象外十二州。如大司樂、大師、五聲、八音、六律、六同之類。馮相氏掌十日、十二月，辨其敘事，當爲干支分方之起例。推之月令，以八干别四時，如春日甲乙之類。以戊己居中，象二伯，以十二律通十二風，此用干支於時令，已寓中央、四方之意。又《史・天官書》甲乙丙丁，江淮海岱也。戊己，豫州河濟也。庚辛華山以西，壬癸恒山以北，則明明以十干分布四方。故《皋謨》辛壬癸甲爲北方四侯之符記，其乙丙丁庚在南方者，可以例推。知此，則《易》之八卦於《說卦》有明文者，如「帝出乎震，震，東方也」一段。固方位顯著，以之充滿寰區，自與樂之八音、八風水乳交融者也。但坤不言西南之卦者，則同於《禹貢》西南不列州之意。是《易》卦可大可小，小之在中國九州，以坤當豫爲中州行都，大之在全球大九州，彌綸宇內，凡此大綱小紀，肇始於孔經，發明於傳記子緯諸書者，不啻散珠滿地，得此金針，可以一貫矣。須知孔經制法，將由治國以平天下，故於王之小統，建八州、八伯，《王制》是也。寔之以春秋之魯、衛、陳、鄭、蔡、秦、楚、吴。於皇之大統無以名之，故《易》演八卦，配以樂之八音。說見《白虎通》。於小統之外十二州，見幽、并、營之三，於大統無以名之，因借樂之律吕，用十二支辰取象外十二州。《周禮》十二辰、十二風之類是也。凡此宏規偉制，寄寓於《易》象、音樂之中，其借一切名目字樣，以辨別方位者，正如今算學代數之法，借用干支爲符號之類，而孰知其法實本原於孔經乎？

是故王統九州方三千里，《王制》定其制，《春秋》證其實。姬周爲王，疆宇明著，故九州繫於《春秋》。若等而上之，方三千里當爲帝之一州，《禹貢》冀州包舉梁、岐、岳、衡、島夷，鄒衍謂中國神州内有九州是也。帝統九州，則方九千里，再等而上之，方九千里當爲皇之一州，《周禮·職方氏》九服是也。皇統九州，則方二萬七千里。此由一生三，由三生九，九九相乘，經傳多有此制。如《王制》天子三公、九卿、二十七大夫、八十一元士，《昏義》天子三夫人、九嬪、二十七世婦。八十一御妻；揚子《太玄》三方、九州、二十七部。八十一家；《戴記·易本命》天一、地二、人三，三三而九，九九八十一是也。今仿三九倍乘之例推之，列帝統方九千里之圖：

帝統九州方九千里以八王爲八伯圖

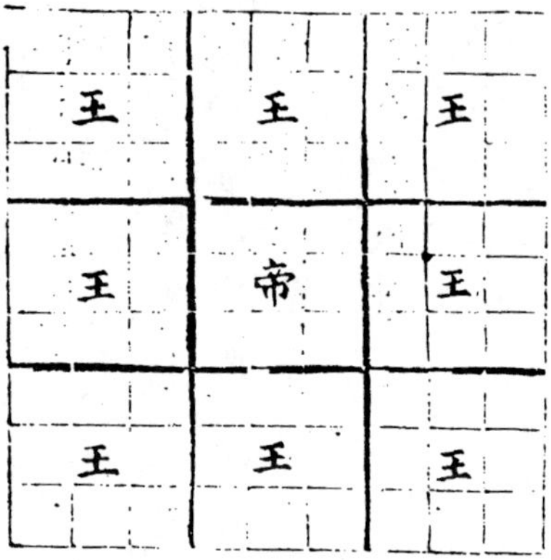

此圖每方千里爲《王制》、《春秋》王統之一州，方三千里爲王統之九州，八伯歸一王。即帝統之一州，九九八十一州，八王歸一帝。爲帝統之九州，共計方九千里。由少增多，由王而帝。若由帝而皇，則皇當二萬七千里，如下圖。

《詩》云：「王于出征，以佐天子。」指帝而言。又曰：「王于出征，以匡王國。」指方三千里九州言。故治國爲王學，平天下爲皇帝學。「普天之下，莫非王土」，則王當讀作皇。古王、皇通用，當詳文義以釋之。凡疆宇小者爲王，規模大者爲皇，不宜但據字面，以致王皇無別，小大不分。

考《史記》鄒衍：「儒者所謂中國者，於天下乃八十一分居其一分耳，上之帝統圖居其九分，惟《王制》九州圖始居其一分。中國名曰赤縣神州。赤縣神州内自有九州，禹之序九州是也，指王言之，非《禹貢》也。不得爲州數。中國外如赤縣神州者九，乃所謂九州也。即帝統方九千里。於是有裨海環之，人民禽獸莫能相通者，如①一區中者，乃爲②一州。以帝統方爲一州。如此者九，皇統方二萬七千里是也。乃有大瀛海環其外，天地之際焉。」即今全球之洋海。齊鄒衍之説如此，史公謂其先驗小物，推而大之，至於無垠，九州之論是也。再列皇統方二萬七千里之圖，即鄒衍大九州圖：

---

① 如：原作「加」，據《史記·孟子荀卿列傳》改。
② 爲：原作「謂」，據《史記·孟子荀卿列傳》改。

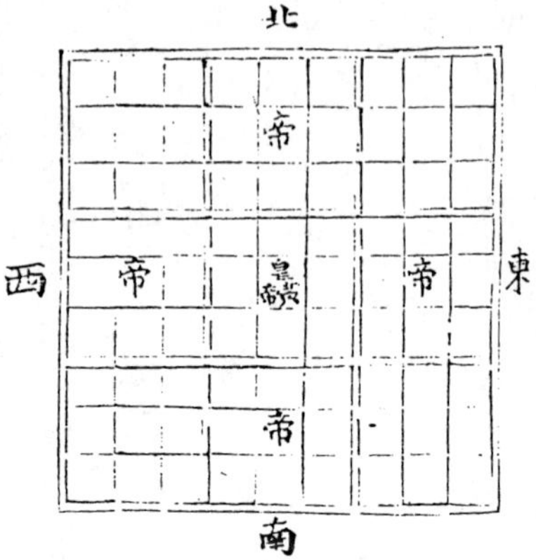

此圖每小方方三千里，即《王制》、《春秋》之九州，衍所謂「中國居其八十一分之一」是也。每州方九千里，爲帝統，如此者九，共計方二萬七千里，是爲皇統，《吕氏·有始覽》「東西二萬八千里，南北二萬六千里」，與《淮南·地形訓》説亦相合。即衍之大九州也。

衍值炙輠、雕龍衆説争鳴之日，因爲大九州之説，當日聞者目爲誕妄，史公且詆其宏大不經，漢唐以來，均莫測其實際，迄今地球圖出，乃覺衍説不謬，衍豈生知者耶？考衍爲齊人，齊魯之間，孔教盛行，戰國之初，距春秋百餘年耳，尼山制作，推闡王制，特於《尚書》、《周禮》創立皇帝俟後之規模①，弟子諸儒本師説以傳授，故《公羊》言大一統，衍乃説大九州，蓋得孔門之經説也。

① 規模：原脱「規」字，據文意補。

兹曷爲以五帝分五方也？按：五帝之説，常見於經傳子緯。《易・繫》以庖犧、神農、即炎帝。黄帝、即軒轅。堯、舜爲五帝。《大戴・五帝德》以黄帝、顓頊、帝嚳、堯、舜爲五帝。《本紀》、班氏《禮樂志》俱同。《尚書大傳》以伏羲、神農、少昊、顓頊、黄帝爲五帝。《月令》於伏羲稱太皞，餘與《淮南・時則訓》同。今之《周禮・小宗伯》、鄭注之《靈威仰》等五帝則爲天帝，而非人帝。《左・昭十七年》郯子稱黄帝、炎帝、共工、太皞、少皞，復舉顓頊，共工以水紀官，《月令》冬帝顓頊。以共工併顓頊爲五帝。又陳太皞、東春。鄭祝融、南夏。衛顓頊，北冬。《定四年》魯少皞，西秋。舉四方之虚，合於《月令》四時。

凡所稱五帝名號，同異互見，敘史者采諸經傳，臆度洪荒，或以堯舜爲五帝之二，或於堯舜之外，序列五帝於前。不知唐虞之世，據孟子云，洪水氾濫，草木暢茂，禽獸逼人，真爲狉獉時代。中古如此，前古可想矣。《尚書》《典》《謨》《禹貢》之文明，皆出自孔子之手。宰我曰：「夫子賢堯舜遠。」故《大戴・五帝德》宰我曰：「請問黄帝人耶？抑非人耶？」子曰：「予，禹、湯、文、武、成王、周公，可勝觀耶？」意謂但考三王，勿談五帝。如上古實有五帝，宰我胡爲疑之？自史公《本紀》以黄帝、顓頊、帝嚳、堯、舜爲五帝，根本《戴記》。後學因而信之。然史贊明云「其軼時見他説，非好學深思，古無五帝，當考時事，深思其理。心知其意，知爲五方符記，孔經俟後寓言之意。難爲淺見寡聞道」，是史公本取經説，擇尤雅者論次之，謂王之上有五帝也。後之史家踵事增華，班氏《人表》列五帝於帝嚳前。逐末忘本，因信五帝爲實爵。夫人邪非人，宰我辨之，今如直信爲五方之君主，在上世已分王五大洲，有是理乎？

或以爲世代之遞嬗，亦姑爲附會耳，況五行遞王，西人多疑五行之説，中國人胡爲深信不疑。即《月令》之時序。三皇肇始，又三統之語增。兹推廣衍説，以五帝爲分區記方之名目，如算學、代數之用支干字様，則經旨顯，孔義明，史疑釋，衆解通，願與好學者共證之也。

今全球就山川水土形勢判别爲五大洲，此經傳中五帝天然之位置也。亞洲自古稱中國，是宜合印度爲中央黄帝之所司。澳洲兼南洋各島，爲東方大皞之所司。非洲爲南方赤帝之所司。南北美爲西方少皞之所司。歐洲兼露西爲北方顓頊之所司。分方定位，適合自然之地勢，故《周禮》「惟王建國，王當讀作皇。辨方正位」，其或前知之聖人，預測天然生成之五大洲乎？五帝分司，黄帝居中，亦爲皇帝。黄、皇音近相通。《内經》之黄帝當爲皇帝。舊説黄帝寄王四季，每方十八日。即巡游四極之意。黄帝分疆畫井，即分州畫野之模。《孟子》「中天下立，定四海民」是也。四方四帝，如《尚書》四宅羲和、仲叔，《月令》四時之帝，《詩經》邶風之四風。小而言之，則如《春秋》魯、鄭、秦、楚，《詩經・嵩高》四篇，《禹貢》岱、衡、華、恒，《鄭語》四國，若此者，要皆孔聖先知，讖言遺後，以俟驗於來兹者也。

故夫禹州歷秦漢而疆輿始備，夏時至太初漢武年號。而寅正始行，州牧至始皇而立郡縣，興學至漢武而設博士。三年喪服之條，孟子時而未舉；皇帝大統之制，地球出而始明。凡屬後王所法，莫非前定之言。《論語》「百世可知」，《中庸》「待人後行」，《公羊》「制《春秋》以俟後聖」，獲麟傳。是孔經真爲千百世後平治之藏珍，必至其時而始顯者也。後世解經之儒，將欲尊孔以立説，既不疑於禹州夏時之後驗，又何疑於五大洲之五帝哉？

鄒衍海外九州之説，至今日始驗，學者求其故而不得。四譯先生以爲經説，引《大行人》九州爲證。或又以孔子先知爲嫌。案先知乃聖神常事，百世可知，至誠前知，古有明訓。宋元以下儒生，乃諱言前知。然所謂前知，不過休咎得失、卜筮占驗之瑣細，非謂大經大法、先天後天之本領也。如以爲孔子不應知，鄒衍又何以知？他如地球四游，瀛海五山，海外大荒，與夫緯書所言河圖、洛書之事，何以與今西人説若合符節？彼讖書占驗之前知，如京、郭之流，固不足貴。若夫通天地之情狀，洞古今之治理，何嫌何疑，必欲掩之乎？爰列皇帝六圖，以明孔聖前知、經義俟後之理。

帝制第一圖 九服方九千里爲九州

每州方三千里，此九分天下之制。

按：皇輻方二萬七千里，分爲九州，每州得方九千里。此方九千里內立九州，則每州得方三千里。《王制》千里一州，九州共方三千里，此方三千里之九倍，適爲方九千里。

故知此方九千里立九州，每州適爲方三千里。又《周禮・職方氏》云方五百里一服者九，是經明示方九千里一州之制。鄒衍云「儒者九州只得大九州八十一分之一」。所謂「儒者九州」，即《王制》九州方三千里；所謂八十一倍儒者之九州，即皇輻方二萬七千里也。兩兩相較，故知皇輻九州内之一州，適爲方九千里；方九千里内之一州，適爲方三千里。方三千里爲王制，方九千里爲帝制。王制爲帝制九分之一，是知方九千里内立九州，每州適得方三千里也。後儒不知，遂附會《王制》爲周初之制，《周禮》爲成周之制，其亦不善讀書之過歟！

《周禮・夏官・職方氏》：「乃辨九服之邦國，方千里曰王畿，其外方五百里曰侯服，又其外方五百里曰甸服，又其外方五百里曰男服，又其外方五百里曰采服，又其外方五百里曰衛服，又其外方五百里曰蠻服，又其外方五百里曰夷服，又其外方五百里曰鎮服，又其外方五百里曰藩服。」

《秋官・大行人》：「邦畿方千里，其外方五百里謂之侯服，歲一見，其貢祀物。又其外方五百里謂之甸服，二歲一見，其貢嬪物。又其外方五百里謂之男服，三歲一見，其貢器物。又其外方五百里謂之采服，四歲一見，其貢服物。又其外方五百里謂之衛服，五歲一見，其貢材物。又其外方五百里謂之要服，要包蠻、夷、鎮三服。六歲一見，其貢貨物。九州之外謂之蕃國，世一見，各以其所貴寶爲摯。」

按：《職方》自侯至蕃詳載九服全文，《大行人》則謂蕃在九州之外，蕃文即藩。明明九服至鎮截止，爲帝之九州，即皇之一州。若如此者九，共計方二萬七千里，則皇之九州備。其外每方千五百里，共方三萬里，是爲九州外之蕃國。《大行人》所以改藩服爲蕃國，特標題之於九州外者，謂帝九州加九倍，即爲皇九州也。鄒衍之説，實從此出。故九服爲帝制，九畿爲皇制，名目各别。每服五百里，每畿千里。大行人以要統蠻、夷、鎮三服，内六服王、侯、甸、男、采、衛，外六服即《板》詩藩、垣、屏、翰、寧、城，而蠻、夷、鎮適居其中，故三服爲要服，如人腰一束，上下有服，共計十五服，服與輻通。當今之半球，合併全球爲三十輻。《考工記》輪輻三十以象日月，《戴記》三十輻以象月是也。以九立算，由小推大，帝之九州方九千里，即由王九州方三千里九倍加數。

鄒衍爲《周禮》師説 録四譯《地球新義》一段

《爾雅》之四荒四極，《淮南》之八紘八極，與鄒衍之談天，皆爲《易》、《詩》海外九州、帝道大一統之舊義，爲經學之微旨，以證《夏書》與小一統之經，則不免方枘圓鑿，以説大一統之義，所有宏綱巨領，正可藉《周禮》爲蒿矢。蓋六藝中本有大統、小統二派，三代以後，德不及遠，博士經師囿於見聞，專述禹州，如《公羊傳》以大一統解「春、王、正月」，而篇中版宇實義，止云王者王三千里，天下諸侯一千七百國，《詩》《禮》各家莫不同然，而其軼聞，往往見於他書。如鄒衍、《爾雅》、《淮南》其明著者也。諸儒生今學將衰之後，病其謹小，不滿經義之量，因《周禮》新出，遂博采異聞，欲求相勝，收殘拾墜，以復舊觀，其致力甚勤也。但孔子法帝、法王，本有二派，先師以《禹貢》偏解群經，與浮海居夷、莫不尊親殊爲不合。而古學家不知大一統之制，由小而推，《春秋》制度專詳禹州，乃以廣大之説强附内制，變五服爲九畿，改五千爲萬里，指丘垤爲泰山，未免遺譏耳。以鄒衍之法推之，將來合《禹貢》九州爲王畿，於五大州分建八伯，王畿世禄，八州封建，畿内三公，如采地方百里，未免不足。而海外八州，每州約方廣爲六千里，現在各國都鄙，星羅棊布，將來雖大一統，亦不能過於削奪，每州所建之牧，即使方五百里，亦殊嫌其小。小統方千里爲州，大統方五六千里爲州，兩相比較，其大由十倍，上或二三十倍不等。始以十倍推之，則州牧所封，當爲三百一十六里，爲千乘開田，千乘開方當爲千里，萬乘開方爲三千六百里，十分之一，截長補短，由此推春秋之世，未當其時，經傳如確鑿言之，不免與鄒衍同譏荒誕，故僅就目見實行之禹州立王畿，建八伯，設十二牧以爲標準，化小爲大，加以十倍之法，即可推行。衍之説由九州以推八十一州，推行品格與《周禮》古説，雖不合於古而合於今，雖不合於《春秋》，可取方於《詩》、《易》，所謂萬國萬里，九畿五百里封建者，求之《禹貢》則嫌其有餘，求之全球則反嫌其不足，故曰古《周禮》之説者，大一統之嚆矢也。論者因其與《周禮》不合，謂皮之不存，毛將安附。今欲廣大一統之義，取鄒衍之説以爲綱領，即録其説以爲節目，發明各經地統全球制度，雖未足以盡其量，古義實墜，存者無多，披沙檢金,往往見寶,固大一統不可廢之說也。

帝五分萬二千里圖

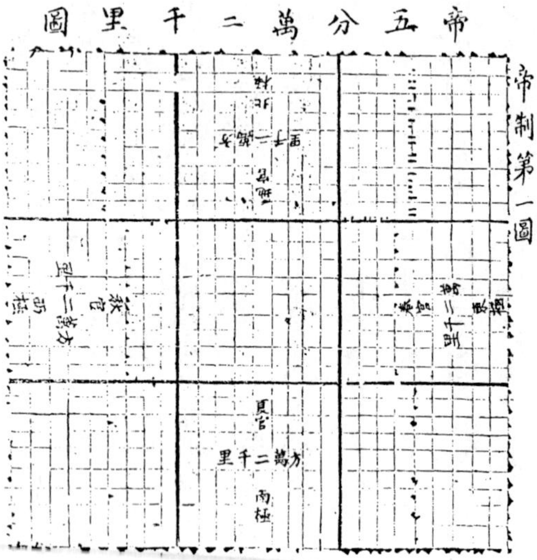

《尚書・呂刑》屬於五極咸中有慶五極，皇極在中，配以四方之極，合爲五。

《洪範》：「五，皇極，皇建其有極。」又：「無偏無陂，遵王之義；無有作好，遵王之道；無有作惡，遵王之路。無偏無黨，王道蕩蕩；無黨無偏，王道平平；無反無側，王道正直。會其有極，歸其有極。」

尚書大傳	淮南子時則訓
南方之極，自北户南至炎風之野，帝炎帝，神祝融司之。	南方之極，自北户孫之外貫顓頊之國，南至委火炎風之野，赤帝祝融之所司者萬二千里。
西方之極，自流沙西至三危之野，帝少皞，神蓐收司之。	西方之極，自昆侖絶流沙，沈羽西，至三危之國，石城金室，飲氣之民，不死之野，少皞蓐收之所司者，萬二千里。
北方之極，自丁令北至積雪之野，帝顓頊，神玄冥司之。	北方之極，自九澤窮夏晦之極，北至令正之谷，有凍寒、積冰、雪雹、霜霰、漂潤、群水之野，顓頊玄冥之所司者，萬二千里。
東方之極，自碣石東至日出榑桑之野，帝太皞，神句芒司之。	東方之極，自碣石山過朝鮮，貫大人之國，東至日出之次，榑木之地，青土樹木之野，太皞勾芒之所司者，萬二千里。

《爾雅》：東至於泰遠，西至於邠國，南至於濮鉛，北至於祝栗，謂之四極。

按：四極，天人同名。《尚書》五極，指地輿言；《爾雅》、《楚詞》則爲天學，同名四極矣。

案：《淮南子》、《山海經》及《逸禮·明堂月令》篇，皆與《尚書》同言五極各司一萬二千里之制，說經家莫得其解。今仿《周禮》五官之例，將皇輻方二萬七千里内分爲五分，使五帝各主其一，由是春官太皞主東極，司方一萬二千里，其地多川澤，其動物宜鱗物，其植物宜膏物，其民黑而津。夏官祝融主南極，司方一萬二千里，其地多丘陵，其動物宜羽物，其植物宜覈物，其民專而長。秋官少昊主西極，司方一萬二千里，其地多山林，其動物宜毛物，其植物宜皂物，其民毛而方。地官顓頊主北極，司方一萬二千里，其地多墳衍，其動物宜介物，其植物宜莢物，其民皙而瘠。天官黄帝主中極，司方一萬二千里，其地多原隰，其動物宜臝物，其植物宜叢物，其民豐肉而痺。此《周禮》及《大傳》諸書之明文，即皇輻實有五帝分主之説也。又考每帝所得之方一萬二千里，適爲方千里者一百四十四，立九州，每州得方四千里，又爲方千里者一十有六，合五帝共得方千里者七百有二十，方千里自乘得萬里，以七百二十較二萬七千里少九，方二萬七千里爲方千里者七百二十九。此爲零數，故知五帝分方二萬七千里，每帝亦能得方萬二千里，而無須乎方三萬里之版圖矣。又鄒衍以九起算之大九州，每州適得方九千里，以此方二萬七千里九分之，得每州方九千里，五分之，得每州方萬二千里。是知皇輻所在，以九州分之者，象八卦九宫；

以五帝分之者，象五方五土。而鄒衍所云，殆亦與諸書相合耳。外如《詩》之《民勞》五章，一言京師，四言中國，及《周禮》之所謂五物等類，皆可編入五帝分主皇輻之制。觸類旁通，則經義自無難解之處矣。

帝制第三圖

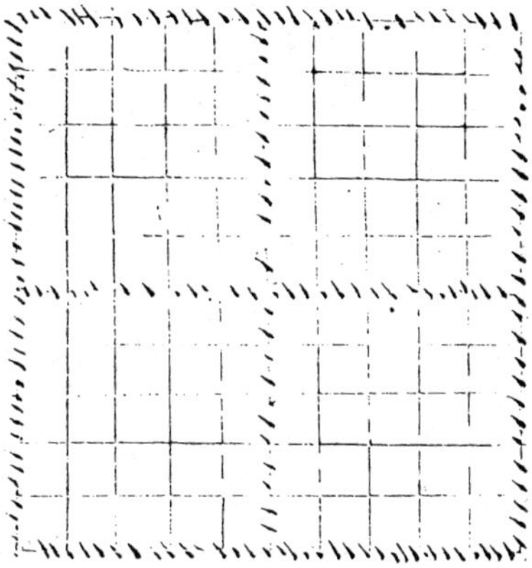

每州五千里，《尚書》五服五千里，即《周禮》公封方五百里，此四分天下之制。

按：《帝謨》「弼成五服，至于五千州」，《禹貢》云「五百里甸服」至流云云，皆以五百里爲一服，五千里爲一州，一州得方千里者二十五，此以五起算之法，故《周禮·地官·大司徒》及《夏官·職方氏》均云諸公封方五百里，意謂必方五千里一州，而後公始能封方五百里，亦猶《王制》方千里一州，而公始能封方百里之意也。《周禮》皇輻方三萬里，四帝分主之，每帝得方一萬五千里，此方一萬五千里内準《尚書》二十五州之制，得三千里一州者二十有五，每帝得方三千里者二十有五，則四帝當得方三千里者百。方三千里爲王幅，則皇幅方三萬里内，共得王幅者百。古稱孔子道貫百王，即指此而言也。《尚書》云「共爲帝臣」，《論語》云「帝臣不蔽」，亦即指此每帝統二十五王而言也。又自此方萬五千里之中心，照《禹貢》五百里一服分之，則四帝各得十五服，即《周禮》九服，合《板》詩六服之數也。合四帝，則四方當得五百里一服者三十一服爲一畿，與方三萬里内四方各十五畿之制相合，故知《尚書》所云五千里一州、五百里一服，適爲四帝平分皇幅方三萬里之制也。今欲於此方一萬五千里内立九州，則每州得方千里者二十有五，得方百里一服者十，四帝合得三十六九州，與周天三百六十度之數相應。凡初創必嚴内外，故立二十五州，分内九州、外十六州，内九州爲中國，外十六州爲夷狄。及至大同時，内外不分，故捐此二十五州之制，共立爲九州。此經義進野蠻爲文明之法，治經者不可不先知之也。

按：《尚書》爲經，《周禮》爲傳，亦猶《春秋》之於《王制》。考《周禮》出西漢之末，其初本名《周官》，即《移書》所稱之《逸禮》，《藝文志》謂《禮古經》出魯淹中里名。者是也。追溯其原，當爲孔門推演《尚書》皇帝官制之作，與《禮記·王制》同出一源。以其畿服廣輪，規模宏遠，不合中國地勢，以後西漢博士但據《王制》以説經，故《周官》遂爲逸編。然七十弟子師説淵源，轉相授受，至於周秦之間，鄒衍得以本之立説。其言神州合於《地形訓》，蓋明明由《王制》推而大之也。今就《春秋》考之，三服三千里，《尚書》以方五千里爲一州，則爲内九州、外十二州之制。舊以《禹貢》爲指中國言，今考崑崙弱水本包全球而言，儒者九州但借用其名，而大小各異。冀州包舉梁、岐、岳陽，即神州一州之説。導水之河、漢、江、淮皆入東海，惟三危黑水入南海，已不在中國境内。其曰「東漸于海，西被流沙」，尚與《王制》相符，而朔南不言疆界，聲教必訖四海，寔有開通全球之意。況「九州攸同」者，謂皇帝之九州，與禹之九州相同，即衍所謂「如神州者九」、「如此者九」也。「外薄四海」者，《貢》亦云「四海會同」。謂九州之外四方邊海，即衍所謂裨海環之，大瀛海環其外也。然則衍蓋推闡皇帝之經制，而自合於《周禮》，故《尚書》者皇帝之經，《周禮》者《尚書》之傳，亦猶《春秋》之於《王制》也。況《禹貢》「庶土」，即《周禮》之「五土」、「十二土」、「十二壤」。《洪範》「五，皇極，皇建其有極」，即《周禮》之「惟皇建國，以爲民極」。《帝典》「十二州」、「十二山」、「十二牧」，即《周禮》之「十二月」、「十二辰」、「十二風」。其他《尚書》之旨，由小推大，更有與《周禮》訢合無間者，是以衍據禹州立言，充其量則以《周禮》

爲究竟也。今以《周禮》證衍説，明文秩然詳備，而《書》旨實爲之嚆矢。亦足見《尚書》與《周禮》固始終相貫，而若合符節云爾。

皇制第四圖 二萬七千里爲九州。

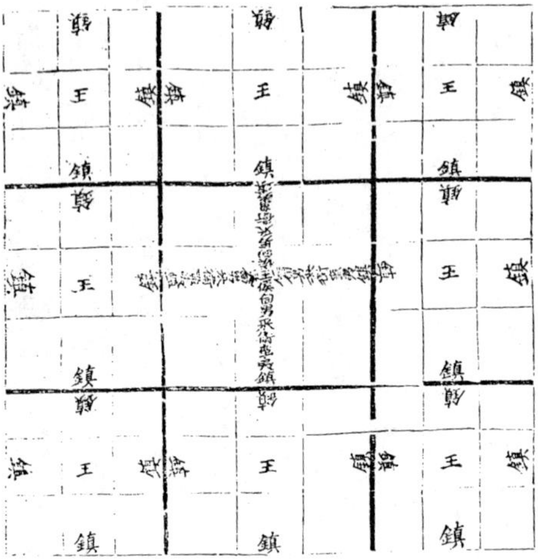

方九千里一州，每州九服，外八州之式均如中心，鄒衍之説從此出。

《周禮①・秋官・大行人》：「九州之外謂之蕃國，世一見，各以其所貴寶爲摯。」「王之所以撫邦國諸侯者，歲徧存，二②歲徧頫，五歲徧省，七歲屬象胥，諭言語，協辭命，九歲屬瞽史，諭書名，達聲音，十有一歲達瑞節，同度量，成牢禮，同數器，脩法則，十有二歲王巡守殷國。」

按：此圖每州方九千里，内容九服，即帝之九州，如帝制第一圖。如此者九，共方二萬七千里，爲皇之九州，即鄒衍九九八十一之大九州。《周禮・職方》九服，每服五百里，併内王畿，共計方萬里。《大行人》以要包蠻、夷、鎮，明文僅有六服，而另提蕃國在九州外，明明以九服九千里爲一州，照數開方，必二萬七千里，始備九州之數。不然，《大行人》所舉之六服，即《職方》之九服也。如謂大統九州止於九服，則下文「十一歲達瑞節，十二歲王巡守」者，王當爲皇。豈在九千里内乎？況蕃國世一見，大約三十年，以較要服之六歲一見，其遐邇可以例推也。故九服數至鎮方九千里，即衍所謂「如神州者九」也。以九服爲皇一州，由一生三，三三而九，共方二萬七千里，即衍所謂「如此者九」，斯皇之大九州也。地球周圍九萬里，直徑三萬里，以此二萬七千里之九州，尚不能充滿三萬里之面積，每方餘一千五百里，是爲《大行人》之蕃國。所謂九州之外者，謂在大九州外也。

---

① 周禮：「周」原作「用」，誤，今改。

② 二：《周禮・大行人》作「三」。

蕃如藩籬，義取外衛。藩服明云五百里，蕃國則不以里計，竟以大九州外，凡邊徼廣延之地，皆可以蕃國統之也。以下皇第五圖説，則以九畿合《板》詩數之，鎮爲内九州，蕃在外州。

皇制第四圖説

按：聖人作經，天道、人事每互相起發。如皇輻方一萬七千里，内立九州，則每州適得方九千里，此亦九字起例也。考天道以九起例者甚多，如《素問·天元紀大論》以干支配年，甲己之歲，土運統之；乙庚之歲，金運統之；丙辛之歲，水運統之；丁壬之歲，木運統之；戊癸之歲，火運統之。又：子午之歲，上見少陰；丑未之歲，上見太陰；寅申之歲，上見少陽；卯酉之歲，上見陽明；辰戌之歲，上見本陽；巳亥之歲，上見厥陰。合五六，五指五方，六指四方上下。共歸於九。《靈樞經·九宫八風篇》之九宫，以十干配之，戊己居中爲一宫，甲、乙、丙、丁、庚、辛、壬、癸各爲一宫，合爲九宫。除戊己一宫居中外，每四十五日移一宫，八宫移畢，得三晨六十日，與周天三百六十度之數合。《内經》言八正，《易》言八卦，皆與八宫之意相起。又八宫居外，而别有一宫居中，則知八正、八卦居外，而亦别有中央居中，合外八宫及内一宫得九，亦猶合八正、八卦及中央亦得九也。以皇輻方二萬七千里内立九州，則每州得方九千里，以九區分之，每區各得方九千里。一區居中，八區居外，亦猶九宫篇之一宫居中，八宫居外也。又八區在外，與《易》之八卦、《内經》之八正皆相比見義，是知九州之制者，蓋所以象天道之以九起例也。《周禮·職方氏》

之傳言十服，而經言九服；《夏官・大司馬》傳言十畿，而經言九畿者，亦此意也。然聖人作經定制，必使天道人事互相起發者，蓋取天地合而萬物生之義，亦即所謂孤尒不生，獨易不長之意也。

此爲以九起例之故，必明此，而後解經可以無疑。

皇制第五圖 方三萬里封二十五州

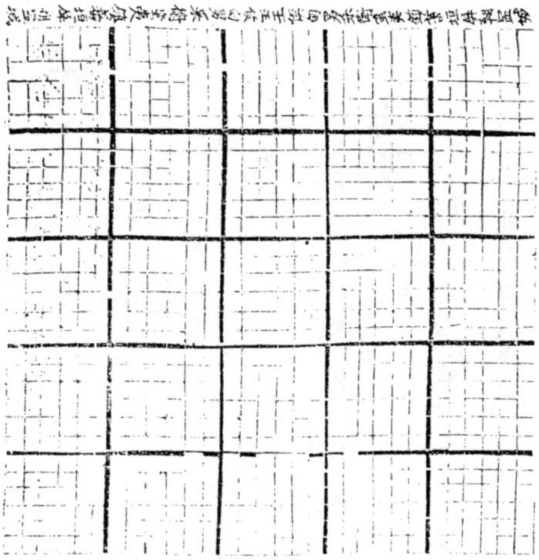

每州方六千里，内九州方萬八千里，當《周禮・大司馬》之九畿每畿改爲千里。數至鎮畿，如九服之止於鎮服。外十六州加《板》詩六畿，爲十五服，共計三十輻，是爲《大司徒》之廣輪。

皇制第五圖説①

《秋官・大行人》：「九州之外謂之蕃國。」按方三萬里内必立六千里一州者二十五，始與其言相合。如上圖自王畿至鎮畿爲内九州，每方六千里，九畿方一萬八千里，外十六州，每州亦方六千里，合内外爲二十五州。内九州以鎮終，外九州以蕃始。《大行人》謂九州之外爲蕃國，即謂此内九州之外爲外十六州之蕃國也。然何以知其有此制？考《管子・幼官篇》云「六千里之侯」，夫既有六千里所封之侯，則必有六千里一州之制。《帝謨》云「弼成五服，至于五千」，《禹貢》「五百里甸服至流」云云，皆以方五千里爲一州。方之得方五千里一州者二十五，與《周禮》公封方五百里之制互爲表裏。以《尚書》二十五州之制置之《周禮》方三萬里内，有立二十五州，即每州方六千里之制也。又内九州九畿方一萬八千里，則每畿適爲方千里。以此推之，則外十六州每州亦六畿。九畿爲《周禮》之王、侯、甸、男、采、衛、蠻、夷、鎮，六畿爲《板》詩之蕃、垣、屏、翰、寧、城。九畿居内爲中國，六畿居外爲夷狄。九爲《乾》之用九，六爲《坤》之用六。居内爲男，所謂九男；

① 説：原無，據文意補。

居外爲女，所謂十二女。合爲十五畿，適與《禮記》之月以爲量、三五而盈、三五而闕之數正相符合。故知《大行人》所云九州之外爲蕃國，謂合《板》詩六畿始成二十五州之制也。此義一明，則凡各經言九州名目之不同者，皆可就錯舉内外之義以解之，而舊説所謂舜改九州而爲十二州者，亦不言而知其謬矣。

皇制第六圖

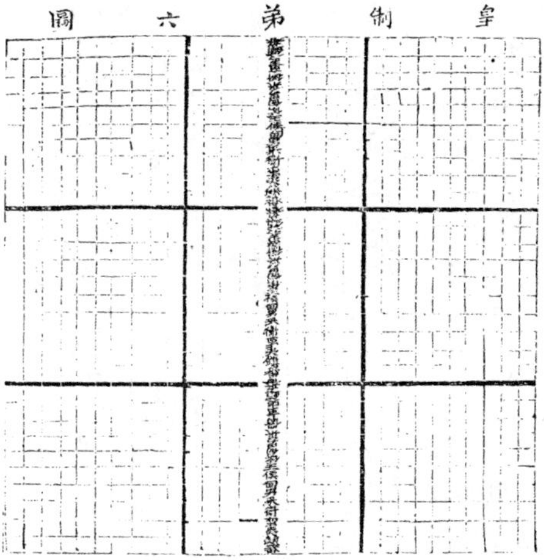

三萬里封九州。萬里爲一州，每州十服，全每服五百里，王畿千里。

皇制第六圖説

按《周禮・夏官・大司馬》云「職方千里曰國畿」，其外方五百里爲一畿，分侯、甸、男、采、衛、蠻、夷、鎮、蕃九等，合國畿千里算之，則四方各得五百里一畿者十。《職方氏》云「乃辨九服之邦國，方千里曰王畿」，其外方五百里爲一服，分侯、甸、男、采、衛、蠻、夷、鎮、蕃九等，合王畿千里算之，則四方各得方五百里一服者十。舊説皆以爲《周禮》九州版圖合爲方三萬里，則每州必爲方萬里。方萬里内五百里一服，則四方恰各得十服。服與畿同，故《大司馬》云五百里一畿者，四方亦各得十畿。必如此説，然後始能與方萬里一州、九州合爲方三萬里之制合。然既實爲十畿、十服，何以經文目之曰九畿、九服？考《周禮》方三萬里内不能立九九八十一州之制，故於此十服内，將蕃字提出，意謂合王畿四方各得九服，即得九州方九千里之制。九個九州方九千里，則得九九八十一個方千里一州之制，與鄒衍以九起算之大九州合。是《大司馬》、《職方氏》之列十服十畿者，本示方萬里爲每州里數之實；而經文之列九畿、九服者，特顯九千里爲大九州起算之制。經非故有出入，意在隨取法者之向便以爲規定耳。又輯注謂《職方氏》九服，即《大司馬》之九畿。此蓋不知皇帝疆域有大小之别者。考鄒衍説儒者九州只得大九州八十一分之一，則是王之小九州只爲帝之一州，帝之九州只爲皇之一州。帝九州内四方各九服，即如前説分方萬里一州，爲方九千里一州之制也。此方九千里内四方各立九服，即《職方氏》所謂九服，亦即鄒衍所謂帝九州也。照例皇九州大帝九州九倍，則皇九州内四方所列之九服亦必大於帝九州内四方所立之九服九倍。獨是帝九州内所列之九服，已有九服之名，則皇九州内所列之九服，即不能再以九服名之，故《大司馬》易其名曰九畿，意以每畿當帝九州，亦猶之鄒衍所云帝之九州只爲皇之一州也。方三萬里爲皇九州之版圖，則大司馬所分之畿爲皇九畿之制度。然不云方九千里一畿，而猶云方五百里一畿者，蓋寓此九倍之義於言外耳。《周禮》爲皇帝學，其中皇制與帝制每參見，故其文詞參差者甚多。注家欲主一章之説，則必將與此章文詞之牴牾者修改之，使囿於一，然後説始能通。《大司馬》九畿，本爲方千里一畿，其云方五百里一畿者，或爲鄭玄所改未可知，或爲後儒所改亦未可知。總之九畿爲皇制，九服爲帝制，此一定之説也。讀者既知《周禮》名十畿、十服爲九畿、九服之説，則尤不能不知九畿屬皇，九服屬帝之説，互相起發，觸類旁通，則全經轇轕之處，亦可以迎刃而解。

末附九天圖

《淮南・天文訓》：「天有九野，九千九百九十九隅，去地五億萬里，五星、八風、二十八宿、五官、六府、紫宫、太微、軒轅、咸池、四守、天阿。何謂九野？中央曰鈞天，其星角、亢、氐；東方曰蒼天，其星房、心、尾；東北曰變天，其星箕①、斗、牽牛；北方曰玄天，其星須女、虚、危、營室；西北曰幽天，其星東壁、奎、婁；西方曰顥天，其星胃、昴、畢；西南曰朱天，其星觜嶲、參、東井；南方曰炎天，其星輿鬼、柳、七星；東南曰陽天，其星張、翼、軫。」

① 箕：原脱，據《淮南子・天文訓》補。

《易》曰：「在天成象，在地成形。」又曰：「天垂象，聖人則之。」故聖人作經，自五十知命，創始制法，生德最優，斯文獨任，下學上達，知我其天，生平援天以自信，制作準天以爲衡。博士説經，凡事推本於天，以爲聖人法天而行，不以私意創作，即此意也。《春秋緯·漢含孳》曰：「三公在天爲三能，即三台。九卿爲北斗。」七星加輔弼爲九卿。《佐助期》曰：「天子法斗，諸侯應宿。諸侯上象四七，二十八宿。三公寅亮參兩。」又《中庸》：「仲尼上律天時，下襲水土，譬如四時之錯行，指四正方伯，四方四帝。如日月之代明。」指二伯宣化。皆謂聖人立法，體天出治。《老子》「人法天，指聖人言。天法道」是也。然則大九州之制，何所取法乎？取法九天而已。九天之説，見於《淮南·天文訓》，以四正、四隅合中央爲九區，即《大易》八卦九宫，《洪範》洛書九疇之意。《淮南》名之爲九野，實寓垂象於天、取則於地之理。故聖人畫野分州，以九起例，於《王制》《春秋》爲九州方三千里，此小九州，不過九天之九十九隅也。於《尚書》帝之九州，以禹九州爲一州，冀州包舉梁、岐、岳陽、衡。共方九千里，爲《周禮·職方氏》之九服，不過九天之九百隅也。推而大之，再以九服方九千里爲一州，則大九州方二萬七千里。據《周禮·大行人》，六服要服六歲一見，推至於十一歲達瑞節，十二年一巡守，即鄒衍宏大之説，是則足當九天之九千九百九十九隅之數也。雖《淮南》之書後於孔經二百年，然西漢之隆，實孔經盛行，道一風同之世。九野之説，必係博士遺言，爲孔門授受之師説。如鄒衍驗小推大之類，不識旨歸者，鮮不目爲誕妄。今搜采而掇合之，於以見天生之聖人，實能默與天契，而先天弗違，後天奉若者也。況稽古帝堯，惟天爲大，堯能則之，以孔子祖述而賢且遠，詎尚不能則天乎？蓋此九州之取法九天，固其一斑之窺焉耳。後世測天之家，謂天有九重，第一重宗動天，二重恒星天，三重填星天，四重歲星天，五重熒惑天，六重日輪天，西人以日爲心，地爲行星。《孟子》「天無二日，民無二王」，仍本孔經，以日爲君，象王畿居中之意。七重太白天，八重辰星天，九重月輪天。其距離地球若干①里，遠近各殊，並行不悖，意同於《周禮》之九服、九畿。近西人於填星之外測出天王、海王二星，則又類於九州外之蕃國，何其迹象名義之相符乃爾哉！

①　若干：原作「若千」，據文意改。

又附九宮八風圖

《靈樞・九宮八風篇》：「太一常以冬至之日居叶蟄之宮，四十六日；明日居天留，四十六日；明日居倉門，四十六日；明日居侌洛，四十五日；明日居天宮，四十六日；明日居玄委，四十六日；明日居倉果，四十六日；明日居新洛，四十五日；明日復居叶蟄①，曰冬至矣。太一日游，以冬至之日居叶蟄之宮，數所在日，從一處至九日，復反於一。常如是無已，終而復始。」

---

① 叶蟄：《靈樞經・九宮八風》下有「之宮」。

再附九宮八風圖

《淮南·天文訓》：「何謂八風？距日冬至四十五日條風至，後①四十五日明庶風至，後四十五日清明風至，後四十五日景風至，後四十五日涼風至，後四十五日閶闔風至，後四十五日不周風至，後四十五日廣莫風至。」説同《白虎通》、《吕氏春秋》、《易緯·通卦驗》、《春秋緯·考異郵》。

①　後：《淮南子·天文訓》無。下同。

按：《靈樞·九宮八風篇》與《淮南》所謂八風，皆以九布算，歷四十五日一宫，仍用五九之數，其義通於《尚書》、《周禮》之五聲、八音，《皋陶謨》、《大司樂》。《左傳》之五聲、八風。蓋以四正合中央言之則爲五，併四隅言之則爲九。《乾鑿度》太一之行九宫，《太玄經》玄數之九區、九營、九行、九虚，皆取象於九，實而按之，要亦大九州之代名辭而已。考九宫之主氣，有太一爲之周流，而八方不虞其遼濶。至於八風之來，又似群后群牧之來朝，而有感即應。此則執樞以運，不啻網之有綱者也。若九州之立牧置監，按時巡守，大小綱紀，秩然有條，一人居中，臨馭八荒，如身使臂，而臂使指，不猶太一日游之感動八風乎？故聖人之道，治國平天下如示諸掌，放之彌六合，卷之藏於密，所以能宅中圖大，《孟子》：「中天下立，定四海民。」而風行地上，以省方觀民者，其取法固自有在矣。